"十三五"国家重点出版物出版规划项目

◉ 杨立新 著

中国物权法研究

中国当代法学家文库

杨立新法学研究系列

Contemporary Chinese Jurists' Library

中国人民大学出版社

·北京·

作者经历

现任

天津大学法学院卓越教授

教育部人文社会科学重点研究基地中国人民大学民商事法律科学研究中心主任

中国人民大学法学院教授

龙图法律研究院名誉院长、首席研究员

北京中教慧通教育科技研究院院长

全国人大常委会法律工作委员会立法专家委员会立法专家

最高人民检察院专家咨询委员会专家咨询委员

最高人民法院案例指导工作专家委员会委员

中央“五五”普法国家中高级干部学法讲师团成员

《中国大百科全书（第三版）》法学卷民法学分卷主编

中国民法学研究会副会长

世界侵权法学会主席

东亚侵权法学会理事长

中国婚姻法学研究会常务理事

北京市消费者权益保护法学会名誉会长

曾任

最高人民检察院检察委员会委员、民事行政检察厅厅长、检察员

最高人民法院民事审判庭审判员、审判组长

吉林省通化市中级人民法院常务副院长

烟台大学法学院副教授

前　言

《中华人民共和国物权法》自 2007 年 3 月 16 日通过，同年 10 月 1 日实施，至今已经十余年了。经过十余年的司法实践检验，我国《物权法》规定的基本物权制度，基本上是适合我国国情的，实施的效果也是比较好的。《物权法》规定了物权平等保护这一基本原则，改变了我国物权制度的基本性质，能够更好地保护民事主体特别是自然人的私人所有权，因而是给全国人民作出的最大奉献，尽管在立法过程中，有很多人指责这是违宪的规定。过了十余年，再想起《物权法》立法过程中的那些风风雨雨，仍然十分感慨，同时也为立法机关和全国民法学者的坚持而感动。

我对物权法的研究，起始于在法院工作期间。在《物权法》立法过程中，我已经从最高人民检察院调入中国人民大学法学院工作，成为专职的民法学教授和研究人员。因而从 2001 年开始，我就有机会全面参与《物权法》的立法活动，同时也有机会深入进行物权法的研究。在此期间，我写了有关物权法的文章，也出版了物权法教科书，并在 2012 年出版了《物权法》一书，该书是我研究物权法的一个总结性研究成果。

最近几年来，有关物权法有以下几个比较重要的问题：一是最高人民法院颁布了《关于适用〈中华人民共和国物权法〉若干问题的解释（一）》；二是住宅

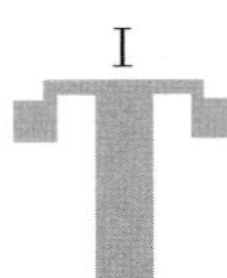

建设用地使用权到期自动续期应当怎样进行；三是最高人民法院颁布的《关于审理民间借贷案件适用法律若干问题的规定》第 24 条规定了后让与担保的规则；四是《中华人民共和国民法总则》涉及物权法的一些规则，包括虚拟财产作为物权客体等。当然也有一些其他问题，例如农村土地权属改革等。这些都属于物权法立法和司法中遇到的新问题，都需要进行研究，提出解决的办法。对此，我写过一些文章，阐发自己的看法。

中国人民大学出版社出版我的法学研究系列，已出版《中国民法总则研究》《中国侵权责任法研究》两部专著。在原来《物权法》专著的基础上，将最近 6 年的研究成果汇集起来，重新进行整理、修订，形成了这部《中国物权法研究》，放在这个研究系列中出版。

目前，编纂民法典的工作正在稳步进行，将《物权法》修订为《中华人民共和国民法物权编》的工作也在积极进行中，立法机关和专家对民法物权编草案已经进行了深入讨论，提出了修改意见。相信在 2020 年整体审议通过《中华人民共和国民法》的时候，物权法编的内容肯定会有改进，会使中国的物权制度更加完善。

个人的研究是有限的，本书必然会存在不足和缺点。请各位热心读者批评指正。

感谢中国人民大学出版社的领导和编辑对我的研究工作的积极支持，我无比感动。

天津大学法学院卓越教授

中国人民大学民商事法律科学研究中心主任

杨立新

2018 年 9 月 18 日

目　录

第一编　物权总论

第二编　自物权论

第三编 他物权论

第四编　准物权论

第一编

物权总论

第一章 物权法概述

第一节 《物权法》的立法背景和鲜明特色

一、《物权法》的立法背景和重要意义

（一）《物权法》之前中国物权制度的发展

当代中国的物权制度是在1949年之后建立起来的。首先，全民所有制是在革命取得胜利之后，用革命的手段剥夺国民政府及官僚资本家的财产，并把它收归全民所有而建立起来的。[①] 其次，没收地主阶级的财产，将土地和生产资料分给农民，建立了农村的土地私有权，之后又在互助组、初级社的基础上，建立了合作社所有制，继之改制为人民公社的形式，建立了农村的农民集体所有权。最后，对于城市的工厂实行私有制，民族资本家享有工厂的私有财产权，在1956

① 中央政法干校民法教研室．中华人民共和国民法基本问题．北京：法律出版社，1958：134.

年的社会主义改造中，通过赎买实行了国家资本主义，成立了公私合营的所有权制度。在那个时候，所有权的形式包括国家所有权、合作社所有权、个体劳动者所有权、资本家所有权，以及公民生活资料所有权。[①] 这个时期的物权体系基本上就是所有权，存在的典型的他物权是典权，也包括其他的他物权，诸如地上权、抵押权、质权和留置权等，但并不多见。这些物权制度在"文化大革命"中受到严重摧残。

"文化大革命"之后，经过拨乱反正，受到摧残的物权制度得到恢复，但主要的物权仍然是所有权。那时的教科书也仅仅在研究所有权，并不研究他物权。所有权的形式包括国家所有权、劳动群众集体所有权、个体劳动者生产资料所有权和公民生活资料所有权。[②]

在改革开放中，创造了更多形式的物权种类，特别是在他物权中，出现了土地承包经营权、宅基地使用权、国有土地使用权、全民所有制企业经营权等用益物权，以及抵押权、质权和留置权等担保物权。在坚持国家所有权、集体所有权和个人所有权的基础上，所有权体系也随着城市居民住房制度的改革，出现了建筑物区分所有权这种新型所有权。物权制度从此活跃起来，变得极为丰富。[③] 同时，在民间，也存在典权、居住权、让与担保、所有权保留等非典型的物权形式。此外，法律规定优先权也是一种他物权，最新出现的非典型担保物权是后让与担保。

（二）《物权法》之前的物权法基本状况

1949 年以来，中国没有一部完整的民法典，也没有完整的物权法。但这不能否认中国在事实上存在着物权法。物权法的内容主要表现在以下三个方面。

第一，在 1949 年之后至《民法通则》公布实施之前，中国在宪法以及其他法规中，对物权制度有所规定，只不过都是原则性规定，内容并不完整，也不系统。但不能因此而否认中国存在调整物权法律关系的法律。

---

① 中央政法干校民法教研室. 中华人民共和国民法基本问题. 北京：法律出版社，1958：115.

② 佟柔. 民法原理. 北京：法律出版社，1983：133 以下.

③ 王利明. 民法. 北京：中国人民大学出版社，2000：141 以下.

第二，1986 年 4 月 12 日通过、1987 年 1 月 1 日实施的《民法通则》在第五章第一节规定了“财产所有权以及与财产所有权有关的财产权”。《民法通则》的这一部分规定，实际上就是物权法，不过是一个“微型”的物权法、“浓缩”的物权法：只规定了物权的“权利宣言”，没有规定物权的具体规则。这一“微型”的物权法从第 71 条至第 83 条，共计 13 个条文，规定了所有权的概念以及其取得制度，规定了国家所有权、集体所有权和公民个人所有权，规定了共有权等所有权的内容，规定了国有土地使用权、土地承包经营权、采矿权等用益物权，并且规定了相邻关系。《民法通则》这一部分的条文尽管较少，但涉及了物权法的基本内容，构成了中国物权法的基本架构。它的缺点是过于简单，没有规定详细的物权规则。

第三，1995 年 6 月 30 日通过、1995 年 10 月 1 日起施行的《担保法》，规定了抵押权、质权和留置权三个担保物权，是对担保物权的完整规定。在制定完整的物权法之前，中国实际上已经存在了比较完整的担保物权法。

（三）《物权法》出台前两次大的理论争议

1993 年，立法机关将制定民法典提上立法日程，决定尽快起草民法典，并且采用制定单行法的方法，分别制定民法典的各个部分，最后编纂为完整的民法典。首先启动了《合同法》和《物权法》的起草工作。在 1999 年完成了《合同法》的制定工作之后，《物权法》的起草工作进入了实质性阶段。2001 年，在专家起草的《物权法草案建议稿》的基础上，立法机关提出了《物权法（草案）》，开始进行讨论和反复修改。2002 年 12 月，立法机关将物权法草案放在《中华人民共和国民法（草案）》中，进行了第一次立法审议，随后进行了多次审议。

2005 年，立法机关决定将《物权法（草案）》全文公布，向全民征求意见。人民群众对《物权法（草案）》表现了极大的热情，短短几个月，立法机关就征集了一万多条修改意见。随后，立法机关对草案进行了反复修改和多次审议，终于 2007 年 3 月 16 日在第十届全国人民代表大会第五次会议上获得高票通过。

在《物权法（草案）》起草的过程中发生了两次大的理论争议，争论的问题是如下两个。

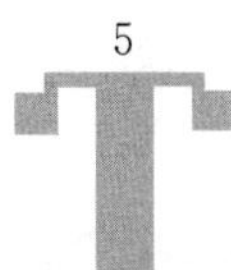

1. 制定《物权法》还是制定《财产法》

在《物权法（草案）》已经形成，正在进行全面修改的时候，有的学者提出了一种意见，认为中国应当制定财产法而不是物权法，认为《法国民法典》对财产法律关系的规定是财产法，英美法系确定财产关系的法律也叫作财产法，因此，制定一部21世纪有关财产法律关系的法律，应当叫作“财产法”，不能叫作《物权法》。2001年6月、7月、9月，中国社会科学院《要报》接连刊载中国社会科学院法学研究所郑成思教授的三篇文章，建议不制定《物权法》而制定“财产法”，并对中国民法学界主张制定《物权法》、立法机关进行《物权法》立法的做法进行了尖锐的批评。①

对此，民法学界作出了强烈的回应，认为这一意见事关国家民事立法走向，涉及民法学术上的重要理论，如民法调整对象、物权的本质、民法典的结构体例，对“物”“物权”“财产权”等基本概念的理解，以及如何看待包括网络技术在内的高科技和知识产权等，也关系整个中国民法学界的声誉。② 民法学界认为：中国的民法自清末以来就承继了德国法的传统，在民法典中规定财产关系的法律就叫作物权法。法国法和英美法确实将其叫作财产法，但是，按照德国法系的传统，财产关系并不仅仅指物权关系，还包括债权关系和知识产权关系。不能在民法典中规定一个庞大的财产权，而只能借鉴德国法的传统规定物权，中国规定财产关系的法律只能叫作《物权法》，而不能叫作“财产法”。民法学界的意见最后被采纳，立法机关继续制定《物权法》，而不是制定《财产法》。

2.《物权法（草案）》是否违宪

2005年，在《物权法（草案）》全民征求意见期间，有些人提出了反对意见，其中最为尖锐的意见，就是《物权法（草案）》违宪。持违宪意见者认为：《物权法（草案）》是一部背离社会主义基本原则、开历史倒车的法律草案，因为草案废除了《宪法》和《民法通则》中调整财产关系的最核心条款“社会主义的公共财产神圣不可侵犯”，实质上妄图用“私有财产神圣不可侵犯”的精神和

①② 好律师网，http：//www.haolawyer.com/article/view_13695.html.

原则取而代之，这是违宪的行为。[①] 他们认为：《物权法（草案）》违宪的依据，是《物权法（草案）》没有规定"社会主义公有财产神圣不可侵犯"。即使在《民法通则》中，也在第73条明确规定，"国家财产属于全民所有。国家财产神圣不可侵犯，禁止任何组织或者个人侵占、哄抢、私分、截留、破坏"。《物权法（草案）》对此没有规定，而是规定所有权一体保护，也就是不论国家所有权、集体所有权还是私人所有权，都予以平等保护。这样的规定，就背离了社会主义方向，违反了社会主义原则。

在极为尖锐对立的讨论中，民法学界团结一致，全面反驳上述观点。民法学界举行了两次重要的研讨会，表明以下意见。

（1）制定《物权法》的伟大意义不容否定。第一，《物权法》是维护社会主义基本经济制度的重要法律，是维护社会基本经济制度所必需的。"文化大革命"时期的惨痛教训告诉我们，如果没有物权法对财产所有权的平等保护，人们的财产就会受到肆意侵害，人民的合法财产权益就会受到严重损害。第二，《物权法》是确认和巩固改革开放胜利成果、推动改革开放深入进行的重要法律。改革开放以来的社会主义实践，探索出了以公有制为主导、多种经济形式并存的基本经济制度，迫切需要尽早颁行一部科学、完善、符合国情的《物权法》，确认和巩固改革开放既有成果，进一步推动改革开放事业深入进行。这些制度在《物权法（草案）》中已经得到了充分落实。同时，市场经济体制的构建首先要求产权清晰、权责明确，而物权法就是"调整平等主体之间因物的归属和利用而产生的财产关系"[《物权法（草案）》第2条]。一部完善的《物权法》，也是衡量我国市场经济建立的重要标志。第三，制定《物权法》是构建和谐社会的重要保障。物权作为维持人们基本生存和生活的财产权，是人民基本权利的一项重要内容。《物权法》确认了物权的归属，拓展了财产的利用方式，明确了物权的保护规则，为人们行使物权提供了行为准则，从而使广大人民群众能够安居乐业，进而实现社会的和谐。第四，制定《物权法》是鼓励广大人民群众创造财富、增强我国综

① 腾讯网，http：//finance. qq. com/a/20060901/000208. htm.

合国力的重要举措。有恒产者有恒心。物权法是基本的财产法，没有物权法，就无法建构一整套对财产予以确认和保护的完整规则，也就不会形成所谓的恒产，也很难使人们产生投资的信心、置产的愿望和创业的动力。第五，制定《物权法》是制定民法典、完善社会主义市场经济法律体系的重要步骤。

（2）否定《物权法（草案）》巩固改革开放胜利成果的观点，没有法律依据和事实依据。《物权法（草案）》凝聚了广大人民群众的集体智慧以及专家学者的心血。全盘否定物权法，是不科学的、不严肃的，也是不负责任的。第一，没有重复规定公有财产神圣不可侵犯不等于违宪、背离社会主义方向。《物权法（草案）》对国家所有权和集体所有权作出了专门的规定，还专门规定了保护国有资产、防止国有资产流失的各种具体措施。这鲜明地体现了我国《物权法》的社会主义性质。第二，对各类财产的平等保护，不是仅仅保护富人的财产，更不是搞私有化。民法的基本原则就是平等原则，我国宪法也明确规定在法律面前人人平等。物权法的精神是，只要属合法所得的财产，都要受到物权法的保护。保护私有财产不能等同于搞私有化。那种认为保护私有财产就是搞私有化的观点就是全盘否定改革开放。保护私有财产是保护私人的合法财产，物权法的全部规范都是在落实宪法关于保护公民合法财产的精神。第三，物权法不仅不会保护任何人非法取得的财产，而且坚决打击与制裁那些侵吞公有财产的不法行为。第四，指责《物权法（草案）》的具体规则是搞私有制完全没有根据。

（3）在改革开放已经取得重大胜利成果和加快市场经济建设的今天，必须尽快颁行《物权法》。《物权法（草案）》正是对二十多年改革开放、市场经济和民主法制建设成果的记录。否定《物权法（草案）》的重要意义，推翻它，甚至消灭它，将会使我国的改革开放成果、社会主义市场经济和民主法制建设成果付诸东流。因而应当尽快颁行《物权法》，确认和巩固改革开放的伟大成果，以推动我国各项事业的顺利发展，早日实现中华民族的伟大复兴。

经历了这两次大的讨论之后，《物权法（草案）》修改成熟，顺利通过了立法审议，成为正式法律。这是中国第一部完整的物权法。

（四）《物权法》的重要社会意义。

《物权法》在中国现实的社会生活中，具有如下重要意义。

第一，《物权法》全面肯定和建立了我国的物权制度和物权体系，规定权利人依法享有物权。特别是《物权法》规定对所有权平等保护，不仅保护国家所有权、集体所有权，而且平等保护私人所有权。这是一个重大突破，具有重要意义。应当看到的是，物权就是财产权，是人权的组成部分。人权以生存权、发展权和尊严权为核心，但是，实现这些权利必须有财产权作为重要保障。尊重个人的物权，就是尊重人权的基础，就是尊重人权。没有对物权的保护，人权是不完善的。规定物权，就是要保障人权。

第二，《物权法》是改革开放 30 年胜利成果的记录，是将改革开放取得的胜利成果转化为法律的形式固定下来，保证其继往开来。例如，土地承包经营权、建设用地使用权等，都是在改革开放中创造出来的他物权；建筑物区分所有权是改革开放创造出来的所有权形式，《物权法》对此加以肯定，使之成为现实的物权制度。《物权法》确认这些物权制度，就是肯定改革开放的胜利成果，使其变为法律，能够继往开来，使人民的这些物权得到法律的保障，也使改革开放能够继续下去。

第三，《物权法》的通过，标志着民法典的起草工作完成了核心部分。从此民法典的起草工作就进入了顺畅时期，就像江河进入开阔的平原河道、列车驶出了崇山峻岭一样。因此，《物权法》的通过实施，使民法典距离我们只有“一步之遥”。

第四，《物权法》标志着我国市场经济法制体系完成了最为重要的部分。因为建成市场经济法制体系的标志就是民法典的制定完成。《物权法》的完成，使民法典的制定只有一步之遥，也就标志着社会主义市场经济法制体系的完成胜利在望。

二、《物权法》的鲜明中国特色

《物权法》立足于我国改革开放的胜利成果和大好形势，总结改革开放以来所积累的政治、经济和法律的丰富经验，借鉴国外物权法立法的经验，把有中国

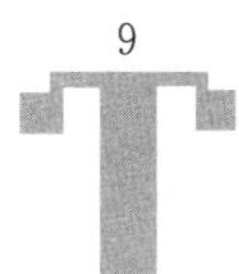

特色的财产归属和利用关系用条文的形式表现出来，上升到法律的高度，因而它是一部有中国特色的物权法。那种认为我国《物权法》是照抄照搬西方国家的物权法的说法毫无事实根据。

在各国民法典中，物权制度从来都是具有民族性和固有性的民事权利制度，也就是说，一个民族的物权法应当具有自己的特点，是一个民族确认财产归属和利用关系的权利制度体系。物权法的基本内容是规定物权制度，体现一个国家的基本所有制，以及在所有制的基础上建立各项物权制度。由于一个特定的国家具有自己不同的发展历史和观念，物权法的发展具有更为浓厚的自己国家和民族的特色，体现与自己国家和民族发展相一致的物权制度，因而物权法所规定的制度千差万别，各有自己的特点。虽然在现代世界上，各国的物权制度由于相互借鉴，在很多具体制度上采用了相同的或者相似的内容，但是与债法和知识产权法等普遍法相比较，物权法的民族性和固有性特点更鲜明。

在民法典中最需要有共同性而不是民族性和固有性的法律，是合同法，因为合同法是规范交易规则的法律，凡是进行国际交易，都必须采取相同的规则，才能保证交易的顺利进行，维护交易各方的权益。正如清末修订法律大臣俞廉三、刘若曾在《民律前三编草案告成奏折》中所称：斟酌瀛海交通，于今为盛。凡都邑巨阜，无一非商战之场。华侨在国外发生争端，要适用本国法。一旦构成讼争，彼执大同之成规，我守拘墟之旧习，利害相去，不可以道里计。因而凡能力之差异、买卖之规定，以及利率、时效等项，悉采用普通之制，以均彼我而保公平。[①] 如果债法规定与别国的不同，就难以取得交易上的优势。

而物权的流转则是本国自己的事情，只要本国人民认可、适合于本国人民的需要和本国国情，就应当确认这样的制度。如果《物权法》抄袭的是他国的物权和物权规则，并不适合我国国情，那么不仅不能以他山之石攻玉，不能发挥其应有的作用，反而会适得其反，甚至阻碍经济的发展、损害人民的福利。

（一）制定一部专门的《物权法》本身就是中国特色

专门制定一部独立的有关物权的法律，而且这部法律的名称就叫作《物权

---

① 张晋藩. 清代民法综论. 北京：中国政法大学出版社，1998：251.

法》，这本身就是我国《物权法》的特色。迄今为止，大陆法系国家专门制定一部独立的法律，并且把这部法律叫作《物权法》的，几乎没有。大陆法系各国民法典都规定物权法，法国法称之为“财产法”，德国法称之为“物权法”。在德国法系国家民事立法中，物权法都放在民法典中，作为其分则的一编，被冠以“物权编”或者“物权篇”的名称。英美法系由财产法的法律部门规定财产权利，但与大陆法系不仅存在成文法与判例法的区别，而且在具体的权利类型和具体规则上也存在原则区别。在以往的立法例中几乎没有看到一部专门的《物权法》。

相比之下，我国专门制定一部完整的《物权法》，既区别于英美法系的财产法，也区别于大陆法系的民法典物权编。当然，按照民法典的起草计划，将来在编纂民法典时，会把《物权法》收在民法典中，作为民法典的一编来规定，例如已经过全国人大常委会审议的《中华人民共和国民法（草案）》，就是把物权法规定为第二编“物权法编”。

（二）规定国家所有权、集体所有权和私人所有权的所有权立法结构

《物权法》在权利体系结构中，最基本的中国特色，是把所有权的立法结构分为国家所有权、集体所有权和私人所有权，也就是学者所说的所有权“三分法”①。这在各国物权法的立法中独具特色。

在各国物权法的立法中，对于所有权的结构一般不加区分，就是规定所有权，并且区分为不动产所有权和动产所有权。② 少数国家的物权法对所有权的结构有所区分，但区分过于琐细和烦琐③，也不切实际。

在中华人民共和国六十多年的建设实践中，在财产关系中始终存在着三种所有权，即国家所有权、集体所有权和私人所有权。即使是在“文化大革命”那种极“左”的时期，全国都在批判资产阶级法权、割除资本主义“尾巴”的时候，

① 《物权法》第二编第五章的标题就是“国家、集体和私人所有权”，分别规定了国家所有权、集体所有权和私人所有权。

② 例如，《德国民法典》第三编第三章规定的就是“所有权”，其中规定的内容是所有权的内容、土地所有权、动产所有权以及基于所有权的请求权等。

③ 例如，《越南民法典》第二编第四章规定的是“所有制形式”，分别规定了全民所有，政治组织、政治社会组织所有，集体所有，私人所有，社会组织、社会行业组织所有，以及混合所有等。

也仍然无法全部根除私人所有权，也还是国家所有权、集体所有权和私人所有权并存。在今天，中国仍然如此，在国家的财产关系中仍然是实行公有制为主体、多种所有制经济共同发展的基本经济制度。[①]《物权法》是调整国家财产关系的根本大法，在规定所有权制度时，必然要反映社会经济状况的现实，反映国家所有制的现实。《物权法》对三个所有权的规定，反映的就是我国经济制度的中国特色，主要表现在以下几个方面。

第一，我国物权法在所有权的结构上，不规定三个所有权不行，规定的所有权结构过于复杂也不行，而且不符合中国实际。在德国、法国、日本等国家的物权法中，都没有对所有权的结构作出规定，这与这些国家的所有制状况是相符合的。我国是公有制国家，国家所有权、集体所有权是现实地存在着的，是国家经济体制的主导部分，是国民经济最重要的基础。立法就是对一国家现实社会状况的真实反映，《物权法》中的所有权结构就是要体现国家所有制的基本状况，作出科学的、真实的规定。如果物权法对国家现实存在的三个所有权没有作出科学的、准确的规定，就没有反映国家经济体制的基本状况。对所有权结构的规定又必须实事求是，真实地反映社会现实情况，不能规定过多的所有权形态。《物权法》规定的三个所有权的结构科学地反映了我国的现实，确立了我国所有权形态的科学体系。

第二，突出对国家所有权和集体所有权的法律保护，就是要保护我国的社会主义经济基础，保护社会主义公有制，保护社会主义的发展方向。《物权法》在“所有权”一章中，用了二十多个条文规定三种所有权，其中规定国家所有权和集体所有权的条文就有 15 个，它们规定了国家所有权和集体所有权的客体范围、行使的方法，以及法律对所有权的特别保护等。这些规定是在着力保护社会主义公有制，保护国家财产和集体财产，是维护我国基本经济制度、保障市场经济建设顺利进行、推动社会发展的重要法律，符合我国社会建设事业发展的要求。

第三，着力保护私人所有权，维护私人财产的不可侵犯性，是保护改革开放的胜利成果，保护公民基本人权的需要。我国《物权法》在确认了我国以公有制

① 《物权法》第 3 条的规定。

为主体、多种经济形式并存的基本经济制度之后，特别强调要保护私人所有权，完善对私人所有权保护的各项法律制度。《物权法》在“所有权”一章用了 3 个条文对私人所有权（包括企业所有权）进行了详细规定。这是维护社会基本经济制度、保护我国公民财产权和人权所必需的。“文化大革命”时期的惨痛教训告诉我们，如果没有物权法对私人所有权的平等保护，就会发生肆意侵害人民财产、践踏人民合法权益、剥夺人民权利的严重后果。改革开放以来，我国经济实力和综合国力不断增强，广大人民群众生活水平得到了提高，人民的财富也有很大增长。人民群众通过改革开放所取得的财产是胜利果实，来之不易，《物权法》必须予以保护。如果对这些改革开放的胜利成果不加以特别的保护，不在法律上以民事权利的形式确认下来，人民群众得到的胜利成果就会得而复失，重回贫穷、落后状态。《物权法》强调对私有财产的合法保护，明确规定了对私人所有权的保护规则，为人民群众行使自己的财产权利、创造财富、建设家园、共同发展提供了行为准则，从而使广大人民群众能够安居乐业，使社会和谐安定。

第四，平等保护三种不同的所有权，不仅不会造成私有化，而且能够促进公有经济为主导、多种经济共同发展。有人认为：《物权法》对各类财产所有权平等保护是在保护极少数有钱人的物权，而穷人没有财产就不需要物权法保护，并且现在两极分化越来越严重，物权法强调保护私人的权利，就是保护富人的权利，因此物权法就是在搞私有化。笔者认为：平等保护三个所有权是我国《物权法》的特色。民法的基本原则就是平等原则，宪法原则之一就是“在法律面前人人平等”，因此，平等保护各类民事主体的财产权利，就是物权法的基本精神，是《物权法》的中国特色。公有财产要予以保护，私人的合法财产也要予以保护；穷人的财产应当予以保护，富人的合法财产也应当予以保护。物权法保护广大人民群众的财产，是维护广大人民群众的基本人权，这是广大人民的衷心期盼。认为保护私有财产就是搞私有化的观点，就是全盘否定改革开放，将让我国倒退到国弱民贫的地步。如果不保护合法的私有财产，不仅会导致人们没有创造财富的积极性，而且会导致财富外流、外商投资锐减，滋长及时行乐、奢侈消费的不良风气。这对我国经济和社会的健康发展都是极其有害的。

（三）最大限度地妥善处理农村土地权利制度和对农民合法权益的保护

我国农村的土地权利问题，是我国必须着力解决的重大问题之一，六十多年来一直在探索中前进。在改革开放中，我国农村的经济建设发生了重大改变，农村中的土地权利问题也取得了重大进展，形成了具有特色的农村土地权利制度体系。《物权法》对我国农村土地权利制度作了完整的反映。

在《物权法》中，农村土地权利体系被概括成一句话，即“一权带三权”：“一权”，就是农村土地的集体所有权，即农村土地归农民集体所有；“三权”，就是基于农村土地集体所有而产生的土地承包经营权、宅基地使用权和乡（镇）村建设用地使用权。

首先，我国农村土地归集体经济组织的农民集体所有，既不同于其他国家的农用地的完全私有制，又不同于德国物权法的耕地合并制度，即根据农业经营的规模效益原则，把分散在不同所有权人手中的零散土地由国家出面强制集中的农村土地制度。[①] 我国农村在经历了“土改”运动，将封建地主所有的私有土地予以剥夺，分给无地耕种的贫农、佃农以及下中农，实现了耕者有其田的理想之后，又通过互助组、初级社、高级社直到人民公社，将农村土地完全改造成了农民集体经济组织的集体所有制，建立了集体所有权这种新的所有权形态。经过几十年的实践检验，这种土地制度基本上适合我国农村的经济发展状况，适合我国农村的社会生活实际。《物权法》充分肯定这一制度，在“所有权”一章中，通过第59条、第61条至第65条共6个条文，对农民集体所有权作出详细规定，符合实际情况，是独具中国特色的所有权制度。

其次，关于我国农村土地的耕作，在集体所有权的经济形式下，怎样才能保证既能够更好地发挥农民经营土地的积极性，又能够促使农民保护地力，促进农业的扩大再生产，几十年来进行了反复的甚至痛苦的实践。在改革开放中发展起来的家庭联产承包经营责任制，创造了农村土地承包经营的权利形式，实现了上述目的。建设和生产实践中进一步证明，如果将土地承包经营权仅仅作为一种债权性质的民事权利，还不足以保护农民对土地寄托的理想和依靠，不足以保护他

---

① 孙宪忠. 德国当代物权法. 北京：法律出版社，1997：219.

们的合法权益，因为债权是脆弱的，经不起强势的组织和个人的侵害。因此，法律把这种权利规定为物权，使之能够对抗来自外界的侵害，成为具有更大的稳定性和更为稳健的法律保护方法。《物权法》第十一章规定了这个独具中国特色的用益物权种类，肯定了这个具有独创性的物权——既不同于传统民法中的永佃权[①]，也不同于其他国家民法规定的用益权。它是中国《物权法》上最具特色的一个用益物权，能够在公有制的基础上，最大限度地发挥农民的生产积极性。

再次，《物权法》中规定的宅基地使用权也是一项富有特色的农村土地权利。按照《物权法》第158条的规定，宅基地使用权是农村集体经济组织成员依法享有的对集体所有的土地占有和使用的权利，是自主利用该土地建造住房及其附属设施的用益物权。这个权利仅仅存在于农村，是农民的权利。在农村土地集体所有权之下，土地承包经营权解决的是农民对农地的使用权问题，而宅基地使用权解决的是农民建筑住宅供其居住、生活的土地使用权问题，关系农民的安居乐业、居有定所问题。因此，《物权法》第十三章也作了专章规定，使农民的这一权利得到保障。

最后，关于农村乡（镇）村公益、建设用地的问题，《物权法》规定了乡（镇）村建设用地使用权。《物权法》第157条规定："因设立乡（镇）、村企业或者乡村公共设施、公益事业建设等需要使用集体所有的土地的，依照有关法律规定取得建设用地使用权；法律没有规定的，参照本章规定。"这项权利既是用益物权，也是农村土地集体所有权派生的一个地上权，是我国农村土地权利的一部分。

《物权法》规定的这些农村土地权利制度，以土地的集体所有权为基础，派生出一项农地使用权利即土地承包经营权、两项地上权性质的用益物权即宅基地使用权和乡（镇）村建设用地使用权，再加上根据约定可以产生的地役权，就构成了我国独特的农村土地权利体系。这种独具特色的农村不动产权利制度，从我

① 笔者曾经提出过按照永佃权的概念改造现在的土地承包经营权，但是后来发现，土地承包经营权与永佃权是完全不同的土地权利，是不能够相互代替的。杨立新．他物权的历史演进和我国他物权制度的重新构造．中国社会科学，1995（3）．

国农村经济实践和社会生活中产生出来，又通过《物权法》而固定在法律上，是保护农民权利的根本性的法律建设。这种农村土地权利制度是任何一个国家的物权法都没有的物权制度，具有鲜明的中国特色。

（四）对国有资产和国有资源加强保护并保障其权益的充分发挥

《物权法》的另一个中国特色就是保护国有资产和国有资源，专门规定了保护国有资产、防止国有资产流失的法律措施。

第一，充分保护国有资产，保障国有资产增值，防止国有资产流失。《物权法》第 71 条、第 72 条专门规定了对国有资产的保护。第 71 条规定："违反国家规定，以无偿或者以低价折股、低价出售等手段将国有财产、集体财产转让，造成国有财产、集体财产流失的，应当依法承担民事责任和行政责任；构成犯罪的，依法追究刑事责任。"第 72 条规定："国有企业、集体企业直接负责的主管人员严重不负责任，造成国有企业、集体企业破产或者严重亏损的，应当依法承担民事责任和行政责任；构成犯罪的，依法追究刑事责任。"这样规定，是要在改革开放中保护好国有资产，不能在经济体制改革中造成国有资产严重流失，造成国有资产的贬值和灭失。这些保护措施是要保护作为国家所有财产的经济基础，保护作为国家经济基础和主导地位的国家所有权的地位，保障国民经济的发展和全体人民的富裕。

第二，设立国有资源所有和利用的权利体系，保护好国家资源，鼓励对国有资源的合理利用。《物权法》第三编"用益物权"第 126 条规定："国家实行自然资源有偿使用制度，但法律另有规定的除外。"这里规定的是国家资源利用的特许物权制度。

特许物权是指经过行政特别许可而开发、利用自然资源，获得收益的准物权。[①] 由于它是基于开发、利用土地之外的自然资源而享有的权利，我国学者多称其为"自然资源使用权"。在学说上，对这个物权既有反对说[②]，也有肯

① 王利明. 物权法研究：上册. 北京：中国人民大学出版社，2002：610.

② 梁慧星. 中国物权法研究：下. 北京：法律出版社，1998：631－633.

定说。①

关于对自然资源使用的权利，《民法通则》第81条规定："国家所有的森林、山岭、草原、荒地、滩涂、水面等自然资源。""国家所有的矿藏，可以依法由全民所有制单位和集体所有制单位开采，也可以依法由公民采挖。国家保护合法的采矿权。"在其他的特别法，如《矿产资源法》《渔业法》《森林法》《野生动物保护法》等法律中，也有关于自然资源利用权利的相关规定。《物权法》专门规定了国有资源利用的特许物权制度就是要保护国有资源和鼓励对国有资源的开发和利用。

特许物权是基于当代社会对土地和自然资源利用的多元化而出现，并且随着这种多元化的趋势不断发展而日益强大起来的。在传统民法中，对土地的归属及利用关系的调整是通过所有权和用益物权的理论与立法模式来实现的。而自然资源附属于土地、依附于土地，因而成为土地的附属物。在当代，这种状况遭到了挑战，诸如水资源、渔业、动物、林业等附属于土地的资源的利用和开发具备了独特价值，并逐渐脱离土地所有人的支配范围，因而，自然资源的使用和开发权不能再作为一般的不动产用益物权，而是逐步形成了独具特色的权利体系，并且与传统不动产用益物权存在较大差异。我国《物权法》将环境和资源作为人类最重要的宝贵财富予以保护，是因为认识到对自然资源的使用和开发的重要意义，意图通过特许物权制度的规范，使环境和自然资源得到有效的开发与保护。《物权法》把特许物权规定在用益物权的"一般规定"之中，适用用益物权的一般规则，同时也明确规定适用规定这些特许物权的特别法，使环境和自然资源得到有效的开发与保护。

任何一部西方国家的物权法都没有关于国有资产保护、国有资源保护和利用这样的规定，这是我国《物权法》的特色。

（五）具有独创性的物权体系

我国《物权法》的鲜明中国特色，更主要地体现在它所规定的那些独具特色

---

① 屈茂辉. 用益物权论. 长沙：湖南人民出版社，1999：271－282.

的物权类型上。

在《物权法》规定的物权体系中，有所有权、建筑物区分所有权、共有权、相邻权（相邻关系）、土地承包经营权、建设用地使用权、宅基地使用权、地役权、特许物权、抵押权、质权、留置权等共 12 种基本物权，其中的土地承包经营权、建设用地使用权、宅基地使用权都是我国独具特色的物权，是在任何其他国家的物权法中都没有出现过的物权。

1. 土地承包经营权

土地承包经营权是我国农民自己创造的物权，是独具特色的中国式的用益物权。

出现这个用益物权的基础是，中国农村的土地属于集体所有，农民自己不享有土地所有权。以前由于没有找到一个有关土地所有和土地利用的适当方法，农村在对土地匆忙进行公有制改造过程中，草率地实行了“一大二公”的人民公社制度。然而，土地集体所有，农民集体耕作、集体分配，混淆了物权之间的应有界限，无法调动农民的耕作积极性，阻碍了农村经济的发展。在改革开放中，农民创造了家庭联产承包责任制，创立了土地承包经营权的雏形，得到了国家的支持。经过不断完善，终于形成了土地承包经营权这个具有特色的用益物权，适应了我国农村和城郊土地归农村集体经济组织所有的现状；在不破坏集体所有权的基础上，创造性地解决了农民耕种土地、以土地谋生的土地利用问题，创造了中国解决农村土地所有和利用关系问题的办法。

这个用益物权的基本特点是，在农民集体所有的土地上设立耕作、收获的权利。这与传统民法中的永佃权相似。笔者也曾经提出要用永佃权的形式改造土地承包经营权的意见。① 永佃权与我国的土地承包经营权是不同的权利，区别是：第一，建立的基础不同。永佃权是建立在土地私有制基础之上的，是耕作者与私有土地所有人之间的土地利用关系；土地承包经营权是建立在土地公有制基础之上的，是承包人与发包人之间的土地利用关系，承包人一般是土地所属集体经济组织的成员，本身就是这个所有权主体中的一员。第二，性质不同。永佃权是私

① 杨立新. 他物权的历史演进和我国他物权制度的重新构造. 中国社会科学，1995（3）.

有土地所有人利用土地获取收益的一种法律形式；土地承包经营权并非土地所有者利用土地获取收益的形式，而是通过承包更好地发挥土地效用，使承包的农民获益，也使集体经济组织的全体农民获益。第三，存续的期限不同。永佃权是一种无限期物权，永佃权人可以永久地使用他人土地；土地承包经营权则是一种有期物权，只能在一定期限内存在。

2. 建设用地使用权

建设用地使用权也是在我国改革开放中产生的用益物权，其实质是一种地上权。

我国的城市土地属于国家所有。在这一土地所有权制度中，如何解决城市建设和居民住宅的用地，是一个重大问题。例如，城市所有的土地都属于国家所有，而每一个城市居民都需要有一块土地来建设自己的住宅，使自己能够安身。在改革开放中，创造了国有土地使用权这种物权，解决了这个问题。《物权法》将这个物权规定为建设用地使用权，确认建设用地使用权出让和划拨这两种权利取得的基本形式，从而通过开发商依据国有土地使用权出让合同的形式，取得建设用地使用权进行住宅建设，然后将住宅出售给城市居民，使城市居民在取得住宅的建筑物区分所有权的同时，取得了与自己的住宅相应的那份建设用地使用权，由此解决了中国城市居民住房用地的需求与土地公有的矛盾问题。同时，《物权法》又明确规定了住宅建设用地使用权到期后的自动续期制度，从而消除了建筑物区分所有权的所有人即业主对于建设用地使用权 70 年使用期的顾虑。

在工商业以及其他建设用地需要的问题上，《物权法》也明确规定了具体规则，使这个用益物权能够解决工业、商业、国防以及其他方面建设的用地需求。

建设用地使用权是地上权的一种，而不是全部。它是建立在土地公有制基础上的地上权，而不是在私有土地上设立的地上权。

3. 宅基地使用权

在解决农民的住宅用地问题上，《物权法》继续坚持设立宅基地使用权的方法，使每一户农民都能够从集体所有的农村土地中获得一块地设立宅基地使用权，没有期限限制，供自己建设住宅，永久享有建筑物的所有权。

宅基地使用权也是地上权，但它是建立在农村土地公有制基础之上的地上权，独具特色。

（六）与众不同的物权规则

《物权法》还创造了很多具有中国特色的一般规则和具体规则，这也体现了我国《物权法》的鲜明中国特色。这样的规则比比皆是，仅举几例作为说明。

1. 关于善意取得

各国物权法一般都规定善意取得适用于动产交易，不适用于不动产交易，但我国《物权法》在“所有权取得的特别规定”一章中规定，善意取得既适用于动产，也适用于不动产。这样的规则来源于我国的司法实践。最高人民法院总结司法实践经验，于《关于贯彻执行〈中华人民共和国民法通则〉若干问题的意见（试行）》第89条规定：“共同共有人对共有财产享有共同的权利，承担共同的义务。在共同共有关系存续期间，部分共有人擅自处分共有财产的，一般认定无效。但第三人善意、有偿取得该财产的，应当维护第三人的合法权益，对其他共有人的损失，由擅自处分共有财产的人赔偿。”这样的司法解释是成功的，笔者曾经写过文章说明这一司法解释的法理依据和现实价值。① 这里说的共有财产包括动产和不动产。把这样的规则写进《物权法》是完全有把握的，也体现了我国《物权法》的中国特色。

不动产交易适用善意取得制度主要有两种形式：一是共同共有人之一处分共有不动产，未经其他共有人同意，受让人善意、无过失时取得该不动产；二是错误登记的不动产，登记权利人予以转让时，受让人善意、无过失的，取得该不动产。随着不动产物权登记制度的进一步完善，不动产的善意取得情形会不断减少。

2. 关于建筑物区分所有权

关于建筑物区分所有权的规定，《物权法》也有自己的特点：第一，关于权利的名称，将其叫作“业主的建筑物区分所有权”。这体现了立法者尽力贴近人

---

① 杨立新. 论共同共有不动产交易中的善意取得//民商法判解研究：第8辑. 长春：吉林人民出版社，1999：283以下.

民群众，让这一物权更便于人民群众理解和掌握的意图。第二，将建筑物区分所有权中的成员权的内容改变为共同管理权，将其主要内容规定为对区分所有的建筑物管理，设立业主大会、业主委员会等管理组织机构，管理区分所有建筑物的权利和义务。这与各国规定的建筑物区分所有权相比，具有自己的特点。

3. 关于拾得遗失物

对于拾得物，《物权法》用了 5 个条文进行规定，突出了这个问题的重要性。在具体规则上，规定了应当将拾得物返还权利人或者送交公安等有关部门等规则，宣扬了拾金不昧的精神，也有特点。在这一规定中，还第一次规定了悬赏广告的效力。

三、《民法总则》对物权的新规定

2017 年 3 月 15 日通过的《中华人民共和国民法总则》在“民事权利”一章规定了物权及有关条文，其主要内容如下。

(1)《民法总则》第 113 条规定：“民事主体的财产权利受法律平等保护。”这是对民事主体的财产权利平等保护的规定，与该法第 3 条关于“民事主体的人身权利、财产权利以及其他合法权益受法律保护，任何组织或者个人不得侵犯”的规定相呼应。为了特别强调对财产权利的平等保护，《民法总则》特别作了这一条规定，主要强调的内容是：财产权利平等保护原则，是指不同的民事主体对其所享有的财产权利，享有平等地位，适用规则平等和法律保护平等的民法原则。其内容是：第一，财产权利的地位一律平等，最主要的含义是强调自然人和其他权利人的财产权利受到平等保护。第二，适用规则平等。对于财产权利的取得、设定、移转和消灭，都适用共同的规则，从而体现法律规则的平等性。第三，法律保护的平等。在财产权利出现争议时，法律平等保护受到侵害的所有财产权利，不歧视。

(2)《民法总则》第 114 条规定：“民事主体依法享有物权。”“物权是权利人依法对特定的物享有直接支配和排他的权利，包括所有权、用益物权和担保物

权。”这一规定，与《物权法》第 2 条第 3 款的规定没有原则区别，进一步强调民事主体享有物权，规定了物权的定义以及物权的体系。

（3）《民法总则》第 115 条规定：“物包括不动产和动产。法律规定权利作为物权客体的，依照其规定。”这是对物的概念和范围的规定，与《物权法》第 2 条第 2 款规定的内容相同。

（4）《民法总则》第 116 条规定：“物权的种类和内容，由法律规定。”这是规定了物权法定原则。物权法定原则是物权法的一项基本原则，也是物权法区别于债法和合同法的重要标志。它又称为物权法定主义，是指物权只能依据法律设定，禁止当事人自由创设物权，也禁止当事人变更物权的种类、内容、效力和公示方法。[①]《物权法》第 5 条规定：“物权的种类和内容，由法律规定。”

（5）《民法总则》第 117 条规定：“为了公共利益的需要，依照法律规定的权限和程序征收、征用不动产或者动产的，应当给予公平、合理的补偿。”这是在《物权法》第 42 条规定的基础上作出的更有利于保护财产权利人的规则。其强调的内容如下：一是，征收、征用必须符合为了公共利益需要的目的。征收导致集体或者个人的所有权的丧失，征用导致集体或者个人的所有权受到限制，都会使权利人的财产权利受到损害，因此，国家的征收或者征用行为，虽然是被许可的行为，是合法的行为，但是通常都有严格的法定条件限制。《民法总则》第 117 条明确规定，这个限制条件就是为了公共利益。《物权法》第 42 条就作了明确的规定，限制政府非为公共利益而进行的征收行为，以保护集体和个人的财产权利。《民法总则》进一步强调，不仅是征收，而且征用集体或者个人的财产，也必须以公共利益为目的，否则就是侵害集体或者个人财产权利的违法行为。二是，征收、征用必须依照法律规定的权限和程序进行。国家法律对于征收、征用集体或者个人的财产，都规定了严格的权限范围和必要的程序，特别是在程序方面规定得非常严格。凡是违反法律规定的权限和程序进行的征收、征用，都是违法行为，都不发生征收、征用的后果。违法的征收、征用给集体或者个人的财产权益造成损害的，征收、征用主体应当承担赔偿责任。三是，征收、征用必须给

---

① 王利明．物权法论．北京：中国政法大学出版社，1998：88.

予权利人公平、合理的补偿。《物权法》第 42 条对于征收集体所有的土地，规定的补偿标准是足额支付土地补偿费、安置补助费、地上附着物和青苗的补偿费等费用，使用的标准是“足额”，因此，这种补偿就是实打实地按照标准予以补偿。《民法总则》第 117 条规定补偿的标准是公平、合理。按照公平、合理的补偿标准，就不能使被征收、征用财产的权利人因征收、征用而受到损失，补偿应当公平，不能出现不公平的现象；并且补偿的数额应当合情合理，使实际损失能够得到合情合理的补足。

第二节　物权法的概念和调整对象

一、物权法的概念

（一）物权法概念的起源和发展

物权法是大陆法系特有的概念，是大陆法系民法典的主要内容，也是大陆法系民法体系的主要法律部门。

有些学者认为，物权法的概念来源于罗马法，在罗马法中就存在了物权法和债法分离的现象，这就是罗马法关于对物法和对人法的区别。[①] 事实上，在罗马法中，物权法概念并没有出现，即使在查士丁尼制定《民法总论》之时，也还是将物与用益物权、所有权、地役权等混淆在一起，没有严格的物权及物权法的概念。法国在制定民法典时，也没有使用物权法的概念，没有严格区分物与物权的概念，没有在此基础上建立一个完整的物权法[②]，而是使用财产法的概念。

在德国，法学家极为注意物与财产的区别，注意物权与债权的区别，在 18 世纪制定《巴伐利亚民法典》和《普鲁士普通法》时，就体现了这样的区别。在

① K. 茨威格特，H. 克茨. 比较法总论. 贵阳：贵州人民出版社，1992：269.
② 王利明. 物权法论. 北京：中国政法大学出版社，1998：67.

19世纪末制定《德国民法典》时，立法者采取了一个极为重要的立法方法，就是将物作为权利客体规定在总则当中，另外专门建立了物权法的体系，并将其作为一个独立的民法组成部分，与债法、继承法相并列，称为三大财产法。从《德国民法典》开始，物权法才真正成为一个具有自身独立体系、内容完整的法律，并成为民法的重要组成部分。因此，一般认为，物权法在学说上是由潘德克吞法学所创，在立法上是1896年《德国民法典》所首创。①

大陆法系制定物权法，采用两种不同的模式。

1. 德国式的形式物权法模式

德国式的物权法来源于罗马法的《学说汇编》，并为德国学者所完善。其特点是民法典规定总则，其下分为物权编、债编、亲属编和继承编，区分债权与物权，区分财产法与身份法，物权法成为民法中的一项体系完整、相对独立的法律制度。因而，德国式的物权法是明确使用物权概念规范各类物权的法律。

2. 法国式的实质物权法模式

法国式的物权法模式也称为罗马式，来源于罗马法的《法学阶梯》。《法学阶梯》将民法分为人法、物法和诉讼法。《法国民法典》继承了这一形式，将民法典分为人法、财产法和取得财产的各种方法，去掉了诉讼法的内容。罗马式的民法典不设总则，债权和物权的区分也不够严格，因此，物权法并没有成为罗马式民法典中的独立组成部分，但是在学说上采用物权和物权法的概念，也有较为严格的物权法理论体系。所以，法国式的物权法也称为实质物权法模式。

与大陆法系不同，英美法系没有物权法的概念，与之相对应的是财产法概念。不过，英美法系的财产法不仅包含了大陆法系物权法的基本内容，也包含租赁、赠与等债法的内容，从而使财产法的概念和体系较为庞杂。在制定我国民法典的过程中，有的学者提出不应当制定《物权法》而应当制定《财产法》的观点，是因为没有注意到大陆法系物权法和英美法系财产法的区别。如果制定成文法的民法典，就不能抛弃物权法的概念而采用财产法的概念。这是因为，物权法是大陆法系民法的概念，任何国家采大陆法系的立法体例制定民法典，都必须采

① 陈华彬. 物权法原理. 北京：国家行政学院出版社，1998：25.

用物权法概念，并且将物权法作为民法典的基本范畴。

（二）物权法概念的比较

对于物权法的概念，我国较早时期的民法学者认为，物权法云者，规定个人与其生活上所需货物之直接关系之法规之总称也[①]；或者认为，物权法者，规定物权关系之法规也[②]；或者认为，物权法，乃人类维生本能所发展之私有财产制度中，关于直接利用外物，以满足经济欲望之法制。[③]

在我国改革开放之后，最早在物权法专题研究中提出物权法概念的是钱明星教授。他在《物权法原理》这部著作中提出了“物权法是民法的重要组成部分，它是调整人（自然人、法人，特殊情况下可以是国家）对于物的支配关系的法律规范的总和”[④] 的观点，对物权法作出了最初的界定。

王利明教授将物权法分为广义的物权法和狭义的物权法。他认为：广义上的物权法是指凡是以调整人对物的支配关系为内容的法律规范，都是物权法的范畴，所以广义的物权法通常也称为实质意义的物权法。狭义的物权法，是指民法典中关于物权的规定，因此也称为形式意义上的物权法。[⑤]

梁慧星教授也是将物权法区分为广义的物权法和狭义的物权法，认为：广义的物权法，是指属上述第一大类的财产归属法，即关于人对财产支配关系的全部法律规范。但民法上的财产概念所涵盖的范围甚广，除有体物（动产、不动产）外，还包括专利权、商标权等无体财产，及租赁权等债权。物权法并不将其全部纳入，仅以有体物（动产、不动产）的归属秩序为其规范范围，有时并及于某些特定权利的归属，如权利质权。此即狭义的物权法。通常所说的物权法指狭义的物权法。[⑥]

（三）物权法的基本概念

学说上对物权法进行界定时一般都分为广义的物权法和狭义的物权法，或者

---

① 刘鸿渐. 中华民国物权法论. 北京：朝阳学院，1937：4.

② 柯凌汉. 中华物权法论纲. 上海：商务印书馆，1934：1.

③ 姚梅镇. 民法物权总论. 北京：商务印书馆，1947：3.

④ 钱明星. 物权法原理. 北京：北京大学出版社，1994：1.

⑤ 王利明. 物权法论. 北京：中国政法大学出版社，1998：69.

⑥ 梁慧星. 中国物权法研究：上册. 北京：法律出版社，1998：2.

称为实质的物权法和形式的物权法。① 这种划分有助于掌握民法典关于物权的规定以及特别法和相关法律关于物权规定的关系，能够更准确地理解和适用物权法。

狭义的物权法是形式的物权法，是指民法典关于物权的规定，通常表现为民法典的物权编，以及没有明确称为物权编的有关物权关系的专门规定。一个国家专门制定了《物权法》的，这个《物权法》是狭义的物权法。

广义的物权法是实质的物权法，是指调整物权关系即人对物的支配关系的法律规范的总称。不仅包括狭义的物权法即民法典的物权编或者《物权法》，还包括其他有关物权的单行法及其他法律中关于物权的规定。

二、物权法的调整对象

物权法的调整对象，是研究物权法的基础问题。解决了这个问题，才能对物权法的概念作出准确的理解，同时，也才能将物权法与民法的其他部门法作出区分，正确适用物权法和其他民法部门法。

（一）关于物权法调整对象的不同学说

在当前，关于物权法的调整对象，在我国学术界主要有以下几种不同学说：一是“支配关系说”，认为物权法的调整对象是因直接占有、使用、收益、处分财产而发生的财产支配关系。② 凡是以人对物的支配关系为内容之法规范，均可称为物权法。③ 二是“占有关系说”，认为物权法的调整对象是物的占有关系，物的占有关系是物质资料在特定的民事主体的掌握、控制、支配下而发生的财产关系。这种占有关系包括归属和利用。④ 三是“占有和归属关系说”，认为物权法是调整因占有、使用、收益和处分所发生的社会关系的法律规范的总称，其调

① 曹杰. 中国民法物权论. 长沙：商务印书馆，1937：3.

② 钱明星. 物权法原理. 北京：北京大学出版社，1994：2.

③ 谢在全. 民法物权论：上册. 北京：中国政法大学出版社，1999：1.

④ 李开国. 民法基本问题研究. 北京：法律出版社，1997：264.

整对象就是物质财富的占有和归属关系。[①] 四是“占有、利用、归属关系说”，认为物权法的调整对象是物的归属关系及主体因对物的占有、利用而发生的财产关系和归属关系。[②] 五是“静态财产关系说”，认为财产关系可分为动态财产关系和静态财产关系，物权法规定和调整静态财产关系，物权法的重心在于保护所有权不受侵犯，旨在维护财产的“静的安全”[③]。

研究物权法的调整对象，主要目的是解决对物权法所调整的基本法律关系的认识。对此，历史上有三种不同的学说：一是“对物关系说”。该说最早为中世纪的注释法学派所创造，后来为德国民法学家邓伯格所倡导和完善。该说认为债权关系乃人与人的关系，物权关系乃人与物的关系，因而物权的定义就是人们直接就物享受其利益的财产权，物权的本质就是人与物的关系。二是“对人关系说”。历史法学派的首倡者萨维尼及其嫡传弟子、潘德克吞学派代表人物温德夏德则反其道而行之，鲜明地提出“对人关系说”的主张，认为一切法律关系均为人与人的关系，故物权的本质仍然是人与人之间的关系。三是“折中说”，折中了以上两种学说的对立，认为物权所调整的对象有对人、对物的两个方面，其支配一物的方法和范围，不仅为事实问题，同时也包含法定的法律关系。但仅有此对物的关系，尚难确保权利的安全，故还必须使人对物负担一种不作为的消极义务，两者相依相成，即可确保物权之效用。[④]

（二）物权法的调整对象是人对物的支配关系

物权法所调整的物权关系，并不是人与物的关系，而是人对物所产生的人与人之间的关系。人对物的支配关系并不是单纯的人对物的支配，而是人基于对物的支配所形成的人与人之间的关系。“对人关系说”体现了物权的本质，人对物的支配关系体现的是，就一个特定的物所形成的人对这个物的权利、义务关系。

基于这样的认识基础，笔者认为，物权法的调整对象是人对物的支配关系，

① 王果纯，屈茂辉．现代物权法．长沙：湖南师范大学出版社，1993：2.

② 王利明．物权法论．北京：中国政法大学出版社，1998：71.

③ 王家福，等．合同法．北京：中国社会科学出版社，1986：12. 王家福．中国民法学·债权．北京：中国政法大学出版社，1993：3.

④ 陈华彬．物权法原理．北京：国家行政学院出版社，1998：2－3.

这种支配关系具体表现为人对物的归属和利用关系。《物权法》第 2 条第 1 款规定："因物的归属和利用而产生的民事关系，适用本法。"这一条文准确地规定了物权法的调整对象，是一个非常经典的规定。

首先，物权法所调整的对象，就是物权法律关系。从表面上看，这个物权法律关系是指人与物的关系，但在实质上并不是指人与物的关系，而是人基于对物的支配所产生的人与人之间的关系。人对物的支配关系并不是单纯的人对物的支配，而是人基于对物的支配所形成的人与人之间的关系。

其次，物权法律关系的内容是人对物的支配关系，这种支配关系具体表现为人对物的归属和利用关系。对物的归属关系，是确定特定的物究竟归谁所有、谁享有绝对的支配权。对物的利用关系，是对于一个具体的物，究竟谁有权对其进行利用；既包括所有权人对自己所有的物的利用，也包括他人对所有权人所有的物的合法利用，例如，对国家所有的土地，开发商可以取得建设用地使用权进行开发建设。

第三节　物权法的性质和特征

一、物权法的性质

物权法的性质是私法，即"物权法乃私法之一分支"[①]。

（一）物权法的私法性质是基于民法的性质产生的

在世界各国的法律划分中，最基本的划分是公法与私法的划分。尽管划分公法和私法的标准众说纷纭，但有一个基本的标准，即公法与私法的区别在于法主体的差异，因此，由法的成立根据或法的规律之内容的差异，可以显示出公法与

① 姚梅镇. 民法物权总论. 北京：商务印书馆，1947：1.

私法的大体倾向之不同。[①] 这就是，公法所调整的法主体，至少有一方是国家或者是由国家予以国家公权者，私法所规范的法主体，直接的都是个人或非国家公权的法主体。[②]

民法是私法，它规范的法主体是个人和非国家公权的法主体，其调整的法律关系，是个人之间、个人和非国家公权的法主体之间的私的民事法律关系，而不是国家之间，或者国家与个人之间的行政关系、诉讼关系等公法关系。因此，民法就是私法。

物权法是民法的组成部分，因而物权法的基本性质须接受民法基本性质的制约，也是私法。

（二）物权法所调整的基本内容仍然是民事主体之间发生的民事法律关系

物权法所调整的对象，是人对物的支配关系，体现的是在物的面前人与人的社会关系。这样的法律关系，仍然是个人之间或者个人与非国家公权的法主体之间的民事关系。调整这样的民事法律关系的法律，其性质当然是私法。在很多学者的著述中，都强调物权法所具有的公共性特色[③]，以及物权法所包含的某些程序的内容，如关于登记的程序、关于取得土地使用权的审批程序等[④]，因而认为物权法具有一定的公法色彩。这些分析都是对的。但是，物权法的基本内容所规范的是个人的，以及个人与作为非国家公权的法主体之间的民事法律关系，因而，物权法的性质仍然是私法。

二、物权法的基本特征

（一）物权法是财产法

物权法是财产法，这是物权法区别于人格权法和亲属法的基本特征之一。

---

① 美浓部达吉. 公法与私法. 黄冯明，译. 上海：商务印书馆，1937：36.

② 同①34.

③ 陈华彬. 物权法原理. 北京：国家行政学院出版社，1998：31.

④ 王利明. 物权法论. 北京：中国政法大学出版社，1998：76－77.

自罗马法以来，一直将民法分为人法和财产法，由此形成民法的两大支柱，一是人身权利，二是财产权利。调整人身关系的那一部分民法规范称为人法或者人身权法，调整财产关系的那一部分民法规范称为财产法或者财产权法。物权法属于调整财产关系的法，因而属于财产法，其规范的是基于财产而生的人与人之间的权利、义务关系。

在民法当中，规范财产关系的部分不仅仅是物权法，还有债法和知识产权法。债法是规范动态财产关系的民法部门法，知识产权法是调整既具有财产性质又具有人身性质的法律关系的法律，但是其主要调整的是财产关系，因而其将成为财产法的范畴，被认为是关于无形财产的法律。继承法兼有财产法和身份法的性质，但是以财产法的性质为主，故属于财产法。在这些法律中，物权法是最主要、最基本的财产法。

（二）物权法是强行法

物权法是强行法，这是物权法区别于债法的显著特征之一。

民法的基本性质是以任意法为主的私法，即民法规范的主要内容是任意法，在一个具体的法律关系中，是否适用民法的规范，由当事人的意志所决定，因而民法属于示范性法。立法所规定的，是给当事人设立民事权利、义务的规范，由当事人决定是不是采用立法所标示的规范。但是，民法的任意性并不是绝对的，其中包含很多强制性的规范，因而民法具有一定的强行法性质。

民法的这种以任意性为主的特征，一方面表现在民法的基本内容上，即其主要内容是任意法，部分内容是强行法；另一方面表现为民法的某一部分的主要性质是任意法，某一部分的主要性质是强行法。例如，债法的基本性质是任意法，其主要规范都是任意性的而不是强制性的；而物权法的性质与此相反，其主要部分是强行法，主要内容不是任意性规范而是强制性规范，因而物权法具有强行法的特征。

这是因为，物权不仅涉及当事人，而且涉及其他第三人，涉及国家和社会的公共利益，一旦准许当事人任意设定，这些利益就会受到损害。因此，物权法对物权的很多规定都是强制性的，除少数例外之外，多数规定不许当事人任意变

更，必须绝对适用。例如物权法定原则、不动产物权变动的登记制度、取得时效制度等，都不能自由约定。

物权法的强行法特征，是物权法区别于其他财产法的典型特征。当事人在适用物权法时，以及法官在审判物权纠纷案件时，对此必须予以重视。凡属强制性的法律规定必须予以适用，不得由当事人自行选择适用；自行选择不适用物权法的规定的，违法。

（三）物权法是普通法

物权法不是民事特别法而是民事普通法，这是物权法与民事特别法相区别的一个显著特征。强调这一点，是因为物权法的形式是独立的法律，它相对于民法总则而言，具有特别法的性质。

首先，民事普通法是指适用于全国领域、规定一般事项，并且无适用时间限制的民事法律，而民事特别法是指适用于特定的区域、规定特定事项，或者在适用时间上有特别限制的民事法律。[①] 物权法规定的不是适用于特定区域、特定事项或者有特定时间限制的内容，而是适用于全国领域、规定一般事项、在时间上也没有特别限制的法律，因而它是普通法而不是特别法。

其次，物权法是民法的组成部分，而不是民法的特别法。在采民商合一立法体例的国家，民法典是民法的普通法，公司法、票据法、保险法等法律是民法的特别法。我国《物权法》的制定，由于历史的原因，虽然采用单行法的形式，但这并没有否定物权法为民法组成部分的属性，而是一种变通方法，最终还是要制定民法典的物权编的。因此，我国《物权法》不是与《公司法》《票据法》《保险法》等民法特别法性质相同的法律，而是民法的普通法。在此之前制定的《担保法》也不是特别法而是普通法。

根据物权法的这一特征，在适用法律时，应当依据普通法的要求适用《物权法》的规定，而不能按照特别法的要求适用。

（四）物权法是固有法

固有法是指保留了较多的国家、民族、历史传统和国民性的法律，因而又称

---

① 王利明．物权法专题研究：上册．长春：吉林人民出版社，2001：8.

作“土著法”。物权法是固有法，这是物权法区别于债法、知识产权法等普遍法而具有的一个显著特征。

物权法的基本内容是规定物权制度，体现一个国家的基本所有制以及在所有制的基础上建立的各项物权制度。由于一个特定的国家具有自己不同的发展历史和观念，且物权法的发展具有更为浓厚的自己国家和民族的特色，体现与自己国家和民族发展相一致的民法物权制度，因而物权法所规定的制度千差万别，各有自己的特点。当代各国物权制度由于相互借鉴，在很多具体制度上规定了相同的或者相似的内容，但与债法和知识产权法等普遍法相比较，物权法还是有很大的本土差异。

而债法则不同。债法规范的是交易行为，各国之间的交易必须遵守共同的交易规则，否则交易将无法进行，即使能够进行也会有很多困难，甚至使一方当事人受到损害。正如清末修订法律大臣俞廉三、刘若曾在《民律前三编草案告成奏折》中所称：斟酌瀛海交通，于今为盛。凡都邑巨阜，无一非商战之场。华侨在国外发生争端，要适用本国法。一旦构成讼争，彼执大同之成规，我守拘墟之旧习，利害相去，不可以道里计。因而凡能力之差异、买卖之规定，以及利率、时效等项，悉采用普通之制，以均彼我而保公平。① 如果债法规定与别国的不同，就难以取得交易上的优势。

掌握物权法的这一特征，有助于在适用法律时对法律规定的准确理解。对于中国固有的物权制度要从中国的发展历史中来理解；对于借鉴外国而建立的物权制度，既要从国外同类制度的发展历史来理解，也要结合中国的实践，绝不能脱离中国的实践。

第四节　物权法的基本原则

某部法律的基本原则，是贯穿该部法律始终的基本精神和基本理念。在我

① 张晋藩．清代民法综论．北京：中国政法大学出版社，1998：251.

国的立法和学理上，有确定一部法律的基本原则的习惯。例如，《民法通则》从第3条到第7条确立了民法的基本原则。《合同法》《婚姻法》《继承法》等民法基本法也都规定了各自的基本原则。在学理上，研究一门法律，也首先要从该法律的基本原则出发，继而延伸到全部的法律规范。研究物权法同样应当如此。

对于法律基本原则的功能，专家各有不同的解说，一般认为，法律基本原则至少具有以下功能：一是作为制定该部法律时贯穿始终的基本精神。在制定法律时，有一个贯穿始终的基本精神，这个基本精神就是这部法律的基本原则。二是作为对法律条文理解和解释的基准。既然基本原则是法律制定时所始终信守的基本精神，那么在适用法律对法律条文进行理解和解释时，就必须依据法律基本原则进行，离开基本原则的解释是无效的解释。三是具有执行法律时的一般拘束力。基本原则具有一般拘束力，主体在实施民事行为、行使民事权利、履行民事义务时，必须接受基本原则的一般拘束。在一般情况下，基本原则在特定法律中有具体条文的，适用这样的条文就是遵守了法律的基本原则。有时法律并没有规定这样的具体条文，而是在法律的全部规范中体现出来的原则，这就是“即使在法律文本中没有写明亦具有法律拘束力的法的一般原则”①。

在适用法律时，基本原则既是指导性原则，也具有与普通法律条文同样的作用。在法律缺乏具体规定时，基本原则有具体适用的作用。即使那些没有以条文表述的基本原则，在适用时也要遵守，不能违背。

物权法的基本原则是：平等保护原则、物权法定原则、一物一权原则和公示公信原则。

物权法基本原则与民法基本原则的关系是：首先，物权法的基本原则是在民法基本原则指导下的原则，是民法基本原则在物权法的具体化。物权法是民法的组成部分，物权法必须接受民法基本原则的指导，物权法的基本原则不能违背民法基本原则，并在民法基本原则的指导之下，确定物权法的基本原则，将民法的基本原则贯穿到物权法当中。其次，物权法的基本原则又不能是民法基本原则的

① 梁慧星．民法总论．北京：法律出版社，1996：39．

简单翻版，甚至原文照搬，而是要依据物权法的基本内容确定物权法的基本原则。只有这样，物权法的基本原则才有自己存在的必要。正因为如此，在适用法律对物权法作出理解和解释时，一是应当遵守民法的基本原则，不能违背民法的基本原则；二是要遵守物权法的基本原则，适用法律和解释法律也不能违背物权法的基本原则。

一、平等保护原则

（一）平等保护原则的概念和内容

平等保护原则，是指不同主体享有的物权地位平等、适用规则平等和法律保护平等的物权法基本原则。《物权法》第 4 条规定："国家、集体、私人的物权和其他权利人的物权受法律保护，任何单位和个人不得侵犯。"《民法总则》第 113 条规定："民事主体的财产权利受法律平等保护。"这进一步强调了对所有的民事主体的所有的财产权利都予以平等保护。

平等保护原则的内容是以下几个方面。

1. 所有物权一律平等

《物权法》规定平等保护原则最主要是强调私人的物权和其他权利人的物权受到平等保护。我国《宪法》和《民法通则》都强调社会主义公有财产神圣不可侵犯，如果片面强调这个原则，私人的物权和其他权利人的物权就一定会受到侵犯。平等保护原则宣示的是，不论是国家物权、集体物权，还是私人物权以及其他权利人的物权，都是平等的，都平等地予以保护，尤其是公有物权不能凌驾在私人物权之上、侵害私人物权。

有的学者认为，平等保护原则的主要内容是所有的市场主体在物权法中都有平等的地位，这是我国宪法所确认的法律面前人人平等原则的具体体现。① 平等保护原则下的地位平等，究竟是物权平等还是物权主体平等，值得研究。笔者认为，平等保护原则下地位平等并不是指物权的主体地位平等，而是指物权的地位

① 王利明. 物权法研究：上卷. 修订版. 北京：中国人民大学出版社，2007：148.

平等。主体平等是宪法原则和民法原则，物权平等才是物权法的原则。物权平等表现的是不论何种主体所享有的物权，都具有平等的法律地位，不得以国家享有的物权或者集体享有的物权是公有权、神圣不可侵犯，而将其凌驾在私人物权或者其他权利人的物权之上，恣意侵害这些物权。这一点，在当前的中国社会中具有更为重要的意义。

2. 适用规则平等

由于物权的法律地位平等，因而对于物权的取得、设定、移转和消灭，都适用共同的规则，体现法律规则的平等性。如果对不同的物权在取得、设定、移转和消灭时适用不同的法律规则，就一定会造成物权的法律地位不平等，私人的物权就会受到侵害、得不到平等的保护。在当前，对国有资产的转移设定了不同的规则，需要进行评估和批准，就使很多国有企业在与民营企业进行交易时，能够借口其物权转移须适用法律的特殊规则而违反交易规则，侵害其他主体的权利，造成物权的损害。这是违反平等保护原则的做法。

3. 保护的平等

平等保护原则重在对物权的法律保护的平等性。法律保护的平等性，主要表现在物权出现争议时的保护平等性和物权受到侵害时的保护平等性。

物权出现争议时的保护平等性，是指对于发生争议的物权，用相同的规则确定物权的权属，不得以大欺小、倚强凌弱。即使国家与其他主体在物权的归属上发生争议，国家也必须平等地享有确权请求权，由人民法院依法裁决，而不是由国家行政机关作出决定。

物权受到侵害时的保护平等性，是指不同主体享有的物权在受到侵害时，都平等地受到物权请求权和侵权请求权的保护。不仅对公有的物权予以保护，对私有的物权同样予以保护，对私人享有的物权更要予以保护，并且要将其置于与国家享有的物权同样的地位予以保护。

（二）平等保护原则的价值

平等保护原则作为物权法的基本原则，是物权法基本目的的集中体现。它的价值表现在以下几个方面。

1. 对物权平等保护是市场经济的必然要求

平等是市场经济的基本要求。市场是由无数的每天重复发生的纷繁复杂的交易构成的。如果在这些交易中的物权是不平等的，国家所有权神圣不可侵犯，集体所有权也神圣不可侵犯，而私人的物权是不神圣的，是可以侵犯的，则在不平等的物权之间就无法进行交易；即使进行交易，也会出现不公平的结果。“国家实行社会主义市场经济，保障一切市场主体的平等地位和发展权利”①，不论何种性质的物权，在市场经济中都是平等的。

2. 对物权平等保护是主体地位平等的必然反映

在市场经济中，市场主体的地位平等，必然反映到市场主体的物权平等，因而物权平等保护原则是市场主体地位平等的必然反映。如果市场主体的地位是平等的，物权保护却是不平等的，有的是神圣的，有的是不神圣的，那么物权就无法实现地位平等，也就无法进行正常的市场交易，平等地位就是一句空话。没有对物权的平等保护，市场主体地位不可能平等。

3. 对物权平等保护是私人物权的必然诉求

对物权平等保护是私人物权的正当诉求。在不平等的物权之中，受到压制的必然是私人物权。因为我国是社会主义公有制，公有的物权就似乎天然地具有优势地位。长期以来，在“左”的思想指导下，中国社会蔑视私人权利，歧视私人物权，任意剥夺和侵害私人物权被视为天经地义。改革开放以来，这种思想得到清算，私人物权得到伸张，主张所有的物权受平等保护，也就是私人的物权和其他权利人的物权受平等保护。《物权法》反映私人物权的这种诉求，规定对物权的平等保护原则，是完全正确的。

4. 对物权平等保护是促进社会财富增长的客观需要

“有恒产者有恒心”，对物权的平等保护是鼓励人民创造财富的根本动力。如果私人物权和其他权利人的物权地位不平等，不能得到平等保护，甚至被任意剥夺，那么人们就没有创造财富的动力，社会财富就不会持续增长。实行对物权的平等保护原则，划清物权的界限，明确创造的财富的归属，并且予以平等保护，

① 《物权法》第3条第3款的规定。

就会鼓励人们创造财富，促进社会财富不断增长，从而使国家富强起来、人民富裕起来。

（三）平等保护原则的适用

平等保护原则在法律适用中，主要体现在以下三个方面。

第一，把平等保护原则作为物权法适用的一般指导思想，贯彻落实。不论是"抽象所有，一体保护"还是"区别所有，平等保护"，都是指无论国家、集体抑或个人的物权，都予以平等保护。在物权法适用中，必须贯彻这个基本指导思想；凡是违反平等保护原则的，都违反物权法的基本原则，都是错误的。

第二，在司法实践中，在对物权规则出现争议时，应当依照平等保护原则进行解释。在具体解释中，应当根据目的解释原则，依照物权法的立法目的——贯彻平等保护原则，平等保护各种物权，特别是保护好私人物权和其他权利主体的物权。

第三，违反平等保护原则的后果是，准许当事人寻求法律救济。在交易中，以及在司法实践中，当事人应当遵循平等保护原则进行，发生争议的，法官的判决和裁定必须遵循平等保护原则，正确适用法律。如果没有依据平等保护原则，具有优势地位的物权人倚强凌弱、仗势欺人，或者法官违反平等保护原则进行裁判，则应当准许当事人依照物权法的规定和诉讼法的规定，进行法律救济。

二、物权法定原则

（一）物权法定原则的概念和内容

物权法定是物权法的一项基本原则，也是物权法区别于债法和合同法的重要标志。它又称为物权法定主义，是指物权只能依据法律设定，禁止当事人自由创设物权，也不得变更物权的种类、内容、效力和公示方法。[①]《物权法》第 5 条规定："物权的种类和内容，由法律规定。"《民法总则》第 116 条规定了同样的内容。

物权法定原则的内容包括物权类型强制和物权内容强制。

① 王利明. 物权法论. 北京：中国政法大学出版社，1998：88.

1. 物权类型强制

物权法定的第一个内容是物权的种类非经法律规定，当事人不得创设。这一内容被称为物权类型强制。

实行物权类型强制，当事人只能依照法律明确规定的物权类型和条件设立物权，不能超出法律的规定设立法定物权以外的物权类型。例如，法律只规定了动产质权，没有规定不动产质权，如果当事人违背法律的规定设定不动产质权，那么这种设定不动产质权的行为就是无效的，不发生担保债权的预期后果。

2. 物权内容强制

物权法定的第二个内容是物权的内容非经法律规定，当事人不得创设。物权法定原则的这一内容被称为物权内容强制，也叫作物权类型固定。

物权内容强制，是指物权的具体内容也由法律规定，法律对一个具体的物权内容规定是什么就是什么，不得由当事人约定法定物权的具体内容。例如：法律规定质权要转移占有，当事人就不能约定不转移占有的动产质权，约定了也是无效的；法律规定抵押权设定以后不要求转移抵押财产的占有，则约定转移抵押财产的占有为抵押权成立要件的抵押合同无效。

实行物权类型强制和物权内容强制，要求物权立法和当事人实施设定物权的行为必须遵守以下规则：

第一，物权的类型必须在《物权法》中规定，应当规定的必须明确规定，不应当规定的不能含含糊糊，应当让民事主体在设定物权时有明确的依据。司法机关适用法律应当遵守类型强制的规则，严格按照法律规定的物权种类确定物权。

第二，法律规定物权的内容应当尽量全面。虽然立法难以概括穷尽社会现象，但是基本的内容应当规定清楚、明确，不能有歧义，避免在民事主体设定物权时对该种物权的内容约定不清。当事人在设定物权时，如果约定的物权内容超出了法律规定的内容，法院应当确认其无效，且按照法律规定的该种物权内容认定。

第三，随之而来的，就是当事人在设定物权行为时，应当遵守类型强制和内容强制的规则，按照法律的规定设定物权种类，设定物权的内容，而不能自行其

是。应当明确，当事人意思自治原则对物权法定原则是不适用的，任何违反物权法定原则约定物权的设立、变更、转移、消灭的行为都是无效的，不会发生预期的法律结果。

（二）物权法定原则的理由

物权法定原则缘于罗马法，是罗马法构造物权制度的重要基础之一。从历史上看，物权法定主义并不是始终如一的，其间有过放任主义（或称自由主义）的态度，但更多的立法例采用物权法定主义立场，认为放任主义不利于保护当事人的利益，徒增社会纠纷，严重损害交易安全，不利于维护一国经济秩序。①

确立物权法定原则的理由和根据，主要有以下几点。

1. 确保物权的绝对性和支配性

物权与债权的基本区别，就在于其绝对性和对物的支配性以及排除他人干涉的排他性。这种绝对性、支配性和排他性，必须确保其完全地实现，才能够实现物权法的目的。对于具有这种性质的权利，必须使其具有法律规定上的严肃性，而不能使其徒有其名，更不能使其混乱不堪、无法维持其体系的严整和内容的严谨，因为这样必然害及物权的绝对性、支配性和排他性。如果准许当事人自行约定物权种类和物权内容，会使这样的混乱不断出现。而要做到这一点，就必须在基本法律上进行规定，并且不得由当事人自行约定物权的类型和内容。

2. 整理旧物权，防止封建物权的复活

封建物权的主要特征是物权制度与身份制度相结合，所有者将其所有的物准许他人为用益或者生产，所有人与利用人之间即产生相应的身份关系，例如家长与家属、领主与属民（卑奴）、主人与婢仆、师傅与学徒之间的关系，支配所有物，就可以支配用益物的人，使人也成为支配的客体。因此，不仅在同一土地上因各自身份特权的不同需求，成立重叠的所有权，而且挟身份特权的威势，使物权变成对人的支配。在我国历史上存在的人质（以人质押借贷）、人典（典妻）等，也是支配人身的旧物权。这种情况为近代人权思想所不容。由此，对旧物权制度必须加以整理，使物权脱离身份的支配，成为纯然的财产权，即所谓自由的

① 陈华彬. 物权法原理. 北京：国家行政学院出版社，1998：71.

所有权。[1] 清算了旧物权之后，将新物权用法律固定下来，不准许创设新的物权，就防止了旧物权的死灰复燃和复辟。

3. 确认和巩固社会经济制度，维护社会秩序

物权制度是一定社会所有制关系在法律上的反映，与其他法律制度相比，物权制度最直接地反映了社会基本经济制度，且是直接为特定社会关系的所有制服务的，所以物权是社会的基本财产权。只有法律明确规定物权的类型和内容，才能从法律上确认和巩固社会经济关系并维护正常的社会秩序。[2] 物权法定，实现了所有权对物的全面、永久的支配，确保其绝对地位，同时建立起完整、统一的物权体系，会更有力地保障社会经济制度，维护社会秩序。

4. 便于物权的公示，确保交易的安全和迅速

物权是绝对权，必须保证其透明，使他人对权利的状况一目了然。采取物权法定原则，便于物权的公示，使他人知晓，以保证通过市场所取得的物权的真实性，从而防止对物权的侵害，也保证交易安全，防止物权交易的不真实而损害他人的利益。物权的法定和公示，使物权交易更为透明，一般人对财产的归属一目了然，交易双方无须对交易对象进行繁复的调查就可以获知有关内容，确保了交易的安全和便捷。

5. 确保完全的契约自由

契约自由必须以物权法定为前提，否则，契约自由就无法保证。其道理是，为了保障充分的契约自由，避免强行法对私的交易秩序的介入，有赖于预先确定作为交易标的的物权的内容。如果不是这样，在一物之上就可以任意地设定不相容的数个物权，就会使对单个的契约从外部加以控制，从而使契约自由招致否定。只有采取物权法定原则，契约自由才能得到维持，充分的契约自由的实现才有可能。

（三）物权法定原则的缓和

物权法定原则的缓和，是指物权法定原则为适应社会实际生活变化所具有的

---

① 谢在全. 民法物权论：上册. 北京：中国政法大学出版社，1999：41-42.

② 王利明. 物权法论. 北京：中国政法大学出版社，1998：92.

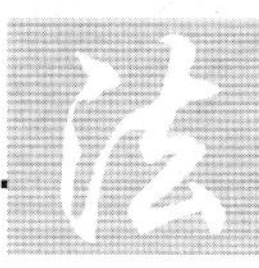

适度灵活性。物权法定原则固然为确定物权类型和内容永久符合社会需要的理想，但是在事实上存在理想和实践的距离问题。立法总是反映立法当时对社会规律的认识，存在历史的局限性；对于未曾发生的历史现象，立法永远存在实践的局限性；立法也是各个具体时代的产物，各个时代立法者因认识能力也具有自己的局限性。这些局限性必然导致在法律上留下缺漏，使法律不能穷尽社会生活现象。同时，社会总是在不断地发展，新的需求也在不断产生。在这样丰富多彩、日新月异的社会生活面前，物权法定原则受到严峻考验，需要进行检讨，不能过于僵化，需要缓和。这就是实行物权法定原则以后提出的物权法定原则缓和问题。

关于怎样缓和物权法定原则，学者提出了不同的观点。

1．“物权法定无视说”

该观点认为应根本无视物权法定主义的规定，而承认习惯物权的效力。这种观点由日本学者我妻荣所创，理由是：物权法定主义的确立是为了整理旧物权、防止封建主义物权复辟，而习惯是在社会生活中自然发生的，不仅无阻止的可能，反而是，如加阻止、干涉，将有害于社会的发展。况且保护土地利用人为物权法的趋势，基于此立场，亦应承认习惯法上的物权。①

2．“习惯法包含说”

该观点认为按照民法规定，法令未规定事项的习惯，与法律有同等效力，此等习惯应为由民法典物权法定所称的“法”所包含，也就是说，立法在强调物权法定原则的同时，就承认习惯法上的物权的适法性。②

3．“习惯法物权有限承认说”

该观点认为虽然物权法定原则的“法”不包括习惯法，但是从物权法定原则存在的理由来看，如果社会所产生的物权不妨害物权体系的建立，且无碍于公示，则可以突破物权法定原则的拘束，直接承认该惯性的物权为有效。③

---

① 谢在全．民法物权论：上册．北京：中国政法大学出版社，1999：46．

② 陈华彬．物权法原理．北京：国家行政学院出版社，1998：75－76．

③ 同②76．

4.“物权法定缓和说”

该观点认为新生的物权如果不违反物权法定原则的立法旨趣，又有一定的公示方法，可采对物权法定内容从宽解释的方法，解释为非新种类的物权，盖此仅为物权内容得以变更的界限问题。①

对物权法定原则缓和的解释，集中在如何解释物权法定的“法”字上。如果将这个“法”字作绝对化甚至僵化理解，物权法定就无法适应社会的变化以及对物权发展的需求。物权法定原则的缓和，就在于在坚持物权法定的立场之上适当变通，将法定之“法”柔化，使其包含习惯法，使物权法定原则适应社会的发展和需要。缓和的就是物权法定原则的僵化，使之对社会生活中新产生的又具有一定公示方法的物权采取承认的态度，并且将其适时纳入物权法体系，使立法更为完善。因此，物权法定原则为“刚”，物权法定原则缓和为“柔”，两者结合才能使物权法定原则追随社会变化，适应社会发展的需要。我国在《物权法》起草过程中，曾经提出了物权法定缓和的立法方案，但最后被否决了。这是一个不明智的做法。在我国，存在典权、居住权、优先权、所有权保留和让与担保以及后让与担保等物权形式，《物权法》一方面对这些物权不予明确规定，另一方面又不规定物权法定缓和以进行调整。这是立法思想僵化的表现，将会使法院在面对这些物权纠纷案件时，处于一种尴尬的地位。对此，应当提出适用物权法定缓和的办法，实事求是地解决这些矛盾。

（四）违反物权法定原则的后果

当事人违反物权法定原则的后果，在于以下几点。

1. 法律有特别规定的依照法律特别规定

物权法对物权种类和内容的后果作出明确规定的，应当按照特别规定处理。例如，《物权法》第 245 条第 2 款规定，占有返还原物的请求权，自侵占发生之日起 1 年内未行使的，该请求权消灭；当事人约定返还原物的请求权超过半年不行使的而请求权消灭的，该约定无效。

---

① 谢在全. 民法物权论：上册. 北京：中国政法大学出版社，1999：47.

2. 法律没有规定的当事人不得自由设立

法律没有特别规定，当事人自由设立物权种类和内容的，属于违反法律的禁止规定，依照《民法通则》第58条第5项的规定，属于违反法律的民事行为，为无效。例如，超出法律规定，对不动产设定质权，就是违反法律禁止的行为，当然为无效。

3. 部分违反物权法定原则的内容，违反的部分无效

设定物权的一部分内容违反禁止性规定，但是其他部分并不违反法律禁止的，则仅违反法律禁止的部分无效，其余部分为有效。《物权法》第126条规定："耕地的承包期为三十年。草地的承包期为三十年至五十年。林地的承包期为三十年至七十年；特殊林木的林地承包期，经国务院林业行政主管部门批准可以延长。"这里规定的这些期限为法定期限。违反该期限的，其超过的部分为违反法律所禁止而为无效，没有超过的部分自然有效。

4. 违反物权法定原则的行为的效力不影响其他法律行为的效力

物权虽然无效，但其行为具备其他法律行为的要件的，具备要件的民事法律行为应当有效。例如，当事人约定承租人就租赁的房屋与基地享有有物权效力的优先权，虽然不生物权的效力，但出租人倘有违反，仍应负债务不履行的损害赔偿责任。[①]

在审判实践中，法官要注意把握上述要点，正确对待当事人违反物权法定原则而作约定的具体情况，作出符合法律规定的裁断。

三、一物一权原则

（一）一物一权原则的概念

一物一权原则，也称为物权客体特定主义，是物权法的基本原则之一，是指在一个物上仅能成立一个所有权，一个所有权的客体仅为一个物。[②]

---

① 谢在全. 民法物权论：上册. 北京：中国政法大学出版社，1999：45.

② 陈华彬. 物权法原理. 北京：国家行政学院出版社，1998：54.

（二）一物一权原则的内容

一物一权原则包括以下三方面的内容。

1. 一个物之上只能成立一个所有权

理解一物一权原则不能望文生义，关键在于掌握“物”和“权”的界定。一“物”，说的是一个独立的物权客体，是一个独立的有体物。一“权”，说的是所有权，而不是其他物权即他物权。合起来，就是在一个独立的有体物上只能设立一个所有权，绝不能设立两个或者两个以上内容两立的所有权。

2. 一个物的部分之上不能成立独立的所有权

所有权只能存在于一个独立的有体物上，在物的成分或构成的部分上不能成立所有权。这就是罗马法的“所有权遍及全部，不得属于二人”规则。这就是说，一物只能在整体上成立一个所有权，而一物的某一部分如尚未与该物完全分离，就不能成为单独所有权的客体。① 依附于主物的从物之上，不能单独设立所有权，在从物上设立所有权的行为无效。在20世纪50年代合作化时期，有所谓“三条半驴腿”一说，是因为“土改”分田地的时候，几家合着分了一头驴，不过，那是共有，仍然是在一头驴之上设立了一个所有权。“三条半驴腿”，是说共有人按份共有的份额，而不是在“三条半驴腿”上设立了一个所有权。

3. 集合物之上原则上不能成立所有权

在由数个物构成的一个集合物之上，原则上不能成立一个所有权，但是在特别的情况下，按照交易习惯认为集合物是一个独立物的时候，可以设定一个所有权。例如一群羊、一个图书馆、一批货物等，视为一个物，可以成立一个所有权。集合物构成独立的物可以设立一个所有权，要具备三个要件：一是集合物全体与构成集合物的各个部分具有相同的利益，二是不悖于物权特定原则，三是合于物权公示原则。

一物一权原则并不排斥在一个物上设立几个他物权，因为这是充分利用物的价值创造社会财富的途径。要注意的是，在一个物上所设立的他物权，设立在所有权的基础之上，同时，这些设立的他物权不能相互冲突、相互矛盾。

---

① 王利明. 物权法论. 北京：中国政法大学出版社，1999：113.

（三）一物一权原则的理由

自罗马法以来，一物一权原则就被严格遵守。在近世虽然有所演化，但其基本精神没有变化，仍为各国物权法所严格遵守。

确立一物一权原则的理由，有以下几点。

1. 明确权利的范围

所有权的基本属性是支配权，是对所有权客体的支配。如果所有权客体的范围不明确，就会导致所有权的界限不明晰，形成权利交叉，造成权利行使的困难，发生争议。一物一权，界限明确，权利边缘清晰，便于权利的行使，也便于对权利的保护。

2. 避免物权关系复杂化

一个独立的有体物之上只设立一个所有权，就使物权关系简单、明确，不会产生复杂的物权关系，不会在一个物上形成权利重叠和冲突。至于在一个物上产生的他物权，则自有物权法规则调整，不在此限。

3. 避免公示方法上的困难

所有权必须有确定的公示方法，以便他人确认权属。一物一权，只能按照规定的公示方法进行公示，不会产生复杂的公示问题。相反，如果在一物上设立多个所有权，绝不会有利于所有权的公示，必然会造成交易上的困难和麻烦。

（四）一物一权的确认

确认一物一权至关重要，为此要重点解决。

一物中的“物”，应当依照社会交易中的通常观念而为判断，是指法律观念上的一个物，可以是单一物或者合成物。对物的理解还要考虑对物的认识的发展。在传统上，曾经认为土地所有权是对土地作纵向分割，上至天空，下至地心。随着对土地的利用以及分层建设用地使用权的发展，这一观念有了变化，对土地不仅作纵向分割，而且作横向分割，地上空间和地下空间都成为可以利用的物，也可以在其上设立权利。建筑物的区分所有人对于被区分的空间也有所有权存在，被称为特别所有权。这样，在传统的一个“物”上，就有了几个所有权的存在。

一权中的“权”，在理解上要解决两个问题：第一，在共有的情况下，两个或者两个以上的人对一物享有共有权，并不违反一物一权原则，因为他们所共有的是一个所有权，而不是两个或者两个以上的所有权，这个所有权还是一个“权”。第二，这里的“权”是指物权，但仅指所有权，而不是他物权。一物一权原则并不排斥在一个所有权之上设立几个他物权。

四、公示公信原则

公示公信原则也是物权法的基本原则。按其内容是两个原则，即物权公示原则和物权公信原则。这两个原则既有区别又相联系，是相互依存的。《物权法》第6条规定：“不动产物权的设立、变更、转让和消灭，应当依照法律规定登记。动产物权的设立和转让，应当依照法律规定交付。”这一条文规定的就是物权的公示公信原则。

（一）物权公示原则

公示，即公开揭示，使之周知之义。物权公示，是指在物权变动时，必须将物权变动的事实通过一定的公示方法向社会公开，使第三人知道物权变动的情况，以避免第三人遭受损害并保护交易的安全。① 物权公示原则是指物权的变动即物权产生、变更或者消灭，必须以特定的、可以从外部察知的方式即公示表现出来的物权法规则。

确立物权公示原则的理由是：

第一，物权是对世权，物权变动涉及的范围大，不公示不利于保护权利人，需要确定物权支配客体的范围，使其支配的外部范围明确化。物权变动，需要明确区分物权和债权这两种财产权利形态，并将物权界定为直接支配一定的物并得以排斥他人干涉的权利。物权的这种对抗第三人的排他性，使得物权的变动会对第三人的利益产生限制作用，为避免第三人遭受不虞之害，要求物权变动应当有

① 王利明．物权法论．北京：中国政法大学出版社，1998：132.

一定的形式，使之可以让交易关系以外的第三人确知。[1]

第二，物权变动直接关系到财产的归属和利用，对商品经济的正常发展有直接作用，不公示不足以确保商品交易的安全和有效。物必须在流转和利用中才能发挥最大价值，在这些利用和流转物的关系中，必须确保交易的物权的真实和有效，才能够实现其增加财富、推动商品经济发展的目的。因此，只有按照公示原则进行物权变动，人们才能够放心地根据法律所确定的标准进行交换活动。

至于公示的范围，应当是除了少数法定物权以外，其产生都以公示为条件，物权变动必须符合法定的公示条件才能够生效。例如，留置权是法定物权，不必约定，也不必经过公示就产生。其他的物权则必须进行公示。

物权公示，必须依照法律规定的形式，这就是不动产物权变动必须经过登记，动产物权变动则须交付。应当明确规定，除法律另有规定以外，不动产物权的设立、变更、转移和消灭应当登记，不登记不发生物权效力；动产所有权的转让以及动产质权的设立等，除法律另有规定或者当事人另有约定的以外，自交付时发生效力。另外也有特例，即土地、矿藏等自然资源是属于国家所有的不动产，可以不登记；船舶、飞行器和汽车是动产，但其物权的变动要经过登记，不登记不得对抗善意第三人。

（二）物权公信原则

公信，是指物权变动经过公示以后所产生的公信力。物权公信原则所着眼的，正是在物权变动中公示形式所产生的这种公信力，是指在物权变动按照法定方法公示以后，不仅正常的物权变动产生公信后果，而且即使物的出让人事实上无权处分，善意受让人基于对公示的信赖，仍能取得物权的原则。物权变动的公信原则并不特别着眼于前者而是后者，换言之，后者才是公信原则的重中之重。

物权公信原则的内容是：第一，登记记载的权利人，在法律上只能被推定为真正的权利人。即使他不是真正的权利人，法律也认为他是权利人。第二，任何人因为相信登记记载的权利而与权利人从事了移转该权利的交易的，该项交易应

[1] 王轶．物权变动论．北京：中国人民大学出版社，2001：115.

当受到法律保护。即使公示有瑕疵，善意受让人也不负返还义务。这就是公信原则的着重点。

确立物权公信原则的理由在于：商品交换要求及时、安全地将商品的物权移转给受让人，而受让人在事实上很难对出让人的处分权进行周详了解，只要出让人以合法的方式证明自己有处分权，受让人即可信任其有处分权，而物权公示在一般情况下足以证明出让人有处分权。既然如此，按照法定公示方式转让物权的，善意受让人基于对公示的信赖，应当取得物权，否则，人们就不能安心进行交换，社会经济也就无法正常发展。① 可见，公信原则与善意取得是一致的，其意义在于以牺牲真正权利人的利益来换取交易的动态安全。

实行公信原则，可能会使真正的权利人的利益在某种程度上受到损害。为了避免真正的权利人的利益受到损害，除了完善登记程序以外，可以采取事后的补救措施，对真正的权利人所受到的损害给予补偿，具体的方法有如下几种。

第一，动产占有人按照公示方法转让动产物权，受让人是善意的，则其取得了动产的占有就取得了物权。至于原所有人受到的损害，只能赋予其向无权处分人的赔偿请求权，但不能要求新的物权人返还原物。如果受让人出于恶意，则不受公信力的保护。

第二，不动产经过登记而转让物权的，即使登记有瑕疵，但受让人为善意时，其在登记后即时取得物权。对原物权人损害的补救是，准许其要求有过错的出让人或者登记机关承担赔偿责任。

第三，受让人的善意，仅限于不知道且没有义务知道登记事项本身有瑕疵。登记事项之外的有关事实的瑕疵，则不受公信力的保护。

第五节　民法物权编应当规定物权法定缓和

我国《物权法》第 5 条只规定了物权法定原则，没有规定物权法定缓和，使

---

① 申卫星，傅穹，李建华. 物权法. 长春：吉林大学出版社，1999：82.

在社会实践和司法实践中存在的虽然符合物权的要求但没有被法律规定为物权的权利的认定及争议的解决，存在法律障碍。《民法总则》也规定了物权法定原则，仍没有规定物权法定缓和，因而这样的法律障碍并没有消除。

一、在《物权法》起草中对物权法定缓和规定的起起落落及原因

（一）《物权法》起草中物权法定缓和规定的大起大落

在我国目前民法单行法的立法中，《物权法》的立法时间最长。笔者从 2002 年开始参加《物权法》的立法活动，直到 2007 年 3 月该法通过，经历了 5 年时间。可以说，《物权法》起草过程的风风雨雨，笔者是经历者。仅就《物权法》究竟只规定物权法定原则还是适当规定物权法定缓和的争论，立法草案中的规定大起大落，鲜明地体现了两种立法思想的针锋相对。

最早的物权法定原则规定在 2002 年的《物权法（草案）》第一次审议稿，后来写进《民法（草案）》第二编的“物权法”第 3 条，即：“物权的种类及其内容，由本法或者其他有关物权的法律规定。”这里规定的是严格的物权法定主义。此后的《物权法（草案）》直到第四稿，都是这样规定严格的物权法定主义。经过激烈争论，终于在 2006 年 8 月《物权法（草案）》第五次审议稿的第 3 条规定：“物权的种类和内容，由法律规定；法律未作规定的，符合物权特征的权利，视为物权。”2006 年 10 月《物权法（草案）》第六次审议稿第 5 条规定：“物权的种类和内容，由法律规定；法律未作规定的，符合物权性质的权利，视为物权。”

在《物权法（草案）》第五次和第六次审议稿作出上述规定时，我们开始欢呼物权法定缓和终于取得了胜利，笔者曾在报纸和刊物上都写了文章来赞赏这一规定，认为：我国《物权法》规定物权法定原则，究竟要严格到什么样的程度，一直争论不休，从《物权法（草案）》第五次审议稿开始规定了较大程度的物权法定缓和，是一个聪明的决策，是物权立法的一个杰作。[①] 就在欢呼声还没有结

① 杨立新. 物权法定缓和：价值不可低估. 法制日报，2006－08－29. 杨立新. 物权法定原则缓和与非法定物权. 法学论坛，2007（1）.

束的时候，《物权法（草案）》第七次审议稿以及最后通过的《物权法》彻底删除了物权法定缓和的内容，使物权法定主义变成了绝对的原则。

在《物权法》的立法过程中，是坚持严格的物权法定主义还是实行适度的物权法定缓和立场？经过几年的争论之后，尽管物权法定缓和曾经取得阶段性胜利，但是最终还是严格的物权法定主义占了上风，取得了最终胜利。

（二）物权法定主义与物权法定缓和的理论基础及论争的观点

毫无疑问，现代物权法必须规定物权法定主义，这在起草《物权法》过程中是没有争议的，因为它是物权法构造的重要支柱之一，源于罗马法，其后为继受罗马法的大陆法系多数国家所采用。物权法定主义的意义：一是以法律所规定或习惯法所形成者为限；二是物权不得创设，包括不得创设法律所不认许的新种类物权（类型固定），不得创设与物权法定内容相异的物权（内容强制）。物权法定主义的效果：一是法律有特别规定时，从其规定；二是法律无特别规定时，则属违反法律之禁止规定，应属无效；三是如系设定物权内容之一部分违反法律禁止规定，而除去该部分外，其他部分仍可成立者，仅违反禁止规定部分无效；四是当事人创设之物权虽无效，但其行为若具备他法律行为的要件的，当事人间仍有该法律行为的效力。① 应当说，这是对物权法定主义的最经典解读，其中“习惯法所形成者”的表述，实际就包含了物权法定缓和。

但是，有些学者在阐释物权法定主义时，将物权法定主义绝对化，认为物权法定主义是指物权的种类和内容由法律统一确定，不允许当事人以意思自由创设，除民法和其他法律明文规定的物权外，当事人不得任意创设物权。面对社会生活和司法实践对物权法定缓和的强烈要求，这些学者认为尽管现今在学界居于支配地位的主张是物权法定缓和，是物权法定主义出现的新动向，但是考虑到区分物权与债权的思想尚未深入人心，在实践中不少人认为物权可以自由创设，在司法实践中甚至有将债权随意判定为物权的现象，因而在现阶段甚至今后一个相当长的时期，我国应当在立法与实践中坚持奉行物权法定主义。②

---

① 谢在全. 民法物权论：上册. 修订5版. 北京：中国政法大学出版社，2011：32-36.

② 梁慧星，陈华彬. 物权法. 3版. 法律出版社，2005：39，43.

上述论断不仅对物权法定缓和存在误解，而且对于我国现今学界和司法实践对物权法定主义和物权法定缓和，以及物权与债权界分的认识能力的判断，都有错误，没有正确地估计民事法官和民法学者的实际理论水平与认识能力。

在《物权法（草案）》审议过程中，有的全国人大常委会委员对于规定绝对的物权法定主义不满，主张适当规定物权法定缓和，认为“物权法定的规定，过于刚性，不能完全适应社会发展的需要，建议规定缓和的措施或变通的方法”；“物权法定作为一条原则是对的，但如果法律没有规定的就不具有物权效力，限制太严，要开个口子，以适应实践发展的需要”①。不仅如此，有的学者还专门撰文与主张绝对的物权法定主义的学者进行商榷，论述物权法定缓和的缘起，对质疑物权法定缓和的意见进行批评，阐释物权法定缓和条款的合理性。② 但是这些都没有动摇否定物权法定缓和条款的意见，其基本根据就是：物权调整的是权利人和义务人之间的关系，义务人有成千上万，物权的内容不能由权利人一个人说了算，也不能由一个权利人和几个义务人说了算，对权利人和成千上万义务人之间的关系只能由法律规定。③ 这就是否定物权法定缓和的准确注脚。对此，用网络语言表述就是“真的很无语”。

之后在物权法定主义之立场，法律所提供的物权种类和内容符合社会永远的需要，故为最理想的设计。但是时过境迁，事实上殆无可能。因此，物权法定主义的适用应不得过度僵化，以免成为社会进步的绊脚石，他方面更不得将其虚化，以免造成物权法体系的解构。④ 因此，对于社会生活中发生的新的财产权秩序，对于物权法定主义的解释以及适用，应当采取的缓和对策是：仅对于具有一定的物权效果就可以符合社会需要的法律关系，可以依个别具体的情形赋予若干物权的效果；对于物权法对一定权利内容的规定，可以依照该权利的性质及目

---

① 张鹏. 物权法定原则的肯定与否定——评《物权法（草案）》对物权法定原则的新近修改. 法学，2006（12）. 胡康生. 中华人民共和国物权法释义. 北京：法律出版社，2007：31.

② 郑君芳. 论法律未作规定的，符合物权性质权利，视为物权条款之合理性. 广东工业大学学报（社会科学版），2007（4）.

③ 胡康生. 中华人民共和国物权法释义. 北京：法律出版社，2007：31.

④ 谢在全. 民法物权论：上册. 修订5版. 北京：中国政法大学出版社，2011：37.

的，在不逾越或抵触其权利核心的范围内予以类推适用；积极活用其他物权制度，使之获得与物权相同或相当的法律利益；习惯法形成的物权如果类型固定、明确合理，不违反物权法定主义存在的旨趣，且有公示之可能，社会上确有其实益及需要，并且通过上述物权法定缓和的运用，又超过了解释的界限，则有对习惯法上的物权加以承认的余地。[①]

这些意见是完全正确的。如果使物权法定主义过于僵固和绝对化，面对社会改革开放、经济形势不断发展的变化，当出现新型物权以及物权新内容时，法律无法应对。可惜的是，在最终的立法中，保守主义的法律思想取得了胜利，使我国《物权法》在坚持物权法定主义的立场上，完全否定物权法定缓和的合理主张，其第5条成为僵固的、绝对的物权法定主义原则。

二、《物权法》否定物权法定缓和给民事司法造成的困境

正如有学者所言，对物权法定的“法”应从宽解释，它不仅包括全国人大及其常委会颁布的基本法律，也包括行政法规、司法解释，在适当的条件下，还应包括习惯法。随着经济的发展，物权的类型和内容并不会一成不变，对于在交易习惯中出现的新的物权类型，以目前的理论基础来衡量，如认为与物权法定主义的宗旨不相违背，且有合适的方式予以公示，则可通过物权法定缓和的运用加以承认。[②] 我国《物权法》一方面规定的物权种类不足，另一方面又实行严格的物权法定主义，否定物权法定缓和，因而在我国目前深化经济体制改革的经济转型时期，在市场经济不断发展、变化中，就没有办法应对在交易习惯中出现的新的物权类型以及新的物权内容，形成物权法定主义的僵固，进而使法律落后于社会现实，阻碍社会进步和经济发展。

（一）《物权法》目前规定的物权种类严重不足

在讨论物权法定主义和物权法定缓和问题时，必须看到一个问题，就是我国

① 谢在全. 民法物权论：上册. 北京：中国政法大学出版社，2011：37－38.

② 申卫星. 物权法定与意思自治——解读我国《物权法》的两把钥匙. 法制与社会发展，2013（5）.

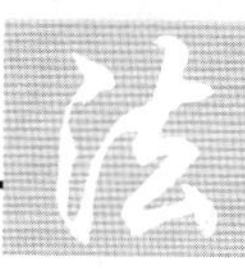

《物权法》规定的物权种类严重不足。

首先，对于用益物权的类型，《物权法》规定的只有土地承包经营权、建设用地使用权、宅基地使用权和地役权。这四种用益物权全都是对土地的用益权，是在他人所有的土地上建立的土地用益权，不包括另一种不动产即建筑物的用益权。在制定《物权法》过程中，江平教授等民法学者反复提出应当增加对建筑物的用益权，例如居住权和典权，并且也曾将其写在《物权法（草案）》中，但是由于对居住权的性质认识不足以及对典权的政治偏见，最终使《物权法》规定建筑物用益权的设想落空，因而我国《物权法》规定的用益物权仅仅是对土地的用益权，不包括建筑物用益权。

其次，对于担保物权的类型，《物权法》也仅仅规定了抵押权、质权和留置权，对于其他担保物权，包括让与担保、优先权和所有权保留，都没有作出规定。尽管优先权在其他法律中有所规定，所有权保留在《合同法》的“买卖合同”一章中也有规定，但让与担保完全没有得到法律规定，然而让与担保在社会生活中有较大范围的应用。

在《物权法》规定的物权类型严重不足的情况下，实行严格的物权法定主义，不能应对经济体制深化改革和经济形势发展中出现的新型物权及内容，因而对经济发展的阻碍作用是十分明显的。正像有学者所质疑的那样，我国许多物权类型没有得到《物权法》的承认，如让与担保、所有权保留，甚至居住权、典权等等，在这些物权类型被取消的情况下，如果还是坚守物权法定原则，那么在现实生活中出现类似的物质利用的需求，又该如何得到满足呢?[①] 这样的质问非常有道理。

（二）十余年来《物权法》没有规定的物权的命运

由于《物权法》规定了严格的物权法定原则，因而在其实施之后，对于没有规定的物权，在司法实践中都发生了很大的法律适用困难。

1. 关于让与担保

在《物权法》制定过程中，让与担保从来没有进入立法者的视野，在所有的

① 张鹏．物权法定原则的肯定与否定——评《物权法（草案）》对物权法定原则的新近修改．法学，2006（12）．

《物权法（草案）》审议稿中，都没有关于让与担保的规定。不过，倒是有一个可以参照的立法例，就是在产生让与担保制度的德国，至今在《德国民法典》中也没有关于让与担保的规定，而是将其作为法官法的范畴，在实践中予以适用。但是，让与担保制度的发展历程表明，其并非源自理论设计，而是商事实践的产物，确切地说，其正是通过法院对经济实践中的有关活动进行的司法裁判和学界的学理解释之共同努力，才得以产生和发展的。让与担保制度在我国引起的争论颇多，并且没有因为我国《物权法》的公布和实施而终结。① 在理论上反对让与担保制度的学者提出的重要根据就是没有实践需求，无论是动产还是不动产，并没有产生对一般意义上的让与担保制度的立法需求，至今仍然没有一起动产让与担保的案例报道。② 这种看法是不正确的。实际上，让与担保在社会实践中的适用为数虽然不够巨大，但是仍然较多，特别是在银行借贷关系中，所谓的“以房养老”的借贷担保形式，基本上是不动产让与担保。目前许多中小企业对于其用于生产产品的机器设备，以先出卖再回租继续使用的形式进行融资，求得企业持续发展或扩大再生产的必要资金，在还本付息后再恢复对该机器设备的所有权。③这是典型的动产让与担保。同样，中小企业面对融资困难的境况时，依照让与担保模式设立的融资担保制度理应有其用武之地。但在中国证监会《证券公司融资融券业务试点管理办法》出台之后，由于《物权法》的颁布、实施，其陷入僵固的物权法定主义的困境中。④ “法合实验室”（lab. lawsum. com）根据“中国裁判文书网”截至 2017 年 1 月 26 日公布的裁判文书统计，在全国人民法院公布的判决书、裁定书和调解书中，涉及让与担保的纠纷案件，2012 年为 6 件，2013 年为 26 件，2014 年为 82 件，2015 年为 263 件，2016 年为 311 件，数量不断增加。正像有学者所说，在我国存在大量以让与担保方式设立担保的行为，数种已经类型化的让与担保的商事活动已经出现，相关的案件也不少，但由于对让

---

①③ 向逢春. 如果让与担保在我国实施的社会基础——以市场经济活动中进口押汇和融资融券关系为范例. 政治与法律，2013 (3).

② 王卫国，王坤. 让与担保在我国物权法中的地位. 现代法学，2004 (5).

④ 吴茂树. 经济分析视角下的物权法定缓和——基于让与担保缺失的制度反思. 法制与社会，2009 (6 下).

与担保制度相关理论尚未厘清，司法裁判无所适从，类似案件判决结果迥异。[①] 这正是我国《物权法》没有规定让与担保制度且又实行严格的物权法定原则所致，即让与担保制度是没有法律规定的新型担保物权，违反物权法定的基本原则，故而无效。[②] 经济形态快速演变的社会惯性，催生了一系列新型的物权，这些物权由于存在现实的需要而呈现蓬勃发展之态势，但制度的缺失使此类物权无法取得规范意义上的地位，而为此类物权所证明的真正困难，就在于物权法定所搭建的制度藩篱。[③] 让与担保制度的缺失正是上述原因所致，同时也是僵固的物权法定主义引起的必然后果。

2. 关于居住权

对于居住权，立法者是比较热心的。早在2002年1月28日全国人大常委会法工委在《关于〈中华人民共和国物权法（征求意见稿）〉的说明》中，就提出了"切实保护老年人、妇女以及未成年人居住他人住房的权利，在我国未来物权法典中规定居住权"的意见，并设专章计8条规定居住权。此后，数个《物权法（草案）》审议稿均对居住权加以规定，甚至认为居住权是此次物权立法的一个亮点。有学者努力拓宽研究视野，找寻居住权更为重要的适用领域和立法需求，认为居住权绝不仅限于保护离婚妇女和保姆等社会弱势群体的"社会性"居住权，而且包括现代社会所广为需求的"投资性"居住权，因而应当对居住权的功能重新定位，变社会性居住权为社会性居住权与投资性居住权并存，使居住权在传统的保护弱者的功能之外，具有更大的技术上的灵活性和适应性，以满足人们利用财产的形式上的多样性需求，更好地贯彻权利人的意志。[④] 相反，另有学者认为，创设居住权制度的理由并不充分，《物权法（草案）》规定居住权主要目的在于解决三类人的居住问题：一是父母，二是离婚后暂未找到居住场所的前夫或前妻，三是保姆。为了极少数人的问题，而创设一种新的物权和

---

① 向逢春. 如果让与担保在我国实施的社会基础——以市场经济活动中进口押汇和融资融券关系为范例. 政治与法律，2013（3）.

② 关涛. 作为动产担保方式之一的让与担保. 法学论丛，2008（2）.

③ 吴茂树. 经济分析视角下的物权法定缓和. 法制与社会，2009（6下）.

④ 申卫星. 视野拓展与功能转换：我国设立居住权必要性的多重视角. 中国法学，2005（5）.

一个新的法律制度，是不合逻辑的，也是不合情理的。[①] 对于居住权的这种意见的对立，学者各自的立场十分鲜明。当然，《物权法》的通过在立法层面终结了这一争论，结果是保守思想占上风，规定居住权的建议被否定。在“法合实验室”的前述统计中，涉及居住权的案件，2010 年为 68 件，2011 年为 128 件，2012 年为 264 件，2013 年为 1 312 件，2014 年为 4 039 件，2015 年为 5 021 件，2016 年为 2 729 件。在司法实践中，对于居住权争议，法官基本无法依法裁判，最高人民法院对居住权的法律适用问题，因囿于物权法定原则而无法作出司法解释。

3. 关于典权

对于典权，《物权法（草案）》曾经规定过，第三次审议稿将典权删除，后来又规定过又被删除，最终结果是《物权法》没有规定典权。有学者的意见是，典权已经走向没落，典权的传统功能已经丧失，典权制度自身存在固有的缺陷，因此对于现实生活中已经存在的少量典权关系，可由最高人民法院联合相关部门清理，制定相应司法解释予以规范、调整，而不必在物权法中规定典权制度。[②] 但这不是删除典权的根本原因，其实对废除典权起到更关键作用的是有关的政治偏见，因为“一提到典权就想到地主剥削农民”。在现实生活中不是不存在典权，而是由于没有法律规定，典权制度无法应用。在“法合实验室”前述的统计中，涉及典权的案件，2001 年为 1 件，2007 年为 2 件，2009 年为 3 件，2010 年和 2011 年均为 2 件，2012 年为 5 件，2013 年为 28 件，2014 年为 110 件，2015 年为 112 件，2016 年为 60 件。这些统计数据说明，典权案件在现实中还是存在的，因而典权并未死亡。

应当看到的是，《韩国民法典》规定的传贯权，是借鉴中国古代的典权而设立的具有韩国特色的用益物权。[③] 从《韩国民法典》第 303 条和韩国《住宅租赁保护法》第 12 条中可以看出，“传贯”一词是因对他人不动产的租借使用而产生

---

① 梁慧星. 不赞成规定“居住权”. 人民法院报，2005－01－12（B1）.

② 张新宝. 典权废除论. 法学杂志，2005（5）.

③ 韩国民法规定了三种用益物权：地上权、地役权和传贯权。

的制度。[①] 1984 年《韩国民法典》在第 303 条中对传贯权作出解释："支付传贯金并占有他人的不动产，使用该不动产或从中获利，相比后顺位权利人和其他债权人，享有对传贯金的优先受偿权。"关于传贯权的法律属性，韩国法学界主要有四种学说：一是用益物权和担保物权（优先受偿权）的双重属性说；二是以用益物权和担保物权的比重而定的动态属性说；三是用益物权属性说；四是担保物权属性说。[②] 根据韩国大法院的传贯权相关判例，可以看出其倾向于认为"传贯权具有用益物权和担保物权的双重属性"[③]。尽管如此，仍然不可否认的是，传贯权是惯习中的用益物权被法定化的一种权利。[④]

在确定传贯权的民法地位基础之上，形成了韩国独特的"传贯租赁"与"月贯租赁"的二元住房租赁制度。传贯租赁指的是，签订住房租赁合同时，租赁人向房屋所有人一次性支付传贯金（大额保证金）便可取得房屋使用权的租赁方式，合同到期后，房屋所有人退还租赁人传贯金。月贯租赁则指的是，在租赁合同签订之时交付月贯金（小额保证金）后，按月交付月租金的租赁方式，合同到期后，房屋所有人退还租赁人月贯金。[⑤] 租赁人在租赁过程中，也可以将传贯租赁转换为月贯租赁。这项制度在韩国一直长期应用，并且取得了非常好的社会效果。"传贯"与"月贯"，是韩国很久以来形成的民间惯习，是中低收入群体赖以生存的一种低成本租赁方式。传贯权更像中国的典权，月贯权则是短期的典权，更具有灵活性，使用率特别高。笔者的学生在韩国留学，租用房屋就是采取月贯租赁的方法。在签订租赁合同时，有两种租赁方案供其选择：一是"传贯租赁"，一次性交付约合房屋市价 70%的传贯金（约 120 万元人民币）后，便可在合同期内享有该房的使用权；二是"月贯租赁"，签订合同时交付约 5 万元人民币的小

---

① 권재문, "전세권의 법적 성질——구한국기 민사판결 나타난 전세관습을 중심으로", 법사학연구，第 49 号，46 页.

② 이호행, "전세권의 본질과 전세권저당권의 실행", 민사법학，第 71 号，4 页.

③ 韩国大法院 1995 年 2 月 10 日判决文和 2005 年 3 月 25 日判决文，编号：선고 94 다 1850，선고 2003 다 35659。

④ 同②，9 页.

⑤ 도현구, "주택정책과 임대주택의 전. 월세 보장의 법적 연구", 유럽헌법연구，第 9 号，375－376 页.

额保证金后，按月定期交付约 4 000 元人民币的月租。房屋租赁人可以根据自身情况，选择对其更有利的租赁方式。

如果我国《物权法》规定有典权，或者借鉴韩国传贳权与月贳权的立法经验进行修正，相信中国的典权制度绝不会“走向没落”，其“传统功能”也绝不会“已经丧失”。目前典权的状况，是《物权法》否定典权且实行严格的物权法定原则造成的后果。

4. 关于其他法律规定的优先权和所有权保留

优先权和所有权保留，虽然在其他法律中有所规定，但是由于没有被《物权法》规定为担保物权，因此其地位受到很大影响。所有权保留是《合同法》规定的制度，在买卖合同中，特别是在分期付款买卖合同中应用较多。不过，优先权没有这么好的境遇：由于现行法律对优先权的规定比较分散，《物权法》又没有直接规定，因而很多人不承认优先权是担保物权，在司法实践中，很多法官也不把优先权作为担保物权对待。尽管很多学者认为，优先权制度能够更为合理地解释为何特种债权优先受偿，有利于强化对特种债权的保护，有利于立法的体系化及立法资源的节约，有利于灵活、有效地实现特定立法政策和目标，因而未来民法典应当建立完整的优先权制度①，但这并没有改变《物权法》没有规定优先权所带来的这一担保物权地位的不稳定，以及在司法实践中对优先权适用的偏见。

（三）对于新出现的后让与担保这一习惯法担保物权的影响

《物权法》否定物权法定缓和而实行严格的物权法定原则，更为严重的后果是现实中出现新型物权时无法应对，使法律缺少必要的弹性。如今，在我国以房地产开发融资为代表的较多领域，出现了一种特殊的民事纠纷，即开发商在进行融资时，和出借人订立商品房买卖合同，约定如届时不能清偿债务，即履行商品房买卖合同，交付房屋，抵偿借款。对于这种以商品房买卖合同作为担保而发生的争议，笔者主张：这是一种正在形成的习惯法担保物权，即后让与担保，它不属于《物权法》规定的担保物权，也不是抵押权、质权和留置权，也不是非典型

① 郭明瑞．我国未来民法典中应当设立优先权制度．中国法学，2004（4）．

担保物权，与所有权保留和优先权无关，却和让与担保有密切关联。用商品房买卖合同对债务进行担保，是债务人为担保债权人的债权实现，以商品房买卖合同的方式，约定如果在债务人不履行合同时，债务人将商品房买卖合同中约定的房产的所有权转让给债权人即担保权人，担保权人得就该买卖标的物优先受清偿，实现自己的债权。比较发现，这两种担保的区别仅仅在于：一个是将约定的担保物的所有权先让与债权人，于债务清偿时将担保物的所有权再转移给担保人；另一个是约定担保标的物的所有权拟转移给债权人，在债务人不履行债务时，再转让所有权，以清偿债务。换言之，让与担保是以先转让的所有权为担保，用商品房买卖合同担保是以后转让的所有权为担保。因此，用商品房买卖合同作为民间借贷的担保，实际上就是后让与担保。①

对于这种新出现的担保物权形式，笔者曾经和我国台湾地区学者谢在全教授和王泽鉴教授探讨过，他们认为，这不一定就是一个新出现的担保物权，但可以认定是传统的让与担保出现的一种新形式，具有担保物权的性质，法律应当予以承认。②

由于《物权法》没有规定物权法定缓和，因而司法实践对新出现的这种后让与担保一直采取犹豫不决的态度。在最高人民法院 2011 年 6 月的《全国民事审判工作纪要》中，规定了“关于民间借贷纠纷案件”的专题，仅对以商品房买卖合同作为担保问题的证据认定提出了意见，但对此如何适用法律没有提出确定的意见。这不能不说是物权法定主义的影响所致。严格的物权法定主义对司法实践的影响，更进一步地表现在《最高人民法院关于审理民间借贷案件适用法律若干问题的规定》对这一问题的解释中。该司法解释第 24 条规定：“当事人以签订买卖合同作为民间借贷合同的担保，借款到期后借款人不能还款，出借人请求履行买卖合同的，人民法院应当按照民间借贷法律关系审理，并向当事人释明变更诉讼请求。当事人拒绝变更的，人民法院裁定驳回起诉。”“按照民间借贷法律关系

① 杨立新. 后让与担保：一个正在形成的习惯法担保物权. 中国法学，2013 (3).

② 2014 年 8 月在黑龙江省牡丹江市召开的“第十一届海峡两岸民法典研讨会”上，笔者就这个问题作了学术报告，会后与谢在全教授和王泽鉴教授进行了广泛的讨论，他们赞赏笔者的这个主张，提出的就是上述意见。

审理作出的判决生效后，借款人不履行生效判决确定的金钱债务，出借人可以申请拍卖买卖合同标的物，以偿还债务。就拍卖所得的价款与应偿还借款本息之间的差额，借款人或者出借人有权主张返还或补偿。”在这一解释中，第1款明确认定当事人以签订买卖合同作为民间借贷合同的担保就是一个担保方式，如果借款到期不能清偿，出借人可以请求履行买卖合同以实现债权。这是担保物权的典型特征，不是以买卖合同作为担保，而是以买卖合同的标的物所有权让与作为担保，因此是物的担保。可见，笔者提出的这种担保的性质为后让与担保的意见，在这一解释第1款中已经得到确认。对其担保物权性质的认定，该司法解释更进一步强调，出借人不愿意按照民间借贷法律关系审理而变更诉讼请求的，法院可以驳回起诉；判决确定后，出借人可以申请拍卖买卖合同标的物以偿还债务。这些说的都是担保物权的法律后果。但是，这一司法解释的前款和后款存在明显的矛盾，即：在以商品房买卖合同担保民间借贷法律关系中，出借人也就是后让与担保的担保权人，在就拍卖所得的价款进行的清偿中，却不享有优先受偿权，从而使被担保的债权成为平等债权。这就等于否定了后让与担保的担保物权性质。承认其为担保，担保权人又不享有担保物权中的优先受偿权，其前后的矛盾正是僵固的物权法定主义所致。

这一类案件在司法实践中越来越多。在“法合实验室”前述统计中，涉及后让与担保的案件，2013年为1件，2014年为16件，2015年为354件，2016年为562件。由于司法解释对后让与担保的用益物权性质规定不明确，因而在这些案件中，法院一方面确认这种法律关系是担保物权法律关系，另一方面又不支持债权人即担保权人主张的优先受偿权。在仲裁领域中这一类案件也较多，仲裁员裁量这类案件时随意性更大，有的竟然将明确约定为融资进行担保的房屋买卖合同作为真实的房屋买卖合同确认，借款人须以约定的低价将房屋出让给出借人，不承认房屋买卖合同是民间借贷的担保。

《物权法》否定物权法定缓和而坚持严格的物权法定原则，立法者以及有关学者在立法当初，大概并没有想到会产生这样的后果。

三、《民法总则》规定物权法定原则对民法物权编立法的影响

编纂民法典的一个特别值得注意的现象是，《民法总则》对《物权法》规定的部分基本原则作了规定，特别是对物权法定原则作了规定。《民法总则》第115条规定："物权的种类和内容，由法律规定。"这一规定与《物权法》第5条的内容一样，是把该条移到了《民法总则》中。专家和学者在制定《民法总则》时，精力集中在总则应当规定的内容，即在讨论"民事权利"的规定时，着重研究的是总体评价、立法技术、民事权利客体以及本章有关债的规定能否替代债法总则等问题①，忽略了物权法定原则，没有强调应当规定物权法定缓和，没有就此进行过讨论。

（一）《民法总则》规定严格的物权法定原则的过程

对于《民法总则》规定严格的物权法定原则的发展线索，笔者作了以下梳理：

在最早的2015年8月28日《民法总则（草案）》民法室室内稿中，正文没有规定民事权利一章，而是收录了中国法学会专家建议稿中的"民事权利客体"一章和2002年《民法（草案）》中的"民事权利"一章，作为附件，其中都没有关于物权法定原则的规定。

在随后的征求意见稿中，第五章规定的是"民事权利"，其中第86条规定物权的条文有三款：第1款规定民事主体依法享有物权，第2款对物权法的内涵和外延作出界定，第3款规定物。没有规定物权法定原则。

2016年5月27日的草案中，有关物权的规定是第102条和第103条。第102条规定的是民事主体享有物权以及物权的定义，第103条规定的是物，其中包括了网络虚拟财产。也没有规定物权法定原则。

2016年6月27日的第一次审议稿中，有关物权的规定是第103条和第104条，内容与2016年5月27日稿的第102、103条是一样的，只是条文的序号有

① 李永军. 民法总则民事权利章评述. 法学家，2016（5）.

所改变。

在全国人大常委会第一次审议后，《民法总则（草案）》有了较大的改变。2016年9月13日的修改稿，对第一次审议稿的第104条作了较大扩充，增加了一条即“物权的种类和内容，由法律规定”，同时也增加了物权平等保护的条文。故第二次审议稿增加了物权的种类和内容，规定了物权法定原则，但没有规定物权法定缓和。

2016年12月12日的草案是第三次审议稿的内容，有关物权法定原则的规定在第115条，后经修改，最终形成《民法总则》第116条的正式文本。

（二）《民法总则》规定物权法定原则对民法分则物权编的影响

从上述内容来看，《民法总则》开始并不想规定物权法定原则，只是规定物权和物，但是第一次审议后，为了使“民事权利”一章规定的各种民事权利更加丰满和具体，在物权部分增加规定了物权法定原则等内容，将其作为民法的原则进一步宣示。

但是，在《民法总则》第116条规定了物权法定原则后，在以下两个方面将对正在进行的民法分则物权编的修订发生重大影响：第一，《民法总则》规定了物权法定原则和物权平等原则，那么在民法分则物权编中是否还要再规定物权法的基本原则呢？按照现在的规定，物权法的基本原则包括平等保护原则、物权法定原则和公示公信原则。《民法总则》对物权法定原则作了规定，民法分则物权编如果不规定基本原则，平等保护原则和公示公信原则将无处规定；如果规定基本原则，物权法定原则已经规定在《民法总则》中，物权编将如何规定其基本原则呢？这些都存在较大的问题。第二，物权法定原则已经由《民法总则》作了规定，但物权法定缓和没有得到规定，民法分则物权编如果要规定物权法定缓和，又无法与物权法定原则相协调、相一致，因为如果把这一个原则的两个方面分开规定，将会出现理解上的问题，在具体适用上也存在明显障碍。

上述两个问题中的后一个问题正是本章所要研究的问题。这就是，在《民法总则》已经规定了物权法定原则之后，怎样才能在民法分则物权编中规定好物权法定缓和规则。

四、民法分则物权编规定物权法定缓和的理由和办法

（一）民法分则物权编必须规定物权法定缓和的理由

如前文所述，民法分则物权编是必须规定物权法定缓和的，因为如果只规定绝对的物权法定原则，且没有任何变通的可能，将使物权法定原则僵固，不能适应社会发展的需要。具体分析起来，我国民法分则物权编即使在《民法总则》已经规定了物权法定原则之后，也必须规定物权法定缓和，有以下主要理由。

第一，规定物权法定缓和并不是否定物权法定原则。物权法定原则与物权法定缓和尽管有所冲突，但并不是对立物。物权法定原则的对立面是物权自由创设原则，而不是物权法定缓和。例如，有的学者认为，用益物权应当法定，担保物权应当自由创设①；有的学者则认为，所有的他物权都应当实行自由创设原则。②事实上，这些论证物权自由创设原则的前提也仍然是物权法定，前者说的所有权和用益物权，后者说的所有权，都是不能自由创设的，仅仅是担保物权或者他物权可以自由创设。这实际上是说，在物权法领域，物权法定原则与物权法定缓和并非对立，而是在同一个原则立场上，对物权法定原则进行适当缓和，问题只是缓和的程度宽窄应当如何斟酌。有的学者认为，《物权法（草案）》第五次审议稿和第六次审议稿规定了物权法定缓和多少有点出人意料，因为法学理论上似乎对于放弃物权法定原则、改奉物权自由创设原则，尚没有做好理论上的准备。③这种意见并不完全正确，物权法定原则是百年来民法物权发展的结论，经历了时间和实践的检验，如果对其持完全否定态度，而实行物权自由创设原则，将会破坏市场经济秩序、破坏物权的安定性，因而必须在坚持物权法定原则的立场之下，对物权法定原则进行适当缓和。这是因为，物权法定原则符合市民社会的发展规律，符合市场经济发展的需要。既坚持物权法定的原则性，又坚持物权法定

---

① 梁上上．物权法定主义：在自由与强制之间．法学研究，2003（3）．

② 刘正峰．论无名物权的物权法保护——从对物权法定原则的检讨展开．法商研究，2006（2）．

③ 张鹏．物权法定原则的肯定与否定——评《物权法（草案）》对物权法定原则的新近修改．法学，2006（12）．

缓和的灵活性，将原则性和灵活性统一起来，能大大增强物权法定原则的弹性。可以看到的是，物权法定缓和绝不是物权自由创设原则，无论是对待让与担保的态度，还是对待典权的态度，以及最高人民法院在审理民间借贷司法解释中规定的用买卖合同担保民间借贷合同争议的态度，都不是在自由创设物权，而是对于民间产生的新型物权符合法律要求的，赋予其习惯法的效力，因此仍然遵循的是物权法定原则，而不是改采自由创设原则。这一点，在德国承认让与担保为担保物权的过程中，就可以看得非常清楚。①

第二，规定物权法定缓和的作用是缓和物权法定原则的僵固性。立法者通过对物的利用关系的归纳，创造出了抽象的物权类型，或者对习惯中的物权予以确认，使之上升为法定的物权。但是遗憾的是，立法者不可能穷尽一切物的利用关系，从而及时归纳出所有的物权类型。如果采取严格的物权法定原则，势必会遗漏某些物权类型。特别是我国现在正处于经济转型时期，各种对物的利用关系极其复杂，僵化的物权法定原则将会限制物的利用。② 如前文所述，由于僵固的物权法定原则的限制，最高人民法院在审理民间借贷的司法解释中，一方面承认用买卖合同担保民间借贷合同债权的担保法律关系性质，另一方面又不赋予这种担保以优先受偿的效力。这正是物权法定原则僵固带来的必然后果。如果实行物权法定缓和，就能够完全解决这个问题。只有看到物权法定缓和对于化解物权法定原则的刚性，使其适应社会发展需求的作用，才能够正确面对物权法定缓和原则，并且在立法中肯定这一原则。

第三，规定物权法定缓和目的是平衡与协调物权领域的自由与秩序。坚持物权法定原则与规定物权法定缓和相一致，就是意思自治原则在物权法编中的体现。诚然，物权法定原则在很大程度上发挥了其规范与保障作用，然而该原则自诞生以来就不断遭到质疑，学界否认物权法定原则的声音也不绝于耳，这种意见的根据在于物权法定与私法自治原则的冲突。③ 物权法定原则的出发点是以立法

---

① 杨立新．后让与担保：一个正在形成的担保物权．中国法学，2013（3）．

② 李先波，罗小红．论物权法定原则之缓和．湖南师范大学社会科学学报，2011（3）．

③ 房绍坤，王洪平．论担保物权法上的意思自治及规范选择——担保法和《物权法（草案）》建议稿的比较分析为中心//刘保玉．担保立法疑难问题研究与立法完善．北京：法律出版社，2006：397．

者的价值判断取代当事人的自由选择，某些权利其实具备物权的基本权能，但由于不被法律承认为物权，其始终不能具备物权的全部效力。一项财产权利究竟属于物权还是债权，并非取决于权利本身的属性，而是取决于立法者的选择。因此，物权法带有强行法色彩，进而影响到物权这一民法基本重要组成部分的私法本质。然而，虽然所有权与用益物权的规范具有较强的“管制”色彩，但是担保物权并不然，担保物权具有更强的自治品格。在担保物权的立法中，立法者一定要摒弃“管制”“排除自治”的传统思维，为私法自治和契约自由开放更多的空间。① 刚性的物权法定原则，追求的是建立和保障物权的秩序，但是牺牲的是物权领域中的意思自治原则。在物权法定原则下，对交易习惯中出现的新的物权类型，以物权的理论基础来衡量，如认为与物权法定原则的宗旨不相违背，且有合适的方式予以公示，则可通过物权法定缓和的运用加以承认。因物权法虽为强行法，但同为私法的组成部分，也必然贯彻意思自治的品质，物权法定和意思自治正是解读物权法的两把钥匙。② 《物权法》正是通过物权法定原则和私法自治原则的协调，把物权领域的自由与秩序有机地统一起来，形成一个完整的整体，实现物权法固定物权的类型与内容，同时面对发展的社会，采取进取的态度，把未来可能出现的物权类型和物权内容纳入自己的视野，防止出现僵化，在有条件并且符合物权法的规范要求时，承认它是物权，实现物权法定缓和的目的。

正是基于上述理由，即使我国《民法总则》已经规定了物权法定原则，在修订民法分则物权编时，也不妨碍规定物权法定缓和，以使我国民法典能够面向未来、面向经济发展，调整物权法律关系，使民法典真正发挥调整法律关系、推动社会发展的作用。

（二）民法分则物权编怎样规定物权法定缓和

民法分则物权编究竟应当怎样在坚持物权法定原则的立场上，规定物权法定缓和？有的学者认为：可以规定，在物权法施行前，依照有关法律设定的物权继续有效；不完全符合物权法规定的，应当在规定的期限内进行相应的变更；针对

① 陈亮，徐正. 论物权法定原则缓和的正当性. 经济研究导刊，2015（9）.

② 申卫星. 物权法定与意思自治——解读我国物权法的两把钥匙. 法制与社会发展，2013（5）.

社会生活中新出现的符合上述要求的物权性质权利的效力问题，法律可以用这样的条款加以规定，即以行政法规、司法解释、习惯形成的物权，如具有相应的公示方法，可以认定其效力。① 这样的做法过于复杂，比较难以在立法中实现。笔者提出以下立法建议。

第一，应当确认，《民法总则》规定物权法定原则与民法分则物权编规定物权法定缓和的立场是一致的。事实上，《民法总则》规定物权法定原则，并不符合民法总则规定的立法技术要求。立法机关都认为，《民法总则（草案）》以1986年制定的《民法通则》为基础，按照“提取公因式”的方法，将其他民事法律中具有普遍适用性的规定写入草案。② 正如有学者所说，我国清末以来的民法起草，更多地接受了《德国民法典》的五编制模式，其立法设计思想、总则立法技术决定了其主要应当以高度抽象的方式将各编的“公因式”提取出来，并确立为一般规则，适用于各编，而各编相同的内容不再重复。③ 在《民法总则》的“民事权利”一章规定物权法定原则，无论是按照李适时主任的说法，还是按照李永军教授所概括的上述《德国民法典》总则规定的立法技术，都是不相符合的，因为物权法定原则不是民法各编的“公因式”。再进一步说，即使《民法总则》规定了物权法定原则，也不适宜在这一条文中再进一步规定物权法定缓和，因为物权法定缓和更不是民法分则各编的“公因式”。因此，在《民法总则》规定了物权法定原则之后，只能在民法分则物权编中规定物权法定缓和，以协调物权法定原则的刚性和僵固。这一结论，在理论上和实践中都已经得到了充分证明。

第二，民法分则物权编应该设立“一般规定”一章。现行《物权法》第一编规定总则，对物权法的基本原则、物权变更和物权保护作了一般规定。在制定民法分则物权编时，尽管不宜设立总则，但是应当规定第一章为“一般规定”，把

---

① 张栩．浅议如何完善我国《物权法》中的物权法定原则．西安石油大学学报（社会科学版），2010(3)．

② 李适时．关于《中华人民共和国民法总则（草案）》的说明——2016年6月27日在第十二届全国人民代表大会常务委员会第二十一次会议上．

③ 李永军．民法总则民事权利章评述．法学家，2016（5）．

现行的《物权法》第一编“总则”部分规定在物权编的这一章中，其中也应当规定物权法的基本原则。这是因为，尽管《民法总则》规定了物权法定原则，但是对物权的平等保护原则和公示公信原则还没有规定；同时，物权编第一章还应当规定物权变动和物权法保护规则。物权编第一章规定“一般规则”，就给物权法定缓和的规定留出了必要的空间。

第三，在民法分则物权编的第一章规定基本原则时规定物权法定缓和。物权编第一章应当分为三节，第一节为基本原则，第二节为物权变动，第三节为物权保护。在第一节中规定物权法定缓和顺理成章，尽管《民法总则》已经规定了物权法定原则，但是物权法定缓和仍然属统领物权编各章的一般规则，因此只有在这里规定物权法定缓和，才是其正当的法律地位。

第四，关于如何规定物权法定缓和的内容，特别值得斟酌。笔者建议，物权编规定物权法定缓和的条文，仍然采用《物权法（草案）》第五次审议稿和第六次审议稿使用的内容，即“法律未作规定的，符合物权法的权利，视为物权”。确定这样的内容，仍然体现的是：虽然物权法强调物权法定原则，但是在现实生活中有许多权利是否属于物权尚难以确定，而且随着实践的发展，还可能出现新的物权类型；如果物权法定原则过于严格和苛刻，未免显得僵硬，不够灵活，也不能适应实践发展的需要①。因此，必须为物权类型和物权内容的进一步改革留下必要的空间。这样的条文内容体现了对物权法定缓和的要求：首先，是“法律未作规定”，不仅仅是民法典没有作出规定，而且是其他法律也没有对此作出规定，据现行法律没有承认该种物权类型或者物权内容。其次，是权利须“符合物权性质”。新出现的一个权利符合物权的性质，也就是《民法总则》第113条第2款规定的“物权是权利人依法对特有的物享有直接支配和排他的权利”的，即可认定这种权利属于物权。再次，这种物权并非由法律规定为物权，而是由法律将其“视为物权”，因而属于习惯法上的物权，维护的是物权法定原则的尊严，不使其发生冲突。最后，物权法定缓和并不仅仅限于物权的类型，也适用于物权的

① 郑君芳. 论“法律未作规定的，符合物权法性质的权利，视为物权”条款之合理性. 广东工业大学学报（社会科学版），2007（4）.

内容。如果当事人约定的内容不符合物权编的规定，但是符合“物权是权利人依法对特有的物享有直接支配和排他的权利”要求的，则这种物权的内容也符合物权法定缓和的要求，认可其为物权内容。

五、结论

物权法定主义与物权法定缓和的立场是一致的，它们是一个事物的两个方面，既相互协调，又相互配合，保障市民社会物权领域中的自由与秩序。物权法定缓和并不是物权自由创设，两者之间的严格界限，就是承认还是不承认物权法定主义。在承认物权法定主义的基础上，为防止物权法定主义的僵化而承认符合“权利人依法对特定的物有直接支配和排他的权利”要求的适度变化，就是物权法定缓和而不是物权自由创设。在《民法总则》已经规定了物权法定原则之后，民法分则物权编应当规定物权法定缓和，在民法分则物权编的第一章有关“一般规定”的条文中设置一条，明确规定“法律未作规定的，符合物权性质的权利，视为物权”的内容。

第二章

物权概述

第一节　物权的概念与特征

一、物权的概念

（一）物权概念的发展

物权一词起源于罗马法，罗马法曾经确认了所有权、役权、永佃权、抵押权、质权等物权形式，并创设了对物之诉的程序，以对物权进行保护。但罗马法并没有明确物权的概念，物权一词是由中世纪的注释法学家在解释罗马法时提出来的，然而他们也没有明确提出物权的法律概念。

法律上正式使用物权概念是1811年《奥地利民法典》。此后，《德国民法典》接受了物权的概念，并且以"物权"作为其第三编的编名，系统地规定了所有权、地上权、用益权、地役权、抵押权、质权等物权。[①] 自此以后，大陆法系各

① 王利明. 物权法研究：上卷. 修订版. 北京：中国人民大学出版社，2007：4.

国在自己的民法典中，都规定了符合本国国情的物权制度。我国《民法通则》虽然没有使用“物权”一词，但第五章第一节对“财产所有权和与财产所有权有关的财产权”的规定，初步构建了我国民法的物权制度。我国《物权法》开始正式使用物权概念。

（二）对物权概念的界定

尽管各国民事立法对物权制度差不多都作出了详尽的规定，但大多数国家的民法典都没有对物权概念作出明确规定。

在民法理论上，对物权概念的界定有以下几种主要观点。

1. 对物关系说

这种观点为德国学者创立，认为债权是人与人的关系，而物权则是人对物的关系，或者认为物权是人直接对物享受一定利益的权利，至于一般人对物负有的不可侵义务，是对物的支配权所产生的结果，并不构成物权本身的内容。

2. 对人关系说

这种观点也是德国学者创立的，认为无论是债权关系还是物权关系，事实上都是人与人的关系，正因为如此，物权也是人与人之间的关系，即物权作为对世权，可以对抗一般人，物权人有权排斥任何人对其权利的侵害。

3. 权利归属说

这种观点也是德国学者创立的，认为物权人对客体的直接支配以及物权的保护性均来自物权的财货归属性，即法律将特定物归属于某权利主体，由其直接支配，享受其利益，并排除他人对此支配领域的侵害或干预，这正是物权本质之所在。①

上述三种观点从不同的角度揭示了物权的概念，都有一定的合理性，但物权的对物关系说是不可取的，因为认为物权是对物的关系不符合物权的本质要求。

有的学者解释，在定义物权概念时，由于各国民法通常不对物权作定义性规定，因而根据对物的直接支配性、直接支配与享受利益、直接支配与排他性，直接支配、享受利益与排他性的不同结合而有四种不同的定义；并且认为直接支配

① 王泽鉴. 民法物权：通则·所有权. 台北：三民书局，1992：31.

特定物为内容即可，无须特别表明排他性和享受利益的要素。[①] 其他对物权的定义大体如此，如认为：物权者，直接支配其物，而具有排他性之权利也[②]；物权者，直接支配一物或者支配一权利，并具有排他作用之绝对权也[③]；物权者，乃直接支配特定物，而享受其利益之权利[④]；物权可以定义为权利人直接支配物并排除他人干涉的权利[⑤]；物权是指权利人依法对特定的物享有直接支配和排他的权利。[⑥]

物权关系和其他法律关系一样，是一种人与人之间的具有权利、义务内容的意志关系，因为只有有意志的人才能享受权利、承担义务，在彼此之间发生法律关系。而物没有意志，是不能与人发生法律关系的，尽管法律在给所有权和各种他物权下定义时，通常从人对物的支配角度出发进行表述，但不能因此把物权关系看作是人与物的关系。

物权是一种财产权，它与债权相对应，两者相互制约、相辅相成。在社会再生产过程中，如果说在生产领域中法律对人与人之间就财产的权利、义务进行调整而表现为物权的话，那么在交换领域中，财产在不同主体之间转移的法律制度则表现为债权。没有生产就没有交换，同样，没有物权就不会有债权。正常的商品交换关系，首先要求主体对其交换的财物享有所有权，而交换的实现是财产所有权的转移，其结果是商品的让渡，也就是一方失去对交换财产的所有权，另一方则取得该项财产的所有权。在物权与债权的关系中，物权是债权发生的基础和前提，债权是物权变动的方法。正确认识两者的区别，掌握物权的基本特征，对于确认财产关系的法律性质、正确行使权利和履行义务、解决财产纠纷，均具有重要意义。

据此，对物权概念的界定是：物权是指权利人直接支配一定的物，享受利益

---

① 梁慧星，陈华彬．物权法．3版．北京：法律出版社，2005：12－13.

② 张启泰．中国民法物权论．2版．上海：大东书局，1946：9.

③ 刘志杨．民法物权．上海：大东书局，1936：7.

④ 谢在全．民法物权论：上册．修订5版．台北：新学林出版股份有限公司，2010：12.

⑤ 孙宪忠．中国物权法总论．2版．北京：法律出版社，2009：29.

⑥ 王利明．物权法研究：上卷．修订版．北京：中国人民大学出版社，2007：5.

并排除他人干涉的权利，是人与人之间对于物的归属和利用关系在法律上的体现。《物权法》第 2 条第 3 款规定：“本法所称物权，是指权利人依法对特定的物享有直接支配和排他的权利，包括所有权、用益物权和担保物权。”《民法总则》第 114 条第 2 款规定：“物权是权利人依法对特定的物享有直接支配和排他的权利，包括所有权、用益物权和担保物权。”

物权概念包含两个效用：一是积极效用，即权利人支配一定的物，并享有利益，主要体现在对物的支配上；二是消极效用，即排除他人的干涉，主要体现在排他性方面，以保护物权。

二、物权的法律特征

（一）物权是直接支配物的绝对权

绝对权又称对世权，是指无须义务人为积极行为进行协助，仅由权利人实施合法支配行为即能实现的权利，为对世人均得主张其权利之义。① 物权是权利主体对特定物进行管领、支配，享受其利益的权利，其直接表现就是权利人对物的直接支配权。所谓支配，是指对物进行占有、使用、收益和处分。物权人可以在法律规定的范围内以自己的意志和行为直接支配物，而无须借助他人的行为。物权一方面表现为物权人有权在法律规定的范围内，按自己的意愿对物进行支配，包括对物进行占有、使用、收益和处分；另一方面表现为物权人有权排除他人对自己支配之物所给予的侵害和对自己行使物权的行为造成的干涉和妨碍，因而物权主体以外的其他任何人都负有不得侵害和干涉物权、不得妨碍物权人行使物权的义务。

（二）物权是直接支配特定的独立之物的权利

既然物权是权利主体对物进行直接支配的权利，那么物权的客体就是特定的物。有人认为，物权的客体包括有体物或无体权利②。抵押权、质权等他物权可

① 刘志杨. 民法物权. 上海：大东书局，1936：13.

② 同①10.

以通过不动产所有权或者其他债权等而设置，其标的物即为无体权利。不过，按照今天的观点，物权不仅表明物的归属，还包括物的利用，设立抵押权、质权等他物权，尽管其客体是权利，但却是对物的利用的权利，究其实质，仍然是支配特定的物。其他的权利客体如行为、精神财富等不能作为物权的客体，这是物权与债权、知识产权、人身权相区别的一个显著特征。物权的客体是特定的，因为物权是对物的支配权，其客体如果不特定就无从支配，因此，所有权不得未确定，就是物权的基本要求。此外，只有物独立，才能对其完全行使直接支配的权利。对不独立的物无法确定其物权。

（三）物权是以对物的直接支配并享受其利益为内容的权利

直接支配物权客体的物，也直接表现为享受物的利益。这是物权的经济内容。尽管享受其利益即表明物权构成要素中的合法利益，通常认为凡权利均包含利益，似乎不表明利益的享受未尝不可①，但物权中对物的利益的享受具有特别的意义，物权人对物进行支配，不是物权人的目的而是物权人的手段，物权人的目的在于，通过对物的支配而取得物的利益即享有财富，以满足自己的物质需要。以享受物的利益的形态的典型代表所有权为例，可以分为：一是对标的物用益价值的享受。此或系由自己享受，例如所有人驾驶自己的汽车、耕种土地以收获农作物，或是将用益价值供他人利用以收取对价，将标的物的利用价值授予他人，该他人乃得享受标的物利用价值的利益，用益物权即是。二是对标的物交换价值的享受。其方式不外乎标的物的让与，以换取金钱，作为营生之资，或是将标的物之交换价值授予他人，以获取信用，该他人乃得享受标的物交换价值的利益，担保物权因此产生。甚至事实上处分上述两种价值，以为享受均然。② 因而在民法保护下直接享受物的使用价值和交换价值所带来的各种利益，是物权的本质和核心，是物权区别于其他财产权的基本特征。

（四）物权是具有排他性的权利

物权的排他性源自物权对特定的物的直接支配力，这种直接支配力要求物权

---

① 梁慧星，陈华彬．物权法．3版．北京：法律出版社，2005：13.

② 谢在全．民法物权论：上册．修订5版．台北：新学林出版股份有限公司，2010：14.

必须具备排他性。物权的排他性首先表现为，在一物之上不得同时成立两个内容不相容的物权：如果某人对某物享有所有权，就排除其他任何人同时对该物另有一个所有权，这是一物一权原则的表现；即使在一物之上也不得成立两个在内容上相互矛盾的他物权，例如在一块土地上不能设立两个建设用地使用权。其次表现在，物权具有排除他人侵害、干涉、妨碍的性质。在物权中，一个人享有物权，其他任何人都是这个权利的义务主体，都对该物权负有不可侵的法定义务。凡是侵害物权的行为，都在排除之列。因而在物权请求权中，返还原物和恢复原状等物权保护方法是物权基于排他性所产生的物权保护方法。

第二节　物权法律关系

物权法律关系，是物权的权利主体和义务主体之间对权利主体支配的物所产生的权利、义务关系。物权法律关系包含主体、内容和客体三个要素。

一、物权法律关系的主体

（一）物权法律关系主体的概念和特征

物权法律关系的主体，是物权法律关系的权利人和义务人。物权的法律关系主体既可以是自然人，也可以是法人、非法人组织，甚至是国家，例如国家所有权的主体就是国家。

物权法律关系主体的特征是，权利主体总是特定的，而义务主体总是不特定的。这是物权的绝对权的对世性质决定的。除权利主体之外的所有的其他不特定的人，对于特定的物权都是义务主体，都负有不得侵犯的义务。即使通过订立合同取得的用益物权和担保物权，在取得权利和产生义务的双方主体之间具有一定的相对性，但在用益物权和担保物权成立之后，权利主体也是特定的权利人，而义务主体同样是不特定的其他任何人，在相对的当事人之间，仅仅是发生物权的

权利人和义务人。可见，即使是基于相对关系而产生的他物权，仍然是绝对权。

（二）三种不同的所有权权利主体

我国的所有权形态为三分法，即《物权法》规定的所有权分为国家所有权、集体所有权和私人所有权，因此，所有权的权利主体也包括性质上的差别。

1. 国家作为物权主体

国家作为物权主体，是指国家对于国家所有的物享有所有权，即国家是所有权人。国家所有权是国家对全民所有的财产进行占有、使用、收益和处分的权利。《物权法》第45条第1款规定，“法律规定属于国家所有的财产，属于国家所有即全民所有”，从而确定了国家所有权的性质、地位和内容，表明了国家所有权是全民所有制在法律上的表现。

2. 集体作为物权主体

集体作为物权主体，是指集体经济组织是集体所有权的主体，为所有权人。

集体所有权同国家所有权一样，是建立在生产资料公有制基础上的所有权法律制度，是我国所有权制度中的重要类型之一。这种所有权法律关系的主体是集体经济组织。

在现阶段，集体经济组织作为所有权人，还存在较多的问题，例如农村集体经济组织对于集体所有的财产，存在权利界限不清、主体不够明确等问题，需要继续进行完善。正因为如此，《民法总则》第99条第1款规定：“农村集体经济组织依法取得法人资格。”从而确认农村集体经济组织具有特别法人资格，使之成为合格的农民集体财产的所有权人。并且《民法总则》第101条第2款规定：“未设立村集体经济组织的，村民委员会可以依法代行村集体经济组织的职能。”因此，在农村，只有集体经济组织法人才是集体财产的所有权人，而集体经济组织的成员为法人成员，具有法人的成员权。这正是《民法总则》规定农村集体经济组织法人的重要价值所在，并且为今后的农村经济体制改革奠定了所有权人的基础。

3. 私人作为物权主体

私人作为物权主体，就是指私人作为所有权人。私人所有权，原本是指自然

人个人对其所有的财产依法进行占有、使用、收益和处分的权利。但是，《物权法》概括的私人所有权，不仅包括自然人个人的所有权，还包括企业法人、企业法人以外的法人以及社会团体的所有权，它们也是私人所有权范畴。因此，私人作为所有权人，包括自然人、企业法人、非企业法人以及社会团体。其中，自然人私人财产所有权是社会主义所有权制度中的一个重要组成部分，是我国自然人的基本财产权之一。全国人民代表大会通过宪法修正案，在《宪法》第22条明确规定“公民私有财产不受侵犯”，进一步明确了对个人私有财产所有权的尊重和保护。《物权法》第64条、第68条和第69条分别规定了上述私人作为物权主体的范围及享有的物权。按照《民法总则》和《物权法》的规定，法人、非法人组织对其所有的财产，也依法享有所有权，在私人所有权的范围之内。

二、物权法律关系的内容

物权法律关系的内容，就是物权的权利主体所享有的权利和义务主体所负有的义务。

（一）物权的权利

在物权法律关系中权利人享有的权利，就是权利人对物权客体的绝对支配。物权是绝对权，是对物权客体的绝对支配权，权利人行使物权，不受其他任何人的干涉和强制。

物权的权利的特点是：第一，物权之权利的行使无须义务人的积极行为。从物权法律关系的义务人范围来看，物权的义务人是不特定的任何人，权利人的权利无须义务人实施一定的行为即可实现。第二，物权的权利人只享有权利而不承担义务。物权的权利人享有权利，但是并没有相对应的义务；同时，义务人对权利人承担义务，却不因此而享有权利。第三，物权之权利具有排他性。在物权遭受损害时，权利人可以针对任何侵害物权的第三人提出主张和提起诉讼，保护自己的权利。第四，物权之权利具有公开性。物权必须通过公示方式使第三人知道，才能够产生对抗第三人的效力。由于物权的公开性，物权对权利人之外的一

切人确立了不得侵害该权利的义务，从而起到行为规则的作用。

（二）物权的义务

物权法律关系的义务主体的义务，就是对物权以及物权的客体不得侵犯。这种义务的特点是：第一，这种义务是法定义务，是法律直接规定的，是不以当事人的意志为转移的，不能因当事人约定而改变。第二，这种义务是物权法律关系中的义务主体承担的义务，而不是物权权利人承担的义务。在民事法律关系中，权利和义务相对应，通常是一个主体既享有权利又承担义务，但在物权法律关系中，义务人只承担义务，不享有权利。第三，这种义务是不作为义务，义务人履行义务不必实施积极的行为，只需消极不作为，不侵害权利人的权利，就履行了义务。因此，这种义务是消极义务，而不是积极义务。第四，物权义务人履行义务并不是为了实现义务人自己的自身利益，而是为了满足权利人的利益。第五，这种义务具有法律强制力。义务人必须履行不作为义务，这是强制性的，义务人如果不履行不作为义务而侵害了物权人的权利，则应当承担民事责任。

三、物权法律关系的客体

（一）物权法律关系的客体与物格

1. 物权法律关系的客体的概念

物权法律关系的客体（以下简称物权客体），就是物，是指凡是存在于人身之外，能够为人力所支配和控制，能够满足人们某种需要的财产。《物权法》第2条第2款规定："本法所称物，包括不动产和动产。法律规定权利作为物权客体的，依照其规定。"《民法总则》第115条作了同样的规定；同时，还在第127条规定："法律对数据、网络虚拟财产的保护有规定的，依照其规定。"尽管这一条文没有明确规定网络虚拟财产就是物，就是物权的客体，但是在这个条文的位置，或者是权利，或者是权利客体，既然网络虚拟财产不是民事权利，那么只能成为权利客体，因此可以确认，网络虚拟财产就是物权客体。

在历史上，作为物权客体的物是不断发展的。在罗马法中，物权客体主要是

土地。工业革命之后，随着工业化的发展和科学的进步，尤其是市场经济的不断繁荣，物的范围有了极大的发展，动产也较之于不动产具有更为重要的价值。在当代，由于科学技术的迅猛发展，人们能够控制和利用的物越来越多，因而物的范围扩展得十分广泛。而任何物在法律上都具有自己的归属，即使是无主物最终也会找到其归属，因此，不论是生产资料还是生活资料，无论是自然物还是劳动产品，无论是流通物还是限制流通物，都可以作为物权客体。

2. 物权客体的物格

物格即物之格，是物的资格。物权客体的物格，是指物作为权利客体的不同资格，是相对于法律人格而言的概念，它表明物的不同类型在法律上所特有的物理性状和法律特征。有物格之物，即使人类无法看到，也具有物格，例如网络空间，人类并不能看到它，但它能够为人的力量所支配，具有物的资格，因而认为是物。没有物格之物，不认为是物，例如人类不能控制的天体、物质等，都不认为是物。有人将月球上的土地予以出卖，是不能实现权利转移的，因为月球上的土地根本就不是物，不具有物格。①

从民法物的概念的发展脉络来看，整体的趋势是以有体物为核心构建了物权法制度，然后在社会发展和科技进步过程中逐步否定绝对的“物必有体说”，在有体物之外例外承认自然力、空间、尸体、人体分离物和虚拟财产等也可以被视为物。这种渐进式的列举模式，可以称为“1＋X”模式。我国《物权法》规定的物权客体，是统一的物，即物权客体的模式为“1＋1”模式，两个“1”，分别是物和法律规定的权利。物权客体的“1＋1”模式，是根据物权客体是否具有自然属性而将其划分为两类，即兼具自然属性与社会属性的物权客体即物，以及仅具法律属性的物权客体即法律规定的权利。我们确定物权法的统一物的模式应当是“1→类型化”模式，在对统一的物的概念的内涵进行界定之后，还应当进一步确定物的基本类型，建立相应的法律规则。这就是笔者所强调的法律物格。

物权客体的具体物格是：(1) 伦理物格，概括的是那些具有生命特征或者人

① “月球大使馆”出卖月球土地是否合法?.［2017－12－08］找法网，http：//china. findlaw. cn/info/wuquanfa/wuquanfaanli/suoyouquananli/1265588. html.

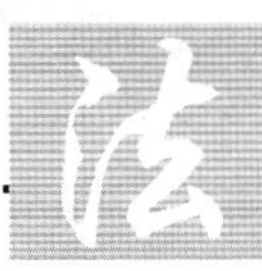

格特征的人体变异物，诸如人体器官、组织、尸体、人体医疗废物等，以及动物尤其是野生动物和宠物，植物尤其是珍惜植物，适用最为特殊的物权规则。(2) 特殊物格，包括网络、空间、自然力等无形物以及货币及有价证券等，其价值是抽象的、不具体的，转移或者处分这类特殊的物，应当遵守特别的规则。(3) 普通物格，概括的是一般的物，除去上述特殊物之外的所有的物，包括不动产和动产，适用一般的物权规则。

物格制度是物的系统更为深入的类型化，并为特殊物权法律制度的深入研究展开了框架。确立物格制度的主要意义体现在以下三个方面：第一，能够确定作为权利客体的物的不同法律地位；第二，能够确定权利主体对具有不同物格的物所具有的不同的支配力；第三，有利于对具有不同民法物格的物作出不同的保护。①

(二) 物权客体的特征

作为物权客体的物，必须是单一物、独立物、有体物、特定物。不过，随着社会的发展和科技的进步，物权客体的这些特征也都有了新的变化。

1. 物权客体必须是单一物

单一物是指在形态上能够单独地、个别地存在的物。单一物相对于集合物而言。

单一物分为人为的单一物，如一栋房屋；天然的单一物，如树木、牛马等。单一物上可以单独设立物权。虚拟财产中的一个网站，是一个虚拟的不动产，也是单一物。

集合物包括：(1) 事实上的集合物即物件集合，是指由于当事人的意思和经济上的目的，多数单一物或合成物集合成一体，例如图书馆中的全部书籍。(2) 法律上的集合物即集合财产，是指多数物和权利在法律上被视为一体，如夫妻共同财产。传统民法认为集合物上难以设立独立的物权，但随着市场经济的发展，各类物和权利都进入了交易领域，而以集合物作为交易的对象，可以减少交易成本，使交易更为简洁、方便和迅速，例如失踪人的财产、企业财产或者营业

① 杨立新，等. 民法物格制度研究. 北京：法律出版社，2008：55-56.

财产都可以作为一个整体而为交易或者抵押。因此，集合物在特殊情况下可以成为物权客体。

2. 物权客体必须是独立物

独立物，是指在物理上、观念上或者法律上能够与其他的物相区别而独立存在的物。不得就物的一部分成立物权，如果就物的一部分成立物权，不但难收其实效，有时且无适当之法，例如牛或马难以一部分为占有，可使世人知悉其权利所在。①

传统民法认为，物必须具有物理上的独立性，才能够成为独立物。但是，随着社会的发展，独立物的观念正在发生变化，一个物具有物理上的独立性，固然可以作为独立物而存在，但如果不具有物理上的独立性，也可以交易上的观念和法律的规定作为标准确定某物的独立性。在交易观念上，一幅土地的某一部分可以通过划分四至的方法划分为不同的部分而特定化，成为独立物，例如宗地的概念，就是划了红线图的特定地块，属于独立物。在法律上，也可以法律的规定作为标准，如通过法律规定登记的方法，将分割的数块土地公示于众，使之特定化而成为独立物；同样，空间是一个整体，但以法律规定作为标准，将空间的区域划定，成为独立物，也能够作为物权客体，设立分层地上权。

3. 物权客体主要是有体物

有体物是指具有一定的物质形体，能够为人们所感觉到的物。相对于有体物的是无体物，是指权利，如地役权。德国法仅承认有体物为物权客体，法国法则承认有体物和无体物均为物权客体。一般认为，德国法的界定过于狭小，而法国法的界定过于宽泛。随着市场经济的发展，物权客体的范围正在扩大，不仅包括一般意义上的有体物，而且包括某些权利。应当注意的是：第一，所有权的客体一定是有体物，而不能是无体物；第二，无体物作为物权客体，只能是他物权客体，而且作为他物权客体的无体物只能是债权以外的其他权利，债权本身不能成为物权客体；第三，即使是将权利作为他物权客体，权利也只能作为财产或者财产利益存在，而不是作为单纯的权利形态存在，否则就会出现权利客体和权利本

① 刘志扬. 民法物权. 上海：大东书局，1936：19.

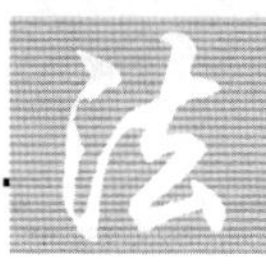

身的混淆。因而可以说，所谓的无体物不过是财产利益而已。

应当特别强调的是，有体物的体，并非必须为能够观察到的有形体，空间、网络空间、自然力等并没有可以为人所具体观察到的有形的形体，但在观念上它们确实存在抽象的形体，并且能够为人类用一定的方法所度量，因此，它们是特殊的有体物。

4. 物权客体必须特定

物权客体的特定，是指特定物和经过特定化的种类物。特定物，就是相对于种类物的物，是指具有单独的特征，不能以其他物所代替的物。而种类物是具有共同特征，可以用品种、规格或者数量加以确定的物。物权客体必须是特定物，而不能是种类物，因为物权是权利人支配特定物的权利，标的物不经特定，则无法交付或者登记。种类物可以特定化，经过特定化的种类物，可以作为物权客体。

第三节　物权的效力

物权的效力，是指物权所特有的功能和作用。物权的效力与物权的权能即占有、使用、收益、处分有关，物权的效力是物权的权能进一步发挥作用的结果。物权的本质在于其对物的支配权和排他性，因此，物权具有以下特殊的效力。

一、物权的排他性效力

物权的排他效力，是指在同一物上不得成立两个所有权或成立两个在内容上相互矛盾的物权，即“一物不容二主”。

物权的排他性效力系由物权的支配性质所生。[①] 如果否认了物权的排他性，就很难了解物权的性质，并且很难将其与债权相区别，也不能解释物权的公示原

① 尹田. 物权法理论评析与思考. 北京：中国人民大学出版社，2004：4.

则。正是物权具有客观的而不是拟制的排他性效力，才使物权和债权相区别，使物权具有了对世性，因而可以进行权利公示，并且使物权能够对抗任何第三人的不法行为，维护物权的支配效力。

物权的排他性效力主要表现为：第一，在同一标的物上，已有所有权存在的，不能另有其他所有权成立。如果一个人对某物依法取得所有权，另一个人即使在事实上占有该物，也不能享有法律上的所有权。第二，在一个特定物上存在着法律上的所有权，但他人由于取得时效或者善意取得制度而取得对该物的所有权时，先前的所有权将因此而消灭，不得以先前享有的所有权对抗后产生的所有权。第三，在同一标的物上，已有以占有为内容的用益物权存在的，不得另有同样性质的用益物权的成立，例如在同一地块上已经设立了建设用地使用权或者承包经营权、宅基地使用权，由于这些用益物权须以占有为内容，因此不能设立性质相同的其他用益物权。

物权的排他性效力并不否认在同一物之上并存数个内容并不矛盾的物权，如所有权可以与其他任何一种他物权在同一物上并存，所有权人也可以在一物之上设定数个担保物权。

二、物权的优先效力

物权的优先效力又称物权的优先性，其基本含义是指权利效力的强弱，即同一标的物上有数个利益相互矛盾、相互冲突的权利并存时，具有较强效力的权利排斥或先于具有较弱效力的权利而实现。物权的这种优先效力仍源于物权的对物支配权和排他性。法律赋予物权以优先效力，有利于维护既存的财产占有关系，充分发挥物质财富的效用。

对于物权的优先效力的范围，有不同的主张，例如对外效力优先说和对内效力优先说。[①] 笔者认为，物权的优先效力既有对内效力，也有对外效力，主要表现在以下两个方面。

① 王利明．物权法研究：上卷．修订版．北京：中国人民大学出版社，2007：44－45．

（一）物权相互间的优先效力

根据物权的排他性原理，一物之上不得设立两个或两个以上的所有权，但在某些情况下，当事人可以在同一物上设立数个性质并不矛盾的物权。在多个物权并存的情况下，先设定的物权优先于后设定的物权。这种优先效力分为以下两种形态：一是优先享受其权利。如在同一不动产上设定抵押权后再设定抵押权的，优先效力以抵押权登记的先后确定，登记在先的抵押权优先受清偿。二是先成立的物权优先于后成立的物权。若后成立的物权对先成立的物权有影响，则后成立的物权将在先成立的物权实现时被排斥或消灭，例如已经设立了建设用地使用权，又在该地块上设立了分层地上权，按照《物权法》第136条中关于“新设立的建设用地使用权，不得损害已设立的用益物权”的规定，如果新设立的分层地上权是在原有的建设用地使用权之上或者之下设立的，且新设立的分层地上权对原有的建设用地使用权的行使有妨害，则先设立的建设用地使用权优先于后设立的分层地上权，后设立的分层地上权被排斥或者消灭。

（二）物权优先于债权的效力

在同一标的物上物权与债权并存时，物权有优先于债权的效力。其主要情形有：一是物已为债权的标的，就该物再成立物权时，则物权有优先的效力。如一物数卖：甲与乙约定将某项动产出卖给乙，乙取得了请求甲交付该动产的债权，以后甲又将该标的物出卖给丙，并已交付给丙。虽丙为后买受人，但丙已取得了这一财产的所有权，他所享有的的物权优先于乙的债权，因而乙只能要求甲承担债务不履行的违约责任。二是当担保物权与债权并存时，担保物权具有优先于债权的效力。如在债权人依破产程序或强制执行程序行使其债权时，在债务人的财产上成立的担保物权具有优先效力。

三、物权的追及效力

物权的追及效力，是指不管物权的标的物辗转流通到什么人手中，所有权人都可以依法向物的占有人索取，请求其返还原物。而任何人对此都负有不得妨碍

权利人行使权利的义务，任何人非法取得所有人的财产都负有返还的义务，否则就是侵害了权利人的权利。[①] 即使是担保物权也具有这种追及的效力。

关于物权的追及效力究竟是一种独立的效力，还是物权请求权的内容，有不同见解。有的主张物权的追及效力是一种独立的效力，是追及权，与物权请求权不同。有的认为，追及效力并不是一种独立的效力，不过是物权请求权中的返还原物请求权。通说认为，物权的追及效力是物权所具有的针对被侵害的物权标的物进行追及的效力，并不能为物权请求权所包含。物权的追及效力是与债权不具有追及效力相比较而言的，债权的标的物被侵夺的，债权并无追及效力，债权人不得对侵害债权的人进行追及。而物权则不同，物权标的物被侵夺时，物权的追及效力需要通过行使物权请求权才能实现。

物权的追及效力并不是绝对的，原因是在法律上确立善意取得制度之后，物权的追及效力受到善意取得制度的限制。如果第三人取得该财产时是善意、无过失的，则取得该物的所有权，不受物权追及效力的拘束。

四、物权请求权

物权人在其权利的实现上遇有某种妨害时，有权向造成妨害其权利事由发生的人请求除去妨害。这种权利叫作物权请求权。法律为保障物权人对物所享有的充分的支配权，赋予物权人以请求他人返还原物、排除妨害、恢复原状等权利。

物权人在其标的物受到损害时，有请求侵害人赔偿损失的权利。这是一种债权请求权。物权请求权的目的在于恢复权利人对物的支配权，而债权请求权的目的在于使权利人所受的损失得到及时补偿。这两种方法都可以用来保护物权，但相对于损害赔偿的方法而言，物权请求权的方法更有利于及时保护物权人的利益。

---

① 王泽鉴．民法物权：通则·所有权．台北：三民书局，1992：53．

第四节　物权的分类

根据物权法定原则，我国的物权包括所有权、建设用地使用权、土地承包经营权、宅基地使用权、地役权、抵押权、质押权和留置权等，除此之外，还有非典型物权，如典权、优先权、所有权保留、让与担保和后让与担保。为了掌握各种物权的性质和特征，应当按照不同的标准，对各种物权进行以下分类。

一、自物权与他物权

根据物权主体是否为财产的所有权人，可以把物权分为自物权与他物权。这种分类是对物权进行的最基本分类。

自物权，是指权利人依法对自己所有的物享有的占有、使用、收益、处分的权利。所有权是唯一的自物权种类，因此自物权就是所有权，包括单一所有权、共有权和建筑物区分所有权。

他物权，也称限制物权、定限物权，是指非所有人根据法律或合同的规定，对他人财产享有的物权。所有权以外的其他物权就是他物权。根据设立的目的不同，他物权还可以进一步分为用益物权和担保物权。用益物权，是以物的使用、收益为目的而在他人的所有权上设立的他物权。如土地承包经营权、建设用地使用权、宅基地使用权等，都是在集体所有权之上设立的用益物权。担保物权，是以保证债务履行、债权实现为目的而设立的物权。如抵押权、质权、留置权等，都是在他人或者自己的所有权上设立的担保物权。区分两者的意义在于，能够明确不同的他物权设立目的不同，权利内容也就不同。[①]

所有权与他物权的关系是：所有权是一种完全物权，是最主要、最基本的物权，是他物权的源泉。他物权是一种不完全物权，是以所有权的一定权能为内容

① 关于用益物权和担保物权的区别，本书在第八章有专门的说明。

而设定的独立权利，是所有权的派生物。从权利存在的期限上看，所有权是无期物权，他物权一般为有期物权。

二、动产物权、不动产物权和权利物权

以物权标的物的种类为标准，可以将物权分为动产物权、不动产物权和权利物权。

以动产为标的设立的物权，是动产物权。动产物权包括动产所有权和动产担保物权如动产抵押权、动产质权以及动产留置权。

以不动产为标的设立的物权，是不动产物权，例如不动产所有权，以及地上权、地役权、不动产抵押权、典权等。

以权利为标的物设立的物权，是权利物权，例如权利质权和权利抵押权。

动产物权、不动产物权以及权利物权的区分，在物权法上的意义是，关于这些物权的成立要件、效力、取得、丧失和变更等都有不同的规则。

三、主物权与从物权

根据物权是否从属于其他物权而存在的不同，物权可以分为主物权和从物权。

主物权，是指本身能单独存在，无须从属于其他权利的物权。主物权的主体享有该物权，不以享有其他民事权利为前提，如所有权、建设用地使用权、典权等。从物权，是指从属于其他权利，并为所从属的权利服务的物权。从物权的享有，以其他权利的存在为前提，依所属的其他权利的存在而存在。例如抵押权、质权、留置权等，都依附于债权而存在，都属于从物权。

区分主物权和从物权的意义在于：主物权能够独立存在；从物权的存在以它所从属的权利的存在为前提，主物权消灭时，从物权也随之消灭。

四、法定物权与意定物权

以物权的发生是否基于当事人的意思为标准，可以将物权分为法定物权与意定物权。

法定物权是指非依当事人的意思，而是基于法律的直接规定发生的物权，例如留置权和法定抵押权。

意定物权是指依照当事人的意思通过法律行为而设立的物权，例如建设用地使用权、土地承包经营权、质权、抵押权等。

法定物权与意定物权区分的意义在于，物权成立的方式不同，应当分别遵守各自的规则。

五、登记物权和非登记物权

以物权的取得是否须登记为标准，可以将物权分为登记物权和非登记物权。

登记物权是指其设定、变更与消灭必须依据法律规定办理登记才能产生相应效力的物权。须登记方发生法律效力的物权，主要是土地和房屋等不动产的所有权、地上权、抵押权等。登记物权中，还包括必须登记的物权和自愿登记的物权；前者未经登记不发生物权变动效力，如不动产所有权；后者之设立和变动依据法律规定可以由当事人自愿选择是否办理登记，如地役权等。

非登记物权是指其取得、变更、消灭无须登记即可产生相应效力的物权。在通常情况下，动产物权属于非登记物权，仅以对物的占有作为向社会公示的方法，非经登记即可发生物权变动效力。

区分登记物权和非登记物权的意义在于，物权的变动方式不同，在物权变动时应遵守不同规则。

六、有期限物权和无期限物权

以物权的存续有无期限为标准，可以将物权分为有期限物权和无期限物权。

有期限物权是指仅能在一定期限内存续的物权。意定物权通常都是有期限物权，例如以约定方式设定的建设用地使用权、土地承包经营权、质权、抵押权等。

无期限物权是指未定存续期限，可以永久存续的物权，例如所有权。

区分有期限物权和无期限物权的意义在于：存续期间届满，有期限物权归于消灭。例如，以约定方式设定的他物权，一般都是有期限物权，除非当事人有特别约定或者法律有特别规定，期限届满，物权消灭。无期限物权不存在存续期间，除非权利人将其抛弃、标的物灭失或者有其他原因，否则将永远存在。

七、典型物权与非典型物权

按照物权是否具有典型性，可以将物权分为典型物权和非典型物权。

典型物权是指依照物权法定原则，由民法基本法即民法典或者《物权法》等规定的物权类型。在大陆法系，物权类型基本上都是由民法典的物权编予以规定，这些物权就是典型物权。在我国，所有权包括共有权、建筑物区分所有权，建设用地使用权、土地承包经营权、宅基地使用权、地役权、抵押权、质权、留置权，都是典型物权。

非典型物权是指并非由民法基本法，而是由其他法律以及习惯法所承认的物权。非典型物权包括准物权和习惯法物权。准物权如采矿权、探矿权、用水权、渔业权等，都是其他法律规定的具有物权性质的权利。习惯法物权如典权、优先权、所有权保留、让与担保以及后让与担保等，都是习惯法所承认的、具有物权性质的物权。

区分典型物权与非典型物权的意义在于，对典型物权适用法律，应当根据

《物权法》的规定；而对非典型物权适用法律，应当适用特别的法律规定，或者适用习惯法的规则。

第五节 物权的保护

一、物权保护的意义和形式

物权的保护，是指通过法律规定的方法和程序，保障所有人在法律许可的范围内，对其所有的财产行使占有、使用、收益、处分权利的制度。这是物权法律制度必不可少的组成部分。对物权的保护也是各个法律部门的共同任务。每个法律部门都从各自的角度出发，运用不同的方法，对保护物权作出直接或间接的规定：宪法对保护物权作了原则性的规定；刑法是运用刑罚的手段惩罚犯罪，保护物权；行政法则利用行政措施和行政处罚的办法，对破坏、侵吞财产的行为依法予以制裁；而民法对物权的保护具有其他法律所不可替代的地位和作用，包括原权请求权和侵权请求权这两种方法。[①]《物权法》第三章专门规定了“物权的保护”，规定了物权的保护方法和程序，属于原权请求权的方法。

物权的民法保护，以是否通过民事诉讼程序为标准分为两种：一是物权人的自我保护，即自力救济，是指物权人在其权利受到侵害时依法自行行使其享有的请求权，如果侵害人依所有人的请求实施了一定的行为，如停止侵害、返还原物、赔偿损失，所有人的所有权就得到了保护的救济方法。因而，物权人行使请求权而保护其权利，是物权保护的一种重要方法。二是通过民事诉讼程序对物权的保护，也称为公力救济，是指物权人在其权利受到侵害时，有权向法院提起民事诉讼，请求法院予以保护，恢复自己被侵害的合法权益。《物权法》第 32 条规

---

① 关于原权请求权的保护方法和侵权请求权的保护方法，参见杨立新．民事裁判方法．北京：法律出版社，2008：34－35。

定："物权受到侵害的，权利人可以通过和解、调解、仲裁、诉讼等途径解决。"这个规定包括了这两种物权的民法保护。不过，《物权法》所称的物权保护，主要不是说这种保护。

从民法的意义上说，物权保护的基本方法是物权本身的保护方法和债权保护方法，前者为原权请求权，后者为侵权请求权。民法的权利保护请求权有两个系统：原权请求权是民事权利本身固有的保护请求权，随着原权利的产生、消灭而产生、消灭，因此是原权利的保护请求权。侵权请求权也叫做次生请求权，是基于权利被侵害而产生的权利保护请求权；不是原权利本身的权利内容，而是基于《侵权责任法》的规定而产生的新的请求权。

《物权法》第三章规定的物权保护请求权，究竟是原权请求权还是侵权请求权，学者间有不同看法。

在学说上，曾经有人主张坚持《民法通则》第134条确立的模式，以侵权责任取代物权请求权；有人主张物权请求权和侵权请求权分立，各自调整不同的物权保护问题；也有人主张物权请求权和侵权请求权竞合的立场。[①] 笔者赞同崔建远教授的主张：以侵权责任取代物权请求权是不正确的，因为侵权责任与物权请求权是不同的保护方法，性质不同，不能将其混淆在一起；且侵权责任的保护方法对保护物权并不都是有利的，例如侵权请求权都受诉讼时效的约束。将物权请求权与侵权请求权完全竞合在一起，不仅抹杀了各自上法律特征和性质上的区别，而且无法处理各自法律适用时的不同规则，是不可取的。

因此，笔者的意见是，将《物权法》第三章规定的物权保护规则，分为三部分：第一部分，是第33条规定的物权确认请求权，是在物权的归属发生争议时适用的请求权；第二部分，是典型的物权请求权，包括第34条规定的返还原物请求权，第35条规定的排除妨害或者消除危险请求权，第36条规定的恢复原状请求权；第三部分，是第37条规定的侵权损害赔偿请求权。相应地，应当将《侵权责任法》第15条规定的返还原物、恢复原状、排除妨害界定为物权请求权。

① 崔建远，申卫星，等. 物权法. 北京：清华大学出版社，2008：76－77.

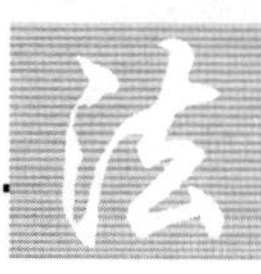

二、物权保护的具体方法

（一）物权确认请求权

1. 物权确认请求权的性质

关于物权确认请求权究竟是何性质，有三种不同的主张：有的认为属于物上请求权[①]，有的认为属于物权请求权[②]，有的认为是保护物权的方法但不属于物权请求权的范畴。[③]《最高人民法院关于适用〈中华人民共和国物权法〉若干问题的解释（一）》第2条规定："当事人有证据证明不动产登记簿的记载与真实权利状态不符、其为该不动产物权的真实权利人，请求确认其享有物权的，应予支持。"

物权确认请求权确实与物权请求权不是同一性质的权利。最主要的原因是，物权请求权的行使主体可以是权利人也可以是公权力机关，但物权确认请求权的行使主体必须是公权力机关，由司法机关行使裁判权，无法通过自力救济确认物权。至于物权确认请求权的发生，有观点认为，没有物权的人也享有物权确认请求权。因为在物权是否存在或者物权归属于谁都有疑问的场合，不好断言物权一定存在。[④] 但是不能支持这一结论。因为没有物权的人行使物权确认请求权，最终在法院裁决的时候，是确认其物权确认请求权不成立，因而驳回其诉讼请求，是不承认其有物权确认请求权的。可见，物权确认请求权仍然是物权人享有的权利，不享有物权的人不享有物权确认请求权。上述司法解释的规定，恰好说明了这个问题。

2. 物权确认请求权的权利人、确认人及权利内容

物权确认请求权的权利主体为与物权有关的利害关系人。之所以称之为与物

---

① 郭明瑞，等. 民商法原理：第2册 物权法·知识产权法. 北京：中国人民大学出版社，1999：60.

② 梁慧星. 物权法草案（第二次审议稿）若干条文的解释与批判//易继明. 私法：第5辑第1卷. 北京：北京大学出版社，2005：20.

③ 崔建远. 土地上的权利群研究. 北京：法律出版社，2004：376.

④ 崔建远，申卫星，等. 物权法. 北京：清华大学出版社，2008：73.

权有关的利害关系人，是因为在物权发生争议时，物权的归属尚未确认。因此，凡与物权有关的利害关系人都可以提出物权确认请求权。

物权确认请求权的主体，包括物权人本人、物权人的监护人及其他近亲属、委托代理人、指定代理。在争议发生时，物权的名义登记人和真实的物权人都是利害关系人。

物权确认请求权的确认人，是人民法院、行政机关以及仲裁机构。其他人不享有这样的权力，例如，人民调解委员会不能作出物权确认请求权争议的调解结论。至于其他民事主体，更不能对物权争议作出确认，私力救济也不能用来解决物权争议。

物权确认请求权的内容就是确认物权的归属。物权确认请求权行使之后，确认人应当认真审查，根据证据作出物权确认请求权是否成立的判断。确定物权确认请求权成立的，确认争议的物权归请求人；确定物权确认请求权不成立的，驳回请求人的诉讼请求。

（二）物权请求权

1. 物权请求权的概念和性质

物权请求权也称为物上请求权，包括广义和狭义两种。狭义的物权请求权是指基于物权而产生的请求权，当物权被侵害或有可能遭受侵害时，权利人有权请求恢复物权的圆满状态或防止侵害。广义的物权请求权还包括占有人的占有保护请求权。

罗马法时期没有物权请求权的制度，但是存在对物之诉，是保护所有权的制度。其中包括：一是所有人可以请求非法占有其物的人返还原物的诉讼；二是其他人对不动产主张存在役权时可以提起的排除妨害之诉；三是以时效取得为基础的虚拟的所有物返还之诉，称为普布利西那亚之诉。在制定《德国民法典》时，德国学者提出应当建立统一的物权保护请求权，将返还原物请求权和排除妨害请求权相并列，共同作为保护所有权的制度。因此，该法典首次规定了物权请求权，即所有物返还请求权、所有权除去侵害请求权和不作为请求权，在他物权中也规定了准用所有权请求权的制度。在现代，一般认为物权请求权包括物权的返

还原物请求权、物权的妨害除去请求权和物权的妨害防止请求权。

关于物权请求权的性质主要有三种学说：一是物权作用说，认为物权请求权是根据物权的作用所产生的权利，是物权效力的具体体现，因而物权请求权与物权不可分离，而非独立的权利。二是债权说，认为物权请求权仍然是发生在特定当事人之间的请求为一定行为或者不为一定行为的权利，故性质上仍然属于债权请求权。三是准债权说，认为物权请求权并非物权本身，而是一种独立的权利，就其仅能对特定相对人行使及仍以请求为权利内容而言，极类似于债权，因此是非纯粹的债权，为准债权。①

笔者认为，物权请求权是基于绝对权而产生的请求权，既不同于债权请求权，也不同于物权本身，而是基于绝对权的支配权而产生，为保护绝对权的支配权的圆满实现而存在的权利。因此，与物权请求权相似的，还有人格权请求权和知识产权请求权。这些请求权都属于绝对权请求权，物权请求权只是其中一种。②

2. 物权请求权的范围

物权请求权的范围，包括返还原物请求权、恢复原状请求权、排除妨害请求权和消除危险请求权。这些请求权都是基于所有权而生的请求权，但在他物权受到侵害或者存在侵害可能时，也可以适用。

（1）返还原物请求权。

返还原物请求权是指物权人向无权占有标的物之人请求返还该物的权利。③所有人在其所有物被他人非法占有时，可以向非法占有人请求返还原物，或请求法院责令非法占有人返还原物。《物权法》第 34 条规定："无权占有不动产或者动产的，权利人可以请求返还原物。"使用返还原物这种保护方法的前提是原物仍然存在，如果原物已经灭失，权利人就只能请求赔偿损失。

财产所有权人只能向没有法律根据而侵占其所有物的人即非法占有人请求返还。如果非所有人对所有人的财产的占有是合法占有，则在合法占有人合法占有

① 王利明. 物权法论. 北京：中国政法大学出版社，1998：149.

② 杨立新，袁雪石. 论人格权请求权. 法学研究，2003（6）.

③ 崔建远，等. 物权法. 北京：清华大学出版社，2008：78.

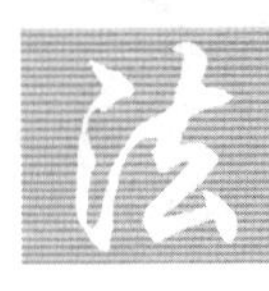

期间，所有人不能请求返还原物。由于返还原物的目的是要追回脱离所有人占有的财产，因此要求返还原物的应当是特定物。如果被非法占有的是种类物，除非该种类物的原物仍存在，否则就不能要求返还原物，而只能要求赔偿损失，或者要求返还同种类及同质量的物。所有权人要求返还财产时，对于由原物所生的孳息可以同时要求返还。

请求权人向相对人主张返还原物请求权，应当举证证明自己是物权人，占有人对该物的占有属于无权占有。对于不动产，请求权人只要能够举证证明自己的不动产已经登记，即可证明自己是物权人。占有人如果主张请求权人不享有物权，须举证证明。对于动产，由于没有登记的公示方式证明，需请求权人自己举出证明动产归属于自己的证据。占有人对于请求权人的物权归属没有异议，仅主张自己为合法占有的，须自己举证证明这一主张成立。

（2）排除妨害请求权。

排除妨害请求权是指当物权的享有和行使受到占有以外的方式的妨害时，物权人对妨害人享有排除妨害，使自己的权利恢复圆满状态的物权请求权。① 由于他人的非法行为，妨碍物权人行使其占有、使用、收益、处分的权能或者其他权能时，物权人可以请求侵害人或者请求法院责令排除妨害，以保护物权人充分行使其物权的各项权能。《物权法》第 35 条规定：“妨害物权或者可能妨害物权的，权利人可以请求排除妨害或者消除危险。”

采用排除妨害这种保护方法时，需要查清事实。只有妨碍是客观存在的，而且这种违法行为也确实构成了对所有权人行使所有权的妨害，才能运用排除妨害的方法来保护所有权。

行使排除妨害请求权的条件是：第一，被妨害的标的物仍然存在，且由所有权人占有。第二，妨害人以占有以外的方法妨害所有人行使所有权，例如在他人的房屋边挖洞危及房屋安全，非法利用他人财产、非法为所有权设定负担等。第三，妨害必须是非法的、不正当的，但并不要求妨害人必须具备故意或者过失。第四，妨害行为超越了正常的容忍限度。物权人承担适度容忍义务，即对于他人

---

① 王利明. 物权法研究：上卷. 修订版. 北京：中国人民大学出版社，2007：229－230.

对物权形成的轻微、正当的妨害，应当容忍。这既为维护社会和睦所必需，也是相邻关系的重要内容。

排除妨害的费用应当由非法妨害人负担。有人主张，排除妨害的费用负担，首先要考虑当事人的过错，由有过错的一方承担费用，如果双方都没有过错，则应当根据效益原则结合公平原则确定。[①] 这样的意见并不正确。他人对物权人造成妨害，排除妨害当然使物权人获得效益，难道就要由物权人承担排除妨害的费用吗？显然不能。

（3）消除危险请求权。

消除危险请求权是指他人的非法行为足以使财产有遭受毁损、灭失的危险时，财产所有人有权请求人民法院责令其消除危险，以免造成实际的财产损失。《物权法》第35条的规定就包括了消除危险的内容。

采用消除危险这种保护方法时，应当查清事实，只有危险是客观存在的，而且这种违法的行为足以危及财产的安全时，才能运用消除危险的方法来保护所有权。其条件是根据社会一般观念确认危险有可能发生。危险的可能性主要是针对将来而言，只要将来有可能发生危险，所有权人便可以行使此项请求权。对于过去曾经发生危险但依事实将来不可能发生危险的，则不能行使消除危险请求权。

消除危险的费用，应当由造成危险的行为人负担。

（4）恢复原状请求权。

在所有人的财产因受非法侵害而遭到损坏时，如果有恢复的可能，则所有人可以请求侵害人恢复财产原来的状态，或者请求法院责令侵害人恢复财产的原状。《物权法》第36条规定："造成不动产或者动产毁损的，权利人可以请求修理、重作、更换或者恢复原状。"恢复原状一般是通过修理或其他方法使财产在价值和使用价值上恢复到财产受损害前的状态。

确立恢复原状请求权的基础在于，如果被毁损的物是不可替代物，则侵害人应当负责修缮，而不能够通过金钱赔偿的方式请求受害人让与该物的所有权。虽

① 王利明．物权法研究．北京：中国人民大学出版社，2007：234．

然承认加害人对恢复原状或价格赔偿有选择权，但是其主动权在于受害人，所有权失去保障的顾虑则根本不存在。[①] 因此，恢复原状应当作为一项独立的物权请求权，对于保护物权具有重要的意义。

关于恢复原状的方式，《物权法》第 36 条规定为“可以请求修理、重作、更换或者恢复原状”。应当理解，这里规定的修理、重作和更换，并不是《合同法》规定的性质，应当理解为通过修理、重作或者更换而使原状恢复。不过还是应当指出，这种解释比较牵强，因为这种规定本身就是不正确的，修理当然可以恢复原状，重作尚可勉强，更换即为以新换旧，性质上属于实物赔偿，就不是恢复原状了。

恢复原状的标准，是使受到损坏的原物性状如初。通过修理、重作或其他方法，使受到损害的物恢复到原来的状态，就完成了恢复原状的要求。但在实际上，原物被损坏后，通过修理，尽管能够恢复原物的使用性能，但通常价值贬损，损失并没有完全得到填补，这被称为“技术上贬值”的损失，不能达到恢复原状的要求。对于通过维修等使受到损坏的物初步恢复原状，但存在技术贬值的，应当对贬值部分予以赔偿。

（三）侵权请求权

《物权法》第 37 条规定的物权保护方法，是一种侵权请求权。确定侵害物权的侵权请求权，依照《侵权责任法》第 6 条第 1 款或者其他条文的规定，须具备侵权责任构成要件。在物权受到侵害后，他人的侵权行为造成财产毁损、灭失，无法恢复原状或返还原物时，财产所有权人可以请求侵权人赔偿损失。赔偿损失是对于不法侵害造成的财产的毁损、灭失，以原物的价值折合货币进行赔偿。分为两种情况：一是因侵害人的侵权行为而致财产不能要求返还或全部毁损的，侵权人要依财产的全部价值予以赔偿；二是财产受到侵害，但在现有情况下仍有使用的可能的，侵权人就要按照财产减损的价值进行赔偿。

损害赔偿请求权是指由于他人的非法行为造成了财产的毁损和灭失，侵害了权利人的物权时，权利人所享有的补偿其损失的请求权。《物权法》第 37 条规

① 王泽鉴. 民法学说与判例研究：第 6 册. 北京：中国政法大学出版社，1998：26.

定："侵害物权，造成权利人损害的，权利人可以请求损害赔偿，也可以请求承担其他民事责任。"《侵权责任法》第 19 条规定："侵害他人财产的，财产损失按照损失发生时的市场价格或者其他方式计算。"

三、物权保护方法与诉讼时效

物权保护方法与诉讼时效的关系，《民法通则》的规定不够清楚，主要涉及诉讼时效的性质和物权请求权是否受诉讼时效拘束的问题。《民法总则》规定了新的诉讼时效制度，对此有了比较明确的规则。

（一）诉讼时效完成的后果是产生抗辩权

诉讼时效的最终法律后果，究竟是直接消灭胜诉权，还是产生抗辩权，直接关系到物权保护问题。依《民法通则》的规定，诉讼时效的法律后果是直接消灭胜诉权，即诉讼时效期间届满，胜诉权被消灭而起诉权不消灭，从而使权利人的权利变为自然权利。按照这样的规定，在诉讼中不待当事人主张，法官依职权即可以适用诉讼时效的规定，宣告权利人丧失胜诉权。这样的规定并不符合诉讼时效制度的设立目的。这样的结果，是使一项可以由当事人依据自己的意志自由行使的权利，变成了法官的权力。这不符合民事权利的本质要求。

《民法总则》第 192 条第 1 款规定："诉讼时效期间届满的，义务人可以提出不履行义务的抗辩。"同时，第 193 条规定："人民法院不得主动适用诉讼时效的规定。"按照这样的规定，诉讼时效期间完成的法律后果是，产生永久抗辩权，使享有该权利的当事人对对方当事人的请求权可以依法进行对抗。如果一个具体的请求权超过了诉讼时效期间而没有行使，则当请求权人要求行使这个权利时，请求权的义务人有权以诉讼时效已经超过法定期间，因而享有永久抗辩权为由，依法进行对抗。如果诉讼时效完成的抗辩权已经成立并且实际行使，就可以对抗这个请求权，使请求权人的请求无效，从而免除义务人的义务。如果义务人不主张诉讼时效的抗辩权，则法院不得主动适用适用诉讼时效的规定，而应当判决义务人履行该义务。

将诉讼时效的性质界定为抗辩权，更符合诉讼时效的本质，有利于保护物权人的物权请求权，维护正常的经济秩序。

（二）物权请求权不受诉讼时效拘束

《民法通则》在规定诉讼时效时，没有规定诉讼时效适用的具体范围。《物权法》也没有规定物权请求权是否受诉讼时效的拘束。在司法实践中，法官经常对一些不应当适用诉讼时效的法律关系适用了诉讼时效，剥夺了权利人的权利，鼓励了义务人的恶意违法行为。

诉讼时效的适用范围应当是：首先必须是请求权，而不是一切权利；其次在请求权中，也不是一切请求权都适用诉讼时效，只有债权请求权、侵权请求权才适用诉讼时效，物权请求权以及人格权请求权、知识产权请求权等都不适用诉讼时效。将诉讼时效的适用范围局限于债权请求权和侵权请求权，对于促使权利人行使债权、促进和推动交易发展，具有积极意义。同时，将物权请求权等权利排除在诉讼时效的约束之外，可以使物权受到侵害的权利人在其依据《侵权责任法》取得的损害赔偿请求权一旦因诉讼时效经过而遭受抗辩权的对抗之后，还能够依据物权请求权主张保护权利。依据《民法总则》第196条的规定，一是停止侵害、排除妨碍、消除危险的物权请求权不受诉讼时效的拘束，二是不动产物权和登记的动产物权的权利人请求返还财产的请求权也不受诉讼时效的限制。此外，还有一个弹性的条款，即该条第4项：依法不适用诉讼时效的其他请求权，也不受诉讼时效的限制。这样规定，有利于保护物权，遏制或者减少不履行法定义务的行为，维护诚信原则等，规范市场经济秩序。

第三章

物权变动

第一节　物权变动模式和物权变动区分原则

一、物权变动概说

（一）物权变动的概念

物权变动是指物权的动态现象，即物权发生、变更及消灭的运动形态。它是民事权利变更的一种具体现象，是物权法律关系运动的基本形式。物权变动的实质，就是人与人之间关于物权客体的归属和支配法律关系的变化。因此，从物权主体的角度而言，物权变动是指物权的取得、变更与丧失。《物权法》第二章规定的“物权的设立、变更、转让和消灭”，就是物权变动规则。

（二）物权变动的基本形态

物权变动的基本形态包括以下三种。

物权的发生，是指物权与特定主体相结合，也就是物权的取得，包括原始取

得和继受取得。

物权的变更，是指物权未失去同一性，只是存在内容出现变化。它包括广、狭两义：广义的变更是指主体的变更、客体的变更和内容的变更，狭义的变更是指客体和内容的变更。由于主体的变更就主体而言，是物权的丧失与取得，因此，物权变更通常是指狭义的变更，即物权客体和内容的变更。

物权的消灭，是指物权与其主体分离；就物权主体而言，是物权的丧失。物权的消灭分为绝对消灭和相对消灭。绝对消灭是指物权的终局性消灭，不复存在。它包括物权标的物在客观上的灭失，导致物权的根本性消灭，例如物品被完全烧毁；也包括物权标的物没有消灭，但物权本身终局地归于消灭，他人并未取得物权，标的物被权利人抛弃。物权的相对消灭是物权经过转让而使原物权人消灭物权，但物权经过转移而被他人取得，因而物权并未最终消灭。

《物权法》对于物权变动的规定是“设立、变更、转让和消灭”，其中的转让，是物权的丧失和取得，既包括物权的取得，也包括物权的消灭，实际上指的是物权的相对消灭。

（三）物权变动的原因

物权变动的原因有：一是法律行为，二是其他原因，三是某些公法上的原因。物权变动可以由不同的原因引起，基本的原因为法律行为和非法律行为。在法律行为的原因中，主要原因为基于合同产生的物权变动。这是物权法研究物权变动的核心问题。

基于法律行为的物权变动，是指法律行为是物权发生变动的原因。作为物权变动原因的法律行为，既可以是单方的法律行为，如遗嘱、抛弃等，也可以是双方的法律行为，如买卖、互易、赠与等。在物权变动的原因中，法律行为是最主要、最常见的原因。

法律行为以外的原因引起的物权变动，是指物权变动并不是以法律行为作为原因，而是有法律行为以外的其他原因，即事实行为和事件等引起的物权变动。取得物权的法律行为以外的其他原因有生产、建造、先占、添附等；消灭物权的法律行为以外的其他原因如权利人死亡、标的物灭失、物权存续期间届满以及混

同等。

基于某些公法上的原因的物权变动，是指物权变动是由于公法上的原因而发生的，例如征收、没收等行政权的行使而引起的物权变动。

二、物权变动的模式选择

（一）物权变动的不同模式

物权变动是客观的、现实的，但是对于物权变动的原因在法律上作出怎样的选择，是关于这个问题争论的焦点。在世界各国的物权立法上，对于如何处理物权变动的模式问题都有不同的意见。

从民法的发展历史来看，由于各国立法的历史和传统不同，在民法上规定物权变动的体例也有所不同。在世界各国已经生效的民法立法体例上，关于物权变动的规则主要有四种。

1. 债权意思主义

法国法的“债权意思主义”，是指法律认定以债权法上的当事人的意思表示直接引起物权变动。《法国民法典》第1583条规定，物权随着当事人的意思表示而变动。《法国民法典》实施50年以后，法国人认为确立这种体例对第三人的利益有所伤害，所以又在1855年制定了《不动产登记法》，规定物权变动不登记不能对抗第三人。这种立法体例把不动产登记作为对抗的效力，而且只是在不动产变动上，其他财产的物权变动仍依据当事人的债权意思表示而发生。

2. 登记对抗主义

日本法的物权变动模式是“登记对抗主义”。19世纪末，日本制定民法典时借鉴了法国的做法，更进一步明确规定，把不动产登记扩大到动产领域。《日本民法典》第176条规定，物权变动以当事人的意思表示一致为生效；第178条规定，不动产不登记，动产不交付，不得对抗第三人。日本法的规定创造了第二种物权变动的立法例，以登记作为对抗的要件，其实质还是债权意思主义。

3. 公示要件主义

奥地利的物权变动模式被称作“公示要件主义”，是指物权因法律行为发生变动时，除了须当事人之间有债权合意之外，尚需进行登记或者交付的法定方式即进行公示，方发生效力。采取这种立法例的《韩国民法典》第 188 条规定：“在不动产场合，基于法律行为的不动产物权的取得、丧失及变更，非经登记，不生效力。关于动产物权之让与，非将动产交付，不生效力。”这一规定的立法理由书指出，物权基于债权契约和交付或者登记发生变动。这就是公示要件主义，也称为“债权形式主义”。

4. 物权形式主义

德国法的物权变动模式采以物权意思表示作为本质、登记作为外在形式的物权行为理论，也称为“物权形式主义”。从立法模式上看，德国的做法较为理想。意思主义以债权的意思作为物权变动的根据，具有物权与债权划分不清的弊病。登记对抗主义对此问题也解决得不好。物权形式主义即物权行为理论也称为“物权行为的无因性”，即物权行为的成立及有效不受债权行为的影响，具有无因性的特点，因此也被称为物权行为的无因构成。

（二）对物权行为理论的评价

1. 物权行为理论的起源

物权行为理论起源于德国 17 世纪的《实用法律汇编》。为了解决德国法制不统一的问题，有学者在该书中提出所有权的有效转移应当具备两个条件：一是“权原”，即所有权转移的原因，如买卖、互易等；二是“态样”，是指物的实际交付或其他代替交付的履行行为。所有权转移的原则是“名义与形式相一致”，强调所有权的取得必须有其合法的根据，形式不是脱离原因的独立法律行为，但它同时也强调了所有权转移的原因和所有权转移的实际区别，认为它们是两个事实。此后，19 世纪胡果提出了法律行为的概念，海瑟赋予了法律行为以意思表示的本质，建立起近现代民法学意义上的法律行为的概念和体系。在此基础上，萨维尼在《现代罗马法体系》一书中进一步将法律行为概念和理论予以精致化，并创立了物权行为（物权契约）理论。

2. 物权行为理论的内容

在德国物权法中，在转移财产所有权的行为中，事实上存在两个行为：一个是决定债权的合意，另一个是决定物权的合意。决定债权的合意是指关于标的物的处分问题，决定物权的合意则是关于标的物的所有权的处分问题。这两个问题有时候是结合在一起的，如那些即时清结的买卖合同，被德国学者称为物权行为无因性的相对性；有时候是分开的，则为一般的物权行为无因性。

物权行为与债权行为的关系有三种情况：第一种情况是，在一个合同中，只写明了债权的合意，物权的合意包含在债权的合意之中，物权的合意是从债权的合意中推定的。第二种情况是，在债权合同中，规定了所有权转移的条款，这个所有权转移的条款就是物权行为。在这里，债权行为和物权行为是分开的，但实际上是写在一个合同之中。例如在所有权保留合同中，债权行为和物权行为的区分非常鲜明。第三种情况是，既有一份债权合同，又有一份物权合同，两份合同是分开的。这就是债权合意和物权合意的分立形式。不过在实践中，这样的情况较为少见。

物权行为理论的关键点就在于，在转移所有权的买卖契约或者其他法律行为中，在债权行为之外，还有一个依转移所有权的契约而践行的交付。这个交付并不是单纯的事实行为，而是一项以转移所有权为目的的物权契约。物权行为理论认为，交付是一个独立的契约，交付中的意思表示是独立的意思表示，交付必须具备外在的形式。因此，在基于买卖契约而发生的物权交易中，同时包含了两个法律行为，即债权行为和物权行为，后者的效力不受前者的影响。

物权行为理论认为，在基于买卖契约而发生的物权交易中同时包含了债权行为和物权行为，因此，物权行为具有独立性和无因性。

物权行为的独立性也叫作分离原则，是指物权行为与债权行为相互分离，物权行为独立于债权行为之外，在发生物权变动时，物权变动的原因与物权变动的结果为两个法律事实，它们的成立、生效依据不同的法律根据的原则。分离原则的法理基础是，请求权与支配权的区分、负担行为与处分行为的区分、债权关系变动与物权关系变动的区分。只是有时这种独立的情形不甚明显而已。

物权行为无因性，又称为抽象原则，是指物权行为独立于债权行为之外，就大多数情形而言，当事人之间之所以必须为物权行为是因为债权行为存在，当事人依据债权关系负有给付义务，即债权行为为物权行为的原因。在物权形式主义立法例下，物权行为的效力不受其原因即债权行为的影响，即该物权行为具有无因性。纵使债权行为无效或者被撤销，物权行为也不因此而无效或者不存在。无因主义与形式主义相互结合，才能各自发挥其功能。物权行为无因性的基本功能就在于，将物权行为的原因自影响物权行为效力的因素中排除，减少在后取得的权利存在瑕疵的可能性，从而保护交易安全。例如，买卖契约的交付行为完成，买受人已经取得交付的动产或者已经登记的不动产，物权行为就已经完成，权利即发生变动。即使债权行为无效，受让人取得的物权的效力不受其影响。

3. 物权行为理论的优势和缺点

物权行为理论着重于物权行为的独立性和无因性的应用，使交易的法律关系明晰，有利于保护交易的动态安全，同时，也为保护善意第三人提供了最切实的理论依据：因物权契约独立于作为其原因的债的关系，第三人获得物权只是依据物权契约而非依据其原因行为，物权转移时前手的法律行为原因不能影响后手，故原物主不能依据债的原因而从第三人处追夺物的所有权。①

但是，物权行为理论也有它的不足之处：一是物权行为与债权行为完全分离，有时违背社会一般观念，在简单的动产交易中分出一个债权行为、两个物权行为，比较费解。二是物权行为理论过于强调无因性而强调保护交易的动态安全，忽视了对交易的静态安全的保护，对于保护原物主的权益不利。正是由于上述原因，德国学说和判例尽量限制物权行为独立性和无因性的适用范围，使其与债权行为相结合，使物权行为独立性和无因性相对化②，以克服物权行为理论的弱点。

① 孙宪忠．德国当代物权法．北京：法律出版社，1997：70.

② 崔建远，等．物权法．北京：清华大学出版社，2008：62.

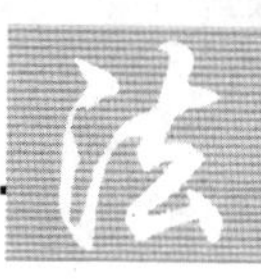

三、物权变动的区分原则

在起草《物权法》的过程中，民法学界对物权变动的独立性和无因性原则进行了深入的讨论，大多数人主张不采用物权行为独立性和无因性的理论，而是采用“物权变动与其原因行为的区分原则”即物权变动的区分原则；认为物权变动的真正原因在于登记和交付，而不在于无因性。确立这种规则的基础是：原因行为是产生物权移转的债权合同；物权变动是物权的取得、变更、设定行为。我国《物权法》采用了物权变动的原因与结果的区分原则，规定了物权变动应当有债权的合意以及物权公示形式即交付或者登记的基本规则。这种做法尽管没有完全采纳德国法的物权行为无因性原则，但在实际上还是承认了物权行为的概念。至于《合同法》中关于所有权转移的规定，与区分原则是完全一致的。这种做法既不同于德国民法和我国台湾地区“民法”的物权形式主义，也不同于法国的债权意思主义，与奥地利所采的折中原则即债权形式主义相似。另外再设立动产的善意取得、公信力原则、善意第三人制度加以配合，完善了物权变动的基本规则。

这样的做法，实际上还是把债权行为和物权行为分开了，这也是区分原则的基本含义。在理解和掌握物权变动规则时应当注意这一点，把它作为物权变动的基本方法来理解。

（一）区分原则的概念

物权变动的区分原则，是指在依据法律行为发生物权变动时，物权变动的原因与物权变动的结果作为两个法律事实，它们的成立和生效依据不同的法律根据的原则。[①] 这就是《物权法》第 9 条和第 23 条规定的基本精神。

在市场经济中，任何人都要进行物权变动的交易行为，都离不开订立合同、交付标的物，都会通过订立合同并且实施履行行为，达到物权变动的目的。区分原则对买卖合同的成立、生效与所有权的转移之间的区分，并不是人为的拟制，而是客观的事实。无论物权变动的原因是什么，原因的成立与物权

① 孙宪忠. 中国物权法总论. 2 版. 北京：法律出版社，2009：248.

的变动都不是一个法律事实，而是两个法律事实。在原因行为中，当事人享受债权法上的权利，并承担债权法上的义务；而在结果行为中，当事人完成物权的变动，使物权能够产生排他性的效力。[①] 区分原则的关键问题是，债法上的意思表示不能引起物权的变动，必须按照物权法的规定加以变动，才能够产生物权变动的效果。

（二）区分原则的基本含义

第一，在物权变动上，区分原则所要区分的，是物权变动的原因行为与结果行为（即处分行为）。物权变动的原因行为是债法上的意思表示即债权行为，它不直接引起物权变动的结果，理由是在原因行为发生时，物的处分行为还不存在，将来有可能不成就，但是无论如何债权意思表示即合同是可以成立的。

第二，物权变动的原因行为的成立不以物权的变动为要件，而是依据该债权行为成立的自身要件。因此，登记行为不是合同生效的要件，而是物权的公示要件。合同的生效要件取决于《合同法》的规定，登记并不表明合同生效。

第三，物权的变动以公示为基本表征，以法律规定的公示方式决定物权变动的效力，即以动产的交付和不动产的登记为必要条件，而不能认为基础关系或者原因关系成立、生效就必然发生物权变动的结果。要发生物权变动的结果，就必须进行物权变动的公示。物权变动的成就只能是在物权变动的公示之时。如果合同生效但未发生动产的交付和不动产的登记，则权利人就只是享有请求交付的权利，即债法上的权利，而没有取得对物的支配权。

（三）实行区分原则的公示效力

1. 物权公示的一般含义和方式

公示首先作为物权变动的基本原则，是指物权变动的基本程序必须进行公示；同时公示也作为物权变动的确认依据，物权的设立、变更、消灭均须如此。这样要求，就是要使物权人对物权有绝对性的支配效力。公示的方式与《物权法》的公示公信原则的要求是一样的：不动产须经过登记，动产须经过交付；占有也是动产物权的公示方式之一，具有权利推定的作用。

---

① 孙宪忠. 德国当代物权法. 北京：法律出版社，1997：61.

2. 公示的法律效力

公示有三个方面的效力：第一，决定物权变动能否生效的效力。仅仅有作为物权变动原因的债权行为，并不发生物权变动的效果，只有物权依照公示方式进行了变动，才能够发生物权变动的效果。第二，权利正确推定的效力。不动产经过登记，就推定登记的不动产物权存在。从法律上讲，登记的权利与实际权利是一致的，但是客观上可能会存在不一致的情况，尽管如此，只要是经过了登记，就确认物权的真实性。动产经过交付，也发生物权变动，从动产的占有也推定占有人对占有物享有物权，除非有相反的证据证明。第三，善意保护与风险告知的效力。相信物权变动的公示，即使无权处分，只要受让人是善意取得，相信不动产登记簿，也确认其取得所有权。这样可以更好地对善意第三人进行保护。

第二节　不动产登记

一、不动产登记的意义和性质

（一）不动产登记的概念和意义

不动产登记又称为不动产物权登记，是经权利人申请国家专职部门将有关不动产物权事项记载于国家不动产物权登记簿的事实。[①]《物权法》第 9 条规定："不动产物权的设立、变更、转让和消灭，经依法登记，发生效力；未经登记，不发生效力，但法律另有规定的除外。"

不动产物权变动的公示方法自古有之。在古代，法律就强调不动产物权的存在或者变动要伴随着某种客观的现象，以使其便于识别。罗马法上物权的变动，无论动产还是不动产统以交付即对标的物占有的现实转移为其公示方法。在我

① 孙宪忠. 中国物权法总论. 2 版. 北京：法律出版社，2009：321.

国，自唐代以远，即有立契、申牒[①]或过割制度。宋代以后，田土之登记更有鱼鳞图册[②]的设立，尽管其主要目的在于征收税赋，但在供质证以杜争端之用，也是重要目的之一。[③] 其中，申牒造籍、鱼鳞图册，都具有不动产登记的意义。

严格意义上的不动产登记制度产生于欧洲。近代以来，抵押权不断发展，立法采用公示原则以调和债权人之间的利益，同时也充分利用不动产的担保价值，从而使公示方式显得极为重要。登记制度因此应运而生。最早的登记制度，出现于1722年的《普鲁士抵押与破产法》和1783年的《一般抵押法》中。1795年法国制定的《抵押法》，也规定了不动产抵押的登记制度。它们奠定了近代不动产登记制度的框架。随着经济的发展，不动产登记制度有了进一步发展，不仅抵押权需要登记，而且所有权登记也显得极为必要。因为不动产所有权频繁地成为交易的对象，而且不动产作为资本的交易如果不伴随着外形变动的客观形式，对于实现物权效力、保护交易安全都极为不利，所以，法律就将抵押登记制度予以扩展，适用于不动产所有权的变动领域，形成了现代不动产物权变动的登记制度。

确立不动产登记的意义在于，对不动产的管理、确定产权，并作为课税的依据。在民法的意义上，登记作为不动产物权变动的公示方法，具有物权设立的公示功能、物权变动的公示功能和权利正确性的推定功能。

（二）不动产登记的性质

各国立法采取的不动产登记制度，分为三种不同的体例。

1. 契约登记制度

契约登记制度首创于法国，被称为法国登记制，是指不动产物权的得失变更，经当事人订立契约，即已生效，但非经登记不得对抗第三人。登记机关在登

---

① 申牒即用公文向上呈报。申牒造籍制度起于唐朝，唐朝的地政管理与唐以前历代相比是最完善、最严谨的，有籍账之设，令百姓自通手实状，记载民户家口的姓名、年龄、性别和土地的亩数、地段、四至，规定，“凡买卖（土地）皆须经所部官司申牒（登记）”，“若无文牒辄买卖，财没不追，地还本主”。政府每三年依据手实状登记人口土地，编造籍册。

② 鱼鳞图册是我国古代为征派赋役和保护封建土地所有权而编制的土地登记簿册，将田地山塘挨次排列，将丘段连缀地绘制在一起，标明所有人、四至，因其形似鱼鳞而被称为“鱼鳞图册”。

③ 谢在全. 民法物权论：上册. 修订5版. 台北：新学林出版股份有限公司，2010：67－68.

记时，依据契约所载的内容予以登记。这种登记制度适用于物权变动采用债权意思主义的国家，日本、意大利、比利时、西班牙等国家都采此制。

这种不动产登记制度采用形式审查主义，并不过问实体内容，登记无公信力，登记与否并不加以强制且登记方法采人的编成主义，同时也登记不动产物权变动的状态。

2. 权利登记制度

权利登记制度产生于德国，也称为德国登记制度，是指不动产物权的得失变更，仅有当事人意思表示一致尚不生效，必须经过登记机关实质审查确定，并践行法定登记的形式才发生效力。这种登记制度，更关注不动产物权的安全以及有关法律秩序，因此，不仅确立了针对一般权利人的强制登记的原则，而且把不动产登记事务宣布为国家专门机构的职权范围。采用这种不动产物权登记制度的还有瑞士、荷兰、奥地利等国家。

这种不动产登记制度采用实质审查主义，登记官对于登记案的申请有实质审查权，证明权利无误后方予登记。因此，登记具有公信力，并且采取强制主义，非经登记，不动产物权变动不发生效力。此外，以登记土地权利的静态为主，兼顾权利变动情形。

3. 托仑斯登记制度

托仑斯登记制度为托仑斯爵士 1858 年在南澳洲所创，又被称为澳洲登记制度，也叫作权利交付主义。这种登记制度与德国的登记制度基本相同，不同的是：在初次登记不动产物权时，登记机关依一定的程序确定不动产的权利状态，制成地券。让与不动产时，当事人之间作成让与证书，连同地券一起交给登记机关，登记机关经审查以后，在登记簿上记载权利的移转。对受让人则交付新地券，或在原地券上记载权利的移转，从而使第三人能够从该地券上明确不动产权利的状态。这种登记制度被英国、爱尔兰、加拿大、菲律宾等国家采用。

这种登记制度采用任意主义，并不强制一切土地必须向政府申请登记，由当事人自行决定。但是经过第一次申请登记之后，日后所有的土地转移或变动不经登记不生效力。此外，登记采实质审查主义，登记具有公信力，同时颁发权利状

书，如果土地负有权利负担，则应为负担登记。同时，设立赔偿基金，真正权利人因为登记遗漏或者错误而遭受损害的，登记机关承担赔偿责任。

在我国，有人认为，不动产登记的性质是一种行政行为，所体现的是国家对不动产物权关系的干预，干预的目的在于明晰各种不动产物权，依法保护不动产权利人的权利。这种意见已经过时了。事实上，不动产登记对于不动产物权变动仅具有程序性的意义，登记机关通过物权登记，对物权变动进行确认和公示，因此，其性质是程序性的司法行为。不动产登记应当由统一的职能机关负责，改变我国目前的分散登记状况。《物权法》第 10 条第 2 款对此已经作出明确规定："国家对不动产实行统一登记制度。统一登记的范围、登记机构和登记办法，由法律、行政法规规定。"第 246 条规定："法律、行政法规对不动产统一登记的范围、登记机构和登记办法作出规定前，地方性法规可以依照本法有关规定作出规定。"这是完全正确的。

二、登记的类型

（一）实体权利登记和程序权利登记

1. 实体权利登记

实体权利登记也叫作实体登记，是指对于当事人所享有的实体权利进行的登记。按照物权法定主义的规定，凡是应当纳入登记的物权，都应当进行实体登记。对于应当进行实体登记的物权，一般都应当在法律上作出明文规定。应当进行实体登记的物权包括所有权、地上权、土地承包经营权、地役权、抵押权等。

2. 程序权利登记

程序权利登记也叫作顺位登记，是指确定登记的权利在不动产法上的顺位，即一个不动产客体上承担的数个不动产物权所产生的时间顺位，决定哪个权利先行使的登记。

在不动产之上，可以设立性质各不相同的多个不动产物权。这些不同的权利的顺位，决定了权利行使的先后。这些权利人能否实现其权利或者能否全部实现

其权利，取决于其权利所处的登记顺序。程序权利登记解决的就是这个权利顺序的问题。

（二）权利登记和表彰登记

1. 权利登记

权利登记是指就所有权及其他物权的发生、转移、消灭、保存、处分限制等所进行的登记。这种登记公示着不动产物权的现状和变动，同时也是物权变动的形成条件或者对抗要件，具有形成力和对抗力。如果是德国式登记制度，则权利登记具有权利的形成力；如果是法国式登记制度，则权利登记具有权利的对抗力。我国采用的是德国式登记制度，因此权利登记具有权利的形成力。

2. 表彰登记

表彰登记是指对土地、建筑物以及其他地上附着物的物权现状进行公示的登记。表彰登记将诸如土地的面积、用途或者建筑物的种类、用途、构造、面积等记载于物权登记簿中，表彰权利的现状。

权利登记和表彰登记是不可分的，权利登记建立在表彰登记的基础之上。

（三）设权登记和宣示登记

设权登记和宣示登记是在物权形式主义的物权变动模式之下实行的登记制度。

1. 设权登记

设权登记是指创设物权效力的登记。按照物权形式主义的规则，不动产物权变动，登记发生形成效力。在这种制度之下，不动产物权交易，如果不进行物权登记，当事人之间即使有物权变动的事实，在法律上也绝对不发生物权变动的效力。设权登记的对象，是依法律行为而生变动的不动产物权。

2. 宣示登记

宣示登记是指将已经发生的物权变动昭示于人的登记。这种登记并没有创设物权的效力，因为在登记之前物权变动的效力已经发生，不过非经宣示登记，当事人不得处分其物权。所以，宣示登记的效力是相对的，而不是绝对的。宣示登记的目的在于贯彻不动产物权变动的公示规则，以维护交易安全。

（四）本登记和预备登记

本登记与预备登记的类型较为复杂，下面分别阐释。

1. 本登记

本登记是终局登记，是与预备登记相对应的一种登记，将不动产物权的移转、设定、分割、合并、增减及消灭记入登记簿中，有确定的、终局的效力。分为以下几种

（1）总登记。

总登记，是指登记机关为确立不动产管理秩序，在对不动产进行清理的基础上进行的一种全面登记。所以总登记又是第一次登记。这种登记表示的是某一不动产及整体不动产权利关系的总体面貌，以便对不动产物权获得一个概括的认识，从而实现和谐的不动产权利秩序。

（2）变动登记。

变动登记，也叫作变更登记或者动态登记，是指登记机关就不动产物权变动所进行的登记。在总登记完成后，某一个不动产物权由于买卖、赠与、权利设定等发生变动的时候，不动产上的权利就与既存登记的一部或者全部发生不同。如果这种不同不进行变动，就物权交易而言，就会给交易第三人认识某一不动产物权权利状态增加困难，以致有害于交易。因此，不动产物权发生变动，必须进行变动登记，真实地记载不动产物权的权利状态，以维护交易的秩序和安全。

（3）更正登记。

更正登记，是对原登记权利的涂销登记，又是对真正权利的初始登记，是指已经完成的登记，由于当初登记手续的错误或者遗漏，致使登记与原始的实体权利关系不一致，为消除这种不一致的状态，对既存的登记内容进行修正、补充的登记。因此，更正登记的目的是对不动产物权订正错误、补充遗漏。《物权法》第 19 条第 1 款规定：“权利人、利害关系人认为不动产登记簿记载的事项错误的，可以申请更正登记。不动产登记簿记载的权利人书面同意更正或者有证据证明登记确有错误的，登记机构应当予以更正。”

更正登记以登记手续的错误和遗漏为修正对象。登记错误，是指虽然登记簿

上有记载但是欠缺真实的记载，所记载的内容与不动产真实状态不一致。登记遗漏，是指因消极的行为而使记载与不动产的现实内容发生抵触，而应当登记的内容未予登记。无论登记错误还是登记遗漏，其实质都在于欠缺真实的记载，使登记不能反映不动产物权的实际状态。

更正登记可以由权利人或者利害关系人提出，也可以由登记机关自己依职权进行。在登记完成之后，登记机关如果发现登记有错误或者遗漏，应及时通知登记权利人和登记义务人，如果登记权利人或者登记义务人为多数人的，则通知其中一人即可。

至于登记错误或遗漏形成的原因为何，是当事人的过错所致还是登记机关的过错所致，在所不问，都应当予以更正登记。如果在登记之后登记机关就发现了登记的错误，则不必进行更正登记，只要改正登记中的错误字句即可。

在更正登记后，原权利人在异议登记期间对该不动产作出的处分，更正登记后的权利人未追认的，不发生效力。

（4）回复登记。

回复登记，是指当与实体权利关系一致的登记，因不当原因而从登记簿上消灭时，对消灭的登记予以回复，以保持原有登记的效力的登记。

回复登记以回复原有登记的效力为目的，依原有登记消灭的原因，分为灭失回复登记和涂销回复登记。

灭失回复登记是指在登记簿的全部或者一部因水灾、地震等原因而发生物理的灭失时，予以回复的登记。不动产物权登记发生灭失，灭失回复登记将其回复保存，因而，不涉及新的权利关系的变动，原有的物权登记顺位并不发生变动，还是按照原来的登记发生效果。

涂销回复登记，是指当登记的全部或者一部被不适法地涂销时，为使登记回复到涂销前的状态而为的一种登记。适用的对象就是已经存在的被不适法地涂销的登记。造成登记被不适法涂销的原因有实体法上的，如涂销登记的原因无效、被撤销等，也有登记法上的，如登记机关的过错等手续瑕疵等。无论何种原因造成的涂销错误，都应当回复登记。涂销回复登记也是对原有登记的回复，因此也

不涉及新的权利关系的变动，原有的物权登记顺位并不发生变动，还是按照原来的登记发生效果。

(5) 涂销登记。

涂销登记，是指在既存的登记中，原始的或者后发的理由致登记事项全部不适法，从而消灭这一登记的记载行为。因此，涂销登记是以消灭原有的登记事项为目的的登记。

涂销登记适用的对象是原有的登记事项全部不适法的登记，只有如此，才可以进行涂销登记。如果登记仅仅是部分登记不适法，则进行更正登记就可以解决了，无须进行涂销登记。不适法的原因可以是原始的，也可以是后发的。无论是登记无效，还是登记原因被解除，最终均导致登记原因的不存在，因此，就必须进行涂销登记。

2. 预备登记

预备登记是不动产登记法上与本登记相对应的一项登记制度，是为了保障登记请求权而为的一种登记。我国民法以往对登记制度并未给予足够的重视，在预备登记制度上尤其明显。因此，完善我国的预备登记制度是完善我国民法立法的重要一环。

(1) 预告登记。

预告登记，是指为了保全债权的实现、保全物权的顺位请求权等而进行的提前登记。预告登记与一般的不动产登记的区别在于：一般的不动产登记都是在不动产物权已经完成的状态下所进行的登记，而预告登记是为了保全将来发生的不动产物权变动而进行的登记。预告登记作出以后，并不导致不动产物权的设立或者变动，而只是使登记申请人取得一种请求将来发生物权变动的权利。纳入预告登记的请求权，对后来发生的与该项请求权内容相同的不动产物权处分行为，具有排他的效力，以确保将来只发生该请求权所期待的法律后果。

《物权法》第20条规定："当事人签订买卖房屋或者其他不动产物权的协议，为保障将来实现物权，按照约定可以向登记机构申请预告登记。预告登记后，未经预告登记的权利人同意，处分该不动产的，不发生物权效力。""预告登记后，

债权消灭或者自能够进行不动产登记之日起三个月内未申请登记的，预告登记失效。”当事人约定买卖期房或者转让其他不动产物权的，债权人为限制债务人处分该不动产，保障将来取得物权，可以申请预告登记。进行预告登记的条件是，债权人已经支付一半以上的价款或者债务人书面同意预告登记。符合上述条件的，应当进行预告登记。预告登记后，债务人未经债权人同意，不得处分该不动产。预告登记后，债权人自能够进行不动产登记之日起3个月内未申请登记的，或者债权消灭的，预告登记失效。具有预告登记失效事由的，债务人有权申请注销预告登记。

《最高人民法院关于适用〈中华人民共和国物权法〉若干问题的解释（一）》规定了两种情形：第一，第4条规定，未经预告登记的权利人同意，转移不动产所有权，或者设定建设用地使用权、地役权、抵押权等其他物权的，应当依照《物权法》第20条第1款的规定，认定其不发生物权效力。这是规定了预告登记的效力。第二，第5条规定，是对《物权法》第20条第2款规定的“债权消灭”的具体解释，即买卖不动产物权的协议被认定无效、被撤销、被解除，或者预告登记的权利人放弃债权的，应当认定为《物权法》第20条第2款所称的“债权消灭”。其中，被解除和放弃债权，是传统意义上的债权消灭，而被认定无效和被撤销，是债权未发生，在此扩大解释为债权消灭，发生预告登记失效的后果。

（2）异议登记。

异议登记又叫作异议抗辩登记，登记的目的在于对抗现实登记的权利的正确性，即中止不动产登记的权利正确性推定效力和公信力。《物权法》第19条第2款规定：“不动产登记簿记载的权利人不同意更正的，利害关系人可以申请异议登记。登记机构予以异议登记的，申请人在异议登记之日起十五日内不起诉，异议登记失效。异议登记不当，造成权利人损害的，权利人可以向申请人请求损害赔偿。”《最高人民法院关于适用〈中华人民共和国物权法〉若干问题的解释（一）》第3条规定：“异议登记因物权法第十九条第二款规定的事由失效后，当事人提起民事诉讼，请求确认物权归属的，应当依法受理。异议登记失效不影响人民法院对案件的实体审理。”

在不动产登记中，会出现登记错误的事实，但是，在错误的登记面前，如果没有更正或者涂销，则发生权利的公信力，受到物权公示公信原则的保护。这样，受损害的是真正的权利人。异议抗辩登记就是为了解决这种状况，防止第三人借登记的公信力取得受让利益。所以，异议登记是为了阻却登记公信力而设的一种预防措施，借以排除第三人的公信力利益。

异议登记的申请程序，可以是依据先行给付，也可以依据利害关系人的同意或者是人民法院的裁定。符合异议登记要求的，登记机关应当将该异议记载于不动产登记簿。对于异议登记申请，应当提供担保。

异议登记后，申请人应当在法定期限内起诉。逾期既不起诉也不申请更正登记的，异议登记失效。异议登记的起诉期限，是自异议登记之日起 15 日。

如果权利人有证据证明异议登记不当，则权利人有权申请登记机关注销异议登记。异议登记造成权利人损害的，权利人可以向异议登记申请人请求损害赔偿。

在异议登记的情况下，不动产物权权利人仍得处分其权利，但是如果与异议登记所保全的权利相抵触的，则在抵触的范围内其处分行为无效，第三人即使是善意的，也不得援用不动产物权登记的公信力。如果异议登记不正当，则不动产物权登记仍然具有公信力。

在异议登记因《物权法》第 19 条第 2 款规定的事由失效后，即自异议登记之日起 15 天内申请人不起诉的，当事人还可以提起民事诉讼，请求确认物权归属，人民法院应当依法受理，并且异议登记失效不影响人民法院对案件的实体审理。

异议登记本身并没有公信力，不受公信力的保护。

三、不动产登记的效力

（一）不动产登记的一般效力

《物权法》第 14 条规定：“不动产物权的设立、变更、转让和消灭，依照法

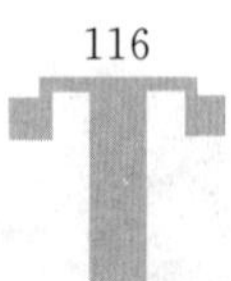

律规定应当登记的，自记载于不动产登记簿时发生效力。”第 16 条第 1 款规定：“不动产登记簿是物权归属和内容的根据。”这一规定确定了不动产物权登记的法律效力。不动产物权登记具有以下效力。

1. 物权公示效力

登记首先发挥着向社会展示当事人的物权变动的公示作用。这是不动产登记的形式效力，即公示效力。

2. 物权变动的根据效力

不动产物权依法律行为取得、丧失及变更时，未经登记不生效力。唯有当事人的法律行为与国家职能机关的登记相结合，才能实际发生物权变动的法律效果。

3. 权利正确性推定效力

这是指以不动产登记簿所记载的当事人的权利内容为正确的不动产权利的效力。登记簿记载的权利即使有错误，对于善意第三人来说也应当是正确的登记，因此登记是最具社会公信力的事实。

4. 善意保护效力

法律就是为了保护善意第三人才将不动产权利登记簿记载的权利视为真实，并赋予其社会公信力，从而在信赖登记的善意第三人取得登记的不动产物权时，其正当权利不会由于错误的记而被追夺，从而使正当的社会交易秩序得到维护。

5. 警示效力

不动产登记的主要任务之一就是，反映不动产物权的详细法律信息，并在法律许可的范围内将其提供给社会，为不动产市场交易服务。这样就为社会作出不动产风险警示，让社会尤其是不动产取得人了解不动产的全面情况，然后去决定是否进行有关的法律行为。

不动产物权变动非因法律行为而发生的，不以登记为生效要件。如因继承、没收、征收、法院判决、强制执行等原因而取得物权者，均不以登记为物权变动的生效要件。

（二）我国《物权法》规定的物权变动登记的具体效力

1. 物权变动登记的一般规则

我国《物权法》第 9 条规定的是物权变动的一般规则，即："不动产物权的设立、变更、转让和消灭，经依法登记，发生效力；未经登记，不发生效力，但法律另有规定的除外。"

2. 作为生效要件的物权登记

(1) 所有权部分。这一部分的特别规定有两个：第一，第 31 条规定："依照本法第二十八条至第三十条规定享有不动产物权的，处分该物权时，依照法律规定需要办理登记的，未经登记，不发生物权效力。"第二，第 106 条第 1 款第 3 项规定，善意取得不动产的所有权，须经过登记才发生物权变动效力。

(2) 用益物权部分。这一部分的特别规定有三个：第一，第 139 条规定，设立建设用地使用权，应当向登记机关申请建设用地使用权登记。第二，第 145 条规定，建设用地使用权转让、互换、出资或者赠与的，应当向登记机关申请变更登记。第三，第 150 条规定，建设用地使用权消灭的，出让人应当及时办理注销登记。

(3) 担保物权部分。这一部分的特别规定有五个：第一，第 187 条规定，以建筑物和其他土地附着物、建设用地使用权，以招标、拍卖、公开协商等方式取得的荒地等土地承包经营权，以及正在建造的建筑物抵押的，应当办理抵押登记，抵押权自登记时设立。第二，第 224 条规定，以汇票、支票、本票、债券、存款单、仓单、提单出质，没有权利凭证的，质权自有关部门办理出质登记时设立。第三，第 226 条第 1 款规定，以基金份额、证券登记结算机构登记的股权出质的，质权自证券登记结算机构办理出质登记时设立；以其他股权出质的，质权自工商行政管理机关办理出质登记时设立。第四，第 227 条第 1 款规定，以注册商标专用权、专利权、著作权等知识产权中的财产权出质的，质权自有关主管部门办理出质登记时设立。第五，第 228 条第 1 款规定，以应收账款出质的，质权自信贷征信机构办理出质登记时设立。

3. 作为对抗要件的物权登记

(1) 所有权部分。这一部分的特别规定有一个，即第 24 条："船舶、航空器

和机动车等物权的设立、变更、转让和消灭，未经登记，不得对抗善意第三人。”对此，《最高人民法院关于适用〈中华人民共和国物权法〉若干问题的解释（一）》第6条规定：“转让人转移船舶、航空器和机动车等所有权，受让人已经支付对价并取得占有，虽未经登记，但转让人的债权人主张其为物权法第二十四条所称的‘善意第三人’的，不予支持，法律另有规定的除外。”这一规定的含义是，在《物权法》第24条的情形下，未经登记的船舶、航空器和机动车等的物权变动，只要已经交付并且取得占有，虽然未经登记，原则上不适用善意取得。

（2）用益物权部分。这一部分的特别规定有五个：第一，第127条规定，土地承包经营权，自土地承包经营合同生效时设立。政府应当发放权利证书，登记造册，确认权利。第二，第129条规定，土地承包经营权互换、转让，当事人要求登记的，应当登记，未经登记，不得对抗善意第三人。第三，第155条规定，已经登记的宅基地使用权转让或者消灭的，应当及时办理变更登记或者注销登记。第四，第158条规定，地役权自地役权合同生效时设立。当事人要求登记的，可以向登记机构申请地役权登记；未经登记，不得对抗善意第三人。第五，第169条规定，已经登记的地役权变更、转让或者消灭的，应当及时办理变更登记或者注销登记。

（3）担保物权部分。这一部分的特别规定有两个：第一，第188条规定，以生产设备、原材料、半成品、产品，交通运输工具，正在建造的船舶、飞行器抵押的，抵押权自抵押合同生效时设立；未经登记，不得对抗善意第三人。第二，第189条第1款规定，浮动抵押，在工商行政管理机关登记，抵押权自抵押合同生效时发生效力；未经登记不得对抗善意第三人。

4. 无须登记的物权变动

（1）所有权部分。这一部分的特别规定有四个：

第一，第9条第2款规定，依法属于国家所有的自然资源，所有权可以不登记。

第二，第28条规定，因人民法院、仲裁委员会的法律文书或者人民政府的征收决定等，导致物权设立、变更、转让或者消灭的，自法律文书或者人民政府的征收决定等生效时发生效力。《最高人民法院关于适用〈中华人民共和国物权法〉若干问题的解释（一）》第7条对人民法院和仲裁委员会的法律文书的范围作出了解释，即："人民法院、仲裁委员会在分割共有不动产或者动产等案件中作出并依法生效的改变原有物权关系的判决书、裁决书、调解书，以及人民法院在执行程序中作出的拍卖成交裁定书、以物抵债裁定书，应当认定为物权法第二十八条所称导致物权设立、变更、转让或者消灭的人民法院、仲裁委员会的法律文书。"除此之外的法律文书，原则上不能适用《物权法》第28条的规定。

第三，第29条规定，因继承或者受遗赠取得物权的，自继承或者受遗赠开始时发生效力。

第四，第30条规定，因合法建造、拆除房屋等事实行为设立或者消灭物权的，自事实行为成就时发生效力。这里规定的不动产物权的取得，都不必经过物权登记。

对于上述第二至第四项，即《物权法》第28～29条规定取得物权的，《最高人民法院关于适用〈中华人民共和国物权法〉若干问题的解释（一）》第8条直接规定："依照物权法第二十八条至第三十条规定享有物权，但尚未完成动产交付或者不动产登记的物权人，根据物权法第三十四条至第三十七条的规定，请求保护其物权的，应予支持。"即使未完成动产交付和不动产登记，为保护自己的物权，权利人也可以请求行使物权请求权。

（2）用益物权部分。这一部分的特别规定有一个：按照第153条规定的精神，宅基地使用权的取得，不必经过物权登记。

（3）担保物权部分。这一部分特别规定有两个：第一，第212条规定，质权自出质人交付质押财产时设立。第二，第224条规定，以汇票、支票、本票、债券、存款单、仓单、提单出质的，质权自权利凭证交付质权人时设立；没有权利凭证的，质权自有关部门办理出质登记时设立。

（三）不动产登记簿和权属证书

1. 不动产登记簿

不动产登记簿，实际上是不动产物权事项的专用簿册，是不动产权属的法律

根据。不动产登记簿在物权法中具有十分重要的地位，发生物权登记的三大效力。不动产登记簿由不动产登记机关专门掌管，不动产登记机关以不动产登记簿为依据，为本管辖区域的全部不动产建立地籍。不动产纳入登记之后，任何一桩不动产都必然在不动产登记簿上有一个确定的位置。

不动产登记簿具有统一性、官方性、公开性和恒久性。统一性要求不能实行多部门、多级别的物权登记。官方性强调不动产登记簿是国家登记簿，不是私人制作的文件，具有权威性和公示效力。公开性表示不动产登记簿登记的内容必须公开，许可关系人查阅和复制，以确定不动产的权利归属，真正起到权利公示的作用。恒久性说明不动产登记簿是国家恒久保留的档案，只要不动产存在，不动产登记簿就会存在，不能销毁。

2. 权属证书

物权的权属证书，是不动产登记机关发给物权人的物权证明文书。中国古代的地契、房契也是权属证书，今天的不动产权利证书同样是物权的权属证书。中国公民有相信权属证书的习惯，因此，权属证书在中国社会具有重要意义。

不动产权属证书是脱离不动产物权登记簿而存在的，会出现权属证书与不动产登记簿的登记内容矛盾的情形，因此，权属证书的公信力有所欠缺。在法律上确定不动产物权的归属应当依据不动产登记簿，而不是权属证书。因此，不动产权属证书记载的事项，应当与不动产登记簿相一致；记载不一致的，除有证据证明不动产登记簿确有错误外，以不动产登记簿登记的内容为准。

第三节　不动产错误登记损害赔偿责任的性质

《物权法》第 21 条规定：“当事人提供虚假材料申请登记，给他人造成损害的，应当承担赔偿责任。”“因登记错误，给他人造成损害的，登记机构应当承担赔偿责任。登记机构赔偿后，可以向造成登记错误的人追偿。”对于该条规定的

不动产错误登记损害赔偿责任究竟是何种性质的法律责任，众说纷纭，意见不一。对此，笔者在本节表达自己的看法。

一、对不动产错误登记损害赔偿责任之性质的不同见解

对不动产错误登记损害赔偿责任之性质的不同认识，主要集中在以下三个问题上。

（一）是国家赔偿责任还是民事责任

对不动产错误登记损害赔偿责任之性质的认定，首先遇到的问题是，是国家赔偿责任还是民事责任，换言之，不动产错误登记损害赔偿责任所适用的法律，究竟是行政法还是民法。对此，主要的观点有以下几种。

第一，国家赔偿责任。这种主张认为，把登记机关确定为国家机关，那么登记机关因错误登记应承担的责任就应该是国家赔偿责任。[①] 梁慧星教授在其主编的《物权法草案建议稿》中，是将其作为国家赔偿责任确定的。[②] 他认为，登记行为被视为行政机关的具体行政行为，错误登记就是具体行政行为发生错误，由此造成他人损害的，行政机关要承担的就是行政赔偿责任，适用《国家赔偿法》，赔偿费用由国家统一支出。[③]

第二，民事责任。这种主张认为，登记机关承担的责任在性质上是一种民事责任，而不是行政责任。登记机关的登记行为属于执行国家公务行为，因而因错误登记而给当事人造成损害的，登记机关应当向当事人承担民事赔偿责任。[④] 不动产登记尽管是行政机关在进行，但不动产物权登记属于民事权利变动行为，属于私法行为，基于这种行为产生的不动产错误登记的赔偿责任，宜定位为民事

---

① 刘智慧. 中国物权法释解与应用. 北京：人民法院出版社，2007：75.

② 梁慧星. 中国物权法草案建议稿：条文、说明、理由与参考立法例. 北京：社会科学文献出版社，2000：179.

③ 梁蕾. 不动产登记中的损害赔偿责任研究. 行政法学研究，2008（3）.

④ 王利明. 物权法研究：上卷. 修订版. 北京：中国人民大学出版社，2007：367.

责任。[①]

第三，双重性质。这种主张认为，不动产登记行为包括两个行为：一个是权利人的权利申请登记行为，另一个是国家机关对申请登记的审查登记行为。申请登记人承担的损害赔偿责任属于民事责任，而登记机关承担的责任属于国家赔偿责任。[②]

第四，责任性质不明。这种主张认为，对于不动产登记机关应当具有什么性质还有不同意见，有待于随着行政管理体制改革进一步明确，目前不宜规定登记机关的国家赔偿责任。[③]

（二）是连带责任、补充责任、单独责任还是不真正连带责任

对于不动产错误登记损害赔偿责任的具体性质，或者说其具体的民事责任形态，意见众多。笔者认为，很多学者对《物权法》第 21 条规定的不动产错误登记损害赔偿责任中关于“登记机关赔偿后，可以向造成登记错误的人追偿”的表述，没有引起重视，因此有些意见不够稳妥。

有的学者认为，登记机关的赔偿责任不是补充责任而是单独责任，因为对受害人而言，其索赔没有先后顺序的要求，即其可以直接起诉登记机关，表明登记机关不是在提供虚假材料的申请人赔偿损失之后承担补充责任，而是要依据受害人的请求承担单独赔偿责任。[④]

还有的学者认为，登记机关和申请人应当承担的责任是连带责任，原因在于造成错误登记的双方（申请登记的当事人和登记机关）尽管没有主观故意，但他们的行为具有关联性，而且是造成损害的共同原因，属于客观行为关联共同加害行为，仍然是共同侵权行为，应当承担连带责任。[⑤]

---

① 王崇敏. 我国不动产登记机关赔偿责任问题探讨. 河南省政法管理干部学院学报，2007（5）.

② 原永红. 论不动产登记机关错误登记责任. 山东社会科学，2009（7）.

③ 全国人大常委会法制工作委员会民法室.《中华人民共和国物权法》条文说明、立法理由及相关规定. 北京：北京大学出版社，2007：22.

④ 王利明. 物权法研究：上卷. 修订版. 北京：中国人民大学出版社，2007：368.

⑤ 林永康，等. 不动产登记错误的损害赔偿责任探讨. 福建法学，2007（4）.

（三）是过错责任、过错推定责任还是无过错责任

对于不动产错误登记损害赔偿责任的性质是民事责任中的侵权责任，学界意见基本统一，即属于侵权损害赔偿责任。但对于这种侵权损害赔偿责任究竟是过错责任、过错推定责任还是无过错责任，在认识上却不统一，主要的观点有以下几种。

第一，过错责任说。这种观点认为，在不动产错误登记损害赔偿责任中造成错误登记的原因，既包括登记机关工作人员故意以及疏忽大意等过错，也包括当事人提供虚假材料欺骗登记机关等情形。[①] 这样的表述，显然是认为不动产错误登记损害赔偿责任的性质是过错责任。[②] 也有人认为，无过错责任主要针对的是特殊侵权责任，不动产错误登记损害赔偿责任属于一般侵权行为，因此，应当是过错责任。[③]

第二，无过错责任说。这种观点认为，登记机关承担赔偿责任的条件有二：一是登记错误，二是错误登记给他人造成损害。可见，我国物权法所规定的登记机关因错误登记而承担的责任是无过错责任。[④] 这种表述表明，只要登记错误，登记机关就应当承担赔偿责任，因此，该责任是无过错责任。[⑤]

第三，过错推定责任说。这种观点认为，只要登记机关有违反登记制度的行为，就推定其有过错，如果主张没有过错，登记机关应当自己举证证明，能够证明的，才能免除责任，否则就应当承担责任。[⑥]

第四，双重责任说。这种观点认为，登记机关的责任既可能是过错责任，也可能是严格责任。登记机关因各种原因造成错误登记，给当事人造成重大损失的，登记机关应当依法承担赔偿责任，分为两类：一类是第 21 条第 1 款所规定

① 全国人大常委会法制工作委员会民法室.《中华人民共和国物权法》条文说明、立法理由及相关规定. 北京：北京大学出版社，2007：22.

② 林永康，等. 不动产登记错误的损害赔偿责任探讨. 福建法学，2007（4）. 柴振国，等. 论不动产登记机关错误登记的赔偿责任. 安徽大学法律评论，2007（1）.

③ 王崇敏. 我国不动产登记机关赔偿责任问题探讨. 河南省政法管理干部学院学报，2007（5）.

④ 刘智慧. 中国物权法释解与应用. 北京：人民法院出版社，2007：75.

⑤ 原永红. 论不动产登记机构错误登记责任. 山东社会科学，2009（7）.

⑥ 许明月，等. 财产权登记法律制度研究. 北京：中国社会科学出版社，2002：314.

的过错责任，即当事人提供虚假申请材料，如果发生错误登记，申请人首先应当承担责任，属于过错责任；一类是严格责任，出现在第 21 条第 2 款，即登记机关登记错误的，都要负责，属于严格责任，而不是过错责任。①

二、不动产错误登记损害赔偿责任的基本性质是民事责任

（一）认定不动产错误登记损害赔偿责任的性质为国家赔偿责任或者行政责任的依据不足

认为不动产错误登记损害赔偿责任的性质是国家赔偿责任或者行政责任，其基本依据是登记机关的性质是行政机关。既然如此，当然认为其承担的责任是行政责任，或者就是国家赔偿责任。

笔者认为，这样的说法依据不充分，理由如下。

首先，并不是国家机关承担的责任就都是国家赔偿责任。在目前，我国的不动产登记机关当然是国家机关，因为登记机关都是设立在政府的各个行政部门之中。但这并不是已经完全确定的设置。一方面，我国统一的不动产登记制度尚未建立起来，目前关于登记机关的设置还不是定论；另一方面，即使是国家机关造成的损害，也不宜一律定为国家赔偿责任，况且国家赔偿责任须由《国家赔偿法》确定，而《国家赔偿法》仅仅规定了违法行政行为的赔偿和司法违法赔偿，还没有规定不动产错误登记损害赔偿。

其次，我国不动产登记机关的性质并没有最后确定下来。在国外，关于不动产登记机关的性质，一般是司法机关或者准司法机关而不是行政机关，不论在何种机关登记，因不动产物权登记均具有决定公民与法人或非法人组织的财产权利的司法意义，故各国法律一般均把不动产登记机关当作司法机关之一。② 在我国，也有人主张将不动产登记机关作为准司法机关对待，建议设立在人民法院，

---

① 王利明．物权法研究：上卷．修订版．北京：中国人民大学出版社，2007：368.

② 孙宪忠．论物权法．修订版．北京：法律出版社，2008：418.

由不动产所在地的县级人民法院统一管辖。[①] 在没有确定不动产登记机关的性质的情况下，就更不能将不动产登记机关的性质界定为行政机关，并因而确定其承担的责任就是国家赔偿责任或者行政责任。

最后，确定不动产错误登记损害赔偿责任的性质应当依《物权法》第21条规定的整体进行。《物权法》第21条规定的不动产错误登记损害赔偿责任尽管由两个条款构成，但它是一个整体，而不是对立的两个责任。不管是第1款确定的"当事人提供虚假材料申请登记，给他人造成损害的，应当承担赔偿责任"，还是"因登记错误，给他人造成损害的，登记机构应当承担赔偿责任"，都是不动产错误登记损害赔偿责任，其应当是一个性质。如果将不动产错误登记损害赔偿责任的性质界定为国家赔偿责任，那么第1款规定的当事人损害赔偿责任也是国家赔偿责任，而这显然不正确。

（二）不动产错误登记损害赔偿责任是民法规定的民事责任

笔者认为，不动产错误登记损害赔偿责任的性质是民事责任，理由如下。

第一，损害赔偿责任的基本性质是民事责任。损害赔偿是救济民事权利损害的基本责任方式，其性质是民事责任。对此，《民法通则》的规定是清清楚楚的，并无疑问。即使在刑法或者行政法中规定的损害赔偿责任，以及确定由罪犯承担的损害赔偿责任或者由行政机关承担的损害赔偿责任，并不因为规定它们的法律和承担民事责任主体的不同，而被认为是刑事责任或者行政责任。例如，刑事附带民事损害赔偿是刑法规定的对民事权利损害的救济措施，尽管要由刑事犯罪人等责任人承担，但它并不是刑罚方式，而是民事救济手段。同样，行政附带民事损害赔偿责任，以及行政机关由于违法行政行为所承担的损害赔偿责任，也是民事责任，也不会因是由行政法规定并由行政机关承担而变成行政责任。[②]

第二，不动产错误登记损害赔偿责任解决的是民事赔偿问题，是对民事权利损害的救济，当然是民事责任。不动产错误登记给真正权利人造成的损害，是民

① 梁慧星：中国物权法草案建议稿：条文、说明、理由与参考立法例. 北京：社会科学文献出版社，2000：142.

② 关于这一点的详细理由，请参见杨立新. 侵权法论. 北京：人民法院出版社，2005：822以下。

事权利损害；对真正权利人给予损害赔偿，是对民事权利的保护，是对民事权利损害的救济。侵害民事权利，造成权利人的损害，因而承担的民事责任，应当是侵权责任，而侵权责任必然是民事责任。即使承担责任的主体是登记机关，其性质也不会变。正如有学者所言，不动产登记属于民事权利变动行为，属于私法行为，基于这种行为产生的不动产错误登记损害赔偿责任，宜定位为民事责任。①

第三，《物权法》是民法，在民法中的损害赔偿责任当然是民事责任。不动产错误登记损害赔偿责任规定在《物权法》中，而《物权法》就是民法的组成部分，将来要成为民法典的物权法编，是民法的有机组成部分，是调整物权法律关系的民法基本法。《物权法》第 2 条规定："因物的归属和利用而产生的民事关系，适用本法。"既然《物权法》调整的法律关系是民事法律关系，那么，《物权法》规定的不动产错误登记损害赔偿责任当然也是民事法律关系，其责任当然是民事责任。

三、不动产错误登记损害赔偿责任是不真正连带责任

（一）侵权责任形态的基本形式

既然不动产错误登记损害赔偿责任是民事责任，其基本性质是侵权损害赔偿责任，那么，其具体性质，就应当依照侵权责任形态的基本理论来确定。在侵权责任形态的基本理论中②，有八种不同的侵权责任形态将其阐述如下③。

1. 自己的责任

侵权责任法在规定侵权责任时没有特别规定侵权责任形态的，为自己的责任，行为人应当对自己的行为造成的损害承担侵权责任。

2. 替代责任

法律规定应当承担替代责任的，其责任人是对造成损害的行为人的行为负责

① 王崇敏．我国不动产登记机关赔偿责任问题探讨．河南省政法管理干部学院学报，2007（5）．

② 杨立新．侵权法论．北京：人民法院出版社，2005：507－650．

③ 以下对八种侵权责任形态的表述，引自杨立新．中国侵权责任法草案建议稿及说明．北京：法律出版社，2007：6－8。

的人，该责任人应当承担侵权责任。已经承担了替代责任的责任人，可以向有过错的行为人追偿，但法律另有规定的除外。物件造成损害的替代责任人，是造成损害的物件的管领人，包括物件的管理人、所有人和占有人。

3. 按份责任

法律规定应当承担按份责任的，数个加害人应当按照其行为的原因力和过错比例，按份承担侵权责任。按份责任人可以拒绝超过其应当承担的责任份额的赔偿请求。

4. 连带责任

法律规定应当承担连带责任的，受害人可以向连带责任人中的一人或者数人请求承担部分或者全部损害赔偿责任，但合计不得超过损害赔偿责任的总额。已经承担了超出自己应当承担的责任份额的连带责任人，有权就其超出部分向其他未承担责任的连带责任人行使追偿权。

5. 不真正连带责任

依照法律规定，基于同一个损害事实产生两个以上的赔偿请求权，数个请求权的救济目的相同的，受害人只能根据自己的利益选择其中一个请求权行使，请求承担侵权责任。受害人选择行使一个请求权之后，其他请求权消灭。如果受害人请求承担责任的行为人不是最终责任承担者的，其在承担了侵权责任之后，有权向最终责任承担者追偿。

6. 补充责任

依照法律规定，基于同一个损害事实产生两个以上的赔偿请求权，数个请求权的救济目的相同，但对请求权的行使顺序有特别规定的，受害人应当首先向直接加害人请求赔偿。在直接加害人不能赔偿或者赔偿不足时，受害人可以向补充责任人请求承担损害赔偿责任。补充责任人在承担了补充责任后，有权向直接责任人行使追偿权，但就其过错行为产生的直接损害部分不享有追偿权。

7. 分担责任

法律规定应当分担责任的，依据公平原则，根据实际情况，由当事人分担民事责任。前述实际情况，包括当事人的经济状况、受损害程度等情形。确定精神

损害赔偿民事责任，不适用分担责任。

8. 垫付责任

法律规定对行为人的侵权行为承担垫付责任的，垫付责任人在承担了侵权责任之后，有权向行为人追偿。这一追偿权不受诉讼时效期间的限制。

（二）不动产错误登记损害赔偿责任不是连带责任

1. 连带责任与不真正连带责任的区别

将不动产错误登记损害赔偿责任的性质确定为连带责任，是一些学者的意见，问题的根源在于将不真正连带责任混同于连带责任。

依笔者所见，混同连带责任和不真正连带责任的根源在于，对保证责任中的连带责任保证性质的误解。关于连带责任保证，《担保法》第 18 条规定："当事人在保证合同中约定保证人与债务人对债务承担连带责任的，为连带责任保证。""连带责任保证的债务人在主合同规定的债务履行期届满没有履行债务的，债权人可以要求债务人履行债务，也可以要求保证人在其保证范围内承担保证责任。"既然如此，连带责任保证似乎就是连带责任。《担保法》第 31 条又规定："保证人承担保证责任后，有权向债务人追偿。"这似乎与连带责任的规定又很相似。事实上，连带责任保证根本就不是连带责任，而是不真正连带责任的保证。问题在于上述两个法律条文没有把连带保证责任的基本规则规定清楚。

笔者认为，连带责任和不真正连带责任的区别在于：第一，不真正连带责任的产生只有一个直接原因，这个直接原因是造成损害的行为人的行为，而承担中间责任的责任人的行为仅仅是损害产生的间接原因。第二，承担不真正连带责任的两个责任人的行为，不是损害发生的共同原因，只有那个直接原因才是损害发生的原因，且不需承担中间责任的责任人的行为共同配合。第三，正因为如此，不真正连带责任不分份额，两个不真正连带责任人不是共同承担，而是先后承担，并且最终责任人必须承担全部责任，中间责任人的追偿权辐射赔偿责任的全部责任。而连带责任不是这样：第一，造成损害的原因是全体行为人的共同行为，每一个行为人的行为对损害的发生都具有原因力；第二，连带责任人承担责任，对内须有份额的区分，没有份额的连带责任不是连带责任；第三，连带责任

对外是一个责任，尽管权利人对每一个连带责任人都有权请求其承担全部赔偿责任，但在最终责任的承担上必定是有份额的，并且每一个连带责任人仅对自己的责任份额最终负责。而连带责任与不真正连带责任的根本区别就在于，连带责任的最终责任是有份额的，不真正连带责任的最终责任是一个责任，不分份额。

按照上述连带责任和不真正连带责任的区别，连带责任保证显然不是连带责任，而是不真正连带责任。在连带责任保证人承担了清偿责任之后，他向主债务人追偿的时候，是追偿部分还是全部？如果是连带责任，那就当然只能请求追偿不应由自己承担的那一部分清偿责任了。这个“不负责任”的“连带责任保证”表述，已经造成了概念上比较大的混乱。

同样，对于不动产错误登记损害赔偿责任，如果登记机关承担了赔偿责任之后，在向错误登记的当事人行使追偿权的时候，会有份额的区分吗？显然没有。可见，不动产错误登记损害赔偿责任就与连带责任保证的性质是一样的，肯定不是连带责任。

2. 发生不动产错误登记损害赔偿责任的行为不是共同侵权行为

尽管不动产错误登记损害赔偿责任有两个责任人，分别是错误登记的当事人和登记机关。按照《物权法》第 21 条的规定，在他们之间既没有主观的关联共同，也没有客观的关联共同，因而不构成共同侵权行为。如前所述，造成损害的直接原因是错误登记的当事人的申请行为，登记机关只是没有审查清楚而给予登记，这是一个间接原因。这是一般情况。如果当事人与登记机关恶意串通，进行错误登记，意在侵害真正权利人的权利，那自当别论，当然构成共同侵权，应当承担连带责任，但那已经超出了《物权法》第 21 条规定的范围，应当适用《民法通则》第 130 条了。

3. 承担连带责任必须有法律明文规定

对于侵权连带责任，除了共同侵权行为的法律后果是当然如此之外，其他凡须承担连带责任者，必须由法律明文规定；法律没有规定的，不能任意提出连带责任的主张和意见。对此，《侵权责任法》明确规定，承担连带责任的前提是“法律规定承担连带责任”，否则不能承担连带责任。

（三）不动产错误登记损害赔偿责任不是补充责任

补充责任与不真正连带责任相似，都是基于同一个损害事实产生两个以上的赔偿请求权，数个请求权的救济目的相同。但是，补充责任的赔偿权利人对请求权的行使有顺序的规定：应当首先向直接加害人请求赔偿，对不足部分再向补充责任人请求赔偿。而不真正连带责任中的两个请求权不存在顺位的关系，赔偿权利人可以自由选择行使其中之一。不动产错误登记产生的两个请求权不存在顺位的规定，由赔偿权利人自由选择，故该责任当然不是补充责任。对此，已经有学者论述[①]，不赘述。

（四）不动产错误登记损害赔偿责任具有不真正连带责任的基本特征

在前述八种不同的侵权责任形态中，与不动产错误登记损害赔偿责任最贴近的，就是不真正连带责任，其他侵权责任形态与它完全不符。

不真正连带责任源于不真正连带债务。不真正连带债务是指多数债务人就基于不同发生原因而偶然产生的同一内容的给付，各负全部履行之义务，并因债务人之一的履行而使全体债务人的债务均归于消灭的债务。[②] 而不真正连带责任，是指基于同一个损害事实产生两个以上的赔偿请求权，数个请求权的救济目的相同的，受害人只能根据自己的利益选择其中一个请求权行使。受害人选择行使一个请求权之后，其他请求权消灭。如果受害人请求承担责任的行为人不是最终责任承担者，其在承担了侵权责任之后，有权向最终责任承担者追偿。

不真正连带责任的特征是：第一，不真正连带责任的责任主体是违反对同一个民事主体负有的法定义务的数人；第二，不真正连带责任是基于同一损害事实发生的侵权责任；第三，不同的侵权行为人对同一损害事实承担的侵权责任相互重合；第四，在相互重合的侵权责任中只须承担一项侵权责任即可保护受害人的权利[③]；第五，不真正连带责任中分为中间责任和最终责任，在向两个责任人请求承担责任的时候，任何一个责任人都应当承担的责任是中间责任，而一方向对

① 王利明. 物权法研究：下卷. 修订版. 北京：中国人民大学出版社，2007：368.

② 王利明. 中国民法案例与学理研究：债权篇. 修订本. 2版. 北京：法律出版社，2003：3.

③ 杨立新. 侵权责任法原理与案例教程. 北京：中国人民大学出版社，2008：327－328.

方追偿的是最终责任。

不动产错误登记损害赔偿责任完全具备不真正连带责任的特征：第一，《物权法》第21条规定的责任主体是两个，既有当事人，也有登记机关，都是违反对同一个民事主体负有的法定义务的人。第二，不动产错误登记损害赔偿责任，是基于不动产登记错误这同一事实而发生的，符合前述第二个特征。第三，不管是当事人承担赔偿责任，还是登记机关承担赔偿责任，这两个责任主体对同一损害事实承担的侵权责任是完全重合的，是一样的。第四，在两项相重合的侵权责任中，不论是由当事人承担，还是由登记机关承担，只要承担了一项责任，就满足了受到损害的真正权利人的权利保护请求。第五，在不动产错误登记损害赔偿责任中，也分为中间责任和最终责任：因受到损害的权利人在两个不同请求中作出选择而发生的责任，就是中间责任；在追偿关系中解决的是最终责任。因此，可以断定，不动产错误登记损害赔偿责任就是侵权责任形态中的不真正连带责任，既不是连带责任，也不是补充责任。对此，不应当有疑问。

四、不动产错误登记损害赔偿责任是过错责任

将不动产错误登记损害赔偿责任确认为侵权损害赔偿责任，是多数人的意见。但是，不动产错误登记损害赔偿责任究竟是过错责任、过错推定责任还是无过错责任，仍须进行辨析，不能简单行事。

（一）不动产错误登记损害赔偿责任不是无过错责任

笔者认为，不动产错误登记损害赔偿责任不是无过错责任，如果将其作为无过错责任对待，在侵权法理论上是不成立的。按照侵权责任法的一般规则，损害赔偿责任应当是过错责任。这一点，在现行的《民法通则》第106条第1款已经规定得很清楚。如果把某一种特殊侵权责任确定为无过错责任，必须经法律作出特别规定。没有法律作出特别规定，任何人都不能将某一种特殊侵权责任认定为无过错责任。《民法通则》第106条第3款规定：“没有过错，但法律规定应当承担民事责任的，应当承担民事责任。”《侵权责任法》第7条规定：“行为人损害

他人民事权益，不论行为人有无过错，法律规定都要承担侵权责任的，依照其规定。”这两条规定都是说的这个意思。

在《物权法》第21条的条文中确实没有规定“过错”的字样，那么，是否因为一个法律条文在规定侵权责任时没有写明“过错”的字样，就可以认为法律规定的是无过错责任呢？不能这样认为。在侵权责任法领域中，能够认定为无过错责任的侵权责任，只有产品责任、高度危险作业致害责任、环境污染致害责任、动物致害责任以及工伤事故责任，除此之外，都不能认定为无过错责任。《物权法》第21条规定不动产错误登记损害赔偿责任时，虽然条文没有明文规定为过错责任，但在第1款规定了“当事人提供虚假材料申请登记”，在第2款规定了登记机关“因登记错误”，这都是在讲过错。前者讲的是故意，提供虚假材料当然是故意所为；后者讲的是过失，登记错误中的“错误”，就是指过失。因此，笔者认为，《物权法》第21条规定的不动产错误登记损害赔偿责任就是过错责任，不可能也不应当是无过错责任。

（二）不动产错误登记损害赔偿责任也不是过错推定责任或者严格责任

那么，不动产错误登记损害赔偿责任是不是过错推定责任或者严格责任？严格责任，并没有一个被大家广泛接受的概念，只是被少数学者在使用。有人认为严格责任包括过错推定责任、无过错责任和公平责任，是这三种责任构成的整体。在主张不动产错误登记损害赔偿责任是严格责任的学者看来，侵权责任分为过错责任、严格责任、无过错责任和公平责任，认为严格责任是在功能上兼容了传统的过错责任和无过错责任的特点的独立的归责原则。[①] 可见，这种责任相当于过错推定责任[②]，也就是通常所说的中间责任。当然，也有的学者明确提出不动产错误登记损害赔偿责任就是过错推定责任。笔者认为，不动产错误登记损害赔偿责任不是过错推定责任，当然也不是严格责任。

过错推定责任起源于《法国民法典》第1384条，主要适用于对他人的行为承担的侵权责任或者对自己管领下的物件致害承担的侵权责任。在通常情况下，

① 王利明. 侵权行为法研究：上卷. 北京：中国人民大学出版社，2004：254.

② 杨立新. 侵权法论. 3版. 北京：人民法院出版社，2005：134.

适用过错推定责任也应当由法律明文规定，任何人不能任意地确定一个侵权责任是过错推定责任。在《民法通则》中，没有专门规定过错推定责任的一般条款，只是在规定特殊侵权责任的条文中规定某种特殊侵权行为为过错推定责任。在司法实践中，对于须实行过错推定责任的，通常在司法解释中作出规定，例如最高人民法院《关于民事诉讼证据的规定》第 4 条的规定。《侵权责任法》第 7 条第 2 款对过错推定责任的表述方法是："根据法律规定，推定行为人有过错，行为人不能证明自己没有过错的，应当承担侵权责任。"可见，确定某种特殊侵权责任是过错推定责任，须由法律明文规定，并不是随便一说就是过错推定责任。

综上，不能认定不动产错误登记损害赔偿责任是过错推定责任或所谓的严格责任。

（三）不动产错误登记损害赔偿责任中也不存在两种不同性质的责任

在一种侵权责任中，是不是可以同时存在两种不同性质的责任？很少有人注意到这个问题，只有少数学者提出这一问题。[①]

在这个问题上，可以借鉴的是《产品质量法》关于产品责任的性质的规定上。《产品质量法》第 41 条规定的产品生产者的最终责任为无过错责任："因产品存在缺陷造成人身、缺陷产品以外的其他财产（以下简称他人财产）损害的，生产者应当承担赔偿责任。"第 42 条规定的销售者的最终责任为过错责任："由于销售者的过错使产品存在缺陷，造成人身、他人财产损害的，销售者应当承担赔偿责任。""销售者不能指明缺陷产品的生产者也不能指明缺陷产品的供货者的，销售者应当承担赔偿责任。"第 43 条规定的中间责任是无过错责任："因产品存在缺陷造成人身、他人财产损害的，受害人可以向产品的生产者要求赔偿，也可以向产品的销售者要求赔偿。属于产品的生产者的责任，产品的销售者赔偿的，产品的销售者有权向产品的生产者追偿。属于产品的销售者的责任，产品的生产者赔偿的，产品的生产者有权向产品的销售者追偿。"这种可以根据权利人的意志进行选择的，既可以向产品生产者请求赔偿又可以向产品销售者请求赔偿

① 王利明. 物权法研究：上卷. 修订版. 北京：中国人民大学出版社，2007：368.

的责任形式，与不动产错误登记损害赔偿责任的性质相同，都是不真正连带责任，其中存在中间责任和最终责任。中间责任，在产品责任中为无过错责任；而最终责任，具有两种不同的责任性质，即生产者的最终责任为无过错责任，销售者的最终责任为过错责任。因此，尽管在最终责任上两个责任主体承担的责任有所区别，但在中间责任上仍然实行的是无过错责任。

不动产错误登记损害赔偿责任同样是不真正连带责任，有并存的两个责任人，即错误登记的当事人和错误登记的登记机关。即使法律规定当事人承担的是过错责任，登记机关承担的是严格责任即过错推定责任，那么在中间责任上，也不应当存在两种不同性质的责任。况且依《物权法》第 21 条，登记机关承担责任的须具备“登记错误”的要件，因而其责任是过错责任，而不是严格责任即过错推定责任。

（四）不动产错误登记损害赔偿责任应当是过错责任

因此，笔者的结论是，《物权法》第 21 条规定的不动产错误登记损害赔偿责任是过错责任，既不是无过错责任，也不是过错推定责任，更不是具有两种不同性质的责任。这一点，有第 1 款明文规定的“当事人提供虚假材料申请登记”和第 2 款明文规定的“因登记错误”为凭，不会存在错误。对此作其他性质责任的理解，恐怕都值得斟酌。

第四节　预告登记的性质、效力和范围探索

我国学者现在通常所说的预告登记（Vormerkung）概念，来源于德国民法。预告登记与一般的不动产登记的区别在于，一般的不动产登记都是指不动产物权在已经完成的状态下所进行的登记，而预告登记是为了保全将来发生的不动产物权而进行的一种登记。预告登记作出后，并不导致不动产物权的设立或变动，而只是使登记申请人取得一种请求将来发生物权变动的排他的权利。纳入预告登记的请求权，对后来发生的与该项请求权内容相同的不动产物权的处分行为，具有

排他效力，以确保将来只发生该请求权所期待的法律结果。[①] 正是不动产预告登记制度所特有的债权物权化的功能有利于保障交易安全，让它受到许多国家和地区的青睐。

我国《物权法》第20条规定："当事人签订买卖房屋或者其他不动房产物权的协议，为保障将来实现物权，按照约定可以向登记机构申请预告登记。预告登记后，未经预告登记的权利人同意，处分该不动产的，不发生物权效力。""预告登记后，债权消灭或者自能够进行不动产登记之日起三个月内未申请登记的，预告登记失效。"按照这一规定，下面对预告登记的性质、效力和适用范围发表看法。

一、预告登记的真实性质应为特殊债权

关于预告登记的性质，国外学者主要有四种不同意见：一是独立的限制物权说。在德国法中，认为经由预告登记，独立的限制物权便获产生。二是非实体权利说，认为预告登记已被赋予了可得对抗嗣后意欲发生物权变动的第三人的特别效力，但它不具有任何实体权的效力，充其量不过是一种登记法上的制度。[②] 三是物权期待权说。德国学者赖札（Ludwig Raiser）认为，登记前的土地所有权受让人的状态，因非完全，故受让人对土地未具有权利。受让人虽得依让与请求权的预告登记受一定的保护，但该项预告登记唯有对将来权利取得予以保护，而对所有权人（让与人）加以拘束，以资限制其权利。受让人纵已为预告登记，然对该土地犹未有支配权，故登记前的土地所有权受让人的权利，乃非物权，而是物权之期待。[③] 四是特殊登记制度说。瑞士民法认为预告登记是赋予债权以对抗新所有人的效力的特殊的登记制度。[④]

在国内，关于预告登记的性质，主要有三种观点：一是请求权保全制度说，

---

① 韩用交. 论《物权法草案》中的预告登记制度. 中国法院网，2005-08-31.

② 陈华彬. 物权法研究. 香港：金桥文化出版（香港）有限公司，2001：259.

③ 刘得宽. 民法诸问题与新展望. 北京：中国政法大学出版社，2002：555.

④ 同①262.

认为预告登记系介于债权与物权之间，兼具两者的性质，在现行法上为其定性实属困难，可认为系于土地登记簿上公示，以保全对不动产物权之请求权为目的，具有若干物权效力的制度。① 二是准物权说，认为预告登记的权利是一种具有物权性质的债权，或者可以说是一种准物权。② 三是物权债权化说。梁慧星教授认为，预告登记的本质特征是使被登记的请求权具有物权的效力，其实质是限制现时登记的权利人处分其权利。③ 孙宪忠教授认为，预告登记是将物权法的规则施加于债权法，给予属于债权法的请求权以排他的物权效力，其本质属于物权法向债法的扩张。④ 房绍坤教授等认为，预告登记使登记的不动产物权变动的请求权具备了对抗第三人的效力，即具备了一定的物权效力，因此，从预告登记的性质上说，预告登记是债权物权化的一种具体表现。⑤ 这几种说法尽管表述不同，但其实质内容是一致的。

上述对预告登记性质的探讨，实际上涉及两个问题，并非一回事：其一是预告登记的性质，其二是经预告登记后的权利的性质。前者所说的是预告登记的形式意义上的性质，而后者所说的是预告登记的实质意义上的性质。认为预告登记为一种特殊登记制度的观点，界定的仅仅是预告登记这一登记制度本身在形式上的性质，但这一界定并不能解决民法上的实际问题，显然无特别探讨的必要。在理论上需要重点探讨的，应当是经预告登记后的权利的性质，即请求变更物权的请求权，或者说请求为本登记的请求权。这一债权请求权，经预告登记后即具有了对抗第三人的效力，那么这一具有对抗第三人的效力的请求变更物权之请求权是何种性质的权利？这才是问题的实质性的意义。前述国内的三种观点均试图对经预告登记后的权利的性质进行界定，是有意义的，以下进行逐一分析。

第一，请求权保全制度说实际上指的是预告登记的功能，但未对预告登记后权利的性质进行界定。第二，债权物权化说也是对预告登记功能的分析，是对预

---

① 王泽鉴. 民法物权（一）. 北京：中国政法大学出版社，2001：128.

② 王利明. 物权法论. 修订本. 北京：中国政法大学出版社，2003：174.

③ 梁慧星. 中国民法典草案建议稿附理由：物权编. 北京：法律出版社，2004：38.

④ 孙宪忠. 论物权法. 北京：法律出版社，2001：454.

⑤ 房绍坤，吕杰. 创设预告登记制度的几个问题. 法学家，2003（4）.

告登记后权利性质变化这一现象的描述，也未对登记之后的权利进行定性。第三，对于准物权的概念，尽管通常认为准物权是指权利人于将来某种条件下可以取得所有权或其他物权的权利，但这并非一致意见，并且对于物权取得权的性质学界也存在不同观点，无法统一，因此，将经预告登记的请求物权变动的请求权定性为准物权，并无实益。

笔者认为，经预告登记后的物权变动请求权具有四个最基本的特征：第一，该请求权的性质仍为请求权而非支配权，其内容为权利人在条件具备时请求现时所有人为本登记以变更物权，权利人对该请求权之标的并不具有任何的支配权。第二，该请求权的效力具有特殊性，能够对抗第三人，所有权人与第三人所为的妨碍该请求权实现的行为具有效力瑕疵。第三，该请求权具有临时性，存在于合同生效后至物权变动的条件具备前的一段时间，待物权变动的条件具备后，权利人需积极行使该权利而为本登记。如果请求权人届时不积极行使该权利而损害到第三人的利益时，利害关系人可主张涂销该预告登记。① 第四，请求权人未来是否可以实际取得物权并不确定，如所附的条件可能不成就，则指向的标的物可能最终无法完成物权变动。

由以上经预告登记后的物权变动请求权的特征可以看出：首先，该请求权不属于物权。物权是一种支配权，以对有体物或权利的直接支配为内容。而经预告登记后的物权变动请求权的性质仍然是一种请求权，权利人对标的物不享有任何支配意义上的权利，并且有时标的物本身尚不存在，在期房预告登记的场合即是如此。仅因该权利具有对抗第三人之效力便认为该权利就属于物权，是不妥当的，对世效力仅是物权的效力之一，并不构成物权的所有本质特征，不能由某一权利具有对世性就推导出其为物权的结论。同时，说某种请求权为物权，在逻辑上也是说不通的。其次，该请求权也不是准物权，因为准物权即为准“物权”，就一定在效力上与物权相近，因而可以准用法律有关物权的规定。既然经预告登记后的物权变动请求权与物权仅具有唯一的相似性，即对抗第三人的效力，而更多的是各自体现出的差异，那么将其界定为准物权当然也是不妥当的。

---

① 梁慧星．中国民法典草案建议稿附理由：物权编．北京：法律出版社，2004：41．

该权利是否为债权呢？从上述特征可以看出，经预告登记后的物权变动请求权除对抗第三人的效力外，其他特征均与债权相符。即使是在债权的基础上赋予其对抗第三人这一具有物权性质的效力，这一额外的性质也不会使其丧失债权的属性，其本质仍然是债权人与债务人之间的一种相对法律关系。即使在“买卖不破租赁”中，租赁权人也只享有对抗不特定买受人的权利，但这只是债权物权化的一种表现，租赁权的权利实质仍然为债权。经预告登记后的物权变动请求权的趣旨与此相同，其本质仍然是债权。就是在债务人存在损害所保全的请求权的处分行为之外的违约行为时，如期房买卖中不能在预定日期完工，甚至无法完工成为烂尾楼，或者因债务人的过失使标的物灭失等，权利人也仅可以要求债务人承担违约责任，而不得以物权人身份提出基于物权的请求。同时，物权之所以具有对世性，是因为其为直接支配特定物而享受其利益的权利，而不是因为其使用了公示手段。债权由于其性质为请求权，对标的物并不具有直接的支配性，只能通过请求债务人的履行来实现，所以具有相对性。经预告登记后，权利人也只是能够主张义务人所为的有害于其债权的行为无效，而不得直接对第三人主张权利。这才是问题的关键所在。

综上，经预告登记后的物权变动请求权的实质性的性质，仍为债权，是法律出于保护交易安全的考虑，赋予其对抗第三人的效力的特殊债权。明确这一属性对于确定经预告登记后的合同及其违约责任，都具有重要意义。

值得一提的是，《上海市房地产登记条例》第49条第3款规定：“经预告登记后，当事人取得土地使用权、房屋所有权或者房地产他项权利的优先请求权。”可见，该规定将经预告登记之后的请求权等同于优先购买权。也有学者认为商品房预售登记使买受人取得优先购买权。[①] 笔者不同意这样的意见。预告登记的作用在于保全请求权，使债权请求权具有物权的排他效力，因而成为特殊债权。这种经保全后的请求权与优先购买权有本质的区别。预告登记保全的权利是基于已经发生的购买行为产生的，它是一种直接请求义务人为给付行为的权利，预告登记后，即使他人出价再高，物权人亦不得再行出售。而优先购买权是一种在同等

① 王利明. 物权法论. 修订本. 北京：中国政法大学出版社，2003：173.

条件下优先购买的权利，强调的是同等条件，并且权利人可以选择买或者不买，交易行为并未发生，也不一定发生，物权人也不一定出售其物，权利人享有的只是一种优先购买的权利，绝非请求义务人直接为给付行为的权利。显然，预告登记后，权利人并没有选择买或者不买的权利。因此，经预告登记之后的物权变动请求权绝对不是优先购买权，预告登记之后权利人所享有的也绝不是优先购买权。

二、预告登记后中间处分行为应为效力待定的行为

预告登记的效力也叫作预告登记的功能。通常认为预告登记具有权利保全效力、顺位保全效力、破产保护效力这三种效力。① 笔者认为，在这三种效力之外，还需探讨的是预告登记后中间处分行为的效力。

中间处分行为，是指在预告登记后至本登记前的期间所为的妨害预告登记请求权的处分行为。《德国民法典》第 883 条第 2 款规定："预告登记后，对土地权利或者土地权利负担的权利所为的对被保全的请求权的一部分或者全部构成损害的处分，为无效。"我国台湾地区的"土地法"第 79 条也规定："前项预告登记未涂销前，登记名义人就其土地所为之处分，对于所登记的请求权有妨碍者无效。"这两个条文所说的都是中间处分行为。

我国有学者认为，关于预告登记保全权利的效力，在立法例上有几种选择，如禁止其后的登记、禁止登记名义人再为处分或采取相对无效主义。② 也有人认为：就目前设有预告登记制度的国家和地区而言，为兼顾当事人的利益，保持目的和手段的平衡，一般不采取禁止处分或禁止登记主义，而奉行相对无效的原则，即在预告登记后，就不动产权利，义务人仍得为处分，只是在预告登记权利人与第三人之间，在妨害预告登记权利人请求权的范围内，义务人的处分行为无

① 日本学者认为，预告登记还有预警的效力，但德国学者大多认为预警的效力属于以上三种效力的题中应有之意。

② 刘生国. 预告登记制度及其在我国的创设. 华中师范大学学报（人文社科版），2001.

效。因此，如果预告登记权利人的请求权不存在或其请求权嗣后消灭，或预告登记权利人对义务人的处分行为表示同意，那么义务人对第三人的处分行为便为绝对有效。如前引《德国民法典》第 883 条第 2 款的规定。[①]

梁慧星教授主持起草的《民法典草案建议稿》物权编第 245 条第 2 款规定："不动产物权处分与预告登记的请求权内容相同时，该不动产物权处分无效。"[②]这与上述德国法中相对无效的观点相同。王利明教授主持起草的《民法典草案建议稿》物权编第 689 条第 2 款规定："前款预告登记申请人的权利一经预告登记，即对他人日后取得的权利具有对抗的效力，但不妨碍顺位在后的其他权利的登记。"此处观点有些含糊，但亦应解释为相对无效。《物权法》第 20 条第 1 款后段规定："预告登记后，未经预告登记的权利人同意，处分该不动产的，不发生物权效力。"这一规定是采纳了绝对无效的立场。

德国法上中间处分行为相对无效的规则与我国民法上相对无效的概念并不匹配。德国法上中间处分行为的相对无效是从无效的范围上讲的，是指并非所有的中间处分行为均为无效，而是仅对预告登记的请求权有妨害的中间处分行为无效。我国民法理论上相对于民事法律行为绝对无效的民事法律行为相对无效，是从效力的确定性上讲的，指民事法律行为因具有效力瑕疵而属于可撤销、可变更或效力待定的民事法律行为。因此，不宜引入德国民法中相对无效的概念。

关于如何确定中间处分行为的效力，应分两个层次考虑。

第一，预告登记的目的，在于保全所预告登记的请求权，限制义务人对合同标的物再次进行有害于权利人的处分，如"一房二卖"，实际上是对义务人之契约自由予以一定程度的限制。这是法律出于保护交易安全的考虑，是为了更好地保护权利人的请求权，而对义务人的部分自由予以限制。但这种限制本身并不是目的，所以为了保全权利人的权利，该限制应仅以能够保护权利人的权利的范围为限：法律对中间处分行为的效力予以限制应仅限于中间处分行为妨害权利人的

① 丁宇翔，寇洪涛. 不动产预告登记制度与异议登记制度之比较分析.（2005-12-30）中国民商法律网，http：//www.myipr.net/lawmark/zhaishow.asp？id=74 .

② 梁慧星. 中国民法典草案建议稿附理由：物权编. 北京：法律出版社，2004：38.

预告登记请求权的范围内，如该处分行为对所预告登记的请求权不构成任何妨害，其效力自不应受到预告登记的任何影响。

第二，如果中间处分行为妨害了权利人的登记请求权，法律究竟该采取令其绝对无效立场，还是使其相对无效，即在某些情形下可以有效，类似于合同法上的可撤销、可变更或效力待定？笔者的意见是：首先，预告登记是赋予权利人的一种权利而非义务，权利人在条件具备时可以请求为本登记。但权利人请求为本登记并非其强制性义务，其可能反悔，不想再从事此笔交易，不再愿意使该物权发生变动，此时也可以不请求为本登记。对此法律规定了预告登记的涂销制度，一经涂销，预告登记便失去效力。在此种情形下，自无使义务人在预告、登记后、涂销登记前所为之中间处分行为无效的必要，预告登记应自其登记之时起失去效力，预告登记后所为的中间处分行为有效。其次，即使不存在预告登记涂销的情形，权利人也可以事先表示同意义务人的中间处分行为而使该中间处分行为有效（实际上是权利人对其权利的放弃）。权利人可能出于某种原因事后对义务人之中间处分行为作出同意的“追认”意思表示，这种意思表示不应与之前“同意”的意思表示有本质差异，同样应使中间处分行为有效。如果法律硬性规定中间处分行为是确定地无效，将使此种情形无法得到补救，不利于鼓励交易。

因此，合适的做法是，使该种妨害预告登记请求权的中间处分行为成为效力待定的行为，在发生如下事由时，该中间处分行为确定有效：第一，预告登记请求权人事后予以追认；第二，权利人与义务人间的合同因某种原因无效、被解除、被撤销等，从而使权利人的物权变动请求权消灭，此时预告登记因其原权利灭失而失去效力；第三，预告登记被涂销。在此之前，中间处分行为处于效力待定的状态。一旦上述事由没有发生，预告登记请求权人作成本登记，则该中间处分行为确定地失去效力。

不过，《物权法》第 20 条已经规定了预告登记后，中间处分行为不发生物权效力。可见，它采取了绝对无效的立场，在司法实践中应当按照这一规定确定中间处分行为的效力。

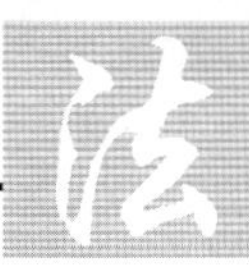

三、预告登记的范围应当适当扩大而不应过于狭窄

预告登记的范围即预告登记的适用范围，设立了该制度的国家对此均有规定。《德国民法典》第 883 条规定："为保全目的在于转让或者废止一项土地上的物权请求权，或者土地上负担的物权请求权，或者变更这些物权的内容或其顺位的请求权，可以在土地登记簿中将其纳入预告登记。被保全的请求权附条件或者附期限时，预告登记也为许可。"《瑞士民法典》第 959 条第 1 款规定："需法定预登记的，如先买权及买回权、买受权、租赁权等个人权利，得在不动产登记簿上预登记。"第 960 条第 1 项规定："因下列之一种原因，得预登记对土地的处分限制：1. 官方为保全有争执的或有待执行的请求权所发布的命令；2. 出质、破产或遗产延期分割；3. 属法定预登记的，如家宅的设定及后位继承人的继承权等权利。"根据我国台湾地区"土地法"第 79 条的规定，预告登记适用于保全下列请求权："一、关于土地权利移转或使其消灭之请求权；二、土地权利内容或次序变更之请求权；三、附条件或期限之请求权。"《日本不动产登记法》第 2 条规定："假登记于下列各项情形进行：1. 未具备登记申请程序上需要的条件时；2. 欲保全前条所载权利的设定、移转、变更或者消灭的请求权时。上述请求权为附始期、附停止条件或者其他可于将来确定者时，亦同。"

从上述各国规定来看，除日本的预告登记适用于保全物权和保全债权的请求权外，德国、瑞士及我国台湾地区的预告登记只适用于保全债权的请求权。之所以存在上述差异，是因为日本民法在物权变动上采取债权意思主义，物权的变动仅因当事人的意思表示而发生效力，不动产物权的变动未经登记的，在实体上已经发生效力，仅不发生对抗第三人的效力。为保全这种实体上已经发生变动的物权，使其具有对抗效力，法律遂允许权利人进行预告登记。而德国、瑞士及我国台湾地区在物权变动上采取形式主义，不动产物权的变动非经登记不发生效力，因而只存在对物权变动的请求权进行预告登记，不可能存在保全物权的预告

登记。[①]

在我国，学界对物权变动应采取的模式存在分歧。从物权法草案的规定来看，是以债权形式主义为主、意思主义为辅（对极少数特殊的情形采意思主义）。对于所保全的债权请求权的具体种类和范围，曾有的三个物权法草案的规定有所不同。梁慧星教授主持的《民法典草案建议稿》第245条第1款规定："为保全一项目的在于移转、变更和废止不动产物权的请求权，可将该请求权纳入预告登记"；第2款规定："预告登记所保全的请求权，可以附条件，也可以附期限。"[②]该条将预告登记的范围规定为一切以变动（移转、变更和废止）不动产物权为目的的请求权。王利明教授主持的《民法典草案建议稿》第689条规定的预告登记的范围为："（一）房屋预售买卖；（二）当事人明确抵押权的顺位；（三）优先权的取得；（四）法律明文规定的其他情形。"[③] 该条采用列举加概括的方式规定，列举部分范围较窄。物权法草案征求意见稿第21条则将预告登记的范围限定为"买卖期房和转让其他不动产物权"。

《南京市城镇房屋权属登记条例》第29条规定，可为预告登记的范围包括："（一）预购商品房的；（二）约定优先购买权的；（三）约定回购房屋的；（四）约定通行权的；（五）为保全约定的其他涉及房屋的请求权的。"第30条规定，由银行代付购房款的预购房屋贷款抵押或者在建房屋抵押的，抵押当事人应当办理抵押预告登记，即此种抵押的预告登记是强制性的。《上海市房地产登记条例》第49条规定，预告登记的范围包括：房屋尚未建成时，（1）预购商品房以及进行预购商品房的转让；（2）以预购商品房设定抵押及其抵押权的转让；（3）以房屋建设工程设定抵押及其抵押权的转让；（4）法律、法规规定的其他情形。可见，基本上限定于与预售商品房有关的权利。

在理论上有学者主张预告登记应适用于下列情形：（1）不动产物权的设定、移转、变更或消灭的请求权；（2）附条件或者附期限的不动产物权请求权；（3）有

---

① 房绍坤，吕杰．创设预告登记制度的几个问题．法学家，2003（4）.

② 梁慧星．中国民法典草案建议稿附理由：物权编．北京：法律出版社，2004：38.

③ 王利明．中国民法典学者建议稿及立法理由：物权编．北京：法律出版社，2005：52.

关的特殊不动产物权，如建筑工程承包人的优先受偿权、优先购买权等。考虑到我国社会主义公有制的性质及土地所有权归国家与集体所有的现状，对国有土地使用权与农村土地承包经营权的设定、移转、变更或消灭，也可以适用预告登记。①

预告登记的范围规定得过于狭隘，既不利于保护权利人的利益，也无法充分发挥预告登记的功能；而规定得过于模糊，又不利于实践操作。因此，应当将预告登记的适用范围予以明确，使预告登记能真正涵盖需要保全的请求权，以发挥预告登记制度的应有功能。

从以上观点可以看出，学者大多认同可为预告登记的，是以变动物权为目的的请求权。但具体应包括哪些物权？笔者认为，确定预告登记适用的范围需要考虑如下因素：

首先，预告登记的本质是使本来属于债权性质的请求权具有物权的排他效力，可以对抗第三人。预告登记本质上是为了维护交易安全，对债务人的契约自由进行限制，使进行了预告登记的合同具有优先于未进行预告登记的合同得到实现的效力。法律上作出这种价值倾斜的前提是债务人具有优于债权人的地位，或者该交易标的物对债权人至关重要，或具有独一无二的属性，实际履行对债权人至关重要，损害赔偿等违约责任方式并不能很好地保护债权人。因此，对于一些价值重大、与生活息息相关、具有不可替代性的物，有为预告登记的必要。这主要是指不动产，飞机、船舶、汽车等特殊动产在民法的制度设计上通常准用不动产的规则。不动产主要是房地产，但绝不限于房地产。如果将预告登记的范围限于与房地产有关的权利，则范围过窄，不利于充分发挥预告登记的功能。

其次，之所以为预告登记，是因为本登记的条件尚未具备，或者是标的物尚不存在（如期房买卖），或者是物权变动的时间或条件尚未具备，不可进行本登记（如附条件或期限的买卖），即有阻碍本登记进行之事由的存在。如果可以进行本登记，则无为预告登记的必要。

再次，预告登记最终须推进为本登记，因此，预告登记的范围也须以可进行

① 房绍坤，吕杰. 创设预告登记制度的几个问题. 法学家，2003 (4).

本登记的物为限，主要是不动产。至于国有土地使用权、农村土地承包经营权也属于不动产的范围。对于飞机、船舶、汽车等特殊的动产，通常视作不动产，也以登记作为公示方法，因此也可被纳入预告登记的范围。

最后，关于抵押权、优先购买权、优先受偿权等是否可以进行预告登记，笔者认为，对于抵押权的顺位，应以登记先后顺序确定其受偿顺序。至于在未来的物上设定抵押权的请求权，也属于以变动（设定）不动产（包括在飞机、船舶、汽车上设定抵押权）物权为目的的请求权，无单列的必要。至于优先购买权，我国目前仅有法定优先购买权，如承租人、典权人的优先购买权，优先购买权人的权利由法律予以规定，其本身即具有对抗第三人的效力，无预告登记的必要；如果是约定的优先购买权，由于目前我国并未建立约定优先购买权制度，预告登记没有对此单列规定的必要，如果将来时机发展成熟确有纳入预告登记的必要，可由法律的兜底条款来解决。至于优先受偿权，其属于担保物权，并非一种独立的请求权，不应被纳入预告登记的范围。

《物权法》第20条规定的预告登记的范围是“买卖房屋或者其他不动产物权”，其范围比较窄，可见，其对于上述的理论主张并没有完全采纳。虽然对此在理论上可以继续讨论，但是在实践中，应当依照这一规定确定预告登记的范围。

第五节　动产交付

一、动产交付概述

（一）动产交付的概念

动产物权变动的公示方法，是交付。

动产交付是指依据权利人设立、转移物权的意思表示，将动产交付于物权受

让人占有的法律事实。[①] 动产交付着眼于动态的动产物权变动，交付作为公示方法，公示着物权的运动过程，其结果是转移占有和受让占有，最终的占有作为事实状态表示了交付的结果。《物权法》第二章第二节对动产交付作了专门规定，其中，第23条规定："动产物权的设立和转让，自交付时发生效力，但法律另有规定的除外。"第24条规定："船舶、航空器和机动车等物权的设立、变更、转让和消灭，未经登记，不得对抗善意第三人。"

（二）动产交付的发展

在人类早期的民法史上，动产物权变动的公示方法就是交付。不过，由于历史发展和当时的经济形态的限制，交付仅限于现实的转移占有这一种形式，并没有其他的交付形式。罗马法和日耳曼法都是如此。

近代以来，交付形式受到了不动产登记制度的影响。不动产登记制度的迅速发展，促使一部分动产物权的变动也采用了登记制度。然而，动产物权变动的整体制度并没有动摇，这是因为动产物权及其交易方式远不及不动产物权及其交易方式那样丰富和复杂，而且动产物权的价值就在于其流通性和便捷性，动产物权变动的公示方式就必须简便、明了，便于识别和方便交易。正是由于这个原因，动产物权变动放弃交付的公示方式而采用登记的方式是不可能和不现实的，主要的动产物权变动的公示方式仍然采用交付方式，只有少数动产物权变动公示方式采用登记方式。

法律确认动产物权变动的交付为公示方式，形成的后果就是交付和占有相辅相成地体现动产物权的变动关系。这就是，交付作为公示方式着眼于物权变动的动态形式，表现物权变动的过程，而占有作为公示方式，体现动产物权变动的结果，表现的是动产物权变动的静态形式。交付与占有分别从动态和静态两个方面来表现动产物权关系。交付作为动态的物权变动形式，从行为的角度公示着物权变动的运动过程，其结果就是转移占有和接受占有，实现动产物权变动的结果。所以，占有作为事实状态，就是交付的结果；作为静态的结果，表现着动产物权

① 孙宪忠. 中国物权法总论. 2版. 北京：法律出版社，2009：370.

的现实状态及静止状态，也就形成了“占有之所在即为动产物权之所在”①。

（三）动产物权交付的形态体系

当代物权法对于动产物权交付制度的完善放在完善其交付的形态上，形成了多种多样的动产交付形态，出现了多种简便、快捷的交付方式，从而使动产交易大大地节省了时间和费用，促进了动产物权变动的快捷和便利，促进了动产物权交易的繁荣。

新出现的动产物权变动的交付形态，主要的是占有现实转移之外的简易交付、占有改定和指示交付，因此形成了现实交付、简易交付、占有改定和指示交付四种基本的交付形态。

民法理论根据交付的不同形态的性质，将交付形态分为两种不同的类型，这就是现实交付和观念交付，由此构成动产物权变动的交付形态体系。

现实交付是传统的动产物权交易的占有转移，动产物权变动，必须由物权让与人将其对动产的直接管领力现实地转移给受让人，使受让人实际接受动产并因此取得动产物权。而观念交付概括的是简易交付、占有改定和指示交付这三种交付形态。这种交付存在于观念上，而不是现实地转移占有，即法律为了实现交易的便捷，在特殊情形下采用变通的方法，以观念上的占有转移代替现实的占有转移，实现动产物权的变动。因此，观念交付也称为替代交付。

二、动产交付的具体形态

（一）现实交付

1. 现实交付的概念和成立要件

现实交付是最传统的交付方式，是指对动产的事实管领力的移转，使受让人取得标的物的直接占有。动产因交付而取得直接占有，故动产的交付使受让人取得了对物的事实上的管领力。《物权法》第 23 条和第 24 条规定的主要内容是现实交付。

① 谢在全. 民法物权论：上册. 北京：中国政法大学出版社，1999：58.

现实交付的基本特征就是现实表现出来的交付，也就是使动产标的物从出让人的支配管领范围脱离，而进入买受人的支配管领范围，因而不是观念形态的交付，而是具有了可以被客观认知的现实形态，能够被人们所识别。动产因交付而实现变动，受让人实际取得对物权变动的动产的现实占有，取得了该动产的所有权。

现实交付成立的要件有如下几项。

（1）交付是出让人将物权标的物完全转移给受让人。

现实交付是出让人将物权的标的物完全转移给受让人。出让人应当将其占有的标的物交给受让人，而受让人已经取得了对物的占有，出让人与标的物彻底脱离了实际联系。该结果是双方当事人故意而为的，是出让人出让以及受让人受让的意思表示形成的结果。

（2）交付须具有公开可以认证的形式。

所谓公开可以认证的形式，就是有明确可见的占有转移。这种标的物的转移，必须具有一般情况下可以从客观上认定的法律事实的特征，能够给司法机关和社会确定物权的变动提供客观的依据。

（3）交付须是一次性、全部的标的物占有转移。

物权法上的交付不能分期分批进行。单一物的转移，当然是一次性的转移、全部的转移。单一物的主物和从物也应当一次性全部转移。集合物和种类物的转移，也必须一次性全部转移。不论是单一物还是种类、集合物，如果分期、分批转移，则为部分物权的转移。例如，将单一物拆分，交付的是部分部件的物权，而不是单一物的物权；约定100吨货物每次交付50吨的，则构成两次各50吨货物的现实交付。

2. 现实交付的不同情形

在市场经济条件下，现实交付也有了不同的情况，出现了假借他人之手而进行的交付，主要有以下三种情况。

（1）经由占有辅助人为交付。

经过占有辅助人为交付，是指交付不是在交易双方当事人之间进行，而是由

占有辅助人执行交付行为的现实交付。例如，甲出售其汽车给乙，由甲的司机将汽车交付给乙的司机，完成交付行为。

（2）经由占有媒介关系为交付。

经由占有媒介关系为交付，是指交付不是在交易双方当事人之间进行，而是由与当事人有占有媒介关系的人进行，完成交付行为的现实交付。例如，甲将其马寄托于乙，出售于丙，约定由甲将马交付于经营马场的丁，代为训练。乙依甲的指示将该马交付于丁时，丁与丙之间成立占有媒介关系，丁为直接占有，丙为间接占有，完成交付。

（3）经由被指令人为交付。

经由被指令人为交付，其形式是，关于甲与乙间的让与，指令丙为交付的受领人，关于乙与丙之间的让与，亦指令丙为交付的受领人，故于甲将标的物交付丙时，在一个所谓的法学上瞬间时点，由乙取得所有权，再移转于丙。① 例如，甲售A画给乙，乙转售给丙。乙请甲径行将该画交付于丙，甲允诺而为之。该种情况下，并不是甲直接将所有权交付给丙，而是甲将该画交付给丙的时候，同时完成了对乙的交付，以及乙对丙的交付。

上述三种形式的特殊的现实交付，必须具备三个条件：一是在让与人方面，须完全丧失其直接占有；二是在受让人方面，须取得直接占有或者与第三人成立间接占有关系；三是此项交付系依让与人的意思而做成。②

（二）简易交付

简易交付，是指交易标的物已经为受让人占有，转让人无须进行现实交付的无形交付方式。我国《合同法》第140条规定，标的物在订立合同之前已为买受人占有的，合同生效的时间为交付的时间。这一规定实际就是对简易交付形态的确认。《物权法》第25条规定："动产物权设立和转让前，权利人已经依法占有该动产的，物权自法律行为生效时发生效力。"这就是简易交付。

简易交付的条件是受让人已经占有了动产，因此仅需当事人之间就所有权让

①② 王泽鉴. 民法物权：通则·所有权. 北京：中国政法大学出版社，2001：135.

与达成合意，即产生物权变动的效力。这时候，转让人仅仅将自主占有的意思授予受让人，使受让人从他主占有变为自主占有，以代替现实的交付行为，就实现了动产交付，实现了动产物权的变动。因此，简易交付就是以观念的方式授予占有的一种交付形态，免除了现实交付所带来的手续上的麻烦，达到简化交易程序、节省交易成本的目的。

（三）指示交付

指示交付又叫作返还请求权让与，是指在交易标的物被第三人占有的场合，出让人与受让人约定，出让人将其对占有第三人的返还请求权移转给受让人，由受让人向第三人行使，以代替现实交付的交付方式。我国《合同法》第153条规定，出卖人可以向买受人交付提取标的物的单证，以替代物的现实交付。《物权法》第26条规定："动产物权设立和转让前，第三人依法占有该动产的，负有交付义务的人可以通过转让请求第三人返还原物的权利代替交付。"可见，我国法律确认指示交付这种观念交付形态。

指示交付之所以也称为返还请求权代位，是因为指示交付是在作为标的物的动产由第三人占有时，让与人将自己对第三人的返还请求权让与受让人以代替交付，实质上就是返还请求权的观念交付。

（四）占有改定

占有改定，是指在动产交易中出让人与受让人约定，由出让人继续直接占有动产，使受让人取得对动产的间接占有，并取得动产的所有权。这种交付方式是建立在将占有区分为直接占有和间接占有的基础上的。没有占有的这种区分，就无法确立占有改定的交付形态。《物权法》第27条规定："动产物权转让时，双方又约定由出让人继续占有该动产的，物权自该约定生效时发生效力。"

占有改定属于观念交付，这与简易交付和指示交付是相同的。但是，一方面，占有改定与简易交付不同：虽然简易交付没有物的现实交付，而是以观念交付代替现实交付，但简易交付作为观念交付的前提是出让人在出让标的物时就没有实际占有标的物，而是由受让人实际占有；结果是交易的标的物已经实际被受让人占有，产生了交付的实际后果。而占有改定中不论作为交付的前提还是作为

交付的结果，交易标的物都是由出让人占有，实际上出让人并没有将标的物转由受让人占有，受让人仅仅是实现了间接占有。另一方面，占有改定与指示交付也不同：虽然指示交付也是观念交付，但是其交易的标的物既不由出让人占有，也不由受让人占有，而是由第三人占有，出让人交付的只是对于第三人占有的标的物的返还请求权，使受让人能够依据该返还请求权而取得交易的标的物。而占有改定虽然也是观念交付，但是其标的物仍然由出让人占有，只是由受让人对标的物间接占有而已。

占有改定应当具备以下三个要件。

1. 认可直接占有和间接占有的区分

这是成立占有改定的前提条件，因为没有对直接占有和间接占有的认可，就不能确立占有改定。直接占有是指有占有人对物的直接控制；间接占有是指占有人自己不直接占有物，但是基于一定的法律关系，对于直接占有其物的人享有物的返还请求权。

2. 须因某种法律关系的存在使出让人有暂时占有让与物的必要性

占有改定应当具体化，仅仅有抽象的占有改定的约定尚不能发生所有权的转移。只有在法律规定的某种情况下，当事人在所有权让与契约之外约定，由出让人作为承租人、保管人或者借用人等继续占有该动产，则所有权的转移为有效。例如，原所有人出让动产给受让人，约定由出让人租赁该动产，则该动产所有权的交付为占有改定，受让人改定为间接占有，取得所有权。

3. 须出让人对物已为直接占有

这是占有改定的必要条件，如果出让人先前并没有就标的物取得任何形式的占有，则不能成立占有改定。例外的情况是，如果构成预定的占有改定，则出让人虽无直接占有，但是由于出让人对于将来可能取得之物已经有相当的把握，可以成立将来之物的占有改定。例如，以占有改定的方法将仓库内所存货物的所有权进行让与之际，当事人之间可以约定，受让人对于出让人将来取得的货物，也保有其所有权，则当出让人将该项货物堆存于仓库之时，即为受让人取得所有权之时。①

① 梅仲协. 民法要义. 北京：中国政法大学出版社，1998：520.

第二编

自物权论

第四章

所有权

第一节　所有权概述

一、所有权的概念和特征

（一）所有权的概念

所有权是所有权人依法按照自己的意志通过对其所有物进行占有、使用、收益和处分等方式，进行独占性支配，并排斥他人非法干涉的永久性物权。《物权法》第 39 条规定："所有权人对自己的不动产或者动产，依法享有占有、使用、收益和处分的权利。"

在民法理论上和司法实践中，通常在以下三种不同意义上使用所有权的概念。

1. 所有权法律制度

所有权作为法律制度，是指有关所有权法律规范的总和。所有权法律制度不

仅是物权法的基本制度，也是整个民法的基本制度之一。所有权不仅是发生其他财产权的前提，而且是其他财产权的结果。在我国现阶段，完善所有权法律制度，对于市场经济体制的完善具有十分重要的意义。

2. 所有权法律关系

所有权作为民事法律关系，是指法律确认的特定人与不特定人之间基于物的归属与支配而发生的权利、义务关系。所有权法律关系作为一种民事法律关系，与其他民事法律关系一样，由主体、内容、客体三个要素构成。

3. 所有权人对其所有物依法享有的权利

所有权作为民事权利，是指所有权法律关系内容中的权利方面。由于民法以权利为本位，多从规定权利主体的权利出发来调整平等主体间的财产关系和人身关系，因而，从罗马法到近现代民事立法及民法理论，在给所有权下定义时，通常都是在这一意义上使用所有权概念的。前文对所有权概念的界定，就是在这种意义上所作的定义。

在界定所有权概念时，有列举主义与概括主义之分。列举主义即具体列举出所有权的各项权能和作用，以此界定所有权。我国《民法通则》第 71 条规定："财产所有权是指所有人依法对自己的财产享有占有、使用、收益和处分的权利。"《物权法》第 39 条规定虽然不是对所有权概念的界定，但是对所有权的权能的概括还是采取列举主义方式。概括主义则不主张具体列举所有权权能，而仅规定所有权的抽象作用。采用列举式规定所有权，容易为人们接受和理解，但却无法清晰地表现所有权质的规定性，而且混淆了所有权本身与所有权作用的界限。前文对所有权概念的界定采用的是综合方式。

（二）所有权的特征

所有权是物权制度的基本形态，是其他各种物权的基础，所有权以外的物权都是由所有权派生出来的，因此所有权是其他物权的源泉。它除具备物权的共性外，还具有以下特征。

1. 所有权具有完全性

所有权是典型的支配权，所有权人对所有物的支配，不仅包括对物的占有、

使用、收益，还包括对物最终予以处分。因而可以看出，所有权是所有权人对其所有物进行一般、全面支配的最完全、最充分的物权。所有权的完全性，使其成为他物权的基础，他物权设定后，仅是就占有、使用、收益某一特定方面对物直接支配的权利，它们只以所有权的部分权能为其基本内容。

2. 所有权具有原始物权性

所有权的原始性，是指所有权不是从其他财产权派生出来的，而是法律直接确认财产归属关系的结果。而他物权是由所有权派生出来的，是所有权的权能与所有权分离的结果。因而对于所有权而言，他物权即使成立也不影响所有权的独立性，而他物权如果脱离了所有权，则不能单独存在。

3. 所有权具有弹力性

所有权的内容可以自由伸缩，因为所有权人可以在某所有物上为他人设定他物权，可以将占有、使用、收益等权能移转给他人行使，由此发生了所有权的权能与所有权部分分离的情况，但只要没有发生使所有权消灭的法律事实（如转让、赠与、所有物灭失），所有权人仍然保持着对所有物的支配权，所有权并不消灭。一旦在所有物上设定的其他权利消灭，分离出去的各项权复归所有权，所有权仍然恢复全面支配的圆满状态。所有权的这种独特的弹力性，对于所有权人充分发挥财产的社会效益有非常重要的作用。

4. 所有权具有永久存续性

所有权不能预定其存续期间，也不因时效而消灭。所有权除标的物灭失、转让、抛弃等法律事实外，是无期限地存在的。而他物权以及知识产权都具有一定存续期间，期限届满，这些权利即失去其效力。

二、所有权与所有制的关系及所有权的社会作用

（一）所有权与所有制的关系

所有制是人类社会存在的基础，它是指生产资料归谁所有和生产资料在生产过程中如何具体利用的经济制度。所有制包括两方面：一是生产资料的归属关

系；二是生产资料在具体生产过程中的实际利用关系。例如，我国农村的集体所有制就包括两方面：一方面，土地归集体所有；另一方面，集体所有的土地通过承包交由承包者在生产中具体利用。这两个方面结合起来，就构成了我国农村当前的集体所有制。

所有权是上层建筑领域中的法律制度，所有权首先反映的是人们之间因对物的支配而产生的关系。由于所有制包括生产资料归属关系和实际利用关系在内，因此反映生产资料归谁所有和由所有者进行支配的所有权关系只是反映了所有制的一个方面，另一方面还应确立包括所有权和各种他物权在内的完整的物权制度，才能全面地反映和调整所有制关系。这是因为所有权的一般社会功能是确认和保护生产资料的归属关系，对于在生产过程中对生产资料的实际利用关系，特别是在非所有权人利用所有权人的生产资料进行生产经营活动时，所有权制度的法律调整就显得无能为力了，必须建立相应的他物权制度才能协调所有权人与利用人以及所有权人、利用人与第三人的物质利益关系。

但长久以来，人们观念上总是认为所有制是一种社会生产资料归谁所有、归谁支配的基本经济制度，所有制的法律表现就是所有权。这种理解，致使人们在较长时间内忽视了对公有生产资料运行过程中所产生的一系列物质利益关系的法律调整，只注重所有权而忽视了他物权，致使各类民事主体的利益得不到保护，生产积极性受到挫伤，对公有财产漠不关心，其结果是阻碍了社会生产力的发展。因此，要在理论上认识所有权与所有制的关系，从立法上要加强对他物权制度的研究和完善。

（二）所有权的社会作用

所有权制度是调整财产归属关系的物权法制度，而财产的归属关系，尤其是重要财产（如土地及其他重要生产资料）的归属关系如何，不仅直接决定着一个国家的基本经济制度，而且间接决定着一个国家的政治制度。就个人而言，将一定财产归为己有供作生产和生活之用，是维系其生存和发展的必要前提。因此，所有权制度一直是法律规定和调整的重要对象。在现代社会，法律对各种所有权形式的确认和保护，对于稳定社会经济秩序、促进和保障社会主义公有制和市场

经济发展，具有重要的社会作用。这具体体现在以下三个方面。

1. 稳定和维护社会经济秩序

所有权是对物的独占支配权，从法律上充分体现了物对所有权人的最终归属，因而使财产关系特定化并趋于稳定。现代国家对生产手段与生产物的私有从立法上予以确认，从而各生产者自由地进行生产活动，生产出生产物，然后以货币为媒介与他人的劳动成果即商品进行交易。这样，社会生产在持续性进行，社会成员的生存也获得了保障，从而社会经济秩序得到发展和稳定。

2. 发挥财产的效用，优化资源配置

由于所有权确认了所有权人对其所有物的独占支配权，所有权人就可以排除他人对其所有物的干涉，享受其经济利益，并且财产专有的结果会使所有权人最大限度地发挥财产的效用。同时，所有权具有可转让性，可以确认和稳定财产在动态中的交换关系，使财产可以依法平等、自由地在主体间流传和交换，从而使财产具有最高利用价值的倾向，即在市场经济条件下，通过价格机制对财产进行市场选择，保证了通过市场进行资源优化配置。

3. 促进财富积累

所有权制度确定了物在法律上的归属，保障了社会成员对财富的拥有，于是社会成员可以对其财产自由行使权利。其结果是，更能够激发个人对财富的追求，由此促进整个社会财富总量的增长，使社会成为文明、富强的社会。

三、所有权的权能

所有权的权能，是所有权人为利用所有物以实现对所有物的独占利益，而于法律规定的范围内可以采取的各种措施与手段。所有权的不同权能表现了所有权的不同作用形式，是构成所有权内容的有机组成部分。《民法通则》第 71 条和《物权法》第 39 条规定，占有、使用、收益、处分是所有权的积极权能。此外，所有权尚有消极权能，即排除他人干涉的权能。

（一）所有权的积极权能

所有权的积极权能是财产所有权人利用所有物实现所有权而须主动进行的。

1. 占有权能

占有权能是指所有权的权利主体对物实际管领和支配的权能。它不是行使所有权的目的，而是所有权人对物进行使用、收益或处分的前提。占有权能作为所有权的一项独立权能，在一定条件下可与所有权分离。当占有权能与所有权分离而属于非所有权人时，非所有权人享有的占有权能同样受法律保护，所有权人不能随意请求返还原物、恢复其对所有物的占有。

占有根据占有人是否是所有权人，分为所有权人占有和非所有权人占有。所有权人占有是指所有权人在事实上管领、控制属于自己的财产。它既是所有权人直接行使占有权能，也是其行使所有权的表现。如自然人在自己的房屋中居住即为占有。非所有权人占有是指所有权人以外的人对所有权人的财产进行事实上的控制。这种占有的特点是以他人所有权的存在为前提。非所有权人的占有，根据占有有无法律依据，分为合法占有与非法占有。

2. 使用权能

使用权能是指所有权人按照物的性能和用途对物加以利用，以满足生产、生活需要的权能。它是所有权的权能中一个重要的权能，如居住房屋、耕作田地、乘坐汽车等。使用权能通常由所有权人享有，但它与占有权能一样，也可以与所有权分离而由非所有权人享有。非所有权人可根据法律的规定或与所有权人的约定而取得物的使用权能，如承租人依租赁合同使用租赁物。非所有权人取得物的使用权能，可以是有偿的，也可以是无偿的，但无论是有偿还是无偿，都必须按法律规定或与所有权人约定的方式使用财产。非所有权人合法行使使用权能的结果是，非所有权人获得物的使用价值，而所有权人因此获得物的价值。非所有权人无法律依据使用他人财产为非法使用。非法使用他人财产者要承担相应的民事责任。

3. 收益权能

收益权能是指收取由原物产生出来的新增经济价值的权能。所有物新增的经济价值包括孳息与利润。孳息分为天然孳息和法定孳息。

收益权能一般由所有权人自己行使，即使他人使用物的，除法律或合同另有

规定外，物的收益权能仍归所有权人。所有权人可以将自己财产的一部或全部收益权能转让给他人。事实表明，在市场经济条件下，收益权能不仅是所有权中一项独立的权能，而且是所有权中最重要、最基本的一项权能。因为市场经济中的行为主体是基于“利己心”而追求自己利益最大化的人，他们所关注的是自己财产的增值，以及如何才能实现这种增值，至于财产是由自己占有、使用，还是交由他人占有、使用并不重要。只要能使财产增值和实现利益的最大化，他们便可以让与财产的占有权、使用权乃至处分权，而最终把握收益权。例如，承租人转租，他获取次承租人的租金，出租人仍然取得承租人的租金，且转租也须经出租人的同意。在这种条件下，收益权能日渐突出，成为体现所有权的最基本的权能。

4. 处分权能

处分权能是指权利主体对其财产在作事实上和法律上的处置的权能。处分权能是所有权的主要权能，因为处分权能涉及物的命运和所有权的发生、变更和终止问题，而占有、使用、收益通常并不发生所有权的根本改变。从这个意义上说，处分权能是所有权中带有根本性的一项权能。

处分包括事实上的处分和法律上的处分。事实上的处分，指对标的物实施实质上的变形、改造或毁损等物理上的事实行为，如拆除房屋、撕毁书籍等。法律上的处分，是指对标的物所有权加以转移、限制或消灭，从而使所有权发生变动的法律行为，如将财产转让或赠与他人、设定他物权等。

通常处分权能只有所有权人才能享有，非所有权人不得随意处分他人所有的财产。如保管人将保管物消耗、承租人将租赁物出卖，都是不允许的，是侵权行为。只有在法律有特别规定的场合，非所有权人才能处分他人所有的财产。如我国《民法通则》规定，全民所有制企业对于国家授予它经营管理的财产享有法定范围内的处分权。

占有、使用、收益、处分这四项权能一起构成所有权的积极权能。这四项权能中的每一项都有相对独立性，因此又具有可分性。这四项权能中的某一项或某几项权能暂时脱离财产所有权人，财产所有权人并不丧失对该项财产的所有权。如财产的保管、租赁等关系中。这四项权能的分离与回复，是民事活动的客观需要，也是财产所有权人行使所有权的具体表现。所有权不单使所有权人对其财产享有所有权，重要的是通过对这四项权能的行使来发挥其财产的经济效益。从某种意义上来说，这四项权能的分离与回复，正是所有权人行使所有权，发挥物的效益，以满足自己生产、生活需要或实现财产利益的体现。

（二）所有权的消极权能

所有权的消极权能，是指所有权人有权排除他人对其所有物违背其意志的干涉。其权利表现，就是物权请求权。由于这种权能并不是所有权人对物可以施加的积极行为，在没有他人干涉时，此种权能无须体现出来，故被称为消极权能。《物权法》第 4 条规定："国家、集体、私人的物权和其他权利人的物权受法律保护，任何单位和个人不得侵犯。"这种不得侵犯的义务，就是所有权的消极权能。所有权人对其所有物进行占有、使用、收益及处分时，如遇他人的非法干涉与妨害，所有权人可以根据具体情况，请求排除妨碍、返还原物、恢复原状。所有权人行使此项权能时，必须受法律、习惯及社会公德的限制，对于法律、习惯和社会公德认为正当的干涉不得予以排除。

四、所有权的类型

（一）对所有权类型的不同看法

对于如何划分所有权的类型，有不同的看法，主要为二分法和三分法两种意见。

所有权的二分法，是将所有权分为单独所有权和共有权。"民法上的所有权，分为二类，一为单独所有权，二为共有。共有又分为分别共有和公同共有。"① 至于怎样处理建筑物区分所有权的性质问题，一种观点认为应将其归于不动产所有权中，另一种观点认为应将其归于共有权中。有学者认为：共有权是所有权的

① 王泽鉴．民法物权：通则·所有权．北京：中国政法大学出版社，2001：321.

一种形式，但不是基本形式，因为所有权的基本形式是单独所有，共有权只是所有权中的一种非主流的形式。20 世纪以来，财产的单独所有已经成为所有权制度的基本原则之一，与此相反，共有制度则不断受到限缩，并日趋式微。迄于现今，较之财产的单独所有，财产共有已变得极少、极少。① 这种意见并不正确，共有权并非极少，还在广泛存在着。

所有权的三分法，是将所有权的基本类型分为单独所有权、共有权和区分所有权。笔者在《共有权理论与适用》一书中，就是采用这种立场。②

在上述分歧意见中，最主要的问题，是对建筑物区分所有权性质的认识问题。如果将建筑物区分所有权放在单独所有权的范围内，所有权就是二分法，即单独所有权和共有权；如果将建筑物区分所有权放在共有权当中，也是将所有权分为单独所有权和共有权。如果将建筑物区分所有权视作一种独立的所有权类型，就是采所有权的三分法，即所有权的基本类型包括单独所有权、共有权和建筑物区分所有权。

我国《物权法》采纳的是所有权三分法，其第二编规定的所有权，分为单一所有权、建筑物区分所有权和共有权三种。

国家所有权、集体所有权、私人所有权的基本形式，是单独所有权。如果国家、集体或者私人作为主体，与其他主体共同享有所有权，则构成共有权。

相邻关系，是所有权和用益物权的具体内容，不是所有权的类型。在所有权中，凡是不动产所有权，不论是单独所有权中的国家所有权、集体所有权、私人所有权，还是共有权中的按份共有、共同共有，抑或建筑物区分所有，都存在相邻关系问题，即相邻的不动产的所有权人（或者他物权人）都享有相邻权，都享有为了便于行使权利，请求相邻的不动产所有权人（或者他物权人）对自己行使权利作出必要的限制和容忍的权利。

---

① 陈华彬. 物权法原理. 北京：国家行政学院出版社，1998：470.

② 杨立新. 共有权理论与适用. 北京：法律出版社，2007：31 以下.

第二节　所有权的主要形式

一、国家所有权

（一）国家所有权的概念和特征

国家所有权是国家对全民所有的财产进行占有、使用、收益和处分的权利。《民法通则》第73条规定："国家财产属于全民所有。"《物权法》第45条规定："法律规定属于国家所有的财产，属于国家所有即全民所有。""国有财产由国务院代表国家行使所有权；法律另有规定的，依照其规定。"《物权法》第56条规定："国家所有的财产受法律保护，禁止任何单位和个人侵占、哄抢、私分、截留、破坏。"这些都确定了国家所有权的性质、地位和内容，表明国家所有权是全民所有制在法律上的表现。

国家所有权并非始于社会主义国家，它是随着国家的产生而产生，随着国家的发展而发展的。自从人类社会有了国家，国家为了实现其统治职能，就必然以一定方式获取和占有一定的社会财富，以保障其统治机器的正常运转。同时国家作为社会的中心，无论其性质如何，都负有解决社会生产、生活中重大问题的责任，如兴修水利、抵抗自然灾害等。随着经济的发展，国家的职能更为强大，国家所有权也就随之逐步加强。

国家所有权具有特殊的法律地位，这是由国家所有权所反映的全民所有制经济地位所决定的。全民所有制是社会全体成员共同占有社会生产资料的一种所有制形式，这种所有制形式在法律上必然表现为国家所有权。国家作为社会中心，代表着全体人民的根本利益。全体人民只有通过其代表者国家才能形成一个整体，从而有步骤、有计划、有目的地共同支配全民财产，使生产资料在分配使用上与社会的共同利益结合并协调起来。

国家所有权具有以下两个方面特征。

1. 国家所有权的权利主体具有统一性和唯一性

这是指对于国家财产只有代表全体人民意志和利益的国家才能享有所有权，而且国家所有权只能由国家统一行使，国家是全民财产的唯一所有权人。非经国家授权或法律规定，任何组织和个人都不得行使该所有权权能或充当其权利主体。国家所有权权利主体的唯一性并不意味着全民财产只能由国家占有，相反，为了实现对全民财产的共同占有，充分发挥全民财产的经济效益，满足经济建设和人民物质文化生活的需要，以及国家机关、事业单位从事职能活动的需要，国家作为社会的中心和全民的代表，必须在全社会范围内对全民财产进行合理分配，把国家所有权客体中的各项财产，按照其性质、用途交给国家机关、企事业单位、其他组织及个人占有和使用。而国家财产占有权主体的多元性并不影响国家所有权主体的统一性和唯一性。

2. 国家所有权的权利客体具有无限广泛性和专有性

无限广泛性是指国家所有权的客体没有范围限制，任何财产都可以作为国家所有权的客体。此外，根据《宪法》和《物权法》的规定，有些财产只能作为国家所有权的客体，即国家专有，不能成为集体或者私人所有权的客体，如矿藏、水流、邮电通讯、军用物资等。应当注意的是，国家所有权客体的广泛性，是指任何财产都可以成为国家所有权的客体，而不是说任何财产都是国家所有权的客体。此外，对集体及私人所有的财产，国家不得任意取得。

（二）国家所有权的取得

国家所有权权利主体的特殊属性，决定了我国国家所有权的取得方式有以下几种。

1. 没收

新中国成立初期，根据有关法律，政府将官僚资本以及官僚资本家、汉奸、战犯等敌伪的财产没收，归国家所有。这是新中国成立初期国家所有权产生的重要方法。此外，根据《刑法》和其他法律的有关规定，对刑事犯罪分子和其他违法行为人的个人财产和非法所得实施制裁性质的没收，也是国家所有权的取得方式。不论何种形式的没收，其结果都是将这些人的财产强制、无偿地收归国家所有。

2. 赎买

新中国成立初期，政府根据当时的历史条件对民族资本主义工商业实行社会主义改造，通过公私合营等方式，逐步把原属于民族资本家的工商业，用赎买的方式改变为国营企业。

3. 积累资金

这是指从国有企业经营管理国家财产所得收益中获取用于扩大再生产的国民收入。这是国家取得所有权的主要方式。

4. 征税

征税是指国家为了实现其职能，依照税法规定，向负有纳税义务的企业或个人无偿征收货币和实物。这是国家凭借政权的强制力，参与国民收入分配和再分配，以取得财产的一种形式。

5. 征收、征用

征收、征用是指国家根据经济建设和公共利益的需要，依法有偿地取得集体或自然人的财产所有权的方式。

6. 罚款和罚金

罚款是指国家司法机关和行政机关，强制违法的单位或个人缴纳一定数额的货币的民事或行政处罚，如违反卫生、交通、市场管理等法规的罚款。罚款的性质各有不同，但均须上交国库，成为国家所有权的取得方式。罚金是人民法院根据《刑法》的规定，强制犯罪分子缴纳一定数额金钱的刑罚。罚金收入上交国库，归国家所有。

7. 依法取得无主财产

对于无主财产，国家采取一定的方式接收，取得所有权。

国家所有权的取得，除上述方式外，还有开展国内民事活动、从事对外经济贸易、接受赠与等方式。

（三）国家所有权的内容和客体

国家财产所有权的内容，是指国家对全民所有的财产占有、使用、收益、处

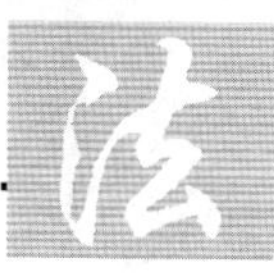

分的权能。

国家所有权的客体，按照《物权法》第46条至第52条的规定，包括以下内容。

1. 矿藏、水流、海域和城市的土地

矿藏、水流、海域和城市土地等，只能属于国家所有，任何单位和个人都不得对这些物享有所有权。

2. 森林、山岭、草原、荒地、滩涂等自然资源

森林、山岭、草原、荒地、滩涂等自然资源，分为两种情况：首先，这些自然资源原则上属于国家所有；其次，如果法律规定这些资源中的某些部分属于集体所有的，则属于集体所有。

3. 农村和城市郊区的土地

农村和城市郊区的土地，按照法律规定，原则上是集体所有权的客体，但是，如果法律规定属于国家所有的，则属于国家所有。

4. 野生动物资源、无线电频谱、国家所有的文物

《物权法》第49条、第50条、第51条分别规定：法律规定属于国家所有的野生动植物资源，属于国家所有；无线电频谱资源属于国家所有；法律规定属于国家所有的文物，属于国家所有。

5. 国防资产、道路、电力、通讯、天然气等公共设施

国防资产属于国家所有。道路、电力、通讯和天然气等公共设施，关系到国计民生的大问题，因此，国家认为应当由自己所有的，直接以法律规定为国家所有，是国家所有权的客体。

（四）国家所有权的行使

国家所有权的行使主要有以下几种方式。

1. 国家直接行使所有权的方式

对全民财产直接占有、使用、收益和处分，是国家行使其所有权的重要方式。《物权法》第45条第2款规定："国有财产由国务院代表国家行使所有权；法律另有规定的，依照其规定。"此外，国家作为特殊的民事权利主体，以国家

的名义进行民事活动，即以国家财产直接承担民事责任的活动，如发行公债（国库券）和对外签订贸易协议，均是国家直接行使所有权的方式。

2. 由国家机关、国家举办的事业单位经营管理的方式

按照《物权法》第 53 条和第 54 条的规定，国家机关对其直接支配的不动产和动产，享有占有、使用以及依照法律和国务院的有关规定处分的权利。国家举办的事业单位对其直接支配的不动产和动产，享有占有、使用以及依照法律和国务院的有关规定收益、处分的权利。国家依法授权国家机关、事业单位经营管理国家特定的财产，以调动它们的积极性和强调它们的责任感，更好地利用和发挥国家财产的效用，获得最佳的经济效益和社会效益。

3. 国家投资设立的企业使用或经营某些国有的财产

按照《物权法》第 55 条的规定，国家出资的企业，由国务院、地方人民政府依照法律、行政法规规定分别代表国家履行出资人职责，享有出资人权益。

二、集体所有权

（一）集体所有权的概念和特征

集体所有权是指劳动群众集体依法对集体所有财产占有、使用、收益和处分的权利。它是劳动群众集体所有制的法律表现。《物权法》第 58 条至第 63 条对集体所有权作出了具体规定。《民法总则》第 99 条规定农村集体经济组织是特别法人，因而农村集体所有财产的主体就是农村集体经济组织法人。

集体所有权同国家所有权一样，是建立在生产资料公有制基础上的所有权法律制度，是我国所有权制度中的重要类型之一。集体所有权与国家所有权相比较，具有以下法律特征。

1. 权利主体的广泛性与多元化

国家所有权的主体具有统一性和唯一性，而集体所有权不具有全国性的统一主体，各个具体的集体所有制组织都是独立的集体所有权的权利主体，每个集体所有制组织仅对属于自己组织的财产享有所有权。这反映出集体所有权广泛性的

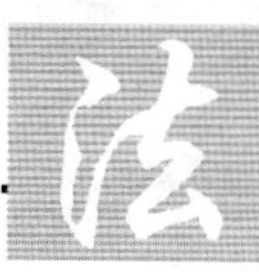

特点。在法律上，集体所有制组织所有的财产与集体所有制组织成员的个人财产是分开的，集体所有制组织成员个人的财产属于个人所有，与集体所有权无关。在现阶段，我国集体所有制组织普遍地存在于城乡中的工业、农业、商业等领域，其财产又分属于各自的集体所有制组织，因而集体所有权又表现出多元化的特点。依照《民法总则》的规定，农村集体经济组织法人、城镇农村的合作经济组织法人，都是集体所有权的权利主体。

2. 客体的限定性

与国家所有权客体的无限广泛性和专有性相比，集体所有权的客体不是所有种类的财产，法律对每个集体所有制组织能够拥有的财产是有限制的，如从事农业生产经营的集体所有制组织可以拥有土地等自然资源，而城乡其他部门的集体所有制组织因其性质、任务，不得拥有土地等自然资源的所有权。集体所有权客体的限定性还表现在集体所有制组织不得拥有国家专有财产、专有资源以及涉及国计民生的重要财产。

3. 所有权的独立性

集体所有权属于各个集体所有制组织，只有它才能作为该组织全体成员的代表，独立地享有和行使所有权。集体所有制组织行使所有权，除遵守法律外，不受其他所有权的限制，也无须任何人授权，更不得受其成员个人干涉。

4. 所有权取得方式的有限性

集体所有制组织建立之时其财产来自于劳动群众在自愿互利的基础上将生产资料集体化或交纳股金、入社费。在集体所有制组织建立之后，其财产主要是通过民事方式取得的。

（二）集体所有权的客体范围和形式

1. 集体所有权的客体范围

按照《物权法》第 58 条的规定，集体所有权的客体范围包括以下内容：（1）法律规定属于集体所有的土地和森林、山岭、草原、荒地、滩涂；（2）集体所有的建筑物、生产设施、农田水利设施；（3）集体所有的教育、科学、文化、卫生、体育等设施；（4）集体所有的其他不动产和动产。

2. 集体所有权的形式

集体所有权有两种形式：一是农村集体经济组织所有权。《物权法》第 59 条第 1 款规定，农民集体所有即农村集体经济组织法人的不动产和动产，属于本集体成员集体所有，是农村集体所有权形式。二是城镇、农村集体所有权。《物权法》第 61 条规定："城镇集体所有的不动产和动产，依照法律、行政法规的规定由本集体享有占有、使用、收益和处分的权利。"按照《民法总则》第 100 条的规定，城镇农村的合作经济组织法人，享有的也是集体所有权。

（三）集体所有权的权能及行使

1. 集体所有权的权能

集体所有权作为所有权的一种类型，具有占有、使用、收益、处分四项权能。法律充分保护集体所有制组织对其所有权的行使。

2. 集体所有权的行使

集体所有制组织在行使所有权时，必须遵守国家的法律、政策和社会公德，处理好集体所有权与国家对国民经济宏观调控的关系，注意兼顾国家、集体、个人三方面的利益，不得阻碍国民经济的发展。要处理好在改革开放与市场经济新形势下集体所有权主体与占有权主体分离的问题，特别是乡村集体所有制组织行使所有权，即间接占有财产的所有权人行使所有权时，应注意统筹安排土地、水利设施、大型机具的使用以及农田基建事宜、收取提留，禁止非所有权人非法转让土地等财产，注意在开办的集体企业中贯彻自主经营、独立核算、自负盈亏的原则。

《物权法》规定了集体所有权行使的以下规则。

（1）农民行使集体所有权时，重大事项依法应当由那个集体的村民会议讨论决定。重大事项的范围是：第一，土地承包方案以及将土地发包给本集体以外的单位或者个人承包；第二，个别承包经营者之间承包地的调整；第三，土地补偿费等费用的使用、分配办法；第四，集体出资的企业的所有权变动等事项。第五，法律规定的其他事项。

（2）集体所有的土地和森林、山岭、草原、荒地、滩涂等的权利行使。上述

自然资源的集体所有权的行使规则是：第一，属于村农民集体所有的，由村集体经济组织或者村民委员会代表集体行使所有权；第二，分别属于村内两个以上农民集体所有的，由村内各集体经济组织或者村民小组代表集体行使所有权；第三，属于乡镇农民集体所有的，由乡镇集体经济组织代表集体行使所有权。

(3) 集体所有制组织成员的撤销权。集体所有制组织作出的决定侵害集体成员合法权益的，集体成员可以请求人民法院予以撤销。

(4) 集体所有制组织成员的监督权。集体所有制组织应当依照法律、行政法规、章程、村规民约向本集体成员定期公布财产的状况，接受成员的监督。

三、私人所有权

(一) 私人所有权的概念及特征

私人所有权是指私人对其所有的财产依法进行占有、使用、收益和处分的权利。《物权法》第 64 条至第 69 条对私人所有权作出了规定。

私人，在民法领域是一个比较开放的概念，通常是指自然人、法人、非法人组织，以及个体工商户、农村承包经营户等。《民法总则》第 114 条规定："民事主体依法享有物权。"在所有权的问题上，除了国家和集体之外，自然人、法人、非法人组织等，都在私人所有权的范围之内。不过，《物权法》在这个问题上规定得不够严谨。

在我国私人所有权具有以下法律特征。

1. 私人所有权的主体主要是自然人个人

自然人自出生时起享有民事权利能力，即具有取得私人所有权的主体资格，可以依法取得具体财产的所有权。自然人的合法财产不仅在其生存时受国家法律保护，在其死后亦受国家法律的保护，即其财产按照死者的意愿或者法律规定转由其继承人或者受遗赠人承受。我国法律不仅保护我国自然人的合法财产，也保护个体工商户、农村承包经营户、外国自然人和无国籍人的合法财产，还保护独资企业和外资企业的财产。与国家和集体作为所有权主体相对应，法人、非法人

组织享有的所有权称为私人所有权。

2. 私人所有权的客体包括私人的生活资料和生产资料

《物权法》第64条规定："私人对其合法的收入、房屋、生活用品、生产工具、原材料等不动产和动产享有所有权。"这里包括生活资料和生产资料。私人的生活资料主要是自己的房屋、合法收入所得，以及用于本人及其家庭的物质生活和文化生活消费需要的财产。私人的生产资料，主要是私人为了从事生产、经营而依法占有、支配的生产工具、原材料等财产。这些财产都是私人所有权的客体。

3. 私人财产的基本来源是私人的劳动所得和其他合法收入

私人不论是在全民所有制、集体所有制或者私人所有的单位，还是从事个体经营，凡是通过从事脑力劳动或体力劳动所得到的收入都属于劳动所得。通过非法途径和形式而取得的收入是非法收入。其他合法收入是指劳动收入以外的，自然人按照法律允许的方式所取得的收入，如通过接受赠与、继承所取得的财产，通过建立民事法律关系而取得的收入如租金、利息等。

4. 私人所有权与其他所有权受到同等法律保护

私人所有权与国家所有权、集体所有权一样，都是法律所确认的所有权，受到同等的保护，不受侵犯。在权利保护上既不能以保护公共财产为理由而损害私人所有权，也不能以保护私人财产为名而侵犯公共财产。

（二）私人所有权的权能及特别保护

1. 私人所有权的权能

私人所有权包括占有、使用、收益、处分四项权能。私人行使这四项权能与国家、集体有所不同，通常以直接的方式进行，即私人自己以积极、主动的行为直接作用于所有物。私人通过行使这些权能，在生产、生活中发挥其财产的效用，满足其物质文化生活的需求。

2. 私人所有权的客体及特别保护

私人所有权的客体，就是《物权法》第64条规定的内容，即生活资料和生产资料。

除此之外，《物权法》第65条和第42条还对私人所有权作以下特别保护：

(1) 保护私人储蓄、投资及其收益。私人的储蓄、投资及其收益，是私人的合法所得，是利用自己的财产创造财富的具体行为，不仅使自己的财富增加，也使社会的财富增加。对此，法律予以特别的保护。(2) 保护私人的财产继承权及其他合法权益。财产继承权是特别的财产权，是自然人取得财产的一个特别方式，法律予以特别保护。其他合法的财产权益同样受到法律保护。(3) 禁止以拆迁、征收等名义非法改变私人财产的权属关系。拆迁、征收私人的不动产，应当按照国家规定给予补偿；没有国家规定的，应当给予合理补偿，并保证被拆迁人、被征收人得到妥善的安置。如果违法拆迁、征收造成私人财产损失的，应当依法承担民事责任和行政责任；构成犯罪的，依法追究刑事责任。

（三）私人所有权的行使

私人行使所有权，表现为在实际生活中自由地使用财产，收取利益，从事法律允许的民事活动，如买卖、租赁、借贷等；承包经营户则应在法律许可的范围内从事家庭副业，按照承包合同确定的农业生产项目支配生产资料，履行规定的义务；个体工商户应当在核准登记的业务范围内从事经营活动，并支配其生产资料。行使私人所有权，以不违反法律、不扰乱经济秩序、不危害社会公共利益、不妨碍他人合法权益为基本前提。如有违犯，根据情节轻重，违犯者应当承担民事责任、行政责任乃至刑事责任。

（四）法律对企业所有权和社会团体所有权的特别规定

《物权法》对法人所有权和社会团体所有权都作了特别规定。不过，依照《民法总则》的规定，法人分为营利法人、非营利法人和特别法人，此外还有非法人组织，对于这些主体的所有权同样适用这样的规定。

1. 法人所有权

《物权法》确认法人财产的所有权，禁止任何人非法侵害。

首先，按照《物权法》第 67 条的规定，国家、集体和私人依法可以出资设立有限责任公司、股份有限公司或者其他企业。国家、集体和私人所有的不动产或者动产投到企业的，由出资人按照约定或者出资比例享有资产收益、重大决策以及选择经营管理者等权利并履行义务。

其次，按照《物权法》第 68 条的规定，企业法人对其不动产和动产依照法律和章程，享有占有、使用、收益和处分的权利。企业法人之外的法人对其所有的动产和不动产的权利，适用有关法律和章程的规定。

2. 社会团体所有权

《物权法》确认社会团体对自己的合法财产享有所有权，禁止任何人非法侵害。其第 69 条规定，“社会团体依法所有的不动产和动产，受法律保护”，任何人不得侵犯。

第三节　所有权的取得、行使和消灭

一、所有权的取得

（一）所有权取得的概念

所有权的取得，是指民事主体根据一定法律事实获得某物的所有权，从而在该特定主体与其他人之间发生以该物为客体的所有权法律关系。《民法通则》第 72 条规定：“财产所有权的取得，不得违反法律的规定。”没有法律根据或者违反法律规定而取得财产的，是非法取得，取得人不能得到财产的所有权。

所有权的取得，有原始取得和继受取得两种方式。善意取得和依取得时效取得也是原始取得，但其规则较为复杂。

（二）原始取得

原始取得，也称最初取得，是指不以他人已有的所有权和意志为根据，直接依照法律的规定，通过某种方式或行为取得所有权。原始取得主要有以下几种方法。

1. 劳动生产

劳动生产是人们运用工具创造各种生产资料和生活资料的过程。通过付出体

力或脑力，改造、加工或利用原材料而制造出来的产品，无论是从形体上，还是从使用价值和价值上，都是与生产劳动前的产品不可相比的。这种新产品的所有权当然属于创造出产品的人。通过劳动生产，既增加了社会财富，也为财产所有权人取得了财产所有权。所以，劳动生产是取得所有权的最基本、最重要的合法方式。

2. 收取孳息

孳息是指由原物滋生、增值、繁衍出来的财产。孳息因产生的原因不同，分为天然孳息和法定孳息。天然孳息是指按照原物的自然规律而自然滋生和繁衍的新的独立的物，如从羊身上剪下的羊毛，牲畜或家禽所产下的幼畜或禽蛋，树上结的果实等。天然孳息的产生须无损于原物。孳息能通过人工方式或自然方式与原物分离而成为独立的物，如果是用原材料加工制造的产品则不得视为天然孳息。法定孳息是指根据法律的规定，通过就原物实施一定的法律行为而取得的由原物派生出来的孳息，如租金、利息、股息、红利等。该孳息是将财产交由他人使用而产生的。财产由所有权人自己运用而产生的收益，不是法定孳息。

孳息的所有权归属，应当按照《物权法》第116条的规定确定："天然孳息，由所有权人取得；既有所有权人又有用益物权人的，由用益物权人取得。当事人另有约定的，按照约定。""法定孳息，当事人有约定的，按照约定取得；没有约定或者约定不明确的，按照交易习惯取得。"按照习惯，孳息在与原物分离以前，由原物所有权人享有，原物所有权转移后，孳息的所有权随之转移。

3. 国家强制

国家强制，是指在法律规定的特定场合，国家从社会公共利益出发，不顾及所有权人的意志和权利，直接采用没收、征收、国有化、税收等强制手段取得所有权的方式。《物权法》第42条规定："为了公共利益的需要，依照法律规定的权限和程序可以征收集体所有的土地和单位、个人的房屋及其他不动产。""征收集体所有的土地，应当依法足额支付土地补偿费、安置补助费、地上附着物和青苗的补偿费等费用，安排被征地农民的社会保障费用，保障被征地农民的生活，维护被征地农民的合法权益。""征收单位、个人的房屋及其他不动产，应当依法

给予拆迁补偿，维护被征收人的合法权益；征收个人住宅的，还应当保障被征收人的居住条件。”“任何单位和个人不得贪污、挪用、私分、截留、拖欠征收补偿费等费用。”在当今社会，国家强制作为原始取得的方式之一，必须限制在适当范围内，除非必要，否则不得使用，以避免对所有权人权利的侵害。

4. 善意取得

善意取得亦称即时取得，是指无权处分他人之物的占有人，在不法将其占有的物转让给第三人以后，第三人如果在取得该物时系出于善意，即依法取得该物的所有权，原所有权人不得要求第三人返还的制度。善意取得的所有权为原始取得。①

5. 依取得时效取得

依取得时效取得是指民事主体公开、持续地占有他人财产或者行使某种他物权，经过一定期间，占有人取得该物所有权或者他物权的制度。依取得时效取得的所有权为原始取得。②

6. 遗失物等财产的取得

(1) 遗失物。

遗失物是所有权人和合法占有人不慎丢失、不为任何人占有的财产。遗失物既不是基于所有权人抛弃的意思，也不是因他人侵夺所致，亦不是无主财产，只是所有权人或合法占有人偶尔丧失了占有，现在又不为任何人占有的动产。《物权法》第109条至第113条对遗失物的取得作了详细规定：第一，拾得遗失物，应当返还权利人。拾得人应当及时通知权利人领取，或者送交公安等有关部门。第二，有关部门收到遗失物，知道权利人的，应当及时通知其领取；不知道的，应当及时发布招领公告。第三，拾得人在将遗失物送交有关部门前，有关部门在遗失物被领取前，应当妥善保管遗失物。因故意或者重大过失致使遗失物毁损、灭失的，应当承担民事责任。第四，所有权人等权利人领取遗失物时，应当向拾得人或者有关部门支付遗失物的保管费等支出的必要费用。权利人悬赏寻找遗失物的，领取遗失物时应当按照承诺履行义务。拾得人侵占遗失物的，无权请求保

① 善意取得的规则比较复杂，本章专设两节进行讨论。

② 取得时效的规则比较复杂，本章设专节进行讨论。

管遗失物等支出的费用，也无权请求权利人按照承诺履行义务。第五，遗失物自发布招领公告之日起 6 个月内无人认领的，归国家所有。遗失物归还失主，不发生原始取得。遗失物归国家所有，属于原始取得。

（2）漂流物、埋藏物和隐藏物。

漂流物是指在河流等水域漂流的无主物或者所有权人不明的物。埋藏物是指藏附于土地中的物。隐藏物是指隐匿于土地之外的其他包藏物中的物。对于漂流物、埋藏物或者隐藏物的原始取得规则，应当按照《物权法》的规定处理。《物权法》第 114 条规定："拾得漂流物、发现埋藏物或者隐藏物的，参照拾得遗失物的有关规定。文物保护法等法律另有规定的，依照其规定。"漂流物、埋藏物和隐藏物归还失主的，不发生原始取得；归国家所有的，属于原始取得。

（3）无人继承又无人受遗赠的财产。

无人继承又无人受遗赠的财产是指自然人死亡后遗留下来的，既没有人继承又没有人受遗赠的财产。无人继承又无人受遗赠的财产归国家所有，但是死者生前为集体所有制组织成员的，归所在集体所有制组织所有。因此，无人继承又无人受遗赠的财产属无主财产，国家或集体取得无人继承又无人受遗赠的财产，是原始取得。我国《继承法》应当扩大继承人的范围，尽量减少无人继承又无人受遗赠的财产，避免国家不适当地取得私人的遗产。[①]

7. 无主动产的先占取得

无主动产由最先占有者取得所有权。这是各国民法一项公认的原则。我国民法虽然没有规定此项原则，但也没有规定一切无主财产均归国家所有。在实际生活中，有些物品是法律所不禁止占有，同时也不属于法律所调整的无主财产，允许人们取得所有权。如拾垃圾者可以取得其拾取的被人抛弃的废弃物的所有权。对已抛弃的不属于法律调整的无主财产取得所有权，必须建立先占原则。从立法上确认和完善无主动产的先占取得，有利于更好地发挥物的效用，稳定社会经济秩序。

值得研究的是，对于乌木以及自然陨落的陨石是否适用先占取得。对此，应当先确定乌木、陨石是否属于无主物。在现行法上，对此是没有规定的。笔者的

① 杨立新．对修正《继承法》十个问题的意见．法律适用，2012（8）．

意见是将其归于资源一类，属于国家所有，而不认为可以适用先占取得规则。

8. 添附

添附是指不同所有权人的物被结合、混合在一起成为一个新物，或者将别人之物加工成为新物的事实状态。法律把添附作为取得所有权的一种根据，究其原因在于添附发生后，要回复各物之原状，在事实上已不可能或经济上不合理，有必要使添附物归一方所有或各方共有，以解决双方的争执。

添附物的归属因添附情况的不同，分为以下三种情况。

（1）加工。

加工是指一方使用他人的物，将其加工改造为具有更高价值的物，原物因为加工人的劳动而成为新物，如在他人的木板上作画。加工物的所有权归属，当事人有约定的依约定处理；如无约定，加工所增价值未超过原物价值的，则加工物归原材料所有权人；如果加工所增价值显然大于原物的价值，则新物可以归加工人所有；如果加工所增价值与原物价值相当，可由双方共有。除共有外，不论哪种情况，取得加工物所有权的一方应对对方的加工劳动或原物的价值予以补偿。

（2）附合。

附合是指不同所有权人的物密切结合在一起而成为一种新物。在附合的情况下，各原所有权人的物虽可识别，但非经拆毁不能恢复原来的状态。如砖、木的附合构建成房屋。附合物的所有权归属应区分两种情况：1）当动产附合于不动产之上时，由不动产所有权人取得附合物的所有权，原动产所有权人可取得与其原财产价值相当的补偿。2）当动产与动产附合时，附合的动产有主从之别者，由主物的所有权人取得附合物的所有权，同时给对方以价值上的补偿；如无主从之别，则由各动产所有权人按其动产附合时的价值共有附和物。

（3）混合。

混合是指不同所有权人的物互相结合在一起，难以分开并形成新的财产，如米与米的混合、酒与酒的混合。混合与附合不同，在混合的情况下，已无法识别原各所有权人的财产，而附合的情况下原各所有权人的财产仍然能够识别。混合的情况下一般应由原物价值量较大的一方取得所有权，给另一方以相当的补偿。

如果原物价值量相差不多，也可由各方共有。

添附的所有权归属规则是：第一，因加工、附合、混合而产生的物的归属，有约定的按照约定；没有约定或者约定不明确的，依照法律规定。第二，当事人没有约定，法律也没有规定的，按照充分发挥物的效用以及保护无过错当事人的原则确定。发挥物的效用原则，就是物归属于哪一方更能够发挥物的效用，就应归属于哪一方的规则。保护无过错当事人的原则，是指对无过错一方当事人给予更好的保护。两个原则中，应当首先考虑发挥物的效用原则。第三，因一方当事人的过错或者确定物的归属给另一方当事人造成损失的，应当给予赔偿。

9. 人体变异物的取得

人体变异物是指脱离人体的器官和组织、人体医疗废物以及尸体。其中，脱离人体的器官和组织以及人体医疗废物从脱离人体之时，由身体权人取得其所有权，为原始取得。自然人死亡后，其尸体归属于其近亲属，亦为原始取得。这些人体变异物的所有权取得后，其权利行使都有严格的限制，必须符合公序良俗原则的要求。①

（三）继受取得

1. 继受取得的概念和方式

继受取得也称传来取得，是指财产所有权人通过某种法律事实，从原所有权人处取得财产所有权。继受取得与原始取得不同，它是以原所有权人的所有权和原所有权人转让所有权的意志为根据而发生的所有权取得方式。

继受取得主要有以下几种方式。

（1）买卖。

买卖是一方出让标的物所有权以换取价金，他方以支付价金为对价换取标的物所有权的双方民事法律行为。买卖是所有权人出让所有权的主要方法，又是非所有权人继受取得所有权的主要方法。

---

①　杨立新，曹艳春．脱离人体的器官或组织的法律属性及其支配规则．中国法学，2006（1）．杨立新，曹艳春．人体医疗废物的权利归属及其支配规则．政治与法律，2006（1）．杨立新，曹艳春．论尸体的法律属性及其处置规则．法学家，2005（4）．

（2）互易。

互易是以物易物的双方民事法律行为，是互相继受对方所有权的方法。互易是最古老的商品交换形式，至今在国内、国际商品交换中仍经常采用。互易是继受取得所有权的重要方法。

（3）赠与。

赠与是一方无偿转让所有权给另一方的双方民事法律行为。虽赠与不是商品交换形式，但随着商品经济的发展，人的社会意识及社会责任感的加强，赠与的社会作用日益得到充分发挥，成为解决救灾、救济等社会问题及发展社会公益事业的重要手段。在这种发展趋势下，赠与不仅是自然人个人继受取得所有权的方法，而且日益成为国家、社会公益团体继受取得所有权的重要方法。

（4）继承与遗赠。

自然人死亡后，其遗产依法转归法定继承人。如果死者生前立有合法、有效的遗嘱和遗赠，则遗产转归遗嘱继承人和遗赠受领人所有。这些人取得遗产的所有权，是以死者生前的所有权为根据的。

2. 继受取得的所有权转移

原所有权人的所有权何时转移给继受人，是所有权继受取得中的重要问题，因为它不仅关系到何时完成所有权转移，而且关系到标的物意外毁损、灭失的风险责任由谁负担的问题。《民法通则》第 72 条规定："按照合同或者其他方式取得财产的，财产所有权从财产交付时起转移，法律另有规定或者当事人另有约定的除外。"《物权法》第 6 条、第 9 条和第 23 条也作了明确规定：动产以交付为继受取得所有权的标志，不动产以登记为继受取得所有权的标志。

二、所有权的行使

（一）所有权行使的一般规则

所有权的行使，是指物的所有权人依照法律规定实现其所有权各项权能的行为。物的所有权人既可以自己行使权利，也可以依照法律规定将所有权的权能转

让给他人。在许多情况下，所有权人无须借助他人的行为就可以独立地行使其所有权。《民法总则》第130条规定："民事主体依照自己的意愿依法行使民事权利，不受干涉。"所有权人行使权利，当然应当自我决定，同样不受他人干涉，仅依照《民法总则》第132条的规定，受禁止滥用权利规则的限制。

所有权的行使体现着所有权人的意志和利益。所有权人不仅可以依法独立地进行各种行使其所有权的活动，而且可以通过行使所有权获得经济利益。所有权人还可以根据自己的意志和利益，将所有权的一项或几项权能分离或转让出去，这种权能的分离并不使所有权人丧失其所有权，而正是所有权人正当行使其所有权的具体表现。

我国民法充分保护国家、集体和私人所有权，同时也要求所有权人在法律规定的范围内享有和行使所有权，因此对所有权内容作了一定的限制如行使所有权不得妨碍公共利益及其他民事主体的合法权益，不得破坏社会经济秩序，不得侵害公私财物，不得违背社会主义道德准则，等等。所有权人滥用所有权，应当依法承担相应的法律责任。对所有权行使的这种限制，是为了保证所有权人正确行使所有权，兼顾所有权人和社会的利益，按照物尽其用原则，充分、合理地发挥物的效益，同时也是对所有权人正确行使所有权的一种保护。

（二）《物权法》对行使所有权的具体规定

《物权法》第四章对所有权规定了一些具体规则。

1. 所有权与他物权的关系

所有权是自物权，是物权体系中的核心权利。按照《物权法》第40条的规定，所有权人有权在自己的不动产或者动产上设立用益物权和担保物权。这种在他人的财产上设立的用益物权和担保物权，为他物权，是与自物权相对应的物权概念。

对自己所有的不动产或者动产，所有权人都可以设立他物权，包括设立用益物权和担保物权。这是所有权人行使自己的权利的表现，法律予以保护，任何人不得干涉和强制。

在所有权上设立他物权之后，这个所有权就是设立了负担的所有权，叫作受限制的所有权。所有权人要将自己享有的某些权能移交给他物权人享有，因此使

自己的权利受到限制。例如，用益物权的设立，所有权人要将自己所有的不动产转移给用益物权人使用、收益；质权的设立，所有权人要将质押物交付质权人占有。这是法律对自物权的限制，是合法的限制。但是，用益物权人或者担保物权人在行使自己的他物权时，不得损害所有权人的权益。如果用益物权人或者担保物权人行使自己的权利损害了所有权人的权利，例如擅自出卖质押物或者留置物等，要承担相应的民事责任。

2 对于国家所有的不动产和动产任何人不能取得所有权

《物权法》特别注意保护国家所有的财产，专设第 41 条，规定专属于国家所有的不动产和动产任何单位和个人不能取得所有权，以此对国家所有的财产进行特别保护。

3. 对不动产的征收

征收是国家取得所有权的一种方式，是将集体或者个人的财产征收到国家手中。征收的后果是集体或者个人所有权消灭。征收的后果严重，应当给予严格的限制，尤其给予以下特别限制。

征收必须是为了公共利益的需要，而不是为了一般的建设需要。征收的财产应当是土地、房屋及其他不动产。

征收不动产应当支付补偿费，对丧失所有权的人给予合理的补偿。征收集体所有的土地，应当支付土地补偿费、安置补助费、地上附着物补偿费等费用。同时，要足额安排被征地农民的社会保障费用，维护被征地农民的合法权益，保障被征地农民的生活。征用单位、个人的房屋或者其他不动产，应当给予拆迁补偿，维护被征收人的合法权益。征收居民住房的，还应当保障被征收人的居住条件。

为了保证补偿费能够足额地发到被征收人的手中，《物权法》第 42 条第 4 款专门规定，任何单位和个人不得贪污、挪用、私分、截留、拖欠征收补偿费等费用。

4. 耕地保护

耕地是重要的财富，对于国计民生都具有极为重要的作用。20 世纪八九十年代对耕地的过度征用，已经造成了一定的后果。因此，《物权法》第 43 条专门规定，国家对耕地实行特殊保护，严格限制农用地转为建设用地，控制建设用地总量，明文禁止违反法律规定的权限和程序征收集体所有的土地。

5. 财产征用

《物权法》第 44 条专门规定了财产的征用补偿制度。遇有抢险、救灾等紧急需要时，国家可以依照法律规定的权限和程序，征用单位、个人的不动产或者动产。对于被征用的所有权人的权利保护，应当做到两点：第一，被征用的动产或者不动产在使用后，应当返还被征用人，条件是被征用的不动产或者动产的价值仍在。第二，如果不动产或者动产被征用，或者被征用后毁损、灭失的，则应当由国家给予补偿。《民法总则》第 117 条规定："为了公共利益的需要，依照法律规定的权限和程序征收、征用不动产或者动产的，应当给予公平、合理的补偿。"

三、所有权的消灭

（一）所有权消灭的概念和种类

所有权的消灭，是指某种法律事实致使所有权人丧失其所有权，或者由于权利主体的消灭而形成所有权转移。

所有权的消灭分为两种：一是所有权人失去对物的占有与支配。此时原物尚存，只是由新的所有权人取得其所有权，故称为所有权的相对消灭。二是物本身不存在。此时不再会发生新的所有权，故称为所有权的绝对消灭。

（二）所有权消灭的原因

1. 所有权被转让

所有权转让是所有权人对其财产行使处分权的一种结果。如买卖、赠与等转让行为，其结果是出让人的所有权消灭，而受让人的所有权因此产生。

2. 所有权的客体灭失

所有权的客体灭失，是指作为所有权客体的物改变或消灭了自然状态，致使所有权人丧失了所有权。如物在生产或生活中被消耗或消费，不可抗力导致物的毁损或物的自然消灭，致使权利客体不复存在，产生所有权绝对消灭的后果。

3. 所有权的主体消灭

所有权的主体消灭是指作为所有权人的自然人死亡，以及法人、非法人组织解散、被撤销等。原所有权人的权利主体资格已经消灭，其财产依法定程序转移给他人所有，因而原所有权归于消灭。

4. 所有权被抛弃

所有权被抛弃，是指权利主体主动放弃其所有权，或者抛弃其某项财产致使其所有权消灭。如所有权人丢弃其财产，就会引起所有权消灭。

5. 所有权被强制消灭

所有权被强制消灭，是指国家依法采用强制手段，责令所有权人交出或转移其财产所有权，致使原所有权人的权利消灭，如对某项财产的征收、没收、拍卖、罚款、赔偿损失等。所有权被强制消灭，有的是为了公共利益的需要，有的是因所有权人存在违法或违约行为。采取强制措施的国家机关，既有行政机关，也有司法机关。

第四节　善意取得

一、善意取得的概念、历史及理论根据

（一）善意取得的概念

《物权法》第106条规定了善意取得制度："无处分权人将不动产或者动产转让给受让人的，所有权人有权追回；除法律另有规定外，符合下列情形的，受让人取得该不动产或者动产的所有权：（一）受让人受让该不动产或者动产时是善意的；（二）以合理的价格转让；（三）转让的不动产或者动产依照法律规定应当登记的已经登记，不需要登记的已经交付给受让人。""受让人依照前款规定取得不动产或者动产的所有权的，原所有权人有权向无处分权人请求赔偿损失。""当事人善意取得其他物权的，参照前两款规定。"

善意取得亦称即时取得，是指无权处分他人财产的财产占有人，将其占有的财产不法转让给第三人，第三人在取得该财产时系出于善意，即依法取得该财产

的所有权，原财产所有权人不得要求第三人返还财产的物权取得制度。在现代商品经济高度发展的社会，善意取得制度既是适应商品经济发展的一项交易规则，也是物权法的一项重要制度。

（二）善意取得的历史

有的学者认为，善意取得起源于罗马法，罗马法上允许无所有权的占有人通过占有时效而取得对占有物的所有权。这并不是善意取得制度。在罗马法上，实行的是“任何人不得将大于其所有权的权利给予他人”的原则，无权利的人不能给人以权利，从无权利人处受让权利就不能取得财产所有权，因而常常由真正的权利人将财产追回。由此可以证明，罗马法中的占有，是指“行为人以所有的意思实施对物的管领、控制，它是一种人对物之关系的事实，而并非权利”[①]。占有人可以通过占有时效的完成而取得占有财产的所有权，与善意取得并不是一回事。

按照通常的看法，善意取得制度起源于日耳曼法的“以手护手”原则。这一原则的含义是：“任意与他人以占有者，除得向相对人请求返还外，对于第三人不得追回，唯得对相对人请求损害赔偿。”[②]“以手护手”原则对所有权的物上追及力加以限制，维护善意受让人的合法权益，因而有利于商品流转。与罗马法上的原则相比较，“以手护手”原则具有明显的优越性，所以为后世各国民事立法所采用。

在大陆法系，对于善意取得制度采取了两种不同的态度和做法。

1804 年《法国民法典》基本上沿袭罗马法的规则，允许占有动产人因具备一定的条件而取得其所有权。该法第 2279 条规定：“对于动产，占有具有与权利证书相等的效力。”同时，法国的判例确认了与罗马法不同的“公开市场”原则，根据这个原则，如果买受人受到原所有权人的追夺，原所有权人只有按照公平市价给买受人以补偿后，才能要求返还财产，否则不得追夺。根据《法国民法典》第 1630 条的规定，出卖人无论向买受人承诺担保与否，都有义务担保出卖物的

① 谢邦宇. 罗马法. 北京：北京大学出版社，1990：236.

② 史尚宽. 物权法论. 台北：荣泰印书馆，1979：505.

所有权。如果有第三人向买受人追夺所买之物，买受人就应当放弃所买之物，但是出卖人必须退还买受人所支付的价金，并且赔偿买受人的一切损失。由此可见，法国法所承认的善意取得，并不是典型的善意取得制度。

德国法继承了日耳曼法的规则，1900 年《德国民法典》明确承认了善意取得制度。该法第 932 条规定："依第 929 条所为之出让，其物虽非属于出让人，而取得人仍取得其所有权；但取得人在依本条规定取得所有权当时非善意者，不在此限。""受让人明知或因重大过失而不知物不属于让与人者，视为非善意者。"根据这一规定，善意受让的买受人可以取得受让物的所有权。其确定受让时善意的标准，就是非明知或非因重大过失而不知出让物非属于出让人。德国法的这一立法例为多数国家的民事立法所仿效。如《日本民法》第 186 条规定：对占有人，推定其以所有的意思，善良、平稳而公然地开始占有动产者，如系善意无过失，则即时取得行使于该动产上的权利。

在英美法系，传统上信奉"没有人可以转让不属于他所有的商品"这一古老的原则，任何人都只能出卖自己拥有所有权的商品，而不能出卖他人的财产。这对于善意买受人的利益不利。至 1952 年《美国统一商法典》才改变了上述传统规则，把法律保护的重点转移到善意买受人。该法第 2403 条规定："购货人取得让货人所具有的或有权转让的一切所有权，但购买部分财产权的购买人只取得他所购买的那部分所有权。具有可撤销权的所有权的人有权向按价购货的善意第三人转让所有权。当货物是以买卖交易的形式交付时，购货人有权取得其所有权。"也即只要购买人出于善意，以为出卖人是对货物拥有完全所有权的人，则不论其货物从何而来，善意买受人可以即时取得该物的所有权。现代英国法也基本上采取与美国上述规定相同的规则，承认买受人基于善意可即时取得所有权。英美法之区别在于，美国法承认对转让赃物也适用善意取得制度，而英国法则认为，对于赃物，即使买受人出于善意，也不能即时取得所有权。

前苏联和东欧国家也承认善意取得制度。不过，《苏俄民法典》第 152 条规定的善意取得制度比较严格，仅对私有财产适用善意取得，且须善意、有偿取得，对于公有财产、遗失物和赃物，均不适用善意取得。

中国古代，在睡虎地秦墓出土的竹简《法律答问》中载："盗盗人，卖所盗，以买他物，皆畀其主。今盗盗甲衣，卖，以买布衣而得，当以衣及布畀不当？当以布及其他所得买畀，衣不当。"[①] 这里的规定，看来是盗赃不适用善意取得的意思，与现代善意取得制度对盗赃出让的态度相同。如果仔细分析该法律文件的内容，可以发现，其追夺的，是换得以后的财产，而不是直接的赃物。这里包含了善意取得的基本思想。在以后历代的律典中，也有类似的规定。《大清民律草案》和《民国民律草案》首次出现了善意取得的条文。南京国民政府制定民法时正式建立了善意取得制度。该法第 1 条规定："动产之受让人占有动产，而受关于占有规定之保护者，纵让与人无移转所有权之权利，受让人仍取得所有权。"

（三）善意取得的理论根据

关于善意取得的理论根据，学者间有四种不同的观点：一是即时时效说，认为在善意取得的情况下，适用即时时效或瞬间时效；二是权利外像说，认为善意取得的根据在于对权利外像的保护；三是法律赋权说，认为在善意取得权利的情况下是法律赋予占有人以处分他人所有权的权能；四是占有保护说，认为根据公示主义，占有人应被推定为法律上的所有人。尽管上述主张不同，但学者普遍认为，法律规定善意取得制度，是为了保护交易安全。

在民法发展的历史上，曾经出现两种交易安全的概念：一种是静态的交易安全，另一种是动态的交易安全。前者指法律保护权利人占有和所有的财产权益，禁止他人非法占有，又称为"享有的安全"或"所有的安全"。静态安全强调交易应以交易者拥有的权利为限，超出自己权利范围的交易无效，着意保护的是所有权人的利益。后者是指法律保护交易当事人基于交易行为所取得的利益，认为在特定的场合，应牺牲真正权利人的利益来保护善意无过失交易者的利益，法律对于在交易中善意无过失的受让人，承认其在取得物的同时取得该物的所有权，即使该物的出让人为非所有权人，真正的权利人亦不得向受让人请求返还原物，而只能向出让的非所有权人请求赔偿损失。这样，交易的双方当事人尤其是受让人，就不必再为交易中在取得物的同时能否一并取得所有权而担忧，可以放心大

① 睡虎地秦墓竹简整理小组．睡虎地秦墓竹简．北京：文物出版社，1978：160．

胆地进行交易。

交易的静态安全和动态安全是一致的，法律既要保护所有权人的利益，也要保护交易中买受人的权益，不可有所偏废。但是，当这两种交易安全发生冲突时，显然更应当保护动态安全。因为在商品交换活动中，从事交换的当事人往往并不知道对方是否有权处分财产，如果强调保护静态安全，“权利的受让人为预防不测之损害之故，在任何的交易里均非详细地调查真正的权利人，以确定权利的实像，方开始交易不可。如斯一来，受让人为确定权利关系的实像裹足不前，对于现代活泼迅速交易行为，自然会受到严重的影响”①。相反，承认善意买受人可以即时取得所有权，交易者就不会对交易的安全担忧，必然有利于商品经济的发展。另外，原所有权人的财产被非所有权人占用、出让，说明该财产对于原所有权人并不重要。买受人买受这一财产，当然是意图更好地发挥该物的作用。因而，保护交易动态安全，也有利于发挥物的经济效用，符合社会效益的原则。

二、善意取得的构成及效力

（一）善意取得的构成

实行善意取得的结果是，物之原所有权人丧失其所有权，善意受让人取得所有权。各国民法对善意取得的构成规定了严格的条件。依照我国《物权法》第106条规定，这些要件是如下几项。

1. 处分财产的出让人须是无处分权人

无处分权人包括非所有权人和无转让权人。非所有权人就是对让与物不享有所有权的人。善意取得中的让与人虽然是非所有权人，但他必须实际占有被让与的该动产。如果不占有该动产，他就不可能将其出让。这种实际占有，包括合法占有，也包括某些非法占有。美国对拾得物、赃物也规定适用善意取得。

无转让权人不仅包括非所有权人，还包括无权为他人或代他人以自己的名义

---

① 刘得宽. 民法诸问题与新展望. 北京：中国政法大学出版社，2002：248.

处分某物的人。无转让权人的范围比非所有权人的范围要宽，瑞士、我国台湾地区采这种规定。

2. 受让人受让财产时须出于善意

善意就是不知情，即受让人在受让财产时不知让与人为非财产所有权人或无转让权人。《最高人民法院关于适用〈中华人民共和国物权法〉若干问题的解释（一）》第15条规定："受让人受让不动产或者动产时，不知道转让人无处分权，且无重大过失的，应当认定受让人为善意。""真实权利人主张受让人不构成善意的，应当承担举证证明责任。"这就是司法解释对善意的解释。

关于如何确定善意，学说上有积极观念说和消极观念说两张主张。积极观念说主张将转让人视为所有权人的观念，即根据让与人的权利外向而信赖其有权利实像的认识，才为善意。消极观念说则主张受让人不知或不应知转让人为无处分权人即可。[①] 各国采用消极观念说的居多，即不知情即为善意。这对善意受让人有利。在我国判断善意要件有二：一是不知情，二是无过失。上述司法解释规定的基本精神就是这样，但是将第二个要件无过失确定为无重大过失，值得斟酌。真实的权利人如果主张受让人为非善意，应当承担举证责任，证明不存在上述两个要件的，方完成举证责任，否则受让人为善意。

现将确定上述两个要件的方法介绍如下

第一，不知情要件。不知情要件，是受让人主张善意的基本要件之一，不过，不知情不容易证明。《最高人民法院关于适用〈中华人民共和国物权法〉若干问题的解释（一）》第16条的规定是从反面进行解释，即确定知情的事由："具有下列情形之一的，应当认定不动产受让人知道转让人无处分权：（一）登记簿上存在有效的异议登记；（二）预告登记有效期内，未经预告登记的权利人同意；（三）登记簿上已经记载司法机关或者行政机关依法裁定、决定查封或者以其他形式限制不动产权利的有关事项；（四）受让人知道登记簿上记载的权利主体错误；（五）受让人知道他人已经依法享有不动产物权。"符合这些情形之一的，应当认定为受让人知情，不符合善意取得须具备不知情要件的要求。

① 王利明. 物权法研究. 北京：中国人民大学出版社，2002：268.

第二，重大过失要件。关于怎样确定受让人无重大过失，《最高人民法院关于适用〈中华人民共和国物权法〉若干问题的解释（一）》第16条第2款规定："真实权利人有证据证明不动产受让人应当知道转让人无处分权的，应当认定受让人具有重大过失。"第17条规定："受让人受让动产时，交易的对象、场所或者时机等不符合交易习惯的，应当认定受让人具有重大过失。"这里包括两个方面的内容：一是，真实权利人能够证明不动产受让人应当知道转让人无处分权的，就可以认定受让人具有重大过失，即应当知道而不知道。二是，受让人在受让动产时，交易对象、场所或者时机等不符合交易习惯的，例如在非交易场所进行私下交易，在非正常交易时间进行交易等，因而都可以认定受让人具有重大过失。

此外，关于善意的范围，学者的主张可资借鉴："关于恶意之证明方法，今日一般被承认者，有下列事实：（1）以不当之低廉价格买受其物。（2）让与人属于可疑身份之人，例如由有寄藏赃物嫌疑之旧货店，买取其物。（3）授受行为，行于近亲（尤其家属）之间，得确定其让与人为恶意时。（4）善意取得人通常由谁受让及在如何情形之下取得其物，应有记忆。如经原告之要求，被告拒绝为此项陈述的，则被告之取得，应推定为恶意。（5）取得人确知让与人非为所有人，认为应推定其为恶意者。然让与人有以他人之计算而处分其他人之物之权者，有经所有人之同意而处分其物者，其时占有人虽知让与人非为所有人，然得就他人或同意于处分之人有所有权为善意，故唯被告拒绝陈述或为判定让与人之有处分权之事实时，始可认为恶意。"①

受让人必须在让与人交付财产时为善意。这是善意的准据时点，即以该时间作为判断受让人善意与否的标准。② 对此，《最高人民法院关于适用〈中华人民共和国物权法〉若干问题的解释（一）》[以下简称《适用物权法解释（一）》]第18条规定："物权法第一百零六条第一款第一项所称的'受让人受让该不动产或者动产时'，是指依法完成不动产物权转移登记或者动产交付之时。"这个规定

① 史尚宽. 物权法论. 台北：荣泰印书馆，1979：511.

② 梁慧星，陈华彬. 物权法. 3版. 北京：法律出版社，2005：222.

非常明确。此外，还有两种具体情形：一是，当事人以《物权法》第 25 条规定的方式交付动产，即“动产物权设立和转让前，权利人已经依法占有该动产”，即以简易交付方法交付动产的，转让动产的法律行为生效时为动产交付之时；二是，当事人以《物权法》第 26 条规定的方式交付动产，即“动产物权设立和转让前，第三人依法占有该动产的，负有交付义务的人可以通过转让请求第三人原物返还的权利代替交付”，即以指示交付方法交付动产的，转让人与受让人之间有关转让原物返还请求权的协议生效时为动产交付之时。

但是，如果法律对不动产、动产物权的设立另有规定的，应当按照法律规定的时间来认定受让人是否为善意。

财产交付完毕以后，受让人得知让与人无权处分的，并不影响所有权的取得。如果受让人在财产交付前或交付时已知让与人无权处分财产的，即为恶意。善意受让人再转让财产，接受该财产的再受让人无论善意、恶意，都可取得该物的所有权。

3. 以合理的价格转让

在学理上，这个要件也叫作受让人须通过交换而实际占有已取得的财产。对此，《瑞士民法典》第 714 条规定，善意取得的前提是“占有的转移”，应“善意将动产移转为自己所有，并受占有规定保护”。《日本民法》第 192 条明确规定，“平稳而公然地开始占有动产”，是构成即时取得的必要条件。只有受让人占有财产，才发生善意取得的可能。

财产的转移占有，必须通过交换而实现。这种交换，是指买卖、互易、赠与、债务清偿、出资等具有交换性质的行为。至于这种交换行为是否应为有偿，各国规定不同。在多数西方国家及日本等国，并没有作出有偿或无偿的限制，只要属于交换行为即可，因而赠与也是善意取得的合法交换方式。依照我国《物权法》的规定，构成善意取得须为以合理价格转让，即必须为有偿，且价格合理；明显低价不构成善意取得。对此，《适用物权法解释（一）》第 19 条规定：“物权法第一百零六条第一款第二项所称‘合理的价格’，应当根据转让标的物的性质、数量以及付款方式等具体情况，参考转让时交易地市场价格以及交易习惯等

因素综合认定。”法官应当依照上述规定，斟酌实际情况，裁量是否为合理价格。

非通过交换而转移占有财产的，即使受让人已经实际占有该财产，也不发生善意取得的效力。如继承和遗赠，不是交易性质的法律行为，而且继承和遗赠的财产必须是被继承人或遗赠人生前合法的财产，如果被继承人或遗赠人的财产非其所有，即使继承人或受遗赠人已经接受了这些财产，也不发生原所有权人丧失所有权的后果。

4. 转移占有的财产须是法律允许流通的动产和不动产

善意取得的财产须是动产，绝大多数国家的民法都作这样的规定。但我国《物权法》规定，动产和不动产都适用善意取得。

动产的范围，包括除不动产以外的其他一切财产，因而货币和无记名有价证券也包括在内。记名有价证券所载财产属于特定的人，不适用善意取得制度。

善意取得的财产还必须是法律允许自由流通的动产或者不动产，法律禁止流通的财产如毒品等，不得适用善意取得。对于盗赃和拾得物是否适用善意取得，各国规定有所不同，综合起来，大致有三种模式：（1）规定不适用善意取得制度，如《苏俄民法典》152 条。（2）规定原则上不适用善意取得，但通过法定方式取得的，可以发生善意取得的效力。如《日本民法》第 193 条、第 194 条规定：“于前条情形，占有盗赃物或遗失物时，受害人或遗失人自被盗或遗失之时起二年间，可以向占有人请求回复其物。”“盗赃及遗失物，如系占有人由拍卖处、公共市场或出卖同种类物的商人处善意买受时，受害人或遗失人除非向占有人清偿其支付的代价，不得回复其物。”在这里，取得所有权的情况有两种：一是经过 2 年除斥期间；二是在法定场合买受。（3）适用善意取得制度，如《美国统一商法典》的规定。

原《苏俄民法典》第 153 条规定，对于国家财产、集体农庄等公有财产，无论以何种方式非法转让，均不得适用善意取得制度。其立法意图是保护公有财产。在我国，也有人这样主张。笔者认为，对公有财产不适用善意取得，并不能有效地保护它，反而会限制、阻碍它的自由流转。

对于转让人将《物权法》第 24 条规定的船舶、航空器和机动车等交付给受

让人，未经登记，但是受让人是善意第三人的，《适用物权法解释（一）》第20条规定，应当认定符合《物权法》第106条第1款第3项规定的善意取得的条件。

5. 转让的不动产已经登记、动产已经交付

《物权法》第106条对此规定得比较严格，必须按照物权变动的公示方法，不动产已经登记，动产已经交付，才能够发生善意取得的效力。不符合物权变动的公示方法的，不发生善意取得效力。

（二）善意取得的效力

具备善意取得的构成要件，即发生善意取得的法律效力，受让人即时取得受让财产的所有权，原所有权人对该财产的所有权归于消灭，并不得向善意受让人请求返还原物。对此效力，《物权法》第106条第2款规定："受让人依照前款规定取得不动产或者动产的所有权的，原所有权人有权向无处分权人请求赔偿损失。"第108条规定："善意受让人取得动产后，该动产上的原有权利消灭，但善意受让人在受让时知道或者应当知道该权利的除外。"

构成善意取得，保护的是交易的动态安全，但法律也必须对原所有权人的权益进行保护。原所有权人的权利受到侵害的原因，是出让财产的无处分权人的出让行为，这种行为属于侵害财产权的行为。依据这一法律事实，原所有权人享有侵权损害赔偿请求权，出让人对于原所有权人负有损害赔偿义务，赔偿的范围，应包括原物的价值及因此而造成的其他损失。

不构成善意取得的转移占有，则不发生善意取得的效力，所有权人可依物权请求权，向受让人请求返还，受让人负返还义务。如果原物已经灭失或毁损，则所有权人可以向受让人请求赔偿转让的价金。受让人承担返还责任后，有权向出让人请求返还价金。《适用物权法解释（一）》第21条规定："具有下列情形之一，受让人主张根据物权法第一百零六条规定取得所有权的，不予支持：（一）转让合同因违反合同法第五十二条规定被认定无效；（二）转让合同因受让人存在欺诈、胁迫或者乘人之危等法定事由被撤销。"基于这一规定，第一，《合同法》第52条规定的是合同绝对无效的情形，对此，应当依照《民法总

则》关于民事法律行为无效的规定，凡是符合转让合同绝对无效的，不得认定为善意取得。第二，转让合同存在相对无效的情形，即为可撤销的合同，也不发生善意取得的效力，包括《民法总则》第148条、第149条、第150条和第151条规定的一方欺诈行为、第三人欺诈行为、一方或者第三人胁迫行为以及乘人之危等。

三、我国实行善意取得的发展过程

在很长时间里，我国民法上究竟有没有善意取得制度，是一个疑问。很多学者认为，我国的立法和司法是承认这一制度的。其依据是：第一，最高人民法院、最高人民检察院、公安部1995年12月1日发布的《关于没收和处理赃款赃物若干暂行规定》（已失效）第6项有关于盗赃处理的规定，符合善意取得的原理，体现了对善意占有人的承认和保护。第二，《民法通则》第58条规定，恶意串通损害国家、集体或第三人利益的民事行为无效。这是民事立法从反面即恶意占有来肯定善意占有的存在。① 笔者认为，上述分析有一定的道理。衡量是否存在一项法律制度，最重要的标准有两条：一是立法上是否有明文规定；二是司法实践中是否按照这一制度执行。在《物权法》实施之前，我国民事立法上没有关于善意取得制度的条文，虽然在某些法律、法规中有体现这些思想的规定，但这并不等于有了完整的法律制度。在审判实践中，人民法院基本上不承认这一制度，也没有适用这一制度的原理作出判决的案例，而且最高人民法院也没有就如何适用善意取得作出过权威性的解释。

最高人民法院《关于贯彻执行〈中华人民共和国民法通则〉若干问题的意见（试行）》第89条规定："共同共有人对于共有财产享有共同的权利，承担共同的义务。在共同共有关系存续期间，部分共有人擅自处分共有财产的，一般认定无效。但第三人善意、有偿取得该财产的，应当维护第三人的合法权益；对于其他共有人的损失，由擅自处分共有财产的人赔偿。"这一规定突破了民法领域中

① 王利明. 物权法研究. 北京：中国人民大学出版社，2002：264.

“左”的禁区，在确立善意取得制度的尝试中迈出了积极的一步。

如果说这一司法解释就确立了我国的善意取得制度[①]，是值得商榷的。首先，这一司法解释有明确的适用前提，即“部分共有人擅自处分共有财产”，并非指所有的财产；其次，这里规定的出让人是部分共有人，而不是非所有权人或无转让权人；最后，这里讲的共同财产，既包括动产，也包括不动产，而传统的善意取得只适用于动产转让。

总结制定上述司法解释的经验，有关专家提出，应将这一司法解释的内容和善意取得的内容结合起来，制定一个新的司法解释，以在实践中建立完整的善意取得制度。笔者原则上赞同这一意见，尤其在民事立法不完备、修改立法又期日尚远的情况下，采取这种办法以应急需，是可行的，但在几个问题上尚值得研究：一是应当区分动产、不动产，不能笼统地说“财产”，因为善意取得只应适用于动产。二是部分共有人擅自处分共有财产，其实主要是指处分不动产；动产的处分，可以适用善意取得。鉴于上述司法解释的成功尝试，对于部分共有人擅自处分共有不动产，符合善意取得构成的，也可以规定适用善意取得。三是这两个内容应当分列，前一条是总的规定，后一条是特例；前一条是动产，后一条是不动产。四是取得方式应要求善意、有偿，客体暂定仅限于所有权。五是对于盗赃物和遗失物应作明确规定，可采日本法模式，规定在适当的条件下可以适用善意取得。

《物权法》综合学术研究成果和我国司法实践经验，对善意取得作出了规定，已经回答了这些问题。第一，我国的善意取得制度适用范围包括动产和不动产，采用的是瑞士民法的模式。第二，要求取得的方式为善意、有偿，转让的客体不仅包括所有权，还包括其他物权。第三，尽管就对盗赃物是否适用善意取得并未明确，但由于规定了明确的善意取得条件，因而只要符合上述构成要件的，即使是盗赃物也应当适用善意取得。

---

① 佟柔．中国民法．北京：法律出版社，1992：243.

四、实行善意取得制度的有关问题

在审判实践中审理善意取得案件，应当掌握以下处理原则。

第一，构成善意取得的，应确认受让人即时取得所有权；原所有权人的所有权即行消灭，产生侵权损害赔偿请求权，原所有权人可以要求非法出让人赔偿损失。受让人取得的权利依法受保护，不受任何人追夺。出让人为侵权人，负损害赔偿义务，赔偿范围以原物的实际价值和其他损失为限。

第二，不构成善意取得的，受让人负返还之责，原所有权人有权要求返还该物。原所有权人的其他损失，受让方无恶意的，由出让人负责赔偿。受让人返还原物后，可以向出让人请求返还价金。

第三，对于盗赃物，应当严格按照《物权法》规定的善意取得构成要件处理，只要符合善意取得构成要件，应当保护善意第三人的合法权益，确认其取得所有权。根据实际情况能够确认买受人属恶意购买的，应无偿追回、没收或退还失主。

第四，关于遗失物，《物权法》第107条规定了详细规则，这就是："所有权人或者其他权利人有权追回遗失物。该遗失物通过转让被他人占有的，权利人有权向无处分权人请求损害赔偿，或者自知道或者应当知道受让人之日起二年内向受让人请求返还原物，但受让人通过拍卖或者向具有经营资格的经营者购得该遗失物的，权利人请求返还原物时应当支付受让人所付的费用。权利人向受让人支付所付费用后，有权向无处分权人追偿。"故即使是遗失物，也适用善意取得制度。

第五，对于所有人不明的埋藏物、隐藏物、漂流物，《物权法》第114条规定："拾得漂流物、发现埋藏物或者隐藏物的，参照拾得遗失物的有关规定。文物保护法等法律另有规定的，依照其规定。"据此，对于拾得的漂流物、埋藏物或者隐藏物，也适用善意取得制度，但须符合善意取得的构成要件。如果受让人是在公共市场、拍卖处等合法场所购买上述物品，且善意、无过失的，应当适用

善意取得制度，承认买受人取得所有权；除非向善意受让人清偿其支付的代价，否则原所有权人不得请求返还原物。只有对于文物，依据文物保护法的特别规定，不适用善意取得制度。

第六，负返还责任的受让人因受让的财产已经毁损或灭失而无法返还原物的，应负责依照该物的原价赔偿损失，至于原所有权人的其他损失，应按照《物权法》第106条规定的原则予以赔偿。

第七，原所有权人知道占有人将其财产擅自处分给第三人而未反对，或者占有人超越代理权或无代理权的行为人以原所有权人的名义处分其财产，原所有权人知道而不作明确表示的，均应视为默认。这种情况下视为原所有权人放弃其所有权，事后原所有权人不得再请求返还原物，只可请求出让人返还价金或赔偿损失。

第五节　不动产善意取得

《物权法》第106条规定："无处分权人将不动产或者动产转让给受让人的，所有权人有权追回；除法律另有规定外，符合下列情形的，受让人取得该不动产或者动产的所有权：（一）受让人受让该不动产或者动产时是善意的；（二）以合理的价格转让；（三）转让的不动产或者动产依照法律规定应当登记的已经登记，不需要登记的已经交付给受让人。""受让人依照前款规定取得不动产或者动产的所有权的，原所有权人有权向无处分权人请求赔偿损失。"由此可见，善意取得不仅适用于动产交易，也适用于不动产交易。1988年最高人民法院《关于贯彻执行〈中华人民共和国民法通则〉若干问题的意见（试行）》（以下简称《民通意见》）第89条规定："共同共有人对共有财产享有共同的权利，承担共同的义务。在共同共有关系存续期间，部分共有人擅自处分共有财产的，一般认定无效。但第三人善意、有偿取得该财产的，应当维护第三人的合法权益；对其他共有人的损失，由擅自处分共有财产的人赔偿。"这一规定也包含了动产和不动产

的善意取得。

善意取得制度，是民法物权法的一项重要的制度，对于保护善意取得财产的第三人的合法权益，维护交易活动的动态安全，具有重要的意义。国外民法规定善意取得制度，并不包括不动产的善意取得，只适用于动产范围。我国最高人民法院在上述司法解释中，却将不动产也包括在善意取得制度中。这样的司法解释究竟是否正确？这一司法解释是如何产生、发展起来的？它的真实的含义是什么？这些问题是值得认真总结和研究的。现在，《物权法》第 106 条已经规定了不动产的善意取得制度，并且比上述司法解释规定的范围还要大。在本节中，笔者将在比较国外的立法和揭示我国司法实践发展过程的基础上，论证具有我国特色的共同共有不动产交易中确立善意取得制度的必要性，揭示这一制度的丰富内涵。

一、国外善意取得制度并不适用于不动产

按照通说，善意取得制度源于日耳曼法的“以手护手”原则，它的真实含义是，任何与他人以占有者，除得向相对人请求外，对于第三人不得追回，唯得对相对人请求损害赔偿。[①] 这种让与占有，其对象，必然是动产，其取得方法，只能是在动产的商品交易中。只有这样，才能做到“以手护手”，保护动产交易中的动态安全。

在后世的民事立法中，人们遵循这样的原则，把善意取得制度局限在动产的范围内，只承认动产交易适用善意取得制度，不承认不动产的善意取得。1804 年的《法国民法典》第 2279 条规定：“对于动产，占有具有与权利证书相等的效力。”同时，法国的判例反对罗马法关于“任何人不得以大于其所有权的权利给与他人”的原则，采取完全相反的立场，确认“公开市场”原则。根据这个原则，如果受让人受到第三人的追夺，原所有人只有按照公平市价给买受人以补偿后，才能要求返还财产，否则不得追夺。同时，《法国民法典》第 1630 条规定：

① 史尚宽. 物权法论. 台北：荣泰印书馆，1979：505.

出卖人无论向买受人承诺担保与否，都有义务担保出卖物的所有权；如果有第三人向买受人追夺所买之物，买受人就应当放弃所买之物，但是出卖人必须退还买受人所支付的价金，并且赔偿买受人的一切损失。可见，法国所采取的这一制度，并不是典型的善意取得制度。即使如此，这一制度也只适用于动产的范围，并不包括不动产。

在德国，其立法完全继承了日耳曼法的传统，确认了最具典型意义的善意取得制度。1900 年《德国民法典》第 932 条规定："物虽不属于让与人，受让人也得因第 929 条规定的让与成为所有人，但在其依此规定取得所有权的当时为非善意者，不在此限。"《德国民法典》规定该条的第三章"所有权"的第三节的标题，就是"动产所有权的取得和丧失"。其中所标明的第 929 条规定就是："为让与动产的所有权必须由所有人将物交付于受让人，并就所有权的移转由双方成立合意。"因而，德国法上的善意取得，严格地限于动产范围，对不动产不适用善意取得制度。《日本民法》同样采取德国法的立场，在该法第 186 条规定："对占有人，推定其以所有的意思，善良、平稳而公然地开始占有动产者，如系善意无过失，则即时取得行使于该动产上的权利。"按照这一规定，对不动产绝对不得适用善意取得制度。

在英美法，原本坚持"没有人可以转让不属于他所有的商品"这一古老的法则，任何人都只能出卖自己拥有所有权的商品而不能出卖他人的商品。这对于保护善意买受人的利益是十分不利的。1952 年《美国统一商法典》改变了上述传统立场，把法律保护的重点转移到了善意买受人。该法第 2403 条规定："购货人取得让货人所具有的或有权转让的一切所有权，但购买部分财产权的购买人只取得他所购买的那部分所有权。具有可撤销权的所有权的人有权向按价购货的善意第三人转让所有权。当货物是以买卖交易的形式交付时，购货人有权取得其所有权。"因而，只要购买人是善意、无过失，认为出卖人是对货物具有完全所有权的人，则不论其货物是从何而来，善意买受人都可以即时取得所有权。在美国法规定的善意取得制度中，其适用范围被明确规定为"货物"，其含义就是交易中的动产，而不包括不动产。现行英国法所采取的立场与美国法的立场相一致。

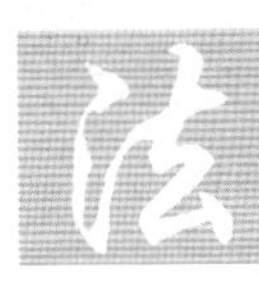

所不同的是，《瑞士民法典》第973条作出了不动产善意取得的规定，即："出于善意而信赖不动产登记簿的登记，因而取得所有权或其他权利的人，均受保护。"

各国立法对善意取得只适用于动产之所以几乎采取一致的立场，都是为了保护善意第三人的合法权益，但在理论上如何解释，学者有不同的看法：一是主张即时时效说，认为在善意取得的情况下，适用即时时效或瞬间时效；二是权利外像说，认为善意取得的根据在于对权利外像的保护；三是法律赋权说，认为在善意取得权利的情况下，是法律赋予占有以处分他人所有权的权能；四是占有保护说，认为根据公示主义，占有人应当被推定为法律上的所有人。① 这些主张虽然各不相同，但是其立论的基本立场都是维护动态交易安全。

所谓动态交易安全，是相对于静态交易安全而言的。静态交易安全是指法律保护权利人占有和所有的财产权益，禁止他人非法占有。它强调的是，交易应以交易者拥有的权利为限，超出自己权利范围的交易为无效；着重保护的是所有权人的利益。严格强调保护静态交易安全，能够产生消极的后果，这就是导致在交易中，买受人无从了解出卖人对其所出卖的财产是否享有所有权，唯恐自己所购买的财产因无所有权而被他人追夺，使自己的合法权益受到损害。在这样的情况下，"权利的受让人为预防不测之损害，在任何的交易里均非详细地调查真正的权利人，以确定权利的实像，方开始交易不可。如斯一来，受让人为确定权利关系的实像裹足不前，对于当代活泼迅速交易行为，自然会受到严重的影响"②。相反，动态交易安全是指法律保护交易当事人基于交易行为所取得的利益，认为在特定的场合，应牺牲真正权利人的利益来保护善意无过失交易者的利益，以此维护活泼、生动的交易活动秩序，促进民事流转。这样，交易者就不会对交易的安全担忧，符合社会效益原则，必然有利于市场经济的发展。

正因为这样，各国民事立法都规定只对动产交易依善意取得制度予以保护，而对不动产交易不适用善意取得制度。这是因为，房屋、林木等不动产适用登记

---

① 王利明．改革开放中的民法疑难问题．长春：吉林人民出版社，1992：136.

② 刘得宽．民事诸问题与新展望．台北：三民书局，1979：248.

注册制度，而不动产登记注册制度是物权的公示与公信原则的重要内容。这一原则的重要内容，就是物权变动必须采取可以经常从外部加以识别的一定方式进行公示才能具有相应法律效力。不动产、动产的物权变动，分别以登记及交付为其公示方法。通过这些既定的公示方法，可以使第三人从外观上比较方便地了解物权变动的事实，确定自己的意思表示。物权变动经过公示之后，即发生法律上的公信力。当善意第三人出于对物权公示方法的信赖而依法进行交易时，不论是否实际存在与这种公示方法相应的合法权利，均应加以保护。由于不动产的物权变动的公示方式是登记，因而，在不动产交易中，双方当事人必须依照规定，变更所有权登记。因此，不存在无所有权人或者无处分权人处分不动产所有权的可能性，也就不存在适用善意取得制度的必要前提。

二、《民通意见》第 89 条的演变及真实含义

对于《民通意见》第 89 条究竟应当怎样理解，学者有不同的看法：一种意见认为，《民通意见》第 89 条确立了我国的善意取得制度，在司法实务中依照这一司法解释，全面适用善意取得原则。① 另一种意见认为，上述意见值得商榷，理由是，《民通意见》第 89 条明文将善意取得制度限制适用于共同共有财产交易的场合，而更广阔的一般财产的交易场合被排除在外，因而，确立中国完整的善意取得制度，路途尚远。②

那么，《民通意见》第 89 条的真实含义是什么？它又是怎样发展演变过来的呢？

最早涉及这一问题有关内容的司法解释，是最高人民法院 1963 年 8 月 28 日《关于贯彻执行民事政策法律几个问题的意见（修正稿）》（以下简称 1963 年司法解释）第一部分第二节“房屋纠纷问题”第 3 条。该条规定：“凡是依法准许买卖的房屋，经过正当合法手续确定了房屋买卖关系的，应保护双方的权利，一

---

① 佟柔．中国民法．北京：法律出版社，1992：243.

② 杨立新．民法判解研究与适用．北京：中国检察出版社，1994：467.

方不能反悔废除契约。出卖人应按期交出房屋，不得迫价或倒回房屋；买主应按期交付价款。”在这些内容之后，又规定了未全部执行买卖契约而引起的纠纷的处理方法。在这一条中，最高审判机关虽然没有明确说出善意买受人受让未经全体共有人同意而出让的共有房屋应予认定取得房屋所有权的内容，但是，这一条文中“经过正当合法手续确定了房屋买卖关系，应保护双方权利”的内容，就隐含了这样的意思，并为后来作出《民通意见》第89条奠定了基础、埋下了伏笔。

1979年2月2日，经历了初期改革和思想解放洗礼的最高审判机关，制定了《关于贯彻执行民事政策法律的意见》（以下简称1979年司法解释），在第二部分“关于财产权益纠纷问题”第二节“房屋问题”第2条，第一次提出了共有房屋未取得其他共有人同意而擅自出卖的处理原则，但文字极其谨慎。该条规定的内容是：“依法准许买卖的房屋，经过合法手续，确定了买卖关系的，应保护双方的权利。非所有权人非法出卖他人房屋的，应宣布买卖关系无效。房屋为共有，未取得其他共有人同意，擅自出卖房屋，买方又明知故犯的，亦应宣布买卖关系无效；买方不知情的，买卖关系是否有效应根据实际情况处理；买卖关系已成立，共有人当时明知而不反对，现在又提出异议的，应视为买卖关系有效。”这一司法解释首先规定的内容，完全是1963年司法解释的相关内容，表明了这两个条文的相承相依的关系。在共有房屋部分共有人擅自出卖的买卖关系中，该条提出了三条处理规则：一是买方明知故犯的，即受让人为恶意，买卖无效；二是其他共有人明知而不反对的，买卖有效；三是买方不知情的，即受让人善意无过失者，买卖关系的效力，根据实际情况处理。在第三条规则中，就包括可以认定买卖有效，也可以认定买卖无效，因其前提是买受人善意无过失，因而认定为有效者，即为不动产买卖的善意取得。该条司法解释回避了善意取得的字眼，以较为模糊的表述方法表达了以上的内容。这是符合当时的社会状况和思想解放程度的。

1984年8月30日，最高人民法院制定通过了《关于贯彻执行民事政策法律若干问题的意见》（以下简称1984年司法解释），在第六部分“房屋问题”第55条规定：“非所有权人出卖他人房屋的，应废除其买卖关系。部分共有人未取得

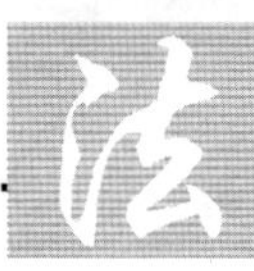

其他共有人同意，擅自出卖共有房屋的，应宣布买卖关系无效。买方不知情的，买卖关系是否有效应根据实际情况处理。其他共有人当时明知而不反对，事后又提出异议的，应承认买卖关系有效。”“因买卖关系无效而造成的经济损失，有过错的一方应负责赔偿。”这一条文的基本精神，承继了1979年司法解释的后一部分内容，除文字表述更为准确以外，其三条处理规则没有原则的变化，只是将买卖无效规则的地位提高，而将其他两条规则作为特例处理。值得注意的是，本条加了第2款，规定了买卖无效的赔偿规则，体现了缔约过失责任的原理。这一规定是正确的。

《民法通则》颁布、实施以后，最高人民法院制定了《民通意见》，规定了本节讨论的第89条。分析《民通意见》第89条的具体内容，可以得出以下结论。

第一，《民通意见》第89条司法解释与前述1963年、1979年、1984年司法解释具有前后相继的承继关系，它体现了最高审判机关对同一问题在法律适用上的思想演变过程：它从合法房屋买卖应保护双方权利开始，发展到非所有权人出卖他人住房无效，部分共有人擅自出卖共有房屋时买方不知情应依实际情况处理，产生了第一次飞跃；继而，提出房屋买卖关系无效时应由过错方负责赔偿的意见，产生了第二次飞跃；最后，在前两次飞跃的基础上，完整地提出了“部分共有人擅自处分共有财产的一般认定无效。但第三人善意、有偿取得该财产的，应当维护第三人的合法权益，对其他共有人的损失，由擅自处分共有财产的人赔偿”的意见，实现了对这一问题认识上的第三次飞跃。应当说，第三次飞跃是一次质的飞跃，前两次飞跃为第三次飞跃作了量上的积累，为第三次飞跃奠定了坚实的基础。

第二，《民通意见》第89条司法解释并不是对1963年、1979年、1984年司法解释的简单重述，而是在适用范围和具体内容上有了重大的进展。首先，《民通意见》第89条的适用范围与1963年、1979年、1984年司法解释不同，不是局限在共有房屋买卖关系的范围内，而是扩大到共有财产买卖关系；同时，对共有的形式作了限制性规定，即只包括共同共有财产，而不包括按份共有财产。这样，就使其适用的范围十分明确。其次，明确规定适用善意取得制度，不再含混

不清地表达为“应根据实际情况处理”。这是一个重大的进步。最后，对适用善意取得的后果规定了准确的救济手段，即“对其他共有人的损失，由擅自处分共有财产的人赔偿”。

第三，《民通意见》第89条规定对共同共有财产可以适用善意取得制度，其实质仍然是指共同共有的不动产，主要是指共同共有的房屋。这可以由这四个司法解释前后相继的关系加以证明。此外，对于动产，不论是共同共有，还是按份共有，以及一般所有形式，只要是动产交易，均以交付为公示方式。因此，无论是共同共有的动产还是非共同共有的动产，在交易中只要交付，所有权即转移，所以没有加以特别强调的必要。由于我国至今尚没有立法或司法解释正式确立典型的善意取得制度，所以《民通意见》第89条如此规定，并不是没有意义。

综上可以确认，《民通意见》第89条规定的具体内容，确实是善意取得制度，但由于它的适用范围很狭窄，只适用于共同共有财产特别是共同共有房屋买卖的场合，因而它既不是完整的善意取得制度，又与传统的善意取得制度具有相当大的差别。其中最主要的差别就在于，它确认对不动产也有条件地适用善意取得制度。最高人民法院经过25年时间的实践，才完整地提出这一共同共有不动产交易的善意取得规则，且又经过了10年时间的验证，可以确认是一条成功的司法解释。

三、确立共同共有不动产交易中善意取得的必要性

共同共有不动产交易中善意取得制度的基础，是共同共有人对共同共有财产的处分权。确认这一制度的必要性的基础，也是如何对待共同共有人的处分权。确认共同共有不动产交易中的善意取得制度，表明了最高审判机关明显的民法解释的价值取向。

共同共有人对共同共有财产的处分规则如下：首先，在共同共有期间，不能处分全部共有财产，而只能处分共同共有财产的一部分。其次，共同共有财产的处分权属于全体共有人，处分共同共有财产必须经全体共有人一致同意，包括明

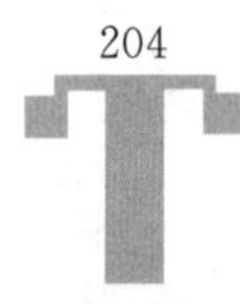

示和默示。前述1979年和1984年司法解释中关于“其他共有人当时明知而不反对”规定的情形，就是默示同意。最后，如果共同共有人之间协议约定某共有人为共同共有代表权人，则该共有人有权代表全体共有人处分共同共有财产。

对于无代表权的共同共有人未经全体共同共有人一致同意而擅自处分共同共有的不动产，依据不同的价值观，可以有以下三种不同的法律选择。

第一种选择，以出让人无权处分而确认不动产买卖关系无效。既然共同共有财产的处分须经全体共有人一致同意方可为之，那么，无代表权的共同共有人之一未经全体共有人一致同意，擅自处分共同共有的不动产，当然为无权处分，即使这一所有权变更进行了登记，亦因其出让人无权处分而无效。这种做法，着力维护的是共有人的权利，着意保护的是静态的交易安全。

第二种选择，依物权公示原则确认不动产买卖关系有效。不动产物权转让的公示形式是登记，如果不动产为共同共有财产，共有人之一未经其他共有人同意而擅自出卖之，亦已进行不动产产权转让的变更登记，则依其物权公示所产生的公信力，认定该不动产交易行为为有效。这种做法，着力维护的是财产交易的规则和秩序，着意保护的是动态的交易安全。

第三种选择，依保护善意第三人合法权益的原则，区分具体情况。对于符合善意取得要件的，确认其买卖关系有效；对于不符合善意取得要件的，确认其买卖关系无效。根据共同共有人之一未经其他共有人同意而擅自出卖共同共有的不动产的复杂情况，作出实事求是的选择，区别不同情况，作出不同处理。在一般情况下，为维护共同共有人对共同共有财产的权利，应确认买卖行为无效的立场；但是，如果买受人在买受该不动产时为善意无过失，则采牺牲其他共有人的利益，而维护交易秩序和交易规则的立场，确认买卖关系为有效。

最高人民法院依第三种选择，采取折中主义的立场，是符合我国的实际情况的。

第一，完全从共同共有人的共同利益出发，以出让人无权处分而确认该不动产买卖关系无效，有可能损害善意买受人的合法权益。诚然，进行不动产交易活动，买受人首先应当考察出让人对交易的不动产的权利及范围，如系共同共有财

产，则应确认共同共有人的一致意见；但是，如果出让人既能出示有效的权利证书，又能让受让人确信共同共有人一致同意出让，且又进行了产权变更登记的，依然为保护全体共有人的共同利益而认定买卖关系无效，则会使善意受让人无端遭受损失，市场交易规则和交易秩序也会受到破坏。

第二，完全从保护交易规则和交易秩序出发，依物权公示原则而确认买卖关系有效，则完全牺牲了共同共有人的共同利益，有损民法权利本位的立场。共同共有的效力之一就是限制共同共有人对共同共有财产的处分权，既不能处分全体共同共有财产而使共同共有关系消灭，也不能由个别共同共有人擅自处分部分共有物。《日本民法》第 251 条关于"各共有人，非经其他共有人同意，不得变更共有物"的规定，正是说的这个意思。《民通意见》第 89 条前段规定"共同共有人对共有财产享有共同的权利，承担共同的义务"，就包括这样的含义。如果完全依物权公示原则确认这种买卖关系有效，将使共同共有人的共同权利无法得到切实的保障，失去了民法保护共同共有的原本意义。因此，这种选择不足取。

第三，采取折中主义立场，既能维护共同共有人的共同利益，又能维护交易规则和交易秩序，兼顾交易的静态安全和动态安全，着力于保护善意买受人的合法权益，因而最为可取。有学者认为，进行法的解释时，不可能不进行利益衡量，因为法是为解决社会现实中发生的纷争而作出的基准。成为其对象的纷争无论在何种意义上都是利益的对立和冲突，法的解释正是基于解释者的价值判断为解决纷争订立妥当的基准，在进行法的解释时，对对立利益作比较衡量，当然是不可缺少的。[①] 最高人民法院在对这一问题进行司法解释时，当然也不可能不进行价值判断和利益选择，面对两种各有利弊的选择，转而采取折中主义立场，各取两种选择之利，各避两种选择之弊，创设了现在的司法解释，在确认共同共有人之一未经全体共有人一致同意而擅自处分共有财产，一般应认定无效的一般原则的基础上，确认对善意买受人亦应予以法律保护的立场，趋利避害，具有重要的实践意义。这种司法解释，既符合司法解释的利益衡量原则，也符合实事求是的思想路线。

① 梁慧星. 民法解释学. 北京：中国政法大学出版社，1995：316.

四、共同共有不动产交易中善意取得的实行

共同共有不动产交易中的善意取得，是以牺牲其他共有人的利益而保护善意受让人的利益，依此维持交易规则和交易秩序，因而在具体适用中，必须严格按照其构成要件的要求，从严掌握。

共同共有不动产交易中善意取得的成立须具备以下构成要件。

（一）不动产出让人须是共同共有人之一

不动产交易的出让人必须是共同共有人，才能构成共同共有不动产交易中善意取得。如果出让人是非所有权人，则其根本无权处分不动产，其处分行为一律无效。如果出让人对不动产享有完全的所有权，则其处分应为正当的行为，只要交易符合买卖合同的要求，就不存在交易无效的问题。如果出让人是按份共有人，则应按照按份共有财产处分的规则处置，亦不发生善意取得的适用问题。只有出让人是共同共有人，才会出现出让不动产时既享有一定权利又不享有完全处分权的情况，因而才有善意取得制度适用的可能性。

（二）不动产买受人须善意无过失且为有偿取得

就不动产交易的受让人一方的要求而言，应当符合善意取得的一般要求。

首先，受让人在主观上必须为善意。对于如何确定这种善意，有学者认为就是指第三人没有过错，对于部分共有人擅自出卖的是共有房屋这一事实不知情。认为善意是不知情，是正确的，最高人民法院在1979年司法解释和1984年司法解释中亦称“买方不知情的”为善意。但认为善意就是无过失，则有欠恰当。不知情包括两个方面：一是，买受人对不动产为共同共有财产的事实不知情，将共同共有财产认作个人所有财产。这必须是出于出让人一方的原因而使买受人有此误解；如果是因为买受人的原因而误解，则为有过失。二是，买受人知其为共同共有财产但对其他共有人不同意出让不知情。同样，这亦须为出让人的原因所致。这两种情况，均为善意。

其次，受让人必须无过失。这种无过失的表现就是已尽适当的注意义务，在交易中对于共同共有财产的性质和共有人是否一致同意的事实，予以充分的注意。受让人已尽适当的注意义务，只是由于出让人的原因而使受让人不知情，即为无过失；反之，即为有过失。

最后，受让人取得不动产必须支付相应对价。这是要求，这种善意取得只限于买卖（或者也包括互易）关系，不发生在赠与等民事流转场合。如果是受让人无偿取得，也不得适用善意取得。

（三）须未经其他共有人同意并已作产权变更登记

共同共有不动产转移的善意取得，必须是未经其他共有人同意，因而，出让不动产的共同共有人是擅自处分。如果共同共有人一致同意出让共有财产，则不存在适用善意取得的条件。部分共有人在出让不动产的当时明知而不反对的，应为默示同意，以其同意出让论。

产权变更登记，是不动产转移的必备条件。在共同共有不动产交易中，也必须具备这一条件。具备其他要件，而未具备产权变更登记的要件，为不动产交易行为未完成，不发生所有权转移的后果，当然也就不能构成善意取得。例如浙江省磐安县人民法院、金华市中级人民法院审理的郑满花诉郑玉花、郑福民确认房屋产权和房屋纠纷案，案情是：郑玉花与郑满花系姐妹，共同继承三间房屋。1991年3月3日，郑玉花将该三间房屋作价一万元绝卖给郑福民，立有文契，当场付房价7 000元，约定于1991年年底交付给郑福民使用。3月4日，郑满花知悉此情，即提出异议，并于3月11日诉至法院。郑福民得知，于3月11日给付余款，3月24日交纳了契税。本案具备部分共有人擅自处分的要件，但买受人明知其他共有人对该房屋转让有异议却坚持进行交易，显然具有恶意，故法院判决本案买卖关系无效。①

共同共有不动产交易中的善意取得，是以牺牲其他共有人的利益而保护善意受让人的利益，因此在实行中，必须对其他共同共有人的损失给予妥善的救济，使其受到侵害的权利得到恢复。《民通意见》第89条中规定，“对其他共有人的损失，由擅自处分共有财产的人赔偿”，正体现了这样的思想。

① 中国审判案例要览：1993年综合本．北京：中国人民公安大学出版社，1994：449.

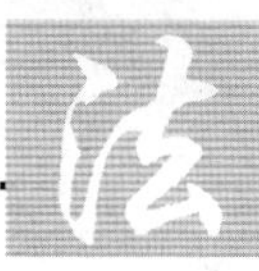

这种赔偿法律关系的权利主体，是受到损害的其他共有人，他们有权向赔偿义务主体请求赔偿。赔偿义务主体如同《民通意见》第89条所说，是“擅自处分共有财产的人”。具体的赔偿范围，一是直接损失，即共有物被处分所受到的损失。这种情况，是指该共有物的共有关系消灭，各共有人按照分割原则分割以后，各共有人所应分得的数额。二是间接损失，即该共有物被处分以后，因此而造成其他可得利益的损失。如果共同共有不动产交易不构成善意取得，其不动产转让关系为无效，受让人应当返还价金。至于受让人是否可以请求赔偿损失，则应依受让人有无过错而定。受让人无过错的，可以请求出让人予以赔偿。如果受让人有过错，则有不同看法：一种意见认为，出让人必然也有过错，对于受让人的损失应由双方按照混合过错实行过失相抵；另一种意见认为，既然受让人也有过错，就不应当请求赔偿。笔者认为：如果受让人具有恶意，不应享有损害赔偿请求权；如果受让人只有一般疏于注意的过失，则可请求依混合过错实行过失相抵。

正是基于上述这些经验，我国《物权法》在第106条中，不仅规定了动产的善意取得，而且规定了不动产的善意取得。可见，最高人民法院关于共同共有不动产的善意取得的司法解释的影响是深远的。

五、对不动产善意取得典型案例的分析

《物权法》第106条规定的我国善意取得制度，不仅适用于动产，也适用于不动产。笔者将结合下述典型案例，探讨我国不动产善意取得制度建立的过程，以及适用不动产善意取得的基本规则。

（一）典型案例的案情

2006年5月，某市居民张焕购买了该市东方家园小区的一套住宅，面积200平方米。2007年5月，张焕在某报纸上刊登了出售其东方家园房屋的信息，一位自称刘金龙的男士根据该信息提供的方式联系张焕，商谈购房事宜。在第三次见面和洽谈期间，刘金龙将事先准备好的假房产证与张焕出示的真房产证作了

"调包"。随后，刘金龙提出要先期租用一个月，张焕未与刘金龙签订租赁合同便把钥匙交给刘金龙。2007年7月15日，另一买受人李大庆根据张焕发布信息中的地址和看房时间，直接到东方家园了解房屋状况。刘金龙自称张焕，与李大庆就购房事宜进行了磋商。双方初步约定，以11 000元/每平方米的价格交易该房屋，并约定于同年7月23日一起到房管部门办理过户手续，一旦房管部门审查无误，李大庆便立即付款。

7月23日，刘金龙携其妻子前往房管部门，冒充张焕夫妇与李大庆共同现场办理房屋移转登记手续。刘金龙出示了其与张焕调包的真实的房产证。房管部门经审核认为，确实为真实的房产证。但在刘金龙出示伪造的张焕的身份证（名字为张焕、照片为刘金龙）以后，尽管该身份证与房管部门存档的张焕的身份证复印件明显不符，且刘金龙冒充张焕的签字也与存档资料中张焕的签字不符，但房管部门对此均未审核。房管部门认为过户手续齐全，随即办理了过户登记。李大庆于次日按照刘金龙提供的银行账号汇付了220万元房款。

三天以后，李大庆欲了解张焕是否已经收到房款，便按照刘金龙提供的电话联系，但手机已经关机，无法联系。李大庆再次来到东方花园，只遇到张焕之子张平。张平告知李大庆，其父张焕已经出差，并且告知了张焕的联系电话。张焕的房间内挂了一幅张焕夫妇的结婚照片，李大庆并未因此产生怀疑，事后也未与张焕电话联系。十天后，李大庆前往东方家园，与张焕商量房屋交接事宜，但发现此前与其交易的"张焕"是骗子。张焕认为，李大庆上当受骗应当自担后果，因而拒绝交付房屋。第二天，房管部门通知李大庆领取房屋登记证书，李大庆领取登记证的当天下午，再次持证要求张焕交付房屋。双方为此发生争议，张焕首先到公安机关报案，但案件始终未能告破，刘金龙下落不明。三个月后，张焕便诉至人民法院，要求撤销房管部门所作出的房屋移转登记，或者由房管部门按照市价赔偿全部房款。

（二）《物权法》第106条规定的不动产善意取得制度

《物权法》第106条确立不动产善意取得制度，主要是基于最高人民法院关于共同共有不动产可以适用善意取得的司法解释。共同共有不动产交易中善意取

得的基础，是共同共有人对共同共有财产的处分权。共同共有人行使对共同共有财产的处分权有三点要求：（1）在共同共有期间，共有人不能处分全部共有财产，而只能处分共同共有财产的一部分。（2）共同共有财产的处分权属于全体共有人，处分共同共有财产必须经全体共有人一致同意，包括明示和默示。（3）如果共同共有人之间协议约定某共有人为共同共有代表权人，则该共有人有权代表全体共有人处分共同共有财产。

对无代表权的共同共有人未经全体共同共有人一致同意而擅自处分共同共有不动产，有以下三种不同的价值选择，产生不同的法律后果：（1）依出让人无权处分而确认不动产买卖关系无效。（2）依物权公示原则确认不动产买卖关系有效。（3）依保护善意第三人合法权益的原则，确认适用善意取得制度。最高人民法院依第三种选择，采取折中主义的立场，既能维护共同共有人的共同利益，又能维护交易规则和交易秩序，兼顾交易的静态安全和动态安全，着力于保护善意买受人的合法权益，最为可取。《物权法》第106条规定当然包含这种含义。

更重要的是，立法机关认为，善意取得制度常被认为仅适用于动产，其实不然，善意取得制度也适用于不动产，瑞士就有不动产的善意取得。因此，善意取得既适用于动产，也适用于不动产，当事人出于善意从无处分权人手中购买了房屋并登记过户的，取得房屋所有权。① 将善意取得制度适用于不动产交易领域，可最大限度地保护善意第三人的利益，从而促进社会主义市场经济有序地发展。②

据此，我国不动产善意取得制度定型，内容包括：（1）按照规定和司法实践经验，我国不动产善意取得制度适用范围是：第一，在登记错误的情况下，善意的买受人因相信登记而购买了不动产，如果符合善意取得的构成要件，应当即时取得所有权。③ 第二，共同共有不动产的共有人擅自处分不动产，买受人相信其具有全部的处分权而善意购买不动产，符合不动产善意取得的构成要件的，也即

① 全国人大常委会法制工作委员会民法室.《中华人民共和国物权法》条文说明立法理由及相关规定.北京：北京大学出版社，2007：193.

② 最高人民法院物权法研究小组.《中华人民共和国物权法》条文理解与适用.北京：人民法院出版社，2007：327.

③ 王利明.物权法研究：上卷.修订版.北京：中国人民大学出版社，2007：437.

时取得不动产所有权。本案属于第一种情形，是善意买受人相信不动产登记簿的登记而购买不动产。(2) 不动产善意取得的构成要件。《物权法》第106条已经明确规定：一是出让人无处分权，二是买受人为善意，三是合理价格转让，四是按照法律规定已经进行不动产物权变动登记。(3) 不动产善意取得的法律效力是：具备上述四个要件，受让人即时取得转让的不动产的所有权；原所有权人有权向无处分权人请求赔偿损失。(4) 不符合上述要件的，不发生善意取得的效力，所有权人有权追回被转让的不动产。

(三) 对本案是否构成不动产善意取得的分析

根据本案的案情，笔者对本案分析如下。

1. 刘金龙骗取张焕的房产证和房屋钥匙后出卖张焕的房屋属于无处分权人

构成不动产善意取得，须不动产交易的出让人为非所有权人或者是共同共有人。这两种身份的人，实际上都是无处分权人，但有所区别：(1) 因为出让人是非所有权人，其根本无权处分不动产，其处分行为一律无效，因此才会构成善意取得。(2) 擅自处分共有不动产的共有权人，是无全部处分权人。如果出让人对不动产享有完全的所有权，其处分为正当行为，只要交易符合买卖合同的要求，则不存在交易无效的问题。如果出让人是按份共有人，则应按照按份共有财产处分的规则处置，亦不发生善意取得的适用问题。只有出让人是共同共有人，才会出现出让不动产时既享有一定权利又不享有完全处分权的情况，因而才有善意取得制度适用的可能性。

在本案中，刘金龙肯定是无所有权人。他通过欺诈手段，谎称自己要购买张焕的房产，骗取其信任，通过"掉包"的手段骗取其房产证，并且拿到房屋的钥匙。由此就具备了行骗的条件，让李大庆有充分理由确信刘金龙就是该房屋的所有权人，就是张焕，与房产登记簿以及房产证上记载的所有权人一致，具有全部的处分权。据此，本案构成《物权法》第106条规定的善意取得的前提条件，即无处分权人处分不动产或者动产。

2. 李大庆在与假张焕即刘金龙的交易中已经交付了合理的价款

《物权法》第106条在规定善意取得的构成要件时明确规定，财产须"以合

理的价格转让”。我国善意取得只适用于有偿交易，因为如果是无偿交易，受让人取得财产没有支付任何对价，可能会存在财产来源不正当的情形；同时，也可能使贪图财产、想占便宜的人利用善意取得而非法获得财产，非法取得财产的人也可能利用这个制度转移赃物、逃避罪责。因此，我国善意取得的成立，无论是动产交易还是不动产交易，在价格上，都必须：（1）支付对价，不支付对价不构成善意取得；（2）支付的对价应当合理，如果价格不合理，偏离合理价格较远，可能受让人具有过失，存在非善意；（3）已经实际支付对价，而不是没有支付或者拟议支付。

在本案中，双方议定的价格是11 000元人民币/平方米，以市场价格相衡量是公允的，以这样的价格成交，受让人李大庆不能认识到这个交易的虚假性，有理由相信交易的真实性。同时，在交易中，该价款已经实际交付：在成交登记后，李大庆就通过银行汇付全部价款，完成了价款的交付。因此，本案具备不动产善意取得的支付合理价款的要件。

3. 双方交易的不动产即房屋的所有权已经过户登记

《物权法》第106条明确规定，不动产善意取得的条件之一，就是转让的不动产依照法律规定应当登记的已经登记。

不动产的物权变动登记，是不动产转移的必备条件。不动产善意取得的其他要件已经具备，而未具备物权变动登记要件的，为不动产交易行为未完成，不发生所有权转移的后果，当然不能构成善意取得。在本案中，刘金龙夫妇假冒张焕夫妇，与李大庆一起到房管部门进行物权变动登记，房管部门经审查，认为符合要求，故确认交易合法，并为李大庆进行了登记，发放了房产证，因此，已经完成了交易房屋的所有权变动登记，已经具备了这个要件。

值得研究的是：构成不动产善意取得，除了登记之外，是否还必须已经实际交付呢？在本案中，不能认为“交易”的房屋已经实际交付。因为刘金龙对房屋的占有本来就是虚假的，是虚构的。刘金龙将房屋钥匙交给李大庆，但房屋并没有被李大庆实际控制，仍然在张焕手中。李大庆拿到房产证之后，直接去找张焕请求交付房屋，就足以证明该房屋并未实际交付。

在学说上有人认为，不动产善意取得的构成只要完成登记即可，不必同时要求已经交付。理由是，《物权法》第106条所言的以已交付为要件是指动产，对于不动产只要办理了登记，即使没有交付同样可以构成善意取得。[①] 对此，可以提出的反对意见是：动产交易的善意取得都必须具备交付的要件，不动产善意取得要求应当更高，难道可以不要求交付吗？尤其是对于本案，张焕是所有权人，其被刘金龙欺诈，造成所有权被登记为他人所有，如果将交付作为不动产善意取得的构成要件，所有权人就能够得到合法保护。正因为如此，才有很多人认为本案适用善意取得、认为李大庆已经取得所有权不合理。当然，如果对不动产交易既要求登记，又要求交付，会更有效地保护原所有权人的权利，但这样做，对正常的交易秩序会有所损害，因为不动产的公示方式就是登记，物权变动已经登记，就转移所有权，并非以交付为要件。同样，将不动产交付加入不动产善意取得的构成要件，尽管可以更好地保护原所有权人，但却违背不动产交易的一般规则，会造成交易秩序的混乱。因此，应当坚持完成登记即具备此要件的意见。据此，本案的不动产善意取得已经具备登记的要件。

4. 李大庆在与假张焕即刘金龙进行交易时为善意、无过失

善意且无过失，是构成善意取得的核心要件，在不动产善意取得中同样如此。

认定善意，应当是受让人对于出让人的无权处分行为不知情。有人认为善意是指第三人没有过错，因而不知情。其实，认为善意是不知情是正确的，最高人民法院在1979年司法解释和1984年司法解释中亦称“买方不知情”为善意；但认为善意就是无过失则不妥。相信物权登记簿的错误登记而不知情的受让人即为善意。在共有人擅自处分共同共有不动产的善意取得中，包括两个方面：一是买受人对不动产为共同共有财产的事实不知情，将共同共有财产认作个人所有财产。这必须是出于出让人一方的原因而使买受人有此误解。如果是因为买受人的原因而发生误解，则买受人为非善意。二是，买受人知道受让的标的物为共同共有财产但对其他共有人不同意出让不知情，同样亦须为出让人的原因所致。

---

① 王利明．物权法研究：上卷．修订版．北京：中国人民大学出版社，2007：448．

至于过失，其实是受让人对于不知情的主观心理状态，即受让人对于不知情并不存在自身的不注意的心理状态。因此，构成善意取得，受让人必须无过失。这种无过失的表现就是，已尽适当注意义务，在交易中对物权的错误登记以及共同共有财产的性质和共有人是否一致同意处分的事实，已尽适当注意义务，只是由于出让人的原因而使受让人不知情，即为无过失；反之，即为有过失。

在本案中，判断李大庆是否为善意，首先要判断其是否知情，其次，应当判断其对于不知情是否有过失。

李大庆是否不知情？把这段事实可以分为三个过程：(1)“三天以后，李大庆欲了解张焕是否已经收到房款，便按照刘金龙提供的电话联系，但手机已经关机，无法联系。”由这样的事实并不能作出李大庆知情的结论。(2)“李大庆再次来到东方花园，只遇到张焕之子张平。张平告知李大庆，其父张焕已经出差，并且告知了张焕的联系电话。张焕的房间内挂了一幅张焕夫妇的结婚照片，李大庆并未因此产生怀疑，事后也未与张焕电话联系。”从这样的事实看起来好像李大庆是“没有产生怀疑”，但是，难道李大庆没有看到真假张焕的区别吗？显然，这样的事实是“应当知道”的，由此，可以看出李大庆在此时已经应当看到，应当知情了。(3)“十天后，李大庆前往东方家园，与张焕商量房屋交接事宜，但发现此前与其交易的‘张焕’是骗子。”这时已经完全知情，但这时的交易已经完成。

归纳起来，李大庆在第一段事实中，并不知情；在第二段事实中，属于应知而未知；在第三段事实中，为已知。其中，在第二段事实中应知而未知，正是自己有过失所致，看到与自己交易的“张焕”与实际要进行交接的张焕的照片不符，应当本能地想到这是不正常的，有可能是假张焕的欺诈行为，因此李大庆存在过失。

既然李大庆对不知情有过失，是否能因此而认定本案具备善意取得的要件呢？对此，还不能下断言，还必须考察李大庆过失发生的时间。

理论上认为，善意判断的时间点，应当是“受让人受让该不动产或者动产时”，即必须根据受让财产的时间确定，受让人必须在最后取得财产那一刻是善

意的。[①] 至于受让以后是否为善意，不影响善意取得的构成。如果受让人在这一善意的准据时点以前出于恶意，亦可推定其在交付时以及以后为恶意。[②] 这些意见都是正确的。

李大庆因过失产生不知情，应当认定为非善意。那么，其非善意产生在何时呢？究竟是在交易行为完成之前，还是在交易行为完成之后呢？对此，必须考察物权登记行为是在何时完成。假张焕与李大庆申请登记的时间是 7 月 23 日，次日李大庆按照刘金龙提供的银行账号汇付了 220 万元房款，发现假张焕是骗子的第二天，李大庆领取了房屋登记证书。如果取得房屋登记证书是完成交易行为，则非善意产生在交易行为完成之前，不构成善意取得；如果受理登记即为交易完成，则非善意产生在交易行为完成之后，构成善意取得。按照房地产登记程序，通常登记机构受理登记之后，有一个工作时间，在此时间里，经过审查交易没有疑问，则通知受让人领取产权证，但登记时间为受理登记的时间。因此，如果审查没有问题进行登记的，实际上是从受理登记的时间起，就已经完成了交易行为，受让人取得受让的所有权。

据此判断，李大庆的非善意产生于交易行为完成之后，因此，对善意取得的效力没有影响，具备善意、无过失的要件，构成善意取得。

5. 本案反映出的其他几个值得研究的问题

(1) 登记瑕疵是否为不动产善意取得的对抗要件。

在本案中，登记机构存在较为明显的过失。案情说，登记机构经审核确认假张焕的房产证为真实房产证，但刘金龙伪造的张焕身份证（名字为张焕、照片为刘金龙）与存档的张焕身份证复印件明显不符，且刘金龙冒充张焕的签字也与存档资料中张焕的签字不符，但均未发现，即认为过户手续齐全，办理过户登记。对此，可以确认登记机构对该不动产物权登记具有重大过失。

登记机构在物权登记中存在过失，出现登记瑕疵，是否为善意取得的对抗要件呢？对此，《瑞士民法典》第 974 条规定："(1) 物权的登记不正当的，该登记

---

① 鲍尔，施蒂尔纳. 德国物权法：下册. 申卫星，王洪亮，译. 北京：法律出版社，2006：415.

② 王利明. 物权法研究：上卷. 修订版. 北京：中国人民大学出版社，2007：442.

对于知悉或应知悉该瑕疵的第三人无效。(2) 凡无法律原因或依无约束力的法律行为而完成的登记，为不正当。(3) 因前款的登记使其物权受侵害的人，得援引该登记的瑕疵，对抗恶意的第三人。"不承认不动产善意取得的立法，对此并无经验。瑞士是极少数承认不动产善意取得的国家，它的经验具有借鉴意义。尽管物权登记是不正当的，或者无法律原因或无约束力的法律行为而完成的登记为不正当，因此物权受到侵害的原权利人可以援引登记的瑕疵而对抗恶意第三人，但不能对抗善意第三人。借鉴这一立法例，可以确定我国的登记瑕疵也不能被原所有权人援引以对抗善意第三人。对此，我国《物权法》第 21 条已经规定了赔偿程序，受到侵害的原所有权人可以向申请登记的当事人请求赔偿，也可以向登记机构请求赔偿，登记机构承担赔偿责任之后，可以向造成登记错误的人追偿。

(2) 原所有权人的过失对善意取得是否有影响。

原所有权人自己的过失致使无处分权人有了条件，能够处分其所有的不动产，对善意取得的构成是否有影响，也是一个值得研究的问题。在本案中，张焕存在重大过失，他没有将自己的房产证妥善保管，致使假张焕"掉包"，同时又将房屋钥匙轻易地交给假张焕，致使假张焕具有占有房屋的假象，并且据此实施欺诈行为。有人认为，张焕具有如此重大过失，造成其损害，也足以证明构成善意取得。

笔者认为，原所有权人并非要具有过失才能构成善意取得。换言之，原所有权人的过失并不是善意取得的构成要件。在通常情况下，无处分权人能够处分原所有权人的动产或者不动产特别是不动产，原所有权人一般都会有过失，但是，原所有权人即使没有过失，也不影响善意取得的构成。无论如何，即使原所有权人就是具有过失，在本案中，张焕即使有重大过失，他也不愿意将自己的房屋经由假张焕的欺诈行为而出让给他人。因此，其过失并不对善意取得构成影响，并不因为其过失重大而构成善意取得，也不因为其没有过失而不构成善意取得。

(3) 对原所有权人的合法权益应当如何进行保护。

在不动产善意取得中，对原所有权人的权利损害应当如何进行保护，《物权法》已经有明确规定，这就是第 106 条第 2 款规定的"原所有权人有权向无处分权人请求赔偿损失”。在此，应当明确该条规定与《物权法》第 21 条规定之间的关系。

在不动产善意取得中，由于登记机构造成错误登记而使原所有权人的物权受到侵害的，实际上存在请求权的两个义务人，即造成错误登记的人和登记机构。《物权法》第 21 条规定：“当事人提供虚假材料申请登记，给他人造成损害的，应当承担赔偿责任。”“因登记错误，给他人造成损害的，登记机构应当承担赔偿责任。登记机构赔偿后，可以向造成登记错误的人追偿。”

这一责任是何性质？有人认为，这种赔偿责任的性质不好确定，但不宜定为国家赔偿责任。[①] 也有人认为，此种赔偿既不是国家赔偿责任，也不完全是民事赔偿责任。[②] 还有人认为，登记机构赔偿责任究竟是国家赔偿责任还是一般赔偿责任，与登记行为属于行政行为还是民事行为直接相关，最终取决于登记机构的管理体制问题。[③] 对此，笔者有不同看法。笔者认为，《物权法》第 21 条规定的责任性质与不真正连带责任的规则完全相合，就是不真正连带责任。所谓不真正连带责任，是指依照法律规定，基于同一个损害事实产生两个以上的赔偿请求权，数个请求权的救济目的相同的，受害人只能根据自己的利益选择其中一个请求权行使；受害人选择了一个请求权行使之后，其他请求权消灭；如果受害人请求承担责任的行为人不是最终责任承担者的，该行为人在承担了侵权责任之后，有权向最终责任承担者追偿的民事责任形态。[④]《物权法》第 21 条规定的规则与不真正连带责任形态的规则完全一致，当然是不真正连带责任。而且《物权法》是民法的组成部分，不真正连带责任也就是民事责任形态，《物权法》规定的这一赔偿责任怎么会不是民事责任呢？

按照这样的规定，张焕作为一个权利受到侵害的原不动产所有权人，基于欺

---

① 全国人大常委会法制工作委员会民法室.《中华人民共和国物权法》条文说明立法理由及相关规定. 北京：北京大学出版社，2007：34.

② 王利明. 物权法研究：上卷. 修订版. 北京：中国人民大学出版社，2007：367.

③ 最高人民法院物权法研究小组.《中华人民共和国物权法》条文理解与适用. 北京：人民法院出版社，2007：327.

④ 杨立新. 中华人民共和国侵权责任法草案建议稿及说明. 北京：法律出版社，2007：7.

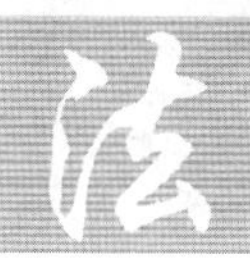

诈行为造成的同一个损害事实享有两个赔偿请求权，一个针对无处分权人，一个针对错误登记的登记机构。两个请求权的救济目的相同，因此，张焕只能根据自己的利益选择其中一个请求权行使，或者请求刘金龙承担赔偿责任，或者请求登记机构承担赔偿责任。当其选择行使一个请求权之后，另一个请求权消灭。如果张焕请求登记机构承担赔偿责任，而登记机构的错误登记完全是刘金龙的错误申请欺诈行为所致，那么，登记机构不是最终责任者，其承担的是中间责任。登记机构在承担了赔偿责任之后，有权向最终责任人即刘金龙追偿。

第六节　取得时效

一、问题的提出

我国目前尚未建立全面的取得时效制度，但该制度在司法实践中有所适用。最高人民法院在司法解释中就对地上权的取得时效问题作出过明确规定。这是建立我国取得时效制度的先行实践。但是，很多人对最高人民法院的这个司法解释并没有给予重视。本节笔者对该司法解释的法理基础进行阐释，为规定取得时效制度做好理论上的说明，同时，也说明在司法实践中适用取得时效制度的具体规则。

取得时效又称占有时效，与消灭时效（即诉讼时效）共同组成完整的时效制度。我国已经建立了消灭时效制度，但对于民事立法是否建立取得时效制度，一直没有统一的意见。一些学者在新中国成立之初就主张建立这一制度，[①] 在《民法通则》起草过程中，有更多的学者认为，为促使财产所有人精心管理自己的财产，充分发挥财产的经济效益，稳定社会经济生活秩序，保护当事人的合法权

---

① 张定夫. 时效制度中的取得时效问题. 政法研究，1956（2）.

益，必须规定取得时效。[①] 也有一些学者认为不应建立取得时效制度，理由是：该制度与“拾金不昧”“物归原主”的精神不符。[②] 同时，对于不动产物权来说，民法对土地物权的取得方法已失去了作用，对其他不动产物权的取得可依物权登记的公信力来解决，无须取得时效调整。对于动产物权来说，善意取得制度已经对善意取得人的权益进行保护，恶意取得被视为侵权行为，由消灭时效调整。因而，取得时效也没有存在的必要。[③] 由于学说上的严重分歧，立法没有规定取得时效制度，司法实务也持与立法相似的立场。

时至1992年7月，最高人民法院的立场有了明显的变化，在《关于国营老山林场与渭昔屯林木、土地纠纷如何处理的复函》[④] 中，对地上权的取得时效问题，作出了正式的司法解释，确认了取得时效制度在司法实务中的适用。该复函指出：“国营老山林场与渭昔屯讼争的渭贵沟、渭贵坡位于渭昔屯村背后约三公里处。解放前后渭昔屯村民曾在该地割草、放牧，1961、1962年曾在该地垦荒种植农作物。1965年老山林场将该地纳入林场扩建规划，并从1967年至1968年雇请民工种植杉木，但未经有关部门批准将该地划归老山农场。纠纷发生后[⑤]，当地人民政府将该地确权归渭昔屯所有。据此，为了保护双方当事人的合法权益，我们基本上同意你院审判委员会的意见，即：本案可视为林场借地造林，讼争的土地权属归渭昔屯所有，成材杉木林归老山林场所有，由林场给渭昔屯补偿一定的土地使用费。”

在他人的土地上建造建筑物、种植林木的权利，属于地上权。本案老山林场在权属不明的土地上种植杉木林，其后该土地被确权给他人，就形成了老山林场对其杉木林所享有的地上权。老山林场对该地上权的取得，并非经双方合意，而是依实际占有、使用，且这种事实状态持续了二十余年，因而是依取得时效而取

① 龙斯荣. 我国民法需要规定取得时效制度. 中国法学，1985 (2).

② 王作堂，等. 民法教程. 北京：北京大学出版社，1983：124－125.

③ 李景禧，等. 我国民法需要建立消灭时效制度. 中国法学，1985 (2).

④ 唐德华，王永成. 中华人民共和国法律规范性解释集成 1991—1992. 长春：吉林人民出版社，1993：140.

⑤ 该纠纷发生在1968年，是渭昔屯村民砍伐老山林场种植的杉木林166立方米，双方发生纠纷。

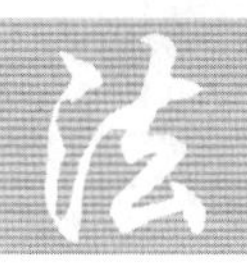

得。最高人民法院的批复、复函既是有效的批复性司法解释，又具有判例的性质。该复函正式地表明了我国司法实务对取得时效制度部分适用的肯定，第一次以官方法律文件的形式确认了取得时效制度，因而具有重要的理论意义和实践意义。

不过，在立法上，不仅《民法通则》没有规定取得时效，就是2007年《物权法》和2017年《民法总则》，也都对此没有规定。看来，我国的取得时效制度在立法上要得到确认，具有极大的阻力。

二、取得时效制度概述

（一）取得时效的概念

我国民法学者对取得时效这一概念的界定，主要有两种主张。一种主张侧重于强调其法律制度的属性，认为“取得时效制度是指当事人因占有他人财产的事实状态经过一定的时间，而取得该财产的所有权的法律制度”[①]。另一种主张侧重于强调其法律事实的属性，认为“占有时效是占有他人动产或不动产，达到一定期间而取得所有权的法律事实，它是针对物权设立的一种法律制度”[②]。这两种主张尽管有以上的不同之处，但一致认为取得时效是占有他人财产达到一定期间而取得所有权的物权制度。

取得时效是否只是如上所述取得所有权的制度，不无疑问。事实上，取得时效绝不只是导致所有权的取得，还导致某些他物权的取得。例如前文所述老山林场因占有、使用他人土地造林，持续一定期间，取得的就不是所有权，而是地上权。仅仅将取得时效定义为所有权取得制度，对其范围的限制显然过窄，不能将因取得时效而取得地上权等他物权涵括在内。因而，我国台湾地区学者对取得时效的界定更有借鉴意义，如：“取得时效，谓因继续占有，取得权利之时效，系

① 王利明，等. 民法新论：上册. 北京：中国政法大学出版社，1988：546.

② 佟柔. 中华人民共和国民法原理：上册. 北京：中国人民大学出版社，1980：224.

以占有或准占有及时之经过为要素之法律要件。”① 这一定义没有把取得时效限制在所有权的取得上，而是采用了“权利”这一宽泛的概念，因而加深了取得时效的内涵，扩展了其适用范围。

笔者认为：大陆学者将取得时效局限于所有权的取得，过于狭窄，不适应日益发展的市场经济需要；台湾地区学者将其视为“取得权利的时效”，对权利未作限制，似又失之过宽，抹杀了取得时效的物权制度特征，也有不足取之处。至于前述各定义关于占有财产、时之经过等项，虽然文字表述不尽一致，但实际上没有本质的差别，所应强调指出的，是对财产的占有必须是公开的、持续的。不着重指出此点，对取得时效的定义似嫌不足。

综上所述，可以为取得时效下一个准确的定义，即：取得时效是指公民、法人、非法人组织公开、持续地占有他人财产或者行使某种他物权，此种事实状态经过一定的期间，占有人取得该物所有权或其他物权的制度。

（二）取得时效的法律特征

关于取得时效的法律特征，曾经有学者概括为以下四点：一是占有人必须以自己所有的意思进行占有；二是占有必须是善意的；三是占有必须是公开的；四是占有人必须持续不断地占有该项财产。② 这样归纳取得时效的法律特征，既不准确，又与取得时效的构成要件相混淆，并不足取。笔者认为取得时效的法律特征是如下几项。

1. 取得时效是物权法律制度

完整的时效制度应当包括取得时效和消灭时效这两种具体的制度，但它们的性质并不相同。消灭时效是民法总则的制度，适用于全部民事法律关系。而取得时效却是物权法的内容，规定在民法的物权篇，是取得所有权或他物权的制度。

2. 取得时效的法律后果是取得所有权或他物权

取得时效的法律后果是取得所有权或者其他物权。这种法律后果恰好与消灭时效相反，消灭时效的法律后果则是消灭某种现存的权利。

---

① 史尚宽. 物权法论. 台北：荣泰印书馆，1979：63.

② 中央政法干校民法教研室. 中华人民共和国民法基本问题. 北京：法律出版社，1958：110－111.

3. 取得时效以时间的延续为取得物权的必要条件

依时效取得物权的必要条件之一，是需时间的延续。未经时间的延续，不能取得某种物权。善意取得与此相区别，无须经过时间的延续而即时取得财产所有权。

4. 取得时效的适用范围以物权取得为限

在前述定义中，中国大陆学者将取得时效限制在所有权取得的范围内，台湾地区学者则主张扩展至一切财产内容的权利取得，均有不当。依一般的主张，将取得时效限制在所有权取得和他物权取得的场合较为适当。

（三）取得时效制度的沿革

取得时效制度最早见于罗马《十二铜表法》。该法第六表第3条规定："凡占有土地（包括房屋）二年，其他物品一年的，即因时效取得所有权。"这一时效制度称为最古时效，也称为市民法上的取得时效。随着罗马奴隶制经济的发展，最古时效因其适用范围较窄而不适应社会发展的需要。公元2世纪，通过皇帝立法规定了长期时效制度，当事人凡是住在同省的为10年，住在异省的为20年，标的不分动产和不动产，期满后即取得所有权。至康士坦丁帝时，出现了非常时效制度，又称为最长时效，其基本内容与长期时效制度相同，只是占有期间须达到40年。在狄奥西多二世期间，又将占有期间缩短为30年。在查士丁尼法典编纂时期，废除了最古时效与长期时效的差别，制定了统一的时效制度："规定由于使用取得动产，必须经过三年占有期间，至于取得不动产，则需要'长期占有'，即在场者为10年，不在场者为20年。"①

后世各国民事立法基本上继承了《罗马法》的取得时效制度，但在具体做法上各有不同。

法国法采取规定统一时效制度的方法，将取得时效与消灭时效规定在一起。《法国民法典》第19条规定："时效，为在法律规定的条件下，经过一定的时间，取得财产所有权或免除义务的方法。"这种立法方式为日本民法所采用。德国法与此相反，完全继承罗马法的立法方式，将取得时效放在所有权的取得一章中规

① 查士丁尼. 法学总论. 张企泰，译. 北京：商务印书馆，1989：64.

定，而不是与消灭时效规定在一起。《瑞士民法典》采德国法的这种编制体例。

在法律规定的具体内容上，在占有持续的时间上，各国规定各不相同，自属当然。在取得时效的适用范围上，有三种不同立法例：一是法国法仅将取得时效限制在财产所有权取得的场合，他物权与其他财产权的取得不适用。二是德国法将取得时效的适用范围予以扩大，除财产所有权的取得可适用取得时效外，《德国民法典》第1033条规定："动产上的用益权得因时效而取得。于此准用关于因取得时效而取得所有权的规定。"三是《日本民法》将取得时效的适用范围进一步扩大，适用于所有权取得及所有其他财产权的取得。该法第163条规定："以为自己的意思，平稳而公然行使所有权以外的财产权者，按前条区别，于20年或10年后取得该权利。"

在我国，古代立法并没有取得时效的明文规定，只有一些除斥期间的规定，如后魏孝文帝时规定，所争之田，宜限年断，事又难明，悉属今主，即承认经过一定期间可因占有而取得土地的所有权。[①] 清末编修《大清民律草案》，沿用日本民法体例，在总则中统一规定时效制度，具体内容与日本法相似，适用于财产所有权的取得及其他财产权的取得。《民国民律草案》改变《大清民律草案》的体例，将取得时效置于物权编，规定在所有权的通则之中，动产为10年、不动产为30年或20年占有而取得所有权；并规定，关于取得时效的规定准用于取得所有权以外的财产权者。南京国民政府正式立法，采《民国民律草案》体例，于所有权一章第768条至第772条，规定了正式的取得时效制度，其中动产为5年，不动产为20年或10年；同时规定所有权以外财产权取得准用之。1949年以来，由于受《苏俄民法典》的影响，我国始终不承认取得时效制度。有学者认为最高司法机关曾在司法解释中承认取得时效制度[②]，细究起来，并非如此。至前文所述《关于国营老山林场与渭昔屯林木、土地纠纷如何处理的复函》，最高人民法院才正式适用取得时效解决案件的法律适用问题。

---

① 王利明，等. 民法新论：上册. 北京：中国政法大学出版社，1988：551.

② 中国高级法官培训中心. 首届学术讨论会论文选. 北京：人民法院出版社，1990：303－305.

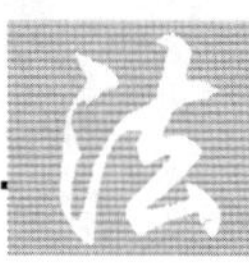

三、取得时效的构成要件

对于取得时效具备何种要件才能成立，学者见解不一：一说认为主要件为一定状态之占有及时间之经过①，具备此二要件始为构成。另一说认为须具备：一是以所有人之意思进行占有，二是占有必须是善意的、公开的，三是占有必须持续达到法定期间。② 也有的学者持三要件的观点：一是要有一定的事实状态存在；二是占有人要属善意的公开占有；三是必须经过一定的时间。③ 还有一说认为须具备五个要件：一是占有的取得必须合法；二是公开占有；三是和平占有；四是持续不断地占有；五是达到法定期间。④

上述见解各有其长，也各有不足。笔者认为具备以下四个要件，方构成取得时效。

（一）须有为自己所有或取得权利的主观意思

这是取得时效构成的主观要件。我国学者在论述取得时效的构成时，多数忽略了这一主观要件，是不正确的。缺乏这一主观要件，不能构成取得时效。《法国民法典》第 2229 条规定："为因时效而取得所有权，必须以所有人的名义持续地并不中断地、无争议地、公开地、明确地占有。"其中"必须以所有人的名义"，就是为自己所有的主观意思。对此，《瑞士民法典》称为"作为所有人"，《德国民法典》称为"自主占有"，均是强调占有应具备为自己所有的主观心理状态。但是，认为取得时效构成的主观要件仅仅是为自己所有的意思并不全面，因为这还不能包括因时效取得其他权利的情况，例如老山林场案中取得地上权，就难以用为自己所有这样的主观状态来概括。对于其他权利的时效取得，应以为自己取得权利的主观状态作为主观构成要件。如《日本民法》第 162 条规定，所有权的取得时效，须具备"以所有的意思"的主观要件；第 163 条规定，其他财产

① 史尚宽. 物权法论. 台北：荣泰印书馆，1979：67.

② 郭耀宇. 试论建立具有中国特色的取得时效制度. 广东法学，1990（2）.

③ 祁秀山. 试论建立适合我国情况的取得时效制度. 法学研究，1985（1）.

④ 周春梅，等. 取得时效的立法思考. 贵州大学学报，1992（2）.

权的取得时效，则须具备“以为自己的意思”的主观要件。史尚宽先生认为，因时效取得其他财产权，须有以该财产权人而行使的意思。[①] 为自己的意思，以该财产权人而行使的意思，为自己取得权利的意思，这三者虽然都是强调取得其他财产权的主观状态，但要求各不相同，以前者为最宽，以中者为较严，以后者为最严。依我国目前情况而言，应采严格的标准，以后者为因时效而取得其他权利的主观要件。

（二）须有符合条件的占有或权利行使的事实状态

占有或权利行使的事实状态，是取得时效的客观要件。不具有这样的事实状态，不能构成取得时效。

因时效而取得所有权的占有，必须符合下述条件。

首先，占有人的占有必须为公开占有，即占有人占有该项财产不得带有任何隐秘瑕疵。公开占有也称公然占有，要求占有人对他人，尤其是对与占有物有利害关系的人，不隐瞒其占有的事实。公然与隐秘的标准，依客观的占有状态决定。客观地为公然占有，则权利人及其他利害关系人虽不知占有之事实，尚不失为公然占有。反之，客观地为隐秘占有，纵令权利人偶知其占有之事实，尚不得谓为公然占有。[②]

其次，占有人的占有必须为和平占有。和平占有，是指不以暴力或暴力胁迫而取得或维持其占有。带有暴力或胁迫的占有，亦为占有瑕疵，为暴力或胁迫的瑕疵。这种瑕疵，在占有物的取得及占有的维持过程中，均不得出现，出现则不为和平占有。暴力瑕疵并非绝对化，如因正当防卫、紧急避险而用暴力保护占有物，亦为和平占有。

最后，占有人的占有须持续不间断。持续占有要求占有人在一定期间内持续不断地占有该项财产，没有中断占有的瑕疵，也未曾将该财产处分给他人。该一定期间的长度，应与法律规定的期间相一致。

符合上述三个条件的占有，为无瑕疵占有，构成取得时效的客观要件。

---

① 史尚宽. 物权法论. 台北：荣泰印书馆，1979：78.

② 同①68.

因时效而取得其他财产权的权利行使，是指非权利人在客观上实施其他财产权内容的行为，如不享有地役权之人在他人土地上通行或埋设管线、开挖沟渠，无永佃权而在他人农田为耕作。老山林场在无所有权的渭贵沟、渭贵坡建造杉木林，即为在他人土地上行使地上权。该种权利的行使，亦须具备公然、和平、持续的条件要求，不具备这三项要求的占有，亦不构成取得时效的客观要件。

（三）须以他人的财产或他人财产的用益为取得权利的客体

因时效取得所有权的客体，必须是他人的财产，包括动产和不动产。对自己的物，或者本属于自己却误信为他人之物，都不适用取得时效。无主物，可因先占而取得，不适用取得时效。权属不明之物，应确权，亦不适用取得时效。各国民法规定不能买卖或不可转让之物，不适用取得时效。这两种称谓在我国民法上为禁止流通物，禁止流通物不适用取得时效。① 对于其他财产权的时效取得，目前我国学者基本采否定态度，认为“脱离某物的所有权而依时效取得该物的‘其他物权’，无异于空中楼阁，在实践中是行不通的，所以，依时效取得只能是所有权”②。这种看法并不正确。随着市场经济的发展，大量的他物权因时效而取得，是必然的，老山林场案就是一明证。相反，我国台湾地区、日本的立法规定所有权以外的财产权均适用取得时效，又失之过宽。如果将其限制为他物权，则抵押权、质权、留置权均非因行使权利而依时效取得。应参考德国法方式，以用益物权为限，得依时效而取得。故其他财产权的取得，须以对他人财产的用益为要件，包括动产和不动产的用益。其用益的范围，应包括地上权、地役权、永佃权、典权等对动产和不动产的用益。动产的用益物权取得，准用动产所有权取得时效的规定；不动产的用益物权取得，准用不动产所有权取得时效的规定。

（四）须有占有或权利行使事实状态为一定时间的经过

具备这一要件方构成取得时效，为学者之共识，但究竟应当经过多长时间，由于我国立法未建立取得时效制度，我国学者多未提出具体主张。如有的学者主

---

①② 周春梅，等. 取得时效的立法思考. 贵州大学学报，1992 (2).

张：取得时效的期间，动产短些，不动产长一些；国家、法人、非法人组织为占有者短些，个人为占有者长些；在国内短些，在国外长些。[①] 笔者认为：动产的取得时效应比不动产的为短，是必要的；个人占有就必须比国家、法人、非法人组织占有为长，理由不足；至于国内国外之区分，没有立法例可资参考。在关于老山林场案的复函中，最高人民法院确认老山林场依占有行使权利而取得地上权，其期间从 1967 年至 1988 年，为 20 年以上。这是一个值得肯定的期间。笔者认为，我国取得时效的期间规定，不动产取得所有权或用益物权为 20 年，动产取得所有权或用益物权为 10 年，比较稳妥。在不动产取得所有权或用益物权中，不采区分善意占有和恶意占有而规定不同的时效期间的立法例，使立法规定更为简洁。

四、取得时效的效力与时效期间的中断

（一）取得时效的效力

构成取得时效，即发生其法律效力。这种法律效力的基本内容就是，占有人取得占有物的所有权，或者用益人取得用益物的用益物权。取得时效的这种法律效力，弥补了财产转让方式的不完全，保障了对财产的占有和用益的连续性，防止了社会财富的损失，避免了财产权利的不确定状态，稳定了社会经济秩序。正如梅因所指出的，“时效取得实在是一种最有用的保障，用以防止过于繁杂的一种让与制度所有的各种害处”，“法学专家制定的这个时效取得提供了一个自动的机械，通过这个自动机械，权利的缺陷就不断得到矫正，而暂时脱离的所有权又可以在可能极短的阻碍之后重新迅速地结合起来”[②]。这种形象的说明，恰如其分地表明了取得时效的必要性和重要作用。

取得时效的效力具体表现在两个方面：一是占有人取得所有权或某种用益物权。就所有权的取得而言，性质属于原始取得，即不管他人之有权利，独立取

① 郭耀宇. 试论建立具有中国特色的取得时效制度. 广东法学，1990（2）.

② 梁慧星. 民法时效研究. 法学研究，1984（4）.

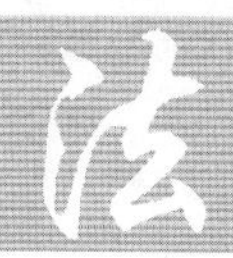

得，其结果是他人之权利归于消灭。[①] 二是原所有人不得因所有权而在取得时效期间完成之后主张权利。取得时效期间完成，且符合取得时效构成要件的，占有人取得该物的所有权，而不是不当得利；原所有人的所有权已经同时归于消灭，原所有人已无权再作任何主张。至于因时效而取得用益物权的效力，与因协议而取得用益物权的效力相同。其取得权利的种类与范围，应与实际上存在的事实关系相一致。

关于取得时效完成的效力应从何时起算，即其效力应否溯及开始占有时发生，有两种不同立法例。《日本民法》第144条规定："时效效力溯及于其起算日。"故其效力溯及占有之时而发生。我国台湾地区"民法"规定不动产所有权于登记后始可取得，至于动产所有权的取得，学者亦解释为于取得时效完成时发生效力。这两种立法例各有利弊。依关于老山林场案的司法解释，其地上权的取得，始于用益物权行使之时，即开始造林之时，因而具有溯及力。依此观点并综合分析，以采日本立法例较为稳妥。

（二）取得时效期间的中断

取得时效期间的中断，分为法定中断与自然中断，立法上常在取得时效中规定自然中断，准用时效的原则规定或诉讼时效的法定中断，如《瑞士民法典》。

1. 自然中断

自然中断为占有丧失的中断，是因占有心素即占有意思的变更和占有体素即持有的丧失而产生的中断。就一般情况而言，法律规定以下事实为自然中断的事由：

（1）占有人自行中止占有。抛弃占有、返还原物于原主、转移占有于他人，均属之。

（2）变为不以所有的意思而占有，即抛弃取得时效构成的主观要件，全部变为他人为占有意思，或者变更原来的所有意思而为其他的意思。前者如变为替所有人保管，后者如变为租赁等。

① 史尚宽. 物权法论. 台北：荣泰印书馆，1979：74.

(3) 占有被他人侵害而未恢复占有原状。一般规定，此种侵害在一年内恢复原状者，不生中断的效力；超过一年未恢复者，为丧失占有。

(4) 占有性质的变更。占有期间由公开占有转变为隐秘占有，或由和平占有转变为暴力或胁迫占有，均中断其时效。

2. 法定中断

法定中断，为法律规定的时效制度所共同适用的时效中断事由，通常为请求、承认和起诉。对此，日本法本来就有统一的时效中断制度；瑞士法另作关于期间之计算，取得时效之中断及停止准用关于诉讼时效的规定[①]的规定；我国台湾地区"民法"上虽无明文，但学说上主张为肯定态度。对此可以借鉴，将我国《民法通则》关于诉讼时效中断的事由，规定为取得时效的法定中断事由。

取得时效中断，自然中断与法定中断的效力相同，均使已经过的时间为无效。其不同之处在于：自然中断的效力是绝对的，对一切人皆有效力；法定中断的效力为相对的，唯在当事人、继承人、受让人之间有其效力。盖法定中断，系基于特定人的行为，而自然中断系基于占有的丧失。[②]

关于取得时效的中止，各国立法多不规定，瑞士法的前述规定采肯定态度。为更好地保护所有人的合法权益，以采此制为好。可以将我国《民法通则》关于诉讼时效中止的规定，准用于取得时效。

关于取得时效可否适用延长的规定，有的学者持肯定态度。[③] 对此，笔者的意见是不宜采用。

五、对上述司法解释讨论的结论

以上分析论述说明，最高人民法院《关于国营老山林场与渭昔屯林木、土地纠纷如何处理的复函》这一司法解释在取得时效发展中具有重要意义。它表明以

① 《瑞士民法典》第663条、第728条。

② 史尚宽. 物权法论. 台北：荣泰印书馆，1979：73-74.

③ 郭耀宇. 试论建立具有中国特色的取得时效制度. 广东法学，1990（2）.

下内容。

第一，在我国，建立完备的取得时效制度是十分必要、迫切的。自起草《民法通则》以来，学术界对于取得时效的建立与否，进行了激烈的争论，始则以否定的主张居多，近年来以肯定者居多。前述司法解释的公布，表明司法实务已经有了一个明确的态度，肯定了取得时效对现实生活的必要性，并在实务中予以适用。

第二，完备的取得时效制度不仅包括所有权的取得，还应包括用益物权的取得。值得重视的是，该司法解释肯定取得时效适用价值的案例，不是因时效而取得所有权，而是因时效而取得地上权。这表明，取得时效的适用范围，包括所有权的取得和其他物权（以用益物权为限）的取得。这对于反对将其他物权的取得划入取得时效的主张，是一个明确的回答。

第三，我国取得时效的最长期间，可以考虑确定为 20 年。该司法解释确认老山林场借地造林取得地上权，其地上权事实上行使的期间已达 20 年以上。从这可以看出对于不动产因时效取得的期间，最高司法机关倾向于 20 年。

第四，我国取得时效的效力可以溯及既往。该司法解释确认老山林场取得使用土地的地上权，虽未明文指出其取得的效力溯及土地使用之始，但确可得出这一结论。这也是取得时效的一个重要内容。

应当说明的是，该司法解释还不是关于取得时效的完整的法律文件，它只是就一个案件具体应用取得时效所作的具体解释，因而，它仅仅是就取得时效的部分适用作的解释。而建立完整的取得时效制度，还有相当长的道路，还有大量的工作要做。应当以该司法解释为契机，采取多种措施，尽早建立我国的取得时效制度。

六、民法应当规定取得时效制度

取得时效是传统民法上的重要制度，我国现行民事立法尚未明文规定取得时效制度，但在 2002 年 12 月审议的《民法草案》中，已经规定了取得时效的条文：第 105 条规定："权利人不行使权利，致使诉讼时效期间届满，占有人以所

有的意思，公开、持续占有他人不动产经过五年的，取得该不动产的所有权。占有人取得不动产用益物权，参照前款规定。”第106条规定：“权利人不主张权利，致使诉讼时效期间届满，占有人以所有的意思，公开、持续占有他人动产经过两年的，取得该动产的所有权。”“占有人取得船舶、航空器、汽车等动产的所有权，适用本法第105条第1款的规定。”第107条规定：“法律禁止转让的动产或者不动产，不适用有关取得时效的规定。”

立法者在民法草案中规定上述条文，似乎表明了确认取得时效的决心。但是，时至今日，我国民法也没有规定取得时效制度，可见，反对规定取得时效制度的意见仍占主流地位。对此，应当陈说利害，认清规定取得时效制度的现实意义和作用，坚定规定取得时效制度的决心，以发挥取得时效制度的作用，利国利民，促进社会发展。

第一，善意取得和对遗失物、埋藏物取得的法律规定不能替代取得时效制度。否定取得时效制度的意见之一认为，以善意为构成要件的取得时效，在动产取得制度中并无适用的余地，因为对善意的继受占有应适用善意取得制度；在善意的原始占有中，对无主物、漂流物的先占，一般均在法律上成立即时取得所有权；而取得遗失物、埋藏物之所有权，依法律之直接规定，而与占有事实延续一定的时间并无必然联系。

笔者认为：首先，取得时效与善意取得的适用范围、条件并不相同。善意取得是因法律行为而取得，是通过交易、支付对价而获得动产或不动产所有权。取得时效则以事实行为为基础，不以交易为必要，更无须支付对价。善意取得的法律后果是使无权处分人和原所有人之外的当事人取得所有权，原所有人丧失了所有权返还请求权，但依然享有侵权行为之债的请求权，从而善意取得至少涉及三方当事人；而取得时效仅仅发生在原权利人和占有人之间，原权利人在时效期间完成以后，丧失了任何请求权。其次，取得时效与先占取得不同。先占是指依自己单方事实行为，先于他人取得对无主物的占有。先占的客体须为无主物，即占有开始时，该物不属于任何人所有，或为他人所抛弃，如海洋中的鱼虾、山野中的禽兽等。先占制度并不适用于占有他人的动产。最后，按照现行法规定，拾得

遗失物、发现埋藏物的，应当将物归还失主或者归国家所有，即使将来的规定有所变化，例如拾得遗失物的人可以取得遗失物价值的一部分作为报酬，发现埋藏物的挖掘人也可以请求取得适当的报酬，但这都不是取得时效所要解决的问题，无法代替取得时效的作用。可以认为，善意取得与取得时效是根本不同的制度，而在占有制度下，对无主物的先占及对拾得物、遗失物的占有取得均不足以排除取得时效的存在，《物权法》上规定取得时效制度确有其必要性。

第二，在以不动产登记为核心的现代不动产登记制度下取得时效仍有其适用的价值。否定取得时效制度的另一个理由就是，取得时效在善意占有不动产的情形下，没有适用的余地。因为不动产一经登记，即等于公示了所有权的存在，占有他人的已经登记的不动产，自不应适用以善意为构成要件的取得时效。

笔者认为，财产权登记制度与时效取得制度的作用各不相同。财产登记的效力主要表现在以下几个方面：财产权的确认或证明效力；权利的变动生效效力；登记财产的对抗效力；登记的公信力。登记的效力在不同的具体环境下有不同的表现，但它们都不能替代取得时效制度。例如，财产权登记的确认效力表现为通过登记的方式确定权利归属、确定财产状况，使事实上的权利获得法律上的权利外观。但是，这种确认与证明的效力以现实的财产利益关系为基础，这一关系是基于登记而产生的。对于尚未登记的财产、权利与事实不一致的财产，首先需要依据一定的法律规则来确定权利归属。对此，登记制度无能为力，而必须由取得时效制度发挥作用。又如，在法律要求登记的财产权发生变动时，登记的效力在于决定权利是否发生变动或其设立是否有效，决定权利发生的时间及财产权的内容。而登记决定权利变动的效力发生在通过法律行为变动物权的条件下，它无论如何也不能解决事实占有的财产的权利归属问题。再如，公信力制度的目的是保护交易安全，保护交易相对人的利益，主张公信力保护的只能是第三人，而取得时效制度解决的是权利归属问题，不是解决事实占有的财产的公信力问题。

因此，尽管现代不动产登记制度已渐完备，登记的效力有多方面的表现，如不动产物权在依法律行为而被取得、设定、丧失及变更时，非经登记，不生效力；在非因法律行为发生物权的变动时（如因法律直接规定、法院判决和强制执

行、政府指令、继承及因事实行为发生物权的变动），权利人若未经办理取得登记，亦不得处分该不动产，但上述效力须因登记这种法律事实的存在而发生。对于因事实行为发生的物权变动而言，首先要明确的是登记的前提是否存在，即引起物权变动的原因、条件是否具备。而取得时效正是对某些占有事实的延续是否符合权利变动的条件加以界定。因此就完善财产归属秩序而言，财产登记与取得时效制度各有其重要作用。

第三，取得时效制度在司法实践中已经具体适用并发挥了独特的作用。主张否定取得时效制度的理由之一，就是取得时效制度没有现实的必要性。纵观近年来的司法实践，事实已证明了取得时效在司法实践中的现实性。

最典型的判例是国营老山林场与渭昔屯对渭贵沟、渭贵坡的所有权权属发生争议的案件。老山林场对该地上权的取得，并非经双方合意，而是依实际占有使用，且这种事实状态持续了二十余年，因而是依取得时效而取得。

另一典型案例是：某地甲、乙、丙三个村庄相邻，20 世纪 60 年代后期发生特大洪水，土地被淹没。洪水退后，土地沙化，已不能耕种，村民被国家迁往他处安置，该土地废弃、撂荒。第二年开始，甲村村民看到荒芜的沙化土地觉得十分可惜，便开始在原来三个村庄的土地上种植红柳，坚持了二十多年后，红柳成林，土地质量已经改良。国家有关部门决定在此建设国家商品粮基地，征用这片土地。这时发生土地所有权权属争议。乙村和丙村都主张其原来所有的土地的所有权。甲村则依据 1995 年国家土地管理局颁布的《确定土地所有权和使用权的若干规定》第 21 条，主张全部土地的所有权。该条规定，“农民集体连续使用其他农民集体所有的土地已满二十年的，可视为现使用者所有”。依据这样的规定，该废弃的土地的所有权明显应当属于甲村。

这两个案例，以及这两个案例中所适用的法律、法规和司法解释都表明，取得时效制度在现实生活中确实发挥着重要的作用。如果没有取得时效制度，这样的纠纷就没有解决办法。应当说明的是，这些案件还都是在民法基本法没有规定取得时效制度的情况下作出判决的。相信在现实生活中，必定会有很多这样的纠纷，由于没有取得时效制度而没有得到妥善的解决。

第五章

共有权

第一节　共有权概述

一、共有权的概念及特征

（一）共有权的概念

共有权是指两个或两个以上的民事主体对同一项财产共同享有的所有权。《物权法》确认共有权的概念，在第 93 条前段规定："不动产或者动产可以由两个以上单位、个人共有。"

与共有权相关的概念有公有、总有和互有。这三个概念都与共有权有关，但又有区别。

公有是与共有权完全不同的概念。公有既是指公有制，也是指一种财产权形式。国家所有是一种公有，集体所有也是一种公有。在公有制的体制下，共有既可以由公有的主体构成，也可以由私有的主体构成。公有是一种所有权形式，是

单一制的所有权；共有也是一种所有权形式，但却是多数主体共同享有所有权的所有权形式。公有可以复合成共有，即公有可以与其他类型所有权构成共有。

总有与共有既有联系，又有区别。总有是指不具有法律人格的团体，以团体资格对财产享有所有权。它既不是公有，又不是共有，只是从与共有更相似的角度将其认作共有，作为特殊的形态来对待。在总有的体制下，其管理处分机能属于共同体自身，其使用收益的权能属于各团体成员。各团体成员不具有份额权，并且也不能请求分割。各团体成员并不伴随团体成员的资格得失而独立处分其权利。在近代法上，总有或者向法人单独所有发展，或者向共同共有发展，难以保留其独立的所有权形态。典型的总有如族人对祠堂的所有方式。

互有是共有的一种形态，但有自己的特点，是指相邻者对于在境界线上的界标、围障、墙壁、沟渠等财产，以及在区分所有建筑物内各专有权人共同使用的部分财产，所享有的无分割请求权的共同共有。在互有关系中，对互有标的物须永久维持其共同共有的关系，其共有人不享有分割共有财产的请求权，互有财产永远不准分割。

（二）共有权的特征

1. 共有权的主体具有非单一性

共有的主体必须由两个或两个以上的自然人、法人或非法人组织构成，单一的主体不能构成共有权的主体。共有因此而与单一所有权相区别。

2. 共有物的所有权具有单一性

共有物的所有权的单一性表现在两个方面：首先，共有权的客体即共有物指的是同一项财产。这个同一项财产既可以是独立的一件物，也可以是具有同一性质的一类物。其次，共有权是一个所有权，即无论共有的标的物是独立物还是集合物，其所有权都只有一个。共有权在其存续期间不能被分割，各个共有人也不能分别对共有物的某一部分行使所有权，每个共有人的权利及于整个共同财产。因此，共有权是一个权利，各共有人只能共同行使这一个所有权。

3. 共有权的内容具有双重性

共有权的内容不仅包括其作为所有权所具有的与非所有权人所构成的对世性

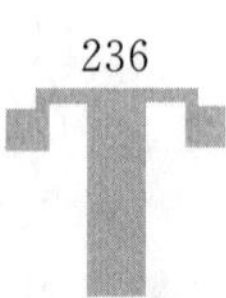

的权利、义务关系，还包括其内部共有人之间的权利、义务关系。共有权这种既有绝对性又有相对性的双重性，即具有相对性的绝对权，是共有权的重要特征。

4. 共有权具有意志或目的的共同性

共有权的形成具有主观因素，这就是：或者是共有人共同创造的；或者是由某种财产随着数个主体的意志转化而来；或者是不同财产所有权出于共同的意志和目的的联合。这些共同主观因素一般都是基于共同的生活、生产和经营目的，或者基于共同的意志。当共有的目的或意志不复存在时，可以对共有财产进行分割，共有权就解体、消灭，形成不同的单一所有权。

二、共有权的分类

（一）对共有权分类的不同意见

对于共有权有不同的分类方法：第一种是将共有权作为一种，认为只有按份共有才是共有。在德国民法和日本民法中，所谓共有就是指“按份共有”，无所谓共同共有。[①] 第二种是将共有分为共同共有和按份共有两种基本类型。目前，我国民法学者通常把共有分为按份共有和共同共有，与《民法通则》的分类方法相一致。[②]《越南民法典》对共有也是采用这种分类方法，其第229条规定：“共有是数个所有人对财产的所有。”“共有包括按份共有和共同共有。”“共有的财产是共有财产。”第三种是将共有分为三种，即共同共有、按份共有和准共有。我国台湾地区“民法”就是采用这种分类方法。不过，台湾地区“民法”将共同共有称为公同共有。[③] 第四种是将共有分为按份共有、共同共有、准共有和建筑物复合共有[④]，或者分别共有、公同共有、准共有和建筑物区分所有。[⑤]

① 陈华彬. 物权法原理. 北京：国家行政学院出版社，1998：472.
② 《民法通则》关于共有的规定。
③ 王泽鉴. 民法物权：通则·所有权. 北京：中国政法大学出版社，2001：321.
④ 杨立新. 共有权理论与适用. 北京：法律出版社，2008.
⑤ 郑冠宇. 民法物权. 2版. 台北：新学林出版股份有限公司，2011：264-266.

（二）我国《物权法》的分类

《物权法》第93条后段规定："共有包括按份共有和共同共有。"第105条规定："两个以上单位、个人共同享有用益物权、担保物权的，参照本章规定。"这里规定的是准共有。因此，《物权法》规定的共有权包括以下三种类型。

1. 按份共有

按份共有是共有权的基本类型，其基本特征是对一项财产数个所有人按照既定的份额，享有权利，负担义务。在按份共有关系存续期间，尽管所有权是一个，但各个共有人之间的权利是分为份额的，且权利的份额是既定的。

2. 共同共有

共同共有也称为公同共有，是共有权的基本类型，其基本特征是对一项财产数个所有人不分份额地享有权利、承担义务。在共同共有关系存续期间，所有权是一个，各个共有人之间不分份额，只是享有一个总的所有权，个人在其中不具有自己的部分。只要共有关系不解除，就永远不能分出份额。

3. 准共有

准共有是共有权中的一种特殊类型。其特殊之处就在于，其共有的权利不是所有权，而是所有权之外的他物权以及知识产权和债权。《物权法》规定的准共有是狭义的准共有，只包括他物权的共有。广义的准共有还包括知识产权的共有和债权的共有。

三、共有法律关系的发生和消灭

（一）共有法律关系的发生

共有法律关系的发生，是指共有法律关系基于何种事实或者行为而发生。共有法律关系的发生有以下几种类型。

1. 基于当事人的意志

基于当事人的意志而发生的共有，称为协议共有，是指两个以上的人就一项财产的所有权，协议约定由这些人共同所有，共同享有所有权。协议是典型的共

有法律关系发生原因，多数共有法律关系的产生是基于这个原因。例如家庭成员协议对所得的财产实行共有，依据该协议，即发生家庭共有财产。

2. 基于法律的直接规定而产生

在很多场合，共有法律关系的产生不是基于当事人的协议，而是基于法律规定。这种共有法律关系的产生不必经由当事人协议，而是符合了法律规定的条件。例如，夫妻结婚以后，没有约定其他财产所有形式，依照法律规定，即发生夫妻共同共有的财产关系。

3. 基于财产的性质而发生

基于财产的性质而发生的共有法律关系，称为强制共有。这些财产具有不可分割性，不实行共有就没有办法解决所有权的问题，因而发生了共有法律关系。例如，合伙对合伙财产的共有就是强制共有，无论是否协议，都发生共同共有关系。

4. 基于共同行为而发生

在普通的共同共有和准共有中，很多是基于共同行为而发生的。在这些共同行为中，很难说行为人有发生共有法律关系的意志，甚至没有这种共同意志，但是由于共同行为而发生了共有法律关系。这种共有称为取得共有，以区别于基于共同意志而发生的协议共有。例如，二人以上协议共同出资，共同享受权利、义务而购买一物，对该物则基于当事人的意志而产生共有法律关系。

5. 基于原来的共有关系而发生

在原来的共有关系之上产生的债权，还是共有债权，因而产生准共有的法律关系。例如，在合伙经营中产生的债权，由于合伙的财产关系是共有法律关系，因此这个债权也是共同债权，为准共有性质。《物权法》第102条规定："因共有的不动产或者动产产生的债权债务，在对外关系上，共有人享有连带债权、承担连带债务，但法律另有规定或者第三人知道共有人不具有连带债权债务关系的除外；在共有人内部关系上，除共有人另有约定外，按份共有人按照份额享有债权、承担债务，共同共有人共同享有债权、承担债务。偿还债务超过自己应当承担份额的按份共有人，有权向其他共有人追偿。"

6. 基于不动产相毗邻而发生

在不动产相邻关系中各邻人对疆界线上设置的物的共有，是基于不动产相毗邻而发生的共有。为数个相毗邻的土地设置地役权，产生的地役权可能是共有地役权。这种共有地役权关系是按份共有关系。

（二）共有法律关系的消灭

所有的共有法律关系都能够因为某种原因而消灭。共有法律关系消灭，就不再存在共有关系，该共有权不复存在。

1. 共有法律关系消灭的一般原因

凡是能消灭所有权关系的一般原因，都可以消灭共有法律关系。这是因为，共有法律关系不过是所有权关系的一种类型，既然可以消灭所有权关系，当然就能够消灭共有法律关系。一般原因包括灭失、征收或者强制措施、转让、抛弃、主体死亡。

2. 共有法律关系消灭的特殊原因

（1）婚姻关系消灭。

离婚、夫妻一方死亡，均使婚姻关系消灭，在财产上的后果亦是导致夫妻共同共有关系的消灭。

（2）家庭关系解体。

家庭关系解体主要是指分家，即同财共居的家庭解体，原有的家庭共同共有关系消灭。

（3）合伙散伙。

合伙关系终止，即为散伙。作为共有法律关系基础的合伙共同关系消灭，必然引起合伙共有关系终止。

（4）共同继承人分割遗产。

共同继承的遗产由接受遗产的继承人共同共有，发生共有法律关系。共同继承人对共同继承的遗产要求分割或者协议分割的，为共有法律关系消灭的原因，共有法律关系消灭。

（5）共有财产归共有人中一人所有。

其他共有人将自己的份额转归一个共有人，该共有人取得全部其他共有人的

所有份额，共有法律关系变成一般的个人所有，共有法律关系不复存在。

（6）共有人之间终止共有法律关系的协议。

全体共有人协商一致，终止共有法律关系，发生共有法律关系消灭的效力。

（7）共有人提出分割共有物的请求。

各共有人享有分割共有物的请求权，全体共有人如无不可分割的约定，各共有人在共有关系存续期间均有权提出分割请求，不受诉讼时效期间约束。该请求权具有形成权的性质，一经提出即生效力。

（8）约定的共有法律关系存续的期限已经届满。

在原来约定实行共有的协议中，如果有关于共有法律关系存续期限的，在该期限届满之后，共有法律关系消灭。

（9）共有权利的存续期限届满。

共有的其他财产权有存续期限的，如地上权、地役权有确定的期限，著作权人死亡后仍有 50 年保护期限，商标权、专利权的保护期限，等等，一旦期限届满，该权利即消灭，对这些权利的共有法律关系自然归于终止。

（10）共有的财产权利已经实现。

共有的财产权实现，该财产权利不复有存在的必要，自然归于消灭，因而共有法律关系终止。

（11）设置该财产权的目的实现。

如担保物权的设置目的就是担保债务人履行债务，当债务人履行债务后，该担保物权自然归于消灭，如设置的担保物权为数人共有，则该共有法律关系终止。

（三）分割共有财产的特别规则

《物权法》第 99 条规定了分割共有财产的特别规则。

1. 约定不得分割共有财产的

共有人约定不得分割共有的不动产或者动产以维持共有法律关系的，应当按照约定，维持共有法律关系，一般不得请求分割共有财产，消灭共有法律关系。

2. 虽有约定但有重大理由需要分割共有财产的

共有人虽然有不得分割共有的不动产或者动产以维持共有法律关系的协议，但共有人有重大理由，需要分割的，可以请求分割。至于请求分割的共有人究竟是一个人、数人或者全体，不问。但如果共有人全体请求分割共有财产的，则为消灭共有法律关系的当事人一致意见，当然可以分割。

3. 没有约定或者约定不明确的

对于共有法律关系的保持没有约定或者约定不明确的，如果是按份共有，则共有人可以随时请求分割；如果是共同共有，则共有人在共有的基础丧失或者有重大理由需要分割时，也可以请求分割。

4. 造成损害的赔偿

不论是否约定保持共有法律关系，共有人请求对共有财产进行分割，如果在分割共有财产时对其他共有人造成损害的，应当给予补偿。

四、共有财产的分割

（一）共有财产的分割原则。

《物权法》第100条规定了分割共有财产的基本规则："共有人可以协商确定分割方式。达不成协议，共有的不动产或者动产可以分割并且不会因分割减损价值的，应当对实物予以分割；难以分割或者因分割会减损价值的，应当对折价或者拍卖、变卖取得的价款予以分割。""共有人分割所得的不动产或者动产有瑕疵的，其他共有人应当分担损失。"

为了避免纠纷、减少矛盾，使分割顺利进行，在分割共有财产时，应遵循以下原则。

1. 遵守法律的原则

共有人分割共有物，应当遵守法律的规定，不能损害国家、集体或他人的利益。

2. 遵守约定的原则

共有人对相互间的共有法律关系有约定的，分割共有财产时应遵守其约定。

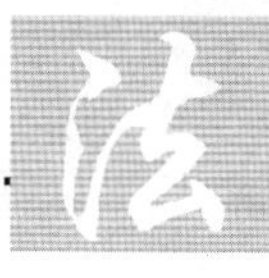

3. 平等协商、团结和睦的原则

共有财产的分割直接涉及各共有人的物质利益，容易引起纠纷、影响团结，因此在分割共有财产时，对有争议的问题要本着平等协商、和睦团结的原则来处理。

4. 保存和发挥物的效用的原则

在分割共有财产时不能因为对共有物的分割而毁损物的价值。对于不能实物分割或实物分割有损价值的共有物，应采取其他方式分割。对于从事某种职业所必需的物品，应尽量照顾有此需要的共有人。

根据以上原则，一旦分割共有财产的请求被提出，在按份共有关系中，有协议的，按协议办理；无协议的，按协商一致原则办理；协商不成时，按照拥有财产份额一半以上的共有人的意见办理，但不得损害份额较少的共有人的利益；如果没有拥有财产份额一半以上的共有人，则按多数共有人的意见办理。对共同共有财产的分割，以共有法律关系消灭为前提，同样，有协议的按协议办理；没有协议的应当根据等份原则处理，同时要考虑共有人对共有财产的贡献大小，适当照顾共有人生产、生活的实际需要等情况。

（二）共有财产的分割方式

在分割共有财产时，可采取以下三种方式。

1. 实物分割

对共有财产，在不影响其财产使用价值和特定用途时，可在各共有人之间进行实物分割，使各共有人取得其应得的部分。实物分割是分割共有财产的基本方法。

2. 变价分割

这是指共有财产不能分割或分割有损其价值，各共有人都不愿意取得共有物时，将其变卖，所得价金由各共有人分别领取的分割方法。

3. 作价补偿

这是指共有人中的一人或数人取得共有物，尔后对其他共有人的应得部分作价补偿。这种分割方式多适用于共有物不可分割且有共有人愿意放弃对该物的所有权的情况。

（三）共有财产分割后的效力

共有财产分割后，共有法律关系归于消灭，各共有人各自取得其所分得部分的所有权。由共有人对全部共有财产的共同所有，变成各共有人对原共有财产的各个部分的单独所有，就是分割共有财产的效力。共有财产分割后，各共有人都应以其所得的财产，彼此之间互负瑕疵担保责任。如果共有人之一分得的财产因其分割前的权利瑕疵问题而被第三人强制追索，或分得的财产本身有瑕疵，其所受的损失应由其他共有人按其所得财产的份额比例进行补偿。

第二节　按份共有

一、按份共有概述

（一）按份共有的概念和特征

按份共有亦称分别共有、通常共有，是共有的基本类型，是指两个或者两个以上的权利主体，对同一项财产按照应有部分，共同享有权利、分担义务的共有关系。《物权法》第94条规定："按份共有人对共有的不动产或者动产按照其份额享有所有权。"

按份共有具有以下法律特征。

1. 各个共有人对共有物按份额享有不同的权利

份额是按份共有的基本特征，也是产生按份共有关系的客观基础，是指共有人对共有物全体所享有的比例，即按份共有的应有部分。份额是根据共有关系的发生原因，由法律或共有人之间的合同确定的。在份额不明确的场合，推定各共有人持均等份额。

在按份共有关系中，各共有人享有份额权。份额权是指在按份共有中，各共有人对共有物所享有的权利和承担的义务。份额权首先表现为所有权，是指

按份共有人不是对整个共有物享有所有权，而是对属于自己份额的那一部分享有所有权。份额权其次表现为各共有人对共有财产按照份额享有权利、承担义务。

2. 共有人的权利及于共有财产的全部

在按份共有的情况下，尽管各个共有人要依据其份额享有权利并承担义务，但按份共有并不是分别所有。① 按份共有的每一个共有人的权利不限于共有物的某一个具体部分，而是及于整个共有物。由于其他共有人也对全部财产享有权利，所以按份共有就是许多主体享有的一个所有权；由于每一个共有人的权利表现在份额上，所以份额权就成了按份共有的最主要特征。

（二）按份共有与共同共有的区别

1. 成立的原因不同

按份共有的成立不以共同关系的存在为前提。共同共有的成立则以共同关系的存在为前提，没有共同关系的存在，就没有共同共有关系的产生。

2. 标的物不同

在按份共有中，共有财产多数为单一物，少数为财产的集合，因此，按份共有的客体通常被称为共有物。而共同共有的客体通常为一项财产，或为财产的集合，所以通常被称为共有财产，例如夫妻共同财产等。不过，对共有物和共有财产并不作这样严格的区分。

3. 权利的享有不同

无论是对外关系中还是对内关系中，按份共有权利人享有的权利和承担的义务，都是按照份额确定的。而共同共有没有份额的限制，共有人共同享有权利，共同承担义务。

4. 存续的期间不同

共同共有通常有共同的目的，因而其存续期间较长，一般是到其共同关系终止时消灭，如，合伙消灭，合伙共同财产关系终止；夫妻离婚，夫妻共同财产关系消灭。当然也有可以随时终止的，如共同继承的财产。而按份共有在本质上即

① 王利明. 物权法研究. 北京：中国人民大学出版社，2002：327.

为暂时关系，可以随时终止，一般不会永久存续。

5. 分割的限制不同

在按份共有中，除物依使用目的不能分割或者约定了不得分割期限以外，可以随时请求分割共有财产。而共同共有人在共有关系存续期间不得请求分割共有财产①，例如合伙和夫妻，均不得在共有关系存续期间提出分割共有财产的请求。

二、按份共有的产生

（一）按份共有关系产生的特点

按份共有关系产生的特点是，基于意志原因和法律原因而产生，并且这两个原因结合在一起方能产生。

1. 按份共有产生的基本原因是当事人的意志原因

首先，按份共有基于欲建立按份共有关系的各行为人统一的主观意志，经合意而发生。其次，按份共有表现在各个当事人确立各自份额的意思表示一致上，即对各自份额有共同的约定。当各共有人的份额不明，或者对份额的约定不一致但却建立了共有关系时，法律推定各共有人的份额均等。这不是法律强制各共有人按相等份额享有权利，而是推定他们以相等份额建立共有关系。各行为人主观意志一致的表现形式，就是建立按份共有关系所依据的合同。

2. 按份共有的产生还必须具有法律原因

仅仅有意志原因，还不足以产生按份共有关系，还必须具有法律原因。建立共有关系的合同与建立其他物权关系的合同一样，必须受法律关于共有权的强行性规定的约束。单纯法律规定本身，也构成按份共有发生的原因。在很多场合，按份共有的产生不是基于当事人的协议，而是基于法律的规定。

① 本节中一、二、四、五部分的论述，参见谢在全．民法物权论：上册．修订5版．台北：新学林出版股份有限公司，2010：598－599.

（二）按份共有产生的具体原因

1. 共同购置

当两个以上的民事主体按份额出资共同购买一项财产时，即在该数个民事主体之间发生按份共有关系，该数个民事主体成为按份共有人。

2. 共同投资

两个以上的自然人共同投资，组建合伙的，共同投资的财产为按份共有，发生按份共有关系。合伙人的投资份额，不仅决定将来散伙时投资财产分割的份额权，而且在一般情况下决定在合伙期间分红的份额权。

3. 其他约定

当事人采取其他形式约定按份共有的，产生按份共有关系。例如：继承人约定按份共同继承遗产的，产生按份共有关系；夫妻约定按份共有夫妻财产的，按照《婚姻法》第19条关于夫妻约定财产的规定，排斥夫妻财产共同共有的适用效力，产生按份共有关系。

4. 发生法定的事实

依法定的事实发生按份共有的情形有：一是动产与他人的动产附合，非毁损不能分离，或分离需费过巨，各动产所有人按其动产附合时的价值共有合成物；二是动产与他人的动产混合，不能识别，或识别需费过巨，各动产所有人亦按其动产混合时的价值共有合成物。

5. 共有关系不明确的，推定按份共有

按照《物权法》第103条的规定，共有人对共有的不动产或者动产没有约定为按份共有或者共同共有，或者约定不明确的，除共有人具有家庭关系等外，视为按份共有。这是推定的按份共有。

三、按份共有的应有部分

（一）应有部分的意义

共有中的应有部分，是按份共有区别于共同共有的基本特征。换言之，共有人对共有财产存在应有部分者即为按份共有，否则就是共同共有。

应有部分，是指共有人对共有财产所有权所享有的权利的比例，或者共有人对共有财产所有权于“分量”上的应享部分。[①] 应有部分为所有权抽象的陈述，意谓一个所有权的几分之几，民间俗称为持分，系抽象地存在于共有物的任一部分，而不是具体地局限于共有物的特定部分。[②] 换言之，应有部分就是各个共有人行使权利和承担义务的范围[③]，即份额。

（二）应有部分的性质

对于按份共有应有部分的法律性质，长期以来存在争论，有不同主张。

1. 实在部分说

这种观点认为，按份共有实质上是由各共有人就其应有份享有所有权，分别共有物确有实在的部分存在，各个共有人于其实在的部分上，各享有一个所有权。

2. 理想部分说

这种观点认为，按份共有是将物的各个部分，想象各个共有人享有所有权，而就共有物之上成立一个想象的所有权。各按份共有人于其标的物上为想象的分割，而各自享有一个所有权。

3. 内容分属说

这种观点认为，所有权的作用有多种，可以由共有人分别享有，按份共有人实际上是各个共有人分别享有所有权的不同作用。这种主张的实质，是将按份共有视为所有权作用的分别享有。

4. 计算的部分说

这种观点认为，所有权具有金钱计算的价格，如果某物在经济上具有若干价值，则将价值分成若干部分，各共有人按其价格比例共同享有。

5. 权利范围说

这种观点认为，在数人享有一个所有权时，为避免相互间权利的冲突，不得

---

① 谢在全. 分别共有内部关系之理论与实务. 台北：三民书局，1995：6.

② 郑冠宇. 民法物权. 2版. 台北：新学林出版股份有限公司，2011：267.

③ 王利明. 物权法研究. 北京：中国人民大学出版社，2002：328.

不规定一定的范围，使各人在其范围内行使权利，这个范围就是各共有人的应有部分。这种观点为大多数学者所采纳。

上述五种主张中的前四种不能用来正确解释按份共有概念的本质属性，因而不可取，唯有权利范围说科学地解释了份额和份额权的内在联系，揭示了按份共有的本质，因而为大多数学者所采纳。①

（三）应有部分的确定

《物权法》第104条规定："按份共有人对共有的不动产或者动产享有的份额，没有约定或者约定不明确的，按照出资额确定；不能确定出资额的，视为等额享有。"确定按份共有的应有部分即份额和份额权，应当按照以下方法进行：第一，按份共有基于共有人的意思发生的，应当按照共有人的约定确定；没有特别约定，共有关系是基于有偿行为发生的，则应当按照出资比例确定。第二，按份共有依照法律的规定或者依据财产的性质而发生的，依照法律的规定确定。第三，通过以上方法仍无法确定应有部分的，推定各共有人的应有部分为均等。

（四）不动产共有份额的登记

如果按份共有的共有财产是不动产，则无论是土地权利还是建筑物权利，均应当进行登记。

登记不动产的按份共有权，首先必须登记载明财产所有权的性质是按份共有，其次必须载明共有人的数量和姓名，最后必须载明共有人对共有权的份额。按照习惯，对共有份额的登记，应当以分数表示，其分子、分母不得为小数，分母应当以整十、整百、整千或者整万表示为原则，不得超过万位。

四、按份共有的内部关系

按份共有的内部关系，是指按份共有的各共有人相互之间的权利、义务关系。

（一）共有财产的使用、收益

按份共有人对共有财产的使用和收益，应当遵守下述规则。

---

① 王利明，郭明瑞，方流芳．民法新论：上．北京：中国政法大学出版社，1988：102－103.

第一，按份共有人对共有财产的使用、收益，本其所有权的权能，对共有财产的全部享有使用、收益权。在具体行使权利时，按其应有部分的份额，及于自己所享有的部分。

第二，该种使用、收益权可以占有为前提，也可不以占有为前提，依按份共有人的份额决定使用、收益的权利范围。使用应以占有为前提，为自己需要而利用，或者对物直接取得。收益则无须占有，就共有物的孳息、租金、地租等为收取。

第三，各按份共有人的使用，虽就共有财产的全部而为，但就使用应依其份额公平分配。共有财产可以共同使用，也可以分别使用。共有物可以按份额分配使用的，应按份额分配使用；无法按份额分配使用的，如数人共有一间房，无法在空间上按份额分配使用，则依时间按份额分配使用。协议约定有份额，但约定共同使用的，则共同使用。

第四，各按份共有人对共有财产的收益，也可以就共有财产的全部为之，但就收益本身，应按照份额进行。换言之，共有财产产生的收益，在按照份额分配之前，是总体的收益，由全体共有人享有，但按份共有的收益最终必须按照份额进行分配。

（二）共有财产的处分

共有财产的处分，包括按份共有人处分自己的份额和全体共有人处分全部共有财产。

共有人处分自己的份额是共有人的权利。《物权法》第 101 条规定："按份共有人可以转让其享有的共有的不动产或者动产份额。其他共有人在同等条件下享有优先购买的权利。"共有人就共有物上自己的部分可以作法律上的处分，可以分出、转让、抛弃乃至提供担保，具体有以下情形：一是转让共有财产的应有份额；二是在应有份额上设定负担；三是抛弃应有份额；四是对应有份额作事实处分。

处分全部共有财产，是全体共有人的权利。《物权法》第 97 条规定："处分共有的不动产或者动产以及对共有的不动产或者动产作重大修缮的，应当经占份额三分之二以上的按份共有人或者全体共同共有人同意，但共有人之间另有约定

的除外。”没有达到这一规定的份额的部分共有人处分全部共有财产者，为无效。如果全体共有人一致同意共有财产的全部处分权由一人或数人享有，则依其约定，享有处分权的共有人可以处分该共有物的全部，但该处分决定的作出必须经全体共有人同意。如果共有人对于是否处分共有财产无法达成协议，则应当由多数共有人或者应有部分占多数的共有人决定。

（三）共有财产的管理

《物权法》第96条规定：“共有人按照约定管理共有的不动产或者动产；没有约定或者约定不明确的，各共有人都有管理的权利和义务。”这是规定了共同财产的管理规则。

1. 约定管理

按照这一规定，管理共有财产的基本原则是约定管理，共有人有约定管理协议的，依照协议的约定进行管理。

约定管理主要是分别管理。实行分别管理，可以订立分管协议。分管协议也称为专属管理、分别管理约定，是按份共有关系中的一种特别法律现象，是指共有人之间约定某个人或各自分别占有共有财产的特定部分，并对该部分进行管理的约定。当事人进行协商，订立分管协议，约定分管的范围与内容，按照协议进行管理。

分管协议的对内效力在于：一是共有人可以依据分管协议的内容就共有物分管部分为使用、收益及管理，即取得管理权；二是共有人就共有物分管的特定部分，依据分管协议，享使用、收益及管理之权，凡属分管协议范围内的管理行为，分管的共有人均可以自由为之。

分管协议的对外效力，是对分管协议签订人之外的第三人的效力：如果共有的是不动产，且经过登记，对应有部分的受让人或取得物权的人即具有效力。如果共有的是动产，应有部分的受让人或者取得物权的人如果知悉分管协议或有可得知的情形者，亦应受此项分管协议的约束。不动产未经登记，或者动产的分管协议为第三人所不知悉者，分管协议对应有部分受让人或者取得物权的人不发生拘束力。

2. 共同管理

没有约定的，共有人应当是共同管理。在共同管理的基本原则之下，对共有财产的普通管理行为，符合共有财产使用目的和用途的行为，各共有人可以单独进行，以使共有财产保值、增值，保护全体共有人的利益。

共同管理依据不同的管理行为，分为以下三种具体方法。

（1）保存行为。

对共有财产的保存行为，是指以保全共有财产或在共有财产上设置的其他权利为目的的行为，如防止共有财产灭失或者共有财产上设置的其他权利消灭等的行为。保存行为可以由各共有人单独进行，共有人单独为之均为有效，其后果应当由全体共有人承担。

（2）改良行为。

改良行为也称为更新或改建行为，是指以利用或改善共有物或物上其他的权利为目的的行为，属于增加共有物的收益或效用的行为。按照《物权法》第 97 条的规定，对共有的不动产或者动产作重大修缮的，应当经占份额三分之二以上的共有人同意，但共有人之间另有约定的除外。

（3）利用行为。

利用行为，是指以满足共有人的共同需要为目的，不变更共有物的性质，决定其使用、收益方法的行为。这种行为与保存行为不同，它不是以防止共有财产的毁损、灭失为目的，而在其不增加共有财产的效用或者价值这一点上，与改良行为也不相同。因此，利用行为实际上就是重要的管理行为，应得全体共有人的同意。

（四）共有费用的承担。

共有费用即共有财产的管理费用，就是指因保存、改良或者利用共有财产所支付的费用。管理费用也包括其他负担，如因共有物致害他人所应支付的损害赔偿金。①

在管理费用负担的问题上，《物权法》第 98 条规定："对共有物的管理费用

① 梁慧星. 中国物权法草案建议稿：条文、说明、理由与参考立法例. 北京：社会科学文献出版社，2000：423.

以及其他负担，有约定的，按照约定；没有约定或者约定不明确的，按份共有人按照其份额负担，共同共有人共同负担。”因此，共有人有约定的，应依照其约定确定共有财产管理费用的负担。没有约定的，由各共有人按其应有份额的比例分担。共有人中的一人支付了管理费用，这个费用又是必要的管理费用的，该共有人就超过其应有份额所应分担的额外部分，对其他共有人可以按其各应分担的份额请求偿还。

五、按份共有的外部关系

按份共有的外部关系，是指共有人作为共有权的主体，与其他民事主体发生的权利、义务关系。

（一）对第三人的权利

各共有人对第三人的权利，是基于其所有权人的身份，就全部共有财产所产生的权利，各共有人均可以行使。这些权利是以下几种。

1. 行使全部所有权的请求

各共有关系的权利主体对于第三人，得就共有财产的全部，行使本于所有权的请求。

2. 共有财产的物权请求权

各共有人对于第三人，可就共有物的全部，行使所有权所产生的物权请求权，不以其份额为限，以实现保护共有财产的目的。但返还共有财产的请求，如果仅基于某个或某些共有人自己的利益而不是基于共有人的全体利益的，则不得为之。

3. 份额让与权

共有人将共有份额出让，是共有人的权利，其他共有人享有优先购买权。这是按份共有的内部关系。外部关系是指共有人通过让与其份额而与受让人之间所构成的权利、义务关系。

4. 设定他物权

各共有人就自己的应有份额可以设定他物权，全体共有人就全部共有财产可

以设定他物权，均为共有的外部关系。

5. 确认请求权

对于共有财产的权属问题，如果发生争议，各共有人可以提出确认之诉，请求确认其共有权。

6. 诉讼时效中断请求权

各共有人有权提出旨在中断诉讼时效与取得时效的请求。[①]

7. 共同债权清偿请求权

共有人就共有财产取得的共同债权，例如损害赔偿请求权、不当得利请求权等，各共有人或者按份享有请求权，或者共同连带享有请求权。

（二）对第三人的义务

按份共有人对外承担义务，分为按份责任和连带责任。其基本规则是：因共有财产产生的对第三人的义务，除当事人另有约定外，应当根据债务是否可以分割来决定。如果该债务是可分割债务，则由各共有人按其应有份额分担；如果是不可分割债务，则由各共有人承担连带责任。

因清偿按份共有财产所担负的债务，按份共有人之一超出自己的份额承担债务的，取得对其他共有人的债权，有权向其他共有人请求偿还。

六、按份共有关系终止和共有物分割

（一）分割按份共有财产的请求权

分割按份共有财产请求权亦称解除共有关系请求权[②]，也叫分割请求权[③]，是指在按份共有关系中，共有人享有的提出请求终止共有关系、分割共有财产的权利。分割请求权是按份共有人享有的权利，即各共有人可以随时请求分割共有物，以消灭共有关系。

---

① 陈华彬. 物权法原理. 北京：国家行政学院出版社，1998：492.

② 《德国民法典》第 749 条将这种请求权称为解除共有关系请求权。

③ 《瑞士民法典》第 650 条将其称为分割请求权。

分割请求权是形成权。该权利存在于共有关系存续期间，没有诉讼时效的限制[①]，共有人可以随时提出共有财产分割的请求权，只存在以下三种受限制情形：一是受共有财产目的限制而不得请求分割；二是因共有财产继续供他物使用而不能分割；三是因约定在共有关系存续期间不可分割而不得请求分割。

（二）按份共有关系的消灭

按份共有关系消灭的原因，最主要的是共有人提出分割共有物的请求。除此之外，按份共有关系消灭还有下列原因。

1. 共有物灭失

共有关系的标的物即共有财产因使用、意外原因而灭失时，共有关系因失去标的物而终止。

2. 共有物归共有人中一人所有

其他共有人将份额转归一个共有人，该共有人取得全部其他共有人的所有份额，共有关系变成一般的个人所有，共有关系不复存在。

3. 共有人之间达成终止共有关系的协议

全体共有人协商一致，终止共有关系的，当然发生共有关系消灭的效力。

（三）按份共有财产的分割

共有关系终止并非一律要分割共有财产，如共有财产灭失和共有财产归共有人中的一人所有，都不存在共有财产的分割。只有协议终止共有关系和共有人提出分割共有物请求的，才产生分割共有财产的效力。

共有财产分割的方法有：一是实物分割；二是变价分割；三是作价补偿。分割的效果是，各共有人分别取得单独所有权。对于分割后的共同围障、共同界墙、共同界线上的树木，以及共同庭院、道路等，因均为不能分割之物，应继续维持共有的状态。要求分割的，可以采取一方取得所有权、另一方设定地役权的方法解决，如共同庭院、道路等。

---

① 谢在全. 民法物权论：上册. 修订5版. 台北：新学林出版股份有限公司，2010：546.

共有财产分割效力的发生时间，即共有关系消灭、单独所有权产生的时间。各共有人在分割完成时，取得分得物的所有权。

共有财产证书，是共有财产的原始权利证明文件，即共有财产购入时的证书①，而不是分割协议或者法院确定共有财产分割的判决书。在共有财产分割以后，原共有人必须妥善保管共有财产证书，以作权利证明之用。

第三节　共同共有

一、共同共有概述

(一) 共同共有的概念和特征

共同共有也称为公同共有，有广义和狭义之分：狭义的共同共有是指合有，是各共有人根据法律或合同的效力，共同结合在一起，不分份额地共同所有某项财产。广义的共同共有包括合有和总有，由合有和总有两部分组成。现代民法所使用的共同共有，是狭义概念，是指两个或两个以上的民事主体基于某种共同关系，对同一项财产不分份额地共同享有权利、承担义务的共有关系。《物权法》第 95 条规定："共同共有人对共有的不动产或者动产共同享有所有权。"

共同共有具有以下法律特征。

1. 共同共有依据共同关系而发生

共同共有与按份共有不同，主要不是基于共有人的共同意志而发生，而是以某种共同关系的存在作为发生的必要条件。没有这种共同关系的存在，就不能发生共同共有关系。

① 梁慧星. 中国物权法草案建议稿：条文、说明、理由与参考立法例. 北京：社会科学文献出版社，2000：438.

2. 共同共有人在共有关系中不分份额

在共同共有关系中，共有人共同享有共有财产的所有权，不像按份共有那样区分应有部分的份额、享有份额权。只要共同共有关系存在，共有人对共有财产就无法划分各人的份额。

3. 共同共有人平等地享受权利和承担义务

在共同共有关系存续期间，各共有人对全部共有财产平等地享有占有、使用、收益和处分权，共同承担义务。与按份共有相比，共同共有人的权利及于整个共有财产，行使整个共有权。

4. 共同共有人对共有财产享有连带权利、承担连带义务

在共同共有中，基于共有财产而设定的权利，每个共同共有人都是权利人，该权利为连带权利。基于共有关系发生的债务亦为连带债务，每个共同共有人都是连带债务人。基于共有关系发生的民事责任，为连带民事责任，每个共有人都是连带责任人。

（二）共同共有的性质

共同共有的性质是不分割的共有权，理由如下。

首先，共同共有不分份额，因而是没有应有部分即份额的共有权，以此与按份共有相区别。

其次，共同共有人中的每一个人都享有共有权，却不能独立地享有所有权。这意味着，每个共有人享有的并不是对全部共有财产的全部所有，而只是共有，即在实际上存在潜在的应有部分。当然，这种潜在的份额在共同共有关系存续期间无法分析，也无法表现出来。

最后，在共同共有关系终止时，共有财产才可以分割，形成按份额分割出来的单独所有权。这时，共同共有中潜在的应有部分或份额就显现出来，变成了实际的应有部分，但这种显现出来的份额这时已经没有意义了，因为共有财产和共有关系已经消灭了。然而，这正说明了共同共有应有部分的潜在性，共同共有是不分割的共同所有权。

二、共同共有的发生

共同共有的发生原因分为两个层次：第一个层次是共同关系的事实基础，第二个层次是法律规定的法律原因。这两个原因结合在一起，才能发生共同共有关系。

（一）共同共有发生的事实基础

共同共有发生的事实基础，是数人存在的某种共同关系。正是由于这种共同关系的存在，才能够在这些人当中发生共同共有关系。

共同关系的发生，是基于一般的身份关系或者带有人格性质的关系，共同关系的主体一般并不刻意地追求发生财产上的关系。例如，在夫妻关系、家庭关系的缔结上，都不以发生财产关系为目的，而是以发生身份关系为目的。共同继承遗产也是这种关系。只有合伙例外，合伙人之间因共同追求财产利益而具有稳定的关系，虽无人身性，却也存在共同关系。

（二）共同共有发生的法律原因

共同共有发生的根本原因是法律规定。从表面上看，共同共有是基于某种共同关系而发生的，作为共同共有发生前提的某种共同关系虽然是由于组成这种共同关系的当事人的意志统一而成立，但发生受这种共同关系支配的共同共有关系却不是或者不完全是由于共同意志而发生。法律规定某种共同关系的财产关系为共同共有，是共同共有发生的基本原因。

（三）共同共有发生的事实

共同共有发生的事实有：一是夫妻关系的缔结且未选择其他夫妻财产制；二是家庭关系的存在且有家庭成员对家庭财产的形成作出贡献；三是合伙经营；四是共同继承遗产；五是其他发生共同共有的事实，例如设立同乡会馆、建设同族祠堂等。

此外，还存在推定的共同共有。《物权法》第103条规定："共有人对共有的不动产或者动产没有约定为按份共有或者共同共有，或者约定不明确的，除共有人具有家庭关系等外，视为按份共有。"换言之，如果存在上述条件且具有家庭关系的，应当推定为共同共有。

三、共同共有的权利、义务关系

（一）共同共有的权利、义务关系的一般内容

1. 权利、义务依法律规定或者约定确定

共同共有人的权利和义务，依照规定共同共有关系的法律规定或合同约定而确定。

2. 共有人的权利、义务平等

在共同共有关系存续期间，共同共有人对共有财产平等地享有权利、承担义务，不分份额，不分应有部分，不享有份额权。尽管在合伙人之间有投资比例的不同、份额的不同，但是在分割共有财产之前，只能按照份额分取红利，对全部财产不分份额，一体享有。

3. 行使权利应当协商一致

基本权利的行使，如共有财产的保管、收益、处分、设定负担、变更使用收益方法或管理，除有特别约定之外，必须经过全体共有人的一致同意。

4. 共有财产状况保持义务

在共同共有关系存续期间，不得分割共有财产。这是共同共有人的一个义务，是必须遵守的。

5. 费用平均分担

因共有财产的经营管理产生的费用，由全体共有人平均分担。

6. 债务连带负担

因共有财产的经营管理产生的债务，包括共有财产造成他人损害产生的损害赔偿义务，以及共有人在经营管理共有财产过程中造成他人损害产生的损害赔偿义务，应当由共有人连带承担。

（二）共同共有人的权利

1. 共同的使用、收益权

共同共有人对共有财产享有平等的用益权，可以共同或单独使用共有财产，

共同享用共有财产产生的收益而不是按份额分配。但共同共有人不得主张就共同共有财产有其特定的部分。[①] 部分共有人自己划分自己的应有部分无效，对其他共有人没有拘束力。

2. 共有财产的部分处分权

在共同共有关系存续期间，对全部共有财产不能全部处分，只能处分部分共有财产。共同共有人享有的共有财产处分权，只及于部分共有财产，不能及于全部共有财产。

3. 物上追及权

当共同共有财产受到不法侵夺时，任何共同共有人均享有物上追及权，可以独自行使这一权利，以保全共有财产。

4. 设置共有财产物上权的权利

行使此权利，应由全体共有人协商一致，或者由有代表权的共有人与他人以法律行为设立。

5. 代表权

在共同共有人中推举一个共有人作为代表，其行为代表全体共有人的意志，为代表权。

6. 管理权

对共同共有财产的管理，既是权利也是义务，原则上应当由全体共有人统一进行；法律另有规定的，依照法律规定。

7. 优先购买权

共同共有关系消灭，共有财产经过分割之后，一方共有人处分自己分得的财产的，其他共有人享有有条件的优先购买权。

（三）共同共有人的义务

1. 对共有财产进行维修、保管、改良的义务

此项义务为全体共同共有人的义务，均应承担。具体履行时，可由部分共有

① 在这个问题上，要注意夫妻共同财产中的特别现象，即夫妻在夫妻关系存续期间个人使用的物品，属于个人财产。这不是对共同共有规则的破坏，而是法律的特别规定。

人负责，所支出的费用自共同收益中支出。

2. 不得分割共有财产的义务

共有人的这种义务是约束共有人保持共有财产的完整性和统一性。在共有关系消灭之前，不得分割共有财产。

3. 对所欠债务的连带清偿责任

共同共有关系在日常生活、经营活动中所欠债务为连带债务，各共有人为连带债务人。

4. 共有财产造成他人损害及各共有人造成他人损害的赔偿义务

共有财产因管理不善造成他人损害的，应由全体共有人承担赔偿责任。

5. 为部分共同共有人擅自处分共有财产的后果承担义务

共同共有人擅自处分共有财产，为无权处分；但第三人善意、有偿取得的，为善意取得，即时取得该财产的所有权，其他共有人不享有物上追及权，其后果由共有人承担；擅自处分财产的人负有赔偿义务，受损害的共有人不得追夺共有财产，只能向处分财产的共有人要求赔偿损失。

四、共同共有关系的终止和共有财产的分割

（一）共同共有关系终止

共同共有关系基于产生共同共有的共同关系的消灭而终止。产生共同共有关系的事实基础是共同关系，共同关系消灭，共同共有关系的事实基础已经不存在，共同共有关系不会继续存在了，共同共有关系必然消灭。

共同共有关系依据下述事实而终止：一是婚姻关系消灭；二是家庭关系解体（即分家）；三是合伙散伙；四是共同继承人分割遗产；五是共有财产被转让或灭失；六是订立终止共有关系的协议。

（二）共有财产的分割

1. 共同原则

分割共同共有财产的共同原则，是协商原则。无论是夫妻共同共有财产、家

庭共同共有财产，还是合伙财产、共同继承财产，在分割时都应当贯彻协商原则。只要协商一致，不违背法律的强行性规定，不损害社会公共利益和他人利益，都应当承认其有效。

2. 具体原则

至于分割各种不同的共同共有财产，在协商不成时，应当依据各自不同的分割原则进行分割，主要有以下原则。

（1）分割夫妻共同共有财产的原则是均等分割。在确定了夫妻共同共有财产范围以后，每人分得一半。根据生产、生活的实际需要和财产的来源等情况，具体处理时也可以有所差别，但差别不得过大。

（2）分割家庭共同共有财产，一般可根据均等原则，并考虑共同共有人对共有财产的贡献大小及生产、生活的实际情况。因而家庭共同共有财产的分割经常存在不均等分割的情况。

（3）分割合伙共同共有财产的原则是，按照约定，没有约定的，按出资比例分割。各合伙人按出资比例在共同共有财产中实际上形成一种潜在份额，该潜在份额决定各合伙人的盈余和亏损的承担。分割合伙财产时亦依此比例进行。

（4）分割共同继承的遗产，应依照《继承法》的规定进行。

（5）对其他共同共有财产的分割，应按照均等原则。

分割共同共有财产具体可以采取三种方式：一是实物分割；二是变价分割；三是作价补偿。不可分割的共有财产，可以分配给一个共有人，由其对其他共有人作价补偿。

第四节 准共有

一、准共有概述

（一）准共有的概念和特征

准共有，是指两个或两个以上民事主体对所有权以外的财产权共同享有权利

的共有。它与普通的共有既有联系又有区别，共同组成完整的共有法律制度。《物权法》虽然没有明确使用准共有的概念，但在第105条规定："两个以上单位、个人共同享有用益物权、担保物权的，参照本章规定。"这里规定的就是准共有。事实上，知识产权和债权也可以构成准共有，《物权法》囿于法律性质的限制，只规定了他物权的准共有。

准共有具有以下法律特征。

1. 准共有的权利是所有权以外的其他财产权

这里的其他财产权，不是仅仅包括物权法中他物权的概念，而是一个广义概念，为广义的财产权，是指具有财产利益内容的民事权利，包括他物权和知识产权。

2. 准共有适用共有的基本原理

准共有是共有的一种特殊类型，除了共有的权利有所不同外，在其他方面与一般共有适用同样的基本原理。

3. 准共有优先适用关于该权利立法的特别规定

准共有是物权法上的制度，规定在物权法的所有权内容之中。准共有的财产权利，法律都有专门的规定，如共有他物权规定在物权法的他物权部分，其中，共有用益物权规定在用益物权当中，共有担保物权规定在担保法或者担保物权当中，共有知识产权规定在著作权法、商标法或者专利法中。

（二）准共有的分类

按照准共有的不同共有性质，可以分为按份共有的准共有、共同共有的准共有和其他准共有。

准共有按照共有的权利的不同性质划分，可以分成以下四种类型。

1. 用益物权的准共有

用益物权的准共有是最主要的准共有，其共有的权利就是用益物权，用益物权的准共有包括地上权即国有土地使用权、宅基地使用权的共有，地役权的共有，土地承包经营权的共有。

2. 担保物权的准共有

担保物权也可以共有，共有担保物权就是担保物权的准共有，包括抵押权共

有、质权共有、留置权共有。例如，甲、乙、丙分别借款给债务人丁，三人同时就丁所有的不动产设定一个抵押权，应有部分均等，并办妥一项抵押权登记时，发生该抵押权的准共有。①

3. 特许物权的准共有

特许物权也可以形成准共有。在取得采矿权、取水权和养殖权等特许物权时，是由两个以上的民事主体共同享有，或者按份共有，或者共同共有的，也是准共有的一种类型。

4. 知识产权准共有

共有知识产权是常见现象。一般是数个主体依据共同的创造性劳动，共同取得了一项著作权、商标权或者专利权，形成准共有。知识产权的准共有包括著作权共有、专利权共有和商标权共有。

二、准共有的发生及效力

（一）准共有的发生

准共有基于两个或两个以上民事主体依共同行为取得所有权以外的财产权而发生。该种所有权以外的财产权一经取得，即在共有人之间发生准共有关系，数个共有人对共有的他物权、知识产权享有共同的权利，承担共同的义务。

两个或两个以上的民事主体共同取得所有权以外的财产权，是准共有发生的原因。对其他财产权的取得，分为原始取得和继受取得。

准共有的原始取得，是准共有人对其他财产权的最初取得，是依据法律规定和当事人之间的法律行为而取得。具体的取得形式有：一是依法取得；二是批准取得；三是登记取得；四是合意取得。

准共有的继受取得，是其他财产权的共有人通过某种法律行为或原因事实，从他人处取得这些权利共同享有。具体的取得形式有：一是转让取得；二是继承取得。

---

① 王泽鉴. 民法物权：通则·所有权. 北京：中国政法大学出版社，2001：390.

（二）准共有的效力

准共有发生以后，其基本的效力是发生准共有的权利、义务关系。

1. 准共有人的权利

准共有人的基本权利，是共有人共享该权利的共有权，每个共有人都对共有的财产权享有按份的或者平等的权利。每个人都可以依照规定占有、用益、处分该财产权，获得收益，保护该权利。

共同行使的准共有权，包括：一是共同的使用、收益权；二是共同的处分权；三是物权请求权等权利；四是设置准共有财产权物上权的权利；五是代表权。

按份行使的准共有权，包括：一是份额和份额权利；二是请求分割的权利；三是使用、收益权；四是对应有部分的处分权。

2. 准共有人的义务

一是对共有财产权（或者权利标的）进行维修、保管、改良的义务；二是不得分割共有财产权的义务；三是对外的连带义务或者按份义务的承担。

三、准共有的终止及分割

准共有因准共有的其他财产权消灭或其他财产权的共同关系的消灭而终止。准共有终止的效力，是消灭准共有的权利、义务关系，分割共有的权利或分割共有的财产利益。

（一）准共有关系的消灭

无论是按份共有还是共同共有，在准共有关系存续期间，共有人之间都存在一种共同的关系。在这种共同关系消灭之后，准共有终止。

在共同共有的准共有中，共有关系的终止是因为产生这种共有关系的共同关系消灭。在按份共有的准共有中，终止共有关系的事由有：一是准共有人协商一致终止准共有关系，准共有关系当然消灭。二是约定的准共有关系存续的期限已经届满，准共有关系随着期限的届满而消灭。三是部分准共有人要求分割准共有

的权利，准共有关系随着准共有财产权的分割而消灭。准共有权归属准共有人中的一人时，也使准共有关系终止。

（二）准共有权利以及形成的共有财产的分割

对准共有的财产权进行分割，如果是共同准共有，应当平均分割，例如，对共有的土地承包经营权进行分割，即应均等分割，每人分得平均的一份；按份共有的，应当按照份额进行分割。

对准共有财产权已经取得的财产利益，即形成的共有财产，在分割准共有财产权的同时，对共有财产一并进行分割，按照一般共有财产分割的办法，均等分割或者按份分割。

（三）准共有关系因财产权利消灭而终止

准共有人准共有的财产权消灭，是准共有终止的另一类重要原因。共有人准共有的财产权消灭，类似于一般共有中的共有财产灭失，都是共有的标的灭失，使共有关系失去共有的标的而归于终止，所不同的是一为权利、一为财产而已。具体原因有：一是准共有权利的存续期限届满；二是准共有财产权利已经实现；三是设置该财产权的目的实现；四是准共有财产权的标的物灭失；五是准共有财产权被抛弃或撤销。

（四）财产利益分割

准共有因共有的财产权利消灭而终止以后，因该种财产权利已消灭，因此不发生分割权利的后果，只发生分割在该项权利存续期间所取得的财产利益的后果。这种情况只发生在用益物权、知识产权和债权的准共有关系终止的场合，担保物权的准共有关系终止后不发生分割财产利益的问题，因为担保物权的目的是保证债务履行，不存在获益的问题。

对准共有的财产权所产生的财产利益进行分割，应按照共同共有和按份共有的一般分割规则进行。共同准共有的财产利益，应均等分割，有的要适当考虑准共有人的贡献大小；按份准共有的财产利益应按各准共有人的份额进行分割。

第五节　合伙共有财产

在共有中，合伙共有财产比较特殊，本节专门进行说明。

一、合伙共有财产的概念及特征

（一）合伙共有财产的概念

合伙共有财产与合伙财产这两个概念没有原则性的差别，合伙的财产由合伙人所共有，合伙财产即为合伙共有财产。有的学者根据《民法通则》第 32 条第 1 款关于“合伙人投入的财产，由合伙人统一管理和使用”的规定认为，在某些情况下，合伙人投入的某些财产如不以所有权为出资或出资而不形成共同财产[①]，就有一部分合伙财产不是合伙共有财产，因而合伙财产与合伙共有财产仍有些许差别。就实际情况分析，合伙财产的主体是合伙共有财产，将合伙共有财产与合伙财产两个概念等同使用，并无大的错误。

笔者在这两个意义上分别使用这两个概念：(1) 合伙共有财产指的是合伙人在合伙财产上产生的权利、义务关系，因此，合伙共有财产就是合伙的共有财产关系。(2) 合伙财产则作为合伙共有财产关系的客体，即具体财产，是合伙人投资和合伙经营积累的总和。

关于合伙共有财产概念的界定，主要有以下三种意见：一是认为合伙财产是合伙人因出资而直接构成的共有财产和合伙经营积累的共有财产。[②] 二是认为合伙人在组织合伙时按照合伙合同投入的财产以及合伙在经营中积累的财产是合伙

① 王利明，等. 民法新论：上册. 北京：中国政法大学出版社，1988：331.

② 同①330.

财产。[①] 三是认为合伙财产即合伙基于共同经营事业的目的所构成的集体财产。[②]

上述第三种意见的不准确之处，是显而易见的。首先，强调合伙财产是“集体”财产，是非常不准确的。使用“集体”的概念，如果是指财产的集合，应当使用“集合”这一用语；如果是指财产具有集体所有的性质，则是错误的。在研究财产所有的领域中使用“集体”这个概念，容易与“集体所有制”中的集体相混。其次，强调合伙财产基于共同经营事业的目的而构成，并没有表述其怎样构成，不合法律概念定义的规则。故这种定义并不可取。

第一、二种意见均指出了合伙共有财产的两种来源及构成，是准确的。其差异在于，前者强调共有性，后者未明确强调其共有性；其用意，前者希望强调合伙财产构成的两部分共有性质不同，后者希望指出合伙共有财产为同一种共有。

界定合伙共有财产这一概念，应当特别注意三个方面的问题：(1) 应揭示合伙共有财产的两个不同来源，也就是合伙共有财产的两个构成因素。合伙财产并不是一个完整的财产。这样表述，是说它的构成是两个部分：一部分是合伙人的投资，一部分是经营积累。没有这两部分的财产构成，就没有完整的合伙财产，也就没有合伙共有财产关系的发生。(2) 应揭示合伙共有财产的共有性质。合伙共有财产的性质就是共有，而不是一般的单独所有。这是合伙财产关系在所有权形式上的基本特点。如果在界定合伙共有财产的概念时对共有这个基本性质不加以说明，那么这个定义是不准确的。(3) 应揭示合伙共有财产是一种所有权的形式，产生共有的权利、义务关系，反映的不是作为共有客体的物，而是合伙共有关系。这正是本书严格区分合伙财产和合伙共有财产这两个概念的基本立场和用意。

基于以上分析，可以给合伙共有财产下一个定义，这就是：合伙共有财产是指由合伙人依照合伙合同向合伙投资的财产和合伙在共同经营中积累的财产所构成的共有物由全体合伙人所共有的权利、义务关系。

---

① 王家福，等. 民法基本知识. 北京：人民日报出版社，1987：73.

② 王铿. 论合伙财产与合伙债务. 上海法学研究，1994 (2).

（二）合伙共有财产的特征

合伙共有财产具有以下法律特征。

1. 合伙共有财产基于合伙关系根据法律规定而产生

合伙共有财产的产生必须具备两个条件：一是其前提条件，是合伙共有财产发生的事实基础，即合伙关系的存在。没有这个事实基础，就没有合伙共有财产的产生基础。合伙关系依合同而产生，合伙合同生效，合伙共有财产就具有了产生的基础。二是法律条件。当合伙关系产生以后，合伙共有财产不是依合伙人的合意，而是依法律规定，基于合伙关系的存在而必然发生。

证明这一观点的证据就是，如果合伙人约定合伙财产为个人所有，则该约定无效。合伙共有财产的发生具有法定性，这是一种强行性规定，任何合伙共有财产关系均须接受法律的约束。

2. 合伙共有财产的客体构成具有组合性

合伙共有财产的客体是合伙财产，它由两部分组成：一是合伙人的投资，这是由各合伙人从自有财产中拿出来投入合伙财产当中的，是合伙财产的原始积累。二是合伙经营的收益积累，即在原始积累的基础上开展经营活动，创造出来的新价值。在这一点上，合伙共有财产与其他共有财产具有明显不同。其他共有财产一般没有这种财产的区别，有的有这两种财产但却不能区分得这样明显。前者如共同继承财产，全部共有财产均为共同关系产生之后所取得的。后者如夫妻共有财产和家庭共有财产：有的是婚后夫妻共同劳动所得，或者家庭成员劳动所得；有的也有婚前财产，或者参加家庭共有财产之前的所得部分。合伙共有财产的客体在构成上的组合性，使它的基本属性显得更加复杂。

3. 合伙共有财产由全体合伙人享有一个所有权

对于合伙共有财产，全体合伙人都是共有人，平等地享受权利、承担义务。与其他共有一样，在合伙共有财产存续期间，各合伙人对全部共有财产平等地享有占有、使用、收益的权利，享有平等的处分权，同时也要平等地承担义务。在这个基础上，产生合伙共有财产的对内、对外关系。

4. 合伙人对合伙共有财产对外享有连带权利、承担连带义务

合伙共有财产是共同共有财产关系，基于共同共有关系而设定的权利为连带权利，每个合伙人都是连带债权人；基于共同共有关系而发生的债务为连带债务，每个合伙人都是连带债务人。合伙共有财产所产生的权利、义务，都是连带权利和连带义务。

二、我国合伙共有财产的性质

（一）关于合伙共有财产性质的比较

1. 古代的合伙共有财产

合伙具有悠久的历史。在罗马法时，合伙关系就已经相当发达，不仅合伙有相当复杂的分类，而且每个合伙人均有义务提供已允诺的投资标的。合伙设置管理人，该管理人有义务提供所获得的红利，为延迟分红而支付利息，并必须汇报账目；也有权就对共同物支付的必要费用和有益费用获得补偿。[①] 这种合伙财产的共有为按份共有。

在我国古代，关于合伙的记载比罗马法时还要早。在春秋时期，管仲与鲍叔牙之间就在合伙经商，产生合伙共有财产。《史记·管晏列传》记载："管仲曰：吾始困时，尝与鲍叔贾，分财利多自与，鲍叔不以我为贪，知我贫也。"这生动地反映了这个时期的合伙共有财产。

至我国近代，《大清民律草案》在债权编"契约"一章的第十四节规定了合伙，从第 796 条至第 834 条共 39 个条文规定了合伙合同的规则，其中大部分条文规定的是合伙共同财产。《民国民律草案》在债权编第二章"契约"中的第十六节规定了合伙，从第 655 条至第 688 条共 34 个条文规定了合伙关系，其中最主要的就是合伙共有财产。国民政府制定民法典，对合伙共有作了详细规定，建立了合伙共有法律制度。

① 彼德罗·彭梵得. 罗马法教科书. 北京：中国政法大学出版社，1992：380.

2. 现代的合伙共有

在现代经济活动中，合伙已经是典型的经营形式，现代民法都对合伙形式及其财产共有形式进行了规制。各国（地区）民法规定合伙共有财产，分为以下四种不同的立法例。

（1）确认合伙具有法人地位，合伙财产为合伙独立财产。

《法国民法典》原来并没有关于合伙具有独立民事主体地位的规定，在1978年修订时，在第1842条作了新的规定："除第三章规定的隐名合伙以外的合伙，自登记之日起享有法人资格。"具有法人资格的合伙，其财产即为独立财产，合伙作为独立的民事主体，对合伙财产享有独立的所有权。依照《法国民法典》的规定，除了隐名合伙以外，合伙的财产是单一所有权，并非共有关系。

（2）确认合伙性质为合同关系，合伙财产为共同共有财产

德国法、瑞士法及我国台湾地区均采这种立法例。《德国民法典》第718条规定："各合伙人的出资以及通过合伙执行事务而取得的物件，均为全体合伙人的共同财产。"《瑞士债法典》第531条规定："每一个合伙人应当提供出资，出资可以为资金、货物、债权或者劳务。但另有约定的除外。"第532条规定："合伙人共同分享实质上属于合伙之利润。"我国台湾地区"民法"第668条规定："各合伙之出资，及其他合伙财产，为合伙人全体之公同共有。"这种立法例确认合伙的性质是合同关系，不具有独立的民事主体地位，其享有的所有权是共同共有。

（3）确认合伙性质为合同关系，合伙财产为按份共有财产。

日本法采此种立法例。《日本民法典》第668条规定："各合伙人的出资及其他合伙财产，属全体合伙人共有。"该立法沿袭罗马法，个人色彩特强，突出各个合伙人的财产份额，突出各个合伙人的地位，因而对于合伙的团体性不能适应。所以，近世日本学说渐改合伙共有财产的合有说为通说，认为合伙共有财产由全体合伙人合有，即共同共有。①

（4）确认合伙为准民事主体，合伙出资与合伙积累性质不同。

这是我国《民法通则》的做法。将合伙规定在民事主体的"公民"之中，

① 郑玉波．民法债编各论：下．台北：三民书局，1981：655.

并在第32条设两款规定："合伙人投入的财产，由合伙人统一管理和使用。""合伙经营积累的财产，由合伙人共有。"这是对合伙出资和合伙积累采取上述不同的表述，认为两者有不同的共有性质。我国的这种立法例为前所未见。

（二）我国学者对合伙共有财产性质的不同见解

在我国，对于合伙共有财产究竟是什么性质，始终存在争议。

在《民法通则》公布施行之前，法学界存在两种意见：一种意见认为，合伙财产是集体所有制性质的社会主义公有财产。[①] 另一种意见认为，国家有关行政法规认为合伙财产仍属于个人所有，如1985年国务院《关于城镇劳动者合作经营的若干规定》（已失效）认为：成员入股资金或其他财物仍属个人所有，由合作组织统一使用和管理。

在《民法通则》公布施行以后，认为合伙财产为共有财产已成为学术界的共识，但关于合伙共有财产究竟是按份共有还是共同共有、合伙投资与合伙积累究竟是否为同一性质的共有，存在意见分歧，概括起来，有以下四种不同主张。

1. 统一共有说

这种主张认为：合伙财产同各合伙人自己所有的其他财产是划分开的，具有相对的独立性，合伙财产属于全体合伙人共有。合伙财产的出资与积累是一个统一的整体，虽立法作两款规定，但不能解释成合伙财产可以分成不同性质的两部分。[②] 有学者认为，这两部分财产都是全体合伙人的共有财产，必须按照财产共有关系的法律要求，由全体合伙人对合伙财产进行统一管理和使用。[③] 这种主张虽然没有指出共有是何性质，但实际上是指共同共有。

2. 出资与积累两立说

这种主张认为：《民法通则》第32条对合伙共有财产之所以分为第1款与第2款而作出规定，就是为了体现出资与积累这两种财产性质的差别，且第1款未对合伙投资的法律性质作出明确规定，这意味着不否认出资可以构成按份共有，

---

① 袁建国. 合伙财产的法律性质种类. 法学研究，1985（5）.

② 王家福，等. 民法基本知识. 北京：人民日报出版社，1987：23.

③ 佟柔. 民法总则. 北京：中国人民公安大学出版社，1990：142.

也不排除出资仍归个人所有。至于合伙积累则为共有财产，性质当属共同共有。[①] 有学者进一步认为，应当改变对合伙财产性质的一般理解，承认合伙财产可能由合伙人个人所有而不形成共有的财产组成，或由合伙人个人所有与合伙人共有的两部分组成。[②]

3. 按份与共同两立说

这种主张认为：合伙共有财产分为两种性质，即共同共有和按份共有。在多数情况下，如营利性商业合伙的合伙财产属于共同共有，少数情况下和非营利性合伙的合伙财产属于按份共有。[③]

4. 按份与共同结合说

这种主张认为：正确理解我国《民法通则》的规定精神，应当是合伙共同财产的性质是共有，但是基于合伙出资和合伙经营积累的不同，而分为两种不同的共有性质。合伙投资是按份共有，按照各合伙人实际投资的比例，确定的就是应有部分，享有份额权；经营积累则是共同共有，各共有人不分份额地共同享有权利、共同承担义务，在合伙关系消灭之前，这种共同共有关系不得改变。

（三）合伙共有财产的性质是共同共有

上述四种主张各有不同特点，表达了有些学者对我国合伙共有财产的理解和分析。当然，出于个人的立场和理解的不同，难免有不同的看法。对于这个问题，笔者的看法是，基本同意第一种意见，但是有所修正。

第一，将合伙财产按照合伙的形式不同而分成两种不同的共有，没有理论依据和实践根据。合伙，按照《民法通则》第 30 条的规定，是“两个以上公民按照协议，各自提供资金、实物、技术等，合伙经营、共同劳动”。合伙经营、共同劳动的目的，当然是获取收益。可见，营利乃是合伙的基本目的。如果两个以上的自然人出资经营、劳动，并不意图获取利益，就不是原本意义上的合伙。即使仍然将这种合伙认定为合伙，以其财产为按份共有，也没有实际意义。须知，

① 王利明，等. 民法新论：上册. 北京：中国政法大学出版社，1988：330－333.

② 佟柔. 中国民法. 北京：法律出版社，1990：145.

③ 戴淳隆，等. 论合伙. 法学研究，1986（5）.

之所以将合伙财产确定为共同共有，就是要增强合伙的团体性，使其个人色彩降低，以适应现代社会对合伙的要求。

第二，出资和积累对于合伙来说，是否就是不同性质的共有，甚至是不同性质的所有权呢？对此，笔者持否定态度，理由如下。

首先，合伙之所以在社会生活中历久不衰，在当代社会经济中日益发达，成为介于自然人和法人之间的还不具有主体资格的"第三民事主体"，原因除了它的这种组织性之外，就在于它的财产共有性。各合伙人出资，虽然都是个人财产，但它们聚集在一起，形成新的共有权，使合伙可以利用这一财产去经营事业、应付风险、创造财富、承担责任。缺乏这样的财产基础，合伙就难以发展它的事业。如果在出资的财产中，有的仍属于合伙人个人所有，尽管可以用所有权与权能相分离的理论来解释，但这种理论似乎与确定合伙财产为共有的目的不合，降低了合伙的团体性质和社会信誉，不适应市场经济对合伙的要求。

其次，合伙财产的全部特征都符合共有的特征，难以将合伙财产分成出资和积累这样两种不同的共有乃至所有形式。一般认为，共同共有的特征在于：一是共同共有依共同关系而发生；二是在共有财产中不分份额；三是共同共有人平等地对财产享有权利、承担义务；四是共同共有人享有连带权利、承担连带义务。如前所述：（1）合伙财产依合伙关系而发生，符合共同共有的第一个特征。（2）合伙财产有组合性，在积累的财产中自然不分份额，在投资的财产中虽然出资各有份额，但在出资构成合伙投资的整体财产以后，其份额就变成潜在的份额，不到合伙终止，不再分其份额大小；况且待投资与积累融为一体时，也难以分出投资和积累的界限，因而符合共同共有的第二个特征。（3）合伙财产体现为全体合伙人的共有权，全体合伙人对共有财产平等地共享权利、共担义务，符合共同共有的第三个特征。（4）合伙人对合伙共有财产对外享有连带权利、承担连带义务，符合共同共有的第四个特征。综上，可以看出，无论是合伙出资还是合伙积累，都完全符合共同共有的法律特征。相反，按份共有的最基本特征是共有人的应有部分以及相应的份额和份额权，具体表现为共有人可以按照其份额行使权利，并可以要求分割份额，予以转让。在合伙中，即使对投资，各合伙人也不

享有这种权利，因而投资也不可能是按份共有。同样，即使投资为自所有权分离的权能，分离的权能构成用益权，而用益权本身就是财产权，且用益权完全可以构成共有权的客体，民法理论称之为准共有。当以用益权投资于合伙时，用益权与其他投资财产成为完整的合伙财产的组成部分，而不属于用益物所有人。以所有权权能分离为理由而认定某些共有投资为个人所有，是不充分的。如果是合伙人出资货币、实物而约定为个人所有，排斥共有权的适用，则违背了合伙规则，为合伙法所禁止。

最后，主张投资、积累分立，没有立法例所援引。在把合伙财产作为共有财产的立法例中，或者均为共同共有，或者均为按份共有，各国（地区）均采单一制，任何国家（地区）都没有将合伙财产的性质分成几种共有甚至所有的。日本立法认为合伙财产为按份共有，已经受到强烈批评，在理论上合伙财产为共同共有已成通说。至于将合伙人的投资作为个人所有，更是为各国立法所反对，因其违背合伙立法的旨趣。

第三，统一共有论认为合伙的投资和积累均为合伙共有财产，必须按照财产共有关系的法律要求，由全体合伙人对合伙财产进行统一管理和使用，是完全正确的。基于《民法通则》将合伙财产分成两款规定而解释成合伙财产可以分成性质不同的两部分，没有充分的根据。

综上所述，合伙共有财产，无论是合伙投资还是合伙积累，无论是营利性合伙的财产还是非营利性合伙的财产，都是共同共有财产，在该财产之上构成的关系，是共同共有。

（四）合伙共有财产中的潜在“应有部分”

在以上论述中，并没有看出笔者的主张与第一种观点有什么区别。下面笔者要说的，就是笔者的意见的主要部分。

合伙共有的最主要特点，也是与一般的共同共有的显著差别，就在于合伙共有财产具有明显的潜在“应有部分”。

1. 一般共同共有中的“潜在应有部分”

共同共有是基于共同关系而共有一物。共同共有财产的所有权属于共有人全

体，而非由共有人按照应有部分享有所有权，故对该共同共有财产的全部，共有人并无应有部分存在。合伙人对合伙财产的股份，是就抽象的总财产而言的，而不是针对个别的共同共有财产，学说上称之为共同共有的潜在应有部分。① 这一论述，精彩地说明了在共同共有中，没有应有部分但是应有部分又在暗中产生影响的现象。这就说明，虽然共同共有没有应有部分，但并不是说就绝对没有任何应有部分。实际上，既然共同共有是财产权，既然是几个共有人共同享有共有财产的所有权，那么在市场经济条件下，就不可能绝对地共同所有，绝对地不分份额，那样就没有各个共有人的利益了。当然，共同共有的这种潜在应有部分是在暗中存在的，不是公开表露出来的。

2. 合伙共有财产的潜在应有部分更为明显并且起到更为重要的作用

在一般的共同共有中，潜在应有部分确实是“潜在”的，没有公开表现出来。例如在夫妻共有财产中，双方共同行使权利、承担义务，各自的应有部分极不明显，潜在的应有部分隐藏很深，不到婚姻关系解体共同共有关系消灭，这个潜在部分不会表现出来。但是，合伙共有财产的潜在应有部分却是公开表露出来的，这表现在：参加合伙的每一个人都有固定的投资份额，每一个合伙人都有相应的股份。这个份额和股份，就是每一个共有人的应有部分。合伙共有财产不但让这个潜在应有部分隐隐约约地“浮出水面”，而且公开表露出来，这就是在约定的期限到来时，就要按照这个应有部分分配红利或者承担亏损。这与一般的共同共有中应有部分只有在共有关系消灭时才表现出来的情况迥异。可见，合伙共有财产与一般的共同共有虽然都是共同共有，但合伙共有财产的潜在应有部分更为明显和外露，形成鲜明对照。

3. 合伙共有财产中的投资和经营积累各自的潜在应有部分各不相同

不仅如此，合伙共有财产的潜在应有部分在投资和经营积累两个部分的财产构成上，有着更为不同的表现。在经营积累方面，潜在应有部分是比较“潜在”的，虽然与一般的共同共有的应有部分有所区别，但还没有特别大的区别。但是，投资这一部分财产的潜在应有部分就是公开的、外露的，有的甚至赤裸裸地

---

① 王泽鉴. 民法物权：通则·所有权. 北京：中国政法大学出版社，2001：377.

表现为某个具体的财产就是某个合伙人的财产。而且在合伙散伙时，如果投资的财产可以分清，还可以将这个财产分割给原来投资的合伙人。合伙共有财产的潜在应有部分在投资和经营积累中的鲜明不同，说明了合伙共有财产与其他一般的共同共有的区别是极为明显的。

基于这些理由，笔者的结论就是：合伙共有财产的性质是共同共有财产，但具有潜在应有部分极为明显的特点；合伙共有财产是统一的共同共有财产，但在投资和经营积累两个不同的财产构成上，潜在应有部分表现得极为不同。这两个“极为”明显和不同，构成了合伙共有财产的基本特点。

三、合伙共有财产的产生及效力

（一）合伙共有财产的产生

合伙共有财产的产生必须具备基础条件和法律条件这两个条件。在合伙关系发生的事实基础这个条件上，须具备合伙关系成立和各合伙人按照约定投资这两个条件，然后才能依照法律规定产生合伙共同财产。对此，《瑞士民法典》第652条前段规定得特别清楚，即：“若干人依法律或契约而成立共同共有关系，并依共同共有关系对某物有所有权时，为共同共有人。”

1. 合伙关系成立

与任何共同共有的发生一样，合伙共有财产基于合伙关系的成立而发生。各合伙人就组织合伙而达成协议，签订合伙合同，该合同一经生效，合伙关系即告成立。

合伙关系成立是合伙共有财产发生的必要条件，不是充分条件，因为它只是合伙共有财产发生的事实根据这一个条件，依据这个单一的条件并不能自然发生合伙共有财产，还必须有财产的投入。这一点上，合伙共有财产与夫妻共有财产大不相同。

2. 各合伙人按照约定投资

合伙人投资，是合伙财产的最初来源。没有合伙人的投资，合伙只能是一个

“空壳”，不能具有从事经济活动等民事行为的经济能力，不能从事经营活动，不会发生合伙共有财产。

合伙关系发生之后，各合伙人必须按照约定向合伙投资，这些投资进来的财产构成合伙共有财产的基础。在这个财产的基础上，发生财产所有的权利、义务关系，合伙共有财产因此发生。

合伙人的投资可以是资金，也可以是设备；可以是财产，也可以是其他用益物权，例如，可以将地上权、使用权等投资入股；可以是知识产权，也可以是技术。

具有了上述事实根据，按照法律的规定，合伙共有财产即行发生。合伙共有财产一经发生，合伙即可进行经营活动。

（二）合伙共有财产的效力

合伙共有财产发生之后，发生两方面的效力：一是在合伙人之间就合伙共有财产发生权利、义务关系，二是对合伙共有财产产生保全效力。

1. 各合伙人就合伙财产发生的权利、义务

合伙人在合伙财产上享有以下权利。

（1）享有合伙共有财产的完整所有权。

合伙人作为合伙共有财产的共有人之一，对合伙共有财产享有完整的所有权。合伙共有财产是集合物，按照一物一权原则，只有一个共有权，但共有人为数人。所有的合伙人都对该财产平等地共享整体权利。在合伙共有财产中尽管都有潜在的应有部分，但不是按份共有的份额，不发生份额权，而是合伙共有财产的潜在应有部分，每一个合伙人的权利仍及于整个合伙共有财产。这就是《物权法》第95条规定的“共同共有人对共有的不动产或者动产共同享有所有权”的基本含义。正如《瑞士民法典》第652条规定的：“若干人依法律或契约而成立共同共有关系，并依共同共有关系对某物有所有权时，为共同共有人。各共有人的权利及于全物。”合伙人对合伙共有财产的权利就是这样完整的所有权含义。

（2）共同的处分权。

按照共同共有的基本规则，在共同共有关系存续期间，对全部共有财产不能全部处分，只能处分部分共有财产。共同共有人享有的共有财产处分权只及于部

分共有财产，不能及于全部共有财产。[①] 合伙共有财产同样必须遵守这个基本规则。一旦将全部合伙共有财产予以处分，将使合伙解体、不复存在，合伙共有财产就消灭了。

合伙共有财产的处分权属于全体合伙人。《物权法》第 97 条规定，处分共有的不动产或者动产，“应当经全体共同共有人同意”。因此，处分合伙共有财产必须经全体合伙人一致同意，否则为无效。合伙人对共有财产的处分必须共同决定，个别合伙人无此权利。在推举代表人的合伙中，代表人可以部分地处分共有财产，但必须经全体合伙人授权。个别合伙人处分合伙共有财产，一律无效。

(3) 分取红利权。

在合伙关系中的分取红利权，就是在共同共有中的使用、收益权。在合伙经营过程中，对于经营盈余，除留下足够的积累以供发展外，其余盈余可以按红利分配给合伙人，各合伙人均享此权利。

分红的方法，原则上应依约定，无约定的，按投资比例分配。这种约定的分红比例和出资额比例，都是合伙共有财产的潜在部分，是潜在的份额权。

同样，合伙经营亏损的。各合伙人均应分担损失，办法与分红办法相同。

(4) 物权保护请求权。

按照共同共有的基本规则，当共同共有财产受到不法侵夺时，任何共同共有人均享有物权保护请求权，可以独自行使这一权利以保全共有财产。这一权利不必由全体共有人共同行使，而是所有的共同共有人均可单独行使，亦可共同行使。同样，对于侵害合伙共有财产的行为，各合伙人都享有物权保护请求权，依照法律规定，保全合伙共有财产。此项权利每个合伙人均可行使。同样，行使此种权利，必须为全体合伙人的利益，不得仅为个人或者部分合伙人的利益。

在程序上，一个合伙人或者数个合伙人正当行使上述权利，均为适格当事人，不必追加全体合伙人作为共同当事人。

(5) 设置合伙共有财产物上权的权利。

在合伙经营中，合伙人可以在合伙共有财产上设置其他物上权，对合伙共有

---

① 在这个问题上，《瑞士民法典》有不同规定，认为不能处分部分共有财产不够妥当。

财产设置负担。行使此权利，应由全体合伙人协商一致，或者由有代表权的合伙人与他人以法律行为设立，例如在合伙共有财产上设立担保物权、用益物权。这种行为涉及共有财产的命运，也涉及合伙共有财产的利用问题，必须经过全体共有人同意才能实施。

（6）代表权。

在合伙人中推举一个合伙人作为代表，其行为代表全体合伙人的意志，就是合伙代表权。我国法律没有在合伙共有财产中设置代表人的规定，但也没有禁止。在现实中，合伙其实存在两种形式：一种是合伙共同经营；另一种是设置代表人，经过全体合伙人推举，合伙人中的一人作为合伙的代表，对内主管合伙事务，对外代表全体合伙人。后一种做法，就是合伙代表权制度。

由合伙约定推举产生的代表权人，有权代表全体共有人处分共同共有财产，有权代表全体共有人与他人实施民事法律行为，就共有财产设定民事法律关系。

（7）费用补偿权。

合伙人为保全、养护、维修、改良合伙共有财产支出的费用，应从合伙共有财产中支付，各合伙人对合伙共有财产进行维修、保管、改良所支付的费用，可以从合伙共有财产中补偿。合伙人在执行合伙事务中所受损失亦可请求补偿，例如，合伙人在执行合伙事务中因工造成人身损害或者财产损害的，类似于“工伤事故”，受害的合伙人有权请求从合伙共有财产中支付损害赔偿金。

合伙人在享有合伙人的权利的同时，还要承担应尽的义务。这些义务是如下几项。

（1）对共有财产进行维修、保管、改良的义务。

《物权法》第 96 条规定：“共有人按照约定管理共有的不动产或者动产；没有约定或者约定不明确的，各共有人都有管理的权利和义务。”合伙人对合伙共有财产的管理，既是义务也是权利。对合伙共有财产维修、保管、改良的义务，是全体合伙人的义务，均应承担。具体履行可由部分合伙人负责，所支出的费用由合伙共有财产支出。

（2）对所欠债务的连带清偿责任。

合伙在经营活动中所欠的债务，各合伙人须负连带清偿责任，为连带债务

人。连带的方法是，债权人可以向任何一个合伙人要求清偿，应从合伙共有财产中支付；合伙共有财产不足清偿的，各合伙人承担无限连带义务。

（3）合伙共有财产和各合伙人执行合伙事务造成他人损害的赔偿义务。

合伙共有财产因管理不善造成他人损害，构成侵权赔偿责任的，应由全体合伙人承担。如合伙饲养的动物致人损害、合伙共有的房屋坍塌致人损害、合伙经营企业排污造成环境损害等，构成合伙致人损害的侵权责任。合伙人执行合伙事务侵害他人权利造成损害的，须由全体合伙人承担赔偿责任，即从合伙共有财产中支付赔偿金。

按照侵权责任法的规则，合伙致人损害构成非典型的共同侵权行为，应当按照共同侵权行为基本规则处理。

（4）为部分共同共有人擅自处分共有财产的后果承担义务。

共有人为部分共有人擅自处分共有财产的后果承担义务，其依据是最高人民法院《民通意见》第 89 条关于“在共同共有关系存续期间，部分共有人擅自处分共有财产的，一般认定无效。但第三人善意、有偿取得该财产的，应当维护第三人的合法权益，对其他共有人的损失，由擅自处分共有财产的人赔偿”的规定。

这种规定对合伙共有财产的合伙人是不是适用，值得研究。有的学者认为，为了保护合伙的经营能力和合伙人的利益，部分合伙人擅自处分合伙共有财产的，不适用善意取得制度。笔者不同意这种意见。善意取得制度是一个普遍适用的物权法制度，有着普遍适用的效力，不是说哪个领域不适用就不适用。部分合伙人擅自处分合伙共有财产，当然不发生所有权转移的效力，但是，第三人善意、无过失而受让财产，符合善意取得要件的，应当发生所有权转移的效果。在这一点上，合伙共有财产没有任何特殊之处。

依据《物权法》第 106 条的规定，部分合伙人擅自处分共有财产，为无权处分，但第三人善意、有偿取得的，为善意取得，即时取得该财产的所有权，其后果由全体合伙人承担，但擅自处分财产的合伙人有对全体合伙人赔偿因此造成损失的义务。受损害的合伙人不得追夺共有财产，只能向处分财产的合伙人要求赔

偿损失。

2. 对合伙共有财产的保全效力

对合伙共有财产的保全效力，是指法律设置各种规定，保全合伙共有财产，以维持合伙的共同事业，保护合伙的债权人的合法权益。

其具体效力有以下几方面。

(1) 合伙人在合伙解散前不得请求分割合伙共有财产。

建立合伙共有财产是为了经营合伙事业。共同共有的基本规则之一，就是在共同共有关系存续中，各共有人不得请求分割共有财产。如果合伙人在合伙解散前请求分割合伙共有财产，不仅与合伙的目的有违，也违背共同共有的基本规则，法律对此一般都设有禁止性规定。《瑞士民法典》第653条第3款规定："在共同共有关系存续期间，不得分割共同共有物或处分共同共有物中的任何部分。"我国台湾地区"民法"第829条规定："公同关系存续期间，各公同共有人，不得请求分割其公同共有物。"

(2) 禁止合伙债权的抵销。

合伙债权是合伙的财产，属于合伙人共同共有。此种债权的债务人必须对合伙履行债务，如果某个别合伙人个人对该债务人负有债务，则禁止该债务人将合伙债权与该合伙人的个人债务相抵销。这是因为，合伙人的个人债务应以个人财产清偿，如果直接以全体合伙人享有的债权相抵销，则该合伙人即侵害了全体合伙人的共有权。

(3) 限制合伙股份的转让。

法律并不绝对禁止合伙人转让其股份，但对某种转让加以限制。合伙人将其股份转让给其他合伙人的，法律不予以限制。但合伙人将其股份转让给合伙人以外的人的，必须经全体合伙人一致同意，否则不得转让。这是因为合伙人之间具有人格信用关系，而合伙股份的转让具有入伙和退伙的双重性质，属于一种人的变动，应当严格履行程序。

(4) 限制合伙人的债权人代位。

债权人为保全其债权，可依债权人代位权，代位行使债务人对他人行使的权

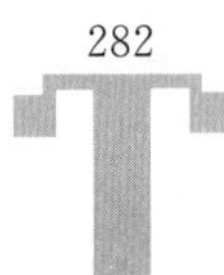

利。对此，《合同法》已经作出了明确的规定。合伙人的债权人代位一般受到禁止，即在合伙存续期间，合伙人的债权人对于该合伙人对合伙的权利，不得行使代位权。这是因为合伙人对合伙的权利有专属权性质，不能与合伙人的地位分离。但是，合伙人享有的分取红利权为合伙人的独立权利，无专属性，合伙人的债权人可以对其代位行使。

（5）限制合伙人的债权人扣押。

对此，《德国民法典》第725条规定："合伙人中的一人的债权人，就该合伙人在合伙财产中的份额实行扣押者，以债务名义非单纯可以假扣押者为限，该债权人得不遵照先期通知期限对合伙为声明退伙。"我国台湾地区"民法"第685条规定得更明确，即"合伙人之债权人，就该合伙人之股份，得声请扣押；但应于两个月前通知合伙；前项通知，有为该合伙人声明退伙的效力"。这些规定值得借鉴。个别合伙人的债权人对于该合伙人的股份，原则上有实行扣押的权利，但应提前通知合伙。对合伙人的股份一旦实行了扣押，就产生该合伙人退伙的效力，合伙应当按照退伙的规定清算其股份。

（三）合伙债务的清偿

1. 一般原则

合伙债务属于合伙的消极财产，合伙存续期间，合伙共有财产对合伙债务亦发生效力。

合伙债务是合伙对他人所负的债务。合伙债务产生于合伙存续期间，产生债务的原因是合伙人对第三人的合同行为或侵权行为，以及不当得利和无因管理等。对于合伙债务，承担债务的主体是合伙，履行债务的担保或承担债务的财产范围是合伙共有财产和每个合伙人的个人财产。①

合伙债务与合伙人的个人债务完全不同。合伙人的个人债务，是合伙人个人对他人所欠的债务，合伙人与债权人是债权、债务关系的当事人，与合伙事务和合伙团体毫无关系，因此应当由合伙人个人承担清偿责任。在前述关于合伙共有财产保全效力的规则中，第2、4、5项就是对合伙人个人债务清偿的限制。

① 王利明，等. 民法新论：上册. 北京：中国政法大学出版社，1988：335.

2. 不同立法例

关于合伙债务的清偿，有三种不同的立法例。

(1) 无限连带责任。

德国法、瑞士法认为，合伙为共同共有的团体，合伙债务为合伙人的共同债务，由合伙承担。各合伙人除负共同债务外，并连带地负与合伙债务同一内容的个人债务，即合伙人除以合伙共有财产为一般担保负有限责任外，并以自己的财产为担保负无限责任。

(2) 分担无限责任。

《日本民法》规定，各合伙人就合伙债务，仅就其分担部分负清偿的无限责任，原则上依分担损失的成数定之。这是日本法规定合伙共有财产为按份共有的缘故，既然是按份共有，合伙人当然不能承担无限连带责任。

(3) 连合分担无限责任。

在中华民国民法颁布之前，大理院判例唯认合伙人对合伙债务有按股份分担之意，如合伙人中有无力清偿者，应由其他合伙人按股份分担偿还，即连合分担。[①]

3. 清偿合伙债务的规则

按照我国《民法通则》的规定，在我国合伙债务的清偿责任形式是无限连带责任。

合伙债务的清偿具体规则是：首先，合伙债务由合伙共有财产承担；其次，合伙共有财产清偿不足的，各合伙人以自己的全部个人财产，连带承担，个人财产清偿不足部分，由其他合伙人承担；最后，各合伙人中以个人财产偿还合伙债务超过自己股份份额的合伙人，有权向其他合伙人追偿。

当合伙人应当以个人财产承担无限责任时，又负有个人债务应当清偿的，应当以合伙的债务优先还是以个人的债务优先？有的认为应当合伙债务优先清偿，有的认为个人债务优先清偿，有的认为同等清偿。笔者认为：合伙或者合伙人负担的这两种债务，具有同等效力。能够清偿的，分别清偿；不足清偿的，按比例清偿。

---

① 史尚宽. 债法各论，台北：荣泰印书馆，1981：666.

四、合伙共有财产的消灭及分割

（一）合伙共有财产的消灭

合伙共有财产的消灭原因分为两种，即合伙解散和合伙人退伙。合伙解散引起合伙共有财产的全部消灭，合伙人退伙引起合伙共有财产的部分消灭。

合伙共有财产全部消灭的，应当对合伙共有财产进行清算；合伙共有财产部分消灭的，应当对退伙人的应有部分进行结算。这种清算和结算在共有关系理论上，都是对共有财产的分割。

（二）合伙共有财产部分消灭及结算

1. 声明退伙与法定退伙

合伙人退伙是合伙共有财产部分消灭的法定原因。退伙分为声明退伙和法定退伙，退伙都引起合伙共有财产的部分消灭。

声明退伙是合伙人一方以声明表示退出合伙的行为。这种行为无须得到其他合伙人的承诺，仅该退伙的合伙人一方表示即生效力。退伙的规则是，合伙规定有存续期间的，合伙人如有非可归责于自己的重大事由，可以声明退伙；合伙未定有存续期间或经订明以合伙人中一人的终身为其存续期间的，各合伙人可以声明退伙，但应于两个月前通知其他合伙人。

2. 法定退伙的事由

法定退伙不需任何声明，遇有法定事由发生即当然发生的退伙。法定退伙的事由有如下几项。

（1）合伙人死亡。

合伙人死亡并非一律发生法定退伙的后果，因为合伙人死亡以后，如果合伙协议约定或经其余合伙人同意，其继承人可以继承该合伙人的合伙地位及合伙共有财产的股份。只有死亡的合伙人没有继承人继承或不得其继承人继承的，才发生法定退伙的后果。

（2）合伙人破产。

合伙人一经受破产宣告，则失去支付能力，其总财产依破产规定处理，而其合伙股份为其总财产的一部分，应列入破产财产，所以发生法定退伙的后果。

（3）合伙人丧失民事行为能力。

合伙人一旦丧失民事行为能力，即无法从事合伙事业，一般应发生法定退伙的后果，但合伙协议约定不退伙或可以由其近亲属代替其合伙地位的，不在此限。

（4）合伙人被开除。

合伙人违反合伙的宗旨，由其他合伙人决议，可以将该合伙人开除，剥夺其合伙人的资格。开除的法定要件有：一是须有正当理由；二是须经其他合伙人全体同意；三是须通知被开除的合伙人。

无论合伙人是声明退伙还是法定退伙，都使该合伙人丧失合伙人的资格，在合伙共有财产上则表现为失去共有人的资格，故应对其在合伙共有财产中的股份进行结算，分配其应得的损益。除此之外，整个合伙及合伙共有财产继续存在。

退伙的财产结算，其标准时期分为原则标准时期和例外标准时期。原则标准时期，是指退伙的财产结算应以退伙时合伙的财产状况为准，以该时期的资产及负债情况，计算退伙人应得的份额。例外标准时期，是指合伙人担负的合伙事务于退伙时尚未了结者，于事务了结之时计算，分配其损益。

具体的结算，应以原则标准时期的合伙状况为准，计算合伙的现存财产和所负债务，综合计算余额，按退伙人应有的份额计算，盈余则分得财产，亏损则分担债务。

对退伙人分配结算的财产，应以金钱计算；对于其投资，可以退还原物，也可以折价退还；以用益权投资者，应一律退还原物；以专利权、商标权等投资的，也应退还该权利，或协商处理；以技术出资的，因其技术已经应用，应协商处理，可以作价退还，也可以禁止合伙继续使用该技术。

（三）合伙共有财产全部消灭及清算

合伙解散，是合伙共有财产全部消灭的原因。合伙一经解散，使合伙共有财

产发生的必要前提即不存在，合伙共有财产当然消灭，发生合伙共有财产的清算后果。

1. 合伙解散的原因

（1）合伙存续期限届满。

合伙协议约定的合伙存续期限届满，合伙即归解散，应当终止合伙共有财产，进行清算。但合伙存续期限届满后，合伙人继续经营合伙事业的，法律视为以不定期限继续其合伙协议，不发生合伙解散的后果。

（2）合伙人全体同意解散。

这种解散，不论合伙协议是否定有存续期限，均可适用。同意解散的性质属于合意终止合同，须经全体合伙人一致同意。如果一部分合伙人同意解散，另一部分人不同意解散，则应由同意解散的合伙人退伙，合伙在其他合伙人中继续存在。当不同意解散的合伙人只有一人时，合伙消灭。

（3）合伙的目的已完成或不能完成。

合伙的目的已完成，是指合伙约定的具体事业已经做完，合伙经营的目的已经实现，如一次性经营某事业，或为某事业服务，该项事业结束，即为完成。合伙目的完成，合伙归于解散。

合伙的目的不能完成，包括该事业自始不能完成和中途不能完成，是指因主观预测错误或者客观情况变化，合伙经营的目的不能实现。据此，合伙归于解散。

2. 清算

合伙解散，合伙共有财产终止，应对合伙共有财产进行清算。合伙至清算结束时，为完全消灭。在合伙解散至清算结束之前，应当认为合伙还在存续。

对合伙共有财产的清算办法，按照最高人民法院的司法解释，应以书面协议为准。有书面协议的，按协议处理；没有书面协议又协商不成的，如果合伙人出资额相等，应依多数人的意见处理；合伙人出资额不等的，可以按出资额占全部合伙额多的合伙人的意见处理，但要保护其他合伙人的利益。

还可以采取另一种办法，即确定清算人：由全体合伙人推举合伙人中的一人

或数人，或者推举合伙关系以外的第三人一人或数人，担任清算人，由清算人主持清算并决定清算办法。

具体清算应依以下办法。

（1）了结现务。

此即了结现存的合伙事务。这种事务，应以已着手者为限，未着手的事务不再执行。已着手的合伙事务，至合伙解散时尚未完结的，应在清算中执行完结，或采取其他办法了结。

（2）收取债权。

此即将已届清偿期的债权予以实现。至于尚未届清偿期的债权，可以采取转让他人或换价的方法，也可以划入剩余财产之中。

（3）清偿债务。

对于已届清偿期的合伙债务，用合伙共有财产予以清偿。对于未届清偿期的合伙债务，应将其清偿所必需的数额，在合伙共有财产中划分出来予以保留，或者进行期前清偿。

（4）退还出资。

在清偿债务后所余的合伙共有财产中，应先退还各合伙人的出资。偿还出资应以财物出资为限，出资为现物并尚存在的，应退还原物；以金钱出资或原物无法退还者，以金钱退还。如果清偿债务后所余的合伙共有财产不足以退还全部出资者，则以各合伙人的出资比例平均退还。

（5）分配剩余财产。

该剩余财产，是合伙共有财产在清偿合伙债务、退还出资以后所剩的财产。剩余财产，由全体合伙人分配，而无论各合伙人以何种方式出资。分配的原则是按各合伙人应受分配利益的比例进行分配。

经清算，如全部合伙共有财产不足以清偿合伙债务的，是亏损。该亏损，对内由各合伙人按比例分担，对外各合伙人连带负责清偿。

第六节　共有权中的优先购买权

一、优先购买权概述

（一）在共有关系中研究优先购买权的必要性

优先购买权与共有关系具有密切联系。尽管它与民法其他领域也有密切联系，例如在租赁关系中承租人的优先购买权也是这种性质的权利，但是，优先购买权与共有之间的联系要紧密得多，更具有典型意义。①

在按份共有关系中存在优先购买权的问题。在共同共有关系中，包括合伙共有、夫妻共有、家庭共有、共同继承财产，以及在准共有的某些关系中，也有优先购买权的适用问题。虽然《物权法》没有对共同共有规定优先购买权，但是最高人民法院的司法解释明确承认在共同共有中也适用优先购买权，只不过这种优先购买权发生在共有消灭之后。即使在准共有中，只要不动产所有权发生了他物权，都可能发生优先购买权。

正因为如此，研究共有问题，就不能不研究优先购买权问题；同样，研究优先购买权，也不能离开共有基础。对优先购买权进行研究，对于阐释共有人的权利内容、规范共有不动产交易秩序，是十分必要的。

（二）共有中优先购买权的概念和特征

优先购买权也称为先买权，是特定的民事主体依照法律规定享有的先于他人购买某项特定财产的权利。② 简言之，优先购买权指的是排除他人而优先购买的权利。③ 共有中的优先购买权，是共有人在其他共有人有偿转让其共有份额或者已经分割的应有部分时所享有的在同等条件下优先于其他第三人购买的权利。

---

①② 王利明．物权法研究．北京：中国人民大学出版社，2002：342.

③ 孙宪忠．德国当代物权法．北京：法律出版社，1997：169.

共有中的优先购买权具有以下法律特征。

1. 共有中的优先购买权是共有人的权利

共有中的优先购买权发生在共有领域，是共有人享有的权利。它表明的是，针对其他共有人而言，这是共有人的权利，其他共有人负有将自己的份额优先出卖给享有优先购买权的共有人的义务；同时，这种权利对抗第三人，在同等条件下，共有主体以外的第三人无法购买到这个财产的所有权。

2. 共有中的优先购买权针对的是对共有财产的处分

行使优先购买权所购买的财产是特定的财产，是共有财产中已经分割为共有人自己所有的那一部分共有财产，或者是按份共有人之一的应有份额，或者是共同共有人之一已经从共同共有中分割出来的应有部分。能够成为优先购买权标的物的财产，一定是已经自共有财产中分离出来或者可以分离出来的部分。

3. 共有中的优先购买权发生的场合主要是不动产交易

优先购买权原则上适用于共有财产交易的一切场合，但主要适用于不动产交易或者不动产权利交易的场合，以及机动车、船舶、飞行器等动产交易的场合。

4. 共有中的优先购买权限定的是同等条件

所有的优先购买权都不是绝对优先，都有严格的限定条件，这就是同等条件。只有当其他共有人提出的条件在与第三人主张的购买条件同等时，才发生对抗第三人而优先购买的效力。没有同等条件，就没有优先购买权。

5. 共有中的优先购买权具有时效性

优先购买权与其他权利不同，具有严格的时效性，只能存在于法律所约束的时间之内，超过了这个时限，这个权利不发生效力或者效力丧失。

（三）在共有中设定优先购买权的意义

在共有关系中设定优先购买权的意义在于：第一，保证物尽其用。民法设置物权制度的基本宗旨之一，就是更好地配置物质资源，促进物尽其用，充分发挥财产的效益，创造更多的社会财富。第二，稳定财产秩序。在共有存在时，要维护共有的稳定。共有人享有优先购买权，就可以尽可能少地避免加入新的共有人，或者避免共有人以外的人与共有财产发生关系，这样就可以避免发生纠纷，

稳固财产秩序。第三，保护共有人的团体利益。具有共同关系的人之所以具有这种共同关系，都是因为具有相当的利益关系，因此构成具有共同关系的人的团体利益。对共有中的团体利益予以法律保护，符合社会发展的要求。共有人享有优先购买权，能尽量不破坏存在的共同关系，保护共有关系，正体现了保护团体利益的精神，是符合社会整体利益的。

二、优先购买权的性质和适用范围

（一）优先购买权的性质

关于优先购买权的性质，学者有不同的看法，主要有"期待权"说[①]，"形成权"或"附条件的形成权"说、"物权"或者"债权"说[②]，以及"双重性质"说[③]。

优先购买权（尤其是共有中的优先购买权）是具有物权性质的形成权：第一，优先购买权是基于当事人一方的意思，可以使现已成立的法律关系发生变化的权利。[④] 共有人将自己的应有部分出卖给第三人，其他共有人即优先购买权人基于同等条件而主张优先购买权，即排斥已经构成的法律关系的效力。这当然是形成权。第二，优先购买权一方面是法定的权利，另一方面具有对抗第三人的效力，而债权不具有这样的性质。因此，优先购买权是一种形成权，具有物权的效力，可以对抗第三人。优先购买权依赖于基础的法律关系而存在，例如共有中的优先购买权就是基于共有关系而存在的权利，因而具有附从性的特征。

（二）优先购买权的种类和适用范围

1. 优先购买权的种类

按照不同的标准，可以将优先购买权分为不同的类型。

（1）基于物权而生的优先购买权和基于债权而生的优先购买权

按照优先购买权产生的基础，可以分为基于物权而生的优先购买权和基于债

① 王泽鉴. 民法学说与判例研究：第1册. 北京：中国政法大学出版社，1998：145.

② 孙宪忠. 德国当代物权法. 北京：法律出版社，1997：170-171.

③ 王利明. 物权法研究. 北京：中国人民大学出版社，2002：351-352.

④ 王伯琦. 民法总论. 台北：台湾编译馆，1979：28.

权而生的优先购买权。前者的产生基础是物权，例如共有中的优先购买权；后者产生的基础是债权，例如不动产承租人的优先购买权。这两种优先购买权在我国立法上和实践中都存在。

（2）法定的优先购买权和约定的优先购买权

按照优先购买权产生的方式，可以分为法定的优先购买权和约定的优先购买权。法定的优先购买权在《民法通则》《物权法》和最高人民法院的司法解释中都有规定，在实践中也都存在。当事人约定优先购买权的，应当有效。因此，约定的优先购买权也是存在的。

2. 共有中的优先购买权的适用范围

共有中的优先购买权是法定的优先购买权，其适用的范围如下。

（1）按份共有中的共有人。

按份共有的共有人都享有优先购买权。这种优先购买权行使的条件是：共有人中的一人分割自己的应有部分，出卖于他人，在同等条件下，其他共有人可以优先购买。

（2）共同共有中的共有人。

在共同共有关系中，在共有存续期间共有人不分份额地共同所有，不分共有人应有部分，仅仅存在潜在的应有部分，因此，一般不发生共有人分割自己应有份额的问题。但是在共有人之一主张分割自己的应有部分，例如在共同继承财产中，共有人之一主张分割自己的应继份时，他的应有部分是应当分割的。在分割了共有人的应有部分之后，如果权利人出卖这一部分财产，其他共有人在同等条件下可以优先购买。

（3）用益物权准共有中的共有人。

在用益物权准共有中，准共有人享有优先购买权。不论是按份共有的准共有，还是共同共有的准共有，共有人都享有优先购买权。准共有人之一分割自己的应有部分，出卖给他人的，其他共有人都有优先购买权，对抗同等条件下购买该财产的第三人。

按照《适用物权法解释（一）》第 9 条关于“共有份额的权利主体因继

承、遗赠等原因发生变化时，其他按份共有人主张优先购买的，不予支持，但按份共有人之间另有约定的除外”的规定，因继承、遗赠等原因，共有份额发生变化的，其他按份共有人不享有优先购买权。这是对优先购买权人范围的限制。

（三）共有中的优先购买权与其他优先购买权的关系

在目前，我国民法规定的优先购买权主要有共有中的优先购买权、承租权产生的优先购买权以及其他优先购买权。

共有中的优先购买权与其他优先购买权，既有共性，又有特性。其共性在于，这些优先购买权都是具有对抗其他人购买关系效力的权利，在同等条件下，优先购买权人先于他人购买特定财产。其特性在于以下方面。

第一，产生的基础不同。共有中的优先购买权发生于物权，是基于物权的共有关系而产生的优先购买权，而其他优先购买权不是基于物权，而且不是基于共有权而产生的。它们或者是基于债权而产生，或者是基于其他权利而产生，总之都不是基于共有权而产生的先买权。

第二，产生的方式不同。共有中的优先购买权是法定的权利，是法律直接规定的权利，凡是符合法律规定的条件，当事人都享有这种法定权利。约定的优先购买权的产生不是基于法律规定，而是基于当事人的合意。

第三，发生的效果不同。共有中的优先购买权具有物权性，是效力最高的优先购买权。其他优先购买权也是同样性质的权利，但是由于其产生的基础不同，因而对于共有中的优先购买权而言，其效力低于共有中的优先购买权，不能对抗共有中的优先购买权。

三、优先购买权的行使

（一）权利主体

共有中的优先购买权的权利主体是共有人。在共有中，无论是按份共有还是共同共有抑或准共有，其共有人都享有优先购买权，都是优先购买权的权利主

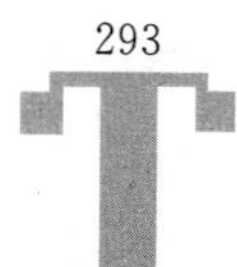

体。不过，《物权法》第 101 条规定的是按份共有人的优先购买权，没有规定共同共有人的优先购买权。

共有人之中出卖自己应有部分的人，是优先购买权的义务主体。优先购买权人行使权利，出卖共有财产应有部分的共有人必然受到约束，承受优先购买权行使的后果。

需要说明的是，按份共有人之间转让共有份额的，其他按份共有人不享有优先购买权。《适用物权法解释（一）》第 13 条规定："按份共有人之间转让共有份额，其他按份共有人主张根据物权法第一百零一条规定优先购买的，不予支持，但按份共有人之间另有约定的除外。"

第三人即共有财产买受人也是优先购买权的义务主体，负有承受优先购买权行使后果的义务。

（二）权利的限制

优先购买权并不是绝对的优先权，在以下三个方面受到限制。

第一，出卖人基于将来财产继承的需要，向法定继承人出卖该财产的，享有优先购买权的人不得行使这个权利。

第二，以拍卖、招标形式出卖标的物的，不得行使优先购买权。但应当通知享有该权利的人参加拍卖或者招标。

第三，对于法院以强制执行的方式进行的变卖，共有人不得行使优先购买权。法院的处理带有国家行为的性质，如果还准许优先购买权人主张先买是不合适的，因此，在法院强制执行的情况下，共有人不得行使优先购买权。

（三）同等条件的确定

同等条件是优先购买权的基本限制条件，只有在同等条件下，共有人的购买权才比第三人的购买权优先。没有同等条件，就没有优先购买权的存在。

关于确定同等条件，有"绝对等同说和相对等同说的区别"。绝对等同说要求优先购买权人和义务人之间的买卖，按照义务人与第三人约定的相同条款而成立，即买卖合同的条款必须相同。"相同条款"的规定过于严苛，对权利人的权

利保护不利。[①] 相对等同说要求的不是相同条款，因为要求两个合同的条款完全一样是困难的，而且是不必要的。因为有些条款可能涉及出卖人的重要利益，有些条款不一定涉及出卖人基于合同条款所享有的利益，所以，如果采取绝对等同的主张，一定要相同条款才可以行使优先购买权，则是对权利人的过分限制，不符合法律规定优先购买权的宗旨。[②] 笔者采纳相对等同说的立场。

《适用物权法解释（一）》第 10 条规定："物权法第一百零一条所称的'同等条件'，应当综合共有份额的转让价格、价款履行方式及期限等因素确定。"同等条件的掌握，分为以下两个方面。

1. 同等条件主要是指价格条件

同等条件主要是指价格条件，先买权人支付的价格应当与其他买受人支付的价格相同。[③] 在一个买卖合同中，最基本的内容当然是价格，而价格是一切合同的主要条款。如果共有人出卖共有财产中应有部分的价格与其他共有人主张的价格完全一样，就具有同等条件的基本内容。

2. 其他条件适当考虑

价款履行方式及期限因素也是确立同等条件的重要因素。在价格相等的情况下，对于出卖共有财产应有部分的付款条件和期限，就是起到决定性的因素。判断标准，就是这些条件应当基本相同，不应当对出卖人有明显的不利因素。只要没有明显的不利因素，就可以认为是同等条件。具有明显的不利因素的，应当认为不是同等条件。

其他交易条件，只要没有从根本上影响到出卖人的利益，出卖人不能以此作为非同等条件而对抗优先购买权。

（四）共有人优先购买权的行使期间

优先购买权的行使应当受到严格的时间限制。按照《适用物权法解释（一）》第 11 条的规定，关于优先购买权行使期间的具体处理办法有以下几种。

---

① 《德国民法典》第 505 条第 2 款。但是，该法典并没有完全遵守绝对等同说，在以后的第 507、508、509 条都作了变通的规定。

②③ 王利明. 物权法研究. 北京：中国人民大学出版社，2002：360.

1. 共有人之间有约定的

优先购买权的行使期间，按份共有人之间有约定的，按照约定处理。这是优先购买权行使期间的最准确的规则。只要是按份共有人对于优先购买权的行使期间有明确约定的，就按照约定的行使期间确定，除非该约定不明，或者没有达到法律或者司法解释规定的行使期间的下限。

2. 共有人之间没有约定的

优先购买权的行使期间，按份共有人没有约定或者约定不明的，按照下列情形确定。

(1) 转让人向其他按份共有人发出的包含同等条件内容的通知中载明行使期间的，以该期间为准。这一通知确定的行使期间，尽管不是按份共有人之间约定的行使期间，但是，既然转让人给其他共有人发出的通知中载明了行使期间的，那么这个行使期间就应当是优先购买权人行使优先购买权的期间。

(2) 通知中未载明行使期间，或者载明的期间短于通知送达之日起 15 日的，为 15 日。确定为 15 日的基础条件是，转让人在向其他按份共有人发出的包含同等条件的通知中，没有载明行使期间，或者载明的期间短于 15 日的。这就是优先购买权行使期间的下限。

(3) 转让人未通知的，为其他按份共有人知道或者应当知道最终确定的同等条件之日起 15 日。

(4) 转让人未通知，且无法确定其他按份共有人知道或者应当知道最终确定的同等条件的，为共有份额权属转移之日起 6 个月。这是关于优先购买权的除斥期间的规定。适用除斥期间的条件是：第一，转让人没有按照规定通知优先购买权人；第二，转让人也没有向其他按份共有人发出包含同等条件内容的通知；第三，无法确定其他按份共有人知道或者应当知道最终确定的同等条件。优先购买权的除斥期间是 6 个月，从共有份额权属转移之日起计算。超出此期间，优先购买权人提出优先购买请求的，不发生对抗该买卖关系的效力。

(五) 通知义务

优先购买权的通知义务，是指出卖共有财产中应有部分的共有人对其他共有

人负有的通知其出卖该财产的义务。

通知的内容，就是出卖人将自己与第三人订立的买卖合同的内容（包括买卖合同的全部内容）通知其他共有人即优先购买权人，让他们决定是不是行使优先购买权。

通知的方式应当是书面方式，为要式行为，以使其他共有人即优先购买权人充分了解交易的内容，便于其决定是否行使优先购买权。

四、优先购买权的效力

（一）优先购买权的相对效力

优先购买权的相对效力，是指优先购买权所具有的一般约束力。优先购买权具有以下四种相对效力。

1. 对抗其他约定的效力

优先购买权对优先购买权的义务人具有约束力。如果转让人与第三人约定的买卖合同不以行使优先购买权为条件的，或者约定转让人有权解除优先购买权的，则这些约定都不能对抗优先购买权。这种约定对优先购买权人无效。①

2. 及于全部财产的效力

优先购买权的基础是共有财产，因此，它的效力也及于全部共有财产。但是在事实上优先购买权并不能对全部共有财产发生效力，而仅仅是对共有人之一的应有部分发生效力。凡是共有人将分割出去的财产予以出卖的，都在优先购买权的约束范围之中，不能逃过优先购买权的拘束。

3. 预告登记的效力

不动产的优先购买权对第三人具有为保全该权利所产生的转让所有权的请求权而作预告登记的效力。优先购买权就具有这样的效果，具有排他的效力，以保障将来发生优先购买权人所期待的法律后果。

① 中国人民大学起草的物权法草案建议稿第195条第1款//王利明. 中国物权法草案建议稿及说明. 北京：中国法制出版社，2002：53.

4. 与其他优先购买权竞合的效力

（1）优先购买权竞合时确定效力的一般规则是：第一，共有人的优先购买权优先于其他优先购买权。当共有人的优先购买权与其他任何优先购买权竞合时，共有人的优先购买权优先。第二，物权性的优先购买权优先于债权性的优先购买权。数个优先购买权竞合，其中既有物权性的优先购买权也有债权性的优先购买权时，物权性的优先购买权优先于债权性的优先购买权。第三，多个物权性的优先购买权并存时，经过公示的优先购买权优先。第四，其他多个优先购买权并存的，优先购买权的顺位由出卖方决定。第五，前一顺位的优先购买权人放弃优先购买权的，后一顺位的优先购买权人递补升至前一顺位，享有优先的权利。

（2）共有人之间的优先购买权竞合时确定效力的规则是：第一，当事人有约定的，依照约定处理。如果在共有协议中，对于优先购买权如何行使有约定的，按照约定处理。第二，其他共有人愿意共同购买的，共同行使优先购买权，购买为共有财产，以使共有关系更为稳固，便于发展共有事业。第三，其他所有享有优先购买权的共有人均主张优先购买权的，如果是按份共有，则按照共有应有部分的比例购买。《适用物权法解释（一）》第 14 条就是这样规定的，即："两个以上按份共有人主张优先购买且协商不成时，请求按照转让时各自份额比例行使优先购买权的，应予支持。"

（二）优先购买权的绝对效力

优先购买权的绝对效力，是对抗第三人购买的效力。行使优先购买权的最终结果就是要发生这种效力，使出卖人与第三人发生的买卖关系归于无效，而优先购买权人与出卖人订立同等条件的买卖合同。《适用物权法解释（一）》第 12 条规定："按份共有人向共有人之外的人转让其份额，其他按份共有人根据法律、司法解释规定，请求按照同等条件购买该共有份额的，应予支持。""其他按份共有人的请求具有下列情形之一的，不予支持：（一）未在本解释第十一条规定的期间内主张优先购买，或者虽主张优先购买，但提出减少转让价款、增加转让人负担等实质性变更要求；（二）以其优先购买权受到侵害为由，仅请求撤销共有份额转让合同或者认定该合同无效。"

1. 向转让人发出意思表示

享有优先购买权的共有人，在接到转让人出卖共有财产的应有部分的通知后，或者未接到通知，但已经知道转让人就出卖共有财产的应有部分与第三人订立买卖合同关系后，应当在有效行使期限内向转让人发出内容明确的意思表示，表明自己行使优先购买权，在与第三人的同等条件下购买该财产。这种意思表示可以用口头形式，也可以用书面形式，只要能够使出卖人知道并且能够证明自己已经提出了这种主张的意思表示即可。

以下三种情况，不发生优先购买的效力：

一是放弃。优先购买权人决定放弃其权利的，应当通知出卖人，具体形式不限。在转让人通知优先购买权人出卖的意思后的15天内，优先购买权人没有主张行使这个权利的，视为放弃优先购买权。

二是提出非同等条件。优先购买权人虽主张优先购买，但提出减少转让价款、增加转让人负担等实质性变更要求的，就不是同等条件了，不成立优先购买权。

三是优先购买权人以其优先购买权受到侵害为由，仅请求撤销共有份额转让合同或者认定该合同无效，而没有行使优先购买权的意思表示的，也不发生优先购买的效力。

2. 成立新的买卖合同关系

优先购买权一经行使，即按照转让人与第三人约定的相同条款在优先购买权人与转让人之间成立买卖关系。这是优先购买权的最终效力，因而使转让人与第三人之间订立的买卖关系彻底归于无效。发生这个效力的时间，应当界定为出卖人收到优先购买权人发出的行使优先购买权的意思表示的时间。优先购买权人与转让人订立的这个合同，其内容应当与转让人与第三人订立的前一个买卖合同是一样的，不应当有原则性的不同。关于这一点，应当按照对前述同等条件的理解来把握。

3. 价金返还

优先购买权已经发生上述效力后，如果第三人已经交付了价金的，转让人应当向第三人返还价金。第三人已经按照原来合同的约定占有了买卖标的物的，第三人应当返还原物，将原物交还转让人。至于第三人的其他损失，例如关于缔约中的费用的支出，第三人无权请求返还或者赔偿，视为交易风险，自负其责。

（三）违反优先购买权的赔偿问题

出卖人违反优先购买权的规定，造成享有优先购买权的其他共有人损害的，受害人有权请求赔偿。

可能给优先购买权人造成的损害有两个方面：

一是，出卖人处分自己的财产份额，但没有按照规定通知优先购买权人，优先购买权人不知道或者无法知道出卖人与第三人缔结买卖关系，超过一年的除斥期间，无法行使优先购买权的。对此，应当认定出卖人的行为侵害了权利人的优先购买权，出卖人应当承担民事责任。能够计算出具体损失数额的，按照损失承担赔偿责任；无法确定具体损失的，则可以根据实际情况确定一个适当数额，责令出卖人承担赔偿责任。

二是，出卖人没有按照规定通知优先购买权人，权利人在知道或者应当知道出卖人与第三人之间缔结买卖关系之日起计算，没有超过 6 个月的法定期间，行使了优先购买权，但由于时间的延长，造成价格上涨时，超出原来的同等条件的部分，是否可以作为损失要求赔偿？笔者认为：如果权利人已经行使了优先购买权，其优先购买权已经得到了保障，那么，一般不应当再计算损失、确定赔偿责任。如果确实有损害，并且可以确定出卖人具有过错，或者推定出卖人有过错的，则可以确定其承担赔偿责任。

第六章

建筑物区分所有权

第一节　建筑物区分所有权概述

一、研究建筑物区分所有权的重要意义

建筑物区分所有权，是《物权法》规定的新型物权，被称为业主的建筑物区分所有权。之所以加上“业主的”三个字，是为了使这个物权概念更能够被人民群众所接受。

长期以来，虽然我国修建了大批的楼房建筑物，由广大城市居民居住，但是由于实行的是低租金的国有住宅租赁政策，建筑物区分所有的法律问题没有在现实生活中显示出必要性。建筑物区分所有权在民法理论上是一个比较陌生的概念，《民法通则》没有对它作出规定。

改革开放以来，城市居民住房制度改革取得重大进展，几乎所有的城市居民所有的住宅，都从公有租赁的形式改变为居民自费购买：或者经过住房制度改革

将公产房改变为私有住房，或者直接购买商品房。于是，建筑物区分所有权成了每一个城市居民都面临的问题。

问题的迫切性和严重性使民法理论和实务工作者以及立法机关不得不正视、解决这个问题。在起草《物权法》的过程中，立法者对建筑物区分所有权进行了深入研究，使建筑物区分所有权的概念被社会所接受，建立了完整的理论体系，为正式建立建筑物区分所有权制度奠定了基础。《物权法》在第六章专门规定了“业主的建筑物区分所有权”，作了较为详细的规定，建立了这种物权制度。

二、建筑物区分所有权的概念

建筑物区分所有权，德国法上称为住宅所有权，法国法上称为住宅分层所有权，瑞士法上称为楼层所有权，英美法上称为公寓所有权。我国采用日本法上的称谓，称之为建筑物区分所有权。

关于对建筑物区分所有权的界定有三种不同观点。

第一种观点认为，建筑物区分所有权专指由区分所有建筑物专有部分所构成的所有权，区分所有权不包括共有部分。这种观点最早是由法国学者在解释《法国民法典》第664条时提出的，后来为日本学者所接受，并最终在1962年制定的《建筑物区分所有权法》中获得肯定，该法第1条规定，本法所称建筑物区分所有权，是以建筑物之专有部分为标的而成立的所有权。我国台湾地区的一些学者也采用这样的界定方法，例如，“建筑物区分所有下之建筑物得分为专有部分与共有部分”，“在专有部分上所成立之所有权，便为区分所有”①。我国大陆的一些学者也持这样的看法。《大清民律草案》实际上就是采用这样的观点。这种界定被称为“一元论说”。

第二种观点认为，区分所有权是由专有部分所有权与共有部分所有权共同组合而成为一种“复合物权”。这种观点是法国学者在解释法国法时，针对专有权说（即一元论说）而提出的反对观点。这种观点有广泛的影响，我国台湾地区一

① 刘得宽. 民法诸问题与新展望. 台北：三民书局，1979：127.

些学者都持这种观点，例如，“区分所有之建筑，由专有部分及共有部分构成之。区分所有人在其专有部分行使所有权，对共有部分的使用、收益、管理时，相互间必会发生各种权利义务关系”①。有的学者认为，区分所有除了包括专有部分和共有权以外，还包括基地上的权利，从而是一种复合的物权。② 法国1938年的法律和1965年制定的《住宅分层所有权法》，肯定了这一观点，认为建筑物区分所有权是成立于专有物上的专有权与成立于共有物上的共有权的结合。《中华民国民律草案》改变了《大清民律草案》关于区分所有为专有权的观点，采纳了专有权和共有权结合的意见，后来被南京国民政府制定的民法典所采纳。现在国内大部分学者采用这种观点。这种观点被称之为“二元论说”。

第三种观点是“三元论说”，认为建筑物区分所有权，系由区分所有建筑物的专有部分所有权、共有部分持份权及因共同关系所生的成员权所构成的一种特别所有权。这种观点是德国学者贝尔曼提出的，受到很多学者的赞成，后来被德国《住宅所有权法》所采用。按照这种观点，区分所有权应将专有权、共有权及成员权三个构成要素作为一个整体看待，因此，权利人不得保留专有部分所有权而抵押共有部分持份权，也不得保留成员权而转让专有部分所有权和共有部分持份权。

笔者赞成三元论的观点，认为建筑物区分所有权是指建筑物的共同所有人依其应有部分对独自占有、使用的部分享有专有权，对共同使用部分享有共有权，以及相互之间对建筑物的整体享有成员权，而构成的建筑物的复合共有权。

对建筑物区分所有权概念的上述界定，有一点与《物权法》的规定不符，就是将其认定为复合共有权，而《物权法》将其规定为独立的所有权类型。这是笔者的不同观点。

---

① 王泽鉴. 民法物权：通则·所有权. 北京：中国政法大学出版社，2001：206-207.

② 王利明. 物权法论. 北京：中国政法大学出版社，1998：361.

三、建筑物区分所有权的特征

关于建筑物区分所有权概念的法律特征有不同的表述，最主要的表述是这个权利具有复合性、专有权的主导性、一体性、权利主体身份的复杂性、权利内容的多样性等特征。[①] 按照我的看法，建筑物区分所有权有以下法律特征。

（一）建筑物区分所有权的客体具有整体性

建筑物区分所有权概括的是建筑物的所有权形式，因而与一般的动产所有权和其他不动产所有权不同。这种建筑物首先是指居民住宅，包括高层住宅和一般住宅。其次是指写字楼、办公楼中法人、合伙及其他组织购买部分空间而构成的区分所有。最后，还包括可以区分所有的生产用建筑物。当这样的建筑物被其共有人按应有份所有时，就形成了建筑物区分所有。因此，建筑物区分所有权是建立在整体的建筑物上面的所有权形式。

笔者之所以主张建筑物区分所有权是共有的形式，就是因为整栋建筑物（或者整群建筑物）不是由一个所有人所有，而是由不同的所有人所有的，尽管不是按份共有，也不是共同共有，但现实是由不同的所有人在同时享有着这个建筑物的所有权。与传统的按份共有和共同共有不同的就是，区分所有人不是按照份额享有所有权，也不是一体地共同享有建筑物的所有权，而是既分份额又不分份额，既有独立享有又有共同享有。因而区分所有为一种新型的共有形式。建筑物区分所有权的整体性不是基于权利的整体性，而是基于建筑物的整体性，在整体的建筑物上体现权利的整体性。

（二）建筑物区分所有权的内容具有多样性

任何一个建筑物区分所有人即业主，对于该建筑物都有部分空间的专有权和某些空间和共用设施的共有权，以及对整个建筑物的成员权（或者称为管理权）。专有部分由权利人自己独自占有、使用、收益、处分，任何人不得干预。互有部

① 陈华彬．物权法原理．北京：国家行政学院出版社，1998：324．王利明．物权法研究．北京：中国人民大学出版社，2002：382－383．

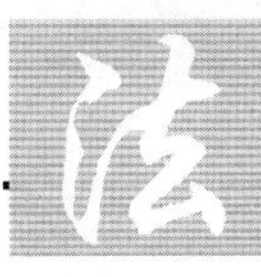

分，如共有的基地、墙壁、屋顶、门窗、阶梯、楼道、花园、走道等，由所有的区分所有人共同所有、共同使用。这种共同所有和共同使用又与共同共有不同，须永久维持其共有关系，永远不准分割。同时，建筑物区分所有权还包括区分所有权人的成员权，这是指每一个区分所有人都是整栋建筑物的团体成员，对整栋建筑物的管理事宜享有决策权。应当注意的是，专有权、共有权和成员权都是建筑物区分所有权的内容，是一个权利的组成部分，而不是各个单独的权利。建筑物区分所有权内容的多样性，是指整个权利是由专有权、共有权和成员权构成的。

（三）建筑物区分所有权本身具有统一性

有学者认为，建筑物区分所有权人既是所有权人，又是共有权人，还是成员权人，因此具有身份的多样性。[①] 这个看法不够准确。任何一项权利只能有一个权利主体，他对这个权利享有自己的权利。这个权利可能会有几项不同的内容，但这些内容都不是一项独立的权利，仅仅是一项项的权利内容。对于这一项项的权利内容，权利人只是在行使整项权利的时候，对这些内容进行支配，获得利益，而不是作为这些权利内容的主体。只有当这些权利内容分离开，成为独立的权利时，才可能出现这些权利的权利主体。尽管建筑物区分所有权包括专有权、共有权和成员权三个部分，但它不是权利的组合，而是一项实实在在的独立的、统一的、整体的权利，专有权、共有权和成员权不过是这项统一权利的组成部分，离开了建筑物区分所有权，这些权利内容都不能独立存在。

（四）建筑物区分所有权中的专有权具有主导性

在建筑物区分所有权的权利内容结构中，专有权是主导的权利，区分所有权人拥有专有权，就必然享有共有权、成员权。在不动产登记簿上，只登记专有权即设立了区分所有权，共有权、成员权随此而发生，不必单独进行登记。此外，专有权标的物的大小还决定了共有权和成员权的应有份额，处分专有权行为的效力必然及于包括共有权和成员权在内的整个区分所有权。因此，建筑物区分所有

---

① 王利明．物权法研究．北京：中国人民大学出版社，2002：383．陈华彬．物权法原理．北京：国家行政学院出版社，1998：324－325．

是专有权与共有权、成员权的复合，是以专有权为主导的物权。《物权法》第72条第2款关于“业主转让建筑物内的住宅、经营性用房，其对共有部分享有的共有和共同管理的权利一并转让”的规定，说的正是专有权的主导性。

四、建筑物区分所有权的历史发展

（一）大陆法系建筑物区分所有权的发展

1. 萌芽和形成时期

一般认为，建筑物区分所有权萌芽于罗马法时期。在古罗马社会，一些富裕的罗马人集资购买房屋，因而在法律中存在关于围墙设置、境界划定、建筑物周围的空地等规定，有学者由此推定，在那个时候，罗马存在着建筑物区分所有问题。但是，在罗马社会实行的是“地上物属于土地所有人”主义，立法并不承认区分所有，建筑物区分所有只是在某些地区存在，例如小亚细亚和埃及地区。

在日耳曼法中，建筑物区分所有得到承认。日耳曼法坚持团体本位主义，不承认“地上物从属于土地所有人”主义，认为建筑物、土地乃至建筑物内各个房间或地窖、地下室等都可以成为独立的所有权客体，从而形成了“分层所有权”。此后日耳曼法关于建筑物区分所有权的立法不断发展，逐渐完善，曾经受到广泛的关注。但是由于立法不够完善，存在一些问题，引起纠纷较多，被称为纠纷住宅，因而建筑物区分所有权受到冷落。

在法国，建筑物区分所有制度一直被采用，历史上曾经有很多记载。直到1804年制定的《法国民法典》正式建立了楼层所有权，形成了近代建筑物区分所有权的基本形态。

2. 第一次世界大战以后的发展

第一次世界大战结束以后，各国人口迅速增长，并且向城市集中。为解决城市的住宅问题并有效利用土地资源，于是大量兴建高层建筑，建筑物区分所有的问题才突出地显露在人们眼前，社会对此问题不得不加以特别的重视。在此之前，各国一般都在民法典中规定建筑物区分所有权，但条文较为简单，不适应实

际情况。在这些日益严重的问题面前，为了适应新形势的需要，各国纷纷立法，专门规定建筑物区分所有权。1924 年 7 月 8 日，比利时率先制定建筑物区分所有权特别法。随后，澳大利亚、葡萄牙、意大利、法国、西班牙等也都制定了建筑物区分所有权的特别立法。

3. 第二次世界大战以后的发展

第二次世界大战结束后，在 1947 年至 1965 年之间，各国在战后经济的恢复、重建中得到初步发展。随着经济的不断发展，城市住宅的需求大量增加，而建筑技术发展迅速，地价大幅上涨，促使建筑物进一步向空中发展，同时也向地下空间发展。于是，各国兴起了一个建筑物区分所有权的修法和立法运动，以适应社会发展的需要。1948 年 7 月 8 日，奥地利专门制定了《住宅所有权法》，规定建筑物区分所有权。德国、葡萄牙、西班牙、荷兰等欧洲国家都进行了建筑物区分所有权的专门立法和修改法律的活动，使这项立法跟上了社会发展的脚步。随后，瑞士在其民法典中规定了分层建筑物所有权，用 20 个条文作出规定。法国检讨其 1938 年制定的《有关区分各阶层的不动产共有之法律》，终于在 1965 年 7 月 19 日公布了新的区分所有权法，并在其后进行了补充，形成了最为完善的建筑物区分所有权法律制度。在亚洲，日本在 20 世纪 60 年代开始检讨其民法典关于建筑物区分所有权立法的不足，并借鉴德国的做法，在 1962 年 4 月 4 日制定了区分所有权法。

（二）英美法系建筑物区分所有权的发展

英美法系称建筑物区分所有权为公寓所有权，认为，所谓区分所有，是指某人对于分割的单元和套间享有单独的所有权，而对于共有部分享有不可分割的利益，并通过各个所有者之间达成协议来调整其管理和维护财产的关系。①

在英国，很早就存在建筑物区分所有的情况。18 世纪，建筑物区分所有在英格兰、苏格兰形成。1743 年，英国成立了最早的区分所有人协会。1946 年英国制定了住宅法，并于 1980 年进行了全面、系统的修改，建立了全面的现代建筑物区分所有权法律制度。

① 王利明. 物权法论. 北京：中国政法大学出版社，1998：370.

在美国，从第二次世界大战以来，公寓所有权法得到了全面发展。1958 年美国波多黎各州议会制定了平面所有权法，开始全面规范建筑物区分所有权法律制度。到 1969 年，美国所有的州都承认了建筑物区分所有权法律制度。1977 年，美国联邦统一州法委员会制定了统一区分所有权法，并被十多个州所采纳。同时，美国成立了普遍区分所有权人协会，以维护区分所有权人的利益；并制定相关法律，规范这些协会的内部外部关系。在区分所有权关系中，每个区分所有者对单独所有部分享有世袭地产的权利，可以由继承人继承，并就单独所有的部分交税，单独所占用的基地属于区分所有人所有。对于共同部分，每个所有人是作为一个共同的承租人的成员享有共有权，并服从所有权人协会的章程和协议。协议和章程在所有权人协会成立时登记，协会内部设立董事会和执行机构，执行机构要执行董事会的决定。①

（三）中国近代民法上建筑物区分所有权的发展

从清末的变法改制时起，中国立法就采纳了建筑物区分所有权法律制度，并且直到最后国民政府立法正式建立了这一制度。

《大清民律草案》规定建筑物区分所有的条文是第 1023 条。这是一个极为简单的条文："一建筑物，得区分之而各有其一部。"《民国民律草案》对建筑物区分所有权的规定更进了一步，更加细致和准确。其第 805 条规定："一建筑物得区分之，而各有其一部。""前项情形，建筑物及其附属物之共有部分，推定为各所有人之共有。凡修缮及其他担负，由各所有人按其所有部分，以价格分担之。"第 806 条规定："依前条第一项情形，遇有重要事由，须使用他人之正中宅门者，得使用之。但当事人有特约或另有习惯者，依其特约或习惯。""因前项使用，致所有人生损害者，须支付偿金。"第 806 条加进了中国特有的内容，关于他人正中宅门的使用是中国四合院的区分所有的内容。

国民政府正式制定民法典，制定了中国历史上第一个建筑物区分所有权法律制度。这就是民法第 799 条："数人区分一建筑物，而各有其一部者，该建筑物及其附属物之共同部分，推定为各所有人之共有，其修缮费及其他负担，由各所

① 王利明. 物权法论. 北京：中国政法大学出版社，1998：370－371.

有人按其所有部分之价值分担之。”这一条文正是来自《民国民律草案》第805条。其立法理由认为：“所有权之标的物，须为独立之一体，自理论言之，一建筑物之一部分，不得为所有权之标的物，然一广大建筑物，区分为若干部分，而各就其一部分有所有权者，亦属实际上常有之事，故本条规定凡一建筑物由数人区分各有其一部分者，该建筑物及其附属物及共同部分，仍推定为各所有人之共有，其共同部分如有损坏坍塌时，所有修缮费用及其他负担，应按各共有人所有部分之价值分担之，以昭公允。此盖为调和社会之经济观念，与法律之思想而设也。”①

1949年以后，我国一直没有建立建筑物区分所有权制度。1989年，建设部发布《城市异产毗连房屋管理规定》（已失效），对建筑物区分所有作了一些规定。所谓的城市异产毗连房屋，就是区分所有建筑物，只是没有使用这个概念而已。该规定还就各个所有人和使用人对共有的财产进行维护、修缮的具体义务以及共有物造成的损害赔偿责任，作了具体规定。这个规定尽管内容不完备，但初步建立了我国当时的建筑物区分所有权法律制度。2003年5月国务院颁布《物业管理条例》，规定的是区分所有建筑物的物业管理规则，但其法律基础是建筑物区分所有权，从而为法律规定建筑物区分所有权打下了好的基础。2007年，《物权法》正式规定了建筑物区分所有权。

第二节　建筑物区分所有权的性质和法律关系

一、建筑物区分所有权的性质

（一）关于建筑物区分所有权性质的不同立法和主张

对建筑物区分所有权性质的认识有一个发展过程。在最初规定建筑物区分所

① 王泽鉴. 民法物权论：通则·所有权. 北京：中国政法大学出版社，2001：239.

有的法律中，《法国民法典》将其规定在“法律规定的役权”一节的“共有分界墙和分界沟”中，认定其为役权的内容。《瑞士民法典》不认定其为役权，而将其规定在“土地所有权”一章中，将其认作相邻关系。《日本民法》则将其规定在“所有权的界限”一节中。《意大利民法典》原来制定了专门的建筑物区分所有权法，在1942年将其移植到民法典中，放在“共同共有”中。1960年5月5日颁布的《埃塞俄比亚民法典》则将建筑物区分所有权规定在第八题“共有、用益权和其他物权”当中，作为共有的一种特别形式。在20世纪60年代以后，上述国家仿德国对建筑物区分所有单独立法的做法；法、日制定了单行法，瑞士则在民法典中增加了新的内容，均将建筑物区分所有认定为特殊的所有权形式。

从这些立法中可以看出，各国立法对建筑物区分所有权性质的认识是不同的，有的认为是一种役权，有的认为是一种相邻权，有的认为是共有，还有的是认为是特殊物权。

在理论上关于怎样界定建筑物区分所有权的性质，有不同主张。

1. 复合所有权说

在目前的理论研究中，对于建筑物区分所有权的性质，基本上是认定为一种独立的所有权形式，是一种复合所有，不是共有的一种类型。如有的学者认为：“建筑物区分所有权，为近现代各国物权法上的一项重要的不动产权利，各国大多数以物权法（民法典之物权编）或采特别法方式设立明文规定。按照各国建筑物区分所有权法及其实务，建筑物区分所有权为一种复合性的权利，主要包括专有部分所有权、共有部分所有权两个部分。”①

2. 独立所有权说

这种主张认为建筑物区分所有权的性质是一种独立的所有权，既不是单独所有权，也不是共有，而是介于两者之间的一种特殊的独立所有权。

3. 共有权说

这种主张为法国学者普鲁东与拉贝在解释《法国民法典》第664条时，针对

① 梁慧星. 中国物权法草案建议稿：条文、说明、理由与参考立法例. 北京：社会科学文献出版社，2000：274.

法国学者的专有权说而提出的一种对立的学说。这种主张以集团性、共同性为立论基点，将区分所有建筑物整体视为由全体业主所共有，也就是从共同共有的角度来理解和把握区分所有权。[①] 有的学者认为，英语中区分所有一词的来源就是拉丁语的“共有”概念，因而区分所有是共有的例外形态。[②]

4. 享益部分说

这种主张是法国学者卡维勒针对法国 1938 年法律采行二元论而提出的主张，它否定二元论的区分专有部分和共有部分的做法，径将二者合并，称之为“享益部分”，认为以该“享益部分”为标的而成立的不动产权利，即为区分所有权。所谓建筑物区分所有权，不过是指业主就区分所有建筑物“享益部分”享有的权利，它不仅是一种财产权，而且是一种全新的物权，即新型物权。

（二）反对共有权主张的主要理由

有学者认为，在我国理论界，一般都没有采纳共有权说的主张，相反，都认为区分所有与共有是存在明显区别的。[③] 综合这些主张，反对建筑物区分所有的性质是共有的主要理由是：共有说以集团性、共同性为立论基石，将区分所有建筑物整体视为由业主全体所共有。这种观点的不足表现在：一是不能反映建筑物区分所有权所固有的专有权特性。可以成为区分所有权对象的建筑物，首先得依使用功能在结构上划分为专有部分与共有部分，否则，该建筑物不得成为区分所有建筑物，当然也就不得成为区分所有权的对象。正因为如此，在该建筑物上成立了专有权和持份权，而这构成区分所有权制度的轴心。共有权说将其界定为“共有”，虽然对于共有部分上成立的持份权有所反映，但专有权被排斥在外，失之精确，殆属无疑。二是存在理论上的困境。将区分所有建筑物理解为由全体业主所共有，理论上也难以自圆其说。因为虽然一栋建筑物作为一个整体宜由业主全体成员所共有，但关于对该建筑物的利用却不能不由各业主在各自的专有部分上享有排他性利用权，于共有部分享有共同利用权和共

① 陈华彬. 物权法原理. 北京：国家行政学院出版社，1998：317.

② 王利明. 物权法研究. 北京：中国人民大学出版社，2002：366.

③ 王利明，等. 民法新论：下册. 北京：中国政法大学出版社，1988：100.

有持份权，因而不能贯彻理论上的一贯性。[①] 也有的学者认为："共有说更不合理，民法中的普通'共有'是指数人对一物共同享有所有权而非数人对一物分别享有所有权，此外即便是建筑物区分所有中，专有部分所有权人的共有权也与民法中普通的'共有权'是有非常明显的区别的。""这种既有共有使用权又有独占使用权的权利集合，显然是无法被民法中普通'共有权'所涵盖的。"[②]

归纳起来，反对共有权说的理由有以下几点：第一，将建筑物区分所有权的性质界定为共有权，不是民法中的普通共有，普通共有是指数人对一物享有所有权，而建筑物区分所有权是既有共有使用权又有独占使用权的权利集合，无法被普通共有权所涵盖。第二，将建筑物区分所有权界定为共有权，只能对共有部分上成立的共有部分持份权有所反映，但是不能反映专有权，将其排斥在外。第三，将建筑物区分所有权理解为共有，理论上不能自圆其说，不能贯彻理论上的一贯性。根据是，既主张建筑物区分所有权是共有权，又认为在各自专有部分上成立排他性利用权，自相矛盾。

（三）建筑物区分所有权的性质是复合共有

有学者也指出，在司法实践中，此种区分所有即共有的观点仍然相当流行，并举出实践中的案例进行说明。[③]

将建筑物区分所有权直接认定为共有权是不对的，实际上就是所有的主张建筑物区分所有权的性质为共有权的学者也都不认为这种权利就是一种纯粹的共有权，硬要完全适用共有权的基本原理。在实践中对建筑物区分所有权纠纷适用普通的共有权规则来处理，是不正确的。

建筑物区分所有的性质是复合共有。[④] 将建筑物区分所有权的性质界定为复合共有有充分的道理，其理由如下。

---

① 陈华彬. 物权法原理. 北京：国家行政学院出版社，1998：320－321.

② 王利明. 物权法研究. 北京：中国人民大学出版社，2002：381.

③ 同②359－360.

④ 杨立新. 民法判解研究与适用：第2辑. 北京：中国检察出版社，1996：161.

1. 每一个业主的权利都建立在统一的建筑物区分所有权的客体上

建筑物区分所有权的客体是一个统一的独立物，每个业主的权利都无法离开这个统一的独立物。建筑物区分所有权的客体，是一个独立的、统一的建筑物。不管这个建筑物是一栋也好，是一群也罢，它都是一个特定的、统一的、独立的物。在这个物上建立了数人的权利，因而不能说它是一种一般的单独所有权，而更近似于共有权。同时，这些权利主体所享有的权利，确实在共有部分连成了一体，是作为一个权利出现的。对于这样的客观现象，如果硬要说它是各个单独的权利，每一个建筑物区分所有权都是一个单独的权利，在理论上不能自圆其说。在一项财产上数人享有一个所有权，是共有的基本特征。在一个独立的、整体的、统一的建筑物上，数人享有该座建筑物的所有权，正符合共有权的基本特征。

2. 建筑物区分所有权是一个完整的权利

在整个区分所有的建筑物上成立的权利，是一个建筑物区分所有权。每一个业主的权利仅仅是这个权利中的一部分。这样说的根据有：一是，在基地使用权上就是一个权利，由全体业主分享，不能分割为不同的各个部分，由各个不同的业主分享。二是，在共有部分上成立的权利是不能分割的，也是一个整体的权利，任何分割建筑物区分所有权的共有部分的权利的企图，都是不能实现的。三是，每个业主的权利都离不开整个建筑物区分所有权，尽管每一个业主都可以处分自己的部分，但是，这个部分永远也脱离不了这个整体的权利而存在，接受转让的人所享有的权利仍然是这个整体权利的一部分。

在一个整体的建筑物区分所有的权利中，每个业主的权利具有相对独立性，这个相对独立性的表现就是，它可以由业主自由处分，而不受整个建筑物区分所有权的拘束。在这一点上，它与普通共有是完全不同的。业主的权利的相对独立性来源于建筑物区分所有权专有权的主导性。几乎所有的主张建筑物区分所有权不是共有权的学者，都承认建筑物区分所有权具有专有部分主导性的特征，而这个特征恰恰就是业主权利相对独立的来源，同时也说明，业主的权利不是一个独立的权利，而是整个权利中的一部分。取得了专有权，也就在整个建筑物区分所有权中取得了共有的地位，取得了共有权的主体资格，取得了成员权的主体资格。这也说明，区分所有不是单独的所有权，而是共有权。

建筑物区分所有权是一个整体的权利，而不是专有权、共有权和成员权的集合。建筑物区分所有权是一个权利，专有权、共有权和成员权不过是它的权利内容，而不是独立的权利。

3. 普通的所有权无法包含建筑物区分所有权具有的不同的权利内容

建筑物区分所有权的具体内容，包括专有权、共有权和成员权。这些权利的内容极为丰富，与任何权利都不同。因此，普通的所有权无法涵括建筑物区分所有权。建筑物区分所有权只能是以别种的所有权形式出现，不能作为普通所有权的一个类型。

4. 建筑物区分所有权尽管具有共有的某些特征但不是普通共有

首先，传统的共有理论无法解释建筑物区分所有的现实。共有只分为按份共有和共同共有，没有其他共有形式。建筑物区分所有既强调整栋建筑物的按份共有性质，又强调区分所有部分的专有性和共有部分的互有性，对此，既不能用按份共有理论解释，又不能用共同共有理论解释。区分所有是在一栋建筑物由业主共有的条件下，由个人所有和共同共有有机构成的复合共有。

其次，尽管建筑物区分所有与按份共有相似，但却难以相合。一是普通按份共有并不将建筑物区分成不同部分而设定数个平行的所有权，因而只有一个所有权。区分所有建筑物的每一个业主所享有的专有权，事实上都是一个相对独立的所有权。二是按份共有的共有人之一在占有、使用按份共有的建筑物的一部分时，他对该部分享有的只是份额权，只有独立的使用权，收益和处分均应由全体共有人享有，共有人处分自己的份额是可以的，但其他共有人享有优先购买权。业主对自己专有使用的部分拥有的是完全的所有权，可以独立行使占有、使用、收益、处分的权能，且其他业主也不享有优先购买权。三是按份共有只区分份额和份额权，主体只按份额权享受权利、承担义务。而区分所有不仅要区分专有的“份额”，而且要对共用的部分享有共有权。区分所有的这些基本问题，都与按份共有不合，难以认定其是按份共有。

最后，从共有部分看，建筑物区分所有与共同共有亦不相合。对于建筑物区

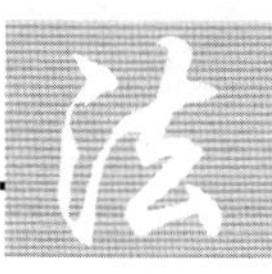

分所有的共有部分，在我国台湾地区，通说认为是按份共有，但有学者主张为共同共有。① 在日本，通说则认为是共同共有。② 区分所有建筑物中的共有部分，只为共有，不能要求分割，且这部分共有关系须永久维持，直至该建筑物报废或完全归一人所有。因此，这样的共有不是一般的共同共有，而是互有。③

综上所述，建筑物区分所有的性质是复合共有，它由对整个建筑物的互有和对专有使用部分的专有构成，是既不同于按份共有又不同于共同共有的第三种共有形态（也不同于准共有）。因此，也应当对共有制度的结构进行重新构造，将其分成按份共有、共同共有和复合共有及准共有四部分。共有权与所有权并列，成为两种基本的所有权类型。

二、建筑物区分所有权的法律关系

建筑物区分所有权的法律关系，是在一个总的复合共有的关系之下，由数个复合成这个权利的法律关系构成。

（一）整体的建筑物区分所有法律关系

建筑物区分所有关系，是在一个建筑物的所有问题上所产生的业主与其他任何人之间形成的法律关系。在这个法律关系中，每一个业主都是权利主体，该建筑物业主之外的其他任何人为义务主体，负有不得侵害这个所有权的不作为义务。

建筑物区分所有权关系从总体上看，是一个所有权的关系，就像共有也是一个所有权关系，单独的所有权也是一个所有权关系一样，它表明的就是特定建筑物的归属关系。这种法律关系是一种对世的法律关系，是一种绝对的法律关系，表明这一特定建筑物的所有人就是这些业主，他们是这栋建筑物的所有权者，具有占有、使用、收益和处分的权利。其他任何人都是这个法律关系的义务主体，

① 温丰文. 区分所有建筑物法律关系之构造. 法令月刊，1992（9）.

② 我妻荣. 债法各论：中卷·2. 东京：岩波书店，1973：752.

③ 郑玉波. 民法物权. 台北：三民书局，1990：91.

负有尊重业主的权利、不得侵害的义务。

建筑物区分所有权法律关系构成要素有以下几点。

1. 主体

建筑物区分所有权法律关系的权利主体是全体业主。在这一个法律关系中，业主是一个整体。构成这个权利主体群的情况是非常复杂的。一方面，权利主体本身就是由各个不同的业主所构成，每个业主都是一个独立的个体，而在这栋建筑物上，又形成了紧密的整体，成为共同享有权利的主体。另一方面，作为每一个业主的个人也可能就是一个共有的主体，而不是单个的权利主体。每一个家庭，或者成立夫妻共有财产关系，或者成立家庭共有财产关系，只有少数成立单个的个人所有关系。正因为是由全体业主作为建筑物区分所有权法律关系的主体，所以建筑物区分所有权法律关系才具有了共有的性质。

建筑物区分所有权法律关系的义务主体是全体业主之外的任何人。此义务主体与任何所有权法律关系的义务主体一样，没有任何区别。

2. 内容

建筑物区分所有权法律关系的内容，就是建筑物区分所有的权利和义务。建筑物区分所有权法律关系的权利、义务与其他共有关系一样，具有双重的权利和义务。一方面，业主与业主之外的其他任何第三人构成的所有关系，表明区分所有的建筑物的权利归属关系，表明业主是这个特定的建筑物的权利所有者和利益享有者，其他任何人都是这个建筑物所有权的义务主体，负有尊重这个所有权、不得侵害这个所有权的义务。

另一方面，在业主的内部，业主相互之间享有权利和承担义务。这个权利义务关系是建筑物区分所有权区别于其他共有关系的基本内容。尽管建筑物区分所有权也是一种特殊的共有，但是，它毕竟不是普通的共有，它在权利、义务的内容上具有独特性。

3. 客体

建筑物区分所有权法律关系的客体，是建筑物区分所有权的权利和义务所指向的对象，就是区分所有的建筑物。

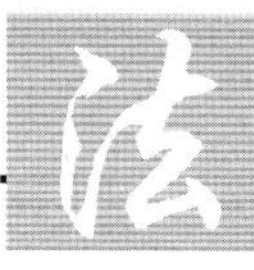

作为区分所有权客体的建筑物具有以下基本特点。

首先，区分所有的建筑物是一个整体，或者是一栋建筑物，或者是一群建筑物，不论怎样，这个建筑物应当是一个整体，是一个独立的、统一的、整体的建筑物。

其次，区分所有的建筑物能够划分为专有部分、共有部分。前者如不同的建筑单元，能够为业主所专有；后者为共同的部分，将各个区分的专有空间连接在一起，使整个建筑物成为整体，并为各个业主的使用提供条件。

建筑物区分所有的形式，就是区分所有的建筑物的表现形式，有以下三种基本形式。

（1）纵切型区分所有。

这种形式成立于纵切型区分所有的建筑物上，一般指连栋式或者双并式分间所有的建筑物，例如连排别墅。这种建筑物区分所有的权利人的共有部分较为单纯，除共用的境界壁及柱子外，一般的走廊及楼梯均各自独立，外周壁、屋顶及基地等也均以境界壁为线而分别归个人所有。因而这种区分所有发生的问题较少。

（2）横切型区分所有。

这种形式成立于横切型区分所有的建筑物上，指将一栋建筑物作横的水平分割，使各层分别归由不同区分所有者所有的建筑物，如一层、二层各归属于不同的业主。这种业主间的共有部分除共同楼板之外，还有共同的屋顶、楼梯、走廊等，通常发生的法律问题较多。由于现代建筑技术的进步，这样小的建筑物较少，因此，这种区分所有不多。

（3）混合型区分所有。

这种形式成立于混合式区分所有的建筑物上，指上下横切、左右纵割分套所有的建筑物。各业主的专有部分是一个由分间墙和地板构筑而成的封闭空间，二层以上的业主与地基并没有直接接触，而是通过走廊、阶梯等与其相通，因而共有部分起着重要的作用。这种建筑物区分所有权的类型是典型的、争议较多的区分所有形式。

（二）具体的建筑物区分所有法律关系

区分所有是一种复合共有形态，因此，在区分所有建筑物上所设立的法律关系表现得更为复杂。一般认为，在建筑物区分所有权法律关系中体现了三种具体的法律关系，这就是相邻关系、共有关系和团体关系。[①] 在建筑物区分所有权中，由于这个物权中具有三项内容，包含几个不同的法律关系。

建筑物区分所有权所包含的法律关系是“4＋1”的法律关系，也就是在四个基本的法律关系之外，还有一个附带的法律关系：建筑物区分所有关系、区域所有关系、相邻关系、共有关系，以及业主大会与物业服务企业之间的关系。也即在总的一个建筑物区分所有权法律关系之下，包含这样五个法律关系。

1. 建筑物区分所有关系即团体关系

整体的建筑物区分所有的关系是团体关系。建筑物是一个整体，用建筑物的共同部分把全体业主联系在一起，在建筑物中去掉专有的部分后都是共有的，尤其土地是共有的。只有共有部分才把业主联系成一个整体，形成一个团体，这就是业主大会。而业主大会这个整体与所有的其他人构成一个绝对权的法律关系，其他任何人都是这个权利的义务人，业主大会的各个成员就是业主。全体业主构成业主大会的关系，就是共同管理权的基础。

2. 区域所有关系

建筑物区分所有权法律关系的具体的区域所有法律关系，是对建筑物的专有部分的区域所有，或者叫作区分所有。在整体建筑物里中，业主享有的就是这样一个专有区域的建筑空间，在这个建筑空间上，设立的是一个完整的所有权。这个所有权与其他所有权没有不同。

3. 相邻关系

凡是与一个业主的专有部分相邻的其他专业部分的业主，在相互之间都构成相邻关系。一般的相邻关系是平面相邻，无论土地还是建筑物都是如此。建筑物区分所有权中的相邻不同，是立体相邻，上下左右前后都可能构成相邻，所以，它的相邻问题更加突出。再加上如果建筑物的质量再差一点，邻居之间相互影响

① 温丰文. 区分所有建筑物法律关系之构造. 法令月刊，1992（9）.

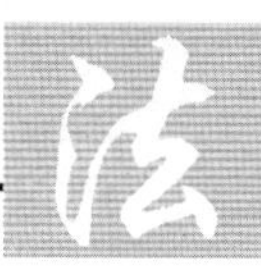

会更严重。

4. 共有关系

建筑物区分所有权的共有关系是互有关系。一般的共有权最终都可以分割，比如婚姻家庭中夫妻之间是共有财产关系，在双方离婚或者一方死亡时，共有财产可以分割，甚至是在婚姻关系存续期间，夫妻共有财产也可以协商变更为“AA 制”，从而改变共有财产的现状。而建筑物区分所有权中的共有是不可分割的，是永远都要保持的。所以，建筑物区分所有中的共有权是特殊共有，不是一般的共有。

5. 业主大会与物业服务企业之间的关系

业主大会与物业服务企业之间的关系，是建筑物区分所有权法律关系附带的一个法律关系，其实是一个独立的法律关系。这个法律关系是一个合同关系，而不是隶属关系。双方要在平等协商的基础上，建立合同关系，确定双方的权利和义务，按照合同法的规定解决双方的纠纷。对此，最高人民法院专门制定了《关于审理物业服务纠纷案件具体应用法律若干问题的解释》。

三、建筑物区分所有的构成条件

构成建筑物区分所有必须具备两个条件：一是物质条件，即建筑物能够区分所有；二是事实条件，即建筑物事实上已经被区分所有。

（一）建筑物能够区分所有

建筑物区分所有的构成，必须具备赖以存在的物质条件，即作为权利客体的物。建筑物区分所有权的客体物就是指建筑物，而不是其他的物或者财产。构成建筑物区分所有物质条件的建筑物，不仅要客观存在，而且必须能够区分所有。

在确定建筑物的含义时，通常引用《辞海》的定义，认为建筑物一般指主要供人们进行生产、生活或其他活动的房屋或场所。[①] 在法律上研究作为建筑物区分所有权客体的建筑物，这样的定义显然不能令人满意。

---

① 辞海. 上海：上海辞书出版社，1980：500.

建筑物，从一般的意义上说，是指因建筑而成的独立物。作为建筑物区分所有客体的建筑物，是指在结构上能区分为两个以上独立部分为不同所有人使用，并须在整体上有供各所有人共同使用部分的公寓、住宅。德国法将建筑物区分所有称为住宅所有权，美国称之为公寓所有权，瑞士称之为楼层所有权，均具有这种含义。我国大陆和台湾地区学者沿袭日本法的称谓，称其为建筑物区分所有权，其中建筑物一词明显含义过宽，不加以上述的限制，不能成为准确的法律概念。

建筑物能够区分所有，必须具备以下四个条件。

1. 必须是能够出让给他人所有的住宅、公寓、写字楼和商铺等房屋

符合这个条件，应当有两个内容：首先，这种建筑物必须是房屋，而不是桥梁、隧道、水坝等其他构筑物，这些建筑物都不是房屋，因而也不能区分所有。其次，这种建筑物必须能够出让给他人所有，这只能是住宅、公寓、写字楼、商铺等房屋。宾馆、招待所等房屋虽然有可以区分独立使用的部分，但因其只能按日租给他人使用，而不能出让给他人所有，因而不能成为区分所有的客体，但产权式酒店能够建立建筑物区分所有权。

2. 在结构上能够区分为两个以上独立的部分

这种独立的部分应为四周及上下闭合，具有单独居住、使用的基本功能的建筑空间，具体表现为连脊平房纵割区分的空间、按楼层横割区分的空间和楼房纵横分割区分的空间，这就是前述三种建筑物区分所有的基本类型。这些独立区分的建筑空间部分，就是习惯上所说的单元及类似单元的建筑物计算单位。没有具备能够区分所有的两个以上的独立部分的房屋，不能作为建筑物区分所有的客体。

3. 区分的各独立部分能够为业主所专有使用

区分的独立部分应具备相当的使用功能。如住宅、公寓，应具备家庭居住的基本功能，写字楼应具备办公的基本功能。只将建筑物区分所有限制在住宅、公寓不够全面，写字楼、商铺等亦具备能够区分所有的条件，也应作为区分所有的客体。具有这些基本功能的独立部分，能够提供给业主专有使用，为各所有人设

置专有权。机关公寓为独身员工提供居住条件，但不能为各职工专有使用，不是建筑物区分所有的标的物。

4. 除区域专有部分外还必须有共有部分

区分所有的建筑物必须分成两个系统，即供各业主专有使用部分和全体所有人共有部分。

共有部分包括大门、楼道、台阶、阶梯、屋顶、地基等，建筑物只有具备这一部分，才能给业主设置共有权。建筑物只有专有部分而没有共有部分，只能设置普通所有权，不能设置区分所有。如连脊平房，各使用的专有部分各自独立，没有共有部分的，则不成立区分所有；连脊平房各自独立，但房内有共用的走廊、水房、厕所等设施的，则不因其为平房而不得成立建筑物区分所有权。别墅能否成为建筑物区分所有权的客体？有人认为，别墅没有共有部分，因此不能成为建筑物区分所有权的客体。笔者认为，尽管别墅的建筑物没有共有部分，但其他部分特别是土地使用权是共有的，其他设备和设施也是共有的，因此，别墅也能够成为建筑物区分所有权的客体。

有的学者还将区分所有的建筑物的共有部分分为四个方面，即：第一，建筑物的基本构造部分，如支柱、屋顶、外墙、地下室等；第二，建筑物的共有部分及其附属物，如楼梯、消防设备、水塔、自来水管道等；第三，建筑物所占有的土地使用权；第四，住宅小区的绿地、道路、公共设施、公益性活动场所、围墙等地上物以及设置在地下的共有物。①

（二）建筑物事实上已经被区分所有

建筑物仅仅具备可以被区分所有的物质条件，还不能成为建筑物区分所有权的客体，只有建筑物在事实上已经被占有该建筑物的自然人、法人、非法人组织区分所有的，才具备区分所有的事实条件。例如，一栋建筑已建完，能够区分所有，但没有任何一个单元被卖出，在事实上没有被区分所有，则不能发生区分所有。这时候该建筑物的所有权还由开发商享有。

建筑物在事实上已经被区分所有，应当由该建筑物建设的投资者将各独立的

---

① 王利明. 物权法研究. 北京：中国人民大学出版社，2002：388.

专有部分通过法律行为转让给购买者。转让的形式，是投资者与购买者签订买卖合同。该合同须为要式合同，且必须经过物权转让登记，不经登记不发生转让效力。买卖合同只需载明购买专有部分，无须载明共有部分的转让，因共有部分随专有部分一起转让。登记物权转让时亦是如此。

区分所有的物权登记必须写明区分所有的性质，使其性质公示，明确权利归属，以保护权利人以及继受人的合法权益。

第三节　专有权及其权利、义务

一、专有权的概念和性质

（一）概念

建筑物区分所有权中的专有权，是指权利人享有的以区分所有建筑物的独立建筑空间为标的物的专有所有权。《物权法》第71条规定："业主对其建筑物专有部分享有占有、使用、收益和处分的权利。业主行使权利不得危及建筑物的安全，不得损害其他业主的合法权益。"

专有权是建筑物区分所有权的核心部分，是区分所有权的单独性灵魂。

（二）性质

建筑物区分所有权的性质不是空间所有权。权利人依据建筑物区分所有权所享有的利益，针对的是建筑物所构成的建筑空间，而不是建筑物的物质构成。如果认为一个普通建筑物的所有权是对建筑物所形成的建筑空间的所有权，因而建筑物区分所有权的性质是空间所有权，并且因此而与一般的建筑物所有权相区别，是不正确的。同时，"空间"一词的使用还容易导致与用益物权中的分层建设用地使用权（即分层地上权）相混淆，也不妥当。

建筑物区分所有权中的专有权，是具有单独所有权性质的权利。在建筑物区

分所有权的三个权利构成中，专有权与其他权利相区别的，就是其独立所有权的性质，因而其构成复合共有中的独特部分，是共有中的单独所有。

二、专有权的客体——专有部分

（一）确定专有部分的一般规则

在区分所有的建筑物中，究竟哪些是专有部分，《物权法》第 71 条没有作出界定。最高人民法院《关于审理建筑物区分所有权纠纷案件具体应用法律若干问题的解释》第 2 条第 1 款和第 2 款规定："建筑区划内符合下列条件的房屋，以及车位、摊位等特定空间，应当认定为物权法第六章所称的专有部分：（一）具有构造上的独立性，能够明确区分；（二）具有利用上的独立性，可以排他使用；（三）能够登记成为特定业主所有权的客体。""规划上专属于特定房屋，且建设单位销售时已经根据规划列入该特定房屋买卖合同中的露台等，应当认定为物权法第六章所称专有部分的组成部分。"

专有部分的范围必须严格界定。从抽象的角度界定，专有部分的范围也就是专有权的标的物，必须是建筑物的独立建筑空间所包括的范围：第一，构造上的独立性，是一个单独的单元，在构造上能够明确区分这个单元和那个单元，是分开的的独立空间。第二，利用上的独立性，一个单元就是一个利用的单位，这个单元不可以跟那个单元相通，能够独立使用，能够排他使用。第三，能够登记成为特定业主所有权的客体，业主买到这个单元，就可以上不动产登记机关登记所有权。

（二）确定专有部分的具体标准

从理论上说，关于如何界定区分所有的建筑物的专有部分，有五种不同的主张：一是壁心说，认为区分所有建筑物专有部分的范围达到墙壁、柱、地板、天花板等境界部分厚度之中心。这种观点有利于明确界定权利的范围，但是对于建筑物的维护与管理则有害。二是空间说，以区分所有权的共有权理念为立论基础，与以个别所有为立论基础的上述壁心说完全对立，认为专有部分的范围仅限

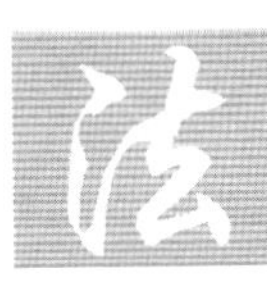

于墙壁、地板、天花板所围成的空间部分，而界线点上的分割部分如墙壁、地板、天花板等则为全体或者部分业主所共有。三是最后粉刷表层说，认为专有部分包含壁、柱等境界部分表层所粉刷的部分，亦即境界壁与其他境界的本体属共有部分，但境界壁上最后粉刷的表层部分属于专有部分。四是最后粉刷表层兼采壁心说，折中了壁心说和最后粉刷表层说，认为专有部分的范围应依内部关系和外部关系而定。在内部关系上，专有部分应仅包含壁、柱、地板及天花板等境界部分表层所粉刷的部分，但在外部关系上，尤其是对第三人关系上，专有部分应包含壁、柱、地板及天花板等境界部分厚度的中心线。① 五是双重性说，认为前四种观点的主要分歧在于，是将墙壁作为共有部分还是作为专有部分对待；并主张墙壁既有专有财产的性质又有共有财产的性质，具有双重属性。②

最后粉刷表层兼采壁心说既考虑了对财产的管理、维护，又考虑了财产的独立性和对外关系，因而更为准确并具有可操作性，应当采纳。

在立法上确定建筑物专有部分的规定，是完全必要的。由于专有权标的物的空间界限涉及业主的单独权利的界限，因此各国立法均严格规定该独立建筑空间的范围。在瑞士，专有权被称为特别权利，其民法典第 712 条之二的第 1、2 两项规定："特别权利标的物，可为单独的楼层，亦可为楼层内隔开的具有出入口的用于居住、办公或其他目的的单元；单元可包括隔开的房间。""下列物不得成为特别权利的标的物：1. 建筑物的场地及建造楼房的建筑权；2. 对于楼房或其他楼层所有人的房屋的存在、结构及坚固极为重要的或对楼房的外观及造型起决定作用的装饰物；3. 其他楼层所有人亦使用的设备。"这一规定极为详细，从正反两个方面界定了专有权的标的物，是应当借鉴的。

应当注意的是，对不能独立使用的建筑空间不能设定专有权。例如，有的单位将一个单元的两个居室交由两对新婚夫妻各住一间，卫生间、厨房等设备共

① 温丰文. 区分所有权与所有权建筑物之专有部分. 法令月刊（42）：7. 陈华彬. 物权法原理. 北京：国家行政学院出版社，1998：384－385.

② 王利明. 物权法研究. 北京：中国人民大学出版社，2002：385－386.

用，对其中单独使用的居室不能设定专有权，这实际上是两个家庭共有一个专有权，是建筑物区分所有的“专有权中的共有权”[①]。一个居室、一个阳台都不能独立使用，均不能设定专有权。附属于建筑物表面的设施，因为不能独立使用，也不能在其上设置专有权，业主不能因该设施依附于其专有使用部分的外墙而主张为其专有权的标的物。

三、业主作为专有权人的权利、义务

专有权的权利义务关系表现为业主作为专有权人的权利和义务。

（一）专有权人的权利

1. 专有权包括所有权的一切权能

业主对其专有标的物享有完整的占有、使用、收益、处分的权能。《物权法》第 71 条规定：“业主对其建筑物专有部分享有占有、使用、收益和处分的权利。业主行使权利不得危及建筑物的安全，不得损害其他业主的合法权益。”在不违反国家法律的情况下，业主有权对专有部分按照所有权的要求处分，不受他人干涉和妨害。这种处分权既有法律上的处分权，也有事实上的处分权。但是，事实上处分自己专有的单元，如果损害整个建筑物的安全，就必须予以限制。《物权法》规定不得危及建筑物的安全、不得损害其他业主的合法权益，就是这个道理。由于专有权的主导性，业主在处分其专有物时，必须连带处分共有权和成员权。

2. 业主对自己的专有部分可以转让、出租、出借、出典、抵押

业主可以对自己的专有部分进行转让、出租、出借、出典、抵押，可以按自己的意愿对专有部分内部进行装饰。但是，在对专有部分进行上述处分的时候，业主不得将其专有部分与建筑物共有部分以及基地使用权的应有部分相分离而为转移或者设定负担。

---

① 这只是一个形象的说法而已，实际上这不是专有的共有，仅仅是使用权的问题，即便说是共有的话，也仅仅是专有权的准共有。

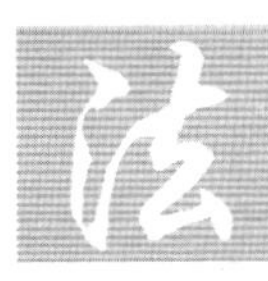

3. 享有物权保护请求权

业主享有物权保护请求权。业主在其专有部分受到侵夺时，可以要求停止侵害、返还原物、排除妨害、赔偿损失。在就物权的权属发生争议时，业主还享有确权请求权。

（二）专有权人的义务

1. 不得违反使用目的

业主必须按照专有物的使用目的或规约规定使用专有部分，不得违反专有部分的使用目的，不得妨害建筑物的正常使用，不得损害其他业主的共同利益。如在住宅、公寓的专有部分开设餐馆、工厂、小卖部，均违背其专有部分的使用目的，为不当使用。《物权法》第77条规定："业主不得违反法律、法规以及管理规约，将住宅改变为经营性用房。业主将住宅改变为经营性用房的，除遵守法律、法规以及管理规约外，应当经有利害关系的业主同意。"这一规定的基本精神就是这个义务。

业主将住宅改变为经营性用房，未按照《物权法》第77条的规定经有利害关系的业主同意，有利害关系的业主请求排除妨害、消除危险、恢复原状或者赔偿损失，并向人民法院起诉的，人民法院应予支持。如果将住宅改变为经营性用房的业主以多数有利害关系的业主同意为由，对其行为进行抗辩的，人民法院不予支持。

如何认定有利害关系的业主？按照最高人民法院《关于审理建筑物区分所有权纠纷案件具体应用法律若干问题的解释》第11条的规定，本栋建筑物内的其他业主，应当认定为有利害关系的业主；在建筑区划内，本栋建筑物之外的业主主张与自己有利害关系的，应证明其房屋价值、生活质量受到或者可能受到不利影响，不能证明的，不属于有利害关系的业主。

2. 维护建筑物牢固和完整的义务

业主负有维护建筑物牢固与完整的义务，不得在专有部分加以改造、更换、拆除，也不能增加超出建筑物负担的添附；在维护、修缮专有部分或者行使权利时，不得妨碍其他业主的生活安宁、安全和卫生。最高人民法院《关于审理建筑

物区分所有权纠纷案件具体应用法律若干问题的解释》第 15 条规定，业主或者其他行为人违反法律、法规、国家相关强制性标准、管理规约，或者违反业主大会、业主委员会依法作出的决定，实施损害房屋承重结构，损害或者违章使用电力、燃气、消防设施，在建筑物内放置危险、放射性物品等危及建筑物安全或者妨碍建筑物正常使用，或者违反规定破坏、改变建筑物外墙面的形状、颜色等损害建筑物外观，或者违反规定进行房屋装饰装修，或者违章加建、改建，侵占、挖掘公共通道、道路、场地或者其他共有部分等行为的，可以认定为《物权法》第 83 条第 2 款所称的其他"损害他人合法权益的行为"，业主大会和业主委员会可以依法向人民法院提起诉讼。

3. 不得侵害专有部分中的共有部分

业主不得随意变动、撤换、毁损位于专有部分内的共有部分，如建筑物的梁柱、管道、线路等，负有维护其完好的义务。

4. 准许进入的义务

在其他业主因维护、修缮专有部分或者设置管线，必须进入其专有部分时，以及管理人或者管理委员会因维护、修缮共有部分或者设置管线，必须进入或者使用其专有部分时，业主应当准许进入，无正当理由不得拒绝。

5. 损害赔偿义务

业主在行使自己的权利时，超越权利范围而行使的，应当停止侵害；并造成他人损害的，应当承担损害赔偿义务。

（三）相邻关系

业主作为专有权人，共居一栋建筑物之内，相邻关系是非常重要的权利义务关系，必须严加规范，以保持秩序的协调和生活的安宁，更好地保护各业主的合法权益。这也是《法国民法典》《瑞士民法典》《日本民法》将建筑物区分所有制度最初置于不动产相邻关系中的原因。业主在行使专有权时，必须明确处理相邻关系的规则，使自己的专有权得到适当延伸，或者加以适当限制。在必要限度内，业主有权使用其他业主的专用部分，如为使用、保存或改良专有部分而临时使用相邻人的建筑空间。此外，业主有权要求其他业主停止因不当使用而对共同生活

环境造成损害的行为；有权要求其他业主对可能对共同生活造成损害的危险采取防免措施；当其他业主装修、改良其专有部分而影响自己的通风、采光、排水等时，有权要求其恢复原状。与这些权利相适应，每个业主均得承担上述义务。

第四节　共有权及其权利、义务

一、共有权的概念和性质

（一）概念

建筑物区分所有权中的共有权，也叫作共有所有权、共有部分持份权、持份共有所有权或者互有权[①]，《物权法》统一称之为共有权。

建筑物区分所有权中的共有权，是指以区分所有建筑物的共有部分为标的物，全体业主共同享有的不可分割的共同共有权。其权利人为全体业主。共有权是建筑物区分所有权中的“共同性灵魂”，与建筑物区分所有权中的专有权构成建筑物区分所有权的两个“灵魂”。

（二）性质

关于业主的共有权究竟是按份共有还是共同共有，有不同意见。第一种意见认为是按份共有，因为专有部分和共有部分是连为一体的，共同使用部分的所有权应随同各相关区分所有建筑物所有权的转移而转移，同时，共有的公共设施属于专有部分的从物，为抵押权效力所及，所以业主对共有部分享有的共有权为按份共有。[②] 第二种意见认为是共同共有，因为在建筑物区分所有中的共有部分不能分割，只能共有。[③] 第三种意见认为，建筑物区分所有的种类不同，其共有的

① 杨立新. 民法判解研究与适用：第2辑. 北京：中国检察出版社，1996：169.

② 王泽鉴. 民法物权：通则·所有权. 北京：中国政法大学出版社，2001：200.

③ 梅仲协. 民法要义. 北京：中国政法大学出版社，1999：402.

性质也不同，于纵向分割的建筑物区分所有，由于各区分所与人之间的结合状态并不明确，其共有部分为按份共有；于横向区分所有类型和纵横分割的区分所有类型，对共有部分应为共同共有。① 第四种意见认为，对区分所有共有部分的性质不应一概而论，应根据具体的使用情况来确定；有些共有部分的收益应当按照一定的份额在业主中进行分配，为按份共有；有的不可能实行按份共有，只能是共同共有。②

笔者认为：在区分所有的建筑物中，对共有部分的共有权的认识应当从共有部分的整体进行观察，而不能受其"份额"的限制。以上各种观点所称的份额，实际上就是共同共有中的"潜在应有部分"，并不是按份共有中的份额。例如，对共有部分予以使用，其收益部分按照专有部分的份额进行分配，也不是一个按份共有的问题，而是类似于共同共有的合伙财产中的红利分配。按照红利分割的份额进行分配，并不能否定共同共有的性质。同样，区分所有建筑物共有部分的某些不同的使用和利益的不同分配，也都不能影响共有部分之上建立的共有权的性质。因此，共有权是共同共有的一种特殊形态，是指在共同共有中共有人无分割共有物请求权的共有权。在建筑物区分所有中的共有部分之上建立的就是这种无分割请求权的共有权利。

二、共有权的客体——共有部分

共有权的标的物，是区分所有建筑物中的共有部分。按照《物权法》的规定，对建筑物区分所有权的共有部分应当着重研究以下问题。

（一）确定共有部分的一般规则

确定区分所有建筑物共有部分的一般规则，是《物权法》第 72 条第 1 款规定的，即："建筑物专有部分以外"，都是"共有部分"。在区分所有建筑物中，除了每一个业主专有部分之外的其余部分，都是全体业主共有的部分。有的学者

---

① 温丰文．论区分所有建筑物共有部分之法律性质．法学丛刊，2007（131）：93.

② 王利明．物权法研究．北京：中国人民大学出版社，2002：390.

表述为："业主专有部分以外的共有部分通常是指，除建筑物内的住宅、经营性用房等专有部分之外的部分，既包括建筑物内的走廊、楼梯、过道、电梯、外墙面、水箱、水电器管线等部分，也包括建筑物区划内，由业主共同使用的物业管理用房、绿地、道路、公用设施以及其他公共场所等，但法律另有规定的除外。"①

最高人民法院《关于审理建筑物区分所有权纠纷案件具体应用法律若干问题的解释》第3条进一步补充规定道：除法律、行政法规规定的共有部分外，建筑区划内的以下部分，也应当认定为物权法第六章所称的共有部分：一是建筑物的基础、承重结构、外墙、屋顶等基本结构部分，通道、楼梯、大堂等公共通行部分，消防、公共照明等附属设施、设备，避难层、设备层或者设备间等结构部分；二是其他不属于业主专有部分，也不属于市政公用部分或者其他权利人所有的场所及设施等。关于建设用地使用权，该解释的规定为："建筑区划内的土地，依法由业主共同享有建设用地使用权，但属于业主专有的整栋建筑物的规划占地或者城镇公共道路、绿地占地除外"。

（二）确定共有部分的主体范围

确定共有部分的主体范围，是指对共有部分享有共有权的主体范围，究竟是以小区、业主大会或业主委员会的设置、建筑物本身还是以楼层为单位进行确定。即以哪些业主作为共有的主体范围，确定哪些部分为共有部分。

确定共有部分的主体范围最重要的标准，是业主大会或业主委员会的设置，因为这是业主团体组成的基本单位，以此为标准，既能够体现共有部分的基本范围，保证相应业主的共同利益，同时，也最容易组织，使团体业主能够更好地维护自己的共同权利，承担义务。

具体的情况是，有的小区很小，只能够设置一个业主大会、业主委员会；有的小区很大，要设立几个业主大会、业主委员会，就应当按照业主大会和业主委员会的设置，确定共有部分的范围，按照这样的主体范围确定共有部分的范围。

① 胡康生．中华人民共和国物权法释义．北京：法律出版社，2007：170.

（三）确定共有部分的具体问题

确定共有部分的范围时，在立法上和实践中的主要问题有以下几个

1. 建设用地使用权

对于建筑物区分所有权中的地基的权利，各国的情况不同，采取的做法也不同。一般的做法是，全体区分所有人对地基享有土地所有权，也有的是享有地上权，即在他人的土地上设立地上权，建设住宅。我国的土地分别属于国家所有和集体所有。在城镇建造住宅，设立建筑物区分所有权，不可能对地基享有所有权，只能享有建设用地使用权即地上权，因此，研究地基的共有问题，就是研究业主对住宅的建设用地使用权享有的是何种权利。

首先，业主对地基享有的权利即建设用地使用权在性质上是共有。因此，区分所有建筑的建设用地使用权是共有部分，全体业主对建设用地使用权享有共有权。

其次，关于全体业主对建设用地使用权的共有是何种共有，有不同的看法。一般认为，这种共有是准共有[①]，应当适用《物权法》第 105 条的规定。这种准共有究竟是共同共有还是按份共有？笔者认为是按份共有。各个业主在购买了自己的专有部分所有权的同时，也购买了自己的建设用地使用权，是按照自己专有部分建筑面积的比例分别计算的，是按份享有建设用地使用权，按照自己的份额享有权利、负担义务。

2. 建筑物的基本构造部分

建筑物的基本构造部分，属于全体业主共有。建筑物的基本构造部分，包括房屋的基础、支柱、屋顶、墙壁、楼板、间壁墙、大门、楼梯、走廊、围墙、自来水管道、暖气管道、照明设备等，应当由小区的全体业主共有。

3. 车库车位

关于车库车位，详见下文第六节，此不赘述。

4. 道路

区分所有建筑物中的道路属于业主共有，但属于城镇公共道路的除外。只要

① 王利明，等. 中国物权法教程. 北京：人民法院出版社，2007：221.

小区中的道路不是城镇公共道路，就都属于业主共有。对此，可以采用香港的小区管理模式，在小区的道路上标明“私家路”，不是私家路的才是公共道路，界限应当清楚。

5. 绿地

小区的绿地属于全体业主共有，但是有两个除外：(1) 属于城镇公共绿地的除外。城镇公共绿地属于国家，不能归属于全体业主或者个别业主。(2) 明示属于个人的除外。连排别墅的屋前屋后的绿地，明示属于个人的，归个人所有或者专有使用；独栋别墅院内的绿地，明示属于个人的，归个人所有或者专有使用。至于普通住宅的一层的窗前绿地的权属问题，开发商把窗前绿地赠送给一层业主的，实际上等于把绿地这一部分共有的建设用地使用权和草坪的所有权都给了一层业主。如果没有解决土地使用权和绿地所有权的权属，这样做就构成了一层业主和开发商共同侵害了全体业主的权利。如果在规划中就确定一层的窗前绿地属于一层业主，并且对于土地使用权和绿地所有权的权属有了明确的约定，交足了必要的费用，则在不存在侵害全体业主共有权的情况下，可以确认一层窗前绿地“明示属于个人”，属于业主个人所有或者使用，不属于共有部分。

6. 会所

《物权法》草案曾经对会所都有规定，内容是“会所属于全体业主共有，但另有约定的除外”。但《物权法》没有作出这样的规定。原因在于，会所具有经营性，不能规定为全体业主共有。如果规定为全体业主共有，业主大会或者业主委员会就要具有经营能力，还要注册公司，全体业主就要出资，共负盈亏。会所以及小区的商铺都是经营性的，没有公共设施的性质，也不应由业主共有。开发商经营会所，应当突出服务业主的宗旨，其余不应当受过多的限制。

7. 其他公共场所

其他公共场所属于确定的共有部分，不得归开发商所有。所谓“其他”是针对会所和商铺而言的。会所以外的、那些为全体业主所使用的广场、舞厅、图书室、棋牌室等，属于其他公共场所。而园林属于绿地，走廊、门庭、大堂等则属于建筑物的构成部分，本来就是共有部分，不会出现争议，不必专门规定。

8. 公用设施

公用设施是指小区内的健身设施、消防设施、自行车棚等。这些公用设施属于共有部分，不存在例外。应当注意的是，小区内的其他设施，例如学校、幼儿园、商店、超市等，不能认为由全体业主共有。这些设施的权属问题复杂，并且无法交给全体业主经营，尽管它们也是小区的配套设施，但是不能认为由全体业主共有。

9. 物业服务用房

在现代，住宅建筑物的物业管理是必要的，因此，建设住宅建筑物，必须建设物业服务用房。关于物业服务用房的权属，曾经有过争论，《物权法》草案曾经规定，“物业服务用房属于业主共有，但另有约定的除外”。其中存在的弊病是，容易被开发商利用，而将物业服务用房约定为开发商所有，侵害了业主的利益。《物权法》第 73 条明确规定，物业服务用房属于业主共有，不得另行约定。这就从根本上解决了这个问题。因此，关于物业服务用房的权属没有商量的余地，一律归属于全体业主。这样，就能够保障业主的权益。

10. 楼顶平台

楼顶平台是建筑物的楼顶及其空间。按照建筑物区分所有权的规则，这一部分应当属于全体业主所有，因为确定共有部分的一般规则是，除专有部分以外的其他部分，都是共有的，楼顶平台当然也是共有的。根据专有部分确定标准最后粉刷表层兼采壁心说，顶层楼板的壁心以下部分是可以使用的，其最后粉刷表层才是业主的专有部分，因此，顶层的楼板及其空间都是共有的。但目前一些开发商将楼顶平台卖给或者赠与顶层业主，使业主能够在楼顶平台建设一个空中花园，供自己使用。有人认为，此种情况下可以将楼顶平台看作业主专有部分所有权的客体。① 这是不正确的，楼顶平台是全体业主共有的，开发商不能将其擅自赠与顶层业主。例外的是，最高人民法院《关于审理建筑物区分所有权纠纷案件具体应用法律若干问题的解释》第 4 条规定，业主基于对住宅、经营性用房等专有部分特定使用功能的合理需要，无偿利用屋顶以及与其专有部分相对应的外墙

① 王利明，等. 中国物权法教程. 北京：人民法院出版社，2007：225.

面等共有部分的，不应认定为侵权；但违反法律、法规、管理规约，损害他人合法权益的，仍须认定为侵害共有部分的权利。

11. 外墙面

外墙面属于建筑物的组成部分，属于建筑物的整体构造部分，应当由全体业主共有。对此有两种不同的看法：一种是认为外墙面与业主的专有部分不可分割；另一种是认为外墙面属于开发商所有。这两种看法都是不对的。外墙面不属于专有部分，也不是与专有部分不可分割，而是共有部分。开发商通常采用约定的方法，即在商品房预售合同中约定外墙面归属于开发商或者由其支配。这样的约定违反了《物权法》第72条第2款的强制性规定。

值得研究的问题有三个：(1) 商铺或者住宅建筑物的底商之外墙面应当由商铺专有使用，可以设置广告、牌匾等商业宣传。商铺的广告、牌匾设置，不可以超过其权利界限，延伸到楼板之上业主专有部分的外墙面部分，除非商铺的业主给予了补偿或者使用费。(2) 大型商业用房之外墙面可以约定由开发商所有，协商确定使用权。(3) 业主基于使用住宅、经营性用房等专有部分特定功能的合理需要，无偿利用与其专有部分相对应的外墙面等共有部分的，不应认定为侵权；但违反法律、法规、管理规约，损害他人合法权益的，仍须认定为侵害共有部分的权利。

典型案例：2016年3月7日11点40分许，周某途经遂昌县城北街一弄堂时，弄堂一侧住宅楼的外墙水泥块脱落，周某被砸中头部，过路群众发现后，将其及时送到医院抢救，后因伤势过重，抢救无效不幸去世。涉事的住宅楼建于1992年，分为一、二两个单元，共33户36名业主，没有物业和业主委员会。水泥块是从一单元的外墙上脱落的。周某的家属认为：建筑物的外墙在功能上是为整幢建筑服务的，属于这幢建筑物的全体业主共有部分。业主作为住宅楼公共部分的共同所有权人，有维修、保养大楼并保证安全的义务。对于本案，法院经审理后认为：建筑物发生脱落，造成他人损害，所有人或管理人不能证明自己没有过错的，应当承担侵权责任。另外，事发通道宽度为1.4米左右，通道附近未设置安全警示标志或禁止通行标志。周某在正常行走中受害，无证据证实其存在过

错，不能减轻被告的赔偿责任。至于被告所说的一、二单元是以楼内通行的楼梯数量来区分，并不是区分独立建筑物的标准，涉事住宅楼系一幢独立的建筑物。本案36位被告作为房屋的所有人或管理人，对建筑物墙体未尽合理的修缮义务，导致外墙水泥块发生脱落致人死亡，应承担民事赔偿责任。被告之间的过错无法区分大小，应以独立门牌或产权记载的33户为基准，均等承担赔偿责任。[①] 这一案例，典型说明了区分所有的建筑物的外墙是业主共有部分。

12. 维修资金

关于维修资金，《物权法》第79条专门规定："建筑物及其附属设施的维修资金，属于业主共有。经业主共同决定，可以用于电梯、水箱等共有部分的维修。维修资金的筹集、使用情况应当公布。"按照这一规定，维修资金的主要问题是：第一，维修资金属于共有部分，尽管这部分资金是业主购房时交付的，但属于全体业主共有，其他人不得主张权利。第二，维修资金是用于对电梯、水箱等共有部分的维修，不得用作他途。维修资金应当用于共有部分、公用设施设备保修期满之后的大修、更新和改造。[②] 之所以是在保修期满之后使用，是因为保修期满之前是由开发商负责维修的，不应使用维修资金。第三，维修资金必须专款专用，不得挪作他用，也不得作为业主大会和业主委员会承担责任的基础，以此承担民事责任。第四，维修资金的筹集和使用是重大事项，应当经过业主大会讨论决定。这是《物权法》第76条作了明确规定的。未经业主大会三分之二的多数通过决定，不得擅自进行。

值得研究的是，维修资金是不是可以用于将来建筑物的改建、重建。建筑物需要改建、重建的，《物权法》第76条第1款第6项作了规定，确认这是业主大会议决的事项，说明改建和重建建筑物是全体业主的权利。维修资金可以用于建筑物的改建和重建。改建和重建时，维修资金有足够数额的，当然可以作为其资金。如果不足，要由全体业主按照原来的建筑面积比例，共同筹集。

---

① 外墙脱落砸死路人 一审宣判33户居民赔近百万元.（2017-05-10）[2017-12-12]. 搜狐网，http：//news. sohu. com/2017 0510/n492422056. shtml.

② 肖海军. 物业管理与业主权利. 北京：中国民主法制出版社，2006：139.

13. 共有部分产生的收益

区分所有建筑物的共有部分属于业主共有，如果共有部分产生收益，应当属于全体业主所有。如果物业服务机构将这些收益作为自己的经营收益，就侵害了全体业主的权利。

处置这些共有部分产生的收益的办法有：第一，扣除物业服务机构的必要的经营成本，这是应当负担的部分，不应当由物业服务机构自己负担。第二，给物业服务机构必要的利润。物业服务机构也是经营机构，为经营业主的共有部分获得收益付出了代价，应当有一定的回报，但应当实事求是。第三，其余部分由全体业主共有。至于如何处置，应当由业主大会决定。如果业主大会决议归属于公共维修资金，则应当归入公共维修资金；如果业主大会决议分给全体业主个人享有，则应当按照每一个业主专有部分的建筑面积比例分配。

三、业主的权利、义务

共有权的权利义务关系表现为业主作为共有权人对共有部分所享有的权利和所负担的义务。

（一）业主作为共有权人的权利

业主对共有部分所享有的权利有以下几项。

1. 使用权

业主有权按照共有部分的种类、性质、构造、用途，使用共有部分，其他共有人不得限制和干涉。例如，各业主可以在庭院、中心花园等散步、休闲，在屋顶晾衣，使用电梯、楼道等。如何使用，应当依照共有部分的性质而定，也可以依照约定，或者为共同使用，或者为轮流使用。违反使用用途的使用为不当使用，应按管理规约处理，停止不当使用，造成损害的应当予以赔偿。

2. 收益共享权

业主对建筑物的共有部分享有收益权。共有部分产生的收益，包括天然孳息（如果树收获的果实）和法定孳息（如出租屋顶、设置广告物的租金）。对于共有

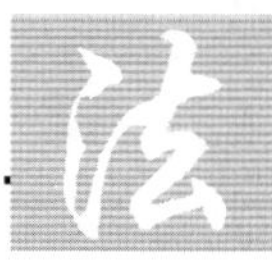

部分产生的收益，各业主有权共同分享，按照自己专有部分建筑面积所占比例分享收益。

3. 处分权

业主对于区分所有建筑物的共有部分有同等的处分权。例如，对共有部分及相关设施的拆除、更新、设置负担，都必须经过业主大会决定，不得由个人或者部分人决定。对建筑物的共有部分进行修缮、改良，经过决议可以进行，但不得改变使用用途。业务对共有部分在法律上为处分，应当随同自己的专有部分一道处分，不得分割处分。

4. 物权保护请求权

区分所有建筑物的共有部分遭受侵害时，任何业主都有权要求加害人停止侵害、返还原物、恢复原状、赔偿损失。

（二）业主作为共有权人的义务

业主对共有部分负有的义务有以下几项。

1. 维护现状的义务

各共有人负有维持建筑物共有部分互有现状的义务，任何业主永远不得请求分割共有部分。

2. 不得侵占的义务

各业主使用共有部分，必须维护共有部分的正常使用状态，不得侵占共有部分，不得改动共有部分的设置和结构，保持共有部分的完好和清洁。任何人使用不当造成对共有部分的损害的，应当承担赔偿责任。

3. 按照共有部分的用途使用的义务

对共有部分进行使用，应当按共有部分的使用性质使用，不得将共有部分改作他用。按使用性质使用是指依共有部分的种类、位置、构造、性质或规约规定的目的或用途使用共有部分。对于某些非按其本来用途使用共有部分，但无损于建筑物的保存和不违反业主共同利益的，应当允许。例如在走廊墙壁悬挂画作或者镜框，即为合理使用，不属于违反固有用途的使用。

4. 费用负担义务

业主应当负担共有部分的正常费用，合理分摊。全体共有部分由全体业主分摊，部分共有部分由部分业主分摊。共同费用包括：日常维修费用，更新土地或楼房的共同部分及公共设备的费用，管理实物的费用，等等。负担的费用，应当按照持份比例决定，即计算各业主专有部分在全部建筑物面积中的千分率，据以确定其所分担的费用。

依照《物权法》第72条第1款的规定，业主不得以放弃其权利为由拒绝履行上述义务。

四、共有部分中的专用部分

在区分所有建筑物的共有部分中，有一部分是由业主专有使用的。对这一部分专有使用的权利，就称为专有使用权。例如，在区分所有的建筑物的共有道路和其他场地设置的地表车位，如果约定由一个或者数个业主独占性地专有使用，就成立专有使用权。

专有使用权，一般是根据业主的合意而产生，合意叫作业主之间的规约或者契约。其实，绝大多数专有使用权都是在建筑物开发、出售时确定的。业主取得的专有使用权，可以转让给包括其他业主在内的他人。

第五节　管理权及业主的权利、义务

一、管理权的概念和特征

(一) 管理权的概念

管理权，其实就是成员权，是区分所有建筑物的业主作为整栋建筑物所有人

团体成员之一所享有的，对区分所有建筑物进行管理的权利。

对于整栋建筑物的所有权而言，实际上是一种特殊的按份共有，每个业主都按其份额对专有部分享有专有权，对共用部分享有共有权。与按份共有关系一样，各业主之间是共有关系，构成所有人的团体。区分所有建筑物的全体业主组成一个团体，整体享有地上权以及其他共同的权利，管理共用设施及其他事务，解决纠纷。每一个成员作为团体之一，享有权利，承担义务。

关于区分所有建筑物的管理，我国台湾地区学者下了一个很准确的定义：所谓区分所有建筑物之管理，系指为维持区分所有建筑物之物理的机能，并充分发挥其社会的、经济的机能，对之所为之一切经营活动而言。① 举凡有关建筑物之保存、改良、利用、处分，乃至业主共同生活秩序之维持等，均属之。②

区分所有建筑物的管理分为两个系统：一是行政机关基于行政权，对建筑物进行的行政管理；二是业主自行订立管理规约，组织业主大会和业主委员会进行的自治管理。民法上所称区分所有建筑物的管理是指后者。

（二）管理权的特征

1. 管理权基于业主的团体性而产生

在区分所有建筑物上的权利人是一个团体，而不是一个一个的个人。尽管这个团体不具有法人资格，但是这个团体的团体性是很强烈的。每个业主都是这个团体的一个成员，享有管理权。基于管理权，业主对整个建筑物行使权利、承担义务。

2. 管理权与专有权、共有权相并列，处于同等地位

在建筑物区分所有权中，存在三个不同的权利，这就是专有权、共有权和管理权。这三个权利地位平等、相互依存、密不可分，不能缺少任何一个，但各自又都具有相对独立性。

3. 管理权是永续性的权利

正因为在建筑物区分所有权中的三个权利密不可分，相互依存，体现建筑物

① 陈俊樵. 论区分所有建筑物之管理组织. 中兴法学，1987（24）.

② 温丰文. 论区分所有建筑物之管理. 法学丛刊，2008（147）.

区分所有的共有性质，所以这个权利是永远存续的，随着区分所有建筑物的存在而存在。即使是专有部分转移，管理权也随着转移给新的业主，并不会消灭。

二、管理权的团体形式

全体业主享有管理权、行使管理权的团体，就是区分所有人团体，即建筑物区分所有人大会。在美国，称之为公寓所有人协会。我国《物权法》第75条规定的团体形式是业主大会，业主大会选举业主委员会，行使日常管理权。

（一）业主大会的性质

业主大会由全体业主组成。关于业主大会的性质，有四种不同的立法例。第一种是德国模式，业主管理团体没有权利能力，不具有法人人格，业主是作为共有关系成员的单个的住宅所有权人，在诉讼上也是如此。这种模式就是"不承认主义"。第二种是法国模式，即不分情形的不同，一律承认业主管理团体具有法人资格，新加坡、我国香港地区采用这种模式。这种模式就是"一律承认主义"。第三种是日本模式，即附条件地承认管理团体为法人的模式。30人以下的业主构成的管理团体性质上属于无权利能力的社团，30人以上且经过占四分之三以上的多数有表决权业主同意时，可以申请登记为具有法人资格的管理团体。这种模式就是"有限承认主义"。第四种为美国模式。美国原来并不承认业主管理团体具有法人资格，但在20世纪70年代通过判例承认该管理团体的法人资格。这其实也是一种"一律承认主义"。在现代社会，业主管理团体有法人化趋向，使业主的人格受到限制和拘束。

我国《物权法》不承认业主大会的团体性、业主大会不具有任何法律地位，是不正确的，会损害全体业主的合法权益。首先，不宜认为业主大会是法人，理由是我国的建筑物区分所有制度还处在刚刚开始不久的阶段，经验不足，不宜采用承认主义和有限承认主义，等积累了足够的经验以后再说。其次，在现阶段，宜在建筑物区分所有的管理上贯彻民主精神，让多数业主按照民主的方式管理，因此，德国模式较为适合我国情况。因此，不应完全否认业主大会的团体性，应

当将其认定为非法人组织，作为合同法的主体和诉讼法的主体，享有相应的资格，以更好地保护全体业主的合法权益。

在这方面，北京市作出了很好的探索。北京市 2010 年 12 月 13 日《北京市住宅区业主大会和业主委员会指导规则》第 26 条规定："本市试行业主大会登记制度。业主大会成立并完成业主委员会备案的，经专有部分面积占建筑物总面积过半数的业主占总人数过半数的业主同意，可以到市房屋行政主管部门办理业主大会登记，业主委员会凭业主大会登记证明，向区、县公安分局申请刻制业主大会印章。"这样，就确认了业主大会的行为能力，赋予业主大会组织形式。业主大会在登记后，可以申请组织机构代码、刻制印章，成为一个实体组织，具有法人资格。这是一个具有挑战性的地方性法规，具有重要意义。

在《民法总则》起草过程中，曾经试图考虑业主大会的法人地位问题，但是各方意见都不一致，最终并没有赋予业主大会以法人资格。

（二）业主大会的组织及活动方式

关于业主大会的设置办法，德国采必设方式，日本采任意方式，我国台湾地区现行方法则是折中方式：住户在 3 户以上 10 户以下的，为任意设置；住户在 11 户以上的，为必设方式。这一规定颇具弹性，堪称允当。对此，我国大陆目前没有规定，似借鉴台湾地区的做法更为相宜。《物权法》采取灵活的态度，从而业主可以设立业主大会。地方人民政府有关部门对设立业主大会和选举业主委员会给予指导和帮助。

业主大会由全体业主组成，每个业主都有选举权和被选举权，有决定事项的投票权。

业主大会的活动方式是举行会议，作出决议。其职责包括：对外，代表该建筑物的全体业主，其性质为非法人组织性质的管理团体，可以代表全体所有人为民事法律行为和诉讼行为，具有非法人组织的功能；对内，对建筑物的管理工作作出决策，对共同事务进行决议，如制定管理规约，选任、解任管理人，对共有部分作出变更，建筑物一部毁损时的修建等。[①] 按照《物权法》第 76 条第 1 款规

① 温丰文. 论区分所有建筑物之管理. 法学丛刊，第 147 期.

定，下列事项由业主共同决定：(1) 制定和修改业主大会议事规则；(2) 制定和修改建筑物及其附属设施的管理规约；(3) 选举业主委员会或者更换业主委员会成员；(4) 选聘和解聘物业服务企业或者其他管理人；(5) 筹集和使用建筑物及其附属设施的维修资金；(6) 改建、重建建筑物及其附属设施；(7) 有关共有和共同管理权利的其他重大事项。所谓有关共有和共同管理权利的其他重大事项，有司法解释认为包括“改变共有部分的用途、利用共有部分从事经营性活动、处分共有部分，以及业主大会依法决定或者管理规约依法确定应由业主共同决定的事项”①。

业主大会应当定期召开，每年至少召开一次至两次。发生重大事宜须即时处理。经业主委员会请求召开，以及业主五分之一以上请求召开的，应当召开临时会议，进行讨论，作出决策。

业主大会决议事项，规则是：决定筹集和使用建筑物及其附属设施的维修资金，以及改建、重建建筑物及其附属设施的，应当经专有部分占建筑物总面积三分之二以上的业主且占总人数三分之二以上的业主同意。决定前述其他事项，应当经专有部分占建筑物总面积过半数的业主且占总人数过半数的业主同意。

专有部分面积和建筑物总面积的计算方法是：专有部分面积，按照不动产登记簿记载的面积计算；尚未进行物权登记的，暂按测绘机构的实测面积计算；尚未进行实测的，暂按房屋买卖合同记载的面积计算；建筑物总面积，按照前项的统计总和计算。业主人数和总人数的计算方法是：业主人数，按照专有部分的数量计算，一个专有部分按一人计算，但建设单位尚未出售和虽已出售但尚未交付的部分，以及同一买受人拥有一个以上专有部分的，按一人计算；总人数，按照前项的统计总和计算。

三、业主作为管理权人的权利和义务

业主作为团体成员的权利、义务有以下几项。

① 最高人民法院《关于审理建筑物区分所有权纠纷案件具体应用法律若干问题的解释》第7条。

（一）表决权

业主有权参加全体业主大会，参与制定规约，参与讨论、表决全体业主的共同事务。每一个业主都有权提议召开业主大会，提出讨论的议题，对重大事务作出决议。某些业主实施违反共同利益的行为的，其他业主可以提出动议，召开会议决议制止或者责令其赔偿。

（二）选举权和被选举权

业主大会的任何成员，都有业主大会组成人员的选举权和被选举权，通过选举，推选适当的业主或者自己担任负责工作，或者委派其他人担任相当的工作。对不尽职的人员可以请求罢免或者解除其职务。

（三）监督权

对于业主大会委派的管理人或者管理委员会，业主有权监督其工作；对于不尽职的管理人业主有权提出批评、改进意见，建议业主大会决议更换管理人。

（四）遵守业主大会会决议的义务

业主作为业主大会的成员，除了享有以上权利之外，还要承担相应的义务：要承认业主大会通过的协议、章程；参加业主大会；服从业主大会多数成员作出的决议；遵守规约；服从管理人的管理；承担按规约应当承担的工作。

四、管理规约

管理规约是业主大会制定的区分所有建筑物管理的自治规则，内容是业主为了增进共同利益，确保良好的生活环境，经业主大会决议的共同遵守事项。[①] 对其性质，有认其为契约的，有认其为协约的，有认其为自治法的，也有认其为法律行为的。笔者认为，认其为自治规则更为恰当。

管理规约的订立、变更或废止，都必须经过业主大会决议。按照《物权法》第 76 条的规定，制定和修改建筑物及其附属设施的管理规约，属于一般事项，应当经专有部分占建筑物总面积过半数的业主且占总人数过半数的业主同意，始

① 王泽鉴．民法物权：通则·所有权．北京：中国政法大学出版社，2001：263.

得订立、变更或废止。

管理规约的内容主要包括：一是业主之间的权利义务关系；二是业主之间的共同事务；三是业主之间利益调节的事项；四是对违反义务的业主的处理办法。

规约的效力在于约束全体业主的行为，因此，规约只对该建筑物的业主有效，或及于业主的特定继受人。业主委员会和物业服务机构不得违反该规约而另行处置管理事务，与规约相抵触的管理行为不具有效力。管理规约定了效力起止时间的，应依其规定生效、失效。

五、管理内容

区分所有建筑物的管理内容，分为物的管理和人的管理。

（一）物的管理

物的管理，包括对建筑物、基地以及附属设施的保存、改良、利用乃至处分等管理。管理的范围，原则上限于建筑物的共有部分。对专有部分的管理，由专有人承担，但相邻的墙壁、楼板等的修缮等，因其为相邻双方互有，故应在管理范围内。

管理的基本事项，按照安全、健康、便利、舒适的管理目标要求，主要包括以下内容：一是火警防范，加强消防设备和防火措施；二是维护公用部分及建筑物清洁，定期清除垃圾、清理水沟、清洗外墙、擦洗共用门窗玻璃等；三是维修公共设施，如维修水、电、汽、暖，定期检查公共电梯等；四是保护、美化建筑物的环境，在建筑物的庭院中植花种草，管理车辆停放秩序等。

（二）人的管理

对人的管理，不仅仅指对业主的管理，还包括对所有出入该建筑物的人进行管理。管理的内容有以下几点。

1. 对建筑物不当毁损行为的管理

这种行为，可以是对专有部分进行影响整个建筑物安全或外观的改建或扩建，如拆除梁柱、支撑墙等；也可以是将共有部分改为自用，如将楼道间隔而自

用，将公用阳台间隔自用；还可以是擅自对专有部分以外的部分进行改变等。

2. 对建筑物不当使用行为的管理

对专有部分各业主可以自由使用，但不得滥用权利进行不当使用。如在住宅、公寓的专有部分开设工厂、舞厅、饭馆以及进行其他非法营业活动，带来噪音、振动，影响他人生活安宁，均属之。

3. 对生活妨害行为的管理

此种行为，是指业主因生活习惯、嗜好不同，对建筑物使用方法不尽一致，而对他人生活有妨害的行为，如豢养动物、深夜播放音响、任意堆放垃圾、乱泼污水等。

对于上述违反建筑物管理规约的行为，都应通过业主大会进行管理，禁止其继续作为。对于违反管理规约情节较重的，可以依照规约进行处罚，如令其支付违约金；对于造成建筑物毁损，情节严重的，应令其赔偿；对于不服管理的，可以由业主大会或者业主委员会代表全体业主向人民法院起诉。

第六节　楼顶空间与停车位的权属问题

在建筑物区分所有权中，关于楼顶空间和停车位的权属问题，还有深入研究的必要。笔者结合《物权法》的规定，以及最高人民法院《关于审理建筑物区分所有权纠纷案件具体应用法律若干问题的解释》的相关规定，对这两个问题说明自己的看法。

一、关于楼顶空间的权属问题

（一）楼顶空间权属争议的表现

在区分所有建筑物的争议中，关于楼顶空间的权属纠纷时有出现，主要的表现是，将建筑物的顶层的楼顶空间确定给顶层区分所有权人专有使用。这样，顶层区分所有权人对楼顶空间享有专有使用权，可以建设私家空中花园，单独享

用。其结果是，建筑物的顶层价格大大提高，开发商能够获得更大的效益而投资并没有增加。这种结果也可谓之“双赢”局面。

但是，按照建筑物区分所有权的基本理论，建筑物的楼顶空间应当由全体区分所有权人共有。例如，我国澳门特别行政区民法典在规定区分所有建筑物（分层建筑物）的共同部分范围的条文中，就专门规定，分层建筑物各楼宇之作遮挡之天台或屋顶，为分层建筑物之共同部分。① 我们的物权法没有规定的这样细致，但是，这样的原则是存在的。楼顶空间不仅仅可以用于建花园，还可以作更多的开发利用。如果将楼顶空间确定给个别的区分所有权人专有使用，就破坏了建筑物区分所有权的整体共有关系，侵害了其他区分所有权人的权利。

（二）确定楼顶空间权属的基础理论

确定区分所有建筑物楼顶空间的权属问题，最基础的依据就是区分所有建筑物的专有部分和共用部分的界限确定。

在理论上，关于如何界定区分所有建筑物的专有部分，有五种不同的主张。一是中心说，即壁心说。二是空间说。三是最后粉刷表层说。四是壁心说和最后粉刷表层说。五是双重性说。

在上述各种主张中，最后粉刷表层兼采壁心说为通说。这是建筑物区分所有权理论中最为精致的理论，能够很好地解决区分所有建筑物的专有部分和共用部分的虚实界限：虚的权利界限，在于壁心；实的权利界限，在于最后粉刷表层。确定楼顶空间的权属，也应当适用这个理论。

在界定区分所有建筑物的相邻区分所有权人各自的专有部分的界限时，其最基本的标准就是境界壁的壁心，在壁心的两侧分别为双方区分所有权人所有。但是这种界定的权利是虚的权利，解决的是相邻的区分所有权人之间的权利界限。在确定专有部分和共用部分的实质界限时，其标准是建筑物的最后粉刷表层。这种界定的权利是实的权利，其最后粉刷表层之间的境界壁，是共用部分，是建筑物区分所有权中的互有权的标的。

在建筑物的顶层，区分所有权人没有与他人相邻，但是确定其专有部分的界

① 参见《澳门民法典》第1324条第1款d项的规定。

限，仍然是壁心，顶层境界壁壁心的下侧，属于区分所有权人的专有部分，建立专有部分的所有权。但是，在界定专有部分和共用部分的界限时，应以最后粉刷表层为标准，最后粉刷表层之外的顶层楼板，都属于共用部分，为全体区分所有权人所共有。

按照这样的标准，如果采用壁心说来界定顶层区分所有权人的权利界限，其权利界限只及于顶层楼板的壁心，不可能冲出壁心而达到整个顶层楼板，更不能达到顶层空间。如果采用最后粉刷表层说，顶层区分所有权人的所有权界限实际上只能及于顶层楼板自己一侧的最后粉刷表层，整个楼板的实体，都是全体区分所有权人所共有的。

（三）解决楼顶空间权属争议的具体规则

根据以上理论和基本规则，区分所有建筑物的楼顶空间属于区分所有建筑物的共用部分，不能由顶层区分所有权人专有使用，应当归属于全体区分所有权人。

将区分所有建筑物的楼顶空间归属于顶层区分所有权人，或者归属于其专有部分，都是将区分所有建筑物的共用部分划归个别的区分所有权人专有使用或者专有所有，都是对其他区分所有权人的权益的侵害。其结果有三：一是全体区分所有权人的共有权的标的物被割让，割让的部分由顶层区分所有权人专有或者专有使用，全体区分所有权人无法对其行使权利；二是顶层区分所有权人虽然取得了楼顶空间的专有使用权或者所有权，但他是付出了代价的，这个代价就是支付了高额的购房费用，他并不是无偿地占有全体区分所有权人的利益；三是开发商取得了转让楼顶空间的权利价金，获得了利益，而其获得利益的结果，就是全体区分所有权人的权利受到损害，这倒符合不当得利的法律特征。由此可见，开发商将楼顶空间出售给顶层区分所有权人，实际上是在用全体区分所有权人的权利谋取个人的利益，受到损害的是全体区分所有权人。

按照一般的规则，对于区分所有的其他部分，有约定的依照其约定，没有约定的，除开发商能够证明自己享有所有权的之外归属于全体区分所有权人。这一规则似乎还是存在问题。这就是：有约定，究竟是谁与谁的约定？如果仅仅是开

发商和顶层区分所有权人之间的约定，他们能够处分由全体区分所有权人所共有的楼顶空间吗？显然不能！

因此，解决楼顶空间权属争议的具体规则应当是以下几点。

第一，楼顶空间的所有权由全体区分所有权人所共有，原则上不能由顶层区分所有权人所专有使用。建筑物本身与土地权属并不相同，区分所有建筑物的土地还有一个使用权的问题，开发商可以在公平合理的条件下作出一定的调整，在某些方面确定土地使用权归自己享有，或者归其他区分所有权人享有，只要不将费用分担在其他区分所有权人身上就行了。而建筑物就是全体区分所有权人所有，与开发商没有关系，开发商无权处置。可以想象，开发商不能将一个没有顶层楼板的建筑物出卖给全体区分所有权人，那么开发商也就不能将楼顶空间归属于自己，更不能约定将楼顶空间归属于顶层住宅区分所有权人。

第二，在共有的情况下，能够决定楼顶空间如何使用的，只有全体区分所有权人会议。区分所有建筑物的楼顶空间，对于全体区分所有权人而言，具有重要的价值。首先，楼顶空间关系到建筑物的防雨、寿命和安全，关乎全体区分所有权人的利益。其次，建设楼顶空间，可以使全体区分所有权人增加活动空间，充分利用楼顶空间丰富全体区分所有权人的生活，提高生活质量。最后，楼顶空间的开发利用，具有丰富的内涵，例如利用楼顶空间做广告等，就是很好的开发利用，其所得利益归属于全体区分所有权人。这些利益与全体区分所有权人息息相关，不可任人予以侵害。对于这样的重大利益，必须由全体区分所有权人会议决定。如果全体区分所有权人会议决定楼顶空间可以由顶层区分所有权人所专有使用，那么这一决定是有效的，但是在一般情况下，全体区分所有权人会议是不会作出这样的决议的。因此，楼顶空间由顶层区分所有权人专有使用的可能性，几乎为零。如果将楼顶空间确定由顶层区分所有权人专有使用或者专有，从而发生权属争议的，法官应当判决这样的约定无效，确认楼顶空间由全体区分所有权人所共有。

第三，开发商与个别区分所有权人关于楼顶空间的专有使用权的约定，不发生法律效力，顶层区分所有权人不能够取得对楼顶空间专有使用的权利。在区分

所有的建筑物上，顶层楼板由全体区分所有权人所共有，所以，顶层楼板以上的楼顶空间，当然由全体区分所有人所共有，对其进行占有、使用、收益、处分，都是全体区分所有权人的权利，由全体区分所有权人共同支配。即使开发商与个别区分所有权人有约定，这个约定也不能对抗全体区分所有权人。因此，开发商和顶层区分所有权人约定楼顶空间由该区分所有权人专有使用的，一律无效。

第四，最高人民法院《关于审理建筑物区分所有权纠纷案件具体应用法律若干问题的解释》第 4 条规定："业主基于对住宅、经营性用房等专有部分特定使用功能的合理需要，无偿利用屋顶以及与其专有部分相对应的外墙面等共有部分的，不应认定为侵权。但违反法律、法规、管理规约，损害他人合法权益的除外。"这里所说的屋顶，是什么样的形式？笔者在实际考察中确认，所谓"业主基于对住宅、经营性用房等专有部分特定使用功能的合理需要"而无偿利用的屋顶也就是楼顶空间，就是"退台"的形式，即将下层的屋顶规划设计为上层房屋的庭院。"退台"的规划设计，就是为满足特定使用功能的需要，因此，"退台"尽管是屋顶，但属于上层业主的合理使用空间，不存在侵权的问题。

二、关于车库、车位的权属问题

（一）车库、车位权属争议的表现形式

在有关建筑物区分所有权的共有权纠纷中，最常见，也是最复杂的，就是小区车库、车位的权属争议了。例如，北京市海淀区牡丹园的华盛家园在销售时，开发商承诺每个区分所有权人都有一个车库、车位，但是，在区分所有权人入住之后，保有 500 辆汽车，却只有 300 个车库、车位。对此，开发商不是想办法解决车库、车位不足的问题，而是提高车位收费标准：地下车库、车位每小时 2 元，地上车库、车位 2 小时 1 元。区分所有权人拒交停车费，物业服务机构就组织十几个保安站在车库、车位出口，排成一排，阻止汽车出行。[①]

这是一种典型的车库、车位纠纷。据了解，目前存在的车库、车位权属形

① 梁璐. 十余保安"当关"数十汽车"莫开". 新京报，2004－09－08（A15）.

式，主要有以下几种。

一是，车库、车位为小区的公共车库、车位，区分所有权人使用车库、车位需要向物业服务机构交纳管理费，其他人交纳停车费。

二是，车库、车位为小区的私人车库、车位，区分所有权人使用时，首先要向开发商购买车库、车位的使用权，例如购买 70 年或者 50 年的使用权，该车库、车位为专有使用，其所有权或者归属于开发商，或者归属于全体业主。

三是，车库、车位附随于区分所有建筑物的专有部分，建立车位的专有权，车位为建筑物区分所有权中专有权的标的，对车库、车位进行物权登记，发给所有权权属证书。

在现实中，车库、车位纠纷的主要表现是权属不明：有的区分所有权人主张，既然交付了高额的费用，自己对车库、车位就应当享有所有权，应当颁发不动产所有权证，而不是使用权证；有的主张车库、车位为全体区分所有权人共同所有，每一个区分所有权人都有权使用，不应当由个人出资购买车库、车位的使用权；有的主张车库、车位的使用为共用部分的使用，不应当购买使用权，这使开发商赚取好处而侵害了全体区分所有权人的权利；有的区分所有权人购买了车库、车位的专有使用权，但是每个月还要向物业服务机构交管理费。例如，某开发商建好住宅之后出售，与购房者签订了商品房买卖合同，约定购房者以 12 万元的价格购买小区内的一个车库、车位，享有使用权 70 年，但是不享有所有权。在办理权属证书的时候，该购房者要求开发商确认购买的是车库、车位的所有权，因而发生争议。经过调查发现，开发商对车库、车位的建设专门享有土地使用权，并且申报了车库、车位的所有权权属证明，购房者所购买的使用权实际上是一个长期的租赁权而已。但是在实践中，多数情况并不是如此，而是开发商就全体在区分所有人享有的土地使用权上开发车库、车位，并将其出售给各区分所有权人使用，等于是全体区分所有权人共有车库、车位，其价金却被开发商占据。

这些争议表明，在建筑物区分所有权领域中，车库、车位的性质和权属的问题是十分重要的，涉及全体区分所有权人的利益，必须规定清晰、明确的具体规

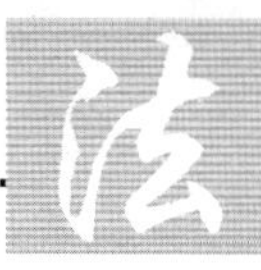

则，才能够保护区分所有权人的合法权益。

（二）解决车库、车位权属应当考虑到的问题

各国建筑物区分所有权立法都极为重视区分所有建筑物的车库、车位建设及其权属问题。我国立法和司法对区分所有建筑物的依法管理，应当重视借鉴国外的立法经验。

区分所有建筑物的车库、车位建设是极为重要的。现代社会的城市人生活，几乎离不开汽车，因此，开发城市的区分所有建筑物必须解决车库、车位的问题。在一般的国家立法中，差不多都要规定开发区分所有的建筑物都必须建设适当的车库、车位。例如，在法国自 1950 年代以来，根据法国都市计划法，在新筑建筑物时，建筑者负有于建筑物基地内为每户设计一个停车空间的义务；于屋外设置必要停车场空间而无基地时，建筑者即使向下挖掘三层乃至四层、五层的深度，也必须设置停车场。在美国夏威夷，基准建筑法规定，建筑商和土地开发者在建筑公寓的时候，必须备置充足的供居住者用的停车区域，并按居住单元予以分配，或者出售给每一个居住单元，作为共同部分予以维持，对区分所有者发给停车许可证书。加拿大多伦多市则进一步规定了建筑单元车库、车位的数量基准，规定：一个具有两间卧室的建筑单元，须有一个车库、车位；具有三间卧室的建筑单元，须有两个车库、车位；同时须建有来客的车库、车位。①

在车库、车位权属的立法上，各国规定较为复杂。有的规定为区分所有权人专有部分，如德国，认为“以持久性界标标明范围的停车场，视为有独立性的房间”，因此可以建立专有所有权。② 在日本，其最高法院原来的立场是将区分所有建筑物的车库、车位界定为专有部分，其依据是停车场满足于构造上的独立性和利用上的独立性这两个专有部分的基本特征，后来学者对这种立场进行批判，其最高法院便采纳了屋内停车场的权属为专有使用权的意见，认为在共用部分上，由特定区分所有权人于设定目的的利益范围内对共用部分享有使用权，其他

① 陈华彬. 现代建筑物区分所有权制度研究. 北京：法律出版社，1995：174，176，178.

② 同①175.

区分所有权人于不妨害专有使用权行使的范围内，也可利用专有使用权的客体。[①] 在美国，建筑公寓中的停车场的权利及其规则，都由管理团体在宣言或者规约中予以确定，同时，业主团体的理事会也可以在建筑物规则中随时作出规定；而在夏威夷，则将车库、车位作为建筑物的共用部分，按照建筑单元予以分配。[②] 在我国澳门特别行政区，将车库、车位区别不同情况，分为由区分所有权人单独所有的专有部分和由全体区分所有权人所共有的共用部分。[③] 在我国台湾地区，建筑物在地下室依法附建的防空避难所兼停车空间，被视为公共设施，不准登记为个人私有，也不准分割零售，因此，区分所有建筑物依法应附建的停车空间为建筑物的必要设施，其性质与共用走廊、楼梯相同，不必编订门牌号码。[④]

在我国，现行立法没有关于建筑物区分所有权的规定，因此对于区分所有建筑物的车库、车位的权属问题没有明文规定；在《物业管理条例》中也没有规定车库、车位的权属问题。在现实中，相比较而言，我国区分所有建筑物车库、车位的权属状况较为混乱，缺少必要的法律规制，在《物权法》中作出的关于区分所有建筑物共用部分的一般规则，很难解决现实中复杂、多样的权属争议。

区分所有建筑物的车库、车位权属问题与窗前绿地和楼顶空间的权属问题都不相同，具有特殊性。其特殊之处就在于，车库、车位的土地使用权可以单独计算，不计入公摊面积，而不像窗前绿地那样，一般都由全体区分所有权人共有，也不像楼顶空间那样，只能由全体区分所有权人共有。在现实中，也存在开发商单独开发车库、车位的情形，这也算一个特点。

因此，解决车库、车位权属争议，最重要的，是最基础的，就是确定车库、车位的所有权归属。在此基础上，才能够研究解决车库、车位权属争议的具体规则。

从原则上说，车库、车位是区分所有权人全体共有的，因为在区分所有建筑

① 陈华彬．现代建筑物区分所有权制度研究．北京：法律出版社，1995：171－172.

② 同①172，175，176.

③ 《澳门民法典》第1315条和第1324条的规定。

④ 林永汀．论地下室车库、车位的所有权与使用权．军法专刊，1982（5）.

物中，除专有部分建立了所有权之外，其他部分都应当由全体区分所有权人所共有。车库、车位并不是依附于建筑物的专有部分，而是独立于建筑物专有部分之外，因此应当是共用部分，是建筑物区分所有权中共有权的标的物。如果这个基本规则确立，那么，车库、车位为全体区分所有权人所共有，全体区分所有权人对自己所有的车库、车位的使用，就是如何进行分配的问题。

那么，如何对待开发商对车库、车位的单独开发问题？按照《物权法》的规定，开发商如果能够证明自己对车库、车位具有独立的土地使用权和车库、车位的所有权的，那么，开发商享有车库、车位的所有权，区分所有权人使用车库、车位，只能够是向开发商购买使用权或者进行租赁。需要说明的是，如果区分所有建筑物本身没有建设车库、车位，开发商自己独立开发车库、车位并取得所有权，是不允许的，因为现代社会的区分所有建筑物的开发不能不建有车库、车位，不建有足够数量车库、车位的区分所有建筑物将是违法建筑。

因此，确定车库、车位所有权的基本规则就是，区分所有建筑物的车库、车位原则上由全体区分所有人所共有；但是，如果区分所有权人能够证明自己享有的是专有权，或者开发商能够证明自己享有车库、车位的所有权，则适用“除外”的规定，不过，后者存在的前提是这些车库、车位不属于区分所有建筑物的组成部分。

值得研究的是，车库、车位的权属问题是否仅仅依靠约定就能够解决。笔者认为，必须根据实际发生权属的基础事实来确定。仅仅依据约定来确定车库、车位的所有权，是不能成立的。如果车库、车位不属于区分所有权人单独所有，也不属于开发商单独所有，那么，车库、车位的所有权就是全体区分所有权人的，就可以确定车库、车位属于全体区分所有权人共有，是建筑物的共有部分，至于如何分配使用权，则可以作出约定。

（三）处理车库、车位权属争议的具体规则

《物权法》第74条规定：“建筑区划内，规划用于停放汽车的车位、车库应当首先满足业主的需要。”“建筑区划内，规划用于停放汽车的车位、车库的归属，由当事人通过出售、附赠或者出租等方式约定。”“占用业主共有的道路或者其他场地用于停放汽车的车位，属于业主共有。”应当明确，《物权法》第 74 条规定的车库车位，是有特指的。车库，是指六面封闭的停车位，而车位，则是指在地表设立的停车位。《物权法》第 74 条规定了车库和车位的规则有三款，说明了四个问题。

第一，区分所有建筑物的建设，必须保证设置足够区分所有权人使用的车库、车位。现代社会生活中，人们离不开作为交通工具的汽车。在我国城市中，私人汽车的保有量在不断提高，而且会越来越高。因此，区分所有建筑物的车库、车位是必须建设并且必须具有足够数量的。在立法中，应当明确规定，房产开发商在开发建设区分所有建筑物时，必须建立足够的车库、车位，最好参照多伦多市的规定，两个卧室的单元设置一个车库、车位，三个以上卧室的单元应当设有两个车库、车位，并且需要建设一定数量的公共车库、车位。禁止开发商将区分所有建筑物的车库、车位建设纳入自己的所有权范围单独开发。

第二，车库和车位应当“首先满足业主的需要”。只有在业主的需求得到解决之后，才可以向外出售或者出租车库、车位。这是从实际情况出发规定的内容，有利于纠纷的解决和预防。有人将“首先满足”中的“首先”解释为“优先”，因此，对于车库和车位，业主享有优先购买权。这种理解是不对的。如果业主对车库、车位享有优先购买权，那么，其他非业主就可以出高价购买，如此一来，一种可能是使业主买不到车库、车位，另一种可能是车库、车位的价款被抬高，对业主都是有害的。后来，有人倾向于将“首先满足”解释为时间期限问题，就是只要业主需要，就必须满足业主的需要，不能将车库、车位卖给别人。但是，这里要有一个期限，如果永远都是“首先满足”业主需要，那就不是“首先”了。因此，应当规定在建筑物开盘后的三年或者五年内，要首先满足业主的需要；或者规定在同一个时间内，只要有业主和非业主购买或者租赁车库、车位，就“首先满足业主的需要”。最高人民法院《关于审理建筑物区分所有权纠纷案件具体应用法律若干问题的解释》第 5 条第 1 款规定：“建设单位按照配置比例将车位、车库，以出售、附赠或者出租等方式处分给业主的，应当认定其行为符合物权法第七十四条第一款有关‘应当首先满足业主的需要’的规定。”这就明确了，“首先满足业主需要”就是建设单位按照配置比例将车位、车库，以出售、附赠或者出租等

方式处分给业主。

第三，车位和车库的权属应当依据合同确定。出售和附赠的，确定的是所有权归属于业主；出租的，确定的是所有权归属于开发商，业主享有使用权。这样的规定，虽然没有考虑防空和反恐的问题，但最容易解决纠纷。对此，最麻烦的是如何统一车库和车位权属的现状问题。《物权法》出台之前购买商品房的业主对车库、车位享有的基本上是专有使用权，与《物权法》的规定有很大差距。如何统一到《物权法》的规定上来？最高人民法院《关于审理建筑物区分所有权纠纷案件具体应用法律若干问题的解释》第2条关于“建筑区划内符合下列条件的房屋，以及车位、摊位等特定空间，应当认定为物权法第六章所称的专有部分”的规定中提到车位、摊位为专有部分，就解决了这个问题。据此，应当确定车库和车位的所有权，并且应当进行物权登记。

第四，占用共有的道路、共有的其他场所建立的车位属于全体业主共有，不能属于开发商所有，也不能确定为业主个人所有。对此，最高人民法院《关于审理建筑物区分所有权纠纷案件具体应用法律若干问题的解释》第6条规定：“建筑区划内在规划用于停放汽车的车位之外，占用业主共有道路或者其他场地增设的车位，应当认定为物权法第七十四条第三款所称的车位。”这确定了这种车位的界限：必须是规划车位之外，占用共有道路或者其他场地增设的车位。至于如何使用，可以确定的办法是：首先，应当留出适当部分作为访客车位；其次，其余部分不能随意使用，应当建立业主的专有使用权，或者进行租赁，均须交付费用，而不是由业主随意使用，防止买车位的业主吃亏，没买车位的业主占便宜；最后，由共有的车位取得的收益，除去管理费之外，应当归属于全体业主，由业主大会或业主委员会决定，将其归并于公共维修基金或者按照面积分给全体业主。

附带说明的是，有的业主认为：既然车位由业主享有所有权，那为什么每个月业主还要交管理费？原因在于：即使业主享有车位和车库的所有权，对车库、车位也是需要进行管理和清扫的，因此，业主就自己所有的车库、车位交纳适当的管理费是正当的。

第七章

相邻关系与不动产支撑利益

第一节　相邻关系

一、相邻关系概述

（一）相邻关系的概念

相邻关系，是指不动产的相邻各方在行使所有权或其他物权时，因相互间应当给予方便或接受限制而发生的权利义务关系。对相邻权利义务关系也可以从权利它的角度称谓，称之为相邻权，但其实它并不是一种独立的物权。《物权法》第 84 条规定了处理不动产相邻关系的原则，即“不动产的相邻权利人应当按照有利生产、方便生活、团结互助、公平合理的原则，正确处理相邻关系”。

（二）相邻关系的性质

对相邻关系的性质有两种不同意见。一种意见认为相邻权是独立的物权[①]；

---

① 张俊浩. 民法学原理. 北京：中国政法大学出版社，1991：476.

另一种意见认为相邻权不是一种独立的物权，而是法律直接规定产生的所有权的内容，其实质是对所有权的限制和延伸。[①] 我同意后一种意见。

相邻关系的实质，是对不动产所有权人、用益物权人以及占有人行使所有权、用益物权或占有的合理延伸和必要限制，而不是一种独立的物权。所以，不能以法律行为变动不动产相邻关系，而只能根据不动产相邻的事实进行判断和主张，不需登记也能对抗第三人。[②]

相邻关系对不动产物权的合理延伸和限制，集中表现在相邻的不动产权利人一方对另一方行使权利提供必要的便利。提供必要的便利，是指非从相邻另一方获得这种便利，便无法行使权利；而相邻一方获得此种便利后，就使其权利得到延伸，也能够顺利地行使自身权利，相邻的另一方则因提供此种便利而使其权利受到限制。例如，甲承包的土地处于乙承包的土地包围之中，甲在耕种土地时必须通过乙的土地，乙应当允许其通行。甲乙两个承包经营权人之间就发生了相邻关系。对甲来说，相邻权是其享有的土地承包经营权的延伸，而对乙来说，相邻权则是对其土地承包经营权的限制。

各相邻或邻近不动产所有权人基于其所有权的权能，对其不动产本可以自由用益或排除他人之干涉，但各所有权人如仅注重自己的权利而不顾他人权利的需求，必将导致相互利益的冲突，不仅使不动产均不能物尽其用，更有害于社会利益、国民经济。[③] 相邻关系对不动产物权的合理延伸和必要限制，既不损害所有权人、用益物权人或者占有人的正当权益，同时也满足了对方的合理需要。因此，相邻关系对于充分发挥不动产的效用，减少纠纷，稳定社会经济秩序，加强人们之间的协作，都具有不可忽视的重要意义。

（三）相邻关系的法律特征

1. 相邻关系的主体是相邻不动产的所有权人、用益权人或占有人

不动产相邻的含义是不同权利主体所享有的不动产相邻，因为只有相邻的不

---

① 余能斌，马俊驹. 现代民法学. 武汉：武汉大学出版社，1995：645.

② 崔建远，等. 物权法. 北京：清华大学出版社，2008：130.

③ 谢在全. 民法物权论：上册. 修订5版. 台北：新学林出版股份有限公司，2010：261.

动产分属于不同主体所有、用益或占有时，才可能产生相邻关系。如果不动产尽管相邻但由同一主体所有、用益或者占有，则不发生相邻关系。相邻关系可以发生在自然人之间、法人之间或其他组织之间，但他们都必须是财产的所有权人、用益权人或者占有人。相邻关系的主体原本强调不动产的所有权人，但我国的土地属于国家所有或者集体所有，利用者所享有的权利包括建设用地使用权、土地承包经营权、宅基地使用权，它们都属于用益物权，因此，应当特别强调不动产用益物权人的相邻关系。

2. 相邻关系只能基于不动产相邻的事实而发生

相邻关系只能发生在不同主体所有、用益或者占有的不动产相邻的情况下，没有不动产的相邻就不能发生相邻关系。如房屋相邻而产生通风、采光的相邻关系，土地相邻而发生通行的相邻关系。应当注意的是，相邻关系的发生经常与自然环境有关。如甲乙两个村处于一条河流的上下两个相连的地段，于是自然地构成了甲乙两个村互相利用水流灌溉和水力资源的相邻关系。

3. 相邻关系的客体是行使不动产权利时互相给予方便所追求的利益

相邻方给予对方的必要便利，是行使不动产权利时，一方给予对方方便时所追求的利益。这种利益可能是经济利益，例如，在相邻取水关系中，相邻方相互给予对方方便，追求的就是经济利益；也可能是非经济利益，例如，在城市相邻关系中的空调器设置关系，相邻方给予对方方便，追求的就是非经济利益。这种利益与行使不动产所有权、用益权或占有相关，但只有在相邻方给予必要方便的条件下才能实现。

4. 相邻关系的核心内容是给予相邻他方以必要方便

相邻关系的基本内容是相邻一方要求他方为自己行使不动产所有权或使用权而给予必要方便的权利，而以及他方应当给予必要方便的义务。因此，其核心是给予相邻方行使权利的方便，因为只有这样，才能够保证不动产权利的行使。应当特别强调的是，相邻各方在行使权利时不得损害他方的合法权益。

20 世纪 80 年代后期，最高人民法院在北京市西郊民巷拆除几栋平房，建设一栋六层家属宿舍楼。当建到三层多时，西郊民巷的邻近居民主张采光权，向北

京市西城区人民法院提起民事诉讼，起诉状列明“被告：中华人民共和国最高人民法院，法定代表人：郑天翔”。北京市西城区人民法院受理了该案，并最终判决支持原告的采光权诉求。最高人民法院将第三层及其以上部分拆除，留下了一栋两层的宿舍楼。直至今日，网友仍然在热议这个案例，并将其作为司法独立的典型案例。

二、相邻关系的基本种类

（一）相邻用水、排水或滴水/流水关系

相邻用水、排水或滴水/流水关系是相邻关系的重要内容。其基本规则是《物权法》第86条的规定：“不动产权利人应当为相邻权利人用水、排水提供必要的便利。”“对自然流水的利用，应当在不动产的相邻权利人之间合理分配。对自然流水的排放，应当尊重自然流向。”

1. 相邻用水关系

相邻用水关系是最重要的相邻关系之一。在我国，水资源主要为国家所有，相邻各方均有权利用自然流水。对水资源的利用，应依“由远及近、由高至低”的原则依次灌溉、使用，任何一方不得擅自堵塞或者排放；如果一方擅自阻塞、独占或改变自然水流，影响到他人正常生产、生活的，他人有权请求排除妨碍和赔偿损失。

2. 相邻排水关系

不动产相邻方之间必须解决排水问题。如果相邻一方必须通过另一方的土地排水，另一方应当准许。排水人应当对对方的土地等财产采取必要的保护措施，防止给对方的权利造成损害。如果造成损害，不论是不可避免的损害，还是由于过错而造成的损害，甚至仅有造成损害危险的，利用方都有义务停止侵害、消除危险、恢复原状；造成损失的，利用方还应当予以赔偿。

3. 相邻滴水/流水关系

不动产权利人修建房屋或者开挖沟渠，应与相邻他方的不动产保持一定距离

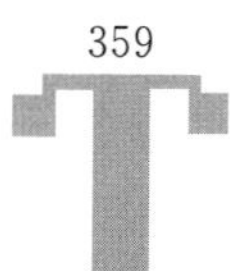

和采取必要措施，防止屋檐滴水或流水对相邻对方造成损害。由此而妨碍和损害对方的，利用方应当排除妨碍、赔偿损失。

（二）相邻土地通行关系与相邻土地及建筑物利用

1. 相邻土地通行关系

土地权利人的基本权利之一，就是禁止他人进入自己的土地。非法侵入不动产特别是土地，构成侵害财产的侵权行为。但是，在相邻土地之间，如果存在通行的必要，则必须保证相邻方的必要通行权。《物权法》第 87 条规定："不动产权利人对相邻权利人因通行等必须利用其土地的，应当提供必要的便利。"相邻土地通行关系，主要包括以下两个方面的内容。

（1）邻地通行

邻地通行也称为袋地通行权，是指土地与公路无适宜的联络，致使不能为通常使用，土地权利人可以通行周围地以至公路的相邻权。[①] 相邻一方的土地处于另一方的土地的包围之中，或者由于其他原因，相邻一方必须经由相邻另一方的土地通行的，另一方应当准许；对邻地享有通行权的人，应当选择对相邻方损害最小的线路通行；因在邻地通行给相邻另一方造成损害的，应当依法赔偿相邻另一方的损失。

（2）通行困难。

虽然土地权利人有路通行，但如果不经过另一方的土地通行则非常不便利，并且会发生较高的费用的，相邻另一方应当准许土地权利人通过自己的土地，提供便利。通行困难也称为准袋地通行。

通行困难不同于袋地通行。袋地通行是指土地权利人无路可走，不得不利用相邻一方的土地通行。通行困难不是无路可走，而是不通过相邻一方的土地通行非常不便利，且费用过巨，或者具有危险。

通行困难显然与袋地通行存在差别，在法律适用上也应当有所区别。相邻方提供便利，准许通行困难的土地权利人在自己的土地上通行的，土地权利人应当对相邻方予以补偿。

---

① 郑冠宇. 民法物权. 2 版. 台北：新学林出版股份有限公司，2011：241.

(3) 历史通道。

由于历史原因形成的必要通道，所有权人、用益权人或者占有人不得随意堵塞或妨碍他人通行；需要改造的，必须与通行人事先协商一致；如果另有其他通道可以通行，并且堵塞后不影响他人通行的，则可以堵塞历史通道而通行其他通道。

2. 相邻土地及建筑物利用关系

当不动产权利人由于行使自己的权利而必须利用相邻方的土地、建筑物的时候，构成相邻土地及建筑物的利用关系。其规则是：不动产权利人因建造、修缮建筑物以及铺设电线、电缆、水管、暖气和煤气等管线必须利用相邻土地、建筑物的，该土地、建筑物的权利人应当提供必要的便利。《物权法》第 88 条规定："不动产权利人因建造、修缮建筑物以及铺设电线、电缆、水管、暖气和燃气管线等必须利用相邻土地、建筑物的，该土地、建筑物的权利人应当提供必要的便利。"

(1) 临时占用。

相邻一方因建造、修缮建筑物或者铺设管线，需要临时占用他方土地、建筑物时，他方应当允许。占用方应按双方约定的范围、用途和期限使用土地或建筑物；使用完毕后，应当及时清理现场，恢复土地、建筑物的原貌。给他方造成损失的，应当给予赔偿。

(2) 长期使用。

相邻一方因建造、修缮建筑物或者铺设管线，必须通过另一方所有或使用的土地、建筑物的，他方应当允许。安设管线应选择对相邻他方损害最小的线路和方法为之。对于由此而造成的损失，应当由安设方给予赔偿。

(三) 相邻地界关系

1. 土地的分界墙、分界篱、分界沟和分界石

相邻不动产权利人可以共同或单方在土地边界修建分界墙、分界篱、分界沟或安设分界石等界标。共同修建的，为双方共有，并由相邻双方共同维护；单方修建的，为修建方所有，且应在自己一侧的土地上进行，不得越界而侵占另一方

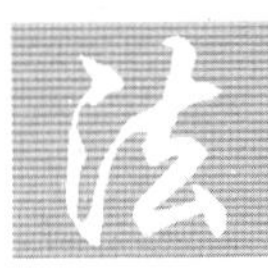

的土地。

2. 越界建筑物

相邻各方修建建筑物时，应与地界保持适当距离，不得紧贴边界，更不准越界侵占对方的土地。对于越界建筑，相邻另一方有权提出停止侵害、恢复原状、赔偿损失的请求；如果相邻人明知对方越界修建而不提出异议的，在建筑完工后则不能请求停止侵害、恢复原状，只能要求赔偿损失。相邻双方还可以采取协商方式，就越界的建筑物由土地权利人予以购买，或者就越界的土地使用由建筑物所有权人进行租赁，在一般情况下，对方不应拒绝。

3. 越界竹木根枝

相邻一方在地界一侧栽培竹木时，应与地界线保持适当距离，以预防竹木根枝越界侵入对方的土地。相邻一方种植的竹木根系或者枝丫越界，如果不影响他人，则相邻另一方应当容忍；如果影响他人生活和生产的，他方有权请求竹木所有人或管理人刈除越界的根系和枝丫；如果所有人或者管理人拒绝刈除，相邻他方有权刈除越界的根系、枝丫，如果刈除根枝花费过巨，则有权请求赔偿。超越地界在他方土地上种植的竹木，应依法归他方所有，种植人无权取得该竹木的所有权。

4. 越界果实

相邻一方越界的树木枝丫结有果实的，该果实归树木所有人所有。越界枝丫结的果实自落于邻地的，则属于邻地所有人所有，但如果邻地是公地的，不适用这一规则。应当注意的是：第一，邻地包括相邻的田园、水路，但不以直接毗邻为必要。第二，自落，是指果实因风吹或者成熟而自然坠落。邻地权利人自己或者指使他人摇动果树而致果实坠落者，不得认为是自落。

（四）建筑物通风、采光、通道

1. 建筑物通风、采光和日照

相邻各方修建房屋或其他建筑物，相互间应保持适当距离，不得妨碍邻居的通风、采光和日照。《物权法》第 89 条规定：“建造建筑物，不得违反国家有关工程建设标准，妨碍相邻建筑物的通风、采光和日照。”如果建筑物影响相邻对

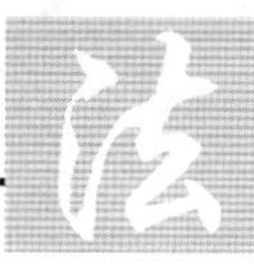

方的通风、采光、日照和其他正常生活的，受害人有权请求排除妨碍、恢复原状和赔偿损失。例如，在城市建筑物密集地区，安装空调机应当与对方建筑物的门窗保持适当距离，不能将空调的排风机直接对着相邻对方建筑物的门窗，防止对相邻方的生活造成损害。

2. 建筑物历史通道

对于在建筑物及其附属物内因历史原因形成的通道，所有权人或使用权人不得随意堵塞。因堵塞通道影响他人生产、生活的，他人有权请求排除妨碍、恢复原状。如果有条件另开通道的，可另开通道。

3. 建筑物的共用墙、伙巷等

相邻建筑物或者同一建筑物内分属不同所有者的共用墙、伙巷、空地、通道、房顶、大门等，应当按照相邻地界关系和共有权规则处理。

（五）相邻环保关系

相邻环保关系是相邻关系中的重要关系，关系到相邻各方的生活和生产安全。其规则是《物权法》第90条的规定："不动产权利人不得违反国家规定弃置固体废物，排放大气污染物、水污染物、噪声、光、电磁波辐射等有害物质。"

1. 排放污染物的限制

相邻各方应当按照《环境保护法》的有关规定排放废水、废气、废渣、粉尘以及其他污染物，注意保护环境，防止造成污染。如果排放的污染物造成了损害，即使排放的污染物并没有超过标准，相邻方也有权要求治理并请求赔偿损失。相邻一方产生的粉尘、光、噪音、电磁波辐射等超过国家规定标准，或者散发有害异味的，对方有权请求其停止侵害、赔偿损失。

2. 修建、堆放污染物

相邻一方修建厕所、粪池、污水池、牲畜栏厩，或堆放垃圾、有毒物、腐烂物、放射性物质等，应当与相邻另一方的不动产保持一定距离，并采取防污措施，防止对相邻另一方的人身和财产造成损害。如果上述污染物侵入相邻不动产，从而影响相邻另一方生产、生活的，相邻另一方有权请求排除妨碍、消除危险或赔偿损失。

3. 有害物质侵入

有害物质包括煤气、蒸汽、臭气、烟气、煤烟、热气、噪声、震动和其他来自他人土地的类似干扰。除上述列举以外，在环境保护法规中经常提到的废气、废渣、废水、垃圾、粉尘、放射性物质等，均应包括在内。

有害物质侵入的防免关系的内容主要是：权利人享有请求排放一方的相邻人停止排放的权利，排放一方的相邻人负有停止侵入的义务，须按照环境保护法和有关规定处理，不得妨碍或损害相邻人的正常生产与生活。①

（六）相邻防险关系

相邻防险关系也叫作相邻防险权，是指相邻一方当事人因使用、挖掘土地，或其所建建筑物有倒塌可能，有给相邻另一方造成损害的危险时，在该相邻双方当事人间产生的一方有权请求他方预防损害、他方有义务预防邻地损害的权利义务关系。《物权法》第 91 条规定："不动产权利人挖掘土地、建造建筑物、铺设管线以及安装设备等，不得危及相邻不动产的安全。"②

三、处理相邻关系的意义和原则

（一）处理相邻关系的意义

相邻关系涉及面广，种类繁多，都涉及自然人、法人或其他组织的切身利益，极易引起纠纷。在法院处理的民事案件中，有很多都是由于相邻关系处理不好而引起的，有的甚至引起严重的后果，影响社会的安宁和稳定。正确处理相邻关系，能够在界定不动产的权利边界的基础上，解决权利冲突问题，对相邻各方的利益关系进行合理协调，使人民团结、社会安定。因此，相邻关系尽管都不是原则性的争论，但却是关系到社会秩序稳定的大问题。

处理相邻关系的原则是，不动产的相邻权利人应当按照有利生产、方便生活、团结互助、公平合理、尊重历史和习惯的原则，正确处理相邻关系。这是

① 马原. 中国民法教程. 北京：人民法院出版社，1989：265.

② 关于相邻防险关系，请见下一节的专门论述。

《物权法》第 84 条规定的原则。

（二）处理相邻关系的原则

1. 有利生产、方便生活

相邻关系是人们在生产和生活中，于相互毗邻的不动产占有、使用、收益、处分中发生的权利义务关系。它直接关系到人们生产和生活的正常进行。因此，正确处理好相邻关系，对社会生产发展和人民生活安定都具有重要意义。

正因为如此，处理相邻关系时应当从有利生产、方便生活出发，充分发挥不动产的使用效益，最大限度地维护各方的利益，以实现法律调整相邻关系所追求的社会目的。

2. 团结互助、公平合理

在现实社会中，民事主体的诸多利益是相互依赖、相互关联的，相互间并没有一个绝对的界限，尤其是不动产的权利之间，尽管可以将界限确定清楚，但仍然无法解决具体的、细微的利益冲突。如果过于强调某一方面的利益而忽视另一方面的利益，就会使社会的共同利益无法实现。因此，团结互助、公平合理是处理相邻关系的原则。

这一原则要求，相邻各方在行使其权利时，应互相协作、团结互助、互相尊重对方的合法权益，不能以邻为壑、损人利己。当争议发生时，应在相互协商的基础上，以团结为重，强调互助，公平合理地处理相邻纠纷，解决存在的问题，避免矛盾激化，影响安定团结。

3. 尊重历史和习惯

处理相邻关系纠纷要特别注意尊重历史和习惯。这是因为，历史上形成的相邻状况，以及当地在处理相邻关系方面的习惯，都被相邻各方和公众所接受。依照历史的情况和当地的习惯来处理相邻各方发生的纠纷，是最好的解决方法。在处理时，只要这种历史和习惯不违背法律，就应当予以尊重。因此，《物权法》第 85 条规定："法律、法规对处理相邻关系有规定的，依照其规定；法律、法规没有规定的，可以按照当地习惯。"在我国法律中，较少强调按照习惯处理纠纷，该条规定是强调习惯的一个重要规定。事实上，民事司法原则就是有法律依法律，无法律依习惯，无习惯依法理。可见，民事习惯在民事纠纷的处理中具有重要的作用，并不只是在相邻关系中方加以强调。

四、处理相邻关系中的习惯法适用

《物权法》第85条规定："法律、法规对处理相邻关系有规定的，依照其规定；法律、法规没有规定的，可以按照当地习惯。"这是我国民事法律第一次规定可以适用民事习惯作出裁判。这一规定具有重要意义。就其本意而言，是指在处理相邻关系时，如果没有法律明确规定，就可以适用习惯法作出判决。这一规定起了一个习惯法适用的好的开头，这就是：既然有了相邻关系的习惯法的民法适用规则，接下来在制定中国民法典时，就可以把它写进民法总则，确立"有法律依法律，无法律依习惯，无习惯依法理"的法律适用原则。

习惯，是指在长期的社会实践中逐渐形成的，被人们公认的行为准则。习惯具有普遍性和认同性，一经国家认可，就具有法律效力，成为调整社会关系的行为规范。虽然民间习惯没有上升为法律，但是它被人们普遍接受和遵从，有其深刻的社会根源、思想根源、文化根源和经济根源，因此，只要它不违反法律的规定，人民法院在解决习惯所涉事项的相关纠纷时，就应当遵从。①

在相邻关系的法律适用中，如果法律已经有所规范，当然应当适用法律规范，并不适用习惯。但当法律、法规对某种相邻关系没有规定时，就应当按照习惯确定行为规范。例如，《物权法》和《民法通则》都没有规定越界枝丫根系的相邻关系规则，就可以根据习惯来处理这种纠纷。例如，辽宁省本溪市某地农民院中种有百年大树，根系延伸至邻居家房屋下，不仅将其屋墙拱裂，而且将其火炕拱裂，导致烧火时冒烟，造成损害。法官根据习惯，判决将越界根系切断，并且予以适当赔偿，妥善处理了这一纠纷。又如，江苏省姜堰市人民法院总结认为，建设粪池时破坏他人的"风水"，粪坑、汪塘、灰堆正对着别人家的门窗，烟囱正对着别人家大门等，都是民间禁忌的行为，并认可这样的习惯，作为解决

① 汤建国，高其才．习惯在民事审判中的运用．北京：人民法院出版社．2008：5．

相邻关系纠纷的裁判依据，取得了很好的效果。①

五、侵害相邻关系的救济方法

相邻方违反相邻关系造成对方损害的救济方法主要有以下几种。

（一）依据约定进行救济

因相邻关系发生纠纷的，如果双方当事人之间事先存在合同约定，或者在区分所有建筑物的业主管理规约中有明确规定的，应当按照合同的约定或者管理规约的规定，处理双方的争议。没有按照约定或者管理规约的规定处理相邻关系纠纷的，认定为违反约定或者违反管理规约，违约一方应当承担责任，应强制其依约提供方便，或者承担损失赔偿责任。

（二）对拒不提供方便的救济

相邻一方提出合理的相邻关系请求，对方拒不提供方便、不予容忍的，相邻一方可以向法院请求强制对方提供方便的。如果没有其他替代方案，必须由对方提供方便的，法院应当强制对方提供方便。如果有其他替代方案，能够满足相邻方权利行使要求的，应当实行替代方案，但实行替代方案的费用超出相邻方容忍限度的，对方应当予以补偿。

（三）强制拆除

对于相邻方建设的妨害对方权利行使的建筑物，对方提出强制拆除的，应当予以准许，对妨害相邻关系的建筑物或者其他设施予以强制拆除。例如，房檐超过土地界线，或者将房檐压在对方房檐之上的，以及在河流上游设置河坝截水致使下游取水受到损害的，均可以请求强制拆除。

（四）适当补偿

相邻一方给相邻另一方的不动产权利行使提供方便，对自己的权利行使造成妨害的，提供方便的一方可以请求予以适当补偿。对方应当根据实际情况，对提

① 汤建国，高其才．习惯在民事审判中的运用．北京：人民法院出版社，2008：60－61.

供方便的一方予以适当补偿。

（五）合理损失赔偿原则

《物权法》第92条规定："不动产权利人因用水、排水、通行、铺设管线等利用相邻不动产的，应当尽量避免对相邻的不动产权利人造成损害；造成损害的，应当给予赔偿。"按照这一规定，第一，不动产权利人因相邻关系而利用相邻方不动产的，应当尽量避免对相邻方造成损害，对于没有造成损害的，相邻方应当予以容忍，一般不应要求不动产权利人给付费用。第二，利用相邻方的不动产，且对相邻方造成损害的，无论是一经利用对方不动产就造成了损害，还是未尽量避免而对相邻不动产权利人造成损害，不动产权利人都应当对实际造成的损失承担赔偿责任。相邻关系的赔偿责任不以过错为要件，只要造成了损害不动产权利人就应当承担赔偿责任。

第二节　相邻防险关系

相邻防险关系，是相邻关系中的一个重要种类。《物权法》第91条规定："不动产权利人挖掘土地、建造建筑物、铺设管线以及安装设备等，不得危及相邻不动产的安全。"对相邻防险关系如何理解，《物权法》的这一规定应当如何适用，在实践操作中不无问题。

一、问题的提出

相邻防险关系，是相邻权的一个重要组成部分，在现实生活中大量存在，关系到自然人的生活，自然人、法人或其他组织的生产，应当予以特别重视。在民事立法上，《民法通则》第83条对此未加规定，《物权法》第91条补充了相应的规定。

有司法解释曾经对《民法通则》的这个漏洞作了补充。1988年，最高人民

法院《民通意见》第 103 条解释道："相邻一方在自己使用的土地上挖水沟、水池、地窖等或者种植的竹木根枝伸延危及另一方建筑物的安全和正常使用的，应分别情况，责令其消除危险，恢复原状，赔偿损失。"1991 年 5 月 22 日，最高人民法院发布《关于庞启林在庞永红房屋近处挖井对该房造成损坏应按相邻关系原则处理的复函》（〔1991.〕民他字第 9 号）（以下简称 1991 年司法解释），就具体案件如何适用相邻防险关系作出解释："庞启林与庞永红住房前后相邻，庞启林在庞永红房屋近处挖井，违背了处理相邻关系的原则，1987 年 6 月该地区发生特大洪水，水井大量泛水涌沙，庞启林又未能及时采取措施，损坏了庞永红的房基，致该房成为危房，给庞永红造成了重大损失。依照《中华人民共和国民法通则》第 83 条的规定，庞启林应负赔偿责任。考虑该案具体情况，可以适当减轻庞启林的赔偿责任。"

前述 1991 年司法解释所涉及的案例的具体案情是：庞启林在原地建有房屋一座，面临河流。1984 年，庞永红经批准，在庞启林房屋与河流之间的空地建造 370 平方米的楼房，费时两年多建成，尚未使用。1987 年 1 月 21 日，庞启林在距庞永红新房后墙 2.3 米、距疆界线 1.5 米处挖饮水井一眼，深 5 米，内径 0.5 米，外径 0.76 米。挖井时，庞永红曾予以制止，但庞启林继续挖掘，后正式使用。1987 年 6 月 5 日，该地区发生特大洪水，庞启林之房屋面临的河流水位高达 14.61 米，高于庞启林水井口 2.31 米，致使该水井泛水涌沙，涌出沙石达 23 立方米。庞启林对该水井放石头堵塞不成。镇领导及村领导在现场指导用碎石及沙包填井，从 6 日中午至晚 8 时才堵死井口。河水通过井口淘空庞永红楼房基础，致使该房下陷并破裂百余处，成为危房，已不能使用，直接损失 3 万余元。经鉴定，庞永红房屋的基础及基础下的持力层和下卧层的强度满足正常需要；"6.5"洪水发生时，庞启林的水井大量泛水涌沙，由此引起庞永红房屋地基急剧变化，承载力降低，出现不均匀下沉，由于不能抵抗这种外因引起的过大的地基变形，房屋发生损坏。庞永红向法院起诉，要求赔偿全部损失。庞启林认为此乃天灾人祸，与其挖井无关，拒绝承担任何责任。

《民通意见》第 103 条的基本精神是明确的，1991 年司法解释对这一典型案件的具体回复也是正确的。但是，这些司法解释的规定过于简略，因而就整个相邻防险关系的基本理论进行研讨和阐释，还是十分必要的。这不仅对于丰富民法理论具有重要意义，而且对于指导司法实务也有重要的实践意义。

二、相邻防险关系的概念、特征及沿革

（一）相邻防险关系的概念

对相邻防险关系如何称谓，有不同的主张：在王利明等著的《民法新论》中，称之为相邻防险关系①；在佟柔主编的《中国民法》中，称之为因防险发生的相邻关系②；在马原主编的《中国民法教程》中，称之为因危险而引起的相邻关系。③在我国台湾地区学者中，史尚宽称之为邻地损害之防免④；黄栋培称之为邻地危害预防权。⑤

对相邻防险关系的上述不同称谓，各有特色。其中第二种和第三种称谓，采陈述性的表述方法，是基本一致的，只嫌过于烦琐。第四种和第五种称谓，言简意明，但不甚合于我国大陆民法术语表述的习惯。唯第一种称谓，既简明，又能准确反映此种相邻关系的基本特征，实可采用。故笔者认为应以相邻防险关系称之。

对相邻防险关系如何界定，国内民法教材及专著多无明确的表述。史尚宽先生有一个类似于定义的表述，称之为："土地所有人经营工业及行使其他之权利，应注意防免邻地之损害。"⑥刘清波先生将相邻防险关系称之为相邻防险权，表述为："相邻防险权者，相邻人之一造，因使用土地，开掘建筑，或建筑物有倾倒危险时，有预防邻地受损害之义务，而他造有请求相对人预防损害之权利也。"⑦

---

① 王利明，等. 民法新论：下册. 北京：中国政法大学出版社，1988：128.

② 佟柔. 中国民法. 北京：法律出版社，1990：296.

③ 马原. 中国民法教程. 北京：人民法院出版社，1989：265.

④⑥ 史尚宽. 物权法论. 台北：荣泰印书馆，1979：81.

⑤ 刁荣华. 法律之演进与适用. 台北：汉林出版社，1977：396.

⑦ 刘清波. 民法概论. 修订版. 台北：开明书店，1979：455.

相邻防险权即相邻防险关系，上述对相邻防险权的界定，是一个比较少见的完整定义。

相邻防险关系是指一方当事人因使用、挖掘土地，或其所建建筑物有倾倒危险，有给相邻当事人造成损害之虞时，在该相邻双方当事人间产生的一方有权请求他方预防损害、他方有义务预防邻地损害的权利义务关系。

（二）相邻防险关系的法律特征

相邻防险关系的法律特征有以下几点。

1. 相邻防险关系是一种相邻权

相邻权不是不动产所有权的本身，而是不动产所有权人或使用权人因不动产相毗邻而产生的权利。相邻防险关系就其权利人而言，是一种相邻权，属于相邻权的一个具体种类，是相邻方为方便自己行使权利、防止损害而要求相邻另一方接受权利行使限制并给予便利的权利。

2. 相邻防险关系依不动产相邻有危险而产生

该相邻的不动产主要是指土地或者在土地上的建筑物。然而，仅不动产相邻并不能发生相邻防险关系，尚需相邻一方使用土地的行为或建筑物本身有造成相邻另一方损害的危险，才产生相邻防险的权利、义务关系。

3. 相邻防险关系的内容既包括防止危险发生，也包括对损害的赔偿

当相邻方使用土地或其上的建筑物有对相邻另一方造成损害的危险时，双方当事人权利义务的共同内容，就是防止损害的发生。从原则上讲，相邻防险关系的着重点在于“防”字，一方享有要求对方“防”的权利，对方有限制其权利行使的“防”的义务。当“防”不当而造成实际损害的时候，“防”就转化为“赔”，当事人就损害的赔偿形成权利义务关系。因而，相邻防险关系的内容既包括危险发生之前的防险，也包括危险发生之后的赔偿。前者为基本内容，后者为延伸的内容。

（三）相邻防险关系的历史沿革

相邻防险关系的历史非常悠久。在罗马法时期，法律就规定了潜在损害保证金（cautiodamni infecti）制度，其目的就是防止在土地关系中发生潜在损害。古

老的市民法曾规定具体的办法，至裁判官法时规定：如果相邻建筑物有可能倒塌，或者邻居在他的或我的土地上进行施工，那么其必须许诺将弥补尚未发生但有理由担心发生的损害，并提供保证金，否则，施工将因否决权或诉讼令状的禁止而受阻，或者请求裁判官实行占有。[①]《法国民法典》继承了罗马法的这一制度，用了21个条文的篇幅，详细规定了相邻双方共有分界墙与分界沟的权利义务关系，并在第674条明确规定："下列人必须留出关于各该物体的特别规定或习惯所规定的距离，或按上述规定或习惯修建设施物，以免危害邻人：在共有分界墙，或非共有分界墙旁挖井或粪槽者；在共有分界墙旁修建烟囱或壁炉、锻铁炉、窑炉或炉灶者；靠墙修建牲畜棚者；靠墙建立盐栈或堆放腐蚀性原料者。"现代意义的相邻防险关系的法律规定始于《德国民法典》。该法典在第906条至第909条，共用4个条文，规定了相邻防险关系的全部内容，包括：一是不可称量的物质的侵入；二是招致危险的设备；三是有倒塌危险的建筑物；四是开掘。其中第909条规定："不得以会使邻地失去必要支撑的方法开掘土地；但已充分做好其他巩固措施者，不在此限。"《瑞士民法典》第685条和第686条规定了挖掘和建筑的相邻防险关系，其中规定，对挖掘及建筑应遵守的距离由州立法规定，民法典本身不作具体的规定。相比之下，《日本民法》对此规定得最翔实，其第237条规定："（一）挖掘水井、用水池、下水坑或肥料坑时，应自疆界线起保留2米以上的距离。挖掘池、地窖或厕坑，应保留1米以上距离。（二）埋导水管或挖沟渠时，应自疆界线起，保留为其深度一半以上的距离，但无须超过1米。"第238条规定："于疆界线近处进行前条工事施工时，对于预防土沙崩溃、水或污水渗漏事，应予以必要注意。"日本的上述规定，与德国法相比范围较狭，但对防险距离的具体规定，值得赞许。

在中国古代立法中，对于相邻防险关系缺乏具体的规定。但唐、宋、明、清的律典有关于侵入巷街阡陌的规定。如《宋刑统·杂律》规定："诸侵巷街阡陌者，杖七十，若种植垦食者，笞五十，各令复故。虽种植无所妨废者，不坐。又云，其穿垣出秽污者，杖六十，出水者勿论。主司不禁与同罪。"这里规定的是

---

① 彼得罗·彭梵得. 罗马法教科书. 黄风，译. 北京：中国政法大学出版社，1992：237.

侵害公共通道，有相邻权的内容，其中对“穿垣出秽污者”的处罚，含有一定的相邻防险意思。清末制定《大清民律草案》，在第994条至第996条规定了相邻防险关系，共有两项内容：一是不可称量的物质侵入的防险关系，二是建筑工作物对邻地的预防损害关系。《民国民律草案》在第799条至第801条，亦规定了相邻防险关系，不过内容有所变化，只含建筑物及工作物自疆界线的距离防险，增添建筑物、工作物倾倒之虞的预防。后民国民法正式颁布施行，综合了前两部民法草案的内容，共设4个条文，全面规定了相邻防险关系。其中第774条是一个原则性的条文，规定：“土地所有人经营工业及行使其他之权利，应注意防免邻地之损害。”第793条规定了不可称量物侵入之防止：“土地所有人，于他人之土地有煤气、蒸气、臭气、烟气、热气、灰屑、喧嚣、振动及其他与此相类者侵入时，得禁止之。但其侵入轻微，或按土地形状、地方习惯，认为相当者，不在此限。”第794条规定了挖掘土地等的危险预防：“土地所有人开掘土地或为建筑时，不得因此使邻地之地基动摇或发生危险，或使邻地之工作物受其损害。”第795条规定了建筑物倾倒危险的预防：“建筑物或其他工作物之全部或一部，有倾倒之危险，致邻地有受损害之虞者，邻地所有人，得请求为必要之预防。”1949年以来，虽无相邻防险关系的立法，但在实务中始终坚持这一原则。至1988年最高人民法院施行《民通意见》，正式建立了明确的相邻防险法律制度。

三、相邻防险关系的内容

（一）相邻防险关系的种类

自《法国民法典》建立近现代相邻防险关系法律制度以来，各国（地区）立法规定的具体种类各不相同。法国立法从修建设施物的距离角度出发，规定防险义务，对相邻防险关系作了概括的规定。德国立法对相邻防险关系规定得最为全面，包括四种：一是不可称量物质的侵入；二是招致危险的设备；三是有倒塌危险的建设物；四是开掘。瑞士立法规定了三种：一是在其土地上经营工业；二是不可称量物质的侵入；三是挖掘及建筑。日本民法采法国法方式，从疆界建筑、

疆界挖掘的角度，规定了具体的距离。在我国台湾地区，立法规定了三个具体的条文，在学说上，多数学者主张包括三种：一是经营工业或行使其他权利之防险；二是开掘土地或为建筑物之防险；三是建筑物或其他工作物有倾倒之虞的防险。① 另有学者主张包括四种：(1) 不可量物及其类似物之侵入；(2) 液体固体之侵入；(3) 邻地地基动摇或危险及工作物损害之防免；(4) 工作物危险之预防。②

仔细分析，我国台湾地区学者的上述主张，其实质是一致的。

在我国大陆民法学者看来，划分相邻防险关系有两种方法。一是统一划分方法，将相邻防险关系分为四种：其一是不可称量物的侵入；其二是放置或使用危险物品；其三是相邻建筑及挖掘；其四是相邻建筑物或其他设施倒塌危险。③ 二是将排放污染物单独列为相邻排污关系，独立于相邻防险关系之外，为独立的相邻权内容。④

笔者认为：无论在理论上还是在实务中，都没有必要将相邻排污关系单独列为一种相邻关系。这是因为，从历史上看，所谓相邻排污关系的两项内容——一是排放污染物质，二是挖掘厕所、粪池、污水池——都归在相邻防险关系之中，且挖掘厕所、粪池等行为本应归在相邻土地的挖掘之中。从现实来看，无论是排放污染还是挖掘粪池等，都可能对相邻人造成损害，与相邻防险关系并无原则的不同。因此，笔者赞同前述对相邻防险关系的统一划分方法，将相邻防险关系分为四个具体种类，只是在具体称谓上须加斟酌，如下文所述。

《物权法》的立场是：第一，将相邻排污关系单独作为一种相邻关系在第 90 条予以规定。第二，第 91 条将相邻防险关系的种类规定为挖掘土地、建造建筑物、铺设管线、安装设备等四种，但不排除其他。

---

① 刘清波. 民法概论. 修订版. 台北：开明书店，1979：455－456. 刁荣华. 法律之演进与适用. 台北：汉林出版社，1977：396－397.

② 史尚宽. 物权法论. 台北：荣泰印书馆，1979：81－83.

③ 马原. 中国民法教程. 北京：人民法院出版社，1989：265.

④ 佟柔. 中国民法. 北京：法律出版社，1990：296－297. 王利明，等. 民法新论：下册. 北京：中国政法大学出版社，1988：128－129.

（二）相邻防险关系中基本的权利义务

相邻防险关系基本的权利义务内容，是防止相邻一方危险发生。其具体内容如下。

1. 挖掘土地或建筑的防险关系

这是最典型的相邻防险关系，《民通意见》第103条主要规定的是这种防险关系，也是《物权法》第91条规定的主要内容。

这种相邻防险关系的主要内容是，相邻的一方在自己使用的土地上挖掘地下工作物，如挖掘沟渠、水池、地窖、水井，或者向地下挖掘寻找埋藏物，以及施工建筑，必须注意保护相邻方不动产的安全，不得因此使相邻方的地基动摇或发生危险，或者使相邻方土地上的工作物受到损害。行使这种相邻防险权利，主要是禁止相邻方在疆界线附近从事有侵害危险的上述行为，具体的要求是相邻一方在疆界线附近挖掘或建筑，必须留出适当距离。最高人民法院在规定此种防险关系时，没有考虑这种适当距离，而采取实际危及安全、使用的标准，亦有可取之处，但对该距离没有适当考虑，似有不周。此点，可参考日本的办法。《日本民法》第234条规定："建造建筑物时，应自疆界线起保留50厘米以上的距离。""有人违反前款规定进行建筑时，邻地所有人可让其废止或亦更建筑。但是，自建筑着手起经过一年，或其建筑竣工后，只能请求损害赔偿。"第237条规定："（一）挖掘水井、用水池、下水坑或肥料坑时，应自疆界线起保留2米以上的距离。挖掘池、地窖或厕坑，应保留1米以上距离。（二）埋导水管或挖沟渠时，应自疆界线起，保留为其深度一半以上的距离，但无须超过1米。"在处理挖掘、建筑防险关系纠纷时，应当考虑适当的距离。挖掘或建筑时已留出适当距离，仍给相邻方造成损害的，应依据科学鉴定，予以免责或减轻责任。

2. 建筑物及其他设施倒塌危险的防免关系

对此种防险关系，德国、瑞士、我国台湾地区都设明文规定，我国民法理论亦认此制。[①] 此种防险关系的产生，原因在于相邻一方的建筑物或者其他设施的

① 王利明，等. 民法新论：下册. 北京：中国政法大学出版社，1988：128－129. 马原. 中国民法教程. 北京：人民法院出版社，1989：265.

全部或一部有倒塌的危险，威胁相邻另一方的人身、财产安全。对此，相邻的另一方即受该危险威胁的相邻人有权请求必要的预防。

这种必要预防的请求权，不以建筑物或其他设施的所有人或管理人有过失为必要，只需有危险之存在为已足。建筑物或其他设施之危险纵系洪水所致，亦非所问。所谓必要之预防者，指预防可免邻地因倾倒而受损害之行为。[①] 应为如何之必要预防，应具体地依其情形为决定。危险之预防，如无其他特别方法为可能者，得请求建筑物或其他设施之拆除。且如何预防，为建筑物或其他设施之所有人或管理人之事，有受损危险之相邻方无须于诉中指明之。[②]

3. 放置或使用危险物品的防险关系

对于此项相邻防险关系，《德国民法典》第 7 条“招致危险的设备”中包含之，我国民法理论亦认之。[③] 最高人民法院《关于贯彻执行民事政策法律若干问题的意见》第 75 条关于“存放、使用农药等有毒物品，违反有关管理使用规定，造成他人人身、牲畜、家禽、农作物等损害的，管理或使用人应予赔偿”的规定，包含这种意思。

危险物品，包括易燃品、易爆品、剧毒性物品等具有危险性的物品。放置或使用这些物品，必须严格按有关法律法规的规定办理，并应当与邻人的建筑物等保持适当的距离，或采取必要的防范措施，使邻人免遭人身和财产损失。[④] 此类防险权利的内容是，要求危险物品的所有人将危险物品转移至安全地带或者采取防险措施。最高人民法院《民通意见》第 154 条关于“从事高度危险作业，没有按有关规定采取必要的安全防护措施，严重威胁他人人身、财产安全的，人民法院应根据他人的要求，责令作业人消除危险”的规定，包括这种防险关系的内容。

（三）疏于履行相邻防险义务造成损害时的赔偿

关于相邻防险关系的损害赔偿，适用《民法通则》第 83 条的规定，该条后

---

①③ 王利明，等. 民法新论：下册. 北京：中国政法大学出版社，1988：128－129. 马原. 中国民法教程. 北京：人民法院出版社，1989：265.

② 史尚宽. 物权法论. 台北：荣泰印书馆，1979：83.

④ 王利明，等. 民法新论：下册. 北京：中国政法大学出版社，1988：129.

段内容是："给相邻方造成妨碍或者损失的，应当停止侵害，排除妨碍，赔偿损失。"按其文义理解，给相邻方造成妨碍的，可以要求停止侵害、排除妨害；给相邻方造成损失的，可以要求损害赔偿。然而在实践中，相邻防险关系的损害赔偿包括两种。

1. 尚未发生明显损害时的赔偿

违反相邻防险关系的规定，给相邻方造成妨碍的，法律也有规定损害赔偿者，如《日本民法》第 234 条规定：相邻人在疆界附近违反法定的 50 厘米距离进行建筑，自建筑着手起经过一年，或其建筑竣工后，只能请求损害赔偿。《德国民法典》第 906 条规定：不可称量的物质的侵入系按当地通行的方法使用时，所有人在此后应容许干涉，如其干涉对自己土地按当地通行的使用，或土地的收益所造成的妨害超出预期的程度时，所有人得向另一土地的使用人请求相当数额的金钱作为赔偿。这一点，在环境保护领域是经常适用的。例如，《海洋环境保护法》第 41 条规定："凡违反本法，造成或者可能造成海洋环境污染损害的，本法第五条规定的有关主管部门可以责令限期治理，缴纳排污费，支付清除污染费，赔偿国家损失；并可以给予警告或者罚款。"据此规定，可能造成污染损害的，有关主管部门也可以责令赔偿损失。

尚未发生明显损害的相邻防险关系的赔偿，是相邻防险关系本身的权利义务内容。在一般情况下，适用这种赔偿的场合是，没有造成损害或未造成明显损害，但相邻一方的行为已经给对方造成了相当的妨碍，或者存在潜在的损害危险，因此，赔偿是对相邻另一方容忍妨害或潜在危险的报偿。如果仔细研究罗马法上的潜在损害保证金制度，就会发现在它们之间确有相似之处。事实上，这种容忍妨害报偿性质的赔偿，在相邻关系中是常见的。如相邻建筑影响通风、采光或滴水，但建筑既成，容忍其存在而对他人建筑通风、采光、滴水造成的妨碍，应予以适当赔偿。这种赔偿不以过错为必要，亦不以造成现实的损害为必要，只以违背相邻原则和造成妨碍为足。

2. 已造成损害时的赔偿

在相邻关系中一方违反防险义务造成对方损害时的赔偿，究竟是何性质，不

无疑问。一种观点认为，妨害邻居在性质上既是滥用权利的行为，又是侵权行为。[①] 另一种观点认为，此种所有权行使可以是权利之滥用，也可以被视为具有侵权行为性质。[②]

在相邻防险关系中一方违反防险义务造成对方损害的，其性质为滥用权利，仍属于相邻防险关系的范畴。滥用权利，是一种独立的民事违法行为，并不包括在侵权行为之内。关于如何判断滥用权利行为，有主观说与客观说的不同。主观说坚持主观标准，认为行使权利者有故意滥用权利的恶意时，才视为滥用权利；客观说坚持客观标准，认为行使权利时侵害了他人和社会的利益，便被视为滥用权利。[③] 就实际情况而论，主观说略嫌限制过窄，而客观说较为适合我国情况。相邻关系的立法宗旨是：对行使所有权或使用权的限制或节制，既无损于所有权人或使用权人的合法权益，同时又给予相邻他方必要的方便。违背这种法律限制，给相邻他方造成损害，有时尽管所有权人或使用权人并非出于“专以损害他人为目的”[④] 的恶意，但以客观结果而论，已经侵害了他人的利益，因而为滥用权利。况且我国《民法通则》将相邻关系的损害赔偿并非规定在侵权民事责任一节，而是规定在所有权的相邻关系之中，故将这种损害赔偿解释为滥用权利，亦于法有据。此外，笔者并不否认这种行为具有侵权行为性质，但它只是相邻防险关系中滥用权利行为与侵权行为的竞合，其基本性质，仍为滥用权利。

四、相邻防险权利的行使

（一）相邻防险请求权的权利主体

从原则上说，相邻权的权原为不动产所有权，即相邻权非于一切不动产使用权人之间发生，只于不动产所有权人之间发生。但相邻权的作用，为相邻接不动产利用之调整。在以往不动产主要依所有权的行使而为利用的时代，相邻

① 王利明，等．民法新论：下册．北京：中国政法大学出版社，1988：130.

② 史尚宽．物权法论．台北：荣泰印书馆，1979：83.

③ 王利明．改革开放中的民法疑难问题．长春：吉林人民出版社，1992：51.

④ 《德国民法典》第226条。

权的权原求于所有权并无不妥。然而，近现代所有权之重心已由所有权人之利用，转为经由他人之利用而收取地租，故相邻权的权原不应仅求于所有权。[①]尤其在我国，土地为国家或集体所有，土地之相邻权绝大多数系产生于使用权。因此，相邻防险权的权利主体，应是不动产所有权人或者使用权人，在使用权人中，包括用益物权人、宅基地租用人、承租人、借用人。

相邻防险权的权利主体是与对方当事人构成相邻防险关系的受危险威胁的人。具体相邻防险关系的构成，必须权利人受到相邻危险威胁。如果双方当事人尽管相邻，但各方均未有对他方构成危险的威胁行为，则均无相邻防险事实的发生，因而也就没有相邻防险关系的发生。当相邻一方的行为足以使相邻的另一方受到危险威胁时，受威胁一方即为相邻防险关系的权利主体。

（二）请求权的提出

相邻防险请求权，既可以径向对方当事人即相邻防险义务人提出，也可以通过诉讼程序提出。

权利人径行向相邻防险义务人提出防险请求权，应当说明危险的事实和可能造成的后果，经双方协商，相邻防险义务人应自觉履行防止危险发生的义务。

权利人通过诉讼程序请求相邻对方履行防险义务，应遵守诉讼法的规定，严格依照程序进行。权利人应负举证责任，证明防险关系成立的事实，证明客观的现实危险；已经造成损害，要求赔偿损失的，还应证明具体的损害事实和范围。相邻防险义务人主张损害系因不可抗力而生或受害的相邻人过失所致的，亦应负举证责任，证明成立者可以免责或减轻责任。

（三）相邻防险义务的履行

相邻防险义务的履行，包括事前的预防和事后的救济。事前的预防包括停止侵害、恢复原状、消除危险、排除妨碍、采取补救措施等，如，挖沟渠，可以采取回填、加固等措施预防危险；危险物品存在的威胁，可以将危险物品转移至安全地带，或者采取必要的安全措施等；建筑物有倒塌危险的，则应维修、加固，或者予以拆除。相邻防险义务为积极义务，义务人应积极履行。至于具体履行方

---

① 史尚宽．物权法论．台北：荣泰印书馆，1979：83.

法，可以自行决定，也可依法院判决决定。

事后的救济，主要是损害赔偿，也包括停止侵害、消除危险、排除妨害等内容。损害赔偿应当遵守损害赔偿之债的一般规则，依照《物权法》第92条的规定进行。

（四）诉讼时效

事前预防的相邻防险请求权，在危险除去前继续存在，故不因时效而消灭。

事后救济的损害赔偿请求权，因损害已经发生，故受诉讼时效拘束，从损害发生之时计算诉讼时效。

五、对典型案件及最高人民法院复函的评析

庞永红诉庞启林相邻防险损害案，是典型的挖掘致相邻人损害的相邻防险关系纠纷。最高人民法院就该案所作的1991年司法解释，依据相邻防险关系的基本原理，对此案进行了正确的分析和认定。

（一）案件性质的认定

相邻防险义务人违背防险义务致相邻人以损害，究竟属何种性质，已如前文所述。在处理本案的过程中，对本案性质不无争论。第一种意见认为是侵权行为，应依侵权民事责任的规定处理。第二种意见认为损害系自然力所致，双方当事人均无过错，可依《民法通则》第132条的规定，由双方分担损失。这种意见的实质仍认其为侵权性质。第三种意见是少数意见，认为应依相邻防险损害原则处理，认其性质为相邻防险关系。

庞启林在庞永红房屋附近挖掘5米深的饮水井，产生相邻防险关系。最高人民法院《民通意见》第103条明确规定此种情形下得责令行为人消除危险、恢复原状、赔偿损失。而第103条被置于“关于财产所有权和与财产所有权有关的财产权问题”一节，即表明最高司法机关认定其性质为相邻防险关系。在笔者看来，相邻防险中的损害赔偿，既有对权利滥用制裁的性质，也有对侵权行为制裁的性质，属于民事责任的竞合。处理民事责任竞合的原则之一是，法律有明确规

定的，依法律规定。[①] 既然《民法通则》第103条和1991年司法解释对此有明确规定，当然应认定其为相邻防险关系的性质，其损害的性质为滥用所有权。

（二）在疆界线附近挖掘的适当距离

对于在相邻疆界线附近挖掘或建筑，各国立法一般都强调保持适当的距离。但何种距离为适当，立法多不具体规定。我国立法和司法解释对此距离没有特别加以强调。在本案中，庞启林挖井，距离庞永红房屋的墙壁为2.3m，距疆界线为1.5m。此种距离是否为适当？参考日本民法的规定，为不适当。按照最高人民法院103条的基本精神，是依客观标准决定，造成妨碍的，即应排除妨碍；造成损害的，即应赔偿损失。这种意见不能说不正确，但不完整。造成损害的应予赔偿，固然正确，但何为造成妨碍，则无确定的标准。如本案，在庞启林挖井之际，庞永红即提出对其房屋安全有妨碍，但庞启林漠然置之。这不能不说是没有具体标准所产生的后果。

在疆界线附近挖掘或建筑，必须规定适当的距离。这个距离，要考虑挖掘或建筑的深度、性能、防护措施等因素。在全国统一的规定出台之前，各地人民法院应根据当地情况确定。在制定民法典时，应制定统一的标准。

规定相邻疆界线附近挖掘或建筑的法定距离，其意义在于危险的防免，而不在于造成损害时的赔偿。规定了法定距离的，相邻一方挖掘或建筑，必须在法定距离之外，在法定距离之内挖掘或建筑，违背了相邻防险义务。但是，当实际损害发生之时，确定赔偿责任的依据不仅在于距离是否适当，还在于损害与挖掘或建筑之间是否有因果关系。如果距离适当，但挖掘或建筑确与损害有因果关系，则挖掘或建筑一方应当适当承担相应的责任，否则不公平。

（三）原因力对赔偿责任的作用

原因力，就是在造成损害结果的共同原因中，每一个原因对于损害结果发生和扩大所发挥的作用力。[②] 在共同原因引起的损害结果中，起码存在两个以上的原因，这些原因相互作用，共同引起损害结果的发生和扩大。原因不同，对

① 杨立新．侵权与债务疑难纠纷司法对策．长春：吉林人民出版社，1993：125．

② 杨立新．侵权损害赔偿案件司法实务．北京：新时代出版社，1993：98．

损害结果发生和扩大的作用也不同。因而，原因力不仅有助于计算损害结果的发生和扩大的，而且对于赔偿责任的确定也有重要的意义，例如，对于混合过错赔偿责任的确定，对于共同侵权人共同赔偿责任份额的确定。

本案损害事实的发生，亦为共同原因所致。此共同原因，一是庞启林挖井的行为，二是洪水的自然因素。据鉴定，按案中河流正常水位，庞启林的水井可以正常使用，不致危害庞永红的房屋。但这两个原因共同结合，即造成了庞永红的房屋损坏的事实。有人认为庞永红的房屋的损害事实为不可抗力所致，是没有根据的。洪水尽管异常，但尚在河床内被人工所控制，只是由于庞启林的挖井行为，河水才从地下泛出。这既可说明洪水尚未构成不可抗力，又可说明庞启林之行为对于损害结果所发生的原因力。

行为人只对自己的行为造成的后果承担赔偿责任，是损害赔偿之债的基本原则。即使造成庞永红房屋损坏这一事实发生的并非庞启林行为这一个原因，庞启林也自应对自己的行为负责，应按照其行为的原因力承担赔偿责任。至于自然因素所造成的后果，罗马法上“不幸事件只能落在被击中者身上”的法谚，可以作为依据，应由庞永红自行承担。最高人民法院 1991 年司法解释关于“考虑该案具体情况，可以适当减轻庞启林的赔偿责任”的表述，正是这个意思。

第三节　不动产支撑利益

一、不动产支撑利益的概念和重要性

（一）不动产支撑利益的概念和意义

不动产支撑利益是一个比较生疏的概念，在我国物权法理论中很少有人提到。笔者在研究物权法和侵权责任法时注意到大陆法系和美国法关于不动产支撑

利益的研究和应用，受到启发，便将不动产支撑利益引入我国物权法中。

不动产支撑利益，是指在不动产的平面或者立体利用中，因支撑或者被支撑而发生的不动产权利人之间的民事利益。将各种不动产支撑关系中蕴含的权利和义务统称为不动产支撑利益，以包含地上空间、地下空间与地表之间，以及建筑物内部的各种支撑利益。例如，地表的土地相邻，一方对自己所有或者利用的土地进行挖掘，过于贴近疆界，造成对方土地的侧面支撑丧失而受损害，便是侵害了相邻他方的不动产支撑利益，破坏了相邻关系。因此，不动产支撑利益要求不动产的相邻权利人限制自己的权利行使，不因此而损害相邻对方的不动产权利。

（二）研究不动产支撑利益的重要性

从一般的意义上讲，不动产支撑利益要解决的是平面地表土地相邻各权利人之间的权利限制和权利延伸。不过，在确认分层地上权（即空间建设用地使用权或者空间地上权）的基础上，立体相邻的不动产权利人，即地表土地权利人与地下空间权利人之间、地表土地权利人与地上空间权利人之间，不动产支撑利益的正确处理显得更为重要：地下空间的利用，必须留下足够的支撑，以保持地表土地不发生变化，保障地表土地权利人权利的正常行使；同样，地上空间的利用，更不可能离开地表土地设立的支撑柱等物体。

我国《物权法》第 136 条规定："建设用地使用权可以在土地的地表、地上或者地下分别设立。新设立的建设用地使用权，不得损害已设立的用益物权。"其中，在地上或者地下设立的建设用地使用权，就是以独立空间为客体的分层地上权。

作为分层地上权客体的空间，是指由不动产登记簿确定所处位置和三维参数的地表上下特定的封闭范围，是一种特殊的不动产。空间主要有两种表现形态：一是地下空间。这是 20 世纪五六十年代以来逐渐发展出的空间利用形式，常见利用方式是在地表之下一定深度建设建筑物，包括地下停车场、人防工程和地下商场等。二是地上空间。这在我国是 20 世纪 90 年代以来的空间表现形态。以现有的建筑技术，地上空间建筑不可能是漂浮的，必须获得一定的向上的支撑力。在具体表现形式上，有的以空间下方的建筑物为支撑，如房屋加盖；有的以支撑柱等结构进行支撑，如高架桥；特殊情况下以两侧建筑物为依托，如空中走廊等。城市建设较为发达的国家已经有了数十年的地上空间建筑实践，如坐落在芝加哥的美国中西部行政大厦有 40 层是建在伊利诺伊火车站之上的，波士顿的马萨诸塞大道穿过 52 层的行政大楼，纽约 59 层的泛美航空公司大楼占据中心火车站的上空。[①]

传统土地利用在登记制度上表现为平面拼图，对一幅土地的确认依赖于四周的土地，只考虑平面相邻关系，不考虑纵向相邻关系。而土地的立体利用类似于搭积木，需要进行立体考量，分别考虑纵向和横向关系，还涉及相邻面的共有关系，因而更为复杂。独立空间作为物权客体必然涉及边界的界定问题，具体体现为两个方面：其一，空间法律边界的刚性。空间在位置、三维上的确定性和作为物权客体的特定性要求，使空间必须具有法律边界上的刚性，即相邻空间的共有界面不可改变、不可弯曲。其二，空间物理边界的对抗性。法律上的刚性在物理上表现为共有界面可能存在的对抗性。之所以说“可能存在”，是因为刚性可能是共有界面两侧没有任何受力，也可能是两侧受力平衡。没有受力的情况一般仅存在于少数相邻的建筑物之间，在水平方向上可能因为各自的承重设计而没有相互受力。但在垂直方向的土地立体利用中，由于地球引力的存在，空间、地表之间这种支撑与被支撑的对抗性是必然存在的。

空间物理边界的对抗性，对立体利用土地提出了一个基本要求，即通过相邻空间、地表之间的相互支撑而保持其登记簿上的位置和三维范围，具体表现为：第一，支撑与被支撑是维系空间刚性界限的必然要求。相邻空间、地表之间如果没有被支撑，则可能发生共有界面的弯曲甚至相互渗透。第二，支撑与被支撑是空间单独利用的前提条件。如果空间、地表之间不能通过相互支撑保持其物理边界的刚性，则不能作为单独利用的客体。第三，支撑与被支撑是空间物理边界对抗性的法律表现。正是由于空间在物理边界上达到对抗的平衡，才保持了空间边界的刚性。

因此，对于空间而言，提供支撑和获得支撑的重要性就更加突显出来，单独

① 戴银萍. 美国的不动产概念及其物质组成. 中国土地科学，1998 (4).

确认空间这种获得支撑的权利和支撑相邻空间、地表的义务，是土地立体利用的前提性要求。这种空间、地表之间的支撑与被支撑的关系被称为支撑关系。支撑关系存在于土地与土地之间，也存在于地表与地上空间或者地下空间之间，甚至存在于相邻地下空间和相邻地上空间之间。另外，建筑物的上、下层之间的支撑关系与空间、地表之间的支撑关系实质相同，水平相邻的区分所有专有部分之间也可能存在支撑关系。在我国《物权法》确定了分层地上权的前提下，确立和研究不动产支撑利益及物权法律规则，在理论上和实务中都显得极为重要。

不动产支撑利益中的主要问题是相邻关系问题，但也涉及地役权问题。例如，利用地上空间建设建筑物或者其他设施，其支撑涉及地表土地的利用问题，更多的需要通过地役权来解决。不过，不动产支撑利益的主体部分仍然是相邻关系问题。

二、大陆法系不动产支撑利益相关理论、规则及局限性

（一）罗马法上不动产支撑利益萌芽

不动产支撑利益本来是英美法系的概念。但大陆法系民法理论并非完全未对不动产支撑问题进行关注。例如《十二铜表法》第七表“土地和房屋（相邻关系）”第二条后段就有所涉及：“筑围墙的应留空地一尺；挖沟的应留和沟深相同的空地；掘井的应留空地六尺。”这显然是一种经验性总结。此后大法官法规定：建造或者拆毁房屋，若邻居认为有损其利益，得暂时阻止其建造或者拆毁，至双方明确其权益时为止。[①] 罗马法上还存在支撑地役，是指建筑物搭建于邻人的建筑物、墙壁、支柱而获支撑的役权。与不动产支撑利益相关的制度主要有潜在损害保证金、新作业告令、防止暴力和期满令状制度。[②]

（二）大陆法系民法典关于不动产支撑利益的立法模式考察

《法国民法典》第 674 条规定：“在共有分界墙或非共有分界墙旁：挖井或挖

① 周枏. 罗马法原论. 北京：商务印书馆，1994：326.

② 彼德罗·彭梵得. 罗马法教科书. 黄风，译. 北京：中国政法大学出版社，1992：235－239.

粪池；建造烟囱或壁炉、锻造炉或冶炼炉或炉灶；倚墙修建牲畜栏棚；或者倚墙建立盐栈或存放腐蚀性材料的场所，应当留出条例或特别习惯就这些物体所规定的距离，或者建造依同样条例与习惯所规定的隔开设施，以避免给邻人带来损害。”学理上将其纳入基于判例形成、由学说构筑的“近邻妨害制度”之中。[①]法国法上这种体现为保持一定距离的役权的保护模式，是对罗马法的继受，并为《智利民法典》第 855 条[②]等法国法系立法例所继受。

在德国法的相邻防险关系中，实际上已经考虑到了不动产支撑利益。《德国民法典》第 909 条规定：“不得以会使邻地失去必要支撑的方法开掘土地，但已充分作出其他巩固措施的除外。”这种“招致危险的开掘”在德国法上具有极其重要的实践意义，判例上主要包括两种情况：其一，因开掘（挖方、打地基、打桩等），使邻地失去支撑；其二，因开掘使地下水位下沉，并进而使相邻建筑物丧失支撑。[③] 这种做法是较成体系的，但其立法思维仍然是从平面利用的角度进行考虑，本旨是相邻而非支撑，尚不足以满足在独立空间上设立建设用地使用权的上述要求。遗憾的是，尽管后世民法典承袭了这一思路，但鲜有明确保护不动产支撑利益的立法例。有的以预防土地发生动摇或发生危险为着眼点，如《瑞士民法典》第 685 条规定：“（1）所有人在挖掘或建筑时，不得使邻人的土地发生动摇，或有动摇的危险，或使其土地上的设施受到危害。（2）违反相邻权规定的建筑物，适用有关突出建筑物的规定。”我国台湾地区民法第 794 条规定：“土地所有人开掘土地或为建筑时，不得因此使邻地之地基动摇或发生危险，或使邻地之工作物受其损害。”这是兼采德国和瑞士立法例。有的采纳对地基的稳定性进行保护的思路，如《埃塞俄比亚民法典》第 1210 条规定：“在其土地地表下为挖掘或修建地下工程的所有人，不得撼动其邻地的土地，使此等土地上的工作物的稳固性受到损害或者危险。”[④]

部分大陆法系民法典体现出法国法和德国法的混合体例，如《日本民法典》

① 陈华彬. 法国近邻妨害问题研究//梁慧星. 民商法论丛：第 5 卷. 北京：法律出版社，1996：302.

② 智利共和国民法典. 徐涤宇，译. 香港：金桥文化出版（香港）有限公司，2002：189.

③ 鲍尔，施蒂尔纳. 德国物权法：上册. 张双根，译. 北京：法律出版社，2004：557－558.

④ 埃塞俄比亚民法典. 薛军，译. 北京：中国法制出版社，2002：232.

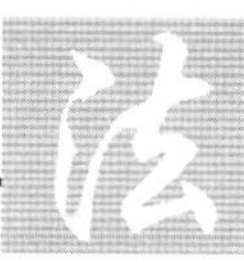

尽管采纳了德国法相邻关系的体例，但内容上更接近法国法，并明确了保持的具体距离，如第237条规定："（一）挖掘水井、用水池、下水坑或肥料坑时，应自疆界线起保留2米以上的距离。挖掘池、地窖或厕坑，应保留1米以上距离。（二）埋导水管或挖沟渠时，应自疆界线起，保留为其深度一半以上的距离，但无须超过1米。"第238条规定："于疆界线近处进行前条工事施工时，对于预防土沙崩溃、水或污水渗漏事，应予以必要注意。"这两条在学理上与第234条"疆界线附近的建筑"一起被纳入《疆界附近工作物的相邻关系法》中的"保持距离的义务"①。《意大利民法典》第889条和第891条的体例与《日本民法典》类似，但其第883条涉及"共有墙壁上的建筑物"的支撑问题："欲拆除支撑在共有墙壁上的建筑物的所有人，可以放弃对该墙壁享有的共有权，但是，建筑物的所有权人应当进行必要的修缮和施工，从而避免因拆除建筑物而可能给邻人造成的损失。"这类似于罗马法上的支撑地役。《越南民法典》第273条规定："在挖井、开掘池塘及建设其他地下工程时，工程所有人必须依建筑法的规定，使施工地点与界标保持必要的距离。建筑工程对相邻及周围不动产的安全构成威胁时，工程所有人必须立即采取各种补救措施；若对相邻及周围不动产造成损害，则必须赔偿损害。"② 这种立法例体现出一种混合体例向德国法回归的思路。

除了上述列举的模式外，部分民法典采概括主义模式，不作相关具体规定，由法官自由裁量。例如，《魁北克民法典》第976条规定："依土地的性质、所处的位置或当地习惯，相邻人应忍受不超出他们应相互容忍限度的通常的相邻干扰。"③《阿尔及利亚民法典》第691条规定："所有人不得以滥用的方式行使其权利以损害邻人的所有权。邻人不得因相邻关系中的普通不便起诉。但如不便超出普通的限度，邻人得请求予以排除。法官应考虑财产的使用、不动产的性质、财产的各自状态及其目的等而为裁决。"④

① 邓曾甲. 日本民法概论. 北京：法律出版社，1995：187.

② 越南社会主义共和国民法典. 吴尚芝，译. 北京：中国法制出版社，2002：74.

③ 魁北克民法典. 孙建江，郭站红，朱亚芬，译. 北京：中国人民大学出版社，2004：125-126.

④ 阿尔及利亚民法典. 尹田，译. 北京：中国法制出版社，2002：125.

（三）大陆法系中不动产支撑利益相关理论和规则无法全面解决不动产支撑问题

大陆法系各国民法典支撑利益立法尽管体例和内容有所不同，但在总体思路却有共通之处，体现在以下三个方面：第一，立法上通过相邻关系进行调整。相邻关系之存在，实为所有权社会化之表现，其基本理论乃是利用利益衡量之原理，调和权利行使[①]，即考量土地所有人自由行使其权利是否具有值得保护的利益，并衡量邻地所有人是否有得干预他人所有权范畴的优势利益，而为合理必要的利益衡量。[②] 第二，具有较强的习惯法和地方法色彩。如《法国民法典》第674条规定："留出条例或特别习惯就这些物体所规定的距离"。《瑞士民法典》第686条规定："（1）各州对挖掘及建筑应遵守的距离，有权作出规定；（2）各州亦有权制定有关建筑的细则"。《意大利民法典》第889条第2款规定："以上任一情况下，地方法规另有规定的除外"；第891条强调"如果地方法规未另行规定"等。第三，体现出一种利益衡量的经验总结思路。部分立法例明文规定应该保持的具体距离，而对距离的考虑是多方面的，包括防火、眺望、日照、采光、竹木越界和环保等，支撑利益只是作为修建、施工安全的一部分考虑，并不是单独抽象出来的受保护利益。

可见，大陆法系相邻关系的构建模式，主要是以土地平面利用为思考背景，即土地权利人利用自己的土地，不得破坏相邻方土地的侧面支撑，而没有特别考虑不动产的立体利用问题，因此对支撑利益的确认和保护，采用的是相邻关系框架内的间接模式。从大陆法系土地利用制度的体系性出发，理论上并不排斥通过地役权规范空间、地表之间的支撑利益，但由于支撑利益在相邻关系内尚不明确，加上不动产分层利用兴起时间较短，地役权制度也就没有发展出丰富的支撑利益地役权制度。[③] 事实上，正是由于未抽象出明确的支撑利益，就不可能建立起较为完善的支撑相邻关系和支撑地役权制度，在支撑利益保护和纠纷解决上，也难以展开实质性的体系性构建。

---

① 谢在全. 民法物权论：上册. 北京：中国政法大学出版社，1999：171－172.

② 王泽鉴. 民法物权：通则·所有权. 北京：中国政法大学出版社，2001：210.

③ 本书所谓的支撑利益地役权，不同于罗马法上的支撑地役，参见后文。

三、美国法上的不动产支撑权

（一）美国法上不动产支撑权概述

美国法有较为完善的不动产支撑权制度。支撑权是相邻土地所有人维护其土地自然状态的一种权利，是指获得侧面土地或者地下土壤对土地提供支撑的权利。[①] 为毗邻土地提供必要的土地支撑是一种消极地役权[②]，是一种源于自然法的绝对的、自然的权利。毗连地层的所有人、矿藏所有人以及相邻土地的所有人无权撤去对土地的垂直或者侧面的支撑，除非其享有其他地役权。[③] 提供支撑的土地是支撑地，接受支撑的土地是被支撑地。

按照支撑地与被支撑地的相对位置标准，支撑权可分为侧面支撑权（lateral support）和垂直支撑权（subjacent support）。狭义支撑权仅指侧面支撑权，即某一土地受到与之相邻土地的支撑，从而使之可以保持自然状态的权利。[④] 国内有的学者将侧面支撑权译为“相邻支撑权利”[⑤]，可能是受到大陆法系相邻关系理念的影响。广义的支撑权还包括垂直支撑权，即指土地受其下面的土地支撑的权利，或建筑物的上层受下层支撑的权利。[⑥] 这也从侧面佐证了美国法上土地利用立体化的趋势。现代社会更多的土地建设需求与土地供应的有限性造成了超过以往的集中土地开发，不动产侧面支撑权利也变得越来越重要。[⑦]在美国法律体系中，支撑权和支撑利益受到财产法和侵权法的共同调整。

（二）美国财产法上的土地支撑权

美国财产法上的不动产支撑权在学说体系中的位置并不固定，主要有以下四

---

①⑦　See George J. Siedel III，Robert J. Aalberts，Janis K. Cheezem，*Real Estate Law*，5th ed.，pp. 67－68.

②　See *The American Law Institute*：*Restatement of Property*，§452 Negative Easement，Comment a. Negative Easements. Comment b. Use of Land.

③　元照英美法词典. 北京：法律出版社，2003：1314－1315.

④　同③456.

⑤　彭诚信. 现代意义相邻权的理解. 法制与社会发展，1999（1）.

⑥　同③1300.

类体例安排。

第一类，土地支撑权与空间权利、水权、约定边界、土地上定着物、侵入、妨害和土地适用管理等并列安排在“各种财产学说”章节中，这些内容再与财产权的核心内容——土地上的各种权益和不动产转让——并列起来。[①]

第二类，侧面支撑权与空中权利、地下权利、水权并列在“不动产财产权的范围”章节中，与其并列的是“在他人土地上的权利”，后者包括地役权、用益权和许可。[②]

第三类，土地支撑权安排在相邻关系妨害法中，又分为两种略有不同的具体方式：其一是在“特别妨害法”中。[③] 在该种学说体例下，相邻关系包括妨害、逆占有[④]、水权和地役权、盖印合同四部分。在妨害法体系内，关于土地使用的大部分冲突都由妨害法规范，但对于较为特殊的三大领域，即水权、支撑权和对阳光、空气的权利，分别适用特殊规则[⑤]，三者相当于特别妨害法。鉴于这种特别法与一般法的关系，在必要时和特殊情况下，法院也直接适用妨害法[⑥]，因此归入一章。其二是安排在“妨害：法定相邻关系”中。[⑦] 在该种学说下，相邻关系被分为逆占有、妨害和役权。其中，妨害和地役权被并列起来：妨害主要适用于无协定存在的情况，而地役权适用于存在限制土地利用的私人协定的情况。这种学说体例将水权、地役权、盖印合同三部分纳入役权，妨害中包含了阳光和空间的权利，并与水权、支撑地役权并列。

---

① 贝哈安特. 不动产法. 3版. 北京：中国人民大学出版社，2002：390.

② See George J. Siedel III, Robert J. Aalberts, Janis K. Cheezem, *Real Estate Law*, 5th ed., pp. 67-68.

③ 约瑟夫·威廉·辛格. 财产法概论. 北京：中信出版社，2003.

④ 逆占有（adverse possession）制度，是指占有他人之财产者，如果原所有人不对其行使权利以回复占有达一定的法定期间，则其不再受原所有人权利之拘束，而谓其依逆占有取得该财产之产权（title）。此期间于原所有人，为一种起诉期限（statute of limitations），其权利因长期不行使而消灭。通过逆占有取得产权非为继受取得，而为消灭之前的产权、创设新产权的原始取得。方晓宇. 英美法上逆占有制度与大陆法上时效制度之比较. 法制与社会，2010（30）.

⑤ 约瑟夫·威廉·辛格. 财产法概论. 北京：中信出版社，2003：95.

⑥ 同⑤121-132.

⑦ 约瑟夫·威廉·辛格. 财产法：规则·政策·实务. 北京：中信出版社，2003.

第四类，土地支撑权安排在“土地（所有权）的附属性权利”中。从属于土地的权利，是一种附属权利，指为充分利用某财产所必需的各项权利。它从属于更重要、更高级的主权利，随同这些主权利一起移转而不能独立存在，是土地所有人享有的权利。一种学说将从属于土地的权利分为四种，包括妨害、侧面和地下支撑、水权（包括排水权）、空中权①；另一种学说分为三种，包括侧面和地下支撑、水权、空中侵入等。②

尽管上述四种不同的财产法或者不动产法学说体例对土地支撑利益进行了不同的安排，仍然可以发现其中的规律：首先，不动产支撑权是一种在体例上较为边缘化，在内容上具有一定从属性的不动产财产权。其次，尽管在体例上较为边缘化，但在内容上却很重要，各种学说均对其作出规定，可见，相较于其他从属性权利不动产支撑权更具有核心性。最后，不动产支撑权与空中权、水权和妨害制度，始终是被作为相似的权利进行位置安排的。这些权利内容大致相当于大陆法系的相邻关系，但又不完全相同。在体例上，这些内容与地役权之间的关系，也与大陆法系相邻关系与地役权的关系类似。③ 总的来说，不动产支撑权是美国财产法上一种重要的从属性不动产权利类型，在美国司法实务中，土地支撑权为普通法和成文法所共同调整。

普通法上侵害土地支撑利益的案件主要包括以下四种主要类型：其一，一人在开发土地中存在过失，导致相邻土地沉陷。其二，一人开发土地无过失，但处于自然状况（即其上无建筑）的相邻土地沉陷。其三，一人开发土地无过失，经过改良的（非自然状况）土地因为建筑增加重量而下沉。其四，一人开发土地无过失，经过改良的（非自然状况）土地下沉，且即使没有该建筑增加重量也会下沉，该人承担责任。④

---

① 史蒂文·L. 伊曼纽尔. 财产法. 北京：中信出版社，2003：447.

② See *Cases and Text on Property*, Little, Brown and Company, pp. 1195-1242.

③ 本书主要将探讨不动产支撑利益问题，美国法上的地役权（easements/servitudes）只是作为本书的背景性参照，关于其具体内容，笔者将另行撰文说明。

④ See George J. Siedel III, Robert J. Aalberts, Janis K. Cheezem, *Real Estate Law*, 5th ed., pp. 67.

上述四类案件对应的损害赔偿规则是：第一类案件适用过错责任原则，侵害人因过失或者故意负全部赔偿责任。其过失主要表现为：(1) 未事先提请相邻建筑权利人注意，以便有机会将土地或者建筑物支撑起来；(2) 未为他人提供建筑物的支撑；(3) 未进行足够的初步土地勘测。第二类案件中侵害人违反了对自然状况土地提供支撑的绝对义务，负绝对责任。第三类案件中，被支撑土地经过改良，无过失开发人对建筑物不负有支撑义务，因此不承担责任。第四类案件中，各州法院关于赔偿范围有两种不同学说：一种学说认为，只赔偿土地不赔偿建筑。其理由是：由于相邻的土地权利人事先对土地进行了改良，如果让后建房的人对就可能造成的损害对先建房的人承担责任的话，那么就使先建房的人获得了优先于后建房人的法律地位。这与土地权利人有同样的改良权利的政策是相违背的。另一种学说是，对建筑物和土地所受损害都赔偿，但要求该损害是可预见的。①

另外，美国部分州的成文法如《加利福尼亚州民法典》，对不动产支撑权作出了规定②：潜在的挖掘施工人应该提前对相邻不动产人进行提示，说明其挖掘的情况。如果计划中的挖掘超过一定的深度［通常规定为8～12英尺（约2.44～3.66米）］，就应该对邻地不动产提供支撑。③

（三）美国侵权法上的不动产支撑利益

相对于财产法上体例的不清晰，美国法学会《侵权法重述·第二次》（以下简称《侵权法重述》）第39章“对土地支撑的利益”对不动产支撑利益进行了集中规定，安排在第十编“以故意、过失侵入土地以外的其他方式侵犯土地利益”中，与第40章“妨害”和第41章“使用水的干扰（水滨权）”并列。这种体例与美国财产法相关学说具有较强的对应性。该章包括两节，共计5个条文，分别对侧面支撑和地下支撑进行了规定，其中第818条“撤销地面下的物质”实际上是关于水等流体的规定。考虑到20世纪90年代以来在美国实际发生的诉讼

① 贝哈安特. 不动产法. 3版. 北京：中国人民大学出版社，2002：390. George J. Siedel III, Robert J. Aalberts, Janis K. Cheezem, *Real Estate Law*, 5th ed., pp. 67.

② See George J. Siedel III, Robert J. Aalberts, Janis K. Cheezem, *Real Estate Law*, 5th ed., p. 68.

③ 贝哈安特. 不动产法. 3版. 北京：中国人民大学出版社，2002：390.

中，由地下水抽取造成的下陷往往由水法而不是支撑法来处理[①]，与20世纪70年代《侵权法重述》制定时的司法背景已经有所不同，对该条内容不作探讨，只对侧面支撑与地下支撑问题进行分析。

关于土地支撑利益的本质，有两种不同的学说，即较为早期的自然地役权说和后来兴起的被支撑土地完整性权利说，但两者均认为此种权利为土地占有权的构成要素。[②]

自然地役权说认为，支撑权是“支撑土地上的权利”，此种权利具有自然地役权性质，支撑土地有自然供役地性质。英美法上的自然地役权，是指基于从下方或侧面支撑其土地的需要，或者基于使其土地表面的积水能自由流出的需要，对其相邻土地享有的法定权利。因为不是通过法律行为来设立，而是作为自然权利而存在，所以支撑权不是真正的地役权。[③] 依照这种学说，这种权利是支撑土地的权利，则由此未加限制的逻辑推论结果为：（1）支撑权仅为被支撑之土地而存在，就不被支撑土地附近的人而言，对建造建筑物或其他变造物所需要的支撑，不得主张支撑权；（2）支撑权可能仅仅因为移除支撑而被侵犯，不论是否有故意还是过失，行为人均需要负责；（3）支撑权可能在支撑被撤除时就被侵犯，而不论有下陷还是其他实际损害，行为人均需要负责；（4）支撑权遭受侵害的，对预期损害也能够请求赔偿；（5）消灭时效，自支撑被移离时起算。

被支撑土地完整性权利说认为支撑权是“被支撑土地的权利”。根据这种学说未加限制的逻辑推论结果是：（1）这种支撑权基于被支撑土地的自然或经变造的情况或人为情况而存在；（2）支撑权并不仅仅因为撤除支撑而遭受违反，行为人必须有故意或过失才须负责；（3）支撑权并非在支撑被撤除时即遭受侵害，必须有下陷或者其他实际损害，才需要行为人负责；（4）支撑权遭受侵害的，对预期损害不得请求赔偿；（5）消灭时效，不是自支撑被移离时，而是自下陷或其他实际损害发生时起算。

---

① 贝哈安特．不动产法．3版．北京：中国人民大学出版社，2002：388.

② *The American Law Institute*：*Restatement of the Law*，*Torts*，Chapter 39，Interests in the Support of Land，Introductory Note and Scope Note.

③ 元照英美法词典．北京：法律出版社，2003：455.

根据《侵权法重述》第39章所附“引导性和范围性说明”，对不动产支撑利益本应适用《侵权法重述》第二编“过失责任”和第三编“严格责任”的原则性规定，因较为特殊，专门集中在该章进行规定。[①] 除第818条关于流体的规定外，第一节“侧面支撑之撤除”和第二节“地下支撑的撤除”各有两条，分别适用严格责任和过失责任。适用严格责任的条文，一是第817条［（撤除自然必要的侧面支撑）：（1）撤除他人占有土地的自然必要侧面支撑，或撤除该土地自然必要侧面支撑的替代支撑，行为人应当就自然仰赖该被撤除支撑的他人土地的下陷，承担责任。（2）依前项规定应当负责任的人，对该下陷而导致对人为添加物的损害，也应当负责。］、二是第820条［（撤除自然必要的地下支撑）：（1）撤除他人占有的土地的自然必要地下支撑，或撤除该土地自然必要地下支撑的替代支撑，行为人应当就自然仰赖该被撤除支撑的他人土地的下陷，承担责任。（2）依前项规定应当负责任的人，对该下陷而导致人为添加物的损害，也应当负责。］适用过失责任的条文，一是第819条［（过失撤除侧面支撑）：过失撤除他人占有土地的侧面支撑，或过失撤除该土地人为添加物的侧面支撑，行为人应当就导致他人土地或土地人为添加物所受的损害负责。］、二是第821条［（过失撤除地下支撑）：过失撤除他人占有土地的地下支撑，或过失撤除该土地人为添加物的地下支撑，行为人应当就导致他人土地或土地人为添加物所受的损害负责。］

经过条文对比分析可以发现，严格责任和过失责任适用范围的分野，就是支撑是否“自然必要”（naturally necessary），这在侧面支撑和地下支撑领域都是一致的。因此，支撑利益是否“自然必要”，是适用严格责任或过失责任的判断标准。按照《侵权法重述》第817条第1款评论的说明，所谓的自然必要支撑，是指土地自身处于自然状态，且其周围土地亦处于自然状态的情况下的支撑需要，不包括因在该土地或者其周围土地上增添人工构筑物和人工变造物即支撑土地与被支撑土地之间的权利、义务没有被扩大的情形。必要土地变造需要的支撑

---

① *American Law Institute*：*Restatement of the Law*，*Second*，*Torts*，Chapter 39，Interests in the Support of Land，Introductory Note and Scope Note.

不是自然必要支撑。[①] 简而言之，自然必要支撑就是对土地自身的支撑，而不包括对土地上新增建筑物或者因施工导致土地结构变化所需的额外支撑。

四、我国物权法应当确立不动产支撑利益及其法律规则

（一）不动产支撑利益的借鉴意义

通过上文分析可以发现，美国法上不动产支撑权受到财产法与侵权法的共同调整，按照支撑受力的方向区分为侧面支撑和地下支撑，根据受支撑土地是否处于自然必要状态区分适用严格责任或过错责任，由侵害行为人而非土地权利人承担赔偿和恢复的责任。可见，在理论体系上较为清晰。与大陆法系的相邻关系间接保护模式相比较，美国法上不动产支撑权最重要的特点是在立体化分层利用土地的总体思路下，抽象出了不动产的支撑利益，并围绕支撑利益建立了相应的权利确认和保护体系。这正是美国法上不动产支撑权制度发展成熟的重要原因，也给我国不动产支撑利益研究带来了新的启示。但美国法上的不动产支撑权过于偏重土地权利人的利益，忽视对建筑物权利人的保护。在我国大部分建设用地已存在地表建筑物的情况下，仍然以自然必要状态来区分归责原则的适用，将不利于土地利用的全局性规划和土地的后续利用。另外，美国法上的支撑权仅限于侧面支撑和地下对地表的支撑，没有确立地表对地上空间的支撑。这些都给我们建立不动产支撑利益规则提供了必要且有益的借鉴和反思。

（二）中国物权法对不动产支撑利益的全面需求

我国《物权法》第七章对相邻关系作出了规定，基本沿袭了《民法通则》和《民通意见》的相关内容。与不动产支撑利益相关的条文包括《物权法》第 84 条对纠纷处理原则的规定（不动产的相邻权利人应当按照有利生产、方便生活、团结互助、公平合理的原则，正确处理相邻关系。）以及第 91 条对相邻防险的规定（不动产权利人挖掘土地、建造建筑物、铺设管线以及安装设备等，不得危及相

① *The American Law Institute*: *Restatement of the Law*, *Second*, *Torts*, § 817 Withdrawing Naturally Necessary Lateral Support, Comment c. Naturally Necessary Lateral Support.

邻不动产的安全)。其中，挖掘土地的相邻防险，体现的就是土地侧面支撑利益关系。在我国司法实务中，也出现过与不动产支撑利益相关的案例，如最高人民法院 1991 年司法解释所涉及的相邻防险关系，其实质就是因挖井不当而侵害他人不动产侧面支撑利益。① 影响较大的典型案例还有“沈宏发诉枝江市温州工贸有限公司房屋损害赔偿案”②“富顺县永年镇农机管理服务站诉肖顺明案”③“新华日报社诉南京华厦实业有限公司建设工程施工损害相邻建筑物及设备赔偿案”④ 等。

进入 21 世纪来，我国出现了一些与土地立体利用相关的纠纷案例。例如，A 公司原系国有公司，其土地性质为划拨土地。A 公司改制为股份制企业后，出资将划拨土地变更为出让土地。但该公司被强制交纳了原有国家电网高架线路的塔基占用的部分土地的出让金，取得了建设用地使用权。该公司主张电网塔基占用的土地应由电网承担土地使用权费，但法院没有予以支持，理由是没有相应的法律规则。笔者认为，这正是空间利用的分层建设用地使用权的支撑利益的正当诉求，应当采用支撑地役权规则处理。这也正说明了建立不动产支撑利益规则的必要性和迫切性。

土地立体利用是如此重要，而《物权法》仅在国有土地的建设用地使用权部分对分层地上权作出原则性规定，未来农村集体土地相关纠纷将面临着无法可依的境地，而在城市土地上设立分层地上权也缺乏明确规范。由于我国法律没有对不动产支撑利益进行明确规定，司法实践不得不通过相邻关系进行间接保护。在土地立体利用较为发达的国家，立法和司法对不动产支撑利益都非常重视，例如：日本为了保证因公共利益而使用地下空间的需求，专门制定了《地下深层空间使用法》⑤；美国最高法院 1946 年通过判决确立了空间的独立地位，为实务中空间权（分层地上权）的设立和交易提供了基本规则。在我国通过建立不动产支

---

① 杨立新. 论相邻防险关系. 甘肃政法学院学报，1994 (2).

②③ 国家法官学院，中国人民大学法学院. 中国审判案例要览：2000 年民事卷. 北京：中国人民大学出版社，2002.

④ 祝铭山. 相邻关系纠纷：典型案例与法律适用·36. 北京：中国法制出版社，2004.

⑤ 平松弘光. 日本地下深层空间利用的法律问题. 陆庆胜，译. 政治与法律，2003 (2).

撑利益及其法律规则来处理这类纠纷，已经刻不容缓，须确立不动产支撑利益的完整规则，以弥补《物权法》的立法不足。

（三）我国不动产支撑利益及规则体系

我国不动产支撑利益及其规则的构建，应当着重解决以下几个问题。

1. 不动产支撑利益的类型划分

按照不同的标准，不动产支撑利益可以划分为以下类型。

（1）侧面支撑与垂直支撑。

按照不动产支撑的受力方向，支撑可以区分为侧面支撑与垂直支撑，在垂直支撑中，包括地上支撑和地下支撑。其中，侧面支撑是传统的支撑，而地上支撑和地下支撑是新型的支撑，是较为复杂的支撑。

侧面支撑关系，是地表的相邻土地之间、相邻地上或者地下空间之间，在与地面水平方向上的相互支撑关系；而垂直支撑关系，是在与地面垂直方向上的地表之上与地表之下的支撑与被支撑关系。侧面支撑关系是在原有平面的相邻关系中支撑利益的立体化延伸，而垂直支撑关系是土地分层利用的必然结果。侧面支撑与垂直支撑纵横交错，概括了我国不动产支撑利益的全部关系，将是我国物权法全新的物权制度。

（2）自然支撑与非自然支撑。

按照支撑内容的不同性质，支撑可以区分为自然支撑和非自然支撑。考虑到我国社会经济生活的实际情况，为平衡土地权利人、已有不动产权利人和未来不动产权利人的利益，自然支撑不应以非人工改造的支撑土地为限。笔者建议采用房地产规划、支撑方向双重标准，同时符合两项标准的是自然支撑，不符合其中任何一项标准则为非自然支撑。

房地产规划标准，即以城市房地产规划部门的规划作为判断支撑关系是否为自然支撑的标准。土地分层利用应该制定新的房地产规划。《物权法》第136条后段规定："新设立的建设用地使用权，不得损害已设立的用益物权。"据此，在先建筑的支撑需要，应该被视为自然支撑的内容，增添地上、地表或者地下建筑的，必须保证在先建筑的绝对安全。对于未开发土地和旧城改造的土地，新制定的房地产规划应该根据土地下方和周围的土壤及建筑结构，预先根据土壤质量，规划地上、地下建筑的高度和承重，且该房地产规划必须公示。

支撑方向标准，即在垂直方向上，支撑地只负有纵向支撑的义务；同样，在水平方向上，支撑地只负有侧面支撑的义务。非自然支撑关系主要是纵向不动产之间的横向支撑和横向不动产之间的纵向支撑。所谓纵向不动产之间的横向支撑，如建设斜拉大桥，大桥在土地上的着力点与土地在相对位置上是纵向的，但受力是横向的，这必将引起整个土地及其周围的支撑力变化。所谓横向不动产之间的纵向支撑，如两栋高楼之间新设的空中走廊，与两栋高楼之间的相对位置是横向的，但必须通过两栋高楼的侧面提供向上的支撑力。之所以作这种考虑，是因为该类非自然支撑方向的支撑，必将对提供支撑的不动产本身产生拉力、推力，并将影响到对该不动产提供支撑的其他不动产。因此应将其纳入非自然支撑。

(3) 足够支撑与不足支撑。

按照提供支撑的数量和质量，可以将支撑分为足够支撑和不足支撑，即提供支撑的不动产向被支撑的不动产提供的支撑强度和平衡是否达到建筑安全要求，达到了为足够支撑，未达到为不足支撑。

足够支撑，即是指提供的支撑力足够被支撑不动产对抗地球引力及其他拉力。不足支撑主要是超重和失衡问题。超重，即被支撑不动产的重量超过在先建筑提供的支撑力，必须提供额外支撑力来补足。失衡是由于建筑的构造，使得交界面的受力不平衡，必须在交界面进行相应调整。

2. 不动产支撑利益的物权法律关系

我国《物权法》同时规定了相邻关系与地役权，不动产支撑利益与这两项制度的关系也必须明确。有学者提出，空间利用权准用不动产相邻关系的规定。①笔者认为，这样的结论过于笼统，对于自然支撑关系和非自然支撑关系，应该分别对待。自然支撑本来就是对土地分层利用的相邻关系中有关支撑利益，应当适

① 王利明. 中国民法典学者建议稿及立法理由：物权编. 北京：法律出版社，2005：326－327.

用相邻关系规则。而非自然支撑，是为提高权利人的不动产的效益而利用他人不动产，应该适用地役权规则。

（1）适用相邻关系规则的自然支撑关系双方的权利、义务。

在自然支撑关系相邻不动产权利人之间，根据地理位置和实际情况，提供支撑的不动产权利人负有确保其不动产提供符合房地产规划的、足够的、平衡的支撑力的义务。被支撑不动产权利人享有确保其不动产接受支撑的权利，但负有确保在房地产规划范围内，适当、平衡地接受支撑的义务。在土地上先行建筑的，必须按照房地产规划，事先尽到自己应有的支撑义务，为后来建筑物保留足够的支撑力。

（2）适用地役权规则的非自然支撑关系双方的权利、义务。

相邻不动产权利人之间可以通过支撑地役权合同建立非自然支撑关系。设立非自然支撑地役权有以下两个前提条件：其一，必须获得房地产规划允许。超过原房地产规划自然支撑限度的建筑，必须变更房地产规划，以保证相关土地后来建筑的支撑利益，否则便是违章建筑。其二，必须以建筑技术的可能为前提，并必须保证这种建筑技术实施过程的安全。即使最终的结果是安全的，但如果建筑过程不安全，同样会危害相关建筑的安全。

支撑地役权在登记机构登记的，需役地权利人享有的支撑地役权是物权。从土地利用对邻地的实际影响看，不但毗邻不动产权利人之间可以设定支撑地役权，而且对毗邻不动产提供支撑的可能受到间接影响的其他相对较远相邻不动产权利人之间，也可以通过地役权合同进行事先的约定。支撑地役的供役地权利人应当按照地役权合同的内容，足够、平衡地向需役地提供支撑；支撑地役的需役地权利人享有其不动产按照地役权合同的内容接受支撑的权利。

3. 支撑利益关系的当事人

如上所述，支撑利益关系的当事人分为提供支撑的不动产权利人和被支撑的不动产权利人，前者可以简称为提供支撑人，后者可以简称为被支撑人。在提供支撑人与被支撑人之间，形成支撑利益的权利义务关系。

应当注意的是，当支撑利益关系形成的是地役权关系时，也就是构成支撑地

役权的时候，确立的是物权关系，是绝对权的关系。此种支撑地役权是对世权，提供支撑人和被支撑人以外的其他任何人都是义务人，都负有不可侵害的义务。

因此，在支撑利益关系中，既存在绝对性的权利义务关系，也存在相对性的权利义务关系。在其内部，法律关系的当事人是提供支撑人和被支撑人；在其外部，法律关系的主体，是支撑利益的权利人与作为绝对权义务人的其他任何第三人。

4. 不动产支撑利益的保护

不动产支撑利益受到侵害时，既可以采用侵权法的保护方法进行保护，也可以适用《物权法》第三章关于物权保护的规定进行保护。权利人究竟行使哪种请求权，应当参考《合同法》第 122 条确定的规则，由当事人根据自己的利益进行选择。

（1）不动产支撑利益关系内部的法律保护。

不动产支撑利益内部的法律保护，是指支撑利益关系的相对人之间，一方违反支撑利益的义务，造成对方损害时，对方可以寻求的法律保护制度。对此，可以适用物权法的保护方法，也可以适用侵权法的保护方法。

1）物权法的保护方法。自然支撑利益受到侵害时，应当依照《物权法》第 84 条规定的“有利生产、方便生活、团结互助、公平合理”的原则处理，并按照第 91 条和第 92 条和第三章“物权的保护”相关条文的规定，对于造成妨害的，应当予以排除；对于造成损害的，应当给予赔偿。

设立了支撑利益地役权的，也就是取得地役权的非自然支撑利益受到侵害的，应当根据《物权法》第 35 条至第 38 条的规定确定责任，权利人可以请求排除妨害、消除危险、恢复原状和损害赔偿。如果行为人的行为违反了行政管理规定的，行为人依法承担行政责任；构成犯罪的，依法予以追究刑事责任。

2）侵权法的保护方法。权利人还可以依照《侵权责任法》第 19 条的规定要求违反支撑利益义务的一方承担侵权责任，在归责原则上，应该适用过错推定责任。因为如果适用无过错责任，就没有必要区分自然支撑与非自然支撑，整个不动产支撑利益纠纷都适用结果责任，不利于保护后来土地利用者的权利；如果适

用过错责任原则，则可能因为无法证明行为人的过错而导致重大的不动产利益受损，不利于维护土地利用制度的稳定。

（2）第三人侵害支撑地役权时的法律保护。

第三人作为支撑地役权的义务人，负有不得侵害支撑地役权的不作为义务。违反这一义务，侵害了被支撑人的支撑地役权的，第三人应当承担民事责任。对此，支撑地役权人也可以选择物权法的规定或者侵权法的规则，根据自己的利益，确定自己的请求权的法律基础，请求法院予以支持，以保护自己的不动产支撑利益。

（3）不动产支撑利益受损害时的救济方式和赔偿数额的计算。

对不动产支撑利益纠纷的救济方式主要是提供替代性支撑，恢复足够、平衡的支撑关系。无法提供替代性支撑或者已经造成无法恢复的损害的，侵害人应该予以损害赔偿。

在损害赔偿数额的计算方面，可以借鉴美国法上较为成熟的理论，适用以下计算方法：一是不超过财产市值的修理恢复费用；二是降低的市值；三是上述两者中较少者。[①] 支撑利益受到侵害的权利人存在过失的，根据《侵权责任法》第26条的规定，可以减轻侵害人的损害赔偿责任。权利人的过失包括但不仅限于以下两个方面：一是其建筑本身就建立在不牢固的基础上；二是距离疆界太近以致邻地改良时不可避免地沉陷。[②]

①② 贝哈安特. 不动产法. 3版. 北京：中国人民大学出版社，2002：390.

第三编

他物权论

第八章

他物权概述

第一节　他物权的一般问题

一、他物权的概念及法律特征

（一）他物权的概念

他物权是指权利人根据法律规定或者合同约定，对他人所有之物享有的以所有权的一定权能为内容，并与所有权相分离的限制性物权。《物权法》第2条第1款规定："因物的归属和利用而产生的民事关系，适用本法。"其中，对物的归属产生的法律关系，发生的是自物权即所有权；因对他人所有的物的利用而产生的民事法律关系，发生的就是他物权。

《物权法》只规定了用益物权和担保物权，没有对其上位概念即他物权作出规定。尽管如此，他物权仍然是理论上承认的物权概念。

在《民法通则》中，使用的与他物权相关的概念是"与财产所有权有关的财

产权”。《民法通则》使用这个概念主要有两个原因：一是受苏联民事立法思想的影响。由于苏联的民事立法只承认所有权而不承认他物权，所以在很长时间里，我国民法理论总是对他物权采取回避态度。二是受“左”的法律思想束缚，认为物权制度是保护和巩固不同社会的经济基础、为不同阶级的利益服务，而他物权，有的原是为封建剥削制度服务，资产阶级学者强调他物权中的人对物的关系，是回避和抹杀了体现在物权中的阶级关系。[①] 应当充分肯定，“与财产所有权有关的财产权”这一概念的提出，是我国民事立法和民法理论的重大进步，它是我国民法他物权制度从无到有的标志。尽管它的称谓不够科学、不够准确，体系也还不完备、不系统，但它仍然是我国他物权制度建设的一个具有重要意义的标志性的历程。

要保护改革开放的成果，就要在物权法中恢复他物权的本来面目，脱去“与财产所有权有关的财产权”的外衣，使它成为实实在在的民法概念。

（二）他物权的法律特征

1. 他物权是在他人所有之物上设定的物权

是在自己所有的物上设立的物权，还是在他人所有的物上设立的物权，是自物权与他物权的本质区别。他物权不能在自己所有的物上设定，自己所有的物是所有权的客体，而所有权是最完备的物权，所有人对其所有的物享有最完全的支配权，无须也不能为自己设定他物权。他物权只有在他人所有之物上设立，才能够与自物权即所有权相对应，共同构成完整的物权体系。离开他人所有之物，他物权无从设定。

2. 他物权是派生于所有权又与所有权相分离的物权

他物权是所有权的派生之权，并不是完全独立的物权。他物权是对所有权的权能另设利用之权而形成的，因而将所有权称为母权，而将他物权称为子权。[②] 虽然他物权与所有权具有如此密切的关系，但它是在所有权权能与所有权发生分

① 中国大百科全书：法学. 北京：中国大百科全书出版社，1984：628.

② 国际比较法百科全书·财产法在结构上的变化//外国民法论文选. 北京：中国人民大学内部参考教材：185－186.

离的基础上产生的民事权利，即指非所有人在所有人的财产上享有占有、使用或收益的权利，因而他物权具有相对独立性。

3. 他物权是受限制的物权

与他物权相比较，所有权是最完备的物权，不受任何限制；而他物权属于限制性物权，也称为定限物权。一方面，他物权受到所有权的限制，他物权只是以所有权的一定权能为内容，因而仍受所有权的支配，不能完全任意行使。另一方面，他物权也限制所有权的行使，在所有权的客体物上又设置他物权，其结果是所有权的行使也受到限制。依所有权的权能分离的内容不同亦即他物权的内容不同，所有权所受限制的程度也不相同。

4. 他物权是依法律规定或合同约定而发生的物权

他物权并非自由发生。其发生的途径有两种：一是依照法律规定，如留置权、优先权等他物权；二是由合同约定，如地上权、抵押权、让与担保、所有权保留等他物权。他物权无论是由法律规定还是由合同约定，其具体内容均由法律规定，并且所作规定均为强制性规定，因而他物权是法定物权。即使那些非典型用益物权和非典型担保物权，即使是经习惯法确认，并非由法律直接规定，也都属于法定物权。

二、他物权的历史沿革

（一）国外他物权的历史沿革

国外他物权的发展大体经历了萌芽时期、形成时期和完备时期这三个历史阶段。

1. 萌芽时期

在原始社会，原始人在以血缘关系为纽带的人群中集体生产和生活。“第一个单个的人，只有作为这个共同体的一个肢体，作为这个共同体的成员，才能把自己看成所有者和占有者。”① 在这个时候，私有制还没有产生，还没有出现法

① 马克思恩格斯全集：第46卷·上册. 北京：人民出版社，1979：472.

律，没有所有权的概念，当然也不会有他物权的存在。直到原始社会末期，社会生产的扩大以及交换的发展，促进了私有制的发展，进而使原始社会解体，产生了国家，出现了奴隶社会的奴隶主私有制，并且产生了调节该种私有制经济的法律，确认奴隶社会的财产所有权。在所有权产生的过程中，社会的生活关系和经济关系发生了根本性变化，为适应这种变化，他物权开始萌芽，出现了一些简单的具体他物权。在三千七百多年以前两河流域的成文法中，就规定了用水淹没他人田地应当赔偿损失这种类似于地役权的制度。《汉谟拉比法典》规定：土地归王室占有和公社占有，耕地分给各家使用，使用者必须交纳赋税并负担劳役，允许各家世袭。这种土地使用关系，是早期永佃权的萌芽。①

2. 形成时期

他物权体系形成于罗马法时期。在罗马社会里，虽然以奴隶占有为基础的农业经济始终占据主导地位，但以奴隶占有为基础的商品经济很早就存在，并随着罗马国家的发展而发展。在经过长达两个多世纪的大规模扩张之后，罗马的商品经济有了长足的发展，罗马本土已设有许多市场。与此同时，商品交换的一般等价物即货币也逐步发达起来，充分体现了罗马社会商品经济的普遍和深入。② 因而，罗马法就成为"以私有制为基础的法律的最完备形式"③，是"商品生产即资本主义以前的商品生产的完善法"，"包括着资本主义时期大多数的法律关系"④。正是在这样的商品经济发展的形势下，仅仅依靠以前的所有权制度已经不能满足社会经济关系发展的客观要求，因而，罗马法创设了较为完备的他物权体系，使之与其他法律制度一同构成了"商品生产者社会的第一个世界性法律"⑤，"以致后来的一切法律都不能对它做任何实质性的修改"⑥。

罗马法认为，他物权是积极地创设在他人之物上的权利。它充实了物权的内容，同所有权一起，充分保护了罗马法时期的财产关系，并成为扩大所有权的一

---

① 王云霞，等. 东方法概述. 北京：法律出版社，1993：16.

② 江平，等. 罗马法基础. 修订本. 北京：中国政法大学出版社，1991：38－39.

③ 马克思恩格斯选集：第3卷. 北京：人民出版社，1972：143.

④ 同③395.

⑤⑥ 马克思恩格斯选集：第4卷. 北京：人民出版社，1972：248.

种救济制度[①]，为后世所效仿。

罗马法上最重要的他物权是役权，包括人役权和地役权，其他还有永佃权、地上权、用益权和使用权。这些都属于用益物权，体现的是非所有权人与所有权人之间的用益关系，是典型的财产所有权与其权能相分离的形式，适应了商品经济扩大所有权、扩展财产的使用价值的客观要求。罗马法中的质权、抵押权、留置权属于担保物权，通过在他人所有之物上设置这些权利，保障商品交换等动态财产关系的正常流转，保障债权的实现。罗马法上的他物权制度比较复杂，但几乎包容了现代立法中所有的他物权。

3. 完备时期

他物权的完备时期始于《法国民法典》。欧洲资产阶级革命创造了新的生产关系，使资本主义蓬勃发展，替代了封建经济制度，市场经济呈现空前繁荣局面。为适应自由资本主义市场经济发展的需要，《法国民法典》应运而生，“把刚刚诞生的现代社会的经济生活‘译成’司法法规的语言”，使它“成为典型的资产阶级社会的法典”[②]。《法国民法典》在“财产及对于所有权的各种变更”中，详细地规定了用益物权，包括用益权、使用权、居住权、役权和地役权，在第三卷“取得财产的各种方法”中规定了质权和抵押权即担保物权。这两部分物权制度相辅相成，构成了法国法完备的他物权体系。

如果说《法国民法典》是自由资本主义时期的典型民法典，那么，《德国民法典》就是垄断资本主义时期的典型民法典。“在所有的民法典中，最系统、逻辑最为严谨的一部当数《德国民法典》”[③]。它之所以取得这样辉煌的成就，除了它沿袭罗马法的优良传统，有了《法国民法典》编纂的经验借鉴，以及先进的立法技术以外，德国高度发展的垄断资本主义的发达、繁荣的市场经济，也给它提供了广泛、深刻的基础。《德国民法典》适应资本主义垄断市场经济的需要，创设了将用益物权和担保物权统一规定为他物权制度，均置于物权体系之中的新

① 谢邦宇. 罗马法. 北京：北京大学出版社，1990：208.

② 马克思恩格斯选集：第4卷. 北京：人民出版社，1972：248.

③ 艾伦·沃森. 民法法系的演变及形成. 李静冰，等译. 北京：中国政法大学出版社，1992：162.

体例，概括了地上权、地役权、用益权、限制的人役权、抵押权和质权。现代他物权自德国法起，已经在体例上、内容上达到了完备的程度。

在当代，社会生产力高度发展，新兴的科学技术广泛采用，市场经济达到了高度繁荣的程度。在这样的条件下，利用他人的财产组织生产经营活动，以最大限度地发挥财产的经济效益，已经成为一大趋势。他物权作为所有权与其权能分离的基本形式，越来越受到重视，得到了新发展。以《日本民法》为例：虽然，它于1898年施行时，就规定了地上权、永佃权、地役权、留置权、质权、抵押权等完备的他物权体系，但随着市场经济的不断变化、发展，立法条文不断修订，至最近的修订，已经对他物权制度进行了完善的补充，适应了当今社会发展的需要。例如，为适应现代对土地的利用从地表向地下和空中发展，大力兴建高层建筑、地下铁路、空中走廊等的需要，该法于1966年依第93号法律追加第269条之二关于分层地上权的规定，使地上权具有了崭新的内容。其他国家民法关于他物权的规定也在不断地补充他物权的具体内容，以适应市场经济新的发展需求。例如，为适应分期付款这种新兴的销售方式对担保的要求，各国立法普遍规定所有权保留这种担保物权。这种担保方式与传统的抵押权、留置权和质权均不相同，但仍是以担保债权为目的的担保物权，是他物权的一种。

（二）我国古代和近代的他物权发展

1. 古代法时期

中国古代他物权产生的时代各不相同。我国最早的他物权是地上权，西周的卫鼎就记载了地上权的事例。在秦代，已禁止使用人质而只得使用物质，由此可以推论在秦以前就有质权存在，且分为人质与物质两种。不过，现有的资料显示，即使在清代也存在人质的情况。典权制度则出现在北齐，《通典·宋孝正关乐风俗传》载："帖卖者，帖荒田七年，熟田五年，钱还地还，依令听许。"帖卖即典权。具有中国特色的典权制度一直在中国沿用，直至今天仍然存在。永佃权产生于宋代，至明清逐步得到发展，先则永佃成业，继之土地的所有权与耕作权进一步分离，形成田底权与田面权，取得永佃权（即田面权）者，又可以将地租

给他人耕种，可以继承、典押、出卖、转租，成为非常完备且富有弹性的他物权。至于抵押权起于何时，较难确定，但元朝已有抵押实例。地役权、地基权在古代文献中亦有记载，但不多，当是视为不急之务所致。①

2. 近代法时期

清末修律，使我国法制告别传统的中华法系而迈入现代法时期。《大清民律草案》参照德国法和日本法的立法例，在物权编设四章规定他物权，其中，用益物权分地上权、永佃权、地役权三章，担保物权专设一章，分为通则、抵押权、土地债务、不动产质权、动产质权五节，但没有规定典权制度。在《民国民律草案》中，他物权的立法体制略有改变，对各种他物权均分章规定，共设有地上权、永佃权、地役权、抵押权、质权、典权六章。这两个民法草案均未规定留置权。至《中华民国民法》正式颁布，物权编共设七章规定他物权，分别是地上权、永佃权、地役权、抵押权、质权、典权、留置权，形成了完备的他物权制度。在我国东北的伪满洲国民法中，也规定了地上权、耕种权、地役权、典权、留置权、质权和抵押权等他物权。②

（三）对他物权发展历史的考察结论

全面考察他物权的历史演进过程，可以得出如下结论。

第一，随着社会生产关系的发展变化，所有权与其权能相分离，是历史发展的必然规律。在原始社会中，原始人以部落共同体为共同的生产、生活群体，对财产实行原始的、朴素的、直接的占有，共同所有，共同使用、收益、处分，所有权与其权能不能产生明显的分离，也无须分离。随着奴隶社会生产关系的建立，私有制成为社会的基本经济形态，提供了所有权与其权能相分离的客观条件。在封建社会，封建的租佃关系为所有权与其权能的分离提供了更好的条件。在资本主义社会，自然经济彻底瓦解，社会化的大生产极大地扩大了社会分工和协作范围，生产经营方式发生了深刻的变化，从而使所有权与其权能相分离成为一种普遍的现象。他物权作为所有权与其权能分离的法律制度，也就越来越发

① 李志敏. 中国古代民法. 北京：法律出版社，1988：100－101.

② 杨立新. 中国百年民法典汇编. 北京：中国法制出版社，2011：551.

展，越来越发达。从土地的所有权与其使用、收益权相分离的法律制度——永佃权的发生、发展，完全可以看出这种发展的历史必然。早在三千多年以前的两河流域产生的份地制度，使土地的使用权与所有权有了一定程度的分离，出现了永佃权的萌芽。在封建的租佃关系之下，地主占有大量的土地，农民却没有或很少有土地。农民租佃地主的土地，使所有权与土地的占有、使用、收益权能相分离，从而产生了完备的永佃权。在资本主义农业中，资本主义生产方式“一方面使土地所有权从统治和从属的关系下完全解放出来，另一方面又使作为劳动条件的土地同土地所有权和土地所有者完全分离，土地对土地所有者来说只代表一定的货币税，这是他凭他的垄断权从产业资本家即租地农场主那里征收来的。”① 这种土地所有权与其权能的分离，实际上就是永佃权发展的高级形式，“所有权名义仍在贷者手中，但其占有权过渡到产业资本家手里了”②。这些正是永佃权的基本法律特征。

从上述事实可以看出，所有权与其权能相分离，经过了一个相当长的历史时期，才最终达到今天的结果和程度。这种缓慢的演变过程，是生产力不断发展的客观要求，是生产关系不断发展的必然结果。面对这一历史发展的必然规律，人们只能服从它、适应它，却不能企图改变它，更不能代替它。

第二，建立完善的他物权制度，是社会经济高度发展的客观要求。法律作为社会上层建筑的重要组成部分，对于所有权与其权能相分离这种生产关系发展客观规律的要求，必然会作出反应，建立相应的法律制度，以适应它的生产关系发展的需要，并发挥其调整的反作用。这种法律制度，就是他物权制度。

在简单的自然经济社会里，他物权只能处于萌芽阶段，故只会产生一些简单的法律制度。在罗马法时期，其基本的经济形式虽然是以奴隶占有为基础的农业经济，但在城邦形成了繁荣的市场经济。因而他物权制度在罗马法时期形成，就是完全可以理解的了。经过法国法、德国法、日本法等历代演进，他物权制度日益完备，完全适应了现代市场经济发展的客观要求。这就是，随着生产力的发展

---

① 马克思恩格斯全集：第 20 卷. 北京：人民出版社，1974：696－697.

② 马克思. 剩余价值学说史：第 3 册. 上海：上海三联书店，1949：523.

和市场经济的繁荣，利用他人的财产来组织生产经营活动，创造社会价值，已经成为普遍的方式。于是，物权法从以重视和保护财产的所有关系为中心，逐步地转向以重视和保护财产的利用为中心。他物权的最终目的，是最大限度地发挥财产的社会经济效益，创造更高的社会价值。

第三，他物权体系自身具有系统化、规范化的特点。他物权自萌芽时起，已历时三千多年，经过长时间的历史考验，已经形成了完备的体系，成为各国立法一体效仿的规范化的法律制度。这表现在：一是他物权与所有权相辅相成，构成现代物权法的两大支柱，不可或缺其一。二是他物权自身分为用益物权和担保物权两个部分，分别由地上权、地役权、用益权、永佃权和质权、抵押权、留置权构成，被各国立法所确认。三是现代科技的发展要求丰富他物权的具体内容，却没有突破他物权体系。这一点，已被日本立法的实践所证明。这也说明，现代立法中的他物权制度是适应现代社会市场经济高度繁荣的发展需要的。作为一个新兴的市场经济国家，我国可以借鉴这一制度，依据本国的实际情况，制定与各国立法协调一致的他物权制度，以便于国际经济交流，迅速发展本国的经济，赶上世界经济发展的水平。

三、我国当代的他物权体系

（一）《物权法》之前的我国他物权立法状况

1949年以后，我国全面否定原国民政府的民事立法，创建自己的法律体系。在他物权建设上，则全盘借鉴苏联的立法经验，把苏联法作为立法的典范，因而在长达40年里不承认物权概念，只提财产所有权，并且以国家所有权和集体所有权为核心，根本不提他物权。在改革开放以后，清除了“左”的思潮，为适应有计划的商品经济发展的需要，部分承认他物权制度，但极力避免使用传统民法中的他物权概念，创造了一些含糊不清的法律概念；同时片面强调中国特色，使他物权制度过于杂乱。

我国在《物权法》颁布之前的他物权立法，是通过《民法通则》《担保法》

的规定和司法解释建立的，主要为三个部分。

第一，以“与财产所有权有关的财产权”概念，设立用益物权制度。《民法通则》第五章第一节从第80条至第83条分别规定了土地使用权、农村土地承包经营权、国有资源使用权（含采矿权）、全民所有制企业经营权。这些都是他物权，主要是用益物权。

第二，以债务担保方式，设立担保物权制度。《民法通则》在第五章第二节“民事权利”中，规定抵押权和留置权，其中，质权包含在抵押权之内，因而实际上的担保物权包括抵押权、质权和留置权。《担保法》规定了抵押权、质权和留置权。在其他法律中，还规定了某些优先权，确认其为担保物权。

第三，通过大量的司法解释，详细规定在我国现实民事流转中存在的典权制度。这种典权制度只适用于房屋一种不动产，对于房屋以外的土地等不动产不适用。不过在现实中，对土地权利也有适用典权制度的，不过为数甚少。[①] 之所以法律不认可典权，而在实际生活中存在典权，原因在于典权的实质就是尽量让农民保住土地。[②]

（二）我国现行他物权立法体系的局限性

从我国现行的他物权立法现状看，我国已经初步建立了他物权体系，且已有了一定的规模，具有相当的特色。但是，实事求是地研究、分析这一立法体系，会发现还存在相当多的局限之处，表现在以下几个方面。

1. 他物权体系设置不科学

他物权是民法的一个完整、严密、科学的法律制度。从《德国民法典》开始，他物权立法就改变了分散规定的体例，完全纳入物权法体系之中，分成用益物权和担保物权两大系列，并为后世立法所遵循。在我国《民法通则》之中，人为地将他物权分割开，将用益物权编入财产权之中，将担保物权编入债权之中。这种立法例虽有《法国民法典》可循，但事实证明《法国民法典》对他物权的规定是不尽科学的。担保物权具有严格的物权性，它不可能也不应该

① 吴向红. 典之风俗与典之法律. 北京：法律出版社，2009：398.

② 同①72.

成为债权法的组成部分。强行将担保物权纳入债法的体系，割裂了他物权的科学体系，破坏了用益物权与担保物权以至他物权与整个物权体系的内在逻辑联系。

2. 他物权的基本概念称谓不明确、不准确

这具体表现在：其一，在立法上没有使用他物权的概念，仅使用“与财产所有权有关的财产权”的概念。后一个概念不能概括他物权的全部内涵和外延，实际上指的是用益物权的某些内容。这样，在立法上就没有与财产所有权即自物权相对应的概念。其二，用“与财产所有权有关的财产权”的概念称谓用益物权，既不准确，也不严谨。它不能反映用益物权的法律特征，不能概括用益物权的全部内容，且表述累赘、拗口，不符合法律概念的表述习惯。其三，在立法上没有使用担保物权的概念，抵押权（含质权）和留置权缺少其上位概念，无法与用益物权相对应。

3. 现行的用益物权体系既不合理也不完整

最典型的用益物权体系，应当包括地上权、地役权、永佃权、德国及瑞士法上规定的用益权和我国法上固有的典权。在我国现行用益物权体系中，没有设立地役权、永佃权；地上权和典权虽然在司法实务中得到适用，但立法未作明文规定。已设立的土地使用权、国有资源使用权，有的属于地上权，有的与用益权相类似。而土地承包经营权，实际上相当于永佃权。

4. 将抵押权与质权合二为一统称为抵押权实属失当

抵押权与质权，历来是两个不同的担保物权种类，从其适用对象、行使方式到成立条件，均不相同。将二者合二为一统称为抵押权，从立法例上看，亦无先例。现在的做法，抹杀了两种担保物权的差别，混淆了它们的特点和作用，造成了适用上的混乱。

5. 现行司法解释规定的典权适用范围过窄

典权原则上适用于一般不动产，包括土地、房屋以及在他人不动产上设置的用益物权。我国目前只准许房屋可以出典，范围很窄。在我国，集体所有的土地应准许出典；取得土地使用权（包括地上权和用益权）和农村土地承包权（永佃

权）者，也应当准许其出典。《民法通则》第 80 条、第 81 条规定的土地，国有或集体所有的林地、草原、荒地、滩涂，不得设置抵押的规定，均因 1988 年《宪法修正案》关于准许土地使用权等有偿转让的规定失去其效力。依此，对土地使用权设典，当无问题。

6. 规定相邻权为他物权不甚合理

罗马法创设相邻权之始，就将其纳入所有权的体系，作为对所有权行使的限制性措施。[①] 后世立法均沿此制，不认相邻权为他物权。将相邻权认作他物权，显然混淆了自物权与他物权的界限，本是对所有权行使的限制，最终限制了物权。

（三）我国他物权立法局限的成因

我国现行他物权立法之所以具有上述局限之处，其原因主要在于以下几点。

1. 过于轻视法律的继承性

社会主义的法律代替旧的资产阶级的法律，无疑意味着新法对旧法的否定。1949 年以来新中国要建立自己的法制，也必须摧毁旧的法制体系。但是这种否定和摧毁，并不否认新法与旧法之间存在着历史的联系性和继承性。新的法制一方面否定旧法的历史类型，体现法在本质上的变化；另一方面又批判地吸收旧法中的积极因素，使之成为新法的组成部分。只有这样，法律才能够从低级向高级发展。正如恩格斯所说："在法国，革命同过去的传统完全决裂；它扫清了封建制度的最后遗迹，并且在民法典中把古代罗马法——它差不多完满地表现了马克思称为商品生产的那个经济发展阶段的法律关系——巧妙地运用于现代的资本主义条件；它运用得如此巧妙，以致这部法国的革命的法典，直到现在还是包括英国在内的所有其他国家在财产法方面实行改革时所依据的范本。"[②] 斯大林对此说得更为明确，他说："如果旧制度的某些法律可以被利用来为争取新秩序而斗争，那就应当也利用旧法制。"[③] 马克思主义经典作家的上述论述，充分说明了

① 彼得罗·彭梵得. 罗马法教科书. 黄风，译. 北京：中国政法大学出版社，1992：240－246.

② 马克思恩格斯选集：第 3 卷. 北京：人民出版社，1972：395.

③ 斯大林文选. 北京：人民出版社，1962：15.

法律继承的必要性，同时也证明，在各个法律部门中，最具有继承性的就是民法，其中包括他物权立法。

1949年以来新中国的法制建设，显然没有充分认识到法的继承性特点，先是彻底废除旧中国的民法传统，继之在民事立法上采取虚无主义的态度，以民事政策代替民事立法。在他物权问题上，在长达三十多年的时间里，采取全盘否定的态度，没有从旧法关于他物权的规定中吸收其合理的、进步的因素。在制定《民法通则》的过程中，对他物权立法采取“犹抱琵琶半遮面”的态度，不敢借鉴、继承中华民国民法及外国民法中的合理因素。这不能不说是他物权立法存在局限的一个重要原因。

2. 不能彻底破除苏联民事立法思想的影响

1950年代初期，既然全盘废除旧法体系，那么只能借鉴当时苏联的立法，把苏联的法律当成社会主义法律的典范加以仿效，盲目照搬。苏联民事立法只承认所有权，不承认他物权。基于此，我国的民事政策、法律亦只承认所有权，否认他物权。民法理论同样如此。在《民法通则》之前的民法草稿中，每一部草稿均未设他物权的条文。改革开放以后，实行经济体制改革，我国逐步认识到他物权对经济体制改革和经济发展的必要性、迫切性，对他物权立法已经有了足够的认识，但在立法上还是不能彻底破除苏联立法的影响，既不敢提他物权的概念，又不敢采用他物权立法的格局，而是造出令人费解的法律概念和杂乱的各种权利来。

归根结底，这还是“左”的思潮没有彻底根除的结果。在我国民事立法和民法理论中，“左”的思想可谓根深蒂固，尤以物权领域为甚。在其影响下，我国学界认为物权制度不仅仅体现于一定的民事法律关系之中，更重要的是保护和巩固不同社会的经济基础，为不同阶级的利益服务，而他物权，有的原是为封建剥削制度服务，而资产阶级学者强调他物权中人对物的关系，是回避和抹杀了体现在物权中的阶级关系。[①] 在这样的思想影响下，对他物权乃至物权本身均采取小心翼翼的态度，是完全可以理解的。在制定《民法通则》之时，“左”的束缚状

① 中国大百科全书：法学. 北京：中国大百科全书出版社，1984：628.

态有所改变，但并未彻底挣脱，其中的局限性，正是旧思想、旧体制所遗留的痕迹。

3. 我国他物权立法局限的根本原因在于对社会主义社会经济制度认识的局限

对于社会主义社会的经济制度究竟是什么性质，在认识上经历了一个痛苦的探索过程。依照马克思主义原理，社会主义是在资本主义高度发展至垄断阶段，再也无法继续发展的社会矛盾中产生的。而我国的社会主义制度却脱胎于半殖民地、半封建，生产力发展落后，商品经济不发达的社会。按照社会发展的客观规律，社会经济不可能突然发生飞跃，达到共产主义初级阶段的计划经济。在长达三十多年的时间里，人们误认为中国的经济是计划经济，因而也就没有必要建立与市场经济相适应的包括他物权在内的物权法律制度。

在改革开放的实践中，人们逐步认识到了我国社会主义的客观基础，初步认识到了我国的经济性质不是计划经济，提出了有计划的商品经济是我国经济的基本属性的论断，使对我国社会经济性质的认识比较地接近于客观真实。在这样的认识指导下，《中共中央关于经济体制改革的决定》指出："根据马克思主义的理论和社会主义的实践，所有权同经营权是可以适当分开的。"这种所有权和经营权适当分开的法律形式，就是民法的他物权制度。基于对有计划的商品经济的认识而建立的我国他物权制度，一方面实现了他物权立法从无到有的历史转折，另一方面也导致了他物权立法的不科学、不完备。只有真正认识我国社会经济的社会主义市场经济的性质，才能够真正创建完善的、科学的他物权制度。这样的结论，正在被实践所证明。现在，中共中央已经确认我国的社会经济是社会主义的市场经济，各界人士均已取得共识。因此，与市场经济相适应的他物权制度，必须尽早完善、完备起来。

（四）《物权法》规定的他物权体系

《物权法》规定了用益物权和担保物权两种他物权。用益物权包括：土地承包经营权、建设用地使用权（其中包括分层地上权、乡村建设用地使用权）、宅

基地使用权和地役权。担保物权包括：抵押权、质权和留置权。其中，建设用地使用权和宅基地使用权属于地上权。

《物权法》建立的这个他物权体系有以下特点。

第一，他物权体系的构建基本上是对现实存在的他物权的摹写，新的他物权。特别是对土地承包经营权、建设用地使用权、宅基地使用权等用益物权的规定，基本上是按照原来的立法规则制定，缺乏前瞻性，很可能会被在改革开放中创立的新的制度所替代。

第二，规定了一些新的他物权制度，具有一定的新鲜感。例如，关于地役权的规定，填补了立法的空白，纠正了原有立法混淆地役权和相邻关系的做法，具有现实的意义。

第三，忽视了用益物权中建筑物的用益物权。立法规定的用益物权都是土地的用益物权，没有关于建筑物的用益物权。《物权法》草案中关于作为建筑物用益物权的典权、居住权等的规定，最后都被删除了。这是一个很大的缺点。对现实中存在的物权采取不闻不问的态度，是不慎重的，同时，也限制了建筑物的他人利用。

第四，对于立法已经确认的优先权、现实生活中存在的所有权保留和让与担保，都未作规定。这是极大的遗憾。这些担保物权都在现实生活中确确实实地存在着，并且发挥着重要的作用。《物权法》对此采取漠然的态度，是不负责任的。

我国《物权法》对他物权规定的这些缺陷，是需要弥补的。对此，尽管《物权法》没有明确规定物权法定缓和原则，但是应当看到，物权法定缓和是世界的潮流，不规定并不能否认这个潮流，也不能阻止人民群众对典权、居住权、优先权、让与担保和所有权保留这些非法定物权的适用。近年来出现的用不动产转让合同担保借贷债权的后让与担保的出现，更说明了补充他物权种类的必要性。对此，司法实践应当提出解决的办法，弥补立法的缺陷和不足，构造完善的他物权体系：一是完善用益物权系统，完备具体的用益物权类型，包括土地承包经营权、建设用地使用权、宅基地使用权、乡村建设用地使用权、分层地上权、地役

权、居住权和典权；二是完善担保物权体系和类型，包括抵押权、质权、留置权、让与担保、后让与担保、所有权保留和优先权。

（五）他物权的作用

他物权为物权体系中的重要组成部分，它的主要作用有以下几点。

1. 固定所有权与其权能相分离的社会关系

市场经济需要所有权与其权能相分离，使自然人、法人或其他组织能够利用他人财产，组织生产经营，保障交易安全。立法者只有适应这一要求，从法律制度上确认所有权与其权能相分离的社会关系，以他物权固定这种关系、规范这种关系，才能促进生产力的发展。

2. 规定所有权与其权能相分离的基本形式

他物权是所有权与其权能相分离的法律反映。根据所有权与其权能相分离的不同形式，以及不同财产的所有权与其权能相分离的具体情况，构建不同的具体他物权，例如，农地的土地所有权与使用、收益权相分离，构成土地承包经营权；建设用地的所有权与使用权相分离，构成建设用地使用权、分层地上权；等等。他物权规定这种具体的分离形式，就确定了他物权的基本种类。

3. 确定财产的所有权人与利用人之间的权利义务关系

所有权与其权能相分离必然引起所有权人与利用人之间的利益分配关系，使各方在财产的使用、利用上均获利益。他物权以法定的方式，确定所有权人与利用人之间的权利义务关系，对他们的利益关系进行协调，使该种社会关系协调发展。

4. 保障物的充分利用并发挥更大价值

他物权体现的是他人对所有权人所有的物的利用关系。物归属于所有权人，但所有权人把所有的物交给他物权人利用，能够最大限度地对物进行利用，并且最大限度地发挥物的价值。不仅所有权人会获得收益，而且他物权人也会在利用中创造新的价值。因此，他物权的基本作用，就是保障所有权人的物能够得到充分利用，从而创造更多的社会财富。

第二节　用益物权概述

一、用益物权的概念和意义

（一）用益物权的概念和地位

对用益物权的概念有不同定义，主要有目的说、内容说、标的说和折中说。① 按照《物权法》的规定，用益物权是指非所有权人对他人所有的物所享有的占有、使用和收益的他物权。其外延包括土地承包经营权、建设用地使用权、宅基地使用权、地役权、建筑物役权等。《物权法》第 117 条规定："用益物权人对他人所有的不动产或者动产，依法享有占有、使用和收益的权利。"

用益物权起源于古罗马法。古罗马法认为，所有人在其所有的不动产上设定用益物权，将该财产的占有、使用和收益权让与他人行使，不但不会使所有权人丧失所有权，而且正是所有权人行使所有权的一种方式。用益物权的设定着眼于不动产的使用价值，因此，它在一定程度上克服了传统所有权制度因强调物的归属和对物的实体支配而导致的对物的利用价值相对漠视的消极观念。正因为如此，用益物权制度才被近代大陆法系国家的民事立法普遍继受，并成为物权法的重要制度。在当代，各国物权法都强调效益原则，促使物权法的价值目标进一步由物的"归属"转向物的"利用"，于是，用益物权成为具有独立性和发挥独特作用的物权法核心制度。也正是用益物权这种以"利用"为中心的物权的主要表现，导致许多学者认为现代物权法的核心在于用益物权。②

（二）用益物权的社会意义

1. 用益物权是所有权的一种实现方式

所有权是对物的全面支配的权利，它的权能包括占有、使用、收益、处分。

---

① 前三种对用益物权概念的界定，参见房绍坤. 用益物权基本问题研究. 北京：北京大学出版社，2006：1-2。第四种对用益物权概念的界定是房绍坤的意见，见该书第 4 页。

② 房绍坤，丁海湖，张洪伟. 用益物权三论. 中国法学，1996（2）.

所有权人通过对自己所有之物设定用益物权，能够在他人对自己所有之物的使用中实现一定的收益，从而实现所有权本身的价值。我国的土地属于国家或集体所有，国家和集体对土地的所有权实现更要通过土地的分散利用来完成，如果没有对国有的和集体所有的土地的有偿使用，国家或者集体对土地的所有权就会只剩下空壳，不能产生收益和实效。

2. 用益物权的目的是满足非所有权人利用他人不动产的需求

土地、房屋等不动产具有永久性、安全性、供给有限性、资本价值性等诸多特点，决定了不可能人人都现实地拥有土地和房屋。法律为调节人的支配需求与资源有限性之间的矛盾，从满足需求、稳定社会目的出发，创设用益物权制度，以达到对资源的充分有效利用，满足非所有权人利用他人不动产的需要。用益物权制度以其特有的种类和效力，将不动产所有权人与用益物权人间的权利、义务明确下来，固定不动产所有权和与其相分离的使用权能之间的关系，从而使对不动产的所有和利用关系得到协调和发展。

3. 用益物权有利于实现对物的最高价值的利用

用益物权具有可转让性和相容性。前者使用益物权可以自由、平等地在不同主体之间进行流转，使不动产的使用价值在市场中实现最优化的配置。后者所称的相容性，则指在同一物的客体上可以设定不相冲突的多种用益物权，做到物尽其用，有利于实现对物的价值的最大利用。

（三）用益物权的法律特征

1. 用益物权是一种他物权

用益物权是典型的他物权，表现为权利人对他人所有之物所享有的使用和收益权。用益物权与所有权相对而言，是在所有权之上设立以使用和收益为目的的物权，其特点就是在他人所有之物上设立一个新的物权。在这一方面，用益物权与担保物权是完全一致的，都是他物权，都是定限物权。

2. 用益物权是以使用和收益为内容的定限物权

设置用益物权的目的就是对他人所有的不动产进行使用和收益，因此，用益物权的根本内容是对他人之物取得直接支配的权利，进行使用和收益，取得他人

所有之物的使用价值。由于用益物权的内容体现为权利人对标的物的直接支配，因而对标的物的实际占有成为用益物权的前提，丧失了对标的物的实际占有，用益物权便失去了存在的依据。担保物权与其不同：它是着眼于物的交换价值而为债权进行担保，因而不强调担保物权人对担保物的占有、使用和收益。这是用益物权与担保物权的重要区别。

用益物权的种类不同，其基本目的也不相同：有的用益物权仅以对他人所有之物的使用为目的，如宅基地使用权；有的则同时包括使用和收益两种目的，如建设用地使用权。因此，用益物权应当贯彻效益原则，鼓励权利人充分有效地利用和获取物的使用价值以满足权利人的需要，促进社会财富的增长。权利人首先应当实际地占有标的物，如果丧失对物的占有，将导致用益物权不能行使。用益物权的内容不包括处分权，如果用益物权人可以行使法律上的标的物的处分权，将会抹杀所有权和用益物权的界限。但用益物权人可以将其享有的土地使用权等权利予以转让、设定抵押等。

3. 用益物权为独立物权

用益物权虽然是以他人的所有权为前提而存在的他物权，但在法律上仍具有独立性。一旦用益物权依当事人约定或法律直接规定而设立，用益物权人便能独立地享有对标的物的使用和收益权，除了能有效地对抗第三人以外，也能对抗所有权人。此外，用益物权是一种有期限的权利，不存在永久无期限的用益物权。在权利存续期限内，用益物权独立存在，不受其他权利的影响。与此相反，担保物权依附于主债权而存在，为主债权的从权利，一旦主债权消灭，则担保物权随之消灭。

用益物权为他物权，权利人不仅可以依用益物权限定的范围支配不动产，而且有权对抗包括所有权人在内的任何人对其权利行使的干涉。这一特点与担保物权相同。

4. 用益物权的客体限于不动产

用益物权的标的物为不动产，其原因在于：动产以占有为公示方法，这种公示方式很难形成稳定、复杂的用益物权关系。如果需要利用他人的动产，则完全

可以采取借用、租赁甚至购买的方式来满足目的。而不动产具有固定性和价值较大的特性，只有通过设定用益物权才能解决他人的利用问题。另外，动产流通相对快捷，且动产种类繁多，使用时限较短，采取设立用益物权的方式进行用益过于烦琐，不利于充分发挥用益物权应有的效率原则。担保物权则不同，其设定不限于不动产，任何不动产、动产甚至权利都可以用于设定担保物权。

二、用益物权的体系和一般规则

（一）用益物权体系的形成和发展

用益物权经历了一个漫长的历史发展过程，方形成了今天的用益物权体系。

罗马法上的用益物权有役权（包括人役权和地役权）、永佃权和地上权三种主要类型。《法国民法典》规定了四种用益物权类型，即用益权、使用权、居住权和地役权。《德国民法典》则规定了地上权、土地负担及役权，其中，役权是对一类权利的统称，包括地役权、限制的人役权、用益权、居住权，而其中的用益权又可分为物上用益权、权利用益权和财产用益权。《日本民法》借鉴罗马法和德国法的经验，在立法上确立了地上权、永佃权、地役权和入会权四种用益物权，没有采取德国民法上的人役权制度，同时又明确规定了入会权。入会权是指居住在一定地域或村落的居民，对一定的山林原野所享有的管理、经营、使用及收益的权利。这种权利带有一定的团体色彩，是具有东方土地利用特色的制度。

我国近代民事立法借鉴日本民法的做法规定了用益物权制度，《大清民律草案》规定了地上权、永佃权和地役权，《民国民律草案》规定了地上权、永佃权、地役权和典权，国民政府制定的民法典规定了地上权、永佃权、地役权和典权四种用益物权。我国台湾地区修订“物权法”，将用益物权规定为地上权、农育权、地役权和典权。

可见，用益物权制度由于受各国历史传统、民众生活习惯等多种因素的影响，在立法上各具特色，体现出物权法的固有性特点。然而，在用益物权体系存在差异的前提下，各国立法在主要的用益物权形态上的规定颇为接近，只是在立

法体例和归类上有所差别。应当看到的是，近现代大陆法系国家的用益物权体系多是建立在土地私有制基础上的，只有极少数国家的用益物权体系的建立以土地公有制为基础的在土地公有制基础上建立的用益物权体系，是否符合实际情况，仍然是值得探讨的。

（二）我国《物权法》规定的用益物权体系的缺陷及原因

我国《物权法》规定了第三编“用益物权”，这是立法第一次规定用益物权的概念和体系。《物权法》规定的用益物权体系存在以下缺陷。

第一，对地上权分别进行规定，既没有合理性，也没有逻辑性。《物权法》规定的建设用地使用权、宅基地使用权、分层地上权、乡村建设用地使用权这四种权利都是地上权性质，但分别规定在第十二章和第十三章当中，其中第十二章除了规定建设用地使用权之外，还规定了分层地上权和乡村建设用地使用权。从性质上说，这些权利都是地上权，应当进行系统整理，以形成完善的地上权体系。

第二，在地上权中，对分层地上权的规定过于简略，没有可操作性。随着社会工业化发展，特别是随着现代化建筑技术的进步，人们对土地的利用从平面走向立体化，对土地的利用从地表扩及地表的上、下一定层面的空间，从而使分层地上权的建立具有重要的现实意义。分层地上权作为一种新兴的用益物权，有独特的调整范围，不同于传统的地上权，可以弥补土地资源不足的困难，需要立法对其作出详细规定。《物权法》第 136 条仅仅规定“建设用地使用权可以在土地的地表、地上或者地下分别设立。新设立的建设用地使用权，不得损害已设立的用益物权”，显然不够。

第三，规定的用益物权侧重于对土地的用益，忽视了对建筑物的用益，并且应当补充典权和居住权制度。用益物权的根本目的在于对不动产的使用和收益，仅仅侧重于土地的役权而忽视建筑物的役权，是不妥当的。尤其是我国的土地完全归属于国家或集体，个人私有的不动产仅限于房屋，因此更应当重视建筑物的役权。《物权法》对此完全没有规定，是不妥当的。典权是中国传统制度的产物，它承载着使用、收益和资金融通双重功能，具有其他用益物权和担保物权所不及

的优点。随着经济的发展，典权的客体还会有所扩大，甚至扩大到一切可以转让、出租、抵押的土地权利上。因此，应当承认典权在我国现实生活中存在的必要性和合理性，对其进行法律调整，而不能任其自由发展。

第四，将使用国有资源的特许物权作为用益物权的规定，体系不够清晰。《物权法》将国有资源使用的特许物权规定在第三编用益物权体系之内。在传统大陆法系民法中，自然资源作为土地的附属物，依附于土地，并且在立法上也将自然资源的利用和转让比照不动产规则处理。在当代，诸如水资源、渔业、动物、林业等附属于土地的资源的利用和开发已具有了独特价值，并逐渐脱离于土地所有权人的效力范围，使自然资源的使用和开发权不再被简单地看作民法上的不动产用益物权，逐渐形成了独具特色的权利体系。这些权利与传统不动产用益物权并不完全相同，是由国家直接赋予的，并不表现为对土地的简单占有、控制和利用，而是表现为带有创造性的开发行为。应当将特许物权作为准物权[①]规定，以区别于用益物权，才能够区分用益物权和准物权。

（三）用益物权的一般规则

《物权法》第十章对用益物权的一般规则作出了规定，这些规定的基本内容包括以下几点。

1. 用益物权的基本内容

用益物权的基本内容，按照《物权法》第117条的规定，是对用益物权的标的物享有占有、使用和收益的权利。该条文规定的用益物权标的物为不动产或者动产，以及自然资源。其实，只有不动产之上才能够设立用益物权，动产之上并不能设定用益物权，自然资源之上设定的应当是准物权。

用益物权的基本内容是通过直接支配他人之物而占有、使用和收益。这是从所有权的权能中分离出来的权能，表现的是对财产的利用关系。用益物权人享有用益物权，就可以占有用益物、使用用益物，对用益物直接支配并进行收益。

2. 行使用益物权应当依法保护和合理开发利用资源

用益物权的标的物主要是土地和建筑物。土地具有不可再生性，用益物权人

---

① 崔建远. 准物权研究. 北京：法律出版社，2003：20.

依法取得土地用益物权后，在行使该权利时，必须依照法律规定，保护土地，进行合理的利用，不得滥用权利，破坏性地使用土地，更不得毁坏土地。

3. 所有权人对用益物权人行使权利不得干涉

用益物权是在所有权上设置的负担，所有权人依法将用益物交付用益物权人占有、使用和收益，对所有权人自己的权利就设置了限制。用益物权人对用益物享有除处分权之外的其他所有的所有权权能，完全可以依照自己的意愿，对用益物进行占有、使用和收益，所有权人无权干涉。所有权人无端对用益物权人行使权利进行非法干涉的，构成对用益物权人的权利侵害的，所有权人应当承担民事责任。例如，在农村土地承包之后，农户是土地承包经营权人，享有完整的用益物权，有权依照自己的意愿耕种土地，收获农作物，发包人不得指手画脚、包办代替，更不得非法干涉。

4. 在用益物被征收、征用时有权获得补偿

用益物权的标的物被国家征收、征用，致使用益物权消灭，或者影响用益物权行使的，用益物权人有权得到补偿。《民法总则》第 117 条规定："为了公共利益的需要，依照法律规定的权限和程序征收、征用不动产或者动产的，应当给予公平、合理的补偿。"应当注意的是，征收、征用，对所有权人和用益物权人都应当进行补偿，而不能只对所有权人予以补偿、对用益物权人不予补偿。对用益物权人的补偿，应当斟酌用益物权的期限、性质和可能的收益等因素确定。

第三节　担保物权概述

一、担保物权的概念、特征和属性

（一）担保物权的概念和性质

担保物权，是指债权人所享有的为确保债权实现，在债务人或者第三人所有

的物或者权利之上设定的，于债务人的债务不履行时优先受偿的他物权。《物权法》第170条规定："担保物权人在债务人不履行到期债务或者发生当事人约定的实现担保物权的情形，依法享有就担保财产优先受偿的权利，但法律另有规定的除外。"

关于担保物权的性质，有债权说、物权说和中间权利说三种不同主张。[①] 通说认为，担保物权虽然与所有权、用益物权相比较存在一定的差异，但在本质上，仍属物权的范畴。理由是，担保物权的基本性质仍然属于对担保物的支配权，而不是请求权；担保物权所具有的优先受偿性，是基于物权的排他效力而产生的，担保物权是对物权而不是对人权；尽管担保物权也以权利作为其客体，但担保物权是价值权，而非实体权。[②]

（二）担保物权的特征

1. 担保物权以担保债权的实现为目的

设立担保物权的根本宗旨在于担保债权的实现。按照"担保物权所担保债权必须特定"原则的要求，在担保物权设定或实行之前，必须有需要担保的合法债权的存在，并且在担保物权成立之后，担保物权与被担保的债权同呼吸、共命运。被担保的债权必须特定，否则担保物权的设定属于无的放矢，因此，不得为担保债权人与债务人之间可能发生的债务而设定担保物权。《物权法》第203条至第207条规定的最高额抵押权，第222条规定的最高额质权，当属例外。

2. 担保物权的标的物是债务人或第三人所有的特定动产、不动产或权利

担保物权是以确保债权的实现为目的而设立的，因而担保物权的标的物必须是债权人之外的债务人或第三人所有的物或权利。同时，作为担保物权标的物的动产、不动产或权利，都必须是既存的、特定的。随着商业实践的发展，对标的特定化的要求在现实生活中也出现了一些例外，如英美等国家发展起来的浮动担保及以仓库中不断变动的库存品为标的物设定的动产抵押权，法律也承认其抵押效力，且我国《物权法》第181条也承认浮动抵押。

① 陈本寒．担保物权法比较研究．武汉：武汉大学出版社，2004：107，111，116.

② 同①111－119.

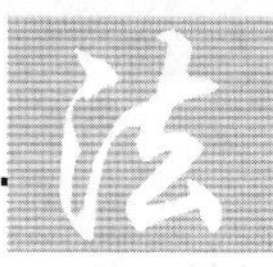

3. 担保物权限制了担保人对担保标的物的处分权

担保人在担保标的物上设定了担保物权，担保权人取得担保物权之后，担保人对担保物权利的行使就受到了法律上的限制。担保物权人通过两种方法实现这一限制：第一，移转占有，由债权人直接占有担保标的物，这是一种事实状态的限制；第二，虽然不转移占有但进行登记，这是一种法律状态的限制。[①] 正因为如此，担保物权才叫作限制物权或定限物权。

4. 债权人享有对担保标的物的换价权

对担保标的物的换价权，是指当债务人届期不清偿债务时，债权人即担保物权人有权将担保标的物拍卖、变卖或折价，从而优先实现其债权。债权人享有换价权，以确实支配担保物的交换价值为内容，以确保债务的清偿，实现担保物权的功能。可见，担保物权具有价值权的属性。

5. 担保物权能够担保其所担保的债权享有优先受偿权

有担保物权担保的债权就有优先受偿权。当债务人不履行债务时，担保物权人即债权人的债权就拍卖、变卖担保标的物所得的价款，优先于其他普通债权而受清偿。这就是担保物权的优先受偿性。

（三）担保物权的法律属性

1. 从属性

担保物权的从属性，是指担保物权必须从属于债权而存在。担保物权与用益物权完全不同，不具有独立性，而具有从属性，其成立以债权的成立为前提，并因债权的移转而移转，因债权的消灭而消灭。应当强调指出的是，担保物权的从属性由于其种类不同而不完全相同。法定的担保物权是法律为了保障特定债权的实现而设定的，因此其从属性表现得更强；约定的担保物权系出于融资的便利而生，因此，为了防止融资受有不当障碍，其从属性通常比较缓和，有时甚至被否认。例如，抵押权中的抵押证券，其与所担保的债权的从属性就非常弱，债权与抵押权的主从关系被颠倒过来，本来抵押权具有从属性质，但为了保证其流通，

① 谢怀栻. 外国民商法精要. 北京：法律出版社，2002：157.

逐渐地看轻债权的存在，最后将债权完全贬低为附从的、拟制的存在。[①]

2. 不可分性

担保物权的不可分性，是指在被担保的债权受全部清偿前，担保物权人可以就担保物的全部行使权利。即使被担保的债权经过分割、部分清偿或消灭，担保物权仍为了担保各部分的债权或剩余的债权而存在；即使担保物经过分割或一部灭失，其各部分或余存的担保物仍为担保全部债权而存在。确定担保物权的不可分性，宗旨在于确保担保物权的效力。在实践中，当事人可以通过特别的约定加以排除或限制，这种特别约定因为改变了担保物权的通常属性，所以只有经过登记才能对抗第三人。

3. 物上代位性

担保物权的物上代位性，是指担保物因灭失、毁损而获得赔偿金、补偿金或保险金的，该赔偿金、补偿金或保险金成为担保物的代替物，权利人有权就其行使担保物权。法律之所以确立担保物权的物上代位性，是因为设立担保物权就是为了通过对标的物的交换价值加以直接的支配来保障债权。只要标的物的交换价值依然存在，则无论其附着在何种载体之上，仍应继续为担保物权的效力所及。

二、担保物权与用益物权的区别

用益物权与担保物权是他物权中的两大种类，具有相当多的共性，例如都是支配权、都是绝对权等。但是，作为两种不同的物权制度，用益物权与担保物权有着重要的区别。

（一）基本属性不同

担保物权是以确实支配担保物的交换价值为内容，以确保债务的清偿即债权的实现为目的，因此担保物权具有价值权的基本属性。[②] 与担保物权相对应的用

① 我妻荣. 债权在近代法中的优越地位. 王书江，张雷，译. 谢怀栻，校. 北京：中国大百科全书出版社，1999：54.

② 谢在全. 民法物权论：中册. 修订3版. 台北：三民书局，2004：357.

益物权则是以占有标的物并支配其使用价值为内容的，因此用益物权的基本属性为实体权。价值权与实体权相对应，是德国民法学者通过比较担保物权、用益物权、债权这三种民事财产权之后创造的概念。债权以实现给付价值为目的，因此属于纯粹意义的价值权。用益物权以取得标的物的使用价值为目的，因此属于实体权。而担保物权作为以利用标的物所保有的交换价值为目的的权利，与所有权、用益物权和债权都不相同，是具有价值权性质的权利。

（二）内容不同

用益物权的目的在于取得他人之物的使用价值，权利人只有对他人所有之物加以实际的占有，才能实现其使用、收益的目的，因此用益物权以对标的物的实际占有和使用、收益为主要内容。担保物权的目的是在法律上或事实上对他人所有之物的交换价值加以控制，从而担保其债权的实现，所以担保物权不以对他人之物的占有、使用、收益为内容，而是以对标的物交换价值的控制及就该标的物变价所得价款享有优先受偿权为主要内容。

（三）标的物不同

担保物权和用益物权都是他物权，但是二者的标的物不同。担保物权的标的物较为广泛，既可以是不动产，也可以是动产，还可以是权利。而用益物权的客体比较单一，只能是不动产，动产之上不能设立用益物权。

（四）独立程度不同

担保物权和用益物权都是独立的物权，但是二者所具有的独立程度并不相同。用益物权是一种完全独立的物权，非与其他权利相伴而生，无须以债权的存在为前提和依据。而担保物权产生的根本目的就在于保障债权的实现，因此担保物权必须与债权相伴而生，属于未完全独立的他物权，具有从属性的特征。

（五）权利实现的时间不同

用益物权的主要内容是对他人所有的物的占有、使用和收益，因此，权利人一经取得用益物权，其权利即时实现，即可对该物加以使用、收益。而担保物权的目的是担保债权的实现，所以担保物权的存在本身对权利人并没有实际价值，只有当债务人届期不履行债务，而权利人实现其担保物权即该权利消灭时，权利人才获得了实际的价值。因此，在清偿期前的担保物权是具有附条件变价权的未成熟或不完全的物权。[①]

三、担保物权的产生原因及社会功能

（一）担保物权的产生原因

在历史上产生担保物权的基本原因有以下几点。

首先，是债务不履行的人身责任的松弛。在法制发展史上，债务人不履行债务时的责任存在一个转化过程，即从人身责任转化为经济责任。严酷的人身责任当然有担保债权的效力，但其严酷性与社会的发展要求不符，因此出现松弛化的转变。而债务不履行的人身责任的松弛，必然使债权的安全性受到威胁。为保障债权的圆满实现，必须进一步加强债务人的财产责任，即债务人责任物质化的加强。因此，无论是保证、违约金等以债权担保债权的方式，还是债的保全这种防止债务人的作为债权一般担保责任的财产任意减少以保全债权的制度，都已经无法满足债权人安全、快捷地实现其债权的要求，因此担保物权的产生为大势所趋。

其次，是债权的重叠化现象的出现。从近代资本主义社会到现代资本主义社会，经历了一个从所有权地位优越到债权地位优越的发展过程，债权在现代资本主义社会已经占据了主导地位。[②] 占据主导地位的债权已经不仅是取得物权和对物加以利用的手段，而且成为现代资本主义法律生活的目的，经济价值已非暂时静止地存在于物权，而是从一个债权向另一个债权不断转化，债权重叠化现象由此而产生。债权的重叠化，是指由于债权并没有排他性，因而对于同一个债务人可能有同一内容的多个债权并存，它们之间并不发生顺序上谁先谁后的问题。[③] 同一个债务人有多个债权人，就意味着其财产要同时担保多项债权的实现。除非

---

① 刘得宽. 民法诸问题与新展望. 北京：中国政法大学出版社，2002：383.

② 我妻荣. 债权在近代法中的优越地位. 王书江，张雷，译. 谢怀栻，校. 北京：中国大百科全书出版社，1999：232.

③ 郑玉波. 民法物权. 台北：三民书局，1999：198.

某个债权人有优先权，否则每一个债权人是按照债权比例来平等地以债务人的财产受偿。一旦债务人无法清偿债务，多个债权人的债权就无从获得全部满足。在此种情况下，债权人为了保证其债权的实现，定要求从债务人的以一般责任担保的财产或者他人的财产中选出一部分，使该部分财产仅仅担保自己的债权，而不担保其他债权人的债权，于是担保物权就应运而生。

（二）担保物权的社会功能

1. 保障债权圆满实现

担保物权的基本社会功能是保障债权的圆满实现。担保物权的产生使债权与物权相结合，当债务人不履行债务时，债权人可以就担保物的交换价值优先受偿，实现其担保物权，也就实现了债权。据此，债权的安全系数就得到了大大的提高。

2. 媒介融资

担保物权的另一个重要社会功能是媒介融资。企业筹措资金最为便捷的方式是向金融机构融资，而金融机构考虑到贷款的风险，通常都要求企业提供各种担保，其中设定担保物权是金融机构最乐于接受的方式。以担保物权为手段获取融资后，因清偿责任加重、责任感加强，多数债务人会尽快将融资转为投资，扩大生产，从而获取利润用以清偿债务，保障债权的实现。

四、担保物权的类型

（一）法定担保物权与约定担保物权

依据担保物权的发生原因不同，可以将担保物权分为法定担保物权与约定担保物权。前者是依据法律规定的构成要件而产生的一种担保物权，例如留置权及优先权等；后者是通过当事人之间设定物权的意思表示而设定的担保物权，例如抵押权、质权、让与担保和所有权保留等。

法律规定某种担保物权，一般是基于一些现实需要以及社会政策的价值考虑。例如，法律规定在保管合同、加工承揽合同中债权人享有留置权的原因在于：一是债权的标的物已经为债权人占有，在这种现实的基础上，即便法律不规定债权人享有留置权，实践中也会出现债权人通过留置债务人的财产或权利而迫使债务人屈服的现象，法律因势利导，将其规定为担保物权。二是工资、建设承包合同中的工程款的支付等债权，对于保障人权具有重要意义，因此，法律出于社会公共政策的考虑，规定这种债权以优先权担保，确保其实现。三是在保管合同、加工承揽合同中，债权人通常以自己的行为使标的物保值增值，法律为了维护公平并鼓励财富的创造，也应当对此种债权给予更多的保护，规定留置权为法定担保物权。

约定担保物权是基于当事人的物权意思表示而设定，而当事人的考虑因素又多种多样，因此约定的担保物权更具灵活性，能够适应社会的需要，既具有较强的融资功能，也具有较强的担保功能。

（二）留置性担保物权与优先清偿性担保物权

以担保物权的法律效力不同，担保物权分为留置性担保物权和优先清偿性担保物权。担保物权的主要法律效力有二：一是优先清偿，二是留置财产。优先清偿效力是担保物权得以发挥其债权担保作用的利器。以担保物权的优先清偿效力作为其基本内容的担保物权，就是优先清偿性担保物权。在债权受全部清偿前，担保物权人有权留置标的物，以迫使债务人清偿债务。这样的担保物权就是留置性担保物权。

前者以抵押权为典型代表；后者以留置权为典型代表；还有兼具留置效力与优先受偿效力的担保物权，如质权。

（三）占有担保物权与非占有担保物权

以是否转移担保标的物的占有为标准，可以将担保物权分为占有担保物权和非占有担保物权。占有担保物权系以标的物转移给债权人占有为其成立和存续要件的担保物权。质权、留置权属于这种担保物权。非占有担保物权不以标的物转移给债权人占有为条件，担保人仍可继续用益担保标的物。抵押权属于这种担保物权。

非占有担保物权的标的物仍在担保人手中，因此担保权人对于担保标的物被

如何用益，原则上无权干预和过问。正因为如此，非占有担保物权担保物的交换价值和用益价值仍具完全的意义，但对担保权人而言，无法控制这种担保物的价值。因此，在选择非占有担保物权时，应当对此加以特别的注意。

（四）典型担保物权与非典型担保物权

此种分类是以担保物权是否属于民法上已规定的类型为标准而作出的。在我国，典型担保物权就是《物权法》已作出规定的担保物权，即抵押权、质权、留置权。非典型担保物权是《物权法》中没有具体规定，但在实践中已经实际存在并发挥作用，由于社会经济生活的发展而产生的一些新型的担保物权，例如所有权保留、优先权、让与担保以及后让与担保等。

五、担保物权的一般规则

（一）担保物权的设立

《物权法》第十五章对担保物权的一般规则作了较为详细的规定。这些规定是担保物权具有共性的规则，对于抵押权、质权、留置权，乃至所有权保留、优先权、让与担保以及后让与担保，都具有适用的可能；对于非典型担保物权，由于没有明确的法定规则，更有适用的必要。

1. 设立条件

《物权法》第171条第1款规定，债权人在借贷、买卖等民事活动中，为保障实现其债权，需要担保的，可以依照本法和其他法律的规定设立担保物权。据此，设立担保物权的条件是：第一，在借贷、买卖等民事活动中，债权人的债权有不能实现的可能；第二，债权人为了避免债务人不履行对自己的债务，有设置担保物权以保证其债权实现的必要，该必要完全是债权人自己的判断；第三，由于物权法定主义的约束，当事人应当依照法律的规定设立担保物权，或者依照习惯法的做法设立担保物权。

2. 设立担保物权的担保合同

设立担保物权应当订立担保合同。《物权法》第172条第1款前段规定：“设立担保物权，应当依照本法和其他法律的规定订立担保合同。担保合同是主债权债务合同的从合同。”订立担保合同应当依照《合同法》的规定进行，担保合同的当事人是债权人和担保人，担保人可以是债务人，也可以是第三人。在后让与担保中，尽管双方当事人签订的是不动产转让合同，但该合同的根本目的并不是转让不动产，而是担保债权的实现，因而这个不动产转让合同也是设立担保物权的合同，只是不规范而已。

3. 担保合同无效的后果

担保合同是从合同，其效力依附于被担保的主合同。主合同无效的，担保合同无效；主合同有效，但是从合同无效的，从合同也无效。

确定担保合同无效的法律后果时，应当依照《物权法》第172条第2款的规定，实行过错责任原则，由有过错的当事人承担责任。在实践中，担保合同无效，多数是债务人、担保人和债权人都存在过错，因此，《物权法》第172条第2款规定：“担保合同被确认无效后，债务人、担保人、债权人有过错的，应当根据其过错各自承担相应的民事责任。”

4. 反担保

第三人为债务人向债权人提供担保的，如果第三人对于自己承担担保责任后追偿权的安全有顾虑，可以要求债务人提供反担保。对此，《物权法》第171条第2款作了原则性的规定。

反担保也叫作求偿担保，是指第三人为债务人向债权人提供担保后，为将来承担担保责任后对债务人的追偿权的实现而设定的担保。

反担保建立的基础是本担保，是债务人对担保人提供的担保。在反担保关系中，原担保人为本担保人，提供反担保的人为反担保人，反担保人可以是债务人本人，也可以是第三人。

反担保的意义在于，在本担保中，为债务人向债权人提供担保的第三人，在债务人届期不履行债务时，或者发生当事人约定的实现担保物权的情形时，须依合同约定或者法律规定承担担保责任，以自己的财产代为清偿债务。代偿债务后，该担保人即成为债务人的债权人，有权就其代债务人向原债权人清偿的债务

向债务人追偿。正像债权人因担忧债务人的清偿能力而要求债务人或第三人为债务的履行提供担保一样，担保人为了自身的利益安全，为了避免其对债务人的期待追偿权成为既得权后不能实现的风险，可以要求债务人或债务人以外的人向其提供反担保，以保障其承担担保责任后向债务人追偿损失的权利的实现。

与本担保相比较，反担保具有以下几个显著特点：(1) 反担保的担保对象不是原来的债权，而是本担保人的追偿权；(2) 反担保合同的当事人不是担保人和债权人，而是本担保人和债务人或者债务人提供的第三人，即反担保人；(3) 反担保从属于担保人与债权人间的担保合同，是担保合同的从合同而不是主合同的从合同：(4) 担保人取得对债务人的追偿权后，在债务人不对担保人的损失履行赔偿义务时，反担保人对本担保人负代为赔偿的责任。

反担保的形式有以下几种。

(1) 保证反担保。

保证反担保又称信用反担保、求偿保证，是实践中较常采用的一种反担保方式。保证反担保可以是一般责任保证与连带责任保证，但由于债务人已经清偿能力不足，故本担保人通常要求提供连带责任保证而不是一般责任保证。

(2) 抵押反担保。

抵押反担保是反担保人以抵押的方式提供反担保。在债务人对本担保人不履行被追偿的债务时，或者发生当事人约定的实现抵押权的情形时，本担保人有权依法以该抵押财产折价或者以拍卖、变卖该财产的价款优先受偿。

(3) 质押反担保。

质押反担保是反担保人以质押方式提供的反担保。在债务人对本担保人不履行被追偿的债务时，或者发生当事人约定的实现质权的情形时，本担保人有权依法以该动产或权利折价或者以拍卖、变卖的价款优先受偿。

如果反担保人是由债务人之外的第三人充任的，则该反担保人承担反担保责任后，取得对债务人的再追偿权，因而可能发生反担保人要求债务人提供再反担保的问题。事实上，再反担保也是反担保，仍然应当依遵守反担保的规则。

在上述三种反担保中，抵押反担保和质押反担保适用《物权法》的规定，保

证反担保适用《合同法》的规定。

（二）担保物权的效力范围

1. 担保物权的一般效力范围

对于担保物权的一般效力范围，《物权法》第 173 条作出了原则性的规定："担保物权的担保范围包括主债权及其利息、违约金、损害赔偿金、保管担保财产和实现担保物权的费用。当事人另有约定的，按照约定。"应当注意的是，这里规定的担保效力效力范围是一般的范围，其中某些范围对于某些担保物权并不适用，例如，不保管担保财产的抵押权就不存在保管担保财产费用的问题。

2. 担保财产的代位物

担保物权的担保效力及于担保财产的代位物。《物权法》第 174 条规定："担保期间，担保财产毁损、灭失或者被征收等，担保物权人可以就获得的保险金、赔偿金或者补偿金等优先受偿。被担保债权的履行期未届满的，也可以提存该保险金、赔偿金或者补偿金等。"这些保险金、赔偿金和补偿金都是担保财产毁损、灭失或者被征收的代位物，是担保财产的另一种表现形式，故担保物权的担保效力当然及于该代位物。由于这些代位物都是金钱形式，因而可以直接由债权人期前优先受偿，或者提存待履行期届满时优先受偿。

3. 债务转让中担保物权的效力

担保人向债权人提供担保，尽管是在债权人和担保人之间发生法律关系，但通常是担保人与债务人之间存在信赖关系。在担保期间债务人转移债务，对担保人存在利益影响。如果担保人知道债务转移，仍然同意继续提供担保的，则没有问题。如果债务转移未经担保人书面同意，债权人允许债务人转让全部或者部分债务的，担保人不再承担相应的担保责任。即使口头同意，也不发生担保人继续担保的后果。

4. 不同担保形式之间的关系

在各种不同的担保形式之间，其效力应当怎样确定，历来是实践中的一个难题。对此，《物权法》第 176 条规定了基本的规则，这就是："被担保的债权既有物的担保又有人的担保的，债务人不履行到期债务或者发生当事人约定的实现担

保物权的情形，债权人应当按照约定实现债权；没有约定或者约定不明确，债务人自己提供物的担保的，债权人应当先就该物的担保实现债权；由第三人提供物的担保的，债权人可以就物的担保实现债权，也可以要求保证人承担保证责任。提供担保的第三人承担担保责任后，有权向债务人追偿。”

按照这一规定，具体的规则是：第一，如果在原来的合同中已经约定了如何处理的，应当按照约定实现债权。对此，任何一方都不会也不应有异议。第二，当事人事先没有约定或者约定不明确，如果是债务人提供物的担保的，债务人的物权担保优先，债权人应当就该物的担保实现债权。清偿不足部分，由第三人作为保证人，承担补充的担保责任。第三，当事人事先没有约定或者约定不明确，如果是第三人提供物的担保的，物的担保和人的担保处于同等地位，由债权人选择，可以就物的担保实现债权，也可以要求保证人承担保证责任。第四，提供担保的第三人承担了担保责任的，取得向债务人的追偿权，可以向债务人追偿。

（三）担保物权的消灭原因

依照《物权法》第 177 条的规定，担保物权的消灭原因有以下几种：（1）主债权消灭；（2）担保物权实现；（3）债权人放弃担保物权；（4）法律规定担保物权消灭的其他情形，如担保财产灭失等。

第九章

土地承包经营权

第一节　土地承包经营权概述

一、土地承包经营权的概念和类型

（一）土地承包经营权的称谓

在土地承包经营权的称谓上，民法学界说法各不相同。一是农地使用权说。这种主张认为：承包经营权是债法的范畴，不能用作表示农用土地为农用目的设立的用益物权的恰当用语。为了反映为农业目的而使用他人土地的用益物权的内涵，并能与基地使用权相区别，物权立法可以考虑采取农地使用权的概念，来代替土地承包经营权的概念。[①] 二是农用权说。这种主张认为，应把农林牧渔生产经营的土地使用权统称为农用权，并包括现行法中的土地承包经营权和“四荒”

① 梁慧星. 中国物权法研究：下. 北京：法律出版社，1998：622.

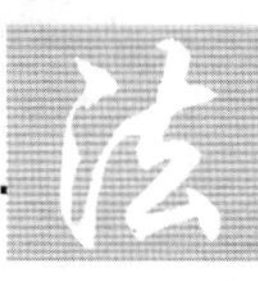

土地使用权。[①] 这种意见借鉴的是我国台湾地区物权的称谓，有独到之处。三是永佃权说。这种主张认为：应当借鉴罗马法永佃权制度所具有的物权性、永佃权人享有权利的充分性以及永佃权存续期限的永久性等优点，将承包经营权改称永佃权。永佃权制度不是私有制的专利，在公有制的条件下也有其合理的内核，它并没有改变土地的所有制形式，不仅不会危及社会主义的经济基础，还可以稳固农地使用制度，提高农民生产的积极性，促进产期投资和农地保护，有利于实现规模经营。[②] 四是耕作权说。这种主张认为土地承包经营权实际上就是因耕作或种植而使用国家或集体所有土地的权利。[③]

笔者曾经主张将农村土地承包经营权改造为永佃权[④]，但立法者并未采纳这种意见。《物权法》认为，土地承包经营权的称谓在我国已经约定俗成，指向明确，不会造成理解上的混乱。自从土地承包经营权在《民法通则》中确立以来，在《土地管理法》和《农村土地承包法》等法律中得到强化，已经成为确定的用益物权种类。因此，《物权法》仍然采纳了这个称谓。

（二）土地承包经营权的概念

土地承包经营权，是指农村集体经济组织成员对集体所有或国家所有，由集体经济组织长期使用的耕地、林地、草地等农业土地，采取家庭承包、公开协商等方式进行承包，依法对所承包的土地享有占有、使用和收益的用益物权。土地承包经营权人对其承包经营的耕地、林地、草地等依法享有占有、使用和收益的权利，有权自主从事种植业、林业、畜牧业等农业生产。

（三）土地承包经营权的发展

土地承包经营权是我国农村经济体制改革的产物，对于促进我国农村经济的发展起到了重大推动作用。《民法通则》第 80 条正式确立了农村土地承包经营权，并将该权利置于第五章第一节“财产所有权和与财产所有权有关的财产权”

---

① 崔建远. 四荒拍卖与土地使用权制度：简论我国农用权的目标模式. 法学研究，1995（6）.

② 叶建丰. 在我国重建永佃权的构想. 河北法学，2001（3）.

③ 王利明. 物权法论：修订本. 北京：中国政法大学出版社，2003：455.

④ 杨立新，等. 我国他物权制度的重新构造. 中国社会科学，1995（3）.

之中。1988 年《土地管理法》第 12 条规定："集体所有的土地，全民所有制单位、集体所有制单位使用的国有土地，可以由集体或者个人承包经营，从事农、林、牧、渔业生产。""承包经营土地的集体或者个人，有保护和按照承包经营合同规定的用途合理利用土地的义务。""土地承包经营权受法律保护。"1998 年修订《土地管理法》第 14 条再次确认了这一规定。2003 年 3 月 1 日施行的《农村土地承包法》对土地承包经营权作了详尽、科学的规定。《物权法》第十一章专门规定"土地承包经营权"，其中第 124 条第 2 款规定："农民集体所有和国家所有由农民集体使用的耕地、林地、草地以及其他用于农业的土地，依法实行土地承包经营制度。"第 125 条规定："土地承包经营权人依法对其承包经营的耕地、林地、草地等享有占有、使用和收益的权利，有权从事种植业、林业、畜牧业等农业生产。"这是对这一用益物权的再次确认。

应当看到，时至今日，土地承包经营权对于农民而言，已经不再激发刚刚包产到户时般的热情，由于土地承包经营权的设置而激发的农民经营土地的热情已经大大减弱。这说明，虽然土地承包经营权相对于"一大二公"的农村集体所有、集体经营的模式而言，是大大地解放了农村生产力，能够激发生产力的发展，但是，在当前土地承包经营权并不就是最为完善的用益物权，也不是最能够发挥农民经营土地、创造财富积极性的最好模式，反而似乎已经成为束缚农村生产力发展的物权形式。看来，我国农村土地法律制度的进一步改革势在必行。

二、土地承包经营权的性质和特征

（一）土地承包经营权的性质是用益物权

在现实生活中土地承包经营权表现为土地承包经营合同，这使对土地承包经营权的法律性质的认识存在分歧，在理论上有债权说和物权说两种观点。

债权说认为，土地承包经营权是通过合同来设立的，其本质是一种债的关系，仅在特定的合同当事人之间产生约束力，并不具有对抗第三人的效力，因

此，土地承包经营权是一种债权性的权利。[①] 事实上，土地的转包已在实践中广泛运用，加上政策的变化，常常导致承包土地的调整，土地承包关系确实具有很强的灵活性，债权色彩浑厚。

物权说认为，土地承包经营关系是一种物权类型，在性质上应属支配权范畴。这种观点成为学界通说。

笔者认为，在我国立法上，《民法通则》第80条已经正式确立了农村土地承包经营权，并将其置于第五章第一节“财产所有权和与财产所有权有关的财产权”之中，这已经表明《民法通则》是将该权利作为物权来规定的。《农村土地承包法》和《物权法》也是把土地承包经营权作为一种物权规定的，确立了土地所有权人与土地承包经营权人的权利、义务。在立法机关的立法说明中也明确将土地承包经营权的物权化作为立法目的，其性质已经法定化，没有必要继续进行争论。

至于土地承包经营权与土地承包经营合同之间的关系，虽然土地承包经营权同土地承包经营合同具有密切的关系，土地承包经营权的设定必须采用土地承包经营合同的方式，规定土地承包经营权人与土地所有权人的权利义务关系，但这并不能说明土地承包经营权的性质为债权。实际上，多数他物权都是通过合同形式设立的，例如设定抵押权通过抵押合同，设定地役权也通过合同，设定土地承包经营权当然也通过土地承包经营合同，并没有不妥之处。不能将两者对立起来，认为只要是通过土地承包经营合同设立的权利就是债权而不是物权。土地承包经营权是具有对世权，性质上为物权，而且其以对土地的使用、收益为目的，是对土地使用价值的支配，属于用益物权的范畴。土地承包经营合同是土地承包经营权产生的基础行为，依该合同产生的土地承包经营权的性质是用益物权。

（二）土地承包经营权的法律特征

1. 土地承包经营权的主体具有特殊性

土地承包经营权的主体是从事农业生产的自然人或集体，其他非从事农业生产的自然人或集体不能成为农村土地承包经营权的主体。值得注意的是，在农村

---

① 中国社会科学院法学研究所物权法研究课题组. 制定中国物权法的基本思路. 法学研究，1995(3).

土地承包经营权的主体方面，根据农地承包经营方式的不同略有差异。如果采取家庭农地承包经营方式的，承包经营权的主体主要是农村集体经济组织的农户，而不是单个的集体成员；而采取其他农地承包经营方式时，土地承包经营权的主体可以是本村集体经济组织的成员，也可以是符合条件的非本集体经济组织的单位或者个人。《农村土地承包法》第48条规定："发包方将农村土地发包给本集体经济组织以外的单位或者个人承包，应当事先经本集体经济组织成员的村民会议三分之二以上成员或者三分之二以上村民代表的同意，并报乡（镇）人民政府批准。由本集体经济组织以外的单位或者个人承包的，应当对土地承包经营权人的资信情况和经营能力进行审查后，再签订承包合同。"

2. 土地承包经营权的标的物具有特殊性

土地承包经营权与土地使用权一样，标的物都为土地，在建筑物上不能设立此项权利。但土地承包经营权的标的物范围具有特殊性，不含城市国有土地，仅限于集体所有或国家所有、由农民集体使用的，以种植、畜牧等农业生产为目的的土地，包括土地、山岭、森林、草原、水面、荒地、滩涂等。《农村土地承包法》第2条规定："本法所称农村土地，是指农民集体所有和国家所有依法由农民集体使用的耕地、林地、草地，以及其他依法用于农业的土地。"随着农村经营方式的发展和自然资源利用的多样化，承包经营权的客体也逐渐扩大，国家所有的农用地实行承包经营的，也适用土地承包经营权的规则。

3. 土地承包经营权的目的具有特殊性

自罗马法以来，各国民法基于土地利用的目的不同，而形成了两种不同的土地利用制度：以农业生产为目的的永佃权制度和以建设为目的的地上权制度。尽管我国台湾地区民法将永佃权改为农育权，但其基本性质并没有改变，仍然是以农业生产为目的的土地使用权。土地承包经营权的目的具有特殊性，表现在于集体所有或国家所有、由集体使用的土地上进行农业活动，因此土地承包经营权与永佃权相似。不以从事农业活动为目的而使用他人土地的，不成立土地承包经营权。例如，以营造建筑物或其他工作物为目的使用国有或集体土地的，为建设用

地使用权；以生活居住为目的而使用集体土地的，为宅基地使用权。土地承包经营权的权利客体仅限于农地的地表，不包括农地的地下及地上空间，不能设立以空间为标的物的分层地上权。

4. 土地承包经营权的产生方式具有特定性

土地承包经营权是基于土地承包经营合同产生的，其具体内容和承包经营权的期限都是由承包合同确立的。应当注意的是，现实生活中的土地承包经营纠纷大都依据《合同法》的基本原则和基本原理加以处理。《农村土地承包法》和《物权法》将土地承包经营权规定为用益物权，应当适用这两部法律的规定处理土地承包经营权纠纷案件。

三、土地承包经营权和永佃权、农育权的联系与区别

（一）土地承包经营权和永佃权的联系与区别

我国的土地承包经营权与传统民法的永佃权是有区别的。

永佃权，是指承租人因支付佃租，而享有的永久在他人土地上耕作或牧畜的权利。永佃权的特征是：（1）是存在于他人土地上的物权；（2）是以耕作或牧畜为目的的物权；（3）是因支付佃租而成立的物权；（4）是永久使用他人土地的物权。[①] 尽管我国的土地承包经营权与永佃权相似，但两者仍是不同的制度，无法用永佃权取代土地承包经营权。

土地承包经营权和永佃权区别如下：（1）建立的基础不同。永佃权是建立在土地私有制基础上的，是耕作者与私有土地所有权人之间的关系。土地承包经营权是建立在土地公有基础上的，是承包人与发包人之间的关系，承包人一般是土地所属组织的成员。（2）性质不同。永佃权是私有土地所有权人利用土地获取收益的一种法律形式。土地承包经营权的设立目的并非让土地所有者利用土地获取收益，而是通过承包人经营更好地发挥土地的效用。即使土地承包人也要支付一定的费用，但该费用仍属于集体所有。（3）存续期限不同。永佃权是一种无限期物权，永佃权人

① 谢在全. 民法物权论：上册. 北京：中国政法大学出版社，1999：396.

可以永久地使用他人土地。土地承包经营权则是一种有期物权，只能在一定期限内存在。

（二）土地承包经营权和农育权的联系与区别

土地承包经营权与我国台湾地区的农育权有联系也有区别。

农育权，是在他人土地上为农作、森林、养殖、畜牧、种植竹木或保育的权利。其特征在于：农育权系存在于他人土地之物权，系以农作、森林、养殖、畜牧、种植竹木或保育为目的的物权，系永久或无偿使用他人土地的物权。[①] 我国台湾地区民法将永佃权改为农育权，最主要的区别在于：永佃权只包括在他人土地上耕作和畜牧的权利，农育权不仅如此，还增加了森林、养殖、种植竹木等部分地上权，成为适用范围更为广泛的用益物权；农育权不仅包括农用，而且包括对土地的保育，而永佃权没有单纯的保养用益；永佃权不得设置期限，而农育权原则上为 20 年，但以造林、保育为目的或法令另有规定者不在此限。

经过改造，我国台湾地区的农育权更接近于大陆的土地承包经营权。例如，农育权将原本属于地上权的一些内容归属于农育权，利用他人土地经营森林、养殖、种植竹木等原本都是地上权的内容，现在都是农育权的内容，与土地承包经营权更为接近。在基本性质上，二者都是用益物权，都属于利用他人土地进行用益。

土地承包经营权和农育权的区别是：（1）建立的基础不同。农育权以土地私有制为基础，是权利人与土地所有权人之间设立的土地用益关系；土地承包经营权是建立在土地公有基础上的，是作为土地所有权人的成员的承包人与土地所有权人之间的关系，承包人一般是土地所属组织的成员，关系非常特殊。（2）性质不同。农育权是土地所有权人利用土地获取收益的一种形式；土地承包经营权的设立目的不是让农村集体组织利用土地获取收益，而是通过承包人经营更好地发挥土地的效用，同时也使农村集体组织获得收益，而非使个人获得利益。（3）存续期限不同。农育权的期限是 20 年，可以另有不同；土地承包经营权的期限，耕地是 30 年，草地是 30 年至 50 年，林地为 30 年至 70 年。

---

① 谢在全. 民法物权论：中册. 修订 5 版. 台北：新学林出版股份有限公司，2010：91－92.

四、我国土地承包经营权的发展趋势

在目前形势下，土地承包经营权的发展还没有特别明显的变革迹象，囿于这样的形势，笔者对土地承包经营权的发展趋势，提出以下设想。

第一，进一步完善农村土地所有权制度，改变土地承包经营权主体不明甚至缺位的弊病。现行的农村土地集体所有权制度，不是一个最适宜我国国情的所有权制度，必须加以改革：或者将土地交给农民所有，或者在现有基础上进行改革。没有这样的改革，土地承包经营权就永远都不会成为一个完善的物权。将土地交给农民所有，是最好的方法，也将最终消灭土地承包经营权这个不完善的用益物权。在现有的农村土地集体所有权制度的基础上进行改革，就必须使权利的界限明晰、主体明确，农民集体和个体农民之间的关系确定，从而能够确定集体所有的主体，个体农民如何取得土地的用益物权。在这样的基础上，才能够决定土地承包经营权的存废或者如何完善。

第二，强化土地承包经营权的绝对性效力，加强土地承包经营权的物权属性。如果是在现有农村土地集体所有权的基础上完善土地承包经营权，而不是进行根本性的改革，就必须强化土地承包经营权的物权属性，保障土地承包经营权具有物权的绝对性效力。一是在土地承包经营权的取得上应当实行严格的程序，特别是一定要经过登记的程序。二是权利的期限也不能仅限于 30 年，应当是无期限，或者最少应当是 70 年，以保障权利的稳定性。三是承包人一旦经过法定程序取得土地承包经营权，就取得绝对权性质的用益物权，原所有权人不得对承包经营权人干涉。四是明确发包方即农村集体组织不得干预承包经营权人行使权利，各级政府也不得干预承包经营权人行使权利。

第三，改变土地承包经营权的福利性特点，强化土地承包经营权的用益功能。我国目前的土地承包经营权具有福利性，土地承包经营权的主体被限制在集体成员之内，即“不能随意打破原生产队土地所有权的界限，在全村范围内重新承包”[①]。这种体现福利性的分配土地的制度，是有道理的，因为集体土地就是农民自己的土地。但是，在承包经营权设立之后，就应当改变土地承包经营权的福利性质，应当强调土地承包经营权的用益物权性质，使其能够实现用益物权的基本功能，保证承包经营权人对承包的土地按照自己的意志进行使用和收益，而不是“未经依法批准，不得将承包地用于非农建设”[②]。

第四，保障土地承包经营权的流转，加强土地承包经营权的市场性特点。保障土地承包经营权的物权绝对性，就必须保障土地承包经营权流转的绝对性。可以看到，土地承包经营权正在经历着权利设定由均分性向市场性转变，开始取得权利的方式是均分制，属于基本权利配置方式。但随着农业产业化、现代化的快速发展，对于四荒地承包、推行两田制情形下的责任田、推行土地股份制等，土地承包经营权的配置方式也开始引入市场化机制。[③] 在这种情形下，仅仅规定“土地承包经营权人依照农村土地承包法的规定，有权将土地承包经营权采取转包、互换、转让等方式流转”，是远远不够的。应当保证土地承包经营权像国有土地使用权一样转让，否则，土地承包经营权就不能算是一个完善的用益物权。

上述意见属于对土地承包经营权的理论探讨，本章下文对土地承包经营权的说明，仍然依照《物权法》的规定进行。

第二节　土地承包经营权的取得

土地承包经营权的取得有两种方式：一为基于法律行为而取得，二为基于法律行为以外的原因而取得。

---

① 中共中央办公厅、国务院办公厅 1997 年 8 月 27 日《关于进一步稳定和完善农村土地承包关系的通知》。

② 《物权法》第 128 条后段。

③ 孙宪忠．物权法．北京：社会科学文献出版社，2005：267.

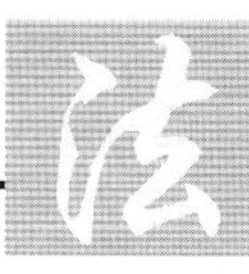

一、基于法律行为取得

土地承包经营权的法律行为取得方式，是指土地承包经营权人与土地所有权人通过签订土地承包合同设定土地承包经营权，或通过土地承包经营权的流转，有关当事人取得土地承包经营权。

（一）基于农村土地承包经营合同而取得

1. 主要方式

在当前，通过土地承包经营合同取得土地承包经营权，是土地承包经营权取得的最主要方式。我国《农村土地承包法》对土地承包经营合同作了详细规定。

土地承包经营权以土地承包经营合同的方式设定时，土地所有权人应当与承包人签订土地承包经营合同，通过合同确定双方当事人的权利、义务。土地承包经营合同为要式合同，必须采用书面形式。这有利于明确当事人的权利、义务，防止和避免土地所有权人任意改变和撤销合同。尽管在《合同法》制定过程中，由于对土地承包经营权的性质存在分歧，对土地承包经营合同没有作出规定，但是《农村土地承包法》对该合同作了明确规定，因此，不能认为土地承包经营合同是无名合同，应当适用《合同法》总则的有关规定。

2. 遵循的原则

在土地承包过程中，应当遵循以下规则：一是公平、公开、公正原则，正确处理国家、集体和个人之间的利益关系；二是土地承包经营权男女平等原则，防止歧视妇女；三是民主议定原则，防止集体组织领导独断专行，侵害农民利益；四是土地承包程序合法原则，保证依法进行。①

3. 合同内容

土地承包经营合同具有特殊性，在其内容方面有特殊要求。根据《农村土地承包法》第 21 条第 2 款规定，承包经营合同一般包括以下条款：（1）土地所有权人、土地承包经营权人的名称，土地所有权人负责人和土地承包经营权人代表

① 何志. 物权法判解研究与适用. 北京：人民法院出版社，2004：307－309.

的姓名、住所；(2) 承包土地的名称、坐落、面积、质量等级；(3) 承包期限和起止日期；(4) 承包土地的用途；(5) 土地所有权人和土地承包经营权人的权利和义务；(6) 违约责任。

土地承包经营权的取得时间，是土地承包经营合同生效的时间。土地承包经营合同成立，并且具备生效要件时，该合同生效，土地承包经营权人取得土地承包经营权。

4. 登记问题

当事人通过土地承包经营合同设定土地承包经营权是否应当进行登记？《农村土地承包法》和《物权法》未对此作出明确规定，但是根据《农村土地承包法》第22条的规定，土地承包经营合同自成立之日起生效，土地承包经营权人自土地承包经营合同生效时取得土地承包经营权。这一条文说明农村土地承包经营权的取得不以登记为要件，并不需要土地承包经营权人和土地所有权人进行登记。为了对土地承包经营权进行确认和管理，《农村土地承包法》第23条第1款和《物权法》第127条第2款的规定，县级以上地方人民政府应当向土地承包经营权人颁发土地承包经营权证或者林权证等证书，并登记造册，确认土地承包经营权。同时规定，颁发土地承包经营权证或者林权证等证书，除按规定收取证书工本费外，不得收取其他费用。这说明，政府对土地承包经营权的登记行为仅仅是一种确认行为，不具有一般的物权登记性质。《物权法》第129条规定，土地承包经营权人将土地承包经营权互换、转让，当事人要求登记的，应当向县级以上地方人民政府申请土地承包经营权变更登记；未经登记，不得对抗善意第三人。

5. 期限

关于土地承包经营权的期限，应当适用《农村土地承包法》第20条和《物权法》第126条第1款的规定："耕地的承包期为三十年。草地的承包期为三十年至五十年。林地的承包期为三十年至七十年；特殊林木的林地承包期，经国务院林业行政主管部门批准可以延长。"《农村土地承包法》对土地承包经营权没有规定期限届满时能否续期，《物权法》第126条第2款补充规定道："前款规定的承包期届满，由土地承包经营权人按照国家有关规定继续承包。"

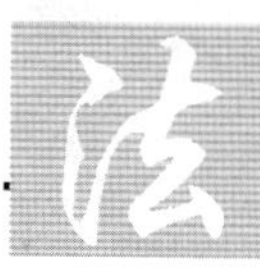

《农村土地承包法》第24条规定：承包合同生效后，土地所有权人不得因承办人或者负责人的变动而变更或者解除，也不得因集体经济组织的分立或者合并而变更或者解除。这有利于土地承包经营权的稳定，有利于维护土地承包经营权人的合法权益。

（二）通过招标、拍卖、公开协商而取得

对于“四荒”土地，即荒山、荒沟、荒丘、荒滩等农村土地，可以通过招标、拍卖和公开协商的方式进行承包经营，取得合意后，土地所有权人应当将四荒土地交给承包经营权人经营。

通过这种方式取得的土地承包经营权，可以参加民事流转，进行转让、入股、抵押或者以其他方式流转。

（三）基于土地承包经营权流转而取得

土地承包经营权的流转，是指土地承包经营权通过合法的方式在有关当事人之间发生转移，土地承包经营权人发生变动。根据《物权法》第128条的规定，土地承包经营权人依照农村土地承包法的规定，有权将土地承包经营权采取转包、互换、转让等方式流转。流转的期限不得超过承包期的剩余期限。未经依法批准，不得将承包地用于非农建设。

1. 通过家庭承包取得的土地承包经营权的流转

土地承包经营权采取转包、互换、转让或者其他方式流转，当事人双方应当签订书面合同。采取转让方式流转的，应当经土地所有权人同意；采取转包、互换或者其他方式流转的，应当报土地所有权人备案。土地承包经营权采取互换、转让方式流转，当事人要求登记的，应当向县级以上地方人民政府申请登记。未经登记，不得对抗善意第三人。

基于一些现实需要，土地承包经营权可以在不同的土地承包经营权人之间互换。土地承包经营权人之间为方便耕种或者出于其他各自需要，可以对属于同一集体经济组织的土地的承包经营权进行互换。

土地承包经营权具有可让与性。如果土地承包经营权人有稳定的非农职业或者有稳定的收入来源的，经土地所有权人同意，可以将全部或者部分土地承包经营权转让给其他从事农业生产经营的农户，由该农户同土地所有权人确立新的承包关系，原土地承包经营权人与土地所有权人在该土地上的承包关系即行终止。

土地承包经营权人之间为发展农业经济，可以自愿联合将土地承包经营权入股，从事农业合作生产。在这种情形下，土地承包经营权发生转移，归于从事农业生产的公司、其他组织或合作社。

上述都是基于通过家庭承包取得的土地承包经营权的流转而取得土地承包经营权的方式。这些土地承包经营权的取得都是继受取得。

2. 通过招标、拍卖、公开协商等方式取得的土地承包经营权的流转

《农村土地承包法》第 49 条和《物权法》第 133 条规定：通过招标、拍卖、公开协商等方式承包荒地等农村土地，依照农村土地承包法等法律和国务院的有关规定，其土地承包经营权可以转让、入股、抵押或者以其他方式流转。这些方式，也是土地承包经营权的法律行为取得方式。

二、基于法律行为以外的原因取得

除了法律行为，继承为基于法律行为以外的原因而取得土地承包经营权的方式。

我国《继承法》不允许土地承包经营权的继承，不把土地承包经营权作为遗产对待。法律已经明确规定农村土地承包经营权为用益物权，不允许土地承包经营权的继承有失妥当。《农村土地承包法》已经明确了土地承包经营权的物权性，第 31 条规定："承包人应得的承包收益，依照继承法的规定继承。林地承包的承包人死亡，其继承人可以在承包期内继续承包。"于第 50 条规定："土地承包经营权通过招标、拍卖、公开协商等方式取得的，该承包人死亡，其应得的承包收益，依照继承法的规定继承；在承包期内，其继承人可以继续承包。"依照新法优于旧法的法律适用原则，对土地承包经营权的继承应当依法保护。

通常情况下，被继承人死亡，继承开始时，继承人即取得被继承人生前所享有的土地承包经营权，并不以公示为必要。但对于集体组织成员以外的土地承包

经营权人继承人；以及林地承包权人的继承人而言，非经登记，不能取得物权意义上的土地承包经营权，亦不得对抗第三人。这些都是对土地承包经营权流转的限制，否定了这个权利的用益物权性，应当进行探讨和改革。

第三节　土地承包经营权的效力

一、土地承包经营权人的权利和义务

土地承包经营权取得之后，即发生一定的法律效力，对外排除第三人非法侵害，对内发生对土地承包经营权人与土地所有权人（即发包人）之间的拘束力。由于土地承包经营权是用益物权，因而其效力主要是指在土地承包经营权人与土地所有权人之间发生的权利和义务。

（一）土地承包经营权人的权利

1. 占有、使用、收益权

土地承包经营权作为一种用益物权，其主要价值在于土地承包经营权人对承包地进行使用、收益。这是土地承包经营权人最主要的权利。

占有，是指土地承包经营权人对土地所有权人所有土地的事实上的管领。如果不对承包地进行占有，土地承包经营权人就无法在其上从事农业生产。

使用，是指土地承包经营权人有权按照承包地的自然属性和土地承包经营合同约定的用途进行使用。自然属性，是指承包地为何性质。根据《农村土地承包法》第 2 条的规定，我国允许承包经营的农村土地为耕地、林地、草地以及其他依法用于农业的土地，因此应当按照土地的性质进行使用，即在耕地上进行种植农作物、经济作物等，而不能在承包地上建住宅、建窑等。约定用途，是指土地承包经营权人与土地所有权人在土地承包经营合同中约定的用途。在法律、法规允许的范围内，土地承包经营合同的双方当事人可以进一步对承包地的用途作出

约定，土地承包经营权人按照这种约定的用途进行使用。土地承包经营权人在行使使用权时，有权自主组织农业生产经营活动，自主决定种植什么作物、种植多少面积，或者安排什么种植、养殖项目，不受其他组织和个人的干涉。只要土地承包经营权人的生产经营活动不违反法律规定，土地所有权人就不得随意干涉，更不能违背土地承包经营权人的意愿，强制土地承包经营权人从事或者不从事某种生产经营活动。

收益，是指土地承包经营权人有权种植土地获取收益。土地承包经营权人有权自主处理产品，有权与购买人自行协商确定出售产品的数量、价格等，其他任何人包括土地所有权人都无权干涉。土地承包经营权人为更好地使用土地、获取更多的收益，可以在承包地上修建必要的附属设施，其所有权归属于土地承包经营权人，但不能营造建筑物。

2. 依法流转权

土地承包经营权是一种他物权，具有极大的价值性，可以进行流转。我国《农村土地承包法》和《物权法》对土地承包经营权的流转予以认可。土地承包经营权人可以依照法律的规定，对土地承包经营权采取法定的方式进行流转。土地承包经营权流转应当遵循以下原则：平等协商、自愿、有偿，任何组织和个人不得强迫或者阻碍土地承包经营权人进行土地承包经营权流转；不得改变土地所有权的性质和土地的农业用途；流转的期限不得超过承包期的剩余期限；受让方须有农业经营能力；在同等条件下，本集体经济组织成员享有优先权。

土地承包经营权流转的主体是土地承包经营权人。土地承包经营权人有权依法自主决定土地承包经营权是否流转及流转方式。土地承包经营权人的流转方式主要有转包、互换、转让、入股、抵押和其他方式，但基于土地承包经营方式的不同，土地承包经营权的流转方式也是不同的。

通过家庭承包取得的土地承包经营权可以依法采取转包、互换、转让或者其他方式流转的，当事人双方还应当签订书面合同，土地承包经营权流转合同一般包括以下条款：双方当事人的姓名、住所；流转土地的名称、坐落、面积、质量等级；流转的期限和起止日期；流转土地的用途；双方当事人的权利和义务；流

转价款及支付方式；违约责任。采取转让方式流转的，应当经土地所有权人同意；采取转包、互换或者其他方式流转的，应当报土地所有权人备案。将土地承包经营权转让的，应当经过土地所有权人同意；将土地承包经营权转包、互换或者以其他方式流转的，应当报发包人备案。土地承包经营权人将土地承包经营权互换、转让，当事人要求登记的，应当向县级以上地方人民政府申请土地承包经营权变更登记；未经登记，不得对抗善意第三人。

通过招标、拍卖、公开协商等方式承包农村土地，经依法登记取得土地承包经营权证或者林权证等证书的，其土地承包经营权可以依法采取转让、入股、抵押或者其他方式流转。

3. 承包地被依法征用、占用时有权依法获得相应的补偿

土地征用是国家为了公共利益的需要，通过法定程序，将农民集体所有的土地征为国有土地。土地占用主要是乡村公共设施（包括乡村道路、电力、通信、给水排水、公共厕所等）和公益事业建设（包括乡村学校、文化站、卫生所、幼儿园、敬老院等）需要使用土地的，依照法定程序办理审批手续后土地的占用。《物权法》第132条规定："承包地被征收的，土地承包经营权人有权依照本法第四十二条第二款的规定获得相应补偿。"

我国《土地管理法》及其实施条例规定了国家、集体征用、占用承包地，而且一些地方政府规章也对征用、占用的法定程序作了进一步规定。根据相关规定，对承包地进行征用、占用的，应当依法给予集体经济组织和土地承包经营权人相应的补偿，补偿费用主要包括三项：(1) 土地补偿费。这部分费用应当属于土地所有权人所有，通常支付给被征地的集体经济组织，其中包括对土地承包经营权人的补偿。(2) 安置补助费。应当按照一定的数额向需要被安置的农民发放。(3) 地上附着物、青苗补助费，发给土地承包经营权人。

征收承包期内的土地的，应当对土地承包经营权人给予合理补偿。当将征地的补偿标准、安置办法应告知土地承包经营权人。土地补偿费等费用的使用、分配办法，应当依法经村民委员会讨论决定。任何单位和个人不得贪污、挪用、截留土地补偿费等费用。

需要注意的是，对承包地的地征用、占用，应当严格限制在公益的范围之内，不得为了某些单位或个人的利益进行征用、占用。近几年来，许多土地承包经营权人的耕地被非公益目的地征用、占用，国家将集体土地转为国有土地并出让后获得了出让费，占用承包地者通过开发房地产等获取了巨大利益，而土地承包经营权人仅得到很少的补偿费。这显然是一种利益不平衡。因此，在征用、占用承包地时，应当严格遵循公益目的，而且应当尽量利用荒地、空闲地，不能违法征用、占用或者随意扩大征用、占用的范围。

4. 其他权利

土地所有权人或者其他组织、个人针对承包地收取法律、法规规定以外的费用，或者违法进行集资、摊派、罚款等，土地承包经营权人有权拒绝。

（二）土地承包经营权人的义务

1. 维持土地的农业用途，不得用于非农建设

土地承包经营权具有特指性，是为了农业发展而设定的权利，只能在农业用地上存在，只能为了发展农业的目的而存续。因此，土地承包经营权人应当维持土地的农业用途，不得私自将承包地用于非农建设，禁止占用承包地建窑、建坟或者擅自在承包地上建房等非法行为。

根据《农村土地承包法》第 60 条第 1 款的规定，土地承包经营权人违法将承包地用于非农建设的，由县级以上地方人民政府有关行政主管部门依法予以处罚。

2. 依法保护和合理利用土地，不得给土地造成永久性损害

土地承包经营权人在承包经营过程中，应当保持承包地的生态及环境的良好性能和质量，在利用土地、提高土地生产能力的同时，注意采取相应的措施，保护土地的质量和生态环境，防止水土流失和盐碱化等，保持和提高地力。

这项义务要求土地承包经营权人严格执行土地管理法律、法规的规定，不得擅自在承包地上采矿、采石、挖砂、取土、造砖等，不得在承包的基本农田上种植林木和挖塘养鱼，不得毁坏森林、草原以开垦耕地，不得围湖造田、侵占江河滩地。如果土地承包经营权人违反了这一义务，对承包地造成永久性损害的，土

地所有权人有权制止，并有权要求土地承包经营权人赔偿由此造成的损失。

二、土地所有权人的权利和义务

（一）土地所有权人的权利

1. 发包本集体所有的或者国家所有、依法由本集体使用的农村土地

集体土地由集体经济组织享有所有权，而国家所有、依法由集体经济组织使用的农业土地的使用、收益权归集体经济组织所享有。对于这些土地，集体经济组织有权发包：(1) 农民集体所有的土地依法属于村农民集体所有的，由村集体经济组织或者村民委员会发包；(2) 已经分别属于村内两个以上农村集体经济组织的农民集体所有的，由村内各该农村集体经济组织或者村民小组发包；(3) 国家所有依法由农民集体使用的农村土地，由使用该土地的农村集体经济组织、村民委员会或者村民小组发包。

农村集体经济组织对上述土地的发包，只是该土地使用、收益权的变动，并不改变村内各集体经济组织所有土地的所有权，更不能改变国家所有土地的所有权。

2. 对承包土地的必要调整权

集体经济组织享有对承包土地的必要调整权。《物权法》第 130 条第 2 款规定："因自然灾害严重毁损承包地等特殊情形，需要适当调整承包的耕地和草地的，应当依照农村土地承包法等法律规定办理。"内容包括：(1) 调整权行使的条件是，在自然灾害严重毁损承包地等特殊情形下，对个别农户之间承包的耕地和草地适当进行调整。(2) 行使调整权，必须经过本集体的村民会议三分之二以上成员和县级人民政府农牧业等行政主管部门批准。(3) 行使调整权的除外条款是，如果土地承包经营合同约定不得进行调整的，应当按照约定，不得行使这一调整权。

3. 监督土地承包经营权人依照土地承包经营合同约定的用途合理利用和保护土地

基于土地承包经营权的特殊性，土地承包经营权人负有依照合同约定的用途合理利用和保护土地的义务。对此，土地所有权人有监督权。农村集体经济组织实施监督应当合理，不能进行粗暴干涉。土地所有权人也不能借实施监督权而干涉土地承包经营权人的自主经营权，不能强行要求土地承包经营权人种植何种作物。

4. 制止土地承包经营权人损害承包地和农业资源的行为

在通过土地承包经营合同取得承包地的经营权后，有的土地承包经营权人就认为土地归自己支配，自己可以任意使用；还有的在承包地上建房、建窑、采石、挖砂、取土、造砖、建坟等。对于这些损害承包地的行为，土地所有权人有权制止。

农业资源包括种植业、林业、畜牧业、渔业可以利用的土地、草原、水、生物、气候等自然资源。对这些农业资源土地承包经营权人不得损害。若土地承包经营权人有损害农业资源的行为，土地所有权人有权加以制止。

（二）土地所有权人的义务

1. 维护土地承包经营权人的土地承包经营权的义务

农地的所有权归属于集体经济组织，但是，集体经济组织在自己的土地上设置了土地承包经营权后，就在自己的土地上设置了负担，必须尊重和维护承包经营权人的他物权。土地承包经营权人所享有的土地承包经营权受国家法律保护，土地所有权人作为土地的所有者，也不得侵犯土地承包经营权人的土地承包经营权，有义务维护土地承包经营权人的土地承包经营权，不得非法变更、解除土地承包经营合同。《物权法》第 130 条第 1 款规定："承包期内发包人不得调整承包地。"第 131 条规定："承包期内发包人不得收回承包地。农村土地承包法等法律另有规定的，依照其规定。"

对于最初的土地承包经营权，法律上是作为债权对待的，没有赋予土地承包经营权人物权人的地位，因而在实践中出现了一些土地所有权人随意撕毁合同，侵害土地承包经营权人合法权益的现象。《农村土地承包法》和《物权法》将土地承包经营权规定为物权，赋予了土地承包经营权人物权人地位，不允许土地所

有权人非法变更、解除土地承包经营合同，侵害土地承包经营权人的土地承包经营权。即使在承包期内土地承包经营权人全家迁入小城镇落户的，如果土地承包经营权人愿意保留承包经营权，也应当尊重其意愿，保留其土地承包经营权或者允许其依法进行土地承包经营权流转。

2. 尊重土地承包经营权人的生产经营自主权的义务

土地所有权人对于土地承包经营权人的自主经营权负有尊重的义务，对于土地承包经营权人自主组织生产经营并对有关产品进行处置的行为不能进行干预。过去，有的农村土地承包经营后，土地所有权人强行要求承包户种植某种作物、某品种作物，甚至采用粗暴的方式进行干预。这严重地侵害了土地承包经营权人的经营自主权。土地所有权人随意干涉土地承包经营权人正常的生产经营活动的，属于违法行为，应当承担相应的法律责任。

3. 依照约定为土地承包经营权人提供生产、技术、信息服务的义务

我国农村土地承包经营具有双层经营的特殊性，虽然土地承包经营权人取得土地承包经营权后，有权进行自主生产经营，但如果在合同中约定了土地所有权人提供生产、技术、信息等服务的，土地所有权人应当履行。在我国农村的生产经营中，作为土地所有权人的集体经济组织具有自身的优势，可以聘请有关专家对土地承包经营权人的生产经营进行指导，为土地承包经营权人销售农产品提供信息等。这些都有利于土地承包经营权人的生产经营。

4. 执行土地利用总体规划、组织农业基础设施建设的义务

土地利用总体规划是根据经济建设的需要和土地的适宜性，在较长的规划时期内对土地资源在各部门的分配和土地开发、利用、整治、保护进行统筹协调、合理安排的战略性规划。土地利用总体规划是土地利用的基本依据，土地所有权人在发包土地、依法调整承包地的过程中，必须认真执行县、乡（镇）土地利用总体规划，不得违反规划占用耕地或者开发利用其他土地资源。

农业基础设施主要是指乡村机耕道路、机井和灌溉排水等农田水利设施。农业基础设施建设通常涉及本集体经济组织全体成员的利益，而且依靠个别承包户的力量很难完成，必须由土地所有权人统一组织进行。这也是《物权法》第 124

条第1款规定的双层经营体制的一项内容。

第四节　土地承包经营权的消灭

一、土地承包经营权基于特定事由而消灭

土地承包经营权作为一种用益物权，既有物权消灭的一般事由，如承包地被征用、承包地灭失等，也有自身的特定消灭事由，如土地承包经营权人提前交回、土地所有权人提前收回、承包期限届满等。

（一）土地承包经营权提前收回

土地承包经营权提前收回，是指在土地承包经营合同约定的承包期限届满之前，发包人在发生特定事由时将承包地提前收回，使土地承包经营权归于消灭的行为。

《农村土地承包法》和《物权法》规定，在土地的承包期内，土地所有权人不能提前收回承包地；只有在发生特定事由时，土地所有权人才有权提前收回承包地，使存在于该承包地上的土地承包经营权归于消灭。《农村土地承包法》第26条第3款规定，承包期内，土地承包经营权人全家迁入设区的市，转为非农业户口的，应当将承包的耕地和草地交回土地所有人。土地承包经营权不交回的，土地所有权人可以收回承包的耕地和草地。

《农村土地承包法》明确规定土地所有权人在某些情形下不得收回承包地，对土地所有权人的收回权进行限制，以加强对土地承包经营权人的保护。具体情形有：（1）承包期内，妇女结婚，在新居住地未取得承包地的，土地所有权人不得收回其原承包地；（2）妇女离婚或者丧偶，仍在原居住地生活或者不在原居住地生活但在新居住地未取得承包地的，土地所有权人不得收回其原承包地；（3）承包期内，土地所有权人不得单方面解除承包合同，不得假借少数服从多数

强迫土地承包经营权人放弃或者变更土地承包经营权，不得以划分“口粮田”和“责任田”等为由收回承包地搞招标承包，不得将承包地收回抵顶欠款。土地所有权人违反这些规定收回承包地、将承包地收回抵顶欠款的，应当承担停止侵害、返还原物、恢复原状、排除妨害、消除危险、赔偿损失等民事责任。

（二）土地承包经营权提前交回

土地承包经营权的提前交回，是指在土地承包经营合同约定的承包期限届满前，土地承包经营权人将承包地交回土地所有权人，其土地承包经营权归于消灭的行为。

根据《农村土地承包法》的规定，土地承包经营权的提前交回分为两种。

1. 强制交回

《农村土地承包法》第 26 条第 3 款规定的交回，是指在承包期内，土地承包经营权人全家迁入设区的市，转为非农业户口的，应当将承包的耕地和草地交回。这意味着该承包权人失去了农村集体经济组织成员的资格的，不应当再享有土地承包经营权，应当将承包的耕地和草地交回土地所有权人。如果土地承包经营权人不主动交回的，土地所有权人可以依法收回承包的耕地和草地。应当注意的是，提前收回和强制交回是一个问题的两个不同方法，土地承包经营权人必须强制交回，是交回的问题；而土地所有权人，在土地承包经营权人不交回的时候，就要收回。

2. 自愿交回

《农村土地承包法》第 29 条规定，土地承包经营权作为一种用益物权，作为权利人的土地承包经营权人可以自愿交回承包地，土地所有权人不应对此予以限制。土地承包经营权人自愿交回承包地应当履行一定的程序，即应当提前半年以书面形式通知土地所有权人，以便土地所有权人做好准备。土地承包经营权人在承包期内自愿交回承包地的，在承包期内不得再要求承包土地。

在承包期内土地承包经营权人全家迁入小城镇落户，而根据土地承包经营权人的意愿，不保留土地承包经营权的，也属于自愿交回，也发生土地承包经营权消灭的后果。

无论是交回还是收回承包的土地，土地承包经营权人对于其为提高土地生产能力而在承包地上的投入有权获得合理的补偿。

（三）土地承包经营权期限届满

土地承包经营权是一种有期限物权，在期限届满时归于消灭。

耕地的承包期为30年，草地的承包期为30年至50年，林地的承包期为30年至70年，特殊林木的林地承包期，经国务院林业行政主管部门批准可以延长。《物权法》第126条第2款规定：承包期届满，由土地承包经营权人按照国家有关规定继续承包。土地承包经营期限届满，如果土地承包经营权人不续包的，土地承包经营权归于消灭，应当将承包地交回土地所有权人。

由于土地承包经营权人对承包地进行长期使用、收益，所以其可能在承包地上建造了一些附属设施，以及对承包地进行了改良。对此附属设施、种植物以及改良费用如何处理，应当遵循下列原则。

1. 土地承包经营权续期的

土地承包经营权届满后，土地承包经营权人续期的，土地承包经营权继续存在，原来对土地的投入仍然由该承包人承受，不予补偿。

2. 土地承包经营权终局消灭的

（1）附属设施的归属。

土地承包经营权期限届满而交回土地的，土地承包经营权人有权取回附着设施，恢复土地原状。但土地所有权人要求以时价购买的，土地承包经营权人不得拒绝。土地承包经营权人不取回附属设施的，且保留附属设施对土地使用有益时，土地所有权人应当给予相应的补偿。

（2）种植物的补偿。

土地承包经营权期限届满而没有续期时，土地所有权人应当就土地上的竹木或未收获的农作物，对土地承包经营权人给予补偿。

（3）改良费用和其他有益费用的返还。

土地承包经营权人为增加地力或为促进土地利用的便利，而支出的特别改良费用或其他有益费用，土地所有权人知道或应当知道而没有立即反对的，在土地

承包经营合同期限届满没有续期时，土地承包经营权人有权向土地所有权人提出返还请求。返还的数额，以现存的价值增加额予以计算。

二、土地承包经营权依照物权消灭的一般事由而消灭

（一）承包地被征收

国家基于社会公共利益的需要而征收集体所有的农村土地时，在该土地上设立的土地承包经营权当然消灭。国家在征收承包经营的土地时，应当给予土地承包经营权人充分、合理的补偿。对此，应当告知土地承包经营权人征地的补偿标准、安置办法。土地补偿费等费用的使用、分配办法，应当依法经村民会议讨论决定。任何单位和个人不得贪污、挪用、截留土地补偿费等费用。

（二）承包地灭失或使用价值丧失

承包地灭失虽然罕见，但确实存在，比如靠近河流的耕地随着河床的冲刷而坍塌，土地因地下采矿被掏空而塌陷等。此时，存在于所灭失的承包地上的土地承包经营权因此而消灭。

土地承包经营权人签订土地承包经营合同，为了在所承包的土地上进行使用、收益，如果由于自然原因的变化，该承包地上的使用价值丧失的，土地承包经营权也相应随之消灭。如牧民承包了草地进行放牧，但随着沙漠的推进，所承包的草地变成沙漠，承包经营权因此消灭。

（三）土地承包经营权人死亡且无继承人或继承人放弃继承

土地承包经营权的存续以土地承包经营权人的存在为前提，如果作为权利主体的土地承包经营权人死亡且无继承人的，其所享有的土地承包经营权也失去了存在的意义，相应地随之消灭。

继承人放弃继承也会使土地承包经营权消灭。

（四）土地承包经营权转让

土地承包经营权人有稳定的非农职业或者有稳定的收入来源的，经土地所有权人同意，可以将全部或者部分土地承包经营权转让给其他从事农业生产经营的

农户，由该农户同土地所有权人确立新的承包关系，原土地承包经营权人与土地所有权人在该土地上的承包关系消灭。这也是一种土地承包经营权的消灭方式，只不过在原土地承包经营权人的土地承包经营权消灭的同时，受让农户作为新的土地承包经营权人取得新的土地承包经营权。

第十章

地上权

第一节　建立统一的地上权的概念和体系

一、建立统一的地上权的概念和体系的基础

（一）地上权的概念和基本特点

地上权，是指在他人的土地上营造建筑、隧道、沟渠等工作物或者种植竹木而使用该他人土地的权利。[①]

地上权的基本特点是，在营造建筑的土地关系上，土地所有权为土地所有权人所有，土地之上的建筑物等工作物为地上权人所有。在我国，国家或集体是土地的所有权人。这种土地所有制度与国外的土地私有制有本质的不同，但是，这只决定我国的地上权与传统民法上的地上权性质不同，并不能否定我国地上权存

① 按照传统民法的观念，地上权还应当包括在他人的土地上种植竹木的权利，但在我国现行法律中，这种权利归属于土地承包经营权，不再属于地上权。

在的必要和可能。国家或集体在自己的土地上营造建筑物等工作物，不发生地上权；自然人、法人或其他组织在国家和集体的土地上营造建筑物等工作物，即属于在他人的土地上行使地上权，并取得在该土地上设置的不动产的所有权，而土地所有权仍归国家和集体所享有。确认地上权法律关系，是明确国家、集体和自然人、法人或其他组织之间在土地使用上的权利义务关系的需要，也是利用土地发展经济、保障人民生活的需要。

（二）我国地上权的传统

地上权并不是我国民法上的概念，而是起源于罗马法。按照罗马法原有的规定，虽然准许将土地出租给他人建筑房屋，但按照罗马法关于地上物属于土地所有权人所有的原则，定着于他人土地上的建筑物，均属于土地所有权人所有，因而造成不便和不公。为了解决这样的不便和不公的问题，罗马法创立了地上权制度，确定支付地租给土地所有权人之后，土地使用人即可在土地上建造建筑物，取得同土地所有权人几乎相同的权利。近现代民法上的地上权制度，均溯源于罗马法，但效力已不如罗马法上广泛。[①]

在我国古代，尽管没有明确的地上权概念，但从周朝始，就已存在地上权的事实。陕西省岐山县董家村出土的卫鼎（乙）记载，矩把自己占有的林百里（土地）给予袭卫，以交换袭卫付给他的东西，同时又要给土地上的森林所有权人颜阵送礼。颜阵在矩所占有的土地上种植森林，既不妨碍矩将土地所有权转移，又因自家种植的森林而得到报酬。这种权利是明显的地上权。不过，在中国古代法律中从来没有使用过地上权的概念，也没有明文规定。至《大清民律草案》和《民国民法草案》开始，法律始设立地上权的条文，至民国民法，正式建立此制。

（三）我国现行法上究竟是否存在地上权

对于我国现行立法上是否存在地上权，有不同观点。有一种观点认为，我国没有地上权，仅承认立法中规定的国有土地和自然资源的使用权。[②] 另一种观点认为，我国因建筑物或其他工作物而使用国家或集体所有土地的权利，就是地上权。[③]

---

① 江平，等. 罗马法基础. 北京：中国政法大学出版社，1991：182.

② 孙宪忠. 论我国的土地使用权. 中国社会科学院研究生院学报，1987（8）.

③ 钱明星. 物权法原理. 北京：北京大学出版社，1994：293.

事实上，建设用地使用权与国有资源使用权是两种不同的权利。开发利用土地资源，如挖掘泥土烧制建筑材料，以及对其他国有资源的开发利用，尽管有用益物权的性质，但并不是一般的用益物权，而是特许物权，是准物权。应当确认，我国的建设用地使用权和宅基地使用权，都是为建筑而使用国家、集体土地的用益物权，符合地上权的法律特征，就是地上权。即使在《物权法》通过生效之前，在我国的现行法律和现实生活中也客观地存在这样两种地上权。这并不是虚构的事实，而是客观存在的事实。

不仅如此，在司法实践中，也存在地上权的时效取得问题。在最高人民法院批复的渭贵沟、渭贵坡权属争议案件中，双方当事人国营老山林场和田林县渭昔屯讼争的渭贵沟、渭贵坡，位于渭昔屯村背后的 3 公里处，面积 610 多亩，现有林木 270 多亩。渭贵沟、渭贵坡在“土改”时未确权，后渭昔屯村民曾在该地割草、放牧，1961 年和 1962 年还在该地垦荒种植农作物。1965 年年底，老山林场将该地纳入林场扩建规划，其中包括渭昔屯丢荒的 13.5 亩土地。1967 年至 1968 年，老山林场雇请民工在现争议土地上种植杉木并由林场看护管理，双方无争议。1987 年，因渭昔屯村民上山砍伐杉木，引起纠纷。至 1989 年，田林县政府将该土地确权给渭昔屯。老山林场不服，向法院起诉。1992 年 7 月，最高人民法院《关于国营老山林场与渭昔屯林木、土地纠纷如何处理的复函》[①]，确认了老山林场依据取得时效取得种植林木的权利：“为了保护双方当事人的合法权益，我们基本上同意你院审判委员会的意见，即：本案可视为林场借地造林，讼争的土地权属归渭昔屯所有，成材杉木林归老山林场所有，由林场给渭昔屯补偿一定的土地使用费。”在他人的土地上建造建筑物、种植林木的权利，属于他物权中的地上权。老山林场在权属不明的土地上种植杉木，其后该土地被确权给他人，就形成了老山林场对其杉木林享有的所有权和对土地的地上权。老山林场对该地上权的取得，并非经双方合意，而是依实际占有、使用，且这种事实状态持续了二十余年，因而是依取得时效而取得地上权。可见，司法实践也确认地上权的现

① 唐德华，王永成. 中华人民共和国法律规范性解释集成 1991—1992. 长春：吉林人民出版社，1993：140.

实存在。本案的所谓“借地造林”，就是事实上取得建造林木的地上权。

（四）《物权法》规定的各种不同的地上权

在《物权法》中，规定的下述用益物权都具有地上权的性质。

第一，建设用地使用权是典型的地上权。土地是国家所有，使用人通过划拨或者有偿转让取得在国家所有的土地上建造建筑物的权利。这种权利当然是地上权，而且是最典型的地上权，是我国地上权的主体部分。

第二，宅基地使用权也是典型的地上权。在农村，土地归属于农民集体所有，对于建造农民住宅的用地，采用一户一块的政策。尽管农民在集体所有的土地上建造自己住宅的权利，叫作宅基地使用权，但其性质仍然是地上权。

第三，乡村建设用地使用权也是地上权。《物权法》规定的建设用地使用权与乡村建设用地使用权的性质是一样的，都是在他人的土地上建设建筑物，所不同的仅仅是使用土地的权属不同：一个是国家所有的土地，另一个是农民集体所有的土地。

第四，分层地上权也叫作空间权或者空间建设用地使用权。在起草《物权法》的过程中，很多学者提出设立空间权是完全必要的，也是必须的。因为在今天的社会生活中，对于处于地表之上和之下的空间的利用，已经是普遍存在的事实。问题在于，有些学者认为分层地上权是一种独立的用益物权，并不具有地上权的性质。笔者的看法相反，认为它就是一种地上权，它与一般的地上权的不同之处在于，这个权利并不是存在于地表，而是存在于地表之上和之下。建立在地表上的建设用地使用权是地上权，建立在地表之上或者地表之下的空间的建设用地使用权，当然也是地上权，仅仅是分层地上权而已。我国台湾地区“民法”使用区分地上权的概念[①]，这是一个既形象又准确的概念。分层地上权的概念与区分地上权的概念相同，同样也很形象、很准确。

第五，种植森林、林木的土地承包经营权，其性质应当属于地上权。在事实上客观存在的种植林木的土地承包经营权，它的性质并不是农地使用权，而是地

---

① 谢在全. 民法物权论：中册. 修订5版. 台北：新学林出版股份有限公司，2010：72. 郑冠宇. 民法物权. 2版. 台北：新学林出版股份有限公司，2011：339.

上权。理由在于，所谓的农地使用权也就是永佃权，不论是德国民法、法国民法、瑞士民法上的土地的用益权，还是日本民法、意大利民法上的永佃权，这种权利的内容都是使用权人租用土地，用以耕作或者牧畜，因而在租用的土地上收获孳息。这样的内容，在所有的民法典中都规定得清清楚楚。与此相反，地上权从它产生之初，就不是这种性质的权利。例如《日本民法典》第265条明文规定，地上权人，因于他人土地上有工作物或竹木，而有使用该土地的权利；但是地上权人应向土地所有权人支付地租；未以设定行为定地上权存续期限的，无另外习惯时，地上权人可以随时抛弃其权利；地上权人不依照上述规定抛弃其权利时，法院因当事人请求于20年以上50年以下的范围内，斟酌工作物或竹木的种类、状况及地上权设定时的其他情事，确定其存续期间。在我国，即使采用承包经营的方式取得在他人的土地上种植林木的权利，也不是永佃权性质的农地使用权，其性质仍然是地上权。特别是国营林场对于国有土地的使用权，完全不是承包取得，当然是地上权性质。尽管我国台湾地区“民法”已经将这类用益物权归并在农育权之中，与土地承包经营权相似，但仍然值得研究。

第六，在《物权法》中简单规定的、在《海域使用管理法》中具体规定的海域使用权，是一个较为复杂的用益物权，但其中在国家所有的海域中设定建筑物、工作物的权利，属于地上权性质。

二、建立统一的地上权的概念和体系的必要性

我国《物权法》立法的现实情况是，对任何一种具体的物权都单独作具体的规定。换言之，我国《物权法》的特点是一种权利规定一章。即使这种权利没有具体规定，也在适当的条文中作一个简单的规定。上述六种地上权性质的用益物权，比较集中地规定在“建设用地使用权”和“宅基地使用权”这两章中，与建设用地使用权相似的分层地上权和乡村建设用地使用权则规定在建设用地使用权一章中，仅用1条进行规定。此外，在用益物权的一般规定中，规定了具有地上权性质的海域使用权。尽管如此，这也规定了五种具有地上权性质的用益物权。

面对这样的现实情况，有必要对地上权的不同种类进行整合，确立一个统一的地上权概念和体系。其必要性体现在以下几点。

第一，我国存在地上权是客观的、现实的，设立统一的地上权概念能够使物权体系的结构明确，符合法律逻辑性的要求。

地上权的基本特点是，在营造建筑或种植竹木的土地关系上，土地所有权为土地所有权人所有，土地之上的建筑物等工作物或竹木为地上权人所有。在我国，国家或集体是土地的所有权人。这种土地所有制度与国外的土地私有制有本质的不同，但是，这只决定了我国的地上权与传统民法上的地上权性质上不同，并不能否定我国地上权存在的必要和可能。自然人、法人或其他组织在国家和集体的土地上为建筑或种植林木，即为在他人的土地上享有和行使地上权，并取得在该土地上设置的不动产的所有权，而土地所有权仍归国家和集体所享有。确认这种地上权法律关系，是明确国家、集体和自然人、法人或其他组织之间在土地使用上的权利义务关系的需要。

我国的地上权与国外传统民法上的地上权不同，有三个最为鲜明的特点：一是，我国物权法不规定地上权的概念。在我国《物权法》中，没有专门规定地上权的概念，也不使用地上权的概念，而是分别规定不同的地上权。二是，对于地上权的不同种类分别作不同的规定。我国《物权法》规定的地上权种类包括第十二章规定的建设用地使用权、分层地上权、乡村建设用地使用权和第十三章规定的宅基地使用权，以及种植竹木的土地承包经营权和海域地上权。这些权利虽然被分别作出规定，但它们的属性都是地上权。三是，各种不同的地上权既有共性又具有不同的内容。在我国，不同的地上权具有不同的内容，并非完全适用同一的规则。特别是建设用地使用权和宅基地使用权两个地上权，其规则具有明显的差别，不可适用同样的规则。但它们作为地上权在基本属性上是完全一致的，最基本的规则也是完全一样的。

我国地上权立法的现实情况，并不说明在我国的物权体系中就不存在地上权，而仅仅说明我国的地上权与别国的地上权规定有所不同而已。因此，采用大一统的地上权的概念和体系，是对现实存在的不同种类的地上权的客观反映，借

以表明这些权利的基本属性都是地上权，它们具有统一的基本规则。在所有的用益物权中，这是一个“团伙性”的权利组。

第二，设立大一统的地上权概念，能够简化不同的地上权种类的法律关系，便于法律适用。

事实上，《物权法》规定如此繁多的地上权种类，并不是一个科学的办法。它反映了我国立法的混乱状态的现实，以及立法者对这种混乱状态的无能为力。因此，《物权法》只能照搬现实，而不能高屋建瓴地进行归纳和规范。这就是存在众多的地上权种类的根本原因。

法学理论工作者对此应当是清醒的，应当能够通过这些不同的用益物权的设置，看到它们的基本属性的一致性和概念的统一性，确认它们的基本性质为地上权，并且将这些不同的权利归并在一起，构成一个完整的地上权体系，让它们成为一个大家庭，成为一类统一的法律关系的族群，在基本规则上具有统一性和相同性。采取这样的办法，就能够在法律适用上，使法官在不同的地上权的概念以及相关纠纷中，都能够清楚地识别它们的地上权属性，掌握地上权法律关系的本质特点，准确地适用法律，保护权利人的权利。在这一点上，设立大一统的地上权概念和体系，显然具有更为现实的重要意义。

第三，设立大一统的地上权概念，能够使用益物权体系化，更便于普法、宣传和教学。

现实存在的众多的地上权，表现各异，名称各不相同，因此，在普法、法律宣传以及法律教学上，都会存在重大困难。一一说明各个权利的属性、特征和内容，必定显得烦琐和重复。既然这些不同的权利都具有共同的属性，具有相同的基本规则，那么，进行体系化的研究和表现，就是最好的办法。这就是“归并同类项”的方法。

采用设立大一统的地上权概念的办法，就可以说明这一类权利的基本属性、基本特征、基本规则和基本的法律效果。在这样的基础上，再对不同的地上权的不同内容进行具体的阐释和说明，就能够掌握这些权利的全部内容，形成完整的知识结构。因而，在《物权法》的普法、宣传和法律教学中，就会事半功倍，收

到更好的效果。

因此，设立大一统的地上权概念和体系，并非困难的牵强之举，而是表现客观现实的应有之义。

三、我国统一的地上权的体系内容

我国地上权的体系是由六种权利组成的，可以分为三大类。

（一）国有土地上设立的地上权

在国有土地上设立的地上权，主要是建设用地使用权和分层地上权。

1. 建设用地使用权

建设用地使用权是指自然人、法人或其他组织依法对国家所有的土地享有的占有、使用和收益，建造并经营建筑物、构筑物及其附属设施的权利。建设用地使用权是普通地上权。

2. 分层地上权

分层地上权则是空间地上权，是分层的建设用地使用权。在《物权法》中，将分层地上权和建设用地使用权这两种权利规定在同一章中，所依据的就是它们的相同性质。

分层地上权也叫作区分地上权、空间权或者发展权，是指在他人所有的土地的上下的一定空间内设定的地上权。《物权法》第 136 条对此作出了规定："建设用地使用权可以在土地的地表、地上或者地下分别设立。新设立的建设用地使用权，不得损害已设立的用益物权。"因此，分层地上权也可以叫作分层建设用地使用权。

分层地上权与建设用地使用权同样是地上权，其区别在于：建设用地使用权的效力范围与该设定面积内的土地所有权的效力范围相同；但分层地上权的效力范围，不是该设定面积内的土地所有权的效力范围的全部，而仅为其中一空间部分。[①]

---

① 谢在全. 民法物权论：中册. 修订 3 版. 台北：三民书局，2004：128.

3. 种植竹木的地上权

利用他人的土地种植竹木的权利，是地上权。这种地上权不仅包括国营林场等企业在国有土地上种植林木的地上权，也包括承包农村集体所有的土地种植林木的地上权和承包“四荒”土地种植林木的地上权。

（二）集体土地上设立的地上权

在集体土地上设立的地上权包括宅基地使用权和乡村建设用地使用权。

1. 宅基地使用权

宅基地使用权是农村集体组织成员在集体所有的土地上建造住宅的权利。它的性质是地上权，只是在土地的权属性质以及权利主体的性质上，与一般的地上权有所区别。

2. 乡村建设用地使用权

乡村建设用地使用权属于建设用地使用权，只是土地的权属为集体所有。其权利主体是乡镇企业或者乡村集体组织。它是指乡（镇）村企业等自然人、法人或其他组织依法对集体所有的土地享有的占有、使用和收益，建造并经营建筑物、构筑物及其附属设施的地上权。

（三）海域使用权中的海域地上权

海域使用权，是一个正在被学者和专家重视的物权法概念。其上位概念是海域物权，包括海域所有权和海域使用权。我国的海域所有权由国家享有，在海域所有权上设立的使用海域的权利，被叫作海域使用权。按照学者的定义，海域使用权是指民事主体依照法律规定，对国家所有的海域所享有的以使用和收益为目的的一种具有直接支配性和排他性的新型用益物权。①

把海域使用权界定为用益物权，是完全正确的，也是完全必要的。国家所有的土地是国家最重要的资源和财富。同样，国家所拥有的海域，就是国家的蓝色国土，也是国家最重要的资源和财富。在他人所有的蓝色国土也就是海域上设立的占有、使用、收益的权利，当然是用益物权。现在的问题是：这种用益物权究竟属于何种性质的用益物权？

---

① 尹田．中国海域物权制度研究．北京：中国法制出版社，2004：40.

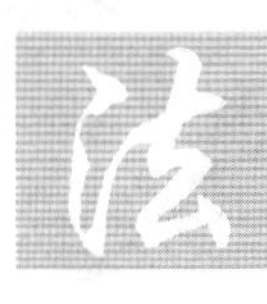

按照《海域使用管理法》第25条的规定，海域使用权起码包括以下权利内容：一是养殖用海，二是拆船用海，三是旅游、娱乐用海，四是盐业、矿业用海，五是公益事业用海，六是港口、修造船厂等建设工程用海。这些海域使用权，并不是一项统一的、具有相同内容的权利，而是具有不同性质的权利。简要的划分是：在海域上建造建筑物的权利，属于海域地上权；在海域上晒盐、采矿，属于采矿权等特许物权；不在海域建造建筑物，而仅仅是一般地使用海域的，如养殖、旅游、娱乐等对海面和海水的使用，则是一般的用益权，也是特许物权。

经过以上分析可以看出，海域使用权并不是一项单一的、单纯的用益物权，而是聚合不同种类的海域使用权的集合式的用益物权体系。其中有一部分属于海域地上权，即在海域建造建筑物的海域使用权。对于这一部分海域使用权，应当纳入统一的地上权体系，按照地上权的概念进行解释、理解和适用。

第二节　建设用地使用权

一、建设用地使用权的概念、特征和历史沿革

（一）建设用地使用权的概念

建设用地使用权是普通地上权，是指自然人、法人或其他组织依法对国家所有的土地享有的占有、使用和收益，建造并经营建筑物、构筑物及其附属设施的地上权。建设用地使用权人依法享有对国家所有的土地占有、使用和收益的权利，有权自主利用该土地建造并经营建筑物、构筑物及其附属设施。《物权法》第135条规定："建设用地使用权人依法对国家所有的土地享有占有、使用和收益的权利，有权利用该土地建造建筑物、构筑物及其附属设施。"

（二）建设用地使用权的法律特征

1. 建设用地使用权以开发利用、生产经营和社会公益事业为目的

建设用地使用权的设立目的，因权利取得方式不同而有差别。通过出让方式

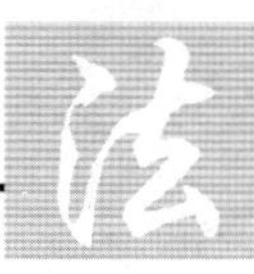

取得建设用地使用权的，土地使用者有权以开发利用、生产经营为目的使用该国有土地；通过划拨方式取得建设用地使用权的，土地使用者应当从事社会公益事业，不得以营利为目的使用该国有土地。建设用地使用权的这一特点使其与土地承包经营权和宅基地使用权相区别。

2. 建设用地使用权的标的物为国家所有的城镇土地

建设用地使用权的标的物是国家所有的城镇土地，不包括集体所有的农村土地。如果在农村集体所有的土地上设立建设用地使用权，需要对集体所有的土地先进行征用，变为国有土地之后，才可以设立建设用地使用权。国家严格限制农用地转为建设用地，控制建设用地总量，对耕地实行特殊保护，禁止违反法律规定的权限和程序出让土地。

3. 建设用地使用权人使用土地的范围限于建造并经营建筑物、构筑物及其附属设施

建设用地使用权与传统的地上权不同，适用范围只限于建造并经营建筑物、构筑物及其附属设施，不包括种植竹木。这与日本、我国台湾地区规定的地上权包括种植竹木有所不同。建筑物是指在土地上建设的房屋；构筑物是指除建筑物之外的桥梁、沟渠、池塘、堤防、地窖、隧道、纪念碑等；建筑物、构筑物的附属设施就是这些工作物的附属部分。

4. 建设用地使用权的性质是地上权

建设用地使用权是使用权人在国有的土地上设立的用益物权，这种用益物权的性质是地上权。它具有地上权的一切特征，其设立、变更和消灭的规则都适用地上权的规则。

（三）建设用地使用权的发展沿革

建设用地使用权是我国国有土地使用制度改革的产物，它实现了我国土地利用从无偿到有偿的转变。

自20世纪80年代中期以来我国实行国有土地使用制度的改革，使建设用地使用权进入市场进行交易。这样的改革，增加了国家的财政收入，改变了因无偿使用土地所造成的盲目占有土地、大量浪费土地、土地使用效益低下的现象。

1988 年的《宪法修正案》第 2 条规定，土地的使用权可以依照法律的规定转让。1988 年修改的《土地管理法》和 1998 年修改的《土地管理法》都规定："国家依法实行国有土地有偿使用制度。但是，国家在法律规定的范围内划拨国有建设用地使用权的除外。"1990 年国务院颁布的《城镇国有建设用地使用权出让和转让暂行条例》，较为全面地规定了建设用地使用权出让、转让、出租、抵押、终止以及划拨建设用地使用权等问题。1994 年颁布的《城市房地产管理法》对建设用地使用权的出让、划拨等问题作了更为详细的规定。这些法律规定确立了我国建设用地使用权的制度体系。

二、建设用地使用权的设立

建设用地使用权的设立，是指建设用地使用权的取得或发生。建设用地使用权的设立方式有两种，即出让和划拨。《物权法》第 137 条规定："设立建设用地使用权，可以采取出让或者划拨等方式。""工业、商业、旅游、娱乐和商品住宅等经营性用地以及同一土地有两个以上意向用地者的，应当采取招标、拍卖等公开竞价的方式出让。""严格限制以划拨方式设立建设用地使用权。采取划拨方式的，应当遵守法律、行政法规关于土地用途的规定。"

（一）出让设立

1. 设立方式

通过出让设立建设用地使用权，是指国家以土地所有人的身份，将建设用地使用权在一定年限内出让给土地使用者，由土地使用者向国家支付建设用地使用权出让金的行为。采用出让方式设立建设用地使用权的，按照《物权法》第 137 条第 2 款的规定，工业、商业、旅游、娱乐和商品住宅等经营性用地以及同一土地有两个以上意向用地者的，应当采取招标、拍卖等公开竞价的方式出让。

通过出让设立建设用地使用权，是通过法律行为的方式进行的，出让行为的当事人包括国家和土地使用者，双方当事人通过协议方式，为使用者设立建设用地使用权。

2. 双方的主要权利、义务

出让是建设用地使用权的原始取得方式之一。国家作为土地使用权出让一方，在出让行为中的主要义务是将作为建设用地使用权客体的国有土地，在一定年限内出让给建设用地使用权人使用；主要权利是收取建设用地使用权出让金。土地使用者作为建设用地使用权人，在出让行为中，主要义务是支付建设用地使用权出让金，主要权利是请求国家交付作为建设用地使用权客体的国有土地由其使用。

3. 出让设立建设用地使用权的要求

出让建设用地使用权设立必须遵循两个要求。

(1) 建设用地使用权出让的客体是国有土地。要在集体所有的土地上设立建设用地使用权，必须依法将其转为国有土地后才能出让设立。集体土地须通过依法征用才能够转为国有土地，出让设立建设用地使用权。

(2) 建设用地使用权出让应当采取法定的合同形式。为防止国有土地流失，保护建设用地使用权人的利益，建设用地使用权的出让应当采取拍卖或招标的形式。拍卖或招标都是以竞争方式订立合同的形式，有利于实现国有土地的价值。拍卖和招标，分别依照《拍卖法》和《招标投标法》的规定进行。当事人通过拍卖或招标方式达成建设用地使用权的出让协议的，应当签订书面建设用地使用权出让合同。

4. 建设用地使用权出让合同

《物权法》第138条第1款规定："采取招标、拍卖、协议等出让方式设立建设用地使用权的，当事人应当采取书面形式订立建设用地使用权出让合同。"在建设用地使用权出让合同中，由代表国家的各级人民政府的土地管理部门作为出让方，与土地使用者订立建设用地使用权出让合同。建设用地使用权出让合同具有如下特征。

(1) 建设用地使用权出让合同属于民事合同。有人认为，建设用地使用权出让金不是建设用地使用权的商品价格，出让方也并非单纯地追求收取最高的建设用地使用权出让金，而是要考虑如何实现行政管理目的，并且在发生争议时出让

方可以直接根据法律收回建设用地使用权，因此，出让建设用地使用权属于行政行为，建设用地使用权出让合同是行政合同。这种认识是不正确的，理由有以下几点。

第一，应当确定国家的身份。当国家参与政治、社会管理活动时，国家的身份是主权者或管理者而不是民事主体；当国家参与民事活动时，国家是以民事主体而不是主权者或管理者的身份出现的。在建设用地使用权出让合同中，各级政府的土地管理部门代表国家以土地所有权人的身份与土地使用者订立合同，其身份是民事主体，并以此与其他民事主体从事交易行为，他们之间发生的关系属于平等主体之间的民事关系。

第二，在建设用地使用权出让合同中，土地管理部门确实享有一些特权，如基于社会公共利益的需要提前收回土地、监督土地的使用等，但这些特权并不是行政权力，而是国家作为所有权人监督土地的使用情况，是国家行使所有权的表现，而不是行使行政权力的表现。

第三，建设用地使用权出让金不是管理手段，而是建设用地使用权的商品价格。出让金的数额并不是完全由出让方确定的，而是通过拍卖、招标或双方协商的方式确定的。

这些都表明，建设用地使用权出让合同属于民事合同，而不是行政合同。①

（2）建设用地使用权出让合同以设立物权为目的。订立建设用地使用权出让合同的目的，是设立建设用地使用权。当事人通过订立建设用地使用权出让合同，确立双方的权利、义务，并使受让人取得建设用地使用权这种用益物权。

（3）建设用地使用权出让合同属于要式合同。订立建设用地使用权出让合同，应当采取书面形式，并办理法律规定的登记手续，取得建设用地使用权证书。建设用地使用权出让合同应当包括以下内容：1）当事人的名称和住所；2）土地的位置、面积等；3）建筑物、构筑物及其附属设施占用的空间；4）土地用途；5）使用期限；6）出让金等费用及其支付方式；7）解决争议的办法。

① 王利明．物权法论．北京：中国政法大学出版社，1998：592－597.

（二）划拨设立

1. 设立方式

划拨也是建设用地使用权的原始取得方式之一。划拨是指县级以上人民政府依法批准，在土地使用者缴纳补偿、安置等费用后，将国有土地交付其使用，或者将国有土地无偿交付给土地使用者使用的行为。因此，划拨有两种方式：一是县级以上人民政府依法批准，在土地使用者缴纳补偿、安置等费用后，将国有土地交付给土地使用者使用；二是县级以上人民政府依法批准，将国有土地无偿交付给土地使用者使用。按照《物权法》第137条第3款规定：严格限制以划拨方式设立建设用地使用权。采取划拨方式的，应当遵守法律、行政法规关于土地用途的规定。

2. 划拨设立建设用地使用权的性质

关于划拨的性质，在理论上有民事行为说和行政行为说两种观点。事实上，划拨应属于行政行为而不是民事行为，因为在划拨中，国家与土地使用者并不是平等主体的关系。但也有人因此认为：依划拨取得的建设用地使用权与依出让取得的建设用地使用权是两种不同的权利。划拨实质上是国家通过社会成员行使其占有、使用土地的权能，而不是将建设用地使用权作为一项财产让与他人。因此，事实上不存在土地所有权与使用权的分离，二者合二为一，土地使用者取得的权利是无偿的、不定期的。但由于这种权利不是属于使用者的一项独立的财产权利，因而不能进入流通，不得作为民事法律行为的标的进行转让、出租、抵押。[①] 这种观点值得商榷。

划拨与出让，只是建设用地使用权取得的方式不同，并不能以划拨为行政行为为由，而否定基于划拨而取得的建设用地使用权是一项独立的财产权利。行政行为也可以作为民事权利的取得方法，这并不违反民法的基本原理。因此，虽然划拨属于行政行为，但并不影响以这种方式取得的建设用地使用权成为一种用益物权。

3. 划拨设立建设用地使用权的限制

由于划拨设立建设用地使用权是无偿的，取得建设用地使用权的一方并没有支

① 吕来明. 走向市场的土地：地产法新论. 贵阳：贵州人民出版社，1995：177.

付对价即取得该用益物权，因而通过划拨方式设立建设用地使用权必须是为了公共利益或者公益事业目的。国家严格限制以划拨方式设立建设用地使用权。采取划拨方式取得这一权利的人，应当遵守法律、行政法规关于土地用途的规定。

三、建设用地使用权的内容

（一）建设用地使用权人的权利

建设用地使用权人对作为权利客体的土地，享有占有、使用、收益的权利，有权自主利用该土地建造并经营建筑物、构筑物及其附属设施。

以出让方式取得建设用地使用权的，按照《物权法》第 143 条、第 144 条和第 145 条的规定，建设用地使用权人有权将建设用地使用权转让、互换、出资、赠与或者抵押，但法律另有规定的除外。将建设用地使用权转让、互换、出资、赠与或者抵押的，当事人应当采取书面形式订立相应的合同。使用期限由当事人约定，但不得超过建设用地使用权的剩余期限。将建设用地使用权转让、互换、出资或者赠与的，应当向登记机构申请变更登记。

当然，由于建设用地使用权的取得方法不同，在权利的行使上也有所不同。例如，通过出让方式取得建设用地使用权的，土地使用者有权以开发利用、生产经营为目的使用国有土地；通过划拨方式取得建设用地使用权的，土地使用者应当从事社会公益事业，不得以营利为目的使用国有土地。

（二）建设用地使用权人的义务

1. 支付建设用地使用权费用的义务

《物权法》第 141 条明确规定，以出让方式取得建设用地使用权的，土地使用权人应当依照法律规定以及合同约定支付出让金等费用。

2. 合理利用土地的义务

《物权法》第 140 条规定，建设用地使用权人依法取得建设用地使用权后，应当按照建设用地使用权设立时所登记的用途使用土地，不得改变土地用途，如不得将公共事业用地改为住宅用地或商业用地。需要改变土地用途的，应当依法

经过有关行政主管部门批准。

3. 保护土地的义务

建设用地使用权人应当保护土地完好，不受他人侵害；应当按照土地的自然属性和法律属性合理地使用土地，维护土地的价值和使用价值。

4. 恢复土地原状的义务

在建设用地使用权期限届满时，建设用地使用权人取回地上建筑物或者其他附着物，负有恢复土地原状的义务。

四、建设用地使用权的变动

建设用地使用权人有权将建设用地使用权转让、互换、出资、赠与或者抵押。建设用地使用权的期限届满，建设用地使用权消灭。这些都是建设用地使用权的变动问题。

（一）建设用地使用权的转让

1. 建设用地使用权转让的概念

建设用地使用权的转让，是指建设用地使用权人将建设用地使用权以合同方式再行转移的行为。关于建设用地使用权的转让方式，《城市房地产管理法》第37条列举了买卖、互易、赠与或者其他方式。

2. 建设用地使用权转让的规则

（1）只有在自然人、法人、其他组织之间才可以进行转让。与建设用地使用权有偿出让不同，国家不能充当建设用地使用权转让合同的当事人，因而转让合同为一纯粹的民事交易行为，不带有任何行政色彩。

（2）转让的标的是建设用地使用权人以出让方式取得的建设用地使用权。对于以出让方式取得的建设用地使用权，权利人有权予以转让。对于以划拨方式取得的建设用地使用权，建设用地使用权人只有在办理了出让手续并缴纳了出让金后，才可以转让。

（3）转让必须订立书面合同。建设用地使用权的转让为要式行为，无论是买

卖、互换、出资还是赠与，当事人都应当采取书面形式订立相应的合同。合同的期限由当事人约定，但不得超过原建设用地使用权出让合同剩余的期限。

（4）进行物权变动登记。建设用地使用权人将建设用地使用权转让的，应当向登记机构申请变更登记。

（5）其地上物的所有权应当一并转移。建设用地使用权人将建设用地使用权转让的，附着于该土地上的建筑物、构筑物及其附属设施一并处分；建筑物、构筑物及其附属设施的所有权人将建筑物、构筑物及其附属设施转让的，建设用地使用权一并处分。

（二）建设用地使用权的抵押

1. 建设用地使用权的抵押的概念

建设用地使用权的抵押，是指抵押人以其建设用地使用权向抵押权人提供债务履行担保的行为。债务人不履行债务时，或者发生当事人约定的实现抵押权的情形，抵押权人有权依法从被抵押的建设用地使用权拍卖所得价款中优先受偿。

2. 建设用地使用权抵押的规则

（1）建设用地使用权抵押的客体是建设用地使用权。在债务人不能履行债务时，抵押权人可以就建设用地使用权拍卖所得的价款优先受偿，但不得拍卖土地所有权。无论何人取得建设用地使用权，均不得影响国家对土地的所有权。以出让方式取得的国有建设用地使用权可以设定抵押，但以划拨方式取得的建设用地使用权只有在办理了出让手续后，才可以设定抵押。

（2）以建设用地使用权抵押须订立书面合同。建设用地使用权抵押合同也属于要式合同。依照法律规定，抵押合同订立后，还需在土地管理部门进行抵押登记，抵押权才正式设立。抵押合同的内容必须符合出让合同的规定，不得与土地出让合同规定的年限、条件相违背。

（3）以建设用地使用权抵押时，其地上建筑物、其他附着物也随之抵押。依《城镇国有土地使用权出让和转让暂行条例》第33条的规定，建设用地使用权抵押时，其地上建筑物、其他附着物随之抵押；地上建筑物、其他附着物抵押时，其使用范围内的建设用地使用权随之抵押。在设定抵押时，原则上要遵守“房随

地走”的规则。

(4) 在以建设用地使用权设定抵押以后，抵押人可以转让建设用地使用权。以建设用地使用权设定抵押以后，不应当影响抵押人对建设用地使用权的处分，否则将影响建设用地使用权的流通与转让。《担保法》第49条第1款规定：“抵押期间，抵押人转让已办理登记的抵押物的，应当通知抵押权人并告知受让人转让物已经抵押的情况；抵押人未通知抵押权人或者未告知受让人的，转让行为无效。”可见，我国法律允许建设用地使用权人在将建设用地使用权抵押后，在抵押期间转让建设用地使用权，但是在转让已抵押的建设用地使用权时，应当及时通知抵押权人，并在转让时向受让人告知建设用地使用权已设置抵押的情况，否则，转让行为无效。

(5) 以建设用地使用权设定抵押以后，如果在建设用地使用权之上已经设定了房屋租赁关系的，原则上不应影响到原租赁关系的存在，但抵押人应当将建设用地使用权抵押的情况书面告知承租人。如果在以建设用地使用权设定抵押以后，抵押人在土地之上设定用益物权的，新设定的用益物权不得影响已经设定的抵押权的实现。

(三) 建设用地使用权的出租

1. 建设用地使用权出租的概念

建设用地使用权的出租，是指土地使用者作为出租人，将建设用地使用权随同地上建筑物、其他附着物租赁给承租人使用，由承租人向出租人交付租金的行为。

长期以来，我国法律只承认房屋租赁关系，禁止土地的出租。1988年《宪法修正案》不再禁止建设用地使用权出租，而1990年国务院颁布的《城镇国有土地使用权出让和转让暂行条例》进一步明确规定建设用地使用权可以出租。

2. 建设用地使用权出租的规则

(1) 建设用地使用权出租的客体为建设用地使用权。建设用地使用权出租的客体不是所有权，因为建设用地使用权人无权出租土地，只有权出租建设用地使用权。

我国现行立法对建设用地使用权出租的客体有一定限制。《城镇国有土地使用权出让和转让暂行条例》第28条第2款规定："未按土地使用权出让合同规定的期限和条件投资开发、利用土地的，土地使用权不得出租。"这样限制的目的既在于防止通过租赁的方式"炒地皮"，也在于防止土地使用人在获得建设用地使用权后，不对土地作任何实际投资，造成土地的闲置和浪费。因此，单纯的建设用地使用权出租是不存在的，土地使用人必须对土地进行投资、开发，达到一定的条件才能出租建设用地使用权。

出租建设用地使用权时，应当将建设用地使用权随同地上建筑物、其他附属物出租给承租人使用。这与我国法律关于"房随地走"的规定相一致。

（2）出租建设用地使用权必须签订书面合同。出租建设用地使用权时，出租人与承租人应当签订书面租赁合同。租赁期限由当事人协商确定，但不得超过建设用地使用权的剩余期限。建设用地使用权租赁期满，地上建筑物或者其他附着物的处理，应当适用租赁合同的一般原理：除租赁合同另有约定外，租赁期间届满，承租人应当返还建设用地使用权并恢复原状，但基于建设用地使用权的特殊性，使用权人在收回建设用地使用权时，也应当对出租后新增的建筑物、构筑物和其他附着物予以适当补偿。

（3）建设用地使用权的出租人不包括国家，仅限于建设用地使用权人。土地使用人主要是以出让方式取得建设用地使用权的人，以及通过转让合同从他人手中获得建设用地使用权的受让人。在实践中，一些划拨土地的使用权人在经过批准以后，也可以将建设用地使用权出租。

（四）建设用地使用权的消灭

1. 建设用地使用权消灭的原因

建设用地使用权期间届满，建设用地使用权消灭。这种消灭是建设用地使用权的终局消灭，不再存在。

依据《物权法》第149条的规定，住宅建设用地使用权期限届满的，自动续期。可见，不存在期限届满而消灭的问题。当然，业主不同意续期或者自动放弃该权利的，则权利消灭。

在非住宅建设用地使用权期限届满之前，如果建设用地使用权人需要继续使用该土地的，应当在期间届满之前一年内申请续期。对于建设用地使用权人申请续期的要求，土地出让人应当准许，除非出于公共利益的需要收回该土地。建设用地使用权需要续期的，建设用地使用权人应当办理续期手续，交付出让金。交付出让金应当按照约定，没有约定或者约定不明确的，按照国家的规定。续期手续完备后，建设用地使用权继续存在，并不消灭。

2. 建设用地使用权消灭的效果

建设用地使用权消灭的，出让人应当及时办理注销登记，收回土地。登记机构应当收回建设用地使用权证书。

关于收回建设用地使用权是否应当给予地上建筑物、构筑物及其附属设施以适当补偿的问题，存在两种观点：肯定说认为，我国法律明确保护自然人和集体经济组织的所有权，无偿收回有违这一原则。否定说认为：国家不应当给予补偿，因为国家土地管理部门将建设用地使用权出让给土地使用者时，确定的土地出让金或地价款已将一定的出让年限和期限届满后无偿取得地上物这些因素考虑在内。在此前提下，如果国家再给予补偿，则有违民法的等价有偿原则。笔者同意前一种观点。

五、建设用地使用权与地上建筑物所有权的关系

（一）建设用地使用权与地上建筑物所有权的关系概述

在民法上，对于土地权利和地上建筑物的权利是否可以分开，即土地和建筑物是否可以作为相互独立的不动产，历来存在不同的立法体例。

一是在罗马法上，地上建筑物依附于土地，附着于土地之物亦属该土地。此种立法模式被德国民法、瑞士民法完全继受，认为定着于土地之物以及与土地所有权结合形成的权利，都不是独立的不动产，而只是土地的重要组成部分。

二是法国民法、日本民法对此的规定类似于日耳曼法，将不动产中的土地与建筑物相互区别，作为不同的不动产区别对待。

我国现行立法采纳了建设用地使用权与建筑物所有权相结合的立场。在房产和地产的交易中，建设用地使用权及其地上建筑物所有权必须共同作为交易标的，必须同时转移、抵押或出租不能单独流转。这就是通常所说的“房随地走”或“地随房走”。《物权法》第 142 条规定：建设用地使用权人建造的建筑物、构筑物及其附属设施的所有权属于建设用地使用权人，但有相反证据证明的除外。第 146 条规定，建设用地使用权转让、互换、出资或者赠与的，附着于该土地上的建筑物、构筑物及其附属设施一并处分。第 147 条规定，建筑物、构筑物及其附属设施转让、互换、出资或者赠与的，该建筑物、构筑物及其附属设施占用范围内的建设用地使用权一并处分。

采纳这种立场的好处是：第一，可以使建设用地使用权和建筑物所有权的主体保持一致，从而最大限度地避免各种产权纠纷。如果采土地和建筑物分离的观点，则会导致建设用地使用权和建筑物所有权主体的分离。在此情况下，建筑物所有权人可能会禁止建设用地使用权人使用土地，建设用地使用权人也可能要求建筑物所有权人拆除建筑物，最终使当事人都难以行使权利。第二，可以消除房地产交易的障碍，促进交易发展。而建设用地使用权和房屋所有权主体的分离，会对不动产交易形成巨大的障碍。如果建设用地使用权人仅仅享有对土地的权利，而对地上的建筑物不享有权利，而建设用地使用权本身也很难转让，即使能够转让，买受人也难以对该土地进行利用。只有使建设用地使用权和建筑物所有权相结合，才有利于促进不动产交易。

法律确认建设用地使用权和建筑物所有权保持一致，并不意味着建筑物所有权和建设用地使用权在任何交易中都必须是同一的而不应当分别作为交易的对象；也不能认为将建设用地使用权和建筑物所有权分别转让、出资、赠与或者抵押，从而使两者发生分离的交易都是无效的。在当代社会，随着经济的发展和对资源利用效率的提高，土地利用同时向地上和地下发展，对土地的各个部分可以作各种不同用途的利用，权利结构呈现出复杂的状态。如果要求建筑物所有权和建设用地使用权在任何形式的交易中都必须是同一的，即只能作为一项交易的财产来对待，也是不经济、不客观的。因此，对于建筑物所有权和建设用地使用权

在交易过程中是否只能作为一项交易的财产来对待，应当根据各类交易的具体情况分析，但要有证据证明。有证据证明建设用地使用权和地上建筑物的所有权是发生分离的，也应当承认其效力。

（二）建设用地使用权与建筑物所有权的冲突及其解决

在我国，自然人和法人或其他组织可以通过买卖、继承、赠与等各种合法方式取得建筑物所有权。非因建筑物所有权的转让、建筑物的灭失等原因，建筑物所有权不发生消灭。但由于建设用地使用权是有期限的，当建设用地使用权人在土地上建造了各种建筑物和其他附着物以后，建筑物和附着物的所有权受到了建设用地使用权的期限限制。如果长期坚持这样的做法，就会出现在建设用地使用权到期之后，地上建筑物的所有权受到限制，将无偿交还国家，或者交回国家之后得到适当补偿。但是这并不能从根本上解决建设用地使用权的有期限性与对土地的长期和重大投资之间的矛盾。

《物权法》第 148 条规定："建设用地使用权期间届满前，因公共利益需要提前收回该土地的，应当依照本法第四十二条的规定对该土地上的房屋及其他不动产给予补偿，并退还相应的出让金。"第 149 条规定："住宅建设用地使用权期间届满的，自动续期。""非住宅建设用地使用权期间届满后的续期，依照法律规定办理。该土地上的房屋及其他不动产的归属，有约定的，按照约定；没有约定或者约定不明确的，依照法律、行政法规的规定办理。"这种做法能够解决这个矛盾，理由在于：第一，建设用地使用权人已经在土地上建造了建筑物和附着物，如果这些建筑物和附着物对其有继续利用的价值，则建设用地使用权人会愿意延长建设用地使用权的期限。如果此时不允许其续期，而由他人取得建设用地使用权，这些建筑物和附着物对他人并不一定具有利用价值，会造成社会财富的损失和浪费。第二，若在建设用地使用权期限届满后不允许续期，则随着建设用地使用权临近届满的期限，地上建筑物和附着物将很快随建设用地使用权返还给国家，使用权人在地上建造的建筑物和其他设施的价值必然会不断降低，这也不利于使用权人在该土地上作长期投资或吸引他人投资。所以，从法律上明确出让年限届满后允许当事人续期，具有重要的现实意义。

《物权法》第149条关于住宅建设用地使用权期间届满自动续期的规定，在一定程度上对于业主基于建设用地使用权的70年期限发生的担忧起到缓解作用。但这并不是解决问题的根本性方法。根本性解决城市居民的住宅用地问题，就是使“居者有其屋，屋者有其地”，将住宅用地由国家所有变为个人所有，从而使城市居民“有恒产者有恒心”，否则不能解决城市居民对住宅土地的根本利益问题。

六、乡村建设用地使用权

（一）乡村建设用地使用权的概念

乡村建设用地使用权，是指乡（镇）、村企业等自然人、法人或其他组织依法对集体所有的土地享有的占有、使用和收益，建造并经营建筑物、构筑物及其附属设施的地上权。《物权法》第151条规定：“集体所有的土地作为建设用地的，应当依照土地管理法等法律规定办理。”

（二）乡村建设用地使用权的基本内容

因设立乡（镇）、村企业或者乡村公共设施、公益事业建设等需要使用集体所有的土地的，依照有关法律规定取得建设用地使用权；法律没有规定的，参照关于建设用地使用权的规定。设立乡村建设用地使用权，应当依照《土地管理法》的规定进行；没有具体规定的，应当参照适用关于建设用地使用权的规定。

关于乡村建设用地使用权是否可以采取出让的方式设立，在理论上存在不同的看法。肯定的观点认为，乡村建设用地使用权可以采取出让的方式设立，理由主要是：在市场经济条件下，集体土地所有权与国有土地所有权在民事法律上是地位平等的，应当同等对待。因而，允许国有建设用地使用权以出让的方式取得，也就应当允许乡村建设用地使用权以出让的方式取得。否定的观点认为，集体土地只有在征为国有土地后，才能以出让的方式设立建设用地使用权。

集体土地所有权与国有土地所有权在法律地位上是平等的，但平等并不意味着法律对它们的规范和调整没有差别。由于集体土地所有权的行使、处分与国家

的农业政策紧密相关，并且集体土地所有权的主体众多，因而对集体土地所有权的行使必须加以适当限制。在建设用地使用权设立方面的限制，表现在不允许乡村建设用地使用权以出让的方式设立。如果允许乡村建设用地使用权以出让的方式设立，则由于出让收益要远大于农业经营收益，大量的耕地将会被出让，国家的土地利用总体规划将难以实施。同时，这一后果也会冲击国有土地市场。因此，乡村建设用地使用权不能采取出让的方式设立，而应采取审批的方式设立，由土地管理部门依照权限根据土地所有权人和土地使用者的申请予以审批。乡村建设用地使用权的审批，不得损害国家的土地利用总体规划和耕地的强制保护制度。

第三节　住宅建设用地使用权期满自动续期的核心价值

"一石激起千层浪"。温州市部分业主的住宅建设用地使用权 20 年期间届满，有关部门提出要有偿续期，在全国引起了强烈反响。这是因为此举涉及全国几亿人的切身利益，关系重大。对此，法学界特别是民法学界的很多学者都提出了自己的看法，表明态度，建议立法机关着手解决这个《物权法》遗留下来的重大问题。为此，中国人民大学民商事法律科学研究中心和北京市消费者权益保护法学会在北京举行研讨会，江平、应松年教授等都在会议上呼吁立法机关对此应予重视，及早出台法律解释或者立法。笔者在此提出以下意见。

一、《物权法》第 149 条规定住宅建设用地使用权期满自动续期的由来

《物权法》第 149 条第 1 款规定："住宅建设用地使用权期间届满的，自动续期。"这一规定究竟是怎么出台的？笔者作为参与制定《物权法》的学者之一，可以证明这个过程。

《物权法》制定之前，规定住宅建设用地使用权期间的是《城市房地产管理法》和1990年国务院《城镇国有土地使用权出让和转让暂行条例》。住宅建设用地使用权最长期间为70年，各地规定的出让住宅建设用地使用权的期间有所不同。关于住宅建设用地使用权期间届满的后果，《物权法》草案原来并没有自动续期的规定。修订前的《城市房地产管理法》第21条对此的规定是："土地使用权出让合同约定的使用年限届满，土地使用者需要继续使用土地的，应当至迟于届满前一年申请续期，除根据社会公共利益需要收回该幅土地的，应当予以批准。经批准准予续期的，应当重新签订土地使用权出让合同，依照规定支付土地使用权出让金。""土地使用权出让合同约定的使用年限届满，土地使用者未申请续期或者虽申请续期但依照前款规定未获批准的，土地使用权由国家无偿收回。"国务院《城镇国有土地使用权出让和转让暂行条例》第40条规定："土地使用权期满，土地使用权及其地上建筑物、其他附着物所有权由国家无偿取得。土地使用者应当交还土地使用证，并依照规定办理注销登记。"第41条规定："土地使用权期满，土地使用者可以申请续期。需要续期的，应当依照本条例第二章的规定重新签订合同，支付土地使用权出让金，并办理登记。"这些规定包含以下基本含义：一是建设用地使用权期间届满前一年，应当申请续期；二是权利人申请续期的，原则上可以续期，但是政府可以根据社会公共利益需要决定不予续期；三是不予续期的，土地使用权由政府予以收回，地上建筑物和其他附着物的所有权由国家无偿取得。

《物权法》草案原来相应的条款没有规定自动续期，只是根据当时的法律、法规的规定，对建设用地使用权期间届满的续期作了规定。[①]草案公开征求意见之后，在社会上引起了强烈反响。广大业主认为：工薪阶层辛辛苦苦一辈子攒下一套住宅，虽然对房子享有永久的所有权，但对土地的使用权却只有70年，土地的使用权利到期后，国家收回土地使用权，我们住在哪里呢？将来怎么能够在土地上继续生活呢？这种意见非常普遍，直接涉及人民群众对《物权法》和对国

① 全国人大常委会法工委民法室.《中华人民共和国物权法》条文说明、立法理由及相关规定.北京：北京大学出版社，2007：275.

家、政府的信任问题。立法机关对此进行了深入讨论，也充分认识到这个问题的严重性，进而统一认识，在《物权法》草案中明确规定，住宅建设用地使用权期间届满后自动续期。这个规定给老百姓吃了一颗定心丸，让他们不再怀疑《物权法》了。可以说，《物权法》关于住宅建设使用权自动续期的规定，是得民心的，也是《物权法》最终获得高票通过的重要原因之一。这说明，立法只有贴近民心、符合民意，解决人民群众之所急、所需，才能够得到人民群众的支持和欢迎。

事实上，在较早的时候，我国城市私有房屋的业主是享有土地所有权的。尽管那时并不是所有的城市居民都有私有房屋，因为大部分居民租用公房，但凡是私有房屋，其所有权人都享有土地所有权，作为土地所有者，负有依法纳税的义务。只是在1982年《宪法》实施的那一天，所有的城市土地私有者的土地所有权都被无偿“征收”，其享有的土地所有权变成了国有土地使用权，中国的城市居民不再享有土地所有权。

从这样的历史可以看到，中国城市居民在今天购买商品房取得了私有房屋所有权，其享有的土地权利，尽管在土地公有的体制下不能是所有权，但是对土地享有住宅建设用地使用权，能够基本上保证购房居民行使房屋所有权的需要。正是由于购房居民对住宅的所有权是永久的，尽管对住宅所依附的土地的权属是用益物权，但应当与住宅的永久所有权相适应，因而才出现了住宅建设用地使用权期间届满应当自动续期的规定。这样的规定是符合物权人行使物权的要求的。其实，当城市的住宅土地的权属是私人所有权时，当然是无期限的，因而私房的所有权人应当向政府缴纳税金；当土地公有时，业主取得的住宅建设用地使用权也应当是无期限的，且所缴纳的费用应当与其原来缴纳的税金基本相应，而不能过于悬殊。现在的问题是，建设用地使用权由政府出让给开发商时，是超高价格的；当开发商将其转让给业主时，就将这样超高的土地价格全部转嫁给业主了。如果70年期间届满之后再另收续期的出让金，并且保留政府收回土地的可能性，将使业主仍然生活在忐忑之中。城市居民生于中国的土地，长于中国的土地，但其房屋所在的土地权属随时面临着因期间届满被收回的可能，他们怎么会有安全

感和稳定感呢？对这些问题，决策者必须认真思考并予以解决。

总之，《物权法》第149条规定的自动续期，保障的是业主的权益和对物权的安全感，不能任意改变。因为它涉及民心稳定，涉及政府的信誉。

这样规定住宅用地使用权到期后的自动续期，主要存在以下不确定性。

第一，目前在国内实行的住宅用地使用权的存续期间并不相同，自20年至70年不等，最高为70年。《物权法》第149条第1款规定的“期间届满”，究竟是指哪个期间？是指最高70年的期间届满，还是上述其他任何期间的届满？这个含义不确定。

第二，住宅用地使用权期间届满后自动续期，是否需要业主申请。对此，《物权法》第149条第1款只规定了期满后自动续期，并没有规定自动续期要履行何种手续，故这个问题也具有不确定性。

第三，宅地使用权期间届满后自动续期，究竟要续多长期间，是有年限的期间还是没有年限的限制，都不确定。

第四，也是业主最为关心的问题，即住宅用地使用权期间届满后经过自动续期，是否还需要补交续期期间的土地出让金呢？《物权法》第149条第1款对此没有作出明确规定，要交纳还是不交纳，也不确定。

2016年4月间发生的温州事件，就是期限为20年的住宅用地使用权到期后自动续期，当地主管部门提出业主须补交高额的土地出让金，才可以自动续期的意见，引起全国的关注，影响巨大。这个问题反映的正是《物权法》第149条第1款规定住宅用地使用权到期后自动续期的不确定性问题，即不满70年最高期限的住宅用地使用权，在到期后如何自动续期。对这个问题，社会各界以及民法学者举一反三，提出了要抓紧填补《物权法》第149条第1款规定的住宅用地使用权到期后自动续期的立法空白，抓紧解决好这些不确定性问题，使人民群众能够真正对自己的住宅用地使用权有信心，对自己所享有的不动产有永久性的稳定预期，因而使人民安居乐业，有恒产者有恒心，对国家前途充满信任和希望。

在这种情况下，《关于完善产权保护制度依法保护产权的意见》要求“研究住宅建设用地等土地使用权到期后续期的法律安排”，就提出了解决《物权法》

第 149 条第 1 款规定的住宅用地使用权到期自动续期存在的不确定性，作出住宅用地使用权到期后自动续期的法律安排，让全国都对公民的财产长久受保护的良好和稳定预期有更大的信心。这是破解住宅用地使用权自动续期存在的不确定性的动员令，提出了确定的要求和实现了其应有的社会效果。

二、住宅建设用地使用权不足 70 年的应当续期至 70 年

《物权法》第 149 条规定住宅建设用地使用权期间届满自动续期的价值之一，是所有购买城市房屋和住宅建设用地使用权的业主，都有权将不足 70 年的期间自动续期到 70 年。

温州市的部分住宅建设用地使用权的期间是 20 年，且至 2017 年年底，将有 600 套商品房的住宅建设用地使用权期间届满。青岛市经济技术开发区黄岛区的商品房出售时，设定的住宅建设用地使用权为 20 年或者 30 年，到 2006 年时，就出现了 20 年期间即将届满，房屋无法转让的情形，用房产证去银行抵押，银行也不接受，无法放款。这样的住宅在该开发区就有 5 071 户。[①]据调查，在重庆，当时为了降低房价，让老百姓能够买得起房，推出 50 年期间的住宅建设用地使用权，也不同于 70 年期间的住宅建设用地使用权。

温州市处理已届 20 年期间的住宅建设用地使用权的做法是，同意自动续期，但对房屋及土地使用权的价值要进行评估，再令业主补交较高数额的出让金（大约为房价的三分之一）。正是这样的做法，才引起了全国的轩然大波。

对于不足 70 年的住宅建设用地使用权期间届满的应当如何处理，笔者的看法是：第一，住宅建设用地使用权的期间届满，必须自动续期。对此，任何人、任何机关包括各级人民政府都不得违背这一规定，强制要求业主必须经过申请才能够给予续期。第二，住宅建设用地使用权的最高期间是 70 年，约定 20 年以及没有达到 70 年期间的，应当自动续期至 70 年。第三，对于没有达到 70 年最高期间续期至 70 年的，是否应当补交出让金，应当考虑以下几点：一是 70 年的使

① 20 年！首批住宅用地使用权撞限之后. 中国青年报. 2011－03－28（5）.

用期间和 20 年等不足 70 年的期间不同，出让金的数额是不一样的；二是政府出让 20 年的土地使用权，续期如果不补交出让金，政府的利益会受到一定的损失；三是如果 20 年等不足 70 年期间的住宅建设用地使用权的业主在续期时不补交出让金的差额，对其他已经缴纳了 70 年出让金的业主而言，也是不公平的。因此，20 年的期间届满自动续期的，业主应当补交 20 年与 70 年土地使用权期间的出让金差价。第四，至于具体出让金差价的计算，应当按照出让建设土地使用权当时的出让金价格计算，即当时 70 年期间的出让金价格是多少，20 年或者其他期间的出让金与其相比的差额是多少，就应当补交多少出让金。考虑到由于取得使用权的当时应当缴纳而没有缴纳其余年限的出让金，因而在补交出让金时，应当计算 20 年的银行贷款利息，由业主负担。此外，不得再增加任何费用。凡是与此方法不同的算法，结果高于以这个计算方法的计算结果的，都是不正当的。应当注意的问题是，在政府出让土地使用权时，确定 20 年期间与 70 年期间之间的价格，并非按照一年一年计算，而是应当按照当地当年出让 70 年土地使用权的出让金与出让 20 年使用权的出让金的差额计算。超过当年出让 70 年土地使用权的出让金差额补交出让金的，也是不正确的，侵害了业主的合法权益。

当然也有政府主张不与民争利，放弃不足 70 年住宅建设用地使用权期间届满自动续期时补交出让金差额的权利，不再收费的。例如深圳市政府决定 1995 年 9 月 18 日前签订“土地使用权出让合同书”的，可以不用补交地价、自动予以顺延。①

笔者对这个问题之所以这样理解，理由是：第一，最长的住宅建设用地使用权的期间是 70 年，任何一个业主购买商品房都应当享有这个权利，因此，凡是不足 70 年的住宅建设用地使用权，都应当续期到 70 年，且为自动续期，不必申请续期。这正是自动续期规定的价值体现。第二，既然 70 年期间的住宅建设用地使用权和不足 70 年的住宅建设用地使用权存在价格的不同，那么不足 70 年的住宅建设用地使用权续期至 70 年，应当补足其差额。这符合公平、等价有偿和

---

① 深圳土地使用权续期：1995 年 9 月 18 日前出让的自动顺延. 南方日报，2016－04－19.

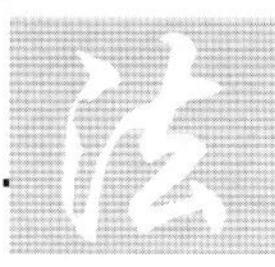

诚实信用原则的要求。[①]第三，如果不足70年期间的住宅建设用地使用权期间届满自动续期不补交其差额，将会引起交足70年出让金的业主不满，也不符合公平原则。因此，不足70年期间的住宅建设用地使用权期间届满自动续期时补足差额且交纳相应的贷款利息，是合情合理的。

不过，这个问题已经基本解决，政府已经决定了住宅建设用地使用权不足70年的一律延长至70年，并且不补交费用。

三、自动续期的法律基础是国有建设用地使用权出让合同

《物权法》第149条规定住宅建设用地使用权期间届满自动续期的另一个价值是，所有购买城市商品房的业主，都因政府与开发商之间的国有建设用地使用权出让合同的债权债务部分转让，而取得与政府之间的住宅建设用地使用权出让合同的当事人地位，并相应取得住宅建设用地使用权和有关的债权债务。

很多人认为，业主在取得商品房的时候，只是与开发商签订了“商品房预售合同”，并没有签订住宅建设用地使用权的出让合同，因此与政府之间并无合同关系，不能说业主对政府享有权利、承担义务。甚至有人进一步认为，即使20年住宅建设用地使用权到期续期，政府要求业主缴纳出让金，业主就是不交，也没有别的办法，并无法律制裁手段。这样的看法是不正确的。

（一）业主通过开发商转让国有建设用地使用权出让合同中的债权债务取得的权利包括住宅建设用地使用权

诚然，在住宅建设用地使用权的出让问题上，国有建设用地使用权出让合同的当事人是政府与开发商，它们之间设立的合同是民事合同，受我国《合同法》的约束。尽管签订国有建设用地使用权出让合同的当事人是开发商，不是业主，但是业主通过签订“商品房预售合同”，在交纳约定的价金之后，就在取得所购房屋的所有权的同时，取得应当取得的住宅建设用地使用权，成为房屋的所有权

① 《民法通则》第4条规定：“民事活动应当遵循自愿、公平、等价有偿、诚实信用的原则。”

人和住宅建设用地使用权人。

究竟业主是如何取得住宅建设用地使用权的？笔者认为是开发商通过与政府签订国有建设用地使用权出让合同取得住宅建设用地使用权后，再将其出让给业主，业主通过这个权利的转让，继受取得了住宅建设用地使用权。在这种情况下，业主是否还与政府之间存在住宅建设用地使用权的出让合同，应当予以准确解释。笔者认为，在一般情况下，通过合同受让一项权利，在取得该权利之后，该合同就消灭了。但是，国有建设用地使用权出让合同具有特殊性，即开发商取得该用益物权、建好住宅楼之后，还要将该用益物权转让给业主，并且该用益物权的期间届满之后，还存在自动续期或者申请续期的问题，因此，尽管开发商与政府之间的国有建设用地使用权出让合同已经实际履行，但是因为权利义务关系还存在，所以，该合同处于休眠状态，当约定的权利期间届满时，双方还应当依据该合同继续行使和履行续期的权利与义务。就是基于这个休眠状态的合同，在业主与开发商签订并且履行“商品房预售合同”时，开发商将这一部分债权债务转让给了业主，使业主成为国有建设用地使用权出让合同的当事人。这个情形，正是《合同法》第79条、第84条和第89条规定的债权债务部分转让，业主正是通过这个债权债务的部分转让，取得了国有建设用地使用权出让合同的当事人地位，并且继受取得了相应的债权和债务。

（二）不足70年的住宅建设用地使用权期满后当事人的权利、义务

业主在取得住宅建设用地使用权后，就在成为住宅建设用地使用权人的同时，也与政府建立了国有建设用地使用权出让合同关系，政府应当保障业主的住宅建设用地使用权。

政府作为住宅建设用地使用权出让合同的当事人，在住宅建设用地使用权的期限届满时，负有准许该权利自动续期的合同义务。对于不满70年期间的住宅建设用地使用权期间届满自动续期到70年的，政府作为债权人，有权请求业主补交该用益物权出让金的差价。如果政府主张补交出让金差额之外的过高付费要求的，如主张再续订合同缴纳出让金的，就属于违约行为，政府应当承担违约责任。此时，业主拒绝缴纳超出出让金差额的行为，是正当行使合同债务人的抗辩

权的行为，不构成违约，业主不承担违约责任。

业主作为国有建设用地使用权出让合同的当事人，在不足70年的期间届满之后，按政府要求补交出让金差价，是业主应当履行的合同义务。业主如果拒绝补交，应当依照《合同法》的规定承担违约责任。

四、住宅建设用地使用权70年期满自动续期的核心价值是一次取得永久使用

（一）《物权法》第149条第1款规定的自动续期的效力高于《城市房地产管理法》第22条的规定的效力

《物权法》第149条规定住宅建设用地使用权期间届满自动续期，并没有附加任何条件。对此，究竟应当怎样理解？有不同认识。有人认为既然没有规定自动续期的条件，应当理解为无条件，因而不必支付土地使用费。[①] 也有人认为立法当时因为时间紧迫，没有时间仔细探讨自动续期的条件，因而属于空白立法，但土地是不可再生资源，在期间届满后应当有偿续期[②]，支付出让金是自动续期的条件。还有人认为这一规定的内容是不确定的，可能有条件，也可能没有条件，对此要看立法者的解释。这一意见在全国人大常委会法工委的著述中可以看到。[③]

笔者在参加《物权法》立法过程中体会到，对于这一问题，绝大多数参与立法者都认为，这关乎广大人民群众的切身利益，需要慎重对待，目前以不作规定为好，留待将来根据实际情况进行研究再确定。因而，自动续期这一概念所确定的，是不需要业主申请即续期，以保证其不动产权利的行使；至于是否要有条件、有期限，是否缴纳出让金等问题，留待以后专题研究再行决定，而不是按照现行法律的规定处理。

---

① 国颂．浅析我国国有土地使用年限届满后的处理．企业导报，2009（4）．

② 王新江．建设用地使用权应当有偿续期．中国财政，2009（12）．

③ 全国人大常委会法工委民法室．《中华人民共和国物权法》条文说明、立法理由及相关规定．北京：北京大学出版社，2007：275．

之所以这样规定，是因为现行法律有的规定与《物权法》自动续期的规定不同。例如《城市房地产管理法》第22条规定："土地使用权出让合同约定的使用年限届满，土地使用者需要继续使用土地的，应当至迟于届满前一年申请续期，除根据社会公共利益需要收回该幅土地的，应当予以批准。经批准准予续期的，应当重新签订土地使用权出让合同，依照规定支付土地使用权出让金。""土地使用权出让合同约定的使用年限届满，土地使用者未申请续期或者虽申请续期但依照前款规定未获批准的，土地使用权由国家无偿收回。"有的学者据此认为，即使《物权法》第149条规定自动续期，也须重新签订国有建设用地使用权出让合同、重新缴纳土地出让金之后才能够续期。

《城市房地产管理法》和《物权法》的上述规定，表面上看是冲突的：《物权法》只规定了自动续期，而未规定怎样续期，因而与《城市房地产管理法》的规定相冲突。对此，应当适用一般的法律适用原则解决这一冲突。

《物权法》是2007年3月16日经过全国人民代表大会通过的法律，于2007年10月1日生效。《城市房地产管理法》修订完成于2007年8月30日，是第十届全国人大常委会第二十九次会议通过的，当日公布，当日生效。按照新法优于旧法的规则，似乎《城市房地产管理法》是新法，应当优先适用。但是，《物权法》是全国人大通过的法律，《城市房地产管理法》是全国人大常委会通过的法律。从立法层级上看，《物权法》是基本法，《城市房地产管理法》是普通法，故《物权法》的效力优先。因此，《城市房地产管理法》第22条在与《物权法》第149条第1款相冲突时，不能对抗《物权法》第149条。

（二）"自动续期"的立法留白因温州事件而提前提上立法议程

2016年温州市发生的20年住宅建设用地使用权期满续期的问题，将《物权法》第149条规定的立法留白提前暴露出来，促使立法者积极面对这个问题，争取尽早解决，以增强人民群众对国家物权制度的信心。而在编纂民法典分则过程就提供了解决这个问题的一个机会：在把《物权法》进行整合、修订，编入民法典分则作为物权法编时，可以对这个问题进行讨论，提出具体的解决办法。这样，不仅可以使这个问题一劳永逸地得到解决，而且还会给民法典分则增加立法

的亮点，获得人民群众的拥护。

必须看到的是，在解决住宅建设用地使用权期间届满的续期问题时，究竟应当采取何种解决办法的实质，就是怎样协调人民群众的利益与政府利益的问题。如果仅从理论上分析，政府没有自己的利益，政府的利益就是人民群众的利益，因为土地公有就是全民所有，土地增值，获益的是人民群众，因而两者的利益是一致的。但是，在实际上并非如此：人民群众的利益总是具体的利益，是每一个业主对土地权属的利益，而政府的利益比较抽象，是政府拥有更多可支配财产的问题。因此，政府利益与人民群众的利益尽管是统一的，但是存在对立的方面。在这样的问题上，政府应当尽可能地让利于人民，让人民群众能够得到更多的实惠。在《侵权责任法》和《消费者权益保护法》中，侵权人在应当承担的对受害人的民事责任与对政府的行政责任发生冲突时，优先承担民事责任，以保护受害人的利益，牺牲政府的利益。应当将这样的原则进一步扩展，延伸至对政府利益与人民群众的利益的协调中，一以贯之，就能够更好地造福人民，让人民群众获得更好的保护。

（三）确定“自动续期”一次取得永久使用核心价值的法律依据和客观依据

就温州市住宅建设用地使用权期满续期问题进行的大规模讨论，基本意见趋于一致，对保障民生多有裨益。不过在讨论中，学者忽略了一个更为重要的问题，即没有真实地解释《物权法》第 149 条第 1 款规定住宅建设用地使用权期间届满自动续期的核心价值何在。笔者认为，自动续期的核心价值在于，住宅建设用地使用权为一次取得、永久使用的用益物权。

住宅建设用地使用权的 70 年期间届满之后自动续期，续多长的期？是否要收费？如果要收，是收费还是收税？这些都是重要问题，都是必须尽快解决的。但是，在研究《物权法》制定中留下来的关于第 149 条第 1 款自动续期的悬而未决的问题时，更重要的是要解决，《物权法》通过“自动续期”的规定，究竟要赋予给人民群众的是一个什么样的物权，即业主取得的期间届满即自动续期的住宅建设用地使用权，究竟是一个什么样的用益物权。换言之，自动续期的住宅建设用地使用权究竟是有期限的权利，还是无期限的权利？

笔者认为，住宅建设用地使用权自动续期的核心价值，就在于住宅建设用地使用权通过自动续期，而成为一个一次取得即永久享有的用益物权。笔者提出这一意见的依据有以下几点。

第一，从“自动续期”的文义逻辑推论，自动续期的权利具有永久性。何谓届满自动续期？一种理解是，一个存有期限的权利，当其期间届满时，就能够自动地展期，使该权利继续下去，再也不受期间的限制。续期的本来意思，应当是续展一定的期限，但是，当一个权利的期限届满时，法律规定其自动续期，但未规定续展的期限为多久的，那这个期限应当是永久的。这个解释符合文义逻辑的要求。另一种理解是，如果一个权利续展的期间还有期间，如 30 年或者 40 年，那么，70 年届满自动续期，再续期 30 年或者 40 年的期间又届满，当然还得是自动续期，并且会永续下去，结论仍然是无期限，即永久性。无论是用上述哪一种理解，从自动续期的概念都会得出权利永久性的结论。因此，当一个有期间的权利规定为期间届满自动续期时，这个自动续期就意味着该权利变为永久性的。

第二，从立法者规定自动续期的本意推论，住宅建设用地使用权作为永久性的权利在其立法本意之中。立法者规定住宅建设用地使用权期间届满自动续期，目的在于“保障老百姓安居乐业”[①]。安居乐业一词源于《汉书·货殖传》：“各安其居而乐其业”，指有个安定的住处和固定的职业，安于所居，乐于所业。让老百姓各安其居，就必须让其有一块固定的土地建房居住，不能因为权利的变更而流离失所。老百姓享有的住宅建设用地使用权尽管被规定了期间，但是能通过自动续期而成为永久性的权利，如此，才能够保障老百姓各安其居而乐其业，实现立法者的立法目的，否则，老百姓不能安其居而乐其业，就无法实现立法者的立法目的。因此，只要住宅建设用地使用权是有期间的，人民群众就不能安其居，也就不能乐其业。

第三，“有恒产者有恒心”的价值观，要求自动续期的住宅建设用地使用权是永久性权利。“有恒产者有恒心”，是在制定《物权法》过程中最常听到的一句

① 全国人大常委会法工委民法室．《中华人民共和国物权法》条文说明、立法理由及相关规定．北京：北京大学出版社，2007：275．

话，也是立法者规定“自动续期”的目的之一。[①]房屋等建筑物并非真正意义上的恒产，只有土地才是恒产。任何一个人只要在地球上生活，就必须生活在土地上，因而不论是所有权还是使用权，都是必须永久地享有的。只有享有了永久性的土地权利，公民才能够建立永久生活、永续利用的恒心。如果仅有建筑物的所有权而不享有永久性的土地权利，无论如何也不能让公民有恒产，也就无从建立守家、创业、爱国的恒心。在此必须明确一个基本的事实，而这个事实实际上是被大大地误导了，即业主买房，实际上一并买到了住宅所有权和住宅建设用地使用权。开发商在卖房时，是把建筑物所有权的价钱和住宅建设用地使用权的价钱加到一起的。但是我们通常都说是买房，而不说是买地，这是不正确的。有些民法学者也认为我国业主购买商品房，是买房而不是买地。这更是严重地误导了群众。只买住宅所有权，不能实现“有恒产者有恒心”的价值观。只有买到永久性的土地使用权这个恒产，才能够实现这个价值观。

第四，客观现实规律要求住宅建设用地使用权通过自动续期而成为永久性权利，从而使房地一体、相互协调。目前的住宅建设用地使用权和住宅所有权，一个的期间是70年，另一个大体的“寿命”是50年左右。50年后房屋翻修，尚在土地权利的期间之中；翻建之后，如果土地权利不能自动续期，则房屋所有权就会受到危害。可见，只有自动续期，才能够使住宅与土地权利相协调。因此，土地权利为永久性权利，就为住宅的不断翻建提供了条件，形成房地一体、永续使用。

（四）确定“自动续期”一次取得、永久使用核心价值的重大意义

基于以上分析可以看出，对于自动续期的规定，尽管立法者关于“如何科学地规定建设用地使用权人届时应当承担的义务，目前还缺少足够的科学依据，几十年后，国家富裕了，是否还要收土地使用金，应当慎重研究，物权法以不作规定为宜”的立法说明证明其为立法留白[②]，但是从中能够推出住宅建设用地使用权就是一个永久性的用益物权这样的科学结论，这个结论是受到全体人民群众欢

①② 全国人大常委会法工委民法室.《中华人民共和国物权法》条文说明、立法理由及相关规定. 北京：北京大学出版社，2007：275.

迎的，是广大人民群众所热切期盼的。

确定住宅建设用地使用权期间届满“自动续期”的核心价值在于一次取得永久使用，其重大意义在于以下几点。

首先，确定住宅建设用地使用权是一个永久性的用益物权，而不是一个有期限的用益物权。应当看到的是，当初设定住宅建设用地使用权期间，借鉴的是我国香港地区的土地制度，即香港地区的土地使用权最长是99年或者在其以下不等。这是因为，在香港地区被英国租借期间，土地为女王享有，由于其租借期的限制，土地使用权的期间最长不能超过100年。换言之，香港地区的土地权利的期限，是受制于租借期间。中国内地实行土地公有，在客观上并没有对住宅建设用地使用权设定期间的必要。因此，将住宅建设用地使用权设定为永久性用益物权，有现实的客观基础，并且与城市土地归国家所有的制度相适应。

其次，将住宅建设用地使用权解释为永久性的用益物权，能够使几亿人安其居而乐其业，有恒产而有恒心。一个国家的公民如果居住在一个没有切实保障、具有期限性的用益物权的土地之上，是无法安居乐业的，也因无恒产而对自己的国家无法建立恒心。有了一个永久性的用益物权作为土地权利的保障，即使自己没有土地所有权，也能够安心地居住、快乐地从业。可见，使住宅建设用地使用权具有永久性，具有极端的必要性和迫切性。

最后，确定住宅建设用地使用权是一个永久性的用益物权与农村土地权利状况相适应。我国农村土地归农民集体所有，在公有制基础上建立的农民的宅基地使用权，就是永久性的用益物权。在城镇，土地归全民所有，在此基础上，城镇居民的住宅建设用地使用权应当与农民的宅基地使用权相对应，也应当是永久性的用益物权。如果说，农民的宅基地使用权有特殊性，在农民入社之前本来就是农民私有的，那么同样，在1982年之前，城镇居民私有房屋的土地也是私有的。在这样的基础上，无论是农民还是城镇居民，在住宅的土地上，都应当享有一个永久性的土地用益物权，二者相互协调，构成统一的住宅的土地使用权体系，使我国的物权体系更为完美、更为和谐。

对于这样的意见，有的学者并不同意，其理由在于，建设用地使用权作为在

他人之物（国家或集体的土地）上所设立的权利负担，自应有期限限制，否则建设用地使用权有沦为土地所有权，导致土地私有化之嫌。①这样的担忧是没有必要的。将住宅建设用地使用权界定为无期限用益物权，一是尊重了国家公有的土地制度，二是考虑了住宅建设用地的特殊性，三是因为农村的宅基地使用权同样以土地公有制为基础，也是没有期限的。鉴于这样的理由，将住宅建设用地使用权界定为无期限的用益物权，并无不当，也与现行法律相合。

（五）永久性的住宅建设用地使用权的法律后果

自动续期的法律规定，使住宅建设用地使用权成为城镇居民永久享有的用益物权，而其法律后果应当怎样确定，也是一个重要的问题。依笔者所见，住宅建设用地使用权作为永久性的用益物权，就是一次取得、永久使用，具体的法律后果有以下几点。

第一，权利人永久享有住宅建设用地使用权，不仅可以自己享有，而且可以由其继承人继承，永续享有，从而使这一权利真正成为民事主体的恒产，不再有所谓权利期间的担忧和限制。

第二，永久使用，意味着无论是权利人还是其继承人，都永久地享有该用益物权，可以依法在该土地上行使权利，对土地进行充分的利用。例如，对于建筑物，可以在法律规定的范围进行改建、翻建，使该用益物权范围内的土地得到永续利用，使依法行使权利得到保障。

第三，一次取得，意味着业主花一次钱购买住宅建设用地使用权，今后永远不再需要缴纳出让金，也不必续签建设用地使用权出让合同。在《物权法》制定过程中，有人认为，在自动续期时，权利人还应当与出让人续签合同，重新约定期间等。这是不必要的。如前所述，通过购买商品房，业主继受取得了政府出让的住宅建设用地使用权，且取得该住宅建设用地使用权出让合同的当事人地位和转让的债权债务，因而自动续期就意味着是自动续签合同而不用另签合同。

第四，作为一种永久性的用益物权的权利人，业主将住宅建设用地使用权从政府手中购买过来之后，享有一次取得而永久使用的权利，但也应当对土地所有

① 高胜平，杨旋．建设用地使用权期限届满后的法律后果．法学，2011（10）．

权人尽到相应的义务，即应依照永久性住宅建设用地使用权的依法纳税制度，依法纳税。依照通例，私有土地所有权人，应当对国家依法纳税。当将住宅建设用地使用权确定为永久性用益物权后，业主当然也负有这样的义务，确立永久性使用国家土地的法定义务。

上述讨论《物权法》第149条规定的住宅建设用地使用权期满自动续期的意见和结论，对于保障我国公民的物权，保障他们安居乐业、建立对国家的信心和恒心，都具有极为重要的意义，当引起立法者和政府的重视。

第四节　分层地上权

一、分层地上权的概念和特征

（一）分层地上权的概念

分层地上权也叫作区分地上权、空间权或者分层建设用地使用权，是指在他人所有的土地地表上下的一定空间范围内设定的地上权。《物权法》第136条前段规定："建设用地使用权可以在土地的地表、地上或者地下分别设立。"其中在地表设立的是建设用地使用权；在地表之上或者地表之下设立的，就是分层地上权。例如，在西气东输的天然气管道建设用地上，尽管在现实的土地管理制度上批准的是临时建设用地使用权，但其实就是在地表之下设立的分层地上权。同样，大城市建设的地铁、地下商场等，以及横过地标建筑物的桥梁、通道等构筑物，同样是利用地表以下或者地表以上的空间设立的分层地上权。我国台湾地区"民法"第841条之一关于"称区分地上权者，谓以在他人土地上下之一定空间范围内设定之地上权"的规定，就是对分层地上权概念的典型界定。

分层地上权与建设用地使用权同样是地上权，其区别在于：设定建设用地使用权这一普通地上权时，其效力范围与该设定面积内的土地所有权的效力范围相

同；但是，如果设定者为分层地上权时，于设定面积内，其上下所及效力的范围，不是该面积内的土地所有权所及的全部，而仅为其中一空间部分。[①] 因此，分层地上权的权利客体实际上不是土地，而是地表之上或者地表之下的特定空间。

（二）分层地上权的特征

1. 分层地上权的性质是用益物权

分层地上权不是土地之上下空间的所有权，而是在他人所有的土地的上下空间建立的役权，因此，其性质是用益物权，是用益物权中的地上权。

2. 分层地上权是在土地的地上或者地下的空间中设定的用益物权

地上权的客体是他人所有的土地。在他人的土地之上设立的建设用地使用权、宅基地使用权，都是普通地上权。按照传统民法的理解，土地的权利包括地上权的纵向范围，上至大气层，下至地心。但是，在科技发展的当今时代，这种观念已经被打破，在土地的上空和地下还可以分别建立地上权。因此，分层地上权的客体，是他人所有土地的地上空间和地下空间。事实上，分层地上权是分割土地所有权的上下空间，分层设立用益物权，以扩展土地所有权的效益。

3. 分层地上权以建设建筑物或者其他工作物为目的

设置分层地上权的目的是，用益物权人对该特定空间进行利用，建造建筑物或者其他工作物。例如，电线电缆的通过、铁路或公路的穿越，或者建造地下铁路、地下商场等，均须事先取得分层地上权，方可进行。如果不以建设上述建筑物或者工作物为目的，则空间毫无实际意义。

4. 分层地上权是可以与普通地上权重合的他物权

分层地上权可以与普通地上权重合，即在一个他人的土地上设立了普通地上权之后，还可以在该地上权的上下空间再设定分层地上权。设定的这些地上权相互之间，只要界定好垂直空间界限，就不会发生权利冲突。当然，在土地所有权之上，也可以不设置普通地上权而直接设定分层地上权。即使在农地的上下空间，也可以设立分层地上权。其与土地所有权以及在农地之上设立的土地承包经

---

① 谢在全. 民法物权论：中册. 修订5版. 台北：新学林出版股份有限公司，2010：72.

营权等用益物权也不会发生冲突，可以重合。

（三）法律确认分层地上权的必要性

法律确认分层地上权是十分必要的，体现在以下几个方面。

第一，扩大土地利用范围，解决社会发展需要。人类生活不能脱离土地，然而土地具有不可增性，近代以来由于人口不断增加，对土地使用的需求日益迫切。同时，建筑科技不断进步，使对土地的向上、向下的扩大利用不仅有可能而且有实益。于是，对土地的利用由传统的平面垂直利用逐渐向立体空间利用发展，影响到土地物权，形成了立体物权演进的趋势，分层地上权应运而生。

第二，确定普通地上权和分层地上权的合理界限，防止权利发生冲突。在传统的普通地上权和现代的分层地上权之间，必须界定合理的界限，防止两种权利因界限不清而发生冲突。应当看到，当今社会分层地上权的存在和设定已经不可避免，如果不解决这个问题，就必然发生冲突。确认分层地上权，就可以界定好两种权利的界限，防止冲突的发生。

第三，确认分层地上权，对于解决实际纠纷具有重要意义。既然土地的分层利用已经是不可避免的，那么，在现实生活中，分层地上权的设置就带来了一系列的问题，易发生不同的纠纷。因此确认分层地上权，有利于解决实践中遇到的土地分层利用的纠纷，稳定社会秩序。

二、分层地上权的设定

分层地上权的设定，应当依照一般的建设用地使用权的设定方法设定，但在以下方面具有特殊之处。

（一）分层地上权设定的客体

分层地上权的客体，是土地的地上和地下空间，而不是地表。可以区分的是，普通地上权即建设用地使用权的客体是地表，而分层地上权的客体是地表上、下的一定空间，即地上空间和地下空间。

作为分层地上权的客体的地上、地下空间的确定，首先是界定垂直的空间范

围，即以地表为准，例如地上50米至100米，或者地下20米至50米。其次是界定该空间的平面面积，这种范围的测定应当与建设用地使用权的范围界定没有冲突。垂直的和平面的范围界定准确了，就确定了分层地上权的具体客体。

（二）分层地上权设定的目的

分层地上权设定的目的，应当与设定建设用地使用权的目的相同，都是对国家所有的土地进行占有、使用和收益，是非所有权人有权自主利用该空间建造并经营建筑物、构筑物及其附属设施。设定分层地上权的目的同样如此。例如建设地铁工程、高速铁路、电线电缆、排水管道、输油管、输气管、地下街道、地下商场等。

（三）分层地上权设定的特别要件

分层地上权是分层的建设用地使用权，因此，其设定条件应当与建设用地使用权的设定要件相同。在设定分层地上权时，必须符合法律的特别要求，不得损害已设立的用益物权人的权利。

1. 已设立的用益物权人的范围

在作为分层地上权客体的地上或者地下空间范围内，已经设立的用益物权人的权利应当包括地上权（包括建设用地使用权、宅基地使用权、乡村建设用地使用权以及已经设立的分层地上权）、土地承包经营权、地役权等用益物权。租借土地的使用权利不在此范围内。

2. 不得设立与已设立的用益物权垂直空间冲突的分层地上权

在界定分层地上权的界限时，必须划清已经设立的用益物权的权利界限，使之权利边界清晰，不发生冲突。一般而言，分层地上权的平面范围可以与已经设立的用益物权相重合，但是在垂直空间上不能重合，因为一经重合就会使权利的边界出现模糊，从而无法确定权利的界限，导致损害已经设立的用益物权人的权利。

3. 不得妨害已设立的用益物权的权利人行使权利

设立分层地上权，不能妨害已设立的用益物权的权利人行使权利。如果已设立的用益物权的权利人的其权利行使因新设立的分层地上权而受到了妨害或者限制，新设立的分层地上权的权利人应当恢复原状或者予以赔偿。

4. 设立分层地上权妨害或者损害已设立的用益物权人的权利的后果

如果分层地上权的设立，妨害或者损害已经设立的用益物权，则应当对分层地上权的范围进行修正，调整到保证已设立的用益物权不受到损害为限。如果出于公共利益的需要，必须如此设立分层地上权的，则应当对已设立的用益物权受到的妨害或者损害予以赔偿。

应当注意的是，设定分层地上权的权利是土地所有权人的权利，并不是该土地的用益物权人的权利。因此，土地所有权人设定分层地上权，只要不妨害或者损害用益物权人的权利即可。既不是用益物权人可以就用益的土地设定分层地上权，也不是土地所有权人设定分层地上权必须经过用益物权人的同意。

三、分层地上权的效力以及其消灭原因

（一）分层地上权的效力

1. 对土地所有权人之使用、收益权的限制

在分层地上权设定之后，土地所有权人的用益权利在分层地上权的效力范围内受到限制，但在该分层地上权的效力范围之外不受限制，土地所有权人仍享有完全的使用、收益权，可以自己使用、收益，也可以另行设定用益物权，但不得妨害分层地上权的行使。例如，设置地表50米以上空间的分层地上权，若在该空间设立建筑，则必须在原地表的建设用地上设立支撑柱，或者直接以地表建筑作为支撑，也即无论如何都必然要使用该土地地表或者地表建筑物。对此，应当适用地役权的规则，由需役地人与供役地人订立合同，设立地役权，之后才可以对地表或者地表建筑物进行利用，同时须因对土地的使用给予建设用地使用权人以适当的补偿。

2. 与相邻用益物权的相互调整

在传统的土地用益物权中，相邻关系仅仅存在于平面之中，但在分层地上权中，除了平面相邻之外，还有立体垂直的相邻问题。因此，在分层地上权设定后，权利人还应当对立体垂直的相邻关系进行特别的约定，对使用、收益关系进

行特别的限制。该约定登记后，具有法律效力。

3. 分层地上权不得为部分处分

分层地上权的处分与普通地上权的处分相同，但是为了避免法律关系的复杂化，分层地上权不得进行部分处分。同时，普通地上权人也不能就地上权的上下空间进行处分。

4. 土地所有权人可以再设定其他用益物权

国有土地或者集体所有的土地在设定分层地上权之后，还可以就该土地设立其他用益物权，但是新设立用益物权，以不妨害或者损害分层地上权的行使为限。

5. 分层地上权的优先效力

分层地上权是物权，因此，在相同的物上设立的物权，依设立时间的先后确定其效力。同时，分层地上权有优先于债权的效力。此外，分层地上权还具有相对于在同一标的物上已经设立的用益物权更为优先的效力。这是物权优先原则的例外，理由是，如果分层地上权没有这样的效力，就没有设立的必要。

（二）分层地上权的消灭

分层地上权的消灭原因，与建设用地使用权的消灭原因相同。例如，分层地上权的使用期限届满，土地被征收、征用等，都消灭分层地上权。

分层地上权消灭后，涉及以下三个方面的问题。

1. 空间建筑物及其他工作物的拆除和归属

分层地上权消灭后，空间建筑物及其他工作物应当妥善处理。分层地上权人拆除空间建筑物或其他工作物的，应自己负担拆除费用，尽量不给土地所有权人造成损失，对造成土地权利人损失的，应当予以赔偿。土地所有权人主张取得空间建筑物或者其他工作物的所有权的，双方应当协商，土地所有权人依照时价对分层地上权人进行补偿，从而取得空间建筑物及其他工作物的所有权。如果在地表没有设立其他用益物权，那么土地所有权与分层地上权混同，对于土地权利人而言，分层地上权消灭，变为自己对土地权利的利用，不必再设立分层地上权。如果地表设置了其他用益物权，那么在地表之上的空间建筑物等归土地权利人所有后，仍然是土地所有权人对自己土地的利用，也不必保留分层地上权，但要处理好对用益物权人的保护。

对于在地上空间设置的建筑物等，分层地上权人在拆除建筑物后应当拆除支撑柱等，恢复土地原状。分层地上权消灭后，地役权随之消灭，对土地权利人造成影响的，分层地上权人应当予以补偿。如果土地权利人主张取得建筑物等权利的，则支撑利益一并转移。对于在地下空间设置的建筑物等，分层地上权消灭后，分层地上权人应当进行回填等以确保地表有足够的地下支撑，防止出现土地地表坍塌等损坏土地权利人权利的后果，造成损害的分层地上权人应当予以赔偿。

2. 对其他用益物权人的后果

分层地上权消灭之后，对于该地设置的其他用益物权的权利人的利益发生一定的后果。对地表用益物权人的后果是，分层地上权消灭后，空间建筑物等应当被拆除，分层地上权人与地表用益物权人之间设立了地役权的，地役权消灭。地表用益物权人如果主张取得空间建筑物等的所有权的，应当与土地所有权人协商确定，并对分层地上权人予以补偿。

3. 以分层地上权和空间建筑物设置了抵押时对抵押权人的影响

如果分层地上权人利用地上权或者空间建筑物等设置了抵押权，则分层地上权消灭之后，对抵押权人发生一定的后果。如果分层地上权消灭，空间建筑物等被拆除，没有残余价值的，分层地上权消灭，抵押权也消灭；如果空间建筑物等被土地所有权人以时价取得所有权的，抵押权随之转移，由土地所有权人即空间建筑物等的新所有权人成为抵押人，发生新的抵押权法律关系。

上述关系，如果另有约定，应当依照约定处理。

第五节　宅基地使用权

一、宅基地使用权的概念和特征

（一）宅基地使用权的概念

宅基地使用权，是指农村居民对集体所有的土地所享有的占有和使用、自主

利用该土地建造住房及其附属设施，以供居住的地上权。宅基地使用权人依法享有对集体所有的土地占有和使用的权利，有权自主利用该土地建造住房及其附属设施。《物权法》第152条规定："宅基地使用权人依法对集体所有的土地享有占有和使用的权利，有权依法利用该土地建造住宅及其附属设施。"

（二）宅基地使用权的特征

宅基地使用权是我国特有的一种用益物权形式，其主要有以下特征。

1. 宅基地使用权是我国农村居民因建造住宅而享有的地上权

我国现行的宅基地，分为农村宅基地和城镇宅基地。法律规定的宅基地使用权专指农村居民因建造住宅而享有的地上权。宅基地属于集体所有的土地，农村宅基地的主体农村集体经济组织的成员，其享有的宅基地使用权是与集体经济组织成员的资格联系在一起的。

2. 宅基地使用权与农村集体经济组织成员的资格和福利不可分离

我国的农村宅基地是与农村集体组织成员的成员权联系在一起的，这使农村宅基地具有一定的福利性质。这种福利体现为农民可以无偿取得宅基地，以获取最基本的生活条件，而集体经济组织以外的人员不能享有这种权利。

3. 宅基地使用权是特定主体在集体土地上设定的用益物权

宅基地使用权的取得采取审批方式，其程序大致包括三个步骤：（1）使用权申请；（2）土地所有人同意；（3）行政审批。自然人经审批取得宅基地使用权的，应当在土地管理部门登记，并明确宅基地使用权的范围。宅基地使用权一经设立，便具有用益物权的效力。

4. 集体经济组织的成员只能申请一处宅基地

《土地管理法》第62条第1款规定，农村村民一户只能拥有一处宅基地，其宅基地的面积不得超过省、自治区、直辖市规定的标准。之所以这样规定，是因为我国目前土地资源有限。农村居民只能以户的形式申请宅基地，并且一户只能享有一处宅基地使用权。因转让房屋所有权或者实现抵押权而使宅基地发生转移的，原权利人不得再申请宅基地使用权。

5. 宅基地使用权的性质是地上权

宅基地使用权在我国是一种特殊的用益物权，与传统民法上的地上权存在一些区别，例如，宅基地使用权的取得采取审批方式，而地上权的取得由当事人采取合同的方式；宅基地使用权的取得大多无偿或仅支付较少费用，而地上权人使用他人的土地通常应依市价支付地租；宅基地使用权不能转让，不能投资入股，而地上权不受此限制；权利主体的身份限制不同。尽管如此，宅基地使用权的基本性质仍属于地上权，是在他人的土地上设立建筑物的用益物权，其基本规则应当受地上权规则的指导。

（三）宅基地使用权的缺陷及改革

宅基地使用权是我国特有的地上权类型，其立法背景和政策背景是我国实行多年的城乡“二元化”体制和政策即农村人口和城市人口严格区分的政策。这种政策除了具有导致民事主体不平等的弊病之外，还存在阻止农民进城，把农民隔离在现代化社会之外的严重缺陷。[①] 随着改革开放的深入和城市化进程的加快，越来越多的农民进城务工，脱离农村，长期居住在城市，而有些发达地区农民的住房不断进入市场进行交易，农村住房的流转也面临新的问题。因此，宅基地使用权面临着越来越强烈的改革呼声。

这些问题与土地承包经营权所面临的问题是一样的，都是必须进行改革的。改革的最终目标是，将宅基地确权给农民所有。这是解决宅基地使用权面临的问题的最好方法。

二、宅基地使用权的内容

（一）宅基地使用权人的权利

1. 权利人有权在宅基地上建造住房及其附属设施

自然人经法定审批程序取得宅基地后，有权在宅基地上建造房屋及其附属设施。这是宅基地使用权存在的主要目的。在宅基地的空地上，权利人也有权种植

① 孙宪忠. 物权法：北京：社会科学文献出版社，2005：275.

树木。对于宅基地上的房屋及其他附属设施，权利人享有完全的所有权。

2. 权利人可以对宅基地进行收益

《物权法》第152条只规定了宅基地使用权的内容是占有和使用，没有规定可以用益或者收益。这样的规定显然不符合实际情况。权利人在自己的宅基地上种植粮食、蔬菜、林木，收获粮食、蔬菜、果实，建造其他设施进行经营，都是应当允许的，也是实际上实行的。因此，宅基地使用权具有收益权能，权利人有权在自己的宅基地上进行经营，获得收益。①

3. 权利人有权依照法律的规定转让宅基地使用权

宅基地使用权人在经过本集体同意之后，可以将建造的住房转让给本集体内符合宅基地使用权分配条件的农户；住房转让时，宅基地使用权一并转让。同时，自然人在订立遗嘱确定房屋继承人时，有权将宅基地使用权一并作为继承财产处理。

4. 权利人行使宅基地使用权不受期限限制

宅基地使用权没有期限限制。宅基地上的建筑物或者其他附属物灭失时，不影响宅基地使用权的效力，权利人仍有权在宅基地上重建房屋，以供居住。

（二）宅基地使用权人的义务

1. 权利人不得非法转让宅基地使用权

权利人除了转让住房时一并转让宅基地使用权外，不得将宅基地非法转让。以馈赠钱款、索取物资、以土地入股等方式变相买卖宅基地使用权的，不产生宅基地使用权转移的法律效力。因村民迁居并拆除房屋腾出宅基地的，应当由集体组织收回，以作统一安排。村民长期闲置或抛弃宅基地的，应由集体组织收回。即使是合法转让宅基地使用权的，农户也不得再申请宅基地使用权。

2. 接受政府和乡村统一规划的义务

因公共利益需要征用土地，或者因乡村公共设施和公益事业建设需要，经县级人民政府批准，本集体可以收回宅基地。对此，权利人应当接受政府统一规划和乡村的统一安排，但村集体应当向宅基地被占用的农户重新分配宅基地。如果

① 朱岩."宅基地使用权"评释：评物权法草案第十三章.中外法学，2006（1）.

因此而造成宅基地使用权人损失的，村集体应当给予补偿。

3. 权利人负有正当使用宅基地的义务

宅基地使用权人未经依法批准，不得改变宅基地用途。权利人不得将宅基地作为生产用地使用，如盖厂房或改作鱼塘等，也不得改作其他用途使用。

三、宅基地使用权的消灭

（一）宅基地使用权消灭的原因

宅基地使用权的消灭，有下列几种原因。

1. 宅基地的收回和调整

土地所有权人根据乡村的发展规则，可以收回宅基地。宅基地被收回的，宅基地使用权消灭。本集体也可以对宅基地使用权进行调整，宅基地使用权调整后，权利人原来的宅基地使用权消灭。

宅基地长期闲置的，土地所有权人有权收回该宅基地，而导致宅基地使用权消灭。这种规定是不对的，因物权不会由于不使用而消灭。

土地所有权人收回宅基地的，应当为原权利人另行批准相应的宅基地使用权，以保证其生活需要。

2. 宅基地被征收

国家为了社会公共利益的需要，可以征收宅基地使用权，并就宅基地上的建筑物给予相应的补偿。宅基地被征收的，宅基地使用权消灭。宅基地被征收后，经原宅基地使用权人申请，土地所有权人应当另行给予相当的宅基地使用权。

3. 宅基地使用权被抛弃

宅基地使用权人有权抛弃宅基地使用权。宅基地使用权被抛弃的，该权利消灭。为防止权利人利用抛弃宅基地使用权而取得其他更为有利的宅基地使用权，宅基地使用权人抛弃宅基地使用权的，不得再申请新的宅基地使用权。

4. 宅基地灭失

如果作为宅基地使用权客体的土地发生灭失，则宅基地使用权丧失了存在的

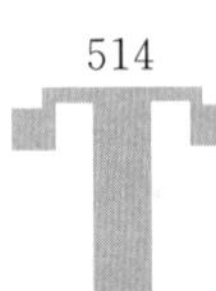

基础，应归于消灭。对此，《物权法》第 154 条后段规定："对失去宅基地的村民，应当重新分配宅基地。"但如果只是宅基地上的建筑物或其他附属物灭失的，则不影响宅基地使用权的效力，宅基地使用权人有权在宅基地上重新建造房屋。

（二）宅基地使用权消灭的登记

《物权法》第 155 条规定："已经登记的宅基地使用权转让或者消灭的，应当及时办理变更登记或者注销登记。"对于宅基地使用权的取得，法律并没有要求进行登记。如果是已经登记的，在转让或者消灭的时候，应当及时办理变更登记或者注销登记。

第十一章

地役权

第一节　地役权概述

一、地役权的概念与特征

（一）地役权的概念

地役权是指在他人的不动产之上设立的供自己的不动产便利使用，以提高自己的不动产效益的他物权。《物权法》第156条第1款规定："地役权人有权按照合同约定，利用他人的不动产，以提高自己的不动产的效益。"

地役权并不仅仅指在土地上设置的役权，在其他不动产之上也可以设置地役权。因此，将这种用益物权叫作地役权，实际上并不准确。我国台湾地区"民法"修订，就将原来的地役权改称为不动产役权。在制定《物权法》过程中，有人对地役权提出这个质疑，也有人提出将地役权叫作邻地使用权。[①]《物权法》

① 梁慧星. 中国民法典草案建议稿. 北京：法律出版社，2003：92.

草案第一次审议稿使用了“邻地利用权”的概念，但第二次审议稿及之后的审议稿，都使用了地役权的概念，并最终通过。立法者通过规定地役权概念的第156条明确规定地役权的客体是不动产，包括土地和建筑物等不动产。

在地役权法律关系中，为自己不动产的便利而使用他人不动产的一方当事人称为地役权人（也叫作需役地人），把自己的不动产提供给他人使用的一方当事人称为供役地人；因使用他人不动产而获得便利的不动产为需役地，为他人不动产的便利而提供使用的不动产为供役地。为此，《物权法》第156条第2款特意规定：“前款所称他人的不动产为供役地，自己的不动产为需役地。”

地役权的产生，必须有两个不同权属的不动产存在。地役权关系的成立并不要求供役地和需役地必须相邻，即使在不相互毗连的不动产之间也可能设立地役权。例如，甲、乙和乙、丙土地各自相邻，甲行使其土地权利须经过乙、丙的土地，为此，甲、乙、丙三方可以就此达成协议，并经过登记公示，在乙、丙的土地之上设立通行地役权，从而使甲的土地效用增大。例如，甲房地产开发公司从他人手中购得位于市中心城市花园广场附近的一块土地，以“观景”为理念设计并建造高层观景商品住宅楼。该地前边有一学校乙。甲、乙双方协议约定：乙在20年内不得在该处兴建高层建筑，为此甲每年向乙支付10万元作为补偿。甲、乙未到不动产登记机构进行登记。一年后乙迁址，将房屋全部转让给丙房地产开发公司，但未向丙提及其与甲之间的协议。丙购得该房屋后建高层住宅。甲得知这一情况后，要求丙立即停止兴建，遭到拒绝后便向法院提起诉讼，请求法院确认乙与丙之间的房屋转让合同无效，并要求赔偿损失。这是一个典型的未经过登记的地役权法律关系。

（二）地役权的法律特征

地役权是用益物权的一种，具有如下法律特征。

1. 地役权是存在于他人不动产上的他物权

地役权是在他人的不动产上设立的负担，性质是用益物权。首先，地役权的标的是土地，其次是建筑物等其他不动产，动产不能设置地役权。

在罗马法上，地役权的标的是土地，一般不包括房屋。罗马法通行“土地吸

收地上物”的原则，因此，土地上的地役权自然及于土地上的建筑物和附属物。近代德国民法采纳这种规则。由于地役权是在他人的不动产之上设立的，因而设定地役权的目的并不在于调节不动产的所有关系，而在于调节不动产的利用关系。其中所谓“他人的不动产”，既包括他人所有的不动产，也包括他人享有用益物权的不动产。

在我国，在他人所有的土地上设立地役权，主要是在国家所有的或者集体所有的土地上设立；更多的是在建设用地使用权、土地承包经营权、宅基地使用权等用益物权之上设立地役权。如果不是利用他人的土地而只是利用他人的空间，则不必设立地役权，而是设立分层地上权。

2. 地役权是利用他人不动产的用益物权

地役权包含的“利用”，在多数情况下是以供役地人不作为为其内容，也不以需役地人实际占有他人的不动产为要件，而只是在他人的不动产上设置一定的负担。如果需要供役地承担积极的作为义务，则须当事人双方订立某项合同，使供役地人承担积极的作为义务，但此项约定不属于地役权的内容，仅产生债的约束效力。供役地的使用范围较为广泛，法律并没有予以严格的限制，由双方当事人通过约定来确定。只要双方约定的内容不违反法律的强制性规定，就应当尊重当事人的约定。

3. 地役权是为需役地的便利而设定的他物权

设定地役权的目的在于让地役权人获得自己不动产即需役地的便利，并不在于使用他人的不动产，因此，地役权就是为地役权人自己不动产的使用提供便利，以增加自己不动产的效用。如果不是出于这样的目的，而是设定以禁止袋地通行为内容的地役权，或设定容忍权利滥用的地役权，都是无效的。

需役地的便利，包括在供役地上通行、取水、排水、铺设管线、眺望等，以及其他需要供役地人负容忍或者不作为义务的便利。便利的内容，既可以是有财产价值的利益，如通行地役权中的通行利益，也可以是非财产的利益，如眺望地役权中的美观舒适利益；既可以是为了需役地提供现实利用不动产的利益，也可以是为了需役地提供将来利用不动产的利益；既可以是为了需役地的直接便利，

如设定通行地役权，也可以是为了需役地的间接利益，如设定眺望地役权。

4. 地役权具有从属性和不可分性

地役权虽然是一种独立的用益物权，但必须从属于需役地而存在。地役权的从属性包括以下两个方面的内容：第一，地役权不得与需役地分离而为让与，需役地人不得自己保留需役地的所有权（或者使用权）而仅将地役权让与他人；不得自己保留地役权而将需役地的所有权（或者使用权）让与他人；不得将需役地的所有权（或者使用权）和地役权分别让与不同的人。第二，地役权不得与需役地分离而为其他权利的标的，不能单独以地役权设定抵押或者出租等。

地役权须存在于需役地和供役地的全部，不能被分割为各个部分或仅仅在一部分上单独存在。这具体表现为：一是地役权发生和消灭上的不可分性。在地役权设定时，需役地为多人共有的，各共有人不得仅就自己的应有部分取得地役权；供役地为共有的，各共有人也不能仅就自己的应有部分为他人设定地役权。在地役权设定后，需役地为共有的，各共有人不能按其应有部分，使已经存在的地役权一部分消灭；供役地为共有的，各共有人也不能仅就其应有部分消灭地役权。二是地役权享有或负担上的不可分性。需役地为共有的，地役权由需役地共有人共同享有，不得由需役地各共有人分别享有；供役地为共有的，地役权由供役地共有人共同负担，不得由供役地各共有人分别负担。因此，需役地经分割的，其地役权为各部分的利益仍为存续；供役地经分割的，地役权就各部分仍为存续。但是，如果地役权的行使，依其性质只涉及需役地或供役地的一部分的，则地役权仅就该部分存续。

二、地役权的源起与继受

（一）地役权的源起

地役权制度起源于罗马法上的不动产役权，与人役权相对。古罗马罗慕鲁斯在建立罗马城之初，将原本的公有土地分给每个市民两尤格（相当于 4 华亩，约 2668 平方米）作为世袭产业，供建筑、住宅和菜圃之用，只能世代相传，不能出卖；其他土地仍然为公地，归氏族公有。到王政末期、共和国初叶，土地公有制瓦解，土地由各家庭分割据为私有，家父为唯一权利人。由于土地连绵不断、浑然不分，虽然各家庭可以标明界限，但土地利用价值的实现尚需其他诸多条件辅助、配合，诸如通行、引水等必须借助他人的土地才能实现，因而仍维持土地原始公有时的共同利用状态，允许对他人土地进行一定利用，以保证各方土地价值的顺利实现。罗马人将这种为了自己土地需要保持公有并准许利用他人土地的状态，视为一种土地对另一种土地役使的权利，因此叫作地役权。[①] 罗马法后来将耕地地役权和城市地役权合一起，都作为地役权。前者为特定土地的利益而设定，例如为人、牲畜、车辆的通过而设定的人的通行权、车辆通行权，可以通过供役地而引水的引水权，可以自供役地取水的取水权。后者则为建筑物的利益而设定，例如需役地建筑可以使用供役地建筑物的支柱的权利，需役地建筑物的雨水可以流入供役地的权利。在查士丁尼时期，由用益权、居住权、使用权和奴畜使用权组成的人役权与地役权相对应，构成罗马法的役权体系[②]，内容极为广泛，凡是利用他人之物的物权，均可设立。后来，地上权、永佃权逐渐发达，役权的内容逐渐减少。

（二）地役权的继受

近现代各国民法，如德、法、意、瑞、奥等国民法，都继承和发展了罗马法中的地役权制度。至近代物权法定主义兴起，对于复杂的物权制度受到整理，再加上所有权自由化的兴起和土地解放理论的盛行，法律对于对土地所有权加以限制的役权逐渐采取排斥态度，欧陆各国民法的地役权内容大受限制。[③] 值得重视的是，欧洲各国规定地役权的同时，也规定了人役权的内容。但在亚洲，日本、中国继受地役权制度时，却仅接受了地役权而没有接受由用益权、使用权和居住权等组成的人役权。日本未设人役权的原因是，“人役一项该国无此习惯，且复有碍于经济之流通”[④]。中华民国民法未规定人役权，则因为“惟东西习惯不同，

---

① 史浩明，张鹏. 地役权. 北京：中国法制出版社，2007：2－3.

② 周枏. 罗马法原论. 北京：商务印书馆，1994：361.

③ 谢在全. 物权法论：中册. 修订3版. 台北：三民书局，2004：187.

④ 郑玉波. 民法物权. 台北：三民书局，1992：181.

人之役权为东亚各国所无。日本民法仅规定地役权，而人之役权无明文，中国习惯亦与日本相同”①。

1949年以来，我国民法长期未设地役权制度，只规定相邻关系。但是，相邻关系不能代替地役权，两者属于不同领域的制度，不能相互替代。理由是，相邻关系虽具有调节土地利用的社会机能，但相邻关系是就土地利用作最低限度的调节，其适用范围以相邻土地为限。而地役权经由当事人的设定，可扩大土地利用的调节限度，提高自己土地的价值，且其设定范围并不以邻地为限。所以，地役权的社会机能为相邻关系所不及。因此，在制定《物权法》时，规定地役权的意见比较统一。曾经有过规定居住权等人役权的意见，但最后没有被采纳。《物权法》只规定了地役权，没有规定人役权。

三、地役权与相邻关系的关系

地役权和相邻关系在外观上有很多相似之处，如它们都表现为由邻人的不动产为自己的不动产提供权利行使的便利，但两者的区别是很明显的。

（一）权利性质的区别

相邻关系即相邻权并不是一项独立的权利，而是不动产所有权以及他物权的权能，仍属于所有权和他物权的范畴，是权利效力的自我扩张或限制。在相邻关系受到侵害的情况下，受害人一般不得以独立的相邻权受到侵害为由，要求停止侵害、排除妨害、恢复原状、赔偿损失，只能以所有权受侵害为由提出相应的请求。而地役权是一种独立的物权，是由需役地人享有的一种用益物权。在地役权受到侵害的情况下，权利人可以直接以地役权受到侵害为由行使物上请求权。

（二）权利的取得方式不同

相邻关系是法定的权利，由相邻不动产的所有权人或者占有人依照法律的规定取得。而地役权是约定的权利，当事人须经过约定而设定这种权利。在一定条

---

① 中华民国民法第五章“地役权”的立法理由。

件下，地役权也可基于取得时效的完成等法定方式取得，但在绝大多数情况下是以约定方式设定的，约定方式是取得地役权的主要方式。由于相邻关系在本质上依附于不动产所有权，不可能作为独立的物权转让或对抗第三人，因而相邻关系的成立无须特定的公示方式。而地役权是一种独立的用益物权，它可能因相对人的意思而发生变动，并且在变动过程中会产生对抗第三人的问题，因此，地役权尽管是在合同生效时取得的，但须经过登记才能取得对抗第三人的效力。对此，《物权法》第158条将地役权的登记规定为登记对抗主义，当事人要求登记的，可以向登记机构申请地役权登记；未经登记，不得对抗善意第三人。

（三）权利的内容不同

在相邻关系中，一方为了让自己的权利得到正常行使，或者使自己能够维持正常的生活和生产，有权对相邻的另一方提出提供便利的最低要求。其目的在于维护社会最基本的生产和生活秩序。而地役权的设定并非为了满足不动产权利行使过程中的最低要求，而是为了使自己的权利更好地得到行使，因而对对方提出了更高的提供便利的要求。因此，地役权的需役地人对供役地人提供方便的要求更高，供役地人受到的限制程度更高。

（四）对不动产是否相邻的要求不同

相邻关系依法发生在相互毗邻的不动产权利人或者合法占有人之间，而地役权既可以发生在相邻的不动产的权利人或者合法占有人之间，也可以发生在不相邻的不动产的权利人或者合法占有人之间，即不受不动产是否相互毗邻的限制。尽管在现代民法中，相邻关系也适用于两个不动产的所有人或使用人相距甚远的情况，如在上游和下游的用水人之间也可以发生相邻关系，但仍未脱离相邻关系的基本范畴。而地役权可以完全不受不动产是否相邻这一条件的限制。

（五）权利的有偿性和期限限制不同

相邻权是无偿的、无固定期限的，只要不动产物权存续，相邻关系就当然存在；除非相邻权的行使损害了相邻方的合法利益，否则提供便利的一方不得要求对方偿付费用。而地役权一般是有偿的、有固定期限限制的。此外，供役地人为

需役地人提供了额外的便利，这种便利不是供役地人依法必须提供的，因此，需役地人应当向对方支付一定的费用作为自己获得一定便利的对价。《物权法》第160条规定，地役权人应当按照合同约定的利用目的和方法利用供役地，尽量减少对供役地权利人物权的限制。

可见，地役权与相邻关系在调整不动产之间关系上的地位和作用并不相同，不能相互替代。正是由于地役权与相邻关系的差别，我国《物权法》将相邻关系规定在“所有权”一编，而将地役权规定在“用益物权”一编。

四、地役权的种类

对地役权可以作如下分类。

（一）积极地役权与消极地役权

根据地役权的行使内容不同，地役权可以分为积极地役权和消极地役权。积极地役权也叫作作为地役权，是指以地役权人可以在供役地上为一定行为为内容的地役权。在这种地役权中，供役地的所有权人或使用权人负有一定的容忍义务，对需役地人在供役地上为一定行为予以容忍，不得禁止、干涉。例如，通行地役权和排水地役权都属于积极地役权。消极地役权也叫作不作为地役权，是指以供役地所有权人或使用权人在供役地上不得为一定行为为内容的地役权。在消极地役权中，供役地所有权人或使用权人并非单独地负容忍义务，而应负不作为的义务。如不在供役地上建筑妨害观望的建筑物，不在需役地附近栽植竹木等地役权，均属于消极地役权。

（二）继续地役权与非继续地役权

根据行使的方法不同，地役权可以分为继续地役权和非继续地役权。地役权的行使，无须每次依赖地役权人的行为而能继续行使的地役权，是继续地役权；地役权的行使，每次均须有地役权人的行为存在的地役权，为非继续地役权。继续地役权具备了适当的状态时就适于地役权的行使，因而不需要在行使权利时，每次都要求有地役权人的行为。例如，眺望地役权、筑有道路的通行地役权、装有水管的引水地役权等均属于继续地役权。一般地说，消极地役权属于继续地役权。非继续地役权在大多数情况下缺乏固定的设施，因而需要地役权人的每次行为才能行使地役权，如汲水地役权、放牧地役权等。

（三）表见地役权与非表见地役权

根据地役权的行使状态不同，可以将地役权分为表见地役权和非表见地役权。表见，即表现，是表现于外部的意思。表见地役权是指地役权的存在有外形事实为表现，能依外部标志而辨别的地役权，如通行、地面汲水、地面排水等地役权。非表见地役权是指地役权的存在无外形事实为表现，没有外部标志能够加以辨别的地役权，例如埋设涵管的汲水、排水地役权，眺望、采光等消极地役权。

（四）其他分类

对地役权除了作上述分类外，还可以根据需役地的性质，分为田野地役权与城市地役权。前者是为土地耕作的便利而设定的地役权，故又称为耕作地役权；后者是为房屋建筑的便利而设定的地役权，故又称为建筑地役权。

还可以直接依据目的的不同而设定地役权，如通行地役权、汲水地役权、引水地役权、排水地役权及建筑物地役权等。除此之外，不同的地役权又有不同的表现形式，如建筑物地役权又包括眺望地役权、光线地役权、开窗地役权、泄水地役权、防止干扰地役权等。

第二节　地役权的取得和内容

一、地役权的取得

地役权的取得就是地役权的发生。地役权的取得原因，可以是法律行为，也可以是法律行为以外的事实。

（一）约定取得

地役权的约定取得，也叫作地役权基于法律行为取得①，即当事人之间以地役权合同来设定地役权。《物权法》第157条第1款规定："设立地役权，当事人应当采取书面形式订立地役权合同。"

设定地役权的原则是，应当以对供役地损害最小的方法为之，且不得违背公共秩序与善良风俗。当事人设定以禁止袋地通行为内容的地役权，或设定容忍权利滥用的地役权，都不符合公序良俗原则，因而不具有法律效力。

按照《物权法》第157条的规定，当事人以合同设定地役权，应当采取书面形式。地役权合同一般包括下列条款：（1）当事人的姓名或者名称和住所；（2）供役地和需役地的位置；（3）利用目的和方法；（4）利用期限；（5）费用及其支付方式；（6）解决争议的方法。当事人应当按照上述要求订立地役权合同，内容可以适当增减，但基本内容应当完整。

《物权法》第158条规定，地役权自地役权合同生效时设立。当事人要求登记的，可以向登记机构申请地役权登记；未经登记，不得对抗善意第三人。因此，地役权登记并非强制性登记，而是基于当事人的约定进行。当事人在订立地役权合同的时候，应当斟酌情事，决定地役权是否应当进行登记。

（二）时效取得

地役权的时效取得，是各国民法普遍承认的地役权取得方法。需役地人持续、公开、和平且表见地使用供役地达10年者，可以取得地役权。对此，我国立法没有作明确规定。在实践中，可以依据法理承认时效取得地役权。

地役权的时效取得须具备以下必要的条件。

1. 需役地人须持续、公开、和平且表见地使用供役地

持续、公开、和平且表见地使用供役地，是四个必要的条件，均须具备。持续，是指需役地人连续不断地使用供役地；公开，是指需役地人不是隐蔽地使用供役地，即其使用应当为供役地人所知；和平，是指需役地人不是以暴力使用供役地；表见，则是指对供役地的使用从外部能够辨别。依据这样的条件，只有继

① 谢在全. 物权法论：中册. 修订3版. 台北：三民书局，2004：208.

续地役权和表见地役权才能因时效取得。继续且非表见地役权或表见而非继续地役权，均不能依取得时效而取得。

2. 需役地人使用供役地须达到一定期间

该期间应以法律规定的时效取得期间为准。一般立法例通常以10年为限，需役地人只有使用供役地达10年，且在此期间内没有时效中断或中止的事由，才能依时效取得地役权。

（三）法定取得

地役权因某种法定事由的发生而取得的，为地役权的法定取得。地役权的法定取得有以下两种事由。

1. 因用益物权的设定而取得地役权

《物权法》第162条规定："土地所有权人享有地役权或者负担地役权的，设立土地承包经营权、宅基地使用权时，该土地承包经营权人、宅基地使用权人继续享有或者负担已设立的地役权。"就一宗土地的一部分设立建设用地使用权、土地承包经营权等，权利人对于既存的供整宗土地使用的设施有继续使用的必要时，取得以使用该设施为内容的地役权。换言之，在国有或集体所有的土地上，已经存在供整宗土地使用的设施，如引水设施、道路设施等，如果就该土地的一部分设立建设用地使用权、土地承包经营权、宅基地使用权等用益物权，而权利人有继续使用这些设施必要的，则权利人依法取得使用既存设施的地役权。按照《物权法》第163条的规定，土地上已设立土地承包经营权、建设用地使用权、宅基地使用权等权利的，未经用益物权人同意，土地所有权人不得设立地役权。即只有他物权人同意，土地所有权人才可以设立地役权。

2. 因用益物权的分割转让而取得地役权

建设用地使用权人、土地承包经营权人将其权利分割转让，受让人对于既存的供整宗土地使用的设施有继续使用的必要时，取得以使用该设施为内容的地役权。按照《物权法》第166条和第167条的规定，需役地以及需役地上的土地承包经营权、建设用地使用权部分转让时，转让部分涉及地役权的，受让人同时享有地役权。供役地以及供役地上的土地承包经营权、建设用地使用权部分转让

时，转让部分涉及地役权的，地役权对受让人具有约束力。

（四）继承取得

地役权是用益物权，是财产性权利。地役权人死亡的，地役权变为地役权人的遗产，由其继承人继承。地役权无论就其从属性而言，还是就其用益物权的让与性而言，由继承人继承地役权不必登记，但需办理登记后才可以处分继承取得的地役权。[①]

二、地役权的内容

地役权的内容，是指在地役权设定以后，在有关当事人之间发生的权利义务关系，即地役权人的权利、义务和供役地人的权利、义务。

（一）地役权人的权利和义务

1. 对供役地的使用权

《物权法》第160条规定："地役权人应当按照合同约定的利用目的和方法利用供役地，尽量减少对供役地权利人物权的限制。"这是确定地役权人的权利和义务的基本规则。地役权存在的目的，在于以供役地供需役地的便利之用。所以，地役权人当然享有使用供役地的权利。地役权人行使对供役地的使用权，表现为以下四个方面。

第一，对供役地有权使用。由于地役权的内容多种多样，利用形态复杂，地役权人对供役地使用的方法、范围及程度等，应依当事人的约定而定，不得超过或变更当事人约定的范围。

第二，选择对供役地损害最小的方法使用。依据诚实信用原则，地役权人行使地役权时，应在提供自身土地便利的范围内，选择对供役地损害最小的方法行使权利。在与供役地人共同利用供役地的情形下，如引水或眺望地役权，其利用关系应由合同加以约定，如果合同对此没有约定的，则地役权人享有优先利用的权利。

---

① 谢在全．物权法论：中册．修订3版．台北：三民书局，2004：216．

第三，遵循物权效力优先原则。如果在一块供役地上有数项内容相同的地役权，依物权效力顺位，设定在先的地役权优先于设定在后的地役权。消极地役权不存在上述问题。

第四，地役权人在行使对供役地的使用权时，对供役地造成变动或损害的，应当在事后恢复原状并给予相应的补偿。

2. 地役权行使处所或方法变更权

地役权人对于地役权的行使处所和方法，有权进行适当变更。地役权人主观上认为行使地役权的处所或者方法有变更的必要，并且其变更无碍于供役地所有权人或合法占有人之权利行使的，地役权人方可行使变更权。因变更所生的费用，由地役权人自行负担。同时，这种变更不得妨害用益物权人行使权利。

3. 为必要的附随行为与设施的权利

地役权人为实现地役权的设定目的，有权在供役地上为必要的附随行为。必要的附随行为，并不是指行使地役权的行为，而是指为达到行使地役权的目的或者实行其权利内容而不得不实施的行为，如为达到排水的目的而开挖沟渠等。这种附随行为不仅包含单纯行为，而且及于设置定着物或者其他工作物，但地役权人为必要的附随行为时，应采取对供役地损害最小的方式为之。

地役权人为行使权利，可以在供役地上修建必要的附属设施，并取得该设施的所有权。如为了通过他人的土地取水，地役权人必须在他人的土地下埋设管道。当然，设置附属设施也应采取适当的方法，尽量减少对供役地人造成的损失。在地役权消灭以后，地役权人应当拆除所有的设施，恢复土地的原状。

4. 行使所有权的物上请求权的权利

地役权不具有独占性，与其他用益物权均占有标的物不同，所以，应当特别强调为确保地役权的行使，地役权人享有所有权的物上请求权，包括：一是所有物的返还请求权；二是所有权妨害除去请求权；三是所有权妨害预防请求权。当地役权的行使受到侵害或者妨害的时候，地役权人可以行使物上请求权来保护地役权。

5. 支付地租的义务

地役权可以是有偿的，也可以是无偿的。如果设定的地役权是有偿的，则地

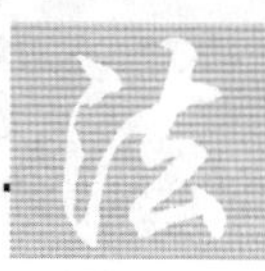

役权人负有支付约定租金的义务。如果地役权设定为无偿的，但是土地所有权人或合法占有人就土地的负担增加，非当时所能预料，仍无偿使用显失公平的，则供役地人可以申请酌定其地租。如果地役权设定后，因土地价值的升降，依原定地租给付显失公平的，地役权人也可以请求适当减少。

6. 维持附属设施的义务

地役权人对于其在权利行使的必要范围内所为的附属设施，负有维持的义务，以防止供役地因此而受到损害。因未尽保养维修义务致供役地人受有损害的，地役权人应当负赔偿责任。如果地役权人与供役地人就附属设施的保养维修另有约定的，从其约定。

（二）供役地人的权利和义务

《物权法》第159条规定："供役地权利人应当按照合同约定，允许地役权人利用其土地，不得妨害地役权人行使权利。"这是确认供役地权利人的权利、义务的基本规则。供役地人的权利和义务，具体包括如下内容。

1. 容忍土地上的负担或不作为义务

地役权一经设立，供役地人便负有容忍土地上的负担的义务。根据设定的地役权性质的不同，供役地人承担不同的义务。负有容忍土地上的负担的义务，要求供役地人主动放弃对自身土地部分使用的权利，甚至容忍他人对自己土地实施合同约定的某种程度上的干预和损害等。

2. 附属设施使用权及费用分担义务

对于地役权人于供役地上所为的附属设施，供役地人在不影响地役权行使的范围内，有权对其加以利用。如对于地役权人铺设的管道，在地役权人没有使用的情况下，或者已经使用但不妨害地役权人行使权利的情况下，供役地人有权进行利用。在作这种使用时，供役地人应当按其收益的比例，分担附属设施的保养维修费用。当事人另有约定的，从其约定。

3. 变更权利行使场所及方法的请求权

供役地人也享有对地役权行使场所和方法的变更权。当事人在设定地役权时，如果定有权利行使场所及方法的，供役地人也可以请求变更。变更的条件

是，变更该场所及方法对地役权人并无不利，而对于供役地人有利。供役地人请求地役权人变更地役权的行使场所及方法的，地役权人不得拒绝。因此支出的费用，由供役地人负担。

4. 租金及其调整请求权

于有偿地役权，供役地人依约享有请求地役权人按期支付租金的权利。地役权人如果不按期支付租金，则应承担违约责任。地役权人长期拖欠租金的，供役地人可依法终止地役权合同。于无偿地役权，如果土地所有权人或合法占有人就土地的负担增加，非当时所能预料，以及依原约定显失公平的，则供役地人有权请求酌定地租。地役权设定后，如果土地价值有升降，依原定地租给付显失公平的，供役地人也可以请求予以增减。

第三节　地役权的消灭及其后果

一、地役权消灭的原因

（一）期限届满

地役权的期限由当事人约定。在用益物权上设定地役权，其期限应当不超过该用益物权的期限。即使在所有权上设定地役权，也不得为永久期限的约定。因此，需役地或者供役地上的权利本身有期限限制的，则地役权不得超过该权利的剩余期限。

地役权期限届满，而地役权人又不续期的，该地役权归于消灭。地役权期限届满时，如果地役权人在供役地上设置了附属设施，则其应当按照土地使用权期限届满时的有关规定，处理附属设施。

（二）约定消灭地役权的事由出现

在地役权合同中，双方当事人可以约定地役权消灭的具体事由，约定的消灭

事由在性质上为解除条件。在所约定事由出现时，地役权合同消灭，此时地役权归于消灭。

（三）目的的实现不能

供役地因自然属性的变化而不能实现地役权的目的时，地役权已无存续的必要的，地役权消灭。如果地役权人不同意消灭地役权的，供役地人可以申请法院判决地役权消灭。例如，因水源枯竭，而导致引水地役权的存在没有意义，引水地役权当然消灭。

（四）供役地人依法解除地役权关系

在地役权设定以后，任何一方当事人都必须遵守约定，尊重各自的权利，履行各自的义务，不得擅自解除地役权关系。按照《物权法》第168条的规定，由于地役权人违反法律规定或者合同约定滥用地役权，或者在约定付款期间届满后在合理期限内经过两次催告未支付费用，供役地人有权解除地役权关系，地役权消灭。

（五）抛弃

地役权人有权抛弃地役权。但如果地役权是有偿取得的，则地役权人必须在向供役地人支付地役权剩余期间的租金以后，才能抛弃；如果是无偿取得的，则地役权人可以随时抛弃。如果需役地的地役权已与需役地一同抵押，则因涉及抵押权人的利益，地役权人应获得抵押权人的同意方可抛弃。地役权人抛弃地役权的，地役权消灭。

（六）转让

《物权法》第164条规定，地役权不得单独转让。凡是将地役权单独转让的，一律无效。如果土地承包经营权、建设用地使用权等转让的，则地役权一并转让。地役权一并转让的，则在出让人一方消灭地役权。

《物权法》规定了以下四种地役权因转让而消灭的情形。

第一，地役权不得单独转让。但是，如果设置了地役权的土地承包经营权、建设用地使用权、宅基地使用权等依法转让的，则地役权随之一并转让，在地役权人一方，地役权一并消灭。

第二，地役权不得抵押。但是，设定了抵押的土地承包经营权、建设用地使用权等依法抵押的，实现抵押权时，地役权也一并随之转让给抵押权人或者抵押的土地权利的受让人，地役权人的地役权消灭。

第三，需役地以及需役地上的土地承包经营权、建设用地使用权、宅基地使用权部分转让时，转让部分涉及地役权的，受让人同时享有地役权。此时，原地役权人的地役权消灭。

第四，供役地以及供役地上的土地承包经营权、建设用地使用权、宅基地使用权部分转让时，转让部分涉及地役权的，地役权对受让人具有约束力，受让人成为地役权的义务人，原供役地人的用益物权消灭，其作为供役地人的地位丧失。

（七）土地征收

国家因社会公共利益的需要而征收需役地或者供役地，致使地役权成为不必要或者行使不能时，地役权消灭。征收土地以后，国家应当给予地役权人合理补偿。

二、地役权消灭的后果

地役权消灭之后，发生以下三种后果。

（一）涂销地役权登记

地役权消灭以后，地役权人不享有继续支配供役地的权能。地役权已经登记的，应当及时办理注销登记。除了供役地人单独申请注销地役权登记外，地役权人应当承担协助办理地役权注销登记的义务。

（二）返还所占有的供役地

如果在地役权存续期间，地役权人占有供役地人的不动产的，则地役权消灭后，地役权人应当及时清除不动产上的各种设施和附属物，恢复土地原状，交还土地或者其他不动产。不占有供役地，而在供役地上设置设施的，应当恢复原状。

（三）供役设施的归属和补偿

在交还土地或者恢复原状时，对于有关供役地上建设的供役设施，如果供役地人有继续使用必要的，则应当转移供役设施的权属，并且由供役地人支付适当的补偿费用，需役地人享有补偿费用的请求权。当事人另有约定的，则按照约定处理。

第四节　对《物权法》规定“不动产”为地役权客体的解读

地役权是我国物权法上的新制度，《物权法》第十四章用 14 个条文对地役权的基本问题进行了框架性的规定，但相关法律条文的具体适用问题还需要进一步深入研究。《物权法》第 166 条和第 167 条规定的“不动产”概念，存在“不动产即土地”的疑义，本节对此进行研究。

一、《物权法》第 166 条和第 167 条存在的疑义

《物权法》第 166 条规定：“需役地以及需役地上的土地承包经营权、建设用地使用权部分转让时，转让部分涉及地役权的，受让人同时享有地役权。”对文句结构进行分析，本条前段实际上描述了两种法律事实，即“需役地”的部分转让和“需役地上的土地承包经营权、建设用地使用权”的部分转让。我国《宪法》第 10 条第 4 款规定：“任何组织或者个人不得侵占、买卖或者以其他形式非法转让土地。土地的使用权可以依照法律的规定转让。”因此，任何意义上的土地转让都是非法的。而对法律文义的解释，一般须按照词句之通常意义解释，因为法律是为全体社会成员而设，且法律概念多取之于日常生活用语。由一般的语言用法获得的字义，构成解释的出发点，同时为解释的界限。[①] 对比分析上述条文可以发现，“需役地”的部分转让与《宪法》的规定存在表面矛盾。《物权法》

① 卡尔·拉伦茨．法学方法论．陈爱娥，译．北京：商务印书馆，2005：219.

第 167 条关于“供役地”部分转让的规定同样存在类似的疑义。

众所周知，《物权法》的起草一波三折，从 2002 年年底作为《民法典（草案）》第二编提交审议，历经 8 次修改，最后得到通过。其制定以宪法为依据，自不待言。[①] 自经历了 2005 年“违宪风波”之后，从“五审稿”开始，更是明示了“根据宪法，制定本法”。对历次《物权法（草案）》中相关条文的考察，是一种重要的历史解释方法，可以探询立法者制定法律时的立法政策以及其所欲实现之目的。“一审稿”第 184 条和第 185 条规定的是“土地承包经营权、建设用地使用权”的部分转让，“二审稿”第 178 条和第 179 条规定的是“土地承包经营权、建设用地使用权”被分割或者部分转让。从“三审稿”，也就是“公开征求意见稿”开始，第 176 条和第 177 条使用需役地、供役地（以下简称“需/供役地”）的称谓，改为“需/供役地以及需/供役地上的土地承包经营权、建设用地使用权、宅基地使用权部分转让”的表述，并增加了“宅基地使用权”部分转让的规定。在全国人大发布的《各地人民群众对物权法草案的意见汇总》[②] 的地役权部分，没有人对此提出疑义。此后的“四审稿”“五审稿”“六审稿”“七审稿”都延续了这种表述。值得关注的是，最后的“上会稿”删除了“宅基地使用权”部分转让的规定[③]，修正为现在的表述方式，并最终获得通过。由此可见，在《物权法》审议的整个过程和最后关头，对第 166 条和第 167 条是进行了认真审定的。

事实上，前述疑义是文义解释层面的。法律解释必须先从文义解释入手，只要法律措辞的语义清晰、明白，且不会产生荒谬的结果，就应当优先按照其语义进行解释。[④] 这是公认的法律解释规则。如果文义解释出现矛盾或者可能导致曲

---

① 王竹. 论《民法通则》与《物权法（草案）》的合宪性：以“实质意义上的物权法”为核心. 判解研究，2006（3）.

② 各地人民群众对物权法草案的意见. 中国人大，2005（15）. 各地人民群众对物权法草案的意见（续）. 中国人大，2005（16）.

③ 删除“宅基地使用权”部分转让规定的原因，笔者认为应是与《物权法》第 153 条的规定冲突。《物权法》第 153 条规定：“宅基地使用权的取得、行使和转让，适用土地管理法等法律和国家有关规定。”而《土地管理法》第 62 条第 4 款规定：“农村村民出卖、出租住房后，再申请宅基地的，不予批准。”实质上是禁止宅基地单独转让，只能基于住房转让适用“地随房走”原则而转让。

④ 孔祥俊. 法律解释方法与判解研究. 北京：人民法院出版社，2004：325.

解法律的真意，应该继之以论理解释。原则上各种解释方法都不能作出违反文义解释的解释结论，但法条文义与法律真意及立法目的冲突时例外，此时的例外解释必须符合法律目的并与整个法律秩序的精神一致。① 尽管朱苏力教授认为，无法在逻辑层面或者分析层面上提出一种完美的法律文本的解释方法②，但在笔者看来，这只是一种宏观上的判断，并不妨碍我们针对《物权法》第166条和第167条所涉及的疑义，进行有目的的解释。对法律的解释，应该在文义解释允许的范围内，尽量采用让法律条文有效的解释。具体到《物权法》第166条和第167条涉及的疑义，这种有效性首先就体现为合宪性，以保证法律体系的权威和效力。合宪性解释，是指依宪法及位阶较高的法律规范，解释位阶较低的法律规范，以维护法律秩序的统一性。③ 其解释要求是：在依字义及脉络关系可能的多数解释中，应优先选择符合宪法原则，因此得以维持的规范解释。④ 下文将以条文内容的有效性与合理性为目标，在解释论视野下，对《物权法》第166条和第167条进行研究。

二、法律解释的路径分析

以文义解释为基础，如需解决《物权法》第166条和第167条的合宪性问题，可供选择的解释路径有两条：其一，对“转让”概念进行扩张解释，得出“买卖”之外的其他合理文义；其二，以《物权法》的体系因素为依据，对“需/供役地”进行体系解释，得出“土地”之外的合理文义。所谓体系因素，包括外在体系和内在体系，前者即法律的编制体系，后者即法律秩序的内在构造、原则及价值判断。⑤

---

① 梁慧星. 民法解释学. 北京：中国政法大学出版社，1995：246.

② 苏力. 解释的难题：对集中法律文本解释方法的追问∥梁治平. 法律解释问题. 北京：法律出版社，1998：61.

③ 同①230-231.

④ 卡尔·拉伦茨. 法学方法论. 陈爱娥，译. 北京：商务印书馆，2005：221.

⑤ 王泽鉴. 法律思维与民法实例. 北京：中国政法大学出版社，2001：223-226.

扩张解释，乃是法律条文之文义失之过窄，不足以表示立法真意，于是扩张法律条文之文义，以求正确阐释法律条文之内容之一种解释方法。① 扩张解释以用语的复数解释为前提，不能超越可能的文义范围。以“扩张”解释之方式亦不能谓合于字义者，不能视之为法律的内容而加以适用。② 按照文义解释的基本规则，同一法律或不同法律使用同一概念时，原则上应该作同一解释③，但立法者有意变动内涵的除外。对比《物权法》第147条关于“建筑物、构筑物及其附属设施转让、互换、出资或者赠与的，该建筑物、构筑物及其附属设施占用范围内的建设用地使用权一并处分”的规定，与《城市房地产管理法》第31条关于“房地产转让、抵押时，房屋的所有权和该房屋占用范围内的土地使用权同时转让、抵押”的规定可知，《城市房地产管理法》中的“转让”概念在《物权法》上被立法者有意细分为“转让、互换、出资或者赠与”四种，后者中的“转让”用语相当于前者中的“买卖”用语。

在《物权法》内对“转让”概念进行扩张解释，最有价值的尝试是考虑能否将集体所有的土地被收归为国有土地视为土地的“转让”。《物权法》中“转让”概念使用62次，“买卖”概念使用2次，众多条文中对本解释主旨有较大参考价值的条文是《物权法》第28条：“因人民法院、仲裁委员会的法律文书或者人民政府的征收决定等，导致物权设立、变更、转让或者消灭的，自法律文书或者人民政府的征收决定等生效时发生效力。”其中，“人民法院、仲裁委员会的法律文书”可能导致的物权变动包括“设立、变更、转让或者消灭”四种，而“人民政府的征收决定”能否视为“转让”并不影响本条文的叙述方式，从而存在单独分析的逻辑空间。《物权法》第42条第1款规定：“为了公共利益的需要，依照法律规定的权限和程序可以征收集体所有的土地和单位、个人的房屋及其他不动产。”第2款规定：“征收集体所有的土地，应当依法足额支付土地补偿费、安置补助费、地上附着物和青苗的补偿费等费用，安排被征地农民的社会保障费用，

---

① 梁慧星. 民法解释学. 北京：中国政法大学出版社，1995：222.

② 卡尔·拉伦茨. 法学方法论. 陈爱娥，译. 北京：商务印书馆，2005：219.

③ 同①214.

保障被征地农民的生活，维护被征地农民的合法权益。”《土地管理法》第2条第4款规定：“国家为了公共利益的需要，可以依法对土地实行征收或者征用并给予补偿。”第51条规定：“大中型水利、水电工程建设征收土地的补偿费标准和移民安置办法，由国务院另行规定。”从上述条文的规定可知，对于土地征收给予的是“补偿”，而非支付等额对价这一“买卖”的特征，因此这种所谓的扩张解释尝试，已经超过了“转让”的文义解释范围，不应被采纳。另外，从物权变动的效果上看，土地征收是一种权利原始取得，将消灭原有的附于土地上的其他权利，因此导致的既不是“转让”，也不是“变更”，而是集体土地所有权的消灭和国家土地所有权的设立。因此，将集体所有的土地被收归国有土地视为“转让”的扩张解释不成立。

既然无法通过扩张解释“转让”概念，来满足“需/供役地”转让的“合宪性”解释的要求，那么剩下唯一可能的解释路径是对“需/供役地”的概念进行体系解释。

三、法律解释的目标选择

（一）《物权法》第十四章“地役权”的调整对象

或许有读者迫不及待地想提醒作者，《物权法》第156条第1款规定：“地役权人有权按照合同约定，利用他人的不动产，以提高自己的不动产的效益。”第2款规定：“前款所称他人的不动产为供役地，自己的不动产为需役地。”而文义解释的规则是，在日常生活用语成为法律专用名词术语后，应该按照法律上的特殊意义予以解释。[①] 因此，问题似乎简单而且明白，即不动产既包括土地，也包括其他不动产，所以这两个条文没有问题。事实上并非如此。需要对《物权法》第十四章“地役权”的规定进行体系解释，寻求立法预设的调整对象，再作回答。

《物权法》第161条规定：“地役权的期限由当事人约定，但不得超过土地承

① 梁慧星. 民法解释学. 北京：中国政法大学出版社，1995：214.

包经营权、建设用地使用权等用益物权的剩余期限。”第 162 条规定：“土地所有权人享有地役权或者负担地役权的，设立土地承包经营权、宅基地使用权时，该土地承包经营权人、宅基地使用权人继续享有或者负担已设立的地役权。”第 163 条规定：“土地上已设立土地承包经营权、建设用地使用权、宅基地使用权等权利的，未经用益物权人同意，土地所有权人不得设立地役权。”据此，《物权法》用益物权编规定的土地承包经营权、宅基地使用权均是以土地作为客体的用益物权种类。建设用地使用权在实践中也主要以土地为客体，《物权法》第 136 条规定的在“地上或者地下”设立的建设用地使用权实际上是以空间为客体的分层建设用地使用权。[①] 可见，对于作为一种从属性用益物权的地役权，立法的原意是设立在土地和空间上。

我们还可以再次借助目的解释的方法，探求准立法者在制定法律时所作的价值判断以及其所欲实现的目的，这有助于对文义解释的理解，并划定文义解释的适用范围。[②] 在我国《物权法》起草过程中，学者建议稿起到了重要的学术基础作用。王利明教授主持的《物权法（草案）》第 912 条第 2 款规定：“如地役权的行使，依其性质只与分割后的一部分土地有关时，则地役权仅就该部分存续。”[③] 梁慧星教授主持的《物权法（草案）》第 483 条规定：“需用地分割后，邻地利用权为分割后各部分的方便与利益，仍继续存在于各部分。但邻地利用权因其性质，仅与分割后的一部分土地有关时，则仅在有关的部分继续存在。供用地分割后，为邻地利用权所承受的负担，仍继续存在于分割后各部分。但邻地利用权因其性质，如果负担仅与分割后的一部分土地有关时，则仅由有关的部分继续负担。”[④] 可见，无论是立法者还是准立法者，虽然名义上设计的地役权以不动产为客体，但实质上是以土地作为唯一思考对象和立法调整原型的。

虽然上文得出的结论不同于简单演绎法条得出的结论，但这种立法目的解释

① 杨立新. 关于建立大一统的地上权概念和体系的设想. 河南省政法管理干部学院学报，2007（1）.

② 梁慧星. 民法解释学. 北京：中国政法大学出版社，1995：220.

③ 王利明. 中国民法典学者建议稿及立法理由：物权编. 北京：法律出版社，2005：293.

④ 梁慧星. 中国民法典草案建议稿附理由：物权编. 北京：法律出版社，2004：286.

仍然不能脱离文义解释的限制，因为文义是法律解释的起点，也是法律解释的终点。[①] 笔者也一直坚持认为，不动产不但应该包括土地和空间，还应当包括建筑，从而与《物权法》第 180 条第 1 项规定的“建筑物和其他土地附着物”保持一致。因此，需要对地役权设定的对象进行确定。

（二）对“自己的不动产”的体系解释

《物权法》第 156 条使用了“他人的不动产”与“自己的不动产的”概念，后者从文义上解释，既可以理解为自己享有“所有权”的不动产，也可以理解为自己享有“用益物权”的不动产，这也需要借助体系解释的方法来取舍。虽然体系解释不能单独作为解释法律的唯一或主要依据，但以法律条文在法律体系中的地位来阐明其规范意旨，更能够维护法律体系及概念用语之统一性。[②] 在《物权法》的其他部分，如第 39 条规定：“所有权人对自己的不动产或者动产，依法享有占有、使用、收益和处分的权利。”第 40 条前段规定：“所有权人有权在自己的不动产或者动产上设立用益物权和担保物权。”第 194 条第 2 款前段规定：“债务人以自己的财产设定抵押”。第 218 条规定：“债务人以自己的财产出质”。考虑到法律用语的一致性，“自己的不动产”应该理解为自己享有“所有权”的不动产。

“自己”即地役权人。《物权法》第 162 条和第 164 条明确以土地所有权人为地役权人，而第 161 条对“地役权的期限”设置了“用益物权的剩余期限”的限制，应该理解为对用益物权人设立地役权的限制。可见，立法者似乎以土地所有权人为地役权的主要调整对象。而在我国实行土地公有且不能转让土地所有权的宪法性规定下，未来社会经济生活中地役权必然主要在用益物权人之间设立。对于这种经由纯粹理论性的推演得出的不同结论，需要结合社会政策，求助于社会学解释。社会学解释方法，重点在于对每一种解释可能产生的社会效果加以预测，然后以社会目的来衡量，何种解释所生社会效果更符合社会目的。[③] 住房制

① 王泽鉴．法律思维与民法实例．北京：中国政法大学出版社，2001：220.

② 梁慧星．民法解释学．北京：中国政法大学出版社，1995：217－218.

③ 同②241.

度改革之后，我国大部分居民的住房形式已经是私房而非公房，许多企事业单位的重要财产也是房产。从“定分止争、物尽其用”的立法宗旨来看，在未来我国的社会经济生活中，土地所有权人不可能也不应该为地役权人的常态。笔者认为，应该以建筑物所有权人和土地用益物权人为地役权人的主体。故《物权法》第十四章“地役权”的调整对象，不应该以土地和空间为限，还应该包括建筑物。

（三）法律解释目标的选择

上述内容一方面澄清了法律条文的应有内涵，另一方面也引出了可能存在的立法原意与法律解释的矛盾，即涉及解释目标的选择问题。关于法律解释的目标一直存在主观说和客观说的争论。依主观说，法律解释的目标在于探求立法者于立法当时的主观意思。依客观说，法律解释的目标在于探求法律应有之合理意思。笔者认为，对《物权法》条文的解释，客观目标与主观目标不应出现过大差距，否则立法本身就存在严重的滞后性问题。因此，至少应该先验地认为，对《物权法》来说，主观与客观的法律解释目标应该是统一的。因此，下文将致力于探求一个能够容纳立法者主观目标和社会需要客观目标的立法真意，即法律应有之合理意思。

四、《物权法》第 166 条和第 167 条的立法真意

（一）意义脉络与立法技术特点分析

拉伦茨教授认为，在探求某用语或某语句于某文字脉络中的意义为何时，法律的意义脉络（其“前后关系”）是不可或缺的。[①] 地役权的不可分性实际上是地役权从属性的延伸[②]，因此，对比《物权法》对地役权从属性的规定方式对于探求对不可分性规定的真意具有重大意义，且解释结论上应力求一致适用于地役权的从属性与不可分性。

值得注意的是，《物权法》第 164 条和第 165 条前段规定，地役权不得单独

① 卡尔·拉伦茨. 法学方法论. 陈爱娥，译. 北京：商务印书馆，2005：220.

② 王利明. 物权法论. 修订本. 北京：中国政法大学出版社，2003：496.

转让/抵押。土地承包经营权、建设用地使用权等转让/抵押的。其中并无“需/供役地”的用语。按照上文的分析，“需/供役地”为包括土地、空间和建筑物的不动产概念，且在学理上建筑物的转让、抵押，也会导致其上的地役权或者负担随之移转。因此，无法解释《物权法》第164条和第165条为何不比照第166条和第167条的规定方式，采用“需/供役地以及土地承包经营权、建设用地使用权等转让/抵押的”的提法。这个新出现的解释上的矛盾正是探求《物权法》第166条和第167条条文立法真意的思维起点。

而《物权法》第169条的规定或许能够为我们指出《物权法》的部分立法特点。《物权法》第169条规定：“已经登记的地役权变更、转让或者消灭的，应当及时办理变更登记或者注销登记。”将此条文与前述《物权法》第164条和第165条规定的“地役权不得单独转让/抵押”结合理解可知，此处所谓的“已经登记的地役权”中的“转让”，实际上是指主用益物权的转让导致的从用益物权的转让。这提示了我们，《物权法》在立法技术上，更注重通过条文表明立法的意旨，“重目的轻表述”，从而为法律适用留下了必要的解释空间。

（二）比较法解释的启示

比较法解释，是指引用外国立法例及判例学说作为一项解释因素，用以阐释本国法律的意义、内容之一种法律解释方法。其目的在于将外国立法例及判例学说作为法律解释应该斟酌的因素[①]，以求正确阐释本国现有法律规范。这对于我国《物权法》的解释具有特殊的重要性。尽管我国的《物权法》起草有鲜明的中国特色和创造性[②]，但现代民法的体系继受性仍然不可否认和忽视。而我国立法一般没有立法理由书，因此全国人民代表大会常务委员会法制工作委员会所编《中华人民共和国物权法释义》（以下简称《物权法释义》），是重要的立法解释材料。

根据《物权法释义》的介绍，《物权法》第166条和第167条的起草，主要参考了德国、法国、瑞士和日本等国家的立法例。[③] 其中，《德国民法典》第

---

① 王泽鉴．比较法与法律之解释适用//王泽鉴．民法学说与判例研究：第2册．修订版．北京：中国政法大学出版社，2005：16.

② 杨立新．论“物权法草案”的鲜明中国特色．河南省政法管理干部学院学报，2006（3）.

③ 胡康生．中华人民共和国物权法释义．北京：法律出版社，2007：356.

1025条“需役地的分割”和第1026条“供役地的分割”、《法国民法典》第700条、《瑞士民法典》第743条“需役地的分割”和第744条“供役地的分割”使用的是土地“被分割”的用语，而《日本民法典》第282条第2款使用的是“土地分割或一部让与情形”。另外，我国台湾地区“民法”第856条和第857条使用的是土地“经分割”的用语，我国澳门地区民法典第1437条“地役权之不可分割”也使用了土地“被数名主人分割”的用语。由此可见，立法例上主要关注土地被分割的法律事实对地役权效力的影响，而《日本民法典》同时考虑了土地分割和土地的部分转让。

（三）目的解释的结论

所谓目的解释，是指以法律规范的目的为根据，阐释法律疑义的一种解释方法。目的解释的功能，在于维持法律秩序之体系性与安定性，并贯彻立法目的。① 目的解释中的目的除了指法律整体目的之外，还包括个别法条、个别制度的规范目的。《物权法释义》对第166条和第167条的释义是：本条是关于需/供役地上的土地承包经营权、建设用地使用权部分转让的规定。这两条体现的是“地役权的不可分性”，即“地役权存在于需役地和供役地的全部，不能分割为各个部分或者仅仅以一部分而存在。即使供役地或者需役地被分割，地役权在被实际分割后的需役地和供役地的各个部分上仍然存在”。这两条的释义中均提到了“需/供役地以及需/供役地上的土地承包经营权、建设用地使用权部分转让”。随后，《物权法释义》在需役地部分举例：“甲为取水方便，在乙地设定了取水地役权，后甲将自己的需役地一分为二，分别转让给了丙、丁，并办理了登记。”（以下简称“例1”）在供役地部分举例“甲在乙地设定了取水地役权，而后乙地分割为丙、丁两块地”（以下简称“例2”）和“甲和乙约定，在乙的土地上设立通行地役权。此后作为供役地权利人的乙将自己土地的使用权转让给了丙、丁”②（以下简称“例3”）。

从《物权法释义》的表述来看，其并没有避讳需/供役地部分转让的表述，

①② 梁慧星. 民法解释学. 北京：中国政法大学出版社，1995：230.

条文措辞的目的是通过对“需/供役地上的土地承包经营权、建设用地使用权部分转让”的规定，体现“地役权的不可分性”。这在立法思路上是清晰的。例1描述了需役地分割并转让的情形，例2描述了供役地分割的情形，例3更明确地指出是“土地使用权”的分割转让，因此，它们的共同着眼点在于“分割”而非“转让”。这与上文对主要立法例借鉴的分析结论以及《物权法（草案）》“一审稿”“二审稿”的表述是一致的。考虑到“重目的轻表述”的立法特点，尽管《物权法释义》的措辞和举例并不完全严格按照法律术语进行表述，但从中我们可以仍然可以清晰地看到这两条的立法目的是重点描述在“需/供役地”被分割的情况下“地役权的不可分性”。这便是本书得出的主观目标与客观目标统一的解释结论。

（四）法律解释结论的回复式检验

法律解释并非逻辑上的单向运作，在得出一定解释结论后，还需要进行必要的回复式检验，包括立法目的和合宪性两个方面。对立法目的的探求有助于澄清法律上的疑义。即使疑义已经澄清，仍须依法律规范目的加以检验、确定。[①] 对于最终获得的解释结果，需要再复核一下是否合乎“宪法”的要求[②]，最后应以合宪性解释审核其是否符合宪法的基本价值判断。[③]

根据上文所得出的结论，《物权法》第166条和第167条所谓“需/供役地”部分转让不包括土地和空间[④]，专指建筑物。法律解释是一个以法律意旨为主导的思维构成，每一种解释方法各具功能，但亦受有限制，并不绝对；每一种解释方法，虽分量有不同，但须相互补足，共同协力，始能获致合理结果。[⑤] 本书最后推断的合理立法目的在实质上超越了前文分析得出的立法者主观的立法目的，但仍然在文义解释范围内。这种解释符合宪法的规定，其延伸配套的结论也更符

---

① 胡康生. 中华人民共和国物权法释义. 北京：法律出版社，2007：356.

② 王泽鉴. 法律思维与民法实例. 北京：中国政法大学出版社，2001：242.

③ 黄茂荣. 法学方法与现代民法. 北京：中国政法大学出版社，2001：288.

④ 空间从属于土地，尽管法律没有作出明文规定，从当然解释的角度，也应该认为《宪法》禁止转让土地的规定准用于空间。

⑤ 同②240.

合社会学解释的结论，即可认为，该解释符合法律解释回复式检验的要求。由此可见，《物权法》第 166 条和第 167 条所出现的疑义，实质上应定性为立法技术上的一处瑕疵。

五、“不动产即土地”定势思维与立法技术瑕疵补救

（一）《物权法》用益物权编的土地定势思维

无论是系统化的法律解释分析，还是最后的回复式检验，都揭示出现这类立法疑义的根本原因，是在《物权法》地役权章乃至整个用益物权编的起草过程中，存在土地定势思维——“不动产即土地”。我国立法者的立法理念还停留在土地吸收建筑物的古典民法理念，没有将建筑物作为用益物权的设立对象考量。而《物权法》第 5 条规定“物权的种类和内容，由法律规定”，确立的是严格的物权法定原则。在《物权法》起草过程中，曾有人提出过物权法定缓和的立法方案，但从“七审稿”后就被否决了。曾出现在物权法草案中的典权、居住权，先后被排除出了物权行列。这一方面会使法院在面对这些物权纠纷案件时无法可依，另一方面又将我国的用益物权的适用范围局限在土地和空间上。而通过上文的分析，只有将建筑物纳入地役权的客体，才能够缓解《物权法》第 166 条和第 167 条带来的解释上的困境。我国土地实行公有，允许建筑物私有。这种客体制度与权利种类设计的反差，造成了用益物权的适用范围大大缩小。特别是典权制度，作为我国现行法律承认和实务中允许在房产证上注明的他项权[①]，承载着使用收益和资金融通双重功能，具有其他用益物权和担保物权所不及的优点，是我国传统民法制度的优秀遗产，没有重大理由，不应该放弃。未来我国建筑物用益物权制度的构建，应该以典权制度为基础，逐步补充完善，建立建筑物用益权制度。[②]

---

① 如《城市房屋权属登记管理办法》第 19 条规定：“设定房屋抵押权、典权等他项权利的，权利人应当自事实发生之日起 30 日内申请他项权利登记。”

② 王竹，潘佳奇. 试论建筑物用益权. 天府新论，2006（4）.

（二）《物权法》第 166、167 条立法技术瑕疵的补救

对《物权法》第 166 条和第 167 条立法技术瑕疵的补救，应该从司法实践和司法解释两个角度入手。在司法实践中，对《物权法》第 166 条和第 167 条的适用范围应根据立法目的作限缩解释，应以第 156 条第 2 款规定的“不动产”为基本规定，适用《物权法》第 8 条的限制：“其他相关法律对物权另有特别规定的，依照其规定。”此处的其他相关法律的特别规定，应是《土地管理法》第 2 条第 3 款的规定：“任何单位和个人不得侵占、买卖或者以其他形式非法转让土地。土地使用权可以依法转让。”以此来排除土地所有权部分转让在《物权法》第 166 条和第 167 条上适用的可能，补正立法技术瑕疵，贯彻应有的立法意旨。

司法解释是具有中国特色的法律性文件，其特色在于形成立法体系下的法官法学说。如果未来最高人民法院出台“物权法司法解释（二）”，可将这两个条文涉及的疑义纳入解释范围。在解释内容上，建议不但应对于这两个条文涉及的不动产所有权和用益物权部分转让进行分类阐述，更应该以此为契机将《物权法》用益物权编的“不动产即土地”的定势思维进行反思，明确建筑物作为用益物权设立客体的独立地位。

第十二章

非典型用益物权

第一节 典 权

一、典权的概念与性质

（一）典权的概念

典权，是指由一方支付典价，占有他方的不动产而享有的使用、收益的他物权。①

在典权关系中，支付典价、占有他人不动产而享有使用、收益权利的一方，称为典权人；收取典价而将自己的不动产交给典权人使用、收益的一方，称为出典人。作为典权客体的不动产称为典物，包括土地和房屋。典权人向出典人支付的典价，是典权人为占有、使用和收益他人的不动产而付出的对价。典权存续的

① 刘志杨. 民法物权. 上海：大东书局，1936：401.

期间是典期。

《物权法》没有规定典权，但是，典权是我国的传统物权，具有现实的价值。对于现实生活中出现的典权，应当依据习惯法进行调整。例如，1992 年 3 月 7 日，刘某因出国工作，通过典当公司，将自己所有的一栋 150 平方米的住宅典给胡某，约定典价为 30 万元人民币，典期 5 年，典期届满以原价回赎。2005 年 6 月，刘某回国，要求回赎房屋，胡某以超过诉讼时效期间为由，拒绝刘某的回赎房屋要求。双方发生争议，刘某向法院起诉请求保护其回赎权，胡某以典权回赎期没有法律规定为由，主张适用诉讼时效的规定来驳回刘某的诉讼请求。这是典型的典权，以典期没有被法律规定为由而主张适用诉讼时效，是完全没有道理的。

（二）典权的法律特征

典权制度是我国特有的物权制度，与其他物权相比，具有以下法律特征。

1. 典权是设定于他人不动产之上的物权

典权的标的以不动产为限，是设定于土地或者房屋之上的物权，在动产或其他权利上不能设定典权。在我国，土地为国家或集体所有，因此典权主要发生在自然人的私有房屋之上，但也有人主张对于土地承包经营权也可以设定典权，并且私有房屋就包括房屋的地基，因而还可以在地上权之上设定典权。

2. 典权是占有他人不动产而为使用、收益的物权

设定典权的目的，在于典权人对出典人的不动产进行使用和收益。因此，典权的成立以占有典物为条件。占有典物不以直接占有为限，对典物的间接占有也可以成立典权。典权人对典物使用和收益的方法不受限制，为实现用益的目的，凡是依物的性质可以采用的使用和收益方法，典权人均可为之。

3. 典权是支付典价给出典人而成立的物权

典权的成立以支付典价为必要，因而典权的设立是有偿行为，典价是典权取得的代价，其数额由双方约定，大抵为典物买价的 50%～80%，而以接近买价为常见。[①] 出典人获得典价，并不向典权人支付利息，以此来弥补其因丧失对典物的占有、使用所造成的损失。就此而言，在保留典物所有权的情形下，出典人

① 谢在全. 民法物权论：中册. 修订 3 版. 台北：三民书局，2004：246.

能获得一定的现款，从而使出典具有一定的融资贷款性质。

4. 典权是有期限的他物权

出典人在回赎期内，享有以支付原典价向典权人要求回赎典物以消灭典权的权利。在约定的典期届满后经过一定时间，出典人未回赎的，视为绝卖，典权人取得典物的所有权。典期一般在典权契约中载明，当事人未约定典期，经法定期限出典人仍不回赎的，典权人也取得典物的所有权。

（三）典权的性质

1. 对典权性质的认识分歧

关于典权的性质，学术界一直存有分歧，归纳起来有如下观点。

（1）用益物权说，认为典权系以用益为目的，故在性质上属于用益物权。[①]主要理由是，典权是占有他人的不动产而为使用、收益的权利，典权人的目的在于取得对典物的使用和收益之权，因而典权具备用益物权的本质特点。

（2）担保物权说，认为典权在性质上为担保物权。[②] 其主要理由是，虽然典权具有使用和收益的内容，但在许多情况下，典权人并不以使用和收益为其最终目的，其最终目的为取得典物的所有权，因而典权与典型的用益物权并不完全相同。相反，典权具有担保借款的性质，民间出典人设定典权，在大多数情况下是因经济窘迫，为通融金钱而出典田宅。典权其实是为民间借贷服务的，相当于出典人向典权人借款，而以典物作为贷款的担保。

（3）双重权利说，认为典权既不是纯粹的用益物权，也不是纯粹的担保物权，而是兼具用益物权与担保物权性质的双重性物权。史尚宽认为，民法上之典权，实兼有用益物权及担保物权之两方面属性，沿革上典权乃由担保物权发展而来。一方面，典权为用益物权之主物权，故典权不发生因时效而消灭之问题，出典人唯得以原典价回赎典物；另一方面，典权兼有占有质、用益质、利息质即归属质的性质，因原典价之清偿而消灭。[③]

---

① 刘志杨. 民法物权. 北京：大东书局，1936：402.

② 谢在全. 民法物权论：中册. 修订 5 版. 台北：新学林出版股份有限公司，2010：187.

③ 史尚宽. 物权法论. 北京：中国政法大学出版社，2000：435.

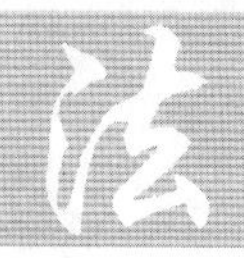

2. 典权的性质为用益物权

上述三种观点都有其合理之处。笔者认为，应将典权认定为具有用益物权的性质。主要理由是：第一，典权的设定目的，就是典权人占有典物而对典物进行使用和收益。这种目的，在任何担保物权中都不存在，担保物权不具有对担保物的使用和收益权。第二，尽管典权具有一定的融资和担保功能，但其担保的功能很薄弱，其着眼点仍在于典权人对典物的使用、用益，而不是出典人的融资和担保，因此，典权不是一个担保物权。第三，从典权的性质上说，典权不具有担保物权的属性。担保物权具有变价受偿性、不可分性、物上代位性、从属性等属性，典权不具备担保物权的这些属性。[①] 第四，典权并不是直接为典价的清偿而设立的物权，因此与担保物权具有本质差别。担保物权的设定是为了督促主债务的清偿，但在典权关系中，是否偿还典价，完全取决于出典人的意志，并没有一种独立的法律上的担保方式存在。

当然也不否认典权具有融资和担保的效能，但它不是典权的基本属性。

（四）典权制度的沿革

典权是我国物权制度中唯一的出自我国固有法的物权制度。典权制度的缘起在于，国人认为变卖祖产尤其是不动产，筹款周转以应付急需乃是败家之举，足使祖宗蒙羞，故决不轻易从事，然又不能没有解决之计，于是折中办法出现，即将财产出典于人，以获取相当于卖价的金额，在日后又可以原价将其赎回。如此不仅有足够的金钱以应融通之需，复不落得变卖家产之讥。而典权人则得以在支付低于买价的典价后，即取得典物的使用、收益权，且日后尚有因此取得典物所有权的可能。是以为对出典人与典权人两全其美、最适宜的安排。[②]

我国最早关于典的记载，出现于《后汉书·刘虞公孙瓒陶谦列传》，记有“虞有赉赏，典当胡夷”。这里的典当，据考察，典当出去的是财货，收获的不是钱，而是和平，因而并不是典型的典权。[③] 一般认为，后世典当业，从南朝佛寺开始。[④] 北

---

① 房绍坤，吕忠民．典权基本问题研究．法学研究，1993（5）.

② 谢在全．民法物权论．中册．修订3版．台北：三民书局，2004：247.

③ 吴向红．典之风俗与典之法律．北京：法律出版社，2009：7.

④ 范文澜．中国通史．北京：人民出版社，1978：516.

魏年间，佛教大兴，国家和民间大量的财富涌入寺庙，使各寺有充足的资金开展这一种金融活动，结果开创了一个行业。后来，典权制度不断完善，典物范围不断扩大，形成了完备的规则，将标准的典称之为正典。① 其后，《元通制条格》卷二十七“杂令”载：“将珠翠银器衣服，于朝奉典当钞……请人解典金银。”至明永乐年间令北直隶府州县，“贫民典当田宅，年头无钱取赎及豪放军民占耕逃民田地，待复兴业之日，照归断还原主”。大清律例规定有田宅编，就田宅等不动产规定了典权。户部则例规定：民人契典旗地，其回赎期限以二十年为断。如立契已逾限，即许呈契升科，不准回赎。卖主无力回赎，许立绝卖契据，公估找贴一次。若买主不愿找贴，应听别售，归还典价。

民国初年，凡前清法令与国体不相抵触者，暂准援用。唯典权盛行于房地买卖中，但往往因契载不明而发生纠纷，故民国四年（1915 年）前北洋政府司法部呈准总统颁行清理不动产典当办法十条，于民国四年（1915 年）十月六日施行，将以前远年契载不明之典产，分别远近，或予作绝，或予立限放赎；并规定嗣后典当以不过十年为限，契内务须载明回赎年限，届期不赎，听凭典主过户投税。期限不满十年的典当，不得附加到期不赎听凭作绝的条款。② 《大清民律草案》误认典权为不动产质，故于物权编规定有不动产质权一节，以其代替典权。《民国民律草案》物权编第八章专设“典权”，恢复了典权的用益物权地位。至国民政府制定民法典，正式规定了典权制度。

我国在 20 世纪 50 年代和 60 年代存在典权，但是随着社会的变化，新的典权案件逐渐减少，诉讼到法院的典权纠纷案件都是过去发生而在 80 年代、90 年代典期届满的典权纠纷。至 90 年代，陈年的典权纠纷基本消灭，新的典权纠纷由于不存在不动产的私有制度，也很少出现，直至实行城市住房制度改革，新的典权案件又开始出现。

（五）正典的规则

中国传统的正典规则，各地有所不同，归纳起来主要有以下内容。③

---

① 吴向红．典之风俗与典之法律．北京：法律出版社，2009：9，15．

② 史尚宽．物权法论．台北：荣泰印书馆，1979：394．

③ 同①27－41．

1. 问亲

问亲是出典人就出典询问亲房、四邻，征得亲房同意。宗亲（即四邻、原业）有意愿的，可以先买。据部分统计，问亲成交的典约，宗亲之间占四成，远高于自然分布，而在宗亲之中至亲又占了六成，比例相当高。

2. 请托

请托就是出典人请托中人，见证、主持典权交易。中人的存在，是典约的一个结构性要素，将“你—我”的交易结构改变为“你—我—他”的三元结构。中人的存在，使典权交易甚至可以在没有契约文本的方式下进行。

3. 觅买

觅买是出典人正式表明自己出典的意向，表现形式是觅买文书。一般由出典人亲书，记明土地的坐落、四至、亩数、钱两及时价等内容，交由中人转给承典人。承典人接收觅买文书，就形成草约，经三方签字后，即为正式契约。

4. 议价

议价就是典权当事人评议典价，通常是三面言议或称三面言定，使典权契约具有公认的合法性。三面言议可以是当面言议，也可以是背对背的含蓄方法，多数凭中人居间议价。

5. 立契

典卖所立的契约是典契，有的直接由觅买文书草约签字形成，大部分是另外起草。大多数的典契由代书人执笔，具有非常一致的结构、风格及措辞，特别是表明“到期回赎”的字样以及“钱无利息，地无租价”的内容，以区别于卖契。民间的典契为白契，过割推收完毕加盖官府红印的典契为红契。

6. 回赎

回赎就是出典人退回典价，从典权人处赎回典物。回赎是田宅典买过程中最为期待的结果，是典契存在的前提。出典人是带着回赎希望出典的，典权人也认可这一做法。虽然民间习俗对回赎期处理各不相同，但回赎通常规定较为宽松、灵活的期限，能回赎的。尽量回赎。这与一般的买卖关系完全不同。到期不赎，可以转当即延期。典权到期没有明确约定期限的，变为无期限典权。

7. 找贴

找贴是典权人将典价与典物的时价之差，找给出典人。找贴的前提是出典人放弃回赎，即开始了绝卖的过程。找贴是典价与典物实际价格之间的差额，找就是找平，当出典人最终收到达到典物时价的差额时，发生绝卖后果。早期找贴可以进行多次直至找平，但为了避免多次找贴引起纠纷，清政府曾经规定只许找贴一次。

8. 绝卖

绝卖是将典变为卖，通过找贴而使出典人出让典物的所有权，典权人取得典物的所有权。典期届至，出典人放弃回赎权，典权人也愿意找贴的，典权人即可通过找贴而实现绝卖。典权人拒绝绝卖的，出典人可以归还典价，另找他人。绝卖成交的，应当另立找契或绝卖契。

9. 过割

过割是指绝卖后处理交易的赋税或地租。赋税又称为粮，缴纳赋税为过粮。报税、征税的过程叫作推收。过粮的义务原则上由双方协商，可以归原主，也可以归新主。即使没有发生实际的税赋，典权人也要将赋税的数额交给出典人，称为买差卖差。

10. 转典

转典有两种：一种是出典人转典。典期届至，典权人不再续典，出典人不必征得典权人同意，即可加价转典于他人。另一种是在典期内，典权人经过出典人同意，将典物转典给他人。后一种情形更为复杂。

(六) 确立典权的必要性

虽然我国《民法通则》及有关法律、法规对典权并未作出明文规定，但典权一直为司法实践所认可，在习惯法上发挥着作用。关于在物权立法上是否应当规定典权，理论上有废止和保留两种主张。

1. 废止典权的主张

废止典权论认为，典权已不适应现代社会生活的需要，在立法上不应再将其作为一种独立的物权类型。其主要理由有：第一，典权存在的历史原因在于不卖

祖产而解决急需资金，而在现代社会出卖不动产、设置抵押以获取资金已属正常经济行为，典权已日益失去其存在价值。第二，典权制度适用的范围过于狭小。第三，房屋典权与不动产质权非常相似，可以通过不动产质权来获得解决。[①]

2. 保留典权的主张

保留典权论认为，典权不仅在过去发挥着一定的积极作用，而且在将来也能继续发挥作用，应当对该物权类型予以保留。其主要理由有：第一，典权为中国独特的不动产物权制度，充分体现了中华民族济贫扶弱的道德观念，反映了中国物权制度的特色，也符合中国的传统习惯。第二，典权可以同时满足用益需要和资金需要。典权人可取得不动产的使用、收益及典价的担保，出典人可保有典物所有权而获得相当于卖价的资金运用，以发挥典物的双重经济效用，抵押权制度并不能完全取代。第三，随着住房制度改革的完成，自然人的私有房屋增加，从而大大扩张了典权的适用范围。

3. 笔者的主张

争论典权是否应予保留，关键在于典权在当代是否仍有其独特功能。事实上，我国自从实行土地公有制以后，典权的标的限于房屋而不包括土地，即便如此，典权也仍然在民间存在。1984 年最高人民法院《关于贯彻执行民事政策法律若干问题的意见》第 58 条第 1 款规定，对法律、政策允许范围内的房屋典当关系，应当承认。《民法通则》施行之后，最高人民法院在《民通意见》第 120 条亦规定："在房屋出典期间或者典期届满时，当事人之间约定延长典期或者增减典价，应当准许。"随着市场经济的深入发展和房地产市场的逐步完善，商品房大量进入市场，私人房产在迅速增加并成为城市居民住宅的主流，典权的适用范围将会不断扩大。随着市场经济的发展，也可能会逐步允许在建设用地使用权上设定典权。建设用地使用权既然可以转让、出租和抵押，当然也可以出典，这对于充分发挥土地使用权的效用是十分必要的。即使是土地承包经营权也存在出典的可能性。尽管目前典权在实践中很少被适用，但这一制度将在现实生活中具有越来越大的适用空间。

---

① 梁慧星，陈华彬. 物权法. 北京：法律出版社，1997：290.

因此，典权制度的独特功能在今天仍然具有现实意义，对于实现不动产资源的充分利用，解决民事主体生产、生活的急需，都具有不可或缺的重要意义，无法为其他制度所取代。在韩国，也存在从我国引进并加以改造的传贯权，它在社会生活中发挥了极为重要的作用。[①] 我国作为典权的渊源国，不应当轻易放弃这一物权制度。

（七）《物权法》的态度

在制定《物权法》的过程中，经历了规定典权—不规定典权—再规定典权—又不规定典权的反复过程，这反映了立法者对典权制度的犹豫态度。事实上，最终在物权法草案中删除典权的规定，是由于立法者对典权存在意识形态上的偏见，认为典权是地主剥削农民的封建制度。这种看法过于意识形态化了，并且曲解了典权制度的本质。笔者坚决主张《物权法》应当规定典权，即使目前没有规定，也没有办法阻止不动产所有权人或者用益物权人对自己所有的不动产及不动产用益物权设立典权。其理由主要有以下几点。

第一，典权是我国古代物权法的传统制度，是我国民法独创的制度，是中国物权法的固有制度。早在一千多年以前，在中华法系中就有了典权制度。[②] 最初的典权不仅可以典房、典地，还可以典人，后来典权在发展中不断完善，典物只包括土地和建筑物。一千多年以来，典权制度在中国发挥了重要的用益、融资和担保的作用。《物权法》规定的大多数物权都是欧洲的制度，唯有典权是中国固有的物权制度。把典权保留下来，是发扬民族传统、保持民族特色。

第二，近几十年我国典权制度的衰落，与普遍实行的土地公有制、计划经济和人民相对贫穷有关。在中华人民共和国成立初期，土地和房屋实行私有制，自然人有自己的私有土地和房屋，因而典权制度仍然在被广泛适用，有很多典权纠纷需要法院处理。到农村实行人民公社化、“一大二公”的土地公有制，以及城市土地归国家所有之后，新设的典权就不多见了。但由于典权的典期很长，因而

---

① 刘保玉．物权体系论．北京：人民法院出版社，2004：247.

② 吴向红．典之风俗与典之法律．北京：法律出版社，2009：43.

一直延续到20世纪八九十年代，典权纠纷才基本灭绝。可见，我国人民不是不需要典权，而是在那个时候没有适宜典权存在的土壤和环境。

第三，当前我国人民仍然需要典权。首先，在城市，房屋已经私有化，除了廉租房之外，基本上不存在公有住宅的承租问题；在农村，农民的住宅都是私有的。既然存在私有住房问题，而且是普遍存在的，出典住房设置典权的可能性就存在。其次，在城市，虽然土地属于国家公有，不能也不必设置典权，但是建设用地使用权可用以设典；在农村，只要准许，土地承包经营权当然可以设典，例如进城的农民就可以将自己暂时不再耕种的土地典给他人耕作，土地出典的条件都已经具备。当前，不论是土地还是建筑物，都具备了设立典权的条件，都有可能设置典权。

第四，典权为不动产权利人用益和融资增加新的渠道，有利于人民生活。在当前城市房屋短缺、农村住宅闲置的情况下，权利人完全可以将自己的房屋典出去，既给无房者提供便利，又能够解决进城农民无法处置祖宅的困难。同时，权利人对于自己闲置的房屋不愿意出租又不愿意出卖的，可以设立典权，使所有权人既能收到典价，又能够保留所有权，不至于灭绝产业。设立典权还提供了新的融资渠道，可以设典的不动产为典价提供担保。

正是基于这些原因，在现实生活中，即使《物权法》不规定典权，也应当不受物权法定原则的限制，将典权作为非典型用益物权，认定为习惯法上的物权种类，并且采用习惯法的规则，处理好典权纠纷。

二、典权的取得及期限

（一）典权的取得

典权取得分为两种方式：一是基于法律行为取得，二是基于法律行为以外的事实取得。

1. 基于法律行为取得典权

典权主要由当事人以合同方式取得，也可以由转典和典权让与方式取

得。无论是基于合同取得，还是基于转典、让与取得，典权取得都必须采取书面形式。

（1）基于合同（典契）取得典权。

典权的设定通常指双方当事人达成设定典权的协议而成立典权。设定典权的协议称为典契。典契应当以书面形式为之，典契的内容应当包括：典契的名称、出典人的姓名、典物及其所在地、中人的姓名、典权人的姓名、典价、交付典物的意旨、典期、期满出典人备价回赎的意旨、出典人无力回赎时的效力、设定典权的时间。按照传统的规定，典契在中人签名画押之时生效，典权人取得典权。

（2）基于转典和典权让与取得典权。

典权人就其典物为他人再设定典权，称之为转典。受转典人即转典权人因转典而于原典权范围内取得典物上的转典权，原典权人于典物上的权利，虽受有限制，但仍然存在，仍与出典人之间形成典权关系。①

典权让与，是指典权人将典权转让他人，该他人因该让与行为而取得典权。这实际上是典权人的变更，原典权人的身份消灭，新典权人与出典人形成典权关系。典权让与可以是有偿的，也可以是无偿的。有偿的典权让与属于一种权利的买卖，而无偿的典权让与则属于权利的赠与。

2. 基于其他事实而取得典权

基于其他事实而取得典权，主要是基于继承和取得时效而取得典权。

（1）基于继承而取得典权。

典权为财产权，且无专属性，因此，典权在典权人死亡后，可以由其继承人继承。基于继承取得典权的时间，应为被继承人死亡后继承开始之时。

（2）基于取得时效而取得典权。

对于典权基于取得时效而取得，虽有不同的见解，但通说采肯定说。典权的时效取得要件是：以行使典权为意思，向他人支付典价，在继续公然占

① 史尚宽. 物权法论. 台北：荣泰印书馆，1979：400.

有他人的不动产而为使用、收益达到取得时效的法定期间。[①] 在目前，这种情况不多见。

（二）典权的期限

1. 典权期限的意义

典权的期限也叫作典期，是指阻止出典人回赎典物的期限，是对出典人的限制。其意义在于，在典期中，出典人不得行使回赎权。

典期与其他他物权的存在期限有所不同。例如，房屋的租赁期限是租赁权存在的期限，该期限届满，租赁权消灭；建设用地使用权的期限是建设用地使用权存在的期限，该期限届满，建设用地使用权消灭。典权的期限则不同，它不是典权的存在期限，而是阻止出典人行使回赎权的期限，以保障典权人对典物的充分利用。只有在该期限届满后，出典人方可行使回赎权，赎回典物，消灭典权。典权期限届满，但出典人不行使回赎权的，典权仍然存在，并不消灭。只有典权期限届满，并且出典人行使回赎权的，才发生典权消灭的后果。

在典权设定中，有的约定典期，有的不约定典期。

2. 约定的典权期限

典权的期限由当事人自由约定。由于典权在本质上是对不动产所有权的限制，其效力很强，因而典权期限不宜约定过长，也不宜过短。按照我国台湾地区"民法"的规定，典权的期限不得超过30年，超过30年的，缩短为30年。如果约定的典期不足15年的，则不得附有到期不赎即作为绝卖的条款。

3. 未约定的典权期限

典契未约定典期的，出典人随时可以行使回赎权，以原典价赎回典物。但是，典权的回赎权不能长期存在，如此则对典权人不利。因此，典权未设定典期的，自出典后经过30年不回赎者，典权人即取得典物的所有权。

4. 典期的起算

典期的起算点，依不动产物权因法律行为而变动者，由于没有规定登记程

① 谢在全. 民法物权论：中册. 修订3版. 台北：三民书局，2004：277.

序，因而应自典物交付典权人占有的次日起算。

三、典权的效力

（一）典权人的权利和义务

1. 典权人的权利

（1）典物的占有、使用、收益权。

典权设定后，典权人有权对典物进行占有、使用和收益。典权人占有典物是典权人行使使用、收益权的前提。典权人对典物的使用和收益是典权人设定典权的目的。典权的用益方法比其他用益物权的用益方法更为广泛，除当事人另有约定外，凡依典物的性质可实现用益目的的方法，典权人均可为之，如改变典物的用途、将典物予以出租或从事经营活动等。因此，典权是“其他各种不动产限制物权之冠，而仅次于所有权”①。当典权人占有典物的权利受到侵害时，典权人对侵害人享有物上请求权。

（2）转让权。

转让权是指典权人将典权转让于他人的权利。由于典权不是专属财产权，所以除非另有约定，典权人可以转让典权。典权人将典权转让给他人的，受让人取得与典权人同一的权利。典权人转让典权，典权自典物转移占有之日起转移。典权人让与典权是否有偿，由让与人与受让人约定，因此，典权让与采买卖、赠与等方式均可。如果为有偿转让，其价格不受原典价的影响，可以高于或者低于原典价。但无论让与价格高或低，出典人在回赎时，都可以直接向受让人以原典价回赎。

（3）转典权。

转典权是指在典权存续期间，典权人将典物转典于他人的权利。转典须符合下述条件：第一，典契中没有禁止转典的约定。第二，转典须在典权存续期间进行，即：定期典权，其转典的期限不得超过典权的期限，超出部分无效；未定期

① 王文. 中国典权制度之研究. 台北：嘉新文化基金会，1974：8.

典权，其转典也不得约定期限。第三，转典不得对抗出典人，出典人向转典权人返还原典价回赎典物的，转典权人应当将典物返还给出典人；转典价超过原典价的，其超过部分不得对抗出典人；但转典权人就转典价超过原典价的部分，有权要求原典权人返还。第四，转典后，典权人不得抛弃其回赎权。第五，典权人对于典物因转典所受之损害，应负赔偿责任，无须有过错。

（4）抵押设定权。

典权人可以就典权设定抵押权以担保债权。但是，当抵押权人行使抵押权时，不能影响出典人的回赎权。因此，抵押权人只能将典权出卖或自己取得典权以满足自己的债权，而不能变卖典物或取得典物所有权，因为典物不是抵押标的物。另外，以典权设定抵押权的债权清偿期限，也不能超过典权的剩余期限，以防止抵押权人的权利因出典人回赎而受到损害。

（5）出租权。

出租权是指典权人可以将典物出租于他人的权利，但典契另有约定的除外。典物出租权是典权的效力体现。出租典物：第一，须在典权存续期间内为之。第二，租赁期须在典期以内。如果典权定有期限，则租期不得超过该期限；如果典权未定期限，则租赁亦不得定有期限。第三，须无禁止出租的约定。典权人虽享有出租典物的权利，但典物因出租而受到损害的，典权人应负赔偿责任。

（6）留买权。

留买权又称先买权或优先购买权，是指在典期内出典人出卖典物时，典权人在同等条件下有优先购买的权利。

（7）重建修缮权。

重建修缮权是指在典权存续中，因不可抗力致典物全部或一部分毁损的，典权人有权修缮或重建。重建或修缮后，典权关系维持不变。在出典人回赎典物时，典权人可以要求出典人于现存利益限度内分担重建或者修缮费用，但重建或修缮费用超过典物灭失时的价值的，须经出典人的同意，未经出典人同意，其超过部分的重建或者修缮费用，不得要求出典人分担。另外，典物因可归责于典权人的原因全部或部分灭失而重建或者修缮的，典权人不得要求出典人分担重建或

修缮费用；而典物因可归责于出典人的原因全部或部分灭失而需重建或者修缮的，其费用由出典人负担。

（8）费用偿还请求权。

典权人就典物所支出的必要的保养、维修和改良等费用，在出典人回赎典物时，典权人有权在现存利益的限度内请求出典人偿还。

（9）取得典物所有权。

出典人在典期届满逾期10年不回赎，或者无典期经过30年不回赎，又无中止、中断或者延长理由的，视为绝卖。经过找贴，典物的所有权归典权人所有，出典人不得再以典价回赎典物。

2.典权人的义务

（1）保管典物。

典权人对典物应尽善良管理人的保管义务。典权人未履行保管义务而致典物毁损、灭失的，应当承担赔偿责任。

（2）支付典价。

典权人应依合同约定向出典人支付典价。典价显失公平的，一方可以请求法院予以变更。

（3）分担典物风险。

当典物因不可抗力而全部灭失时，典权与回赎权全部归于消灭。典权人不能收回典价，出典人亦不能回赎典物。当典物因不可抗力而部分灭失时，典权与回赎权仅就灭失的部分消灭，就典物的余存部分继续存在。

（4）返还典物。

当出典人回赎典物或典权人抛弃典权时，典权人应将典物返还给出典人，尽量恢复典物原状。

（二）出典人的权利与义务

1.出典人的权利

（1）典物处分权。

典权设定后，出典人应当将典物让与典权人，由典权人对典物占有、使用和

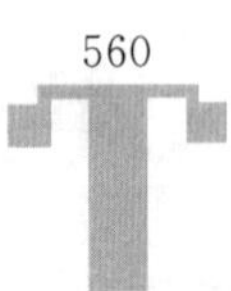

收益，但出典人仍有权对典物的所有权进行法律上的处分，如出卖、赠与等。出典人在出卖的典物所有权时，应当保障典权人的留买权。

（2）抵押设定权。

出典人就典物仍可再行设定权利，如抵押权，原因是典权的用益性和抵押权的不转移标的物的占有并不相冲突；但由于典权在先，抵押权的设定不得损害典权人的利益。出典人不得在典物上设定与典权相抵触的权利，如地上权、重典等。

（3）回赎权。

回赎权是指出典人在典权期限届满之时回赎典物的权利。出典人回赎典物，必须在典期届满之后为之。典权约定了典期的，出典人可以在典期届满后的一定时间内进行回赎；典权未定典期的，出典人可以在出典后的法定最长年限内随时行使回赎权，逾期不得再行回赎。

2. 出典人的义务

（1）典物瑕疵担保。

典权具有双务有偿性，出典人对典物负瑕疵担保义务，包括物的瑕疵担保义务和权利的瑕疵担保义务。出典人的瑕疵担保义务准用民法关于买卖合同瑕疵担保的规定。

（2）返还费用。

对于典权人为典物所支付的重建修缮费用、必要费用及有益费用，在典物回赎时，出典人应典权人请求，应在现存利益限度内予以偿还。

（3）典物风险分担。

基于典物风险分担原则，出典人也应同典权人一样，对于典物因不可抗力而全部或部分毁损负有风险分担义务。

四、典权的消灭

（一）典权因回赎而消灭

回赎，是指出典人在典权期限届满后，向典权人作出回赎意思表示，并支付

原典价，赎回典物，使典权归于消灭的单方行为。

回赎权是出典人回赎典物的权利，性质上属于形成权。典权设定后，出典人于典权期限届满后是否以原典价赎回原物，无须征得典权人的同意，只要为回赎行为，典权即归消灭。

回赎期限，是指典期届满后，出典人享有回赎权的期限。换言之，典期届满即为回赎期限的开始。为避免出典人到期不回赎而造成典物权属不确定的状态，应由当事人约定或法律直接规定回赎期限，以限制出典人的回赎权。回赎期届满后，出典人到期不回赎，便发生典物绝卖的后果。

与典期相对应，典权的回赎期限有以下两种。

（1）典权定有典期的回赎期。典权定有期限的，典权回赎期限为典期届满后10年，在此期限内出典人可以行使回赎权，期满不回赎的，典权人取得典物所有权。

（2）典权未定典期的回赎期。典权未定期限的，出典人可以随时行使回赎权。典权回赎期限最长为30年，出典后经过30年未回赎的，典权人取得典物所有权。

出典人行使回赎权，应当提前6个月通知典权人，以便典权人有所准备。

出典人回赎典物时，除以意思表示回赎外，还须支付原典价，否则不发生回赎效力。出典人仅支付部分典价而主张对典物全部回赎者，回赎也不发生效力。出典人要求按典价比率回赎典物一部分的，典权人有权拒绝出典人的请求。

原典价为设立典权时取得典权的对价。在一般情况下，出典人只需以原典价回赎典物，不必加价回赎。唯典权成立后，因不可归责于当事人的事由，致情势变更为非当时所得预料，如仍以原典价回赎显失公平的，法院可以依职权公平裁量，依情势变更原则，作出加价回赎的判决。①

关于回赎典价，《民通意见》第120条明确规定：“在房屋出典期间或者典期届满时，当事人之间约定延长典期或者增减典价的，应当准许。承典人要求出典人高于原典价回赎的，一般不予支持。以合法流通物作典价的，应当按照回赎时

① 谢在全．民法物权论：上册．北京：中国政法大学出版社，1999：513．

市场零售价格计算。”对于后者，理解不同。有人认为回赎典价的计算应先计算出典权设定时典价能购买房屋或其他实物的数量，然后将回赎时相同数量的房屋或其他实物折合成现金，该现金即为回赎典价。[①] 有人认为先确定出典时典价所能购买的粮、棉、油等主要生活资料的数量，回赎时以相同数量的实物折合成人民币回赎。[②] 笔者认为，出典人支付的原典价一般不应过多地考虑物价因素、历史因素等。当出现原典价与回赎时典物的实际价值相差很大而显失公平的，应通过情势变更原则解决。如果原典价与典物的实际价值差额尚不足以构成显失公平的，为合理的商业风险，应当由当事人自行负担。

（二）典权因找贴而消灭

找贴也叫作找贴作死，是指在典权关系存续期间，出典人表示将典物所有权让与典权人，由典权人支付典物的时价高出典价部分的差额，以取得典物所有权的制度。

关于找贴的性质，在学说上有三种不同的主张：一是典权人权利说，认为找贴是典权人的权利，在出典人表示让与典物所有权的意思后，是否找贴取决于典权人的意思，出典人不能强迫典权人找贴。二是出典人权利说，认为找贴是出典人的权利，典权人按时价找贴，必须以出典人有表示让与其典物所有权于典权人的意思，然后典权人才能决定找贴与否。三是买卖合同说，认为找贴是出典人与典权人之间的一种买卖合同，既不是出典人的权利，也不是典权人的权利。笔者认为，找贴是在典权关系中发生的典物买卖合同，应当由出典人和典权人协商一致进行，因此，第三种观点更为合理。

出典人与典权人之间的找贴行为，须在典权存续期间为之。如果典权定有期限，则找贴应在期限届满后 2 年内为之；但附有到期不赎即为绝卖条款的，找贴应在期限届满后即时为之。如果典权未定有期限，则找贴应在出典后 30 年内为之。

---

① 房绍坤. 房屋典权略论. 山东法学，1992（2）.

② 纪敏. 中国房地产政策法规与实践. 北京：学苑出版社，1991：248.

（三）典权因其他原因而消灭

1. 别卖

别卖，是指出典人和典权人约定，典期届满出典人不回赎典物，由典权人出卖典物，从价款中受偿典价的制度。典权人行使别卖权，将典物出让给第三人，导致典权消灭。

2. 绝卖

典期届满，出典人到期不回赎典物，即发生绝卖的后果，因此由典权人取得典物的所有权，发生典权消灭的后果。

3. 留买

出典人出卖典物，典权人行使留买权即优先购买权，以同等价格购买典物，出典人没有正当理由不得拒绝。典权人留买典物，取得典物的所有权，发生典权消灭的后果。

4. 接受赠与、抛弃典权

出典人将典物所有权赠与典权人，或者典权人将典权赠与出典人，使典权人取得典物所有权或者使出典人取得典权，都发生典权消灭的后果。而典权人抛弃典权的，出典人可以对典物行使所有权，也发生典权消灭的后果。

第二节　居住权

一、居住权概述

（一）居住权的概念

居住权，是指自然人对他人所有的房屋及其附着物所享有的占有、使用的用益物权。

物权法上的居住权与公法上的居住权不同。在公法上，国家保障人人有房屋

居住的权利也叫作居住权，或者叫作住房权。1940 年《世界人权宣言》第 25 条规定："人人有权享受为维持他本人和家属的健康和福利所需的生活水准，包括食物、衣着、住房。"此后，又有十几个国际条约将拥有体面的住房规定为一种神圣的权利，一些国家还把这种权利写进宪法，成为宪法权利。这种权利也叫作适足住房的权利或者住宅权，是公法权利，是基本人权和自由，并不是民法上的用益物权。

物权法上的居住权是民事权利，是物权，是用益物权中的一种。例如王寨村 139 号房屋是姐姐李甲和弟弟李乙的父亲李丙于 1980 年 7 月翻建，共 4 间，建筑面积为 88 平方米。建房时，李甲和李乙均未独立生活。李甲结婚后，李丙安置其在该房东边两间房屋内长期居住。李乙结婚后，李丙安置其在该房西边两间房屋内居住。1986 年 2 月李丙在村委会办理了该房的宅基地使用权登记，将房屋登记在李乙的名下，李乙于 1995 年 5 月取得该房的"房屋所有权证"和"宅基地使用权证"。李丙去世后，李甲和李乙发生纠纷。2004 年 12 月 13 日李乙向人民法院起诉，请求判令李甲腾退该房屋。李甲以自己享有居住权为由抗辩。如果李甲的主张成立，其享有的权利就是居住权。李乙虽然对房屋享有所有权，但为李甲居住权的义务人。

（二）居住权的特征

1. 居住权的基本属性是他物权，具有用益性

居住权是在他人所有的房屋所有权之上设立的物权，因此，其基本属性是他物权。居住权的设立，是房屋所有权人行使所有权的结果，也是房屋所有权在经济上得到实现的手段和途径。[①] 因此，居住权是所有权的负担。这种他物权的性质是用益物权，设立的目的是解决房屋的占有和使用问题。用益性是居住权的基本性质。

2. 居住权是为特定自然人基于生活需要而设立的物权，具有人身性

虽然居住权的基本性质是用益物权，但是其设立并不是出于商业目的或者其他经济上的目的，而是为了解决自然人的赡养、扶养等需要，为了满足自然人的

① 钱明星. 关于在我国物权法中设置居住权的几个问题. 中国法学，2001 (5).

生活用房这一特定的生活需要，因而具有人身性，一般都是依附于特定身份的自然人，而不是依附于法人或者其他组织。

3. 居住权是一种长期存在的物权，具有独立性

居住权是一种物权而不是一种债权，因此，具有长期性和稳定性的特点。居住权通常是根据合同的约定或者遗嘱的内容确定的，具有独立的物权属性。居住权一旦设立，其期限由设立居住权的合同约定；如果没有约定居住权的期限，则应当推定居住权的期限为至居住权人死亡时止。居住权的最长期限，不应当超过居住权人的终生。

4. 居住权的设定是一种恩惠行为，具有不可转让性

居住权的设立通常都是无偿的，居住权人取得居住权一般不必支付对价。因此，居住权的设定是一种恩惠行为。即便在居住权行使过程中要支付费用，其费用也不应当超过租金，因为居住权行使而支付的费用一旦等于或者超过租金，则无法区分居住权和租赁权。

（三）居住权的发展历史

居住权最早规定在罗马法，包括在人役权和用益权中。在用益权中，对物的使用的权利是使用权，对物的利用的权利叫作收益权，创设的目的在于以遗赠用益权的方式，使某些有继承权的家庭成员，特别是继承权被剥夺的寡妇或者未婚女儿有可能取得一种供养。由于用益权的期限可以设定为用益权人的终身，因而负担用益权的所有权的权利内容被掏空，成为“空虚的所有权”[①]。那时候的居住权，是指因居住而使用他人房屋的权利，是变相的用益权、使用权，但其范围广于使用权而狭于用益权，其终止原因也少于上述两种物权的终止原因。[②]

《法国民法典》关于居住权的规定基本沿袭罗马法的制度，但是限制较为严格。法国法规定的用益权制度包括使用权，而居住权就为一种使用权。居住权的设定、权利范围、权利的消灭等，都与使用权相同，但其内容比使用权的内容受到更为严格的限制：对房屋享有居住权的人，得与家庭在该房屋内居住，即使在

① 民法大全：学说汇纂：第7卷. 北京：法律出版社，1999：6.

② 陈朝璧. 罗马法. 上海：商务印书馆，1936：362.

给予此项居住权利时其本人尚未结婚，亦同；居住权既不得让与，也不得出租。

《德国民法典》规定了用益权制度，同时也规定了限制的人役权制度。人役权与用益权的区别在于，限制的人役权只能在不动产上设定，并且只能为某一特定的人设定，故是介于地役权和用益权之间的权利。[①] 居住权就是限制的人役权中的一种，是指对他人的房屋以居住为目的而加以使用的权利。居住权排除了所有权人将建筑物或者建筑物的一部分作为住房使用的权利，居住权人有权在住房中接纳其家属以及与其地位相当的服务和护理人员，但该权利不得转让，也不得继承，只能由居住权人自己享有。除此之外，德国还颁布了《住宅所有权及长期居住权法》，规定长期居住权不同于前述居住权，可以独立地转让、继承、出租，因而是一种独立的物权。

《瑞士民法典》也承认居住权，将其规定在用益权之下，是指居住建筑物全部或者一部的权利，且该权利不得转让或者继承，如无相反规定，可以适用用益权的有关规定。

《意大利民法典》关于居住权的规定与瑞士立法相似。

（四）我国居住权存在的必要性

我国历史上没有设立过居住权制度，《物权法》也没有将居住权规定为法定物权。但在当前，我国居住权存在的必要性表现在以下几个方面。

第一，充分发挥房屋的效能。用益物权是为充分发挥不动产的利用效能而设立的他物权，包括土地的用益权和房屋的用益权。但在我国的用益物权体系中，只重视土地的役权，而忽视、轻视房屋的役权，因而对于房屋的利用效能的发挥具有阻滞作用。居住权可以更好地发挥房屋的利用效能，建立全面的用益物权体系。

第二，充分尊重所有权人的意志和利益。所有权是最充分的物权，所有权人对于自己所有的财产具有最完全的支配力。对自己所有的房屋设定居住权，是所有权人支配自己财产的意志，符合自己的利益，因此，通过遗嘱、遗赠以及合同等方式，在自己的房屋之上设定居住权，体现了所有权人自己支配财产的意志，

① 孙宪忠．德国当代物权法．北京：法律出版社，1997：250．

即使是在其死后根据其遗嘱或者遗赠而设立的居住权，也完全是其支配财产意志的体现。确立居住权，就能够使所有权人的意志贯彻到财产的各个方面，使其支配财产的意志得到充分尊重。

第三，有利于发挥家庭职能，体现自然人之间的互帮互助。居住权可以在亲属之间设立，也可以在非亲属的自然人之间设立，因此，居住权能够为家庭成员、亲属之间提供必要的生活条件，实现养老育幼的家庭职能。同时，自然人之间设定居住权，能够互通有无，弘扬社会道德，醇化社会风气。

所有这些都说明，承认居住权对于我国居民住房紧张状况的缓解具有重要作用。但在《物权法》的立法过程中，对于是否规定居住权发生了很大的争议。主张规定居住权的主要理由有：一是保障离婚妇女、弱势地位人士的居住问题；二是增加和扩大对建筑物的用益物权，以更好地发挥建筑物的效用，提高房屋资源的利用效能。为此，从 2002 年 12 月的《物权法（草案）》第十八章到 2005 年 7 月的《物权法草案（征求意见稿）》，都规定了居住权的内容。反对规定居住权的理由是，居住权的适用空间很小，没有必要单独设立一个物权类型。[①] 最终将居住权从《物权法（草案）》中删除的主要原因是立法机关怕有更大的麻烦。从此《物权法（草案）》中再没有这两个用益物权的影子。不过，最高人民法院《适用婚姻法解释（一）》第 27 条第 3 款规定了居住权的概念："离婚时，一方以个人财产中的住房对生活困难者进行帮助的形式，可以是房屋的居住权或者房屋的所有权。"因此可以认为居住权是法官法的概念，属于习惯法的范畴，为非典型用益物权。在新起草的"民法物权编"中，已经规定了居住权，对此有很高的期待。

二、居住权的设立和效力

（一）居住权的设立

居住权分为两种类型：一种是意定居住权，另一种是法定居住权。

① 梁慧星．我为什么反对规定居住权．人民法院报，2005-10-21．

1. 意定居住权及其设立

意定居住权是指根据房屋所有权人的意愿而设定的居住权。设立人必须是房屋所有权人，其他人不得在他人所有的房屋之上设定居住权。

意定居住权的设定方式为以下三种。

（1）依据遗嘱的方式设立。

房屋所有权人可以在遗嘱中对死后房屋作为遗产的使用问题，为法定继承人中的一人或者数人设定居住权，但必须留出适当房屋由其配偶终身居住。

（2）依据遗赠的方式设立。

房屋所有权人可以在遗嘱中，为法定继承人之外的人设定居住权。例如，房屋所有权人在遗嘱中指定将自己所有的房屋中的一部，让自己的保姆终身或者非终身居住。

（3）依据合同的方式设定。

房屋所有权人可以通过合同的方式，与他人协议设定居住权。例如，男女双方在离婚时，在离婚协议中约定，离婚后的房屋所有权归一方所有，但是另一方对其中的一部分房屋享有一定期限或者终身的居住权。

2. 法定居住权的设立

法定居住权，是指依据法律的规定直接产生的居住权。一般认为，法律可以直接规定父母作为监护人对未成年子女的房屋享有居住权，或者未成年子女对其父母的房屋享有居住权。①

此外，对于依据裁判方式取得的居住权，法律也予以认可。例如，法院在离婚裁判中，将居住权判给有特殊需要的一方。有的学者认为，这也是依照法律设定居住权的一种方式②，也有学者对此持反对意见。笔者认为，依据裁判方式取得居住权的根据在于法律的规定，而不在于当事人的意志，因此它属于法定居住权的物权取得方式。

---

① 钱明星. 关于在我国物权法中设置居住权的几个问题. 中国法学，2001（5）.

② 钱明星. 论我国用益物权的基本形态//易继明. 私法：第1辑第2卷. 北京：北京大学出版社，2002：117.

法定居住权为特定的人依据法律的规定当然享有，所有人不得通过遗嘱、遗赠或者合同的方式予以剥夺。

3. 居住权登记

传统民法认为，设立居住权，应当向登记机关申请居住权登记。没有经过登记的居住权，不具有对抗第三人的效力，只有经过物权登记的居住权，才能够发生对抗第三人的效力。但是，由于《物权法》没有规定居住权，因而民间存在的居住权以及法定的居住权都没有以登记程序作为依据，不必进行物权登记。

（二）居住权的效力

1. 居住权人的权利

（1）使用权。

居住权人对设立居住权的房屋享有占有和使用权。其使用的范围，以居住权合同约定的内容为准。如果是区分所有的建筑物，则依照建筑物区分所有权的内容确定使用权的内容：就建筑物的部分取得居住权的，使用权的范围包括该住房的共用部分；对于住房附属的树木及果实等自然孳息，如果没有特别约定，应当享有收取的权利。住房的使用方式，应以保障居住权人正常居住、生活为限。居住权是一种用益物权，居住权人使用该房屋一般不支付使用费。

（2）进行必要改良和修缮的权利。

居住权人为了正常使用房屋，可以对房屋进行必要的改良和修缮，例如进行装修、安装空调等，但不得进行重大的结构性改变。至于居住权人对房屋进行必要改良和修缮的费用，在居住权消灭之后返还原物时，不享有返还请求权，理由是居住权人使用该住房并没有支付相应的对价，按照权利、义务相一致的原则，该费用理应由居住权人自己承担。

（3）排除所有人侵害的权利。

居住权人取得居住权，能够对抗房屋的所有权人，有权要求所有权人不为妨害其居住的行为，所有权人不得对居住权人行使排除妨害、返还原物等物上请求权。

（4）对抗房屋所有权人变更的权利。

在居住权存续期间，由于居住权是所有权的负担，居住权跟随所有权的转移

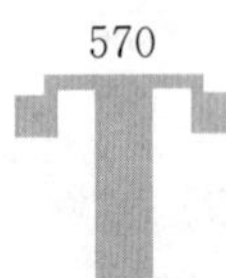

而转移，因而所有权人的变更并不影响居住权，居住权人的权利不受其影响，所有权人不得以此为理由而撤销居住权。

（5）抛弃权。

按照私法自治原则，既然居住权是一种他物权，那么权利人就可以将居住权予以抛弃。

2. 居住权人的义务

（1）合理使用房屋的义务。

居住权人不得将房屋用于生活消费以外的目的，可以对房屋进行合理的装饰装修，进行必要的维护，但不得改建、改装和作重大的结构性改变。

（2）支付必要费用的义务。

居住权人应当支付住房及其附属设施的日常维护费用和物业管理费用，但应以通常的保养费用、物业管理费用为限。如果房屋需要进行重大的修缮或者改建，只要没有特别的约定，居住权人就不承担此项费用。

（3）对房屋的合理保管义务。

居住权人应当合理保管房屋，在居住期内尽到善良管理人的注意义务，不得从事任何损害房屋的行为。如果房屋存在毁损的隐患，那么居住权人应当及时通知所有权人进行修缮或者采取必要的措施。

（4）不得转让和继承的义务。

居住权人对其居住的房屋不得转让，包括不得出租。同时，居住权也不能成为居住权人的遗产，不能通过继承而由其继承人继承。

三、居住权的期限和消灭

（一）居住权的期限

居住权的发生时间，是居住权合同生效的时间。居住权依据遗嘱、遗赠、合同或者裁判而发生的，则应当在遗产分割或者合同、裁判生效时发生。

居住权存续的期限分为四种。一是确定期限的居住权。当事人设立居住权，对存续期间有明确表示和约定的，应当依照明确表示和约定确定居住权的期限。例如，约定居住权为10年的，其存续期间为10年。二是确定为终身期限的，则以居住权人的终身为居住权存续期间，直至居住权人死亡时该权利消灭。三是没有约定期限的居住权。对此，应当推定其存续期间为居住权人终身。四是未成年居住权人的居住权期限，为至其独立生活时止。

（二）居住权的消灭

1. 居住权消灭的原因

（1）居住权抛弃。

居住权人采用明示方法抛弃居住权的，居住权消灭。这种明示的抛弃意思表示应当对所有权人作出。居住权人作出抛弃表示的，即发生消灭居住权的效力，并且不得撤销，除非得到所有权人的同意。

（2）居住权期限届满或居住权人死亡。

居住权设定的期限届满，居住权即时消灭，所有权的负担解除。居住权人死亡，其权利主体消灭，居住权也随之消灭。

（3）解除居住权的条件成就。

在设定居住权的遗嘱、遗赠或者合同中，对居住权设有解除条件的，如果该条件成就，则居住权消灭。

（4）居住权被撤销。

居住权人具有以下两种情形的，房屋所有权人有权撤销居住权：一是故意侵害住房所有权人及其亲属的人身权或者对其财产造成重大损害的；二是有危及住房安全等严重影响住房所有权人或者他人合法权益的行为。所有权人行使撤销权，应当经过法院裁决，不得自行为之。

（5）住房被征收、征用、灭失。

房屋被征收、征用，以及房屋灭失，都消灭居住权。

（6）权利混同。

住房所有权和居住权发生混同，即两个权利归属于同一人的，发生居住权消灭的后果。例如，房屋所有权人将房屋转让或者赠与居住权人，此时居住权的存

在已经丧失意义，因此发生居住权消灭的后果。

2. 居住权消灭的后果

居住权消灭，在当事人之间消灭居住权的权利义务关系，居住权人应当返还住房。

居住权因住房被征收、征用而灭失的，如果住房所有权人因此取得补偿费、赔偿金的，居住权人有权请求分得适当的份额；如果居住权人没有独立生活能力，也可以放弃补偿请求权而要求适当安置。

因居住权人故意或者重大过失致使住房毁损或者灭失的，居住权人不享有这样的权利，并应当对所有权人承担损害赔偿责任。

第十三章

抵押权

第一节　抵押权与抵押财产

一、抵押权

（一）抵押权的概念

抵押权是指债权人对于债务人或者第三人不转移占有而为债权提供担保的抵押财产，于债务人不履行债务，或者发生当事人约定的实现抵押权的情形时，依法享有的就该物变价并优先受偿的担保物权。

在我国现行立法规定的担保物权中，抵押权被当作最为重要的担保类型，被赋予最高的担保地位。这是由于抵押权的标的物一般是不动产或者准不动产，这些财产的价值一般公认大于动产，因而抵押权的实践意义大于动产担保物权和其他非典型担保物权。《物权法》将其规定在担保物权中的第一类担保物权，于第179条第1款规定："为担保债务的履行，债务人或者第三人不转移财产的占有，

将该财产抵押给债权人的，债务人不履行到期债务或者发生当事人约定的实现抵押权的情形，债权人有权就该财产优先受偿。”

在抵押权法律关系中，提供担保财产的债务人或者第三人为抵押人；享有抵押权的债权人为抵押权人；抵押人提供的担保财产为抵押财产，也叫作抵押物。

上述抵押权概念的界定为狭义概念。广义的抵押权概念还包括其他特殊抵押权，如船舶抵押权、航空器抵押权等。我国《海商法》《民用航空法》对这些抵押权作了特别规定，它们与狭义抵押权在概念和规则上有所区别。

（二）抵押权的法律特征

1. 抵押权的性质属于担保物权

抵押权是在一种财产所有权之上设置的他物权，用以担保债权的实现。其性质属于担保物权，不失其物权属性，权利人对抵押财产具有支配效力与优先效力。

2. 抵押权的标的物是债务人或者第三人的不动产、动产或者权利

抵押权产生之初，仅能在不动产上设定，而在动产上设定的担保物权是质权。在现代社会生活中，许多动产在价值上并不逊于不动产，因而法律认可在某些特定的动产之上也可以设定抵押权，甚至在不动产权利或者特许物权上也可以设定抵押权，例如以建设用地使用权，荒山、荒沟、荒丘、荒滩等荒地的土地使用权等设定抵押。这些动产、不动产或者权利的提供者，可以是债务人，也可以是债权债务关系以外的第三人。

3. 抵押权的标的物不需要移转占有

抵押权不以移转标的物的占有为必要。这一特征是抵押权与质权、留置权等担保物权的显著区别。抵押权的成立与存续不移转标的物的占有，抵押人仍然可以占有标的物而予以使用、收益、处分。这有利于抵押人发挥物的效用，同时，抵押权人也不负担保存标的物的义务，并能取得完全的担保权，因而这对于抵押权人也有利益。

4. 抵押权的价值功能在于就抵押财产所卖得的价金优先受偿

抵押权的价值功能，就在于被担保债权的优先受偿性，表现在：第一，与债

务人的普通债权人相比，抵押权人有权就抵押财产卖得的价金优先于普通债权人而受清偿。第二，与债务人的其他抵押权人相比，抵押权登记生效的，按照抵押登记的先后顺序清偿；顺序相同的，按照债权比例受偿。第三，抵押合同自签订之日起生效，抵押权须登记的，按照登记的先后顺序清偿；无须登记的，已登记的抵押权优先于未登记的抵押权；均未登记的，按照债权比例受偿。第四，债务人破产时，抵押权人享有别除权，仍可以就抵押财产卖得的价金优先受偿。抵押权人优先受偿的范围，以抵押财产的变价款为限，如果抵押财产的变价款不足以清偿所担保的债权，则债权人就未清偿的部分对于债务人的其他财产无优先受偿的效力，与其他债权一起平均受偿。

（三）抵押权的特别属性

1. 从属性

抵押权的从属性是基于其所担保的债权而言的，《物权法》第 192 条规定："抵押权不得与债权分离而单独转让或者作为其他债权的担保。债权转让的，担保该债权的抵押权一并转让，但法律另有规定或者当事人另有约定的除外。"这表现为以下几点。

（1）成立上的从属性。

普通抵押权的成立，一般以债权的成立为前提。如果债权不存在，则抵押权也不成立。因此，当普通抵押权所担保的债权不成立、无效或被撤销时，抵押权也无由发生。在解释上认为，只要普通抵押权实现时被担保的债权存在即可。

有两种例外情形：一是，随着抵押权制度的发展，在最高额抵押权制度中，抵押权的成立并不以债权的成立为前提；在当事人有特别约定时，债权转让并不必然导致抵押权随之转让。二是，在所有人抵押的场合，抵押权可以先于债权而成立。这是因为，设定抵押权的目的系担保债权的清偿，以将来实行普通抵押权时被担保的债权存在为足，所以，如果合同当事人以将来可发生的债权为被担保债权，也就是其债权的发生虽在将来，但其数额已经预定的，则这种抵押权在债权发生前亦可以有效设立及登记。①

① 郑冠宇. 民法物权. 2 版. 台北：新学林出版股份有限公司，2011：449.

（2）转移上的从属性。

普通抵押权因债权的转移而转移。普通抵押权需附随于其所担保的债权，才能通过转让成为其他债权的担保，普通抵押权不得与债权分离而单独转让或者作为其他债权的担保。将普通抵押权与所担保的债权相分离而单独转让于他人，或者将债权与普通抵押权分别转让他人的，普通抵押权的转让均为无效。在债权转让时，普通抵押权没有经过登记，是否发生抵押权转移的效果，有不同见解，但通说认为，根据从随主原则，抵押权即使未经登记，也发生转移的后果，跟随债权的转移而一并转移。

《物权法》第192条规定的“抵押权不得与债权分离而单独转让”，包括三种情形：一是抵押权人不得以抵押权单独让与他人，而自己保留债权，否则转让行为无效，受让人不能因此而取得抵押权。二是抵押权人不得将债权单独让与他人，而自己保留抵押权。让与债权时，抵押权原则上应随债权一并转移。三是抵押权人不得将债权和抵押权分别让与两个不同的人，否则，债权的让与就会发生丧失抵押权担保的问题，而抵押权的转让因违反抵押权成立的从属性原则而无效，从而使其消灭。

《物权法》第192条规定的“抵押权不得与债权分离而……作为其他债权的担保”，也包括三种情形：一是抵押权人不得仅以抵押权为其他债权提供担保，自己保留债权。这违反《物权法》第192条的规定，也违反物权法定原则，为无效。二是抵押权人仅以债权设立质权，而自己保留抵押权。这虽属于债权人的自由意志，但以该债权设定的担保物权为无担保债权，属于《物权法》第192条明确规定的禁止范围，应为无效。三是抵押权人分别将债权和抵押权为其他债权提供担保，其中以抵押权单独设立的担保应为无效，以债权设置的担保，因担保物为无担保债权，依照《物权法》第192条的规定，也应为无效。

（3）消灭上的从属性。

普通抵押权一般因债权的消灭而消灭。抵押权所担保的债权如因分割、清偿、提存、免除、混同等原因而全部消灭时，抵押权也随之而消灭。债权之一部因清偿而消灭的，抵押权亦于该清偿范围内消灭。

对于主债权因诉讼时效届满而消灭的，其抵押权是否随之消灭，立法有不同的规定。例如我国台湾地区认为，尽管主债权因时效完成而消灭，效力应及于从属的抵押权，但抵押权人仍得就该抵押物实行抵押权，唯抵押权于主债权的时效消灭后5年不行使而消灭，这是抵押权的除斥期间。[①]《物权法》对此采取抵押权与主债权同一诉讼时效规则，于第202条规定，抵押权人应当在主债权诉讼时效期间行使抵押权；未行使的，人民法院不予保护。这样的规定更具有可操作性。

2. 不可分性

在债权未受清偿时，抵押权人可以就抵押财产的全部行使权利，可见，抵押权具有不可分性。抵押权的不可分性表现在：第一，抵押财产的全部，担保债权的每一部分；第二，抵押财产的每一部分，担保债权的全部。据此，享有抵押权的债权人有权就抵押财产的全部行使抵押权：(1) 抵押财产被分割或部分让与的，抵押权的效力及于被分割的抵押财产的各个部分，抵押权人都可以行使抵押权。(2) 抵押权所担保的债权被分割、让与或部分清偿的，抵押权随被分割的债权分别发生担保效力；抵押权所担保的债权被让与的，抵押权随被让与的债权转移并发生效力；抵押权所担保的债权部分受偿的，抵押权相应的部分消灭，对没有受偿的部分，抵押权仍发生担保效力。

3. 物上代位性

抵押权的物上代位性，是指当抵押权的标的物因灭失、毁损而获得赔偿金、补偿金或保险金时，该赔偿金、补偿金或保险金成为抵押权标的物的代替物，抵押权人有权对其行使抵押权。因抵押财产灭失、毁损所获得的赔偿金、补偿金或保险金，称为“代位物”或“代偿物”。抵押权所具有的这种性质，就是抵押权的物上代位性。例如，抵押权人甲对设置抵押的乙的房屋享有抵押权，乙对该房屋投有火灾保险。当乙的房屋遭遇火灾而毁损时，甲的抵押权转移到乙的房屋的保险金请求权上，即甲仍然享有抵押权。

---

① 郑冠宇. 民法物权. 2版. 台北：新学林出版股份有限公司，2011：451.

（四）抵押权的类型

1. 普通抵押权和特殊抵押权

依据确立抵押权的法律依据的不同，抵押权可分为普通抵押权与特殊抵押权。

普通抵押权就是在《物权法》中规定的一般抵押权。特殊抵押权则是与普通抵押权相比具有特殊性的抵押权。

特殊抵押权的特殊性表现为：（1）发生原因特殊，例如法定抵押权。普通抵押权是依据当事人之间的合意而设定的，法定抵押权则是基于法律的规定而产生的。（2）标的物特殊，例如权利抵押权、财团抵押权、共同抵押权、动产抵押权等。普通抵押权，其标的物为不动产，而前述四种抵押权的标的物较特殊。（3）其他情形特殊，例如最高额抵押权、所有人抵押权、证券抵押权。

《物权法》规定的特殊抵押权有以下几种。

（1）共同抵押权。

共同抵押权是为了担保同一债权而在数个不动产、动产或权利上设定的抵押权。这数个不动产、动产或权利可以是同属于同一个人的，也可以是分别属于不同人的。

（2）浮动抵押权。

浮动抵押权是抵押人以其所有的全部财产为标的而设立的抵押权。其特点是，抵押财产既包括抵押人现有的财产，也包括抵押人将来取得的财产。《物权法》第181条对此作出了明确规定。

（3）最高额抵押权。

最高额抵押权是为担保债务履行，债务人或者第三人以抵押财产对一定期间发生的债权提供的抵押权，《物权法》用了一节专门对最高额抵押权作出规定。

2. 不动产抵押权、动产抵押权和权利抵押权

依据抵押权的抵押财产的不同，抵押权可以分为以下三种类型。

（1）不动产抵押权。

不动产抵押权是以不动产为标的物而设定的抵押权。这是我国《物权法》规定的最主要的抵押权，也就是普通的抵押权。

（2）动产抵押权。

动产抵押权是以动产为标的物而设定的抵押权。《物权法》第 180 条第 1 款第 4、6、7 项以及第 5 项部分内容规定了动产抵押权。

（3）权利抵押权。

权利抵押权是以不动产物权作为抵押客体而设定的抵押权。依据《物权法》第 180 条的规定，能够作为抵押财产的权利，主要是建设用地使用权，地役权，以招标、拍卖、公开协商等方式取得的荒山、荒沟、荒丘、荒滩等土地承包经营权等。

3. 他主抵押与所有人抵押

依据权利主体的不同，抵押权可以分为他主抵押和所有人抵押。

他主抵押也叫作普通抵押，是为抵押人以外的人享有的抵押权。通常所说的抵押就是他主抵押。我国《物权法》规定的抵押权都是他主抵押。

所有人抵押，是指抵押权人以自己所有的特定财产为自己设定的抵押权。在这种抵押中，物的所有人与抵押人是同一人，因此属于特殊抵押。所有人抵押分为两种：一种是所有人以自己的财产为自己设定的抵押。这种抵押自始就属于抵押物的所有人，叫作原始的所有人抵押；另一种是原属为他人设定的抵押，后抵押物因法定原因归属于抵押权人，故这种抵押又称为后发的所有人抵押。① 我国《物权法》没有规定所有人抵押，但司法解释中对后发的所有人抵押作了规定。最高人民法院《关于适用〈中华人民共和国担保法〉若干问题的解释》第 77 条规定："同一财产向两个以上债权人抵押的，顺序在先的抵押权与该财产的所有权归属于一人时，该财产的所有权人可以以其抵押权对抗顺序在后的抵押权。"这里规定的就是后发的所有人抵押权。

4. 保全抵押与流通抵押

依据设定抵押权的具体目的的不同，抵押可以分为保全抵押和流通抵押。

保全抵押是为确保债务的清偿而设定的抵押。我国目前规定的抵押权都属于保全抵押，都是为担保主债权的实现而设定的抵押权。

---

① 孙宪忠．物权法．北京：社会科学文献出版社，2005：286.

流通抵押是为了融资而设立，可以自由交易的抵押。流通抵押的特点是可以在债权成立之前先行设定，设定后独立存在，可以脱离所担保的债权而为转让，具有相当的独立性。所有人抵押是典型的流通抵押。

5. 定额抵押和不定额抵押

依据抵押权所担保的主债权的数额是否确定，可以将抵押权分为定额抵押和不定额抵押。

定额抵押权就是抵押权担保的主债权的数额已经确定的抵押权，通常的抵押权所担保的主债权的数额都是确定的，定额抵押是主要的抵押权形式。

不定额抵押权是指对于债权人一定范围内的不特定的债权，预定一个最高的限额而不是具体数额，由债务人或者第三人提供抵押物予以担保的抵押权。不定额抵押权主要就是最高额抵押权。

二、抵押财产

（一）抵押财产的概念

抵押财产，也称为抵押权标的物或者抵押物，是指被设置了抵押权的不动产、动产或者权利。《物权法》第 179 条第 2 款后段规定："提供担保的财产为抵押财产。"

《物权法》第 180 条和第 184 条详细规定了允许抵押的财产范围与禁止抵押的财产范围。

（二）抵押财产的特点

1. 抵押财产包括不动产、特定动产和权利

抵押财产是否既包括不动产也包括动产，各国和地区立法有所不同。有的立法区别抵押权和质权的标准就是不动产可以设置抵押，动产可以设置质权。我国《物权法》规定，抵押财产主要是不动产，但是也包括特定的动产，例如生产设备、原材料、半成品、产品可以作为流动抵押的抵押财产，正在建造的船舶、航空器，交通运输工具等，都可以设置抵押权。同样，建设用地使用权、地役权等

物权也可以设置抵押权。

2. 抵押财产须具有可转让性

抵押权的性质是变价权，供抵押的不动产或者动产如果有妨害其使用的目的，具有不得让与的性质，或者即使可以让与，但让与其变价将会受到影响的，都不能设置抵押权。例如违章建筑，因为无法经过登记获得所有权，不具有可转让性，不能设置抵押权；按照现行法律规定，宅基地使用权因可转让性受到限制，也不能设置抵押权。

（三）允许抵押的财产

1. 法定的抵押财产范围

《物权法》规定的抵押财产的范围是：（1）建筑物和其他土地附着物；（2）建设用地使用权；（3）以招标、拍卖、公开协商等方式取得的荒山、荒沟、荒丘、荒滩等土地承包经营权；（4）生产设备、原材料、半成品、产品；（5）正在建造的建筑物、船舶、飞行器；（6）交通运输工具；（7）法律、法规规定可以抵押的其他财产。

2. 抵押财产的学理分类

依照学理，允许抵押的财产可以分为以下三类：（1）不动产。允许抵押的不动产包括房屋、厂房、林木、没有收割的农作物及其他地上附着物，还包括正在建造的建筑物。（2）动产。《物权法》允许抵押的动产主要包括：生产设备、原材料、产品、航空器、船舶（包括在建）、交通工具，以及家具、家用电器、金银珠宝及其制品等。（3）权利。以权利作为抵押财产必须符合两个条件：首先，只有不动产上的用益物权以及特别法确立的特许物权才能进行抵押。其次，依据物权法定原则，不动产上的用益物权以及特别法确立的物权也只有在法律允许抵押时才能抵押。符合这样条件的权利有建设用地使用权和“四荒”土地承包经营权。

（四）禁止抵押的财产

基于公共利益、社会政策等各种考虑，法律禁止抵押的财产范围比较大。《物权法》第184条规定以下财产禁止抵押：（1）土地所有权；（2）耕地、宅基地、自留山、自留地等集体所有的土地使用权，但法律规定可以抵押的除外；

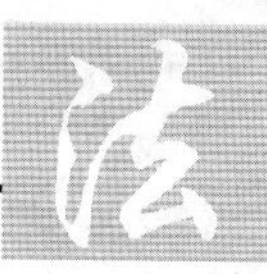

(3) 学校、幼儿园、医院等以公益为目的的事业单位、社会团体的教育设施、医疗卫生设施和其他社会公益设施；(4) 所有权、使用权不明或者有争议的财产；(5) 依法被查封、扣押、监管的财产；(6) 法律、行政法规规定不得抵押的其他财产。

(五) 抵押财产的特别规定

1. 建筑物与其建设用地使用权一并抵押

以建筑物抵押的，该建筑物占用范围内的建设用地使用权一并抵押；以建设用地使用权抵押的，该土地上的建筑物一并抵押。抵押人未按照上述规定一并抵押的，未抵押的财产视为一并抵押。这样规定的目的在于体现和维护“房随地走”和“地随房走”的原则，《物权法》第 182 条明确规定这一原则，以避免出现纠纷。

2. 未确定财产的浮动抵押

《物权法》第 181 条规定：经当事人书面协议，企业、个体工商户、农村承包经营户可以将现有的以及将来拥有的动产设立浮动抵押，债务人不能履行债务时，债权人有权就约定实现抵押权时的动产优先受偿。这种抵押财产在抵押权设定时，还是未确定的财产。

3. 乡村企业的建设用地使用权不得单独抵押

《物权法》第 183 条规定，乡镇、村企业的建设用地使用权不得单独抵押。以乡镇、村企业的厂房等建筑物抵押的，其占用范围内的建设用地使用权一并抵押。

第二节　抵押权的取得

一、抵押权的取得

抵押权的取得可以分为基于法律行为取得和非基于法律行为取得两种情形。

（一）基于法律行为取得

基于法律行为取得抵押权分为抵押权设立与抵押权转让两种方式。

1. 抵押权设立

抵押权设立是取得抵押权最为常见的方式，即债权人与债务人之间通过抵押合同或者遗嘱设定抵押权。基于法律行为取得的抵押权也叫作约定抵押或意定抵押。在实践中，最常见的是通过抵押合同设立抵押权。

按照《物权法》第185条的规定，设立抵押权，当事人应当采取书面形式订立抵押合同。抵押合同应当包括的内容为：（1）被担保债权的种类和数额；（2）债务人履行债务的期限；（3）抵押财产的名称、数量、质量、状况、所在地、所有权归属或者使用权归属；（4）担保的范围。抵押合同不完全具备上述内容的，可以补正。

《物权法》在对抵押合同条款的上述规定中，没有规定主要条款。事实上，任何合同都有主要条款。最高人民法院《关于适用〈中华人民共和国担保法〉若干问题的解释》第56条第1款规定，抵押合同对被担保的主债权种类、抵押财产没有约定或者约定不明，根据主合同和抵押合同不能补正或者无法推定的，抵押不成立。其中“被担保的主债权种类”和“抵押财产”条款，就是抵押合同的主要条款。具备这两个主要条款，即使其他条款不明确或者没有约定，抵押合同亦成立；不具备这两个主要条款，即使其他条款都具备的，抵押合同也不能成立。

抵押合同的当事人，是抵押权人和抵押人。取得抵押权的主体也就是主债权人，是抵押权人。在自己的财产上设定抵押权而为自己或者他人的债务提供担保的人，就是抵押人。如果是债务人用自己的财产提供抵押，债务人就是抵押人；如果是第三人以自己的财产为债权人提供抵押，该抵押人也叫作物上保证人、物上担保人或限物担保人。

2. 抵押权转让

抵押权转让的，受让人取得抵押权。《物权法》第192条规定：抵押权不得与债权分离而单独转让或者作为其他债权的担保。债权转让的，担保该债权的抵

押权一并转让，但法律另有规定或者当事人另有约定的除外。因此，当债权人向他人转让债权时，该债权的抵押权随同该债权一并转让，受让人因受让债权而同时取得抵押权。

(二) 非基于法律行为取得

非基于法律行为取得抵押权包括以下两种。

1. 基于法律的规定而取得抵押权

基于法律规定取得的抵押权就是法定抵押权。一般认为，我国法定抵押权有两种：一是根据《物权法》第182条的规定，以建筑物抵押的，该建筑物占有范围内的建设用地使用权一并抵押；以建设用地使用权抵押的，该土地上的建筑物一并抵押。抵押人未依照上述规定一并抵押的，未抵押的财产视为一并抵押。这种因抵押建筑物或者建设用地使用权而一并取得的抵押权，就是法定抵押权。二是《合同法》第286条规定的建设工程承包人的工程价款优先受偿权，按照其性质，也是法定抵押权，因为认其为留置权，违反留置权的标的物为动产的规定。[①] 对此，我国台湾地区学者亦采这种见解，认为其是基于法律行为以外的原因取得的法定抵押权。[②]

2. 通过继承而取得抵押权

抵押权属于非专属性财产权，可以继承取得。在被继承人死亡后，他的继承人继承其债权，同时取得抵押权。因继承而取得的抵押权，也是非因法律行为而取得的抵押权。

3. 抵押权的善意取得

抵押权虽属于从权利，但在其符合动产或者不动产善意取得的要件时，为善意取得的客体。不过，须以其所担保的债权确实存在为前提，债权不存在，普通抵押权无所担保，自然无法单独存在，更无从主张善意取得。依照《物权法》第106条的规定，符合该条规定的善意取得条件而取得抵押权的，属于基于非法律行为的抵押权取得方式。

---

① 陈华彬. 民法物权论. 北京：中国法制出版社，2010：413.

② 郑冠宇. 民法物权. 2版. 台北：新学林出版股份有限公司，2011：461.

抵押权善意取得的构成，除了应当具备《物权法》第106条规定的要件之外，还需具备所担保的债权确实存在的要件。具体是：(1) 抵押权人取得该不动产或动产提供的抵押权时是善意的，不具有恶意，也不具有过失。(2) 以不动产或者动产设置的抵押权按照法律规定已经进行了登记。不动产必须登记才能够取得抵押权，否则抵押权不会发生；即使以动产设置抵押权，由于动产抵押不以交付作为生效要件而是以登记作为对抗要件，因而善意第三人只有在办理了抵押权登记之后，才可能符合善意取得的这个条件。(3) 所担保的债权是真实的，是确实存在的。如果不存在债权，或者存在的债权并不真实，也不构成善意取得抵押权。

二、取得抵押权的登记

(一) 抵押权登记的概念与功能

抵押权登记是指依据财产权利人的申请，登记机关将与在该财产上设定抵押权相关的事项记载于登记簿上的事实。

抵押权登记的基本功能是：第一，保障交易安全。通过抵押权登记，将物上是否设定了抵押权的状态向外界加以展示，不仅大大节省了交易成本，而且能够有效地避免抵押权人与其他利害关系人发生利益冲突，维护交易安全。第二，强化担保效力。在抵押权经过登记而成立的情况下，法律就认为第三人已经知晓抵押权的存在，因而使抵押权对债权的担保功能得到进一步强化。第三，有助于预防纠纷和解决纠纷。抵押权登记簿的存在既可以事先预防各类冲突，还可以为法院审理案件提供确实的证据。

(二) 我国抵押权登记的效力

1. 抵押权登记的一般效力

抵押权登记的效力，是指登记与否对于当事人设定抵押权的行为所发挥的作用。抵押权登记的效力包括以下两个方面。

第一，不办理登记时当事人设定抵押权行为的法律后果，分为登记成立要件

主义和登记对抗要件主义。在前者，登记被认为是抵押权的特别成立要件或者生效要件；在后者，抵押权依当事人意思表示即能成立，无须办理登记，未办理登记无非抵押权不能对抗第三人而已。

第二，办理登记后当事人设定抵押权行为的法律后果，包括：（1）公示效力，即办理抵押权登记后能够将抵押权的设定向外界加以展示。对此，登记成立要件主义立法例与登记对抗要件主义立法例都是予以承认的，差别仅仅在于登记对抗要件主义下登记的公示效力能够达到自愿强制的后果。（2）公信效力。抵押权依法完成登记后，产生绝对效力，即使登记簿上记载的权利并不存在，或者内容与实际权利的内容不符，对于因信赖登记簿所展现出来的抵押权而以之为标的进行交易的人，法律上依然承认其进行的物权交易具有与真实物权存在时相同的法律效果。

2. 我国《物权法》对抵押权登记效力的规定

我国《物权法》将当事人不办理抵押权登记的法律后果区分为以下两种不同的情形。

（1）不办理登记则抵押合同无法产生抵押权设定的法律效果。依据《物权法》第 187 条至第 189 条的规定，以建筑物和其他土地附着物，建设用地使用权，以招标、拍卖、公开协商等方式取得的荒山、荒沟、荒丘、荒滩等土地承包经营权，正在建造的建筑物抵押的，应当办理抵押登记，抵押权自登记时发生效力。此种规定采取的是登记成立要件主义，也叫作绝对登记或设权登记。

（2）不办理登记抵押权依然成立但不能对抗第三人。《物权法》第 188 条规定，以生产设备、原材料、半成品、产品抵押，以正在建造的船舶、飞行器抵押的，抵押权自抵押合同生效时发生效力；未经登记，不得对抗善意第三人。《物权法》第 189 条规定，企业、个体工商户、农业生产经营者以现有的以及将有的生产设备、原材料、半成品、产品抵押的，抵押权自抵押合同生效时发生效力，未经登记，不得对抗善意第三人。即使办理登记的，也不得对抗正常经营活动中已支付合理价款并取得抵押财产的买受人。这种规定采取的是登记对抗要件主义，也叫作相对登记主义。

第三节 抵押权的效力

一、抵押权对担保债权的效力

（一）抵押权对担保债权的效力概念

抵押权对担保债权的效力，就是抵押权所担保的债权范围，是指抵押权担保的债权及所涉及的其他利益。就抵押权人而言，该范围是指抵押权人实行抵押权时能够优先受清偿的范围；就债务人、抵押人或抵押财产的第三取得人而言，该范围则是为使抵押权消灭所必须清偿的债务范围。

《物权法》第173条规定，担保物权的担保范围包括主债权及其利息、违约金、损害赔偿金、保管担保财产和实现担保物权的费用。当事人另有约定的，按照约定。

（二）效力范围

1. 主债权

依据抵押权特定原则，即抵押权的标的物与被担保的债权都必须特定的原则，主债权当然是抵押权担保的主要对象。主债权就是依当事人之间的主合同产生的不包括约定利息、违约金或损害赔偿金在内的初始债权。当事人在抵押合同中都应当就被担保的主债权的种类、数额以及债务人为何人作出约定，并在抵押权设定登记时一并进行登记。

2. 利息

利息是指比照原本数额及存续期间，依据一定比率计算，而以金钱或者其他代替物为给付的法定孳息。[①] 对此，可以分为限制主义和无限制主义。

依以法国、日本为代表的限制主义，无论是利息、定期金还是损害赔偿金是

---

① 郑玉波．民商法问题研究（一）．台北：三民书局，1991：175.

否为担保范围，都有一定的限制。依以德国、瑞士为代表的无限制主义，抵押权担保债权所生的利息是抵押权之效力当然所及的，但债权的利息率都受到一定的限制。

我国《物权法》第173条没有对抵押权所担保的利息范围作限制，但在实际上存在一定的限制，例如贷款的利率以及自然人借款利率都有限制性规定等，超过限制的企业之间的借贷利息和超过规定的利率的贷款利息，都不在抵押权的担保范围之内。

3. 违约金与损害赔偿金

损害赔偿金与违约金也属于抵押权担保的范围。违约金在抵押合同订立时可以确定。损害赔偿金则事先很难确定，不能进行登记，只有在仲裁或者诉讼中才能确定。确定后，损害赔偿金应当作为抵押权的担保范围。

4. 实行抵押权的费用

实行抵押权的费用，是指抵押权人因实行抵押权所支出的费用。不论采取拍卖、变卖以及折价这三种方式中的哪一种，也不论是当事人自行协商决定抵押权的实行方式，还是通过诉讼的方式实行抵押权，都会因此而支付一定的费用，这种费用包括在抵押权的担保范围之内。

5. 保全抵押权的费用

《物权法》第193条规定，抵押人的行为可能使抵押财产毁损或者价值明显减少的，抵押权人可以保全抵押财产。由于抵押权人保全抵押权必定会产生一定的费用，保全抵押权的费用在符合以下条件时，无论当事人是否约定，都应当计入抵押权担保的范围：（1）为保全抵押权防止抵押财产价值减损所支出的费用；（2）该费用必须是合理的，即确属保全抵押权而不得不支付的费用。

二、抵押权对抵押财产的效力

（一）抵押权对抵押财产的效力概念

抵押权对抵押财产的效力，就是抵押权效力所及标的物的范围，是指当抵押

权人实行抵押权时可以就哪些财产进行折价、拍卖、变卖，并优先受偿。

抵押权作为通过支配标的物的交换价值旨在确保债权受清偿的价值权，其标的物的范围与所有权标的物的范围应当是同一的。为了维护抵押权标的物的经济效用和交换价值，同时兼顾双方当事人的利益，对于的物以外的其他物或权利，在一定条件下也应纳入抵押权标的物的范围。

（二）效力范围

1. 从物

依照从随主原则，对主物的权利应当及于从物。但是，抵押权的效力是否及于抵押财产的从物，因牵涉到登记制度，不能一概而论，必须区分不同的情况处理。

抵押权设定之前为抵押财产的从物，抵押权设定后效力是否及于该物，规则是：抵押权设定前为抵押财产的从物的，抵押权的效力及于抵押财产的从物。至于该从物是否必须与主物一起在登记簿上加以记载，有一定争议，占主导地位的观点认为，抵押权效力的扩张并非基于当事人的自由意思，而是基于法律的规定，只要在抵押权设定之时仍然属于从物，即使无须登记也为抵押权效力所及①，只是第三人在抵押权设定前就从物取得的权利不受抵押权的影响。

抵押权设定后才成为抵押财产的从物的，抵押权的效力是否及于该物，法律没有明文规定。笔者认为，鉴于我国目前信用危机的现实情况，为强化抵押权的效力，保障抵押权人的合法权益，应当采取肯定说，即抵押权设定之后才成为抵押财产的从物的，抵押权的效力亦及于该物。

2. 添附物

就抵押财产的添附在抵押制度中产生的法律后果，有三种解决办法：第一，抵押财产因附合、混合或者加工使抵押财产的所有权为第三人所有的，抵押权的效力及于补偿金；第二，抵押财产的所有人为附合物、混合物或者加工物的所有人的，抵押权的效力及于附合物、混合物或者加工物；第三，第三人与抵押财产

---

① 郑玉波. 民商法问题研究（二）. 台北：作者自版，1984：136. 史尚宽. 物权法论. 台北：荣泰印书馆，1979：279.

的所有人为附合物、混合物或者加工物的共有人的，抵押权的效力及于抵押财产的所有人对共有物享有的份额。

3. 从权利

从权利与主权利的关系和从物与主物之关系存在一定的区别，例如从物具有自己独立的经济上的价值但却没有自己独立的效用，从物的效用只有在与主物搭配之时才能发挥；而从权利可以具有自己独立的效用，不一定要与主权利搭配才能发挥效用。以主权利或其所属标的物为抵押时，抵押权的效力及于其从权利。

4. 孳息

设定抵押权之后，抵押人对于抵押财产并没有丧失所有权，对于抵押财产的天然孳息仍然有权收取。抵押人有权处分该天然孳息，即出卖给第三人。因此，抵押权原则上不及于天然孳息，只有在符合特定条件时如抵押财产被扣押，抵押财产所出的天然孳息才为抵押权效力所及。《物权法》第 197 条第 1 款规定：债务人不履行到期债务或者发生当事人约定的实现抵押权的情形，致使抵押财产被人民法院依法扣押的，自扣押之日起抵押权人有权收取该抵押财产的天然孳息或者法定孳息，但抵押权人未通知应当清偿法定孳息的义务人的除外。抵押权人收取上述孳息，应当先充抵收取孳息的费用。

5. 抵押财产的代位物

按照《物权法》第 174 条的规定，抵押财产的代位物，即抵押财产因毁损、灭失或者被征收等获得的保险金、赔偿金和补偿金，抵押权人可以就其优先受偿。因此，抵押财产的代位物也在抵押权的效力范围。

6. 增建物

《物权法》第 200 条规定，建设用地使用权抵押后，该土地上新增的建筑物不属于抵押财产。该建设用地使用权实现抵押权时，应当将该土地上新增的建筑物与建设用地使用权一并处分，但新增建筑物所得的价款，抵押权人无权优先受偿。

三、抵押权对抵押权人的效力

抵押权对抵押权人的效力，是指抵押权人所享有的具体权利。这些权利有以下三种。

（一）保全抵押权的权利

《物权法》第193条规定：抵押人的行为足以使抵押财产价值减少的，抵押权人有权要求抵押人停止其行为。抵押财产价值减少的，抵押权人有权要求恢复抵押财产的价值，或者提供与减少的价值相应的担保。抵押人不恢复抵押财产的价值也不提供担保的，抵押权人有权要求债务人提前清偿债务。

这一规则包括了抵押权保全的两种方法。

（1）防止抵押财产价值减少请求权。当抵押人的行为可能使抵押财产毁损或者价值明显减少时，抵押权人有权要求抵押人停止该造成抵押财产毁损或者价值减少的行为。

（2）恢复抵押财产价值或增加担保请求权。抵押权人在抵押财产毁损或者价值减少时，有权请求抵押人恢复抵押财产的价值或增加担保。这两个请求权的关系是：首先，恢复抵押财产价值请求权赋予抵押权人的是防止抵押财产毁损或者价值减少的权利，是针对抵押财产尚未毁损或者价值尚未减少时而设；其次，如果抵押财产毁损或价值减少的后果已经实际发生了，则法律为保障抵押权人的权益，必须给予相应的救济措施，这就是增加担保请求权。

（二）抵押权人的处分权

抵押权人有权对其享有的抵押权进行处分。这种处分包括：抵押权的转让、用作债权的担保、抛弃等。

1. 抵押权的转让

抵押权具有转让的可能性，但是，由于抵押权是从属于主债权的权利，因而依据抵押权的从属性要求，抵押权必须随同其所担保的主债权一并转让。《物权法》第192条明确规定，抵押权不得与债权分离而单独转让；单独转让抵押权

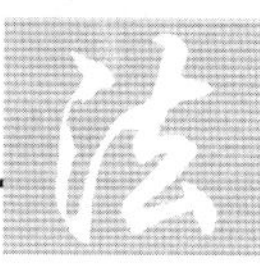

的，转让行为无效。

2. 将抵押权作为债权的担保

将抵押权作为债权的担保的办法是：将该抵押权连同其所担保的债权一并作为其他债权的担保物权的标的，即成立附随抵押权的债权质权。享有附随抵押权的债权质权的人为实现其债权，对于质权的标的物即受让的债权有收取的权利，同时，还可以行使抵押权来保证其债权的满足。行使抵押权必须符合以下两个条件：（1）债务人届期不履行债务，或者发生当事人约定的实现抵押权的情形；（2）质权人行使作为质权标的物的债权时，该债权无法获得实现。

3. 抵押权的抛弃

抵押权人可以任意处分其抵押权，这是其自由行使权利的结果，除非这种处分危及了第三人的利益。《物权法》第 194 条第 1 款规定："抵押权人可以放弃抵押权或者抵押权的顺位。抵押权人与抵押人可以协议变更抵押权顺位以及被担保的债权数额等内容，但抵押权的变更，未经其他抵押权人书面同意，不得对其他抵押权人产生不利影响。"

危及第三人利益的抵押权的抛弃，依据《物权法》第 194 条第 2 款的规定，是指债务人以自己的财产设定抵押，抵押权人放弃该抵押权、抵押权顺位权或者变更抵押权的，其他担保人在抵押权人丧失优先受偿权益的范围内免除担保责任，但其他担保人承诺仍然提供担保的除外。理由是，债权人放弃物的担保可能对保证人的利益带来损害。

（三）抵押权人的顺位权

1. 抵押权顺位标准及相应法律效果

抵押权的顺位也叫作抵押权的次序、顺序，是指抵押人因担保两个或两个以上债权，就同一财产设定两个或两个以上的抵押权时，各抵押权之间优先受偿的先后次序①，简言之，就是同一抵押财产上多个抵押权之间的顺位关系。

《物权法》第 199 条确定了同一财产向两个以上的债权人抵押时，拍卖、变卖抵押财产所得的价款的清偿顺位的三项标准：（1）抵押权都已经登记的，按照

① 谢在全. 民法物权论：下册. 北京：中国政法大学出版社，1999：614.

登记的先后顺序清偿债权。顺序相同的，按照债权比例清偿。如果抵押登记的日期是在同一天的，则抵押权的顺序相同。如果当事人同一天在不同的法定登记部门办理抵押财产登记的，也视为顺序相同。

（2）抵押权已经登记的债权先于抵押权未登记的债权受偿。抵押权已经登记的债权优先受偿，抵押权没有登记的债权，只能在抵押权经过登记的债权受偿后，以剩余的抵押财产受偿。

（3）抵押权未登记的，经抵押权担保的债权仍然是平等债权，不具有对抗效力，无优先受偿权，依旧按照债权比例平均受偿。

2. 抵押权顺序固定主义与抵押权顺序升进主义

顺序在先的抵押权因实行抵押权以外的原因而消灭时，顺序在后的抵押权是否依次升进？德国、瑞士民法采取顺序不升进的固定主义，法国与日本则采取顺序当然升进的升进主义。

顺序固定主义的要旨是，抵押权确立后其顺序固定不变，即使先顺序的抵押权所担保的债权得到清偿或因其他原因而消灭，后顺序的抵押权仍保持原来的顺序，抵押权人只能按照该顺序获得清偿。顺序升进主义的要旨是，抵押权设立之后，其顺序可以因一定的原因而发生变更，在先顺序的抵押权人的债权获得清偿或因其他原因而消灭以后，顺序在后的抵押权的顺序自动上升，后顺序抵押权人的抵押权在顺序上相继取代前顺序的抵押权，获得前顺序抵押权人的顺序。抵押权顺序固定主义侧重于保护抵押人与抵押人的普通债权人的利益，在抵押人是债务人之外的第三人时更是如此。抵押权顺序升进主义侧重保护的则是抵押权人的利益。

对此，我国采用的是顺序升进主义。依据《物权法》第 177 条第 1 项，抵押权与其担保的债权同时存在，被担保的债权消灭之后，抵押权也随之消灭。因此，当被在先抵押权所担保的债权因受清偿等原因而消灭后，从属于该债权的抵押权也随之消灭。既然在先的抵押权已经消灭，那么必然是在后的抵押权相继取代在先的抵押权的位置。

3. 抵押权人的顺位权的让与、变更与抛弃

抵押权人的顺位权，是指抵押权人依其顺序所能获得分配的受偿金额的权

利。为了使抵押权人能更充分地利用这种交换价值，从而让抵押权人投下的金融资本在多数债权人间有灵活周转的余地，并有相互调整其复杂的利害关系的手段，《物权法》第194条规定了抵押权人的顺位权的让与、变更和抛弃规则：抵押权人可以放弃抵押权或者抵押权的顺位；抵押权人与抵押人可以协议变更抵押权顺位以及被担保的债权数额等内容，但抵押权的变更，未经其他抵押权人书面同意，不得对其产生不利影响；债务人以自己的财产设定抵押的，抵押权人放弃该抵押权、抵押权顺位或者变更抵押权的，其他担保人在抵押权人丧失优先受偿利益的范围内免除担保责任，但其他担保人承诺仍然提供担保的除外。

抵押权顺位让与，是指为了后顺序抵押权人的利益，同一抵押财产上顺位在先的抵押权人将其抵押权先顺位让与在后顺位抵押权人。抵押权顺位让与的要件是：（1）当事人必须是同一抵押财产上的顺位不同的抵押权人。（2）让与人和受让人必须就顺位让与达成意思表示的一致，但该让与顺位的合同无须得到债务人、抵押人或其他抵押权人的同意。（3）如果抵押财产经过登记，则必须办理变更登记。

抵押权顺位让与只能在顺位让与的当事人之间产生相对的效力。在顺位让与后，各抵押权人抵押权的归属与顺位都没有变动，仅仅是抵押财产拍卖变卖等所得价款的分配顺位在当事人间发生变动，由受让人取得较让与人优先的分配次序。让与人与受让人仍保有原抵押权及顺位，受让人是否能获得受让顺位的利益，以让与人的抵押权是否存在与能否获得分配为前提。

抵押权顺序的抛弃与变更，基本上采用相同的处理方法。但是抵押权顺序的变更所产生的是绝对效力，这与抵押权顺序的抛弃与让与仅产生相对效力不同。在抵押权顺序发生变更的情况下：首先，必须由同一抵押财产上的所有不同顺序的抵押权人之间达成合意；其次，此种变更可能危及就顺位发生变更的抵押权享有法律利益的其他人，因此除必须经过各个抵押权人的同意之外，还必须经过这些利害关系人的同意。最后，变更抵押权顺位权还需要办理抵押权变更登记。

四、抵押权对抵押人的效力

抵押人作为抵押财产的所有人，依然可以享有对抵押财产进行使用、收益与处分的权利。不过，抵押人的所有权是设置了负担的所有权，受到抵押权的制约。

（一）占有、用益抵押物的权利

虽然抵押人对抵押物设置了抵押权，但抵押人对抵押物仍然享有占有权、使用权和用益权，可以继续占有抵押物，并且对抵押物进行使用和收益。其原因是，抵押权着眼于抵押物的交换价值，而不是用益价值。

（二）出租抵押财产的权利

在抵押关系存续期间，抵押人可以出租抵押财产。《物权法》第190条规定："订立抵押合同前抵押财产已出租的，原租赁关系不受该抵押权的影响。抵押权设立后抵押财产出租的，该租赁关系不得对抗已登记的抵押权。"抵押人出租抵押财产的规则是：第一，订立抵押合同前，抵押财产已经出租的，抵押人应当将出租的事实告知抵押权人，原租赁关系不受该抵押权的影响。第二，抵押权设立后抵押财产出租的，在抵押权人实现抵押权时，该租赁关系不得对抗已登记的抵押权。最高人民法院《关于适用〈中华人民共和国担保法〉若干问题的解释》第66条规定，抵押人将已抵押的财产出租的，抵押权实现后，租赁合同对受让人不具有约束力。

（三）转让抵押财产的权利

在抵押关系存续期间，抵押人转让抵押财产的，《物权法》第191条规定的规则是："抵押期间，抵押人经抵押权人同意转让抵押财产的，应当将转让所得的价款向抵押权人提前清偿债务或者提存。转让的价款超过债权数额的部分归抵押人所有，不足部分由债务人清偿。""抵押期间，抵押人未经抵押权人同意，不得转让抵押财产，但受让人代为清偿债务消灭抵押权的除外。"

（四）多次设定抵押权的权利

财产抵押后，该财产的价值大于所担保债权的余额部分，可以再次抵押。这

种抵押也叫作再抵押或复合抵押、重复抵押。再抵押是指抵押人为担保数个债权以同一财产设定抵押权，导致同一抵押财产上存在数个抵押权的情形。再抵押的限制是：数个抵押权所担保的债权总额不超出抵押财产的总价值。这就是禁止超额抵押规则。

超额抵押是指抵押人以同一抵押财产向一个或几个债权设定抵押，这些抵押权所担保的债权总额大于抵押财产价值的情形。禁止超额抵押表现在两个方面：一方面，单独抵押时，抵押人所担保的债权不得超出其抵押财产的价值；另一方面，重复抵押时，再次抵押不得超出抵押财产的价值大于已担保债权的余额部分。

违反超额抵押规则的后果是，超出的部分不具有优先受偿的效力。在实现抵押权时，被担保的债权超出抵押财产价值的部分只能作为一般债权，不具有优先受偿的效力。

（五）在抵押财产上设定用益物权的权利

不动产抵押人作为所有权人，有权在抵押的不动产上设定用益物权。但在我国现行法律框架下，土地只能归属于国家或者集体所有且禁止抵押，加之现行法认可的用益物权多为从土地所有权派生出来的各类土地使用权，因此我国不动产抵押人基本上无法在抵押财产上设定用益物权，唯一的例外是可以在抵押的房屋上设定典权。

五、抵押权对其他权利的效力

（一）抵押权对租赁权

出租抵押财产，或者以出租物设置抵押，就会在同一财产上同时出现租赁权和抵押权。如果抵押权人尚未行使抵押权，则承租人保有租赁物（即抵押财产）的使用价值而抵押权人支配抵押财产的交换价值，两者相安无事。但如果抵押权人行使抵押权，要将抵押财产折价，或以拍卖、变卖抵押财产所得价款优先受偿，必然发生抵押权与租赁权的冲突。

协调这一冲突的规则是：抵押权人有权请求实现抵押权；抵押权实现后，抵

押财产的受让人应当受到该物上的租赁权的约束，在租赁合同的有效期内，租赁权对抵押财产的受让人继续有效。

（二）抵押权对留置权

1. 冲突表现

依据《物权法》和《合同法》的规定，因仓储合同、保管合同、运输合同、加工承揽合同、行纪合同而发生的债权，债务人不履行债务的，债权人享有留置权。如果留置物是动产，而该动产上又设置了动产抵押权的，就会发生动产抵押权与留置权的冲突。动产抵押权与留置权的冲突存在以下两种情形。

（1）抵押财产被留置。如动产所有人以动产为某一债权人设定抵押权后，又与他人签订仓储合同、保管合同、运输合同、加工承揽合同或者行纪合同，由于抵押人未履行由该合同而产生的债务，导致债权人留置该抵押财产，从而在同一财产之上产生留置权和抵押权。

（2）留置物被抵押。如双方当事人以某动产为标的物订立仓储合同、保管合同、运输合同、加工承揽合同或行纪合同，由于债务人届期未履行债务，其动产被债权人留置，其后，债务人又以被留置的动产向他人设定抵押权，导致在同一财产上同时存在抵押权和留置权。

2. 协调规则

无论是抵押财产被留置还是留置物被抵押，协调的规则都是：同一财产上抵押权与留置权并存时，留置权人优先于抵押权人受偿。① 理由是：第一，留置权为法定担保物权，法定担保物权应当优先于约定担保物权即抵押权②；第二，各国海商法实践都承认留置权具有对抗抵押权的优先效力；第三，留置权一般是由于留置权人就标的物提供了材料或劳务而未得到适当补偿而产生的，为了保证留置权人为标的物提供材料或劳务而使标的物增加的价值能得到收回，应当承认留置权优先。③

① 最高人民法院《关于适用〈中华人民共和国担保法〉若干问题的解释》第79条第2款的规定。

② 李国光，等. 最高人民法院《关于适用〈中华人民共和国担保法〉若干问题的解释》理解与适用. 长春：吉林人民出版社，2000：284.

③ 许明月. 抵押权制度研究. 北京：法律出版社，1998：304.

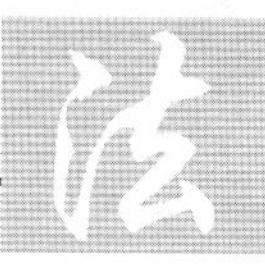

（三）抵押权对质权

由于我国立法承认动产抵押，因而抵押财产被质押或质押财产被抵押的情形都可能发生。

1. 依法必须经过登记的抵押权优先于质权

对于抵押权与质权的冲突，最高人民法院《关于适用〈中华人民共和国担保法〉若干问题的解释》第 79 条第 1 款采取的方法是：无论事实上抵押权设定在先还是质权设定在先，只要抵押权是依法必须登记才能成立的，则抵押权一定优先于质权。理由是，动产质权自质押财产移交于质权人占有时产生，其时间比较难确定；而法定登记的抵押权自登记之日起成立，其成立时间容易确定，且具有更强的公示效力。[①] 规定这样的规则，可以防止抵押人将财产抵押后又与他人恶意串通设定质权，并以质权设定在先为由对抗抵押权。

2. 无须登记的抵押权与质权的冲突

无须登记的抵押权在与质权发生冲突时，必须按照权利设定的先后并考虑其他因素加以判定。

（1）抵押财产被质押。抵押人在占有抵押财产的情形下将抵押财产出质给他人，导致同一财产上先有抵押权后有质权，且抵押权已经登记的，则抵押权人优先于质权人受偿。无须登记的抵押权经过登记后可以产生对抗效力。

如果先成立的抵押权未经登记，则不能对抗善意第三人。因此，能够证明质权人知道或者应当知道质押财产上已经先设定了抵押权的，抵押权能够对抗质权；反之，抵押权不能对抗质权。如果抵押人与第三人恶意串通，故意制造所谓的“质权”，则其设定“质权”的合同无效。

（2）质押财产被抵押。已经出质给他人的物又被出质人抵押给另一人时，在同一标的物上先存在质权后存在抵押权。此时，无论抵押权是否办理登记，都不能对抗设定在先的质权，质权可以对抗抵押权。如果抵押人与他人恶意串通，故意先设定所谓的“质权”，则该“质权”无效。

---

① 李国光，等. 最高人民法院《关于适用〈中华人民共和国担保法〉若干问题的解释》理解与适用. 长春：吉林人民出版社，2000：284.

（四）抵押权对税收优先权

税收优先权也是担保物权。当纳税人以自己的财产为他人设定了抵押权，而同时又拖欠国家税收时，会因现有财产不足以同时清偿抵押权所担保的债权和应向国家缴纳的税款，而发生税收优先权与抵押权之间的冲突。当抵押权与税收优先权发生冲突时，其规则是设置或者产生在先的优先。《税收征收管理法》第 45 条第 1 款规定：税务机关征收税款，税收优先于无担保债权，法律另有规定的除外；纳税人欠缴的税款发生在纳税人以其财产设定抵押、之前的，税收应当先于抵押权执行。

第四节　特殊抵押权

一、共同抵押权

（一）共同抵押权的概念和特征

1. 共同抵押权的概念

共同抵押权，也叫作总括抵押权或聚合抵押权，是指为担保同一个债权而在数项不动产、动产或权利上设定的抵押权。这数个不动产、动产或权利可以分别属于同一个人，也可以分别属于不同人。例如，债务人甲为担保所欠乙 300 万元债务，提供丙、丁各值 200 万元的两宗土地权利设定抵押权。[①] 我国《物权法》第 180 条第 2 款规定："抵押人可以将前款所列财产一并抵押。"

2. 共同抵押权的特征

(1) 共同抵押权所担保的是同一项债权。

共同抵押权所担保的债权必须是同一项债权，不能是多个债权。同一债权是指债权发生原因相同，其债权人和债务人均属同一，给付内容也相同。

① 谢在全. 民法物权论：中册. 修订 5 版. 台北：新学林出版股份有限公司，2010：529.

（2）共同抵押权的抵押财产为多数。

单一的财产不能作为共同抵押的抵押物，只有多项财产都给同一项债权设定抵押，才能成立共同抵押，否则为单一抵押。提供抵押的标的物是数项财产而不是一项财产，但这数项财产并不是集合物而是各自独立的财产。

（3）共同抵押权的抵押财产对所担保的债权各负全部的担保责任。

共同抵押权所产生的担保责任酷似连带债务，因此学者又将共同抵押叫作"连带抵押"或"物上连带担保"。但连带债务属于人的连带，是一种多数债务人之债，而共同抵押为物的连带，属于物权关系。连带债务中负连带责任的人都是债务人，而共同抵押权中负连带责任的物既可以是债务人所有的物，也可以是第三人所有的物。可见，共同抵押权与连带债务存在明显差别，不能简单地适用连带债务的规则。

如果共同抵押权设立合同对抵押责任的承担份额另有约定的，则应当依据约定，确定为按份抵押，按照约定确定抵押权的份额。

（二）共同抵押权的性质和作用

1. 共同抵押权的性质

学者对共同抵押权的性质存在不同认识。有人认为，一物一权是物权法的基本原则，既然作为共同抵押权的标的物是各自独立的数项财产，那么只能分别于其上成立相应数量的多个抵押权。① 也有人认为，尽管共同抵押权的标的物是数项独立的财产，但是抵押权只有一个，这是"一物一权"原则的例外。② 还有人认为，共同抵押权可以是以数个不动产一并设定的单一抵押权，也可以是以数个不动产分别设定的数个抵押权。③

笔者认为，我国目前区别不同的抵押财产在不同的登记机关办理登记，因而至少从外表及观念上，共同抵押权是由数个抵押权担保同一个债权，而不是由一

---

① 史尚宽．物权法论．台北：荣泰印书馆，1979：318．谢在全．民法物权论：下册．北京：中国政法大学出版社，1999：743．

② 黄右昌．民法诠解：物权编：下．北京：商务印书馆，1947：28．谢在全．民法物权论：下册．北京：中国政法大学出版社，1999：743．

③ 郑玉波．共同抵押之研究//郑玉波．民商法问题研究（四）．台北：作者自版，1984：126．

个有着多个标的物的抵押权担保同一个债权，因此，共同抵押权的性质是在数项财产上成立的数个抵押权的集合。

2. 共同抵押权的作用

共同抵押权的主要作用是：第一，将多项财产的交换价值加以累积，以更有效地确保债权的清偿。在抵押人所提供的一项抵押财产的交换价值无法确保债权的清偿时，必须由同一抵押人再行提供抵押财产，共同担保同一债权。第二，分散抵押财产的危险。尽管单就每一个抵押财产而言，其价值都足以确保债权的实现，但是，单个标的物常会因毁损、灭失或市场因素而导致价值的减少，最终可能出现无法满足担保债权受偿的情形。为分散风险，增加债权受清偿的保障力度，共同抵押权提供多数抵押财产来共同担保同一债权。

（三）共同抵押权的类型

依据对共同抵押权人的自由选择权是加以保障还是加以限制的标准，可以将共同抵押权分为自由选择权保障主义的共同抵押权与自由选择权限制主义的共同抵押权。[①] 自由选择权，是指共同抵押权人在实现其抵押权时自由选择以哪一个抵押财产来清偿其债权的全部或一部的权利。

1. 自由选择权保障主义的共同抵押权

自由选择权保障主义的共同抵押权，是指对共同抵押权人的自由选择权加以保障的一类共同抵押权。德国采这种立法例。自由选择权保障主义的共同抵押权的立法理由在于抵押权的不可分性[②]，有利于最大限度地维护抵押权人的利益。

2. 自由选择权限制主义的共同抵押权

自由选择权限制主义的共同抵押权，是指对抵押权人的自由选择权作出了限制的共同抵押权。瑞士民法采这种立法例。自由选择权限制主义的共同抵押权对于维护抵押人以及抵押人的普通债权人的合法利益极为有利。

我国对共同抵押权采取何种立法例，《物权法》未予明确。我国司法实践中

① 谢在全. 共同抵押权之研究：民法物权篇修正草案评释. 法令月刊，2000（10）.

② 黄右昌. 民法诠解：物权编：下. 北京：商务印书馆，1947：28.

普遍认为，共同抵押权属于自由选择权保障主义的共同抵押权①，抵押权人对于数个抵押物可以自由选择以哪一项抵押物清偿债务。

（四）共同抵押权的成立

共同抵押权的成立分为两种类型：第一种是初始的共同抵押权的设立，指债务人或者第三人同时以数项抵押财产为担保同一债权而设定的共同抵押权。第二种是追加的共同抵押权的设立，指在某一个抵押权设立之后，另行增加一项或数项抵押财产设立抵押权担保同一债权。

共同抵押权的成立要件与普通抵押权的成立要件没有区别。

（五）共同抵押权的效力

共同抵押权的效力由于不同的抵押财产所承担的担保份额是否确定而有所不同。依据各个抵押财产是否限定了所担保的债权份额，将共同抵押权的效力分为以下两种。

1. 已约定各个抵押财产所担保的债权份额的共同抵押权

如果同一抵押人与抵押权人就其提供的各项抵押财产所担保的债权份额作出了约定，或者数个抵押人分别与抵押权人就其提供的抵押财产所担保的债权份额作出了约定，约定的担保份额不超过被担保债权的额度，当债务人届期不履行债务时，抵押权人虽然仍可以将抵押财产全部予以拍卖或者变卖，但应算清各个抵押财产变价款，并依照约定范围就各个抵押财产变价款优先受偿。例如，甲为担保向乙所负的50万元债务，以奔驰汽车一辆抵押30万元，以别克汽车一辆抵押20万元。实行抵押权时，共同抵押权人将两辆汽车拍卖，奔驰汽车卖价40万元，别克汽车卖价18万元。共同抵押权人乙只能从奔驰汽车的40万元中受偿30万元，从别克汽车的卖价中受偿18万元，另外未受偿的2万元不能再从奔驰汽车的卖价中受偿，而成为普通的无担保债权，与其他无担保债权平均受偿。

如果就各项抵押财产所担保的债权份额作出了约定，但所限定负担的债权总

① 最高人民法院《关于适用〈中华人民共和国担保法〉若干问题的解释》第75条第2款的规定。

额超过了被担保债权的额度的，应当按照所限定负担的债权份额之间的比例确定共同抵押权人优先受偿的范围。例如，甲向乙借款 1 000 万元，由丙提供 A 地块担保 900 万元，提供 B 地块担保 500 万元，成立共同抵押权。按照所担保的债权比例，乙就 A 的优先受偿范围为 1 000 ×［900÷（900＋500）］＝642.86 万元，就 B 的优先受偿范围为 1 000×［900÷（900＋500）］＝357.14 万元。

如果当事人仅约定了部分抵押物所担保的债权份额，则应当依照这些债权份额的总和与未约定负担债权份额的抵押物的价值的比例确定共同抵押权人优先受偿的范围。例如，甲提供土地使用权 A（价值 500 万元）、B（价值 500 万元），乙提供房屋 C（价值 300 万元），共同为债务人丁向债权人丙的 1 000 万元借款提供均为第一顺位的抵押权担保，其中，甲与丙之间约定 A 和 B 各自担保的债权份额为 500 万元、400 万元，而乙没有约定房屋 C 所担保的债权份额为多少。这时，共同抵押权人丙在债务人丁届期不履行债务时，有权就三个抵押物优先受偿的范围分别是：（1）有权就 A 优先受偿的范围是 1 000 ×［500÷（500＋400＋300）］＝461.67 万元；（2）有权就 B 优先受偿的范围为 1 000×［400÷（500＋400＋300）］＝333.33 万元；（3）有权就 C 优先受偿的范围是 1 000×［300÷（500＋400＋300）］＝250 万元。①

如果在某个共同抵押财产上存在先顺位的抵押权的，则在计算该抵押财产的价值时，应当扣除该先顺位抵押权所担保的债权额，因为只有扣除先顺位抵押权所担保的债权额后剩余的该抵押财产的价值才属于共同抵押权人有权支配的抵押财产价值。②

应当看到的是，对于已经约定了各个抵押财产所担保的债权份额的共同抵押权来说，由于债权人已无选择的余地，实际上就是每一个标的物分别负担债权的一部分，因而已经不是真正的共同抵押权。抵押人就抵押财产上担保的债权份额与抵押权人进行约定，不仅有利于保护该抵押财产上后顺位抵押权人的利益，也有利于保护抵押人普通债权人的利益。

① 崔建远．物权法．北京：清华大学出版社，2008：356．

② 谢在全．共同抵押权之研究：民法物权篇修正草案评释．法令月刊，2000（10）．

2. 未约定各个抵押财产所担保的债权份额的共同抵押权

如果同一抵押人对其提供的各个抵押财产上担保的债权份额，或者不同的抵押人对其各自提供的抵押财产上担保的债权份额，没有与抵押权人作出约定或者约定不明的，当债务人届期不履行债务时，存在两个问题：一是抵押权人是否能够或者必须将各个抵押财产一并拍卖；二是在抵押财产是由不同的抵押人提供时，各个抵押人应当承担的债权份额应当如何确定。

对于第一个问题，应当采取的办法是分担主义，也叫作分割主义，是指在共同抵押权成立之时或成立之后，按照各个抵押财产单个价格的比例与所有抵押财产的总价格，将债权加以分割，使各个抵押财产担保各自相应比例的债权。如果在某个抵押财产上存在比共同抵押权顺序靠后的抵押权，则将上述各个抵押财产担保的各自相应比例的债权从该抵押财产的价值中扣除后，作为该后顺位抵押权人优先受偿的范围。分担主义可以分为强制分担主义与任意分担主义：前者是指债权人无权决定是否进行分割，而是由法律明确规定必须分割及分割的方法；后者是指是否分割以及分割的比例由债权人自行决定。

解决第二个问题的方法是优先负担主义，即在共同抵押权人实现抵押权时，规定其只能就某一特定抵押财产优先于其他抵押财产受偿，不足的部分才能依次就其他抵押财产加以满足。这种规定的好处在于：能够有效地平衡债务人与物上担保人之间的利益，尽量避免物上担保人与债务人之间发生求偿关系，防止发生新的纠纷，防止损害物上担保人的普通债权人以及就其所提供抵押财产享有后顺位抵押权的人的合法利益。

二、浮动抵押权

（一）浮动抵押权的概念和特征

1. 浮动抵押权的概念

浮动抵押权也叫作动产浮动抵押权，是指企业、个体工商户、农业生产经营者作为抵押人，以其所有的全部财产，包括现有的以及将有的生产设备、原材

料、半成品为标的而设立的动产抵押权。《物权法》第181条规定："经当事人书面协议，企业、个体工商户、农业生产经营者可以将现有的以及将有的生产设备、原材料、半成品、产品抵押，债务人不履行到期债务或者发生当事人约定的实现抵押权的情形，债权人有权就实现抵押权时的动产优先受偿。"

2. 浮动抵押权的法律特征

（1）抵押人具有特殊性。

浮动抵押权的抵押人不是一般的主体，法律明确规定只有企业、个体工商户、农业生产经营者才可以作为浮动抵押权的抵押人。超出这个范围的主体，不能作为抵押人。

（2）抵押财产具有特殊性。

浮动抵押权的标的物是抵押人的现有的以及将有的特定动产，包括生产设备、原材料、半成品。这些财产既包括抵押人现有的财产，也包括抵押人将来取得的财产。这些财产应当是动产，不包括不动产。

（3）抵押财产在浮动抵押权实现前处于变动之中。

抵押财产的数额是不能固定和具体明确的。这种抵押财产处于变动不居的状态，浮动抵押权人并不是从静态角度支配抵押人的这些财产，而是向外流出的财产自动从浮动抵押权中获得解放，由外部流入的财产进入浮动抵押权的效力范围。[①]

（4）抵押权人在抵押期间对抵押财产仍然可以使用处分。

浮动抵押权设定后，在抵押权实现前，抵押人仍得利用抵押财产继续进行生产经营活动，其财产的进出并不受限制。只有在法律规定的情形出现时，该抵押财产才被特定化，抵押人未经抵押权人同意不得随意处置。

（二）浮动抵押权的适用范围

浮动抵押权具有抵押人利用其财产自由经营的特点。对于抵押人来说，在抵押权实现前可以放手进行经营，但是对于抵押权人来说有所不利，这是浮动抵押权的缺陷。因为在抵押权实现之前，抵押人的财产是不断变化的，如果抵押人的

---

① 陈华彬. 民法物权论. 北京：中国法制出版社，2010：452.

财产状况恶化，则抵押权人就不能从抵押财产的价值中完全受偿。所以，对浮动抵押权的适用范围应当进行适当限制。

设定浮动抵押权的前提是，企业、个体工商户和农业生产经营者向银行借款或者发行公司债券。因为在它们向银行借款或者发行公司债券时，作为债权人的银行无论是从人力、物力、财力还是从专业技术上对于抵押人对财产的经营运用都具有更强的监督管理能力。而发行公司债券有着更为严格的要求。因此，企业、个体工商户和农业生产经营者在向银行借款或者发行公司债券时，它们的全部财产就是浮动抵押财产，可以设定浮动抵押权。

（三）浮动抵押权的设定和确定

1. 浮动抵押权的设定

当事人设定浮动抵押权，应当签订书面抵押合同，同时，按照《物权法》第189条的规定，应当向动产所在地的工商行政管理部门办理登记。抵押权自抵押合同生效时发生效力；未经登记，不得对抗第三人。可见，采取的是登记对抗要件主义立场。

在抵押期间，抵押人在正常经营活动中将抵押财产转让，买受人已经支付合理价款并取得抵押财产的，是浮动抵押权的正常情形，抵押权人不得对抗正常的经营活动，即使浮动抵押权办理了登记，也不得对抗买受人取得抵押财产的所有权。

2. 浮动抵押权的确定

浮动抵押权的特点就是其担保财产的不特定性，在抵押权实现时，应当按照《物权法》第196条的规定将其确定，才能够保障抵押权的实现。

浮动抵押权在以下情形发生时确定。

(1) 债务履行期届期，债权未受清偿。

债务履行期已经届满，债权没有受到清偿的，抵押权人可以行使抵押权。这时浮动抵押权的抵押财产如果还没有确定，就无法实现抵押权。因此，浮动抵押权的条件出现时，应当对浮动抵押权的抵押财产进行确定，不得再进行浮动。

(2) 抵押人被宣告破产或者被撤销。

如果抵押人被宣告破产或者被撤销，抵押财产必须确定。这种确定被称为自

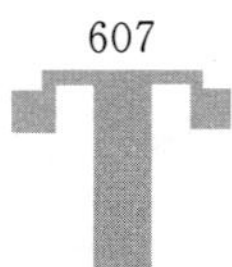

动封押。这时，浮动抵押权变为固定抵押权，无论浮动抵押权人是否知道该事由的发生或者有没有实现抵押权，都不影响抵押财产的自动确定。

(3) 发生当事人约定的实现抵押权的情形。

发生当事人约定的实现抵押权的情形时，浮动抵押权的抵押财产也被确定。

(4) 严重影响债权实现的其他情形。

发生严重影响债权实现的其他情形时，抵押财产也必须确定。例如，抵押人因经营管理不善而导致经营状况恶化或严重亏损，或者抵押人为了逃避债务而故意低价转让财产或隐匿、转移财产，都属于严重影响债权实现的情形。

(四) 浮动抵押权的效力和实现

1. 浮动抵押权的效力

浮动抵押权的特点之一，就是抵押人可以就其财产进行经营活动，为收益和处分。只有在浮动抵押权确定时，抵押人的全部财产才成为确定的抵押财产。因此，浮动抵押权的效力及于浮动抵押确定时抵押人所有的或者有权处分的全部财产。为了防止抵押人恶意实施损害抵押权人利益的行为，浮动抵押权成立后，抵押人在经营过程中处分的财产不属于抵押财产，但抵押人为逃避债务而处分财产的，抵押权人享有撤销权，可以请求撤销该处分行为。

2. 浮动抵押权对其他担保物权的效力

在抵押人的财产上同时存在法定担保物权的，浮动抵押权的效力不能对抗法定担保物权。因此，法定担保物权人优先于浮动抵押权人受偿。

在同一财产上存在数个浮动抵押权的，各浮动抵押权的顺位依成立先后的顺位确定，前一顺位抵押权人优先于后一顺位抵押权人受偿。同一日登记成立的浮动抵押权顺位相同，各个抵押权人按照债权额比例受偿。

当事人设定浮动抵押权时，对财产设定抵押权有约定的，按照其约定。

为了保障浮动抵押权人的权利，浮动抵押权人可以对抵押人的经营活动进行监督，具体的监督方式、办法和内容，由当事人约定。

3. 浮动抵押权的实现

浮动抵押权的实现，自抵押权人向人民法院提出实现抵押权的申请，经人民

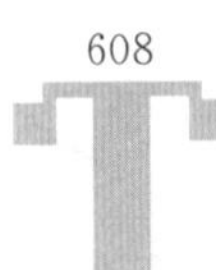

法院作出实现浮动抵押权的决定时开始。人民法院作出实现浮动抵押权的决定应当予以公告，并同时发布查封抵押人总财产的公告。

人民法院作出实现浮动抵押权的决定后，抵押人的全部财产由财产管理人管理，财产管理人应当在抵押人住所地向浮动抵押权登记的机关申请办理浮动抵押权实现开始的登记。财产管理人由人民法院在听取抵押权实现申请人的意见后选任。

未办理上述登记的，人民法院对抵押人财产的查封不得对抗第三人。

除此之外，浮动抵押权的实现与一般抵押权的实现没有特别之处，应当按照一般抵押权实现的方式实现。

三、最高额抵押权

（一）最高额抵押权的概念

最高额抵押权也叫作最高限额抵押，是指为担保债务的履行，债务人或者第三人以抵押财产对一定期间将要发生的债权提供担保，债务人未履行债务时，抵押权人有权在最高债权额限度内就该财产优先受偿的特殊抵押权。《物权法》第203条第1款规定的就是最高额抵押权。

最高额抵押权主要适用于连续交易关系、劳务提供关系和连续借款关系等场合，是为适应现代市场经济发展的需要而产生的一项抵押担保制度。[①] 从民事权利的角度来看，最高额抵押权是对于债权人一定范围内的不特定的债权，预定一个最高的限额，由债务人或第三人提供抵押财产予以担保的特殊抵押权。[②] 例如，甲公司向承包5年期大型工程的乙建筑公司销售水泥，双方订立了一份5年期限的水泥连续供应合同，为担保乙公司对甲公司各笔货款的清偿，由乙公司提供一栋大楼设定抵押权于甲公司，最高限额为5 000万元。甲享有的这种抵押权就是最高额抵押权。

① 陈华彬．民法物权论．北京：中国法制出版社，2010：440．

② 同①711．

（二）最高额抵押权的法律特征

1. 最高额抵押权是为一定范围内连续发生的不特定债权提供担保的抵押权

最高额抵押权以担保债权的圆满实现为目的，但一般抵押权所担保的债权在量和质上都是限定的，量的限定就是对抵押权担保的债权范围进行的限定，质的限定是对抵押权所担保的债权的发生原因进行的限定。而最高额抵押权是为一定范围内连续发生的不特定的债权提供担保，与普通抵押权在对抵押财产交换价值限定方面的差异是：在量的方面，最高额抵押权划定一个担保债权的上限，在该上限之内予以担保；在质的方面，最高额抵押权所担保的债权必须是在一定期间连续发生的债权。在这两个方面，都存在既特定又不特定的特点。

2. 最高额抵押权并不从属于特定的债权

普通抵押权担保特定债权通常是已经发生的，且普通抵押权须从属于此一债权，随其移转、消灭而转移、消灭；最高限额抵押权担保的不特定债权通常尚未发生，在将来才会发生，故最高额抵押权无法从属于特定债权。[①] 最高额抵押权从属于在一定期限内不断引发债权的基础法律关系，尽管该基础法律关系所产生的债权在一定期间内连续发生，但最高额抵押权并不受其影响。即使基础法律关系发生的债权因清偿、抵销等原因一度归于消灭，实际的债权额为零，但由于最高额抵押权是为担保将来可能发生的不特定债权而存在的，所以它并不消灭。

3. 最高额抵押权在最高债权额限度内为担保

最高债权额限度，是指抵押权人基于最高额抵押权所能够优先受清偿的债权的最高数额限度。它是抵押权人能够优先受清偿的债权的最高限度数额，而不是最高额抵押权所实际担保的债权数额，更不是债务人必须清偿的债权数额。在最高额抵押权实现之前，唯一能确定的数字就是抵押人与抵押权人约定的最高债权额限度。因此，当最高额抵押权所担保的债权到期，抵押权人实现其权利时，如果实际发生的债权余额高于最高限额的，以最高限额为限，超过部分不具有优先受偿的效力；如果实际发生的债权余额低于最高限额的，以实际发生的债权余额为限，对抵押财产优先受偿。

---

① 谢哲胜．民法物权．台北：三民书局，2007：330.

4. 最高额抵押权与所担保的债权的从属性具有特殊性

最高额抵押权为一种特殊抵押权，其所担保的债权在最高额抵押权设立时并不一定现实存在，也没有特定。最高额抵押权只是从属于产生各个具体债权的基础法律关系，可以与具体的债权相分离而独立存在，并不随着每一个具体的债权的转让或消灭而转让或消灭。存在上的从属性表现为，最高额抵押权成立在先，债权产生在后；处分上的从属性表现为，最高额抵押权并不随着某一具体债权的转让而转让；消灭上的从属性表现为，某一具体债权的消灭，并不意味着最高额抵押权所担保债权的全部消灭，最高额抵押权所担保的也并不是某一特定的债权。

（三）最高额抵押权的作用与缺陷

最高额抵押权在现代市场经济中具有重要作用，主要表现在，银行与客户之间的资本信用关系，经销商、制造商或批发商与零售商之间的商业信用关系，以及消费者与经营者之间的消费信用关系，很少见到仅有一次就结束的，相反，大部分都是不断进行的连续性交易关系。在这些交易关系中，不断产生出债权，也不断消灭债权。如果凡是在连续性交易中出现的债权，都要设置一般抵押权进行担保的话，是不符合追求交易便捷与安全的市场经济本质的。最高额抵押权可以克服这些缺陷，只要设定一个抵押权，就可以担保上述这些基于一定法律关系并在一定的期限内重复发生的债权，不仅使债权担保的设定十分方便，而且节省大量的劳力和费用。

但是，最高额抵押权也有缺陷，叫作最高额抵押权的危险。最高额抵押权的危险主要是：第一，债权人为了担保自己债权的实现，常常超过交易上的必要范围，设定巨额的最高额抵押权，独占抵押物的交换价值，使抵押人无剩余价值可资利用，从而妨害抵押权担保价值最大限度的发挥。第二，债权人在取得巨额的最高额抵押权后，任意不给予贷款或者不和债务人从事正常交易，不仅使抵押物的价值受到不适当的拘束，而且也束缚和影响了债务人的正常经济活动。第三，因最高额抵押权所担保的交易关系具有长期性、继续性，因而银行或者大企业往往通过设定最高额抵押权来达到支配债务人的经济活动，进而左右其存亡的目的。

由于最高额抵押权具有以上缺陷，对债务人、抵押人以及社会公益都有可能造成影响，因而在适用最高额抵押权时，需要特别慎重。

（四）最高额抵押权的设立及效力

1. 最高额抵押权的设立

最高额抵押权与普通抵押权在设立的程序与设立的内容上基本相同，但有以下差别。

（1）用于担保一定期间内将要连续发生的债权。

最高额抵押权须为当事人在一定期间连续交易的合同法律关系中产生的不特定的债权而设立。这种连续交易的合同法律关系可以叫作继续性法律关系。不是继续性法律关系，不能设立最高额抵押权。与浮动抵押权相比，二者最大的区别在于，最高额抵押权所担保的债权不确定，而浮动抵押权的抵押财产不确定。

（2）约定最高债权额限度。

由于最高额抵押权担保的是不特定的债权，因而在设定最高额抵押权的合同中，应当包括最高债权额限度。如果设定最高额抵押权的合同没有约定最高债权额限度，则该合同将无法成立。

（3）约定决算期。

在最高额抵押权设定合同中通常具有决算期的内容。决算期就是债权确定期间，是指能够使最高额抵押权所担保的不特定债权得到特定的日期。决算期不是最高额抵押权合同的必备条款，可以约定也可以不约定。没有约定或者约定不明确的，依《物权法》第 206 条第 2 项的规定，抵押权人或者抵押人自最高额抵押权设立之日起满两年后请求确定债权。

（4）权利登记。

最高额抵押权担保的是在一定期间内将要连续发生的债权，抵押权登记究竟需要办理几次，有疑问。通说认为，最高额抵押权是一个抵押权，因此只需办理一次登记即可，没有必要对最高额抵押权进行多次登记。

2. 最高额抵押权的特殊效力

最高额抵押权的特殊效力主要表现在担保的债权范围、抵押合同条款的变

更、抵押权的转让三方面。

(1) 最高额抵押权所担保的债权范围。

普通抵押权所担保的债权范围包括主债权及利息、违约金、损害赔偿金和实现抵押权的费用，最高额抵押权所担保的债权在抵押权设立时并没有确定具体的数额，只是确定了一个最高债权额限度以及一定的期间。在最高额抵押权所担保的债权确定之前，债权数额可以随时增减变动，即使债权一度为零，也不因此影响最高额抵押权的效力，其仍对此后发生的新的债权具有担保效力。这就是最高额抵押权担保债权的新陈代谢规则。[①] 由此可见，最高额抵押权所担保的债权仅以现在及将来的债权为限。但《物权法》第 203 条第 2 款规定，最高额抵押权设立前已经存在的债权，经当事人同意，可以转入最高额抵押权担保的债权范围。这是一个特例，必须由当事人协商一致。

(2) 最高额抵押权的转让。

普通抵押权的转让，可以随同被担保的债权的转让一起转让，法律并不加以限制。但最高额抵押权的转让具有特殊性，《物权法》第 204 条规定，最高额抵押担保的债权确定前，部分债权转让的，最高额抵押权不得转让，但当事人另有约定的除外。

(3) 对设定最高额抵押权合同条款的变更。

设定最高额抵押权的合同条款在抵押关系存续期间可以进行变更。这种变更仅指对最高额抵押权设定合同独有条款的变更。最高额抵押权设定合同独有条款主要是三项：确定债权的期间、债权范围和最高债权额限度。变更确定债权的期间有两种情形：一是将该期间的终止期日提前；二是将终止期日推后。变更债权范围，是指变更最高额抵押权担保的债权范围。变更最高债权额限度，也有两种情形：一是将最高债权额限度提高；二是将最高债权限额降低。

按照《物权法》第 205 条的规定，在最高额抵押担保的债权确定前，变更确

---

① 王昱之. 最高限额抵押权所担保债权之确定//郑玉波. 民法物权论文选辑：下册. 台北：五南图书出版公司，1985：768.

定债权的期间、变更债权范围、变更最高债权额限度，都会对顺序在后的抵押权人的利益发生影响。因此，在准许最高额抵押权的当事人协议变更确定债权的期间、债权范围、最高债权额限度的同时，应不得对其他抵押权人产生不利影响。就这三种最高额抵押权设定合同所独具的条款而言，如果随意允许最高额抵押合同的当事人变更，且这种变更能够对抗顺序在后的抵押权人，则会对后顺位抵押权人或其他利害关系人的合法权益造成损害。因此，就这三项内容的变更，除需当事人的合意外，还要办理登记，才能对抗顺序在后的抵押权人。

（五）最高额抵押权担保债权的确定

1. 最高额抵押权担保债权确定的概念

最高额抵押权担保债权的确定，是指最高额抵押权担保的一定范围内的不特定债权，因一定事由的发生而归于具体、特定。

最高额抵押权设有确定制度的主要理由是：第一，优先受偿的债权及金额有确定的必要；第二，保护利害关系人的利益。

2. 最高额抵押权担保债权确定的事由

各国民法对于最高额抵押权担保债权规定了不同的确定事由，大抵可归纳为两类：一是担保债权已无发生的可能；二是抵押权人实行抵押权或抵押财产被查封。《物权法》第206条规定，下列情形出现时，抵押权人的债权确定：（1）约定的确定债权的期间届满；（2）没有约定确定债权的期间或者约定不明确的，抵押权人或者抵押人自最高额抵押权设立之日起满两年后请求确定债权；（3）新的债权不可能发生；（4）抵押财产被查封、扣押；（5）债务人、抵押人被宣告破产或者被撤销；（6）法律规定债权确定的其他情形。

3. 最高额抵押权担保的债权被确定后的效力

最高额抵押权担保的债权确定之后，发生下列效力。

第一，只有在确定时已经发生的主债权属于抵押权担保的范围，确定之后产生的债权即使来源于基础法律关系，也不属于抵押权担保的范围。至于确定时已经存在的被担保主债权的利息、违约金、损害赔偿金，只有在确定时已经发生而且与主债权合计数额没有超过最高债权额限度时，才可以列入最高额抵押权担保

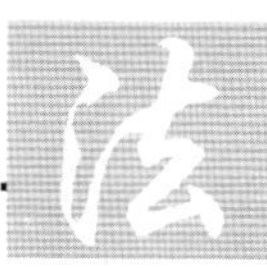

的债权范围。

第二，最高额抵押权担保的债权一经确定，无论出于何种原因，担保债权的流动性随之丧失，该抵押权所担保的不特定债权变为特定债权。这时，最高额抵押权的从属性与普通抵押权的从属性完全相同。

（六）最高额抵押权的实现

最高额抵押权的实现，除与普通抵押权的实现相同的以外，还应注意以下两点。

第一，最高额抵押权所担保的不特定债权确定后，债权已届清偿期的，最高额抵押权人可以根据普通抵押权的规定行使其抵押权。债权已届清偿期，是指最高额抵押权担保的一系列债权中任何一个已届清偿期。

第二，债权确定时，如果实际发生的债权余额高于最高债权额限度的，以最高额限度为限，超过部分不具有优先受偿的效力；如果实际发生的债权余额低于最高额限度的，以实际发生的债权余额为限，对抵押财产优先受偿。如果在抵押财产上存在两个以上的抵押权，则最高额抵押权与普通抵押权一样，依据法律规定的清偿顺序进行清偿。

第五节　抵押权的实现

一、抵押权实现的概念及程序

（一）抵押权实现的概念

抵押权实现，是指债务履行期届满，债务人未履行债务，债权人通过依法处理抵押财产而使债权获得清偿。

抵押权实现在本质上是抵押权人的权利而非义务，因此当抵押权人要求债务人清偿债务时，债务人不能以应先行使抵押权为由抗辩，并不得强行以抵押财产

清偿债务。

（二）抵押权实现的条件

债务履行期届满，债权未受清偿的，抵押权人可以与抵押人协议以抵押财产折价或者以拍卖、变卖该抵押财产所得的价款优先受偿。

抵押权实现的条件有以下几项。

1. 抵押权有效存在

实现抵押权，该抵押权必须有效存在。如果抵押权无效，或者根本不存在，则抵押权无从实现。

2. 债务人不履行到期债务或者发生当事人约定的实现抵押权的情形

债务人不履行到期债务，是指债务履行期限届满，但债务人不履行债务。履行期限可以是一个时间点，也可以是一个时间段。以时间点作为履行期限的，期限届至，开始履行，债务不履行的，抵押权即可实现。以时间段为履行期限的，该履行时间段终结后不履行的，抵押权人可以实现抵押权。没有约定履行期限的，债务人可以随时履行，债权人可以随时请求履行，但应给对方必要的准备时间，之后才可以行使抵押权。

当事人约定的实现抵押权的情形，是指当事人特别约定的实现抵押权的情形，例如，债权人与债务人约定在债务人没有按时交纳利息达到一定时间后，即可解除合同，要求债务人承担违约责任的，这时，抵押权人就可以实现抵押权。

3. 抵押权的实现未受到法律上的特别限制

抵押权的实现必须没有法律上的特别限制，如果一个抵押权存在限制，则抵押权人不得实现抵押权。例如，《企业破产法》第 75 条规定，在企业重整期间，担保物权应当暂停行使。这时，抵押权人的抵押权就受到限制：如果不具备担保物有受损害或者价值明显减少的可能，足以危害担保权人权利这一条件的，应当暂停行使。

具备以上三个条件，抵押权人可以实现其抵押权。

（三）抵押权实现的原则

在抵押权实现的原则上，有两种不同立法例。

1. 司法保护主义

司法保护主义，是指抵押权的实现必须由法院通过强制执行程序，不允许当事人自行协商实现抵押权。《德国民法典》第 1147 条规定，从土地和从抵押权所及的标的中向债权人进行清偿，以强制执行方式进行。

2. 当事人自救主义

当事人自救主义，是指当事人既可以通过强制执行程序实现抵押权，也可以协商决定如何实现抵押权。我国台湾地区“民法”第 873 条第 1 款规定可以申请法院拍卖抵押物受偿。第 878 条规定，实现抵押权，可以当事人订立契约方法处分抵押物，但有害于其他抵押权人的利益的，不得以此为方法。

司法保护主义和当事人自救主义两种立法例各有利弊。司法保护主义的优点在于，因强制执行程序较为严格，充分考虑了当事人的利益，以强制执行程序实现抵押权，能够比较好地照顾到最大多数债权人的利益；缺点在于程序复杂，耗时较长，成本高。当事人自救主义的优点是程序简单、时间经济且成本不高，但缺点是容易造成对其他债权人利益的损害。

相比较之下，当事人自救主义比较适合我国情况。在准许当事人协商实现抵押权的同时，为了防止抵押权人与抵押人在协商实现抵押权的时候对第三人的利益造成损害，例如抵押权人与抵押人恶意串通，将抵押物全部折价给抵押权人，《物权法》第 195 条确定的原则是：(1) 债务人不履行到期债务或者发生当事人约定的实现抵押权的情形，抵押权人可以与抵押人协议以抵押财产折价或者以拍卖、变卖该抵押财产所得的价款优先受偿。协议损害其他债权人利益的，其他债权人可以在知道或者应当知道撤销事由之日起 1 年内请求人民法院撤销该协议。(2) 抵押权人与抵押人未就抵押权实现方式达成协议的，抵押权人可以请求人民法院拍卖、变卖抵押财产。

(四) 抵押权实现的程序

依照《物权法》第 195 条第 1 款和第 2 款的规定，债务履行期届满抵押权人未受清偿的，抵押权人可以与抵押人协议实现抵押权，未达成协议的，抵押权人可以诉讼方式实现抵押权。

1. 协议实现

具备抵押权实现条件的，抵押权人可以与抵押人通过协议，以抵押财产折价或者以拍卖、变卖该抵押财产所得的价款优先清偿债务。如果双方当事人的协议损害其他债权人的利益，则其他债权人可以行使撤销权，请求人民法院撤销该协议。

2. 诉讼实现

抵押权人和抵押人协议实现抵押权不成的，抵押权人可以向人民法院提起诉讼，由人民法院判决或者调解拍卖、变卖抵押财产，实现抵押权。

依照《物权法》第195条第3款的规定，抵押财产折价或者变卖的，应当参照市场价格。这是为了保护抵押人的合法权益，防止折价、变价造成抵押人的损失。

（五）禁止流押

流押，也叫作流押契约、抵押财产代偿条款或流抵契约，是指抵押权人与抵押人约定，当债务人届期不履行债务时，抵押权人有权直接取得抵押财产的所有权。《物权法》第186条规定："抵押权人在债务履行期届满前，不得与抵押人约定债务人不履行到期债务时抵押财产归债权人所有。"抵押权人和抵押人订立流押契约的，一律无效。即使是在抵押权实现时订立的实现抵押权协议中，也不得出现流押契约，但是当事人以抵押财产折价方式清偿债务的，则为正常的抵押权实现方法。

在实践中，下列约定也被认为属于流押契约：(1) 在借款合同中，订有清偿期限届至而借款人不还款时，贷款人可以将抵押财产自行加以变卖的约定。(2) 抵押权人在债权清偿期届满后与债务人另订有延期清偿的合同，在该合同中附有在延展的期限内如果债务仍未能获清偿，就将抵押财产交给债权人经营的约定。(3) 债务人以所负担的债务额作为某项不动产的出售价，与债权人订立一个不动产买卖合同，但并不移转该不动产的占有，只是约明在一定的期限内清偿债务以赎回该财产。此种合同虽然在形式上是买卖，但实质上是就原有债务设定的抵押权，只不过以回赎期间作为清偿期间罢了。

二、抵押权实现的方法与变价款的分配

（一）抵押权实现的方法

依照《物权法》第195条的规定，抵押权实现的具体方法包括对抵押财产进行折价、拍卖或变卖这三种方式。

具体以何种方式实现抵押权，首先由当事人决定。抵押合同中对抵押权的实现方式有约定的，应依其约定。抵押合同中没有约定的，在抵押权实现时，抵押权人可与抵押人协商确定实现抵押权的方法；协商达不成协议的，抵押权人可以向人民法院起诉，由人民法院裁决以何种方式实现抵押权。

1. 以抵押财产折价

以抵押财产折价，是指在抵押权实现时，抵押权人与抵押人协议，或者协议不成经由人民法院判决，按照抵押财产自身的品质，参考市场价格折算为价款，把抵押财产所有权转移给抵押权人，从而实现抵押权的抵押权实现方式。

以抵押财产折价可以先由当事人协商决定。如果双方协商不成，则抵押权人可以向人民法院起诉。抵押权人获得胜诉判决后，由人民法院不经拍卖、变卖而直接将抵押人的抵押财产作价交抵押权人抵偿债务，对不足清偿的债务，债务人应当继续清偿；有剩余部分，应当返还抵押人。

2. 将抵押财产拍卖

将抵押财产拍卖，是指通过拍卖程序将抵押财产变价，以其变价款实现抵押权。

抵押权人与抵押人就抵押财产拍卖协商一致，可以自行委托拍卖机构进行拍卖。如果当事人就抵押财产拍卖没有达成一致，则只能由法院依据《民事诉讼法》以及最高人民法院有关司法解释的规定进行强制拍卖。

3. 将抵押财产变卖

将抵押财产变卖，是指以一般的买卖形式出卖抵押财产，以其变价款实现抵押权的方式。

从性质上说，变卖与拍卖都属于买卖方式，但两者存在很大区别。拍卖是特殊的商品流通方式，它不像一般的买卖那样自由交易，而是以公开竞价的方式将特定的物品或财产权利转让给最高应价的竞买人。因此，拍卖的公开性和透明度更高。变卖则是对标的物进行换价的一种较拍卖更为简易的方式，它不需要经过竞价，而是由当事人或法院直接将标的物以相当的、合理的价格出卖。

当事人可以通过协商方式将抵押财产变卖。协商不成的，抵押权人可以向法院起诉，在获得胜诉判决后由法院通过强制执行程序将抵押财产拍卖或变卖。人民法院一般是以拍卖为原则而以变卖为例外。

（二）抵押财产拍卖或变卖后变价款的分配顺序

《物权法》第 198 条规定，抵押财产折价或者拍卖、变卖后，其价款超过债权数额的部分归抵押人所有，不足部分由债务人清偿。司法实践认为，抵押财产折价或者拍卖、变卖该抵押财产的价款低于抵押权设定时约定价值的，应当按照抵押财产实现的价值进行清偿。不足清偿的剩余部分，由债务人清偿，抵押人对剩余的债权不再承担担保责任，此时剩余的债权作为普通债权与其他普通债权处于平等受偿地位。①

如果抵押财产的折价或者拍卖、变卖是由当事人通过协商进行的，则抵押权人与抵押人之间可以就该抵押财产折价、拍卖或变卖后所得价款的分配顺序问题作出约定。如果当事人没有约定，则应按照下列顺序分配：首先，抵偿实现抵押权的费用，即将抵押财产折价或拍卖、变卖的花费，包括诉讼费、保全费、鉴定费、评估费、拍卖费等；其次，抵偿主债权的利息；最后，抵偿主债权。②

（三）物上保证人的代位追偿权

《物权法》第 176 条后段规定：“提供担保的第三人承担担保责任后，有权向债务人追偿。”这种追偿权就是物上保证人的代位追偿权。

抵押人是第三人而非债务人的，抵押权人实现抵押权后，抵押人即物上保证人会因此失去抵押财产的所有权。为了防止失去抵押财产的所有权，物上保证人

① 最高人民法院《关于适用〈中华人民共和国担保法〉若干问题的解释》第 73 条的规定.

② 最高人民法院《关于适用〈中华人民共和国担保法〉若干问题的解释》第 74 条的规定.

可以作出两种选择：其一，在抵押财产拍卖时参与竞买；其二，代替债务人履行债务以阻止抵押权人实现抵押权。[①] 前一种选择并不能确保物上保证人不失去抵押财产，因为其他竞买人的出价可能会比抵押人的高，而后一种选择最为可靠。当物上保证人代替债务人履行债务时，就产生了人的代位，即物上保证人取代了债权人的地位而对债务人享有债权。

如果物上保证人不愿意代替债务人履行债务，则抵押权的实现将导致其失去抵押财产的所有权。此时也相当于发生了物上保证人替债务人履行债务的效果，即物的代位。

1. 物上保证人代替债务人履行债务而获得代位追偿权

《物权法》没有规定物上保证人可以代替债务人履行债务，但由于物上保证人代替债务人履行债务时属于并存的债务承担，既不会因此导致债务人脱离债的关系，也没有对债权人的利益造成任何损害，因而应当肯定物上保证人享有此种权利。物上保证人行使此种代替债务人履行债务的权利时，不需要征得债权人的同意，只需要由债务人或物上保证人即抵押人向债权人发出债务承担的通知即可。

当物上保证人为债务人履行债务之后，债权人即抵押权人对债务人享有的请求权在其受偿的范围移转给物上保证人。这种债权的移转是法定的债权移转，无须债权人与物上保证人之间的合意。这种人的代位所应注意的是，这种法定的债权移转发生在债权人受偿的范围内。其意义在于：一是如果物上保证人仅清偿部分债务，则仅发生该受偿部分的债权移转；二是这时候物上保证人行使权利，不得有害于抵押权人的利益。[②]

2. 因抵押权的实现而使物上保证人获得代位追偿权

抵押权人实现抵押权，债务人的债务在债权已因抵押财产的折价、拍卖或变卖而受清偿的范围内归于消灭，因此债务人获得了利益，而为债务人提供抵押担保的物上保证人却遭受了损失。法律为了平衡两者的关系，准许为债务人提供抵押担保的第三人在抵押权人实现抵押权后，向债务人追偿。

---

① 郑玉波．民法物权．台北：作者自版，1979：156.

② 谢在全．民法物权论：下册．北京：中国政法大学出版社，1999：678－679.

第十四章

质　权

第一节　质权概述

一、质权的概念和特征

（一）质权的概念及意义

质权，是指债务人或第三人将特定的财产交由债权人占有，或者以财产权利为标的，作为债权的担保，在债务人不履行债务时，或者发生当事人约定的实现质权的情形时，债权人有权以该财产折价或以拍卖、变卖所得价款优先受偿的权利。

债务人或者第三人交由债权人占有的特定财产叫作质押财产，也叫作质押物或质物；债权人叫作质权人；提供质押财产出质的人叫作出质人。

质权的性质是担保物权，其主要目的亦在于担保债务履行，所采取的方法是将债务人或者第三人的担保财产（权利）交由债权人占有，造成债务人的心理压

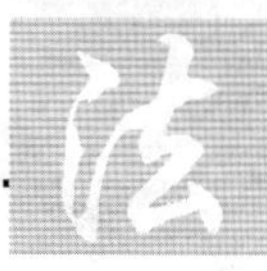

力，以迫使债务人从速清偿债务，避免转移占有的质押财产受到损失。质权与抵押权共同运作，将转移占有质押标的物和不转移占有抵押标的物的担保物权结合起来，提供完整的融资渠道，促进资金流通，刺激经济活动进行。

（二）质权的特征

1. 质权是为了担保债权的实现而设立的担保物权

质权以担保债权的实现为目的，与所担保的债权之间具有从属关系，被担保的债权为主权利，质权为从权利。因而，质权具有从属性，表现在质权以主债权的存在为前提，因主债权的转让而转让，因主债权的消灭而消灭。

2. 质权只能在债务人或者第三人提供的特定财产或者权利上设定

质权是在债务人或者第三人提供的特定的财产（权利）上设定，质权的标的物只能是动产或者可让与的权利，而不能是不动产。不动产只能作为抵押权的标的物。

3. 动产质权以债权人占有债务人或第三人提供的财产（权利）为必要条件

动产质权的设定须以质权人占有质押财产作为生效要件，当事人之间设定动产质权必须转移标的物的占有，即由质权人占有质押财产。这是质权与抵押权的重要区别。即使权利质权也需要交付权利凭证或者进行登记才能成立。

4. 质权人在债务人履行债务前对质押财产享有留置的权利

由于质权以移转标的物的占有为要件，质权人可以占有标的物，因而在质权所担保的主债权受清偿前，质权人得留置质押财产而拒绝质押财产所有人的返还请求。债务人不履行债务时，或者发生当事人约定的实现质权的情形的，质权人享有以质押财产的变价款优先受偿的权利。

二、质权的种类

质权主要有以下几种分类方式。

（一）动产质权与权利质权

依照质权标的物的性质不同，质权可分为动产质权与权利质权。《物权法》

第十七章分为两节，第一节是动产质权，第二节是权利质权，就是采用这种分类方法。这种分类是法定的质权分类。

动产质权是债务人或者第三人以动产为标的物设立的质权。权利质权是指债务人或者第三人以可让与的债权或者其他权利为标的物所设定的质权。

在有些国家还存在不动产质权，例如日本。我国不采纳这样的分类。

（二）意定质权与法定质权

依照质权产生方式的不同，可以将质权分为意定质权与法定质权。

意定质权是指当事人通过法律行为所设定的质权。我国《物权法》规定的质权，是指通过质权合同设定的质权。

法定质权是指依照法律的规定而直接产生的质权。我国《物权法》没有规定法定质权，《德国民法典》和我国台湾地区“民法”规定有法定质权。

（三）占有质权、用益质权和归属质权

依照质权内容的不同，质权可以分为占有质权、用益质权和归属质权。

占有质权是质权人对质权标的物仅可以占有，原则上不得使用、收益的质权。民法上的动产质权大体上属于这种质权。

用益质权是质权人对质权标的物不仅可以占有，而且可以使用、收益的质权。其中分为销偿质权和利息质权（利质）。销偿质权是以质权标的物的收益冲抵债权的原本，其质权可能因债权的抵充完毕而消灭，法国的不动产质权属于这种质权；利息质权则以收益抵充债权的利息，其质权不可能因债权的抵充完毕而消灭，日本的不动产质权属于这种质权。

归属质权是质权人可以取得质权标的物所有权以抵充债权的质权，因此又叫作流质。[①] 流质为我国《物权法》第 211 条所明文禁止：“质权人在债务履行期届满前，不得与出质人约定债务人不履行到期债务时质押财产归债权人所有。”

（四）民事质权、商事质权和营业质权

依照质权适用的法律的不同，质权分为民事质权、商事质权和营业质权。

---

① 谢在全. 民法物权论：下册. 修订 3 版. 台北：三民书局，2004：240.

民事质权是指适用民法的质权。民法上的动产质权和权利质权属于这种质权。

商事质权是指适用商事法的质权。我国民法采民商合一制，因此不存在商事质权。

营业质权是指以质押借贷为营业而适用当铺业管理规则的特殊质权。营业质，有的称之为质当、押当，是指债务人将一定的财产（当物或质押财产）交付于债权人（从事营业质业务的当铺）作担保，向债权人为金钱借贷，在一定期限（回赎期）内，债务人清偿债务后可取回担保物；期限届满而债务人不能清偿的，担保物即归债权人所有，或者由债权人以其价值优先受偿。[①] 所谓典当，其实与典权毫无关系，包括的是营业质和抵押权，合称为典当。[②] 营业质与民事质权的最大区别，就是准许绝当，即当期届满债务人不能清偿的，当物归债权人所有。目前《典当管理办法》第 43 条规定，当物估价金额不足 3 万元的，可以绝当，超出的部分不能绝当。这是不合适、不合理的，抹杀了营业质的特性。

（五）普通质权和特殊质权

按照质权的普遍性和特殊性，可以将质权分为普通质权和特殊质权。

普通质权即传统形态的质权，我国法律规定的动产质权和权利质权都是普通质权。

特殊质权是指质权在发展过程中出现的新型质权，主要包括共同质权和最高额质权。共同质权是指为担保同一个债权而在数项动产或者权利上设定的质权。最高额质权则是指出质人与质权人协议在最高债权额限度内，以质物对一定期间内连续发生的债权作担保设立的质权。由于共同质权、最高额质权的基本法理分别与共同抵押权和最高额抵押权的相同，因而，在法律没有特别规定的时候，可以适用共同抵押权、最高额抵押权的规定。[③] 我国《物权法》第 222 条第 2 款规定最高额质权可以参照最高额抵押权的规则。

① 刘保玉．物权法．上海：上海人民出版社，2003：385－386.

② 史尚宽．物权法论．北京：中国政法大学出版社，2000：342.

③ 同②352.

三、质权的属性

质权具有从属性、不可分性和物上代位性。

（一）质权的从属性

质权的从属性是指质权作为旨在担保债权的实现而设定的一种担保物权，具有从属于主债权的特性。质权的产生、移转或者消灭均从属于主债权的产生、移转或者消灭。

1. 成立上的从属性

质权是为债权的存在而存在的。质权成立上的从属性，是指质权的成立，以债权已经存在为前提，如果债权不存在，则质权不能成立。即使质权已经办理了登记，但违反了成立上的从属性的，也属于无效，质权人有权行使排除妨害请求权而请求注销该质权登记。

2. 内容上的从属性

质权在内容上的从属性主要表现在：第一，债权人只能在其债权范围内享有质权，除非法律另有规定。质权成立之后，如果当事人对于质权所担保的范围已有明确的约定，则未经出质人的同意，债权人与债务人不得加重出质人的负担，否则超过的部分不属于质权担保的范围。如果对于质权担保的债权范围没有约定，则当债权增加或者减少时，质权也会发生相应的变动。第二，只有当质权所担保的债权到期后，质权才相应地到期，质权人才能行使质权。

3. 转让上的从属性

质权在转让上的从属性，表现在质权附随于其所担保的债权而转让或者成为其他债权的担保，质权不得与债权分离而单独转让或者作为其他债权的担保。只有在当事人转让债权或以债权出质时特别约定了排除质权的转让，才有可能出现债权单独转让的情形。

4. 消灭上的从属性

质权在消灭上的从属性，表现在质权所担保的债权因清偿、提存、免除、混

同、抵销等原因全部消灭时，质权也消灭。质权所担保的债权一部消灭的，质权也发生一部消灭的后果。

（二）质权的不可分性

质权的不可分性是指质押财产的全部担保债权的各部，质押财产的各部担保债权的全部。质权不因质押财产的分割、部分灭失或让与而受影响，也不因被担保债权的分割、部分清偿或让与而受影响。在质权部分消灭的场合，尽管与消灭的债权部分相对应的质权也消灭，但仍剩余的债权由质物的全部担保。这也是质权不可分性的表现。

（三）质权的物上代位性

质权的物上代位性是指质押财产因灭失、毁损、征用而获得保险金、赔偿金、补偿金时，该保险金、赔偿金、补偿金成为质押财产的代位物，质权人有权对该代位物行使质权。

第二节　动产质权

一、动产质权的概念与特征

（一）动产质权的概念

动产质权是指债务人或者第三人将其动产移交债权人占有，将该动产作为债权的担保，债务人不履行债务或者发生当事人约定的实现质权的情形时，债权人将该动产折价或者以拍卖、变卖该动产的价款优先受偿的担保物权。《物权法》第208条规定："为担保债务的履行，债务人或者第三人将其动产出质给债权人占有的，债务人不履行到期债务或者发生当事人约定的实现质权的情形，债权人有权就该动产优先受偿。"例如，甲向乙借款，甲以自己和第三人的金表两只交付于乙占有，就成立动产质权。

（二）动产质权的法律特征

1. 动产质权是以他人的动产为标的物所设定的质权

动产质权的标的物为动产，且必须属于债务人或者第三人所有。动产质权的标的物不能是权利，只能是动产。据此，动产质权与权利质权相区别。

2. 动产质权以质权人占有动产质物为必要条件

动产质权以移转动产的占有为生效要件，其原因在于：与不动产物权变动所不同的是，动产物权的变动以占有为公示要件，且质权须通过留置效力实现其担保主债权实现的功能。质押财产的交付即其占有的移转，并不局限于现实的移转占有。

3. 动产质权是以质物所卖得的价金优先受偿的权利

动产质权是以担保主债权的实现为目的的担保物权，在债务人不履行到期债务或者发生当事人约定的实现质权的情形时，质权人可以与出质人协议将质押财产折价或者就变卖、拍卖质押财产所得的价款优先受偿。

二、动产质权的取得

（一）基于法律行为而取得动产质权

基于法律行为而取得动产质权，是指当事人通过质权合同或者遗嘱而设定动产质权。在实践中最为常见的就是通过质权合同设定动产质权。

1. 质权合同的形式与内容

质权合同为要式合同。《物权法》第 210 条规定，设立质权，当事人应当采取书面形式订立质权合同。第 211 条规定，质权合同不得约定流质。

《物权法》第 210 条规定，质权合同一般应当包括下列条款。

（1）被担保债权的种类和数额。

被担保的主债权的种类，是指质权担保的究竟是债权人享有的哪一项债权。在债权人享有数项债权的情形下，更须确定被担保的债权的种类。被担保的债权的数额，是指质权所担保的该项债权的特定数额。质权只对约定的该项债权的特

定数额提供担保。

(2) 债务人履行债务的期限。

确定债务人履行债务的期限，主要解决的是质权人何时可以行使质权。只有债务履行期限届满而质权人未受清偿时，质权人才能行使质权。

(3) 质押财产的名称、数量、质量、状况。

这一项内容确定的是质物的范围，旨在将质物特定化。如果质物未经特定化，质权就无从产生。

(4) 担保的范围。

担保的范围是质权对特定债权所担保的范围。只有在该范围内的债权，才受质权的担保。超出该范围的，质权不承担担保职能。

(5) 质押财产交付的时间。

质押财产交付的时间对于质权的设立非常重要。因为动产质权是从出质人交付质押财产时设立，所以质押合同必须明确约定质押财产的交付时间。

在上述质押合同的条款中，法律没有规定必要条款。笔者认为，被担保的主债权的种类和质押财产这两项条款是必要条款。具备这两个必要条款，质押合同就可以成立，其他内容可以继续完善。欠缺这两个必要条款，质押合同不能成立。

2. 作为质权标的物的动产的条件

质押财产就是质物。对于质物的条件，《物权法》第 209 条仅仅规定“法律、行政法规禁止转让的动产不得出质”，没有规定具体的条件。一般认为，作为质权标的物的动产必须符合以下几项条件。

(1) 该动产须为特定物。

质押财产必须是特定物。这是物权的标的物需要具有特定性的当然要求。特别是质押财产需要交付才发生质权，因而质押财产没有特定化不成立质权。如果质权合同中对质押财产约定不明，或者约定的质押财产与实际移交的财产不一致，应当以实际交付占有的财产为准。

(2) 该动产须为独立物。

质押财产必须是独立物。这也是物权的标的物必须具有独立性的必然结果。

没有独立性的、从属于他物的从物，无法与主物分开，不能单独交付，不能独立设质，不成立质权。

（3）该动产必须是法律允许流通或者允许让与的动产。

以法律、法规禁止流通的动产或者禁止转让的动产设定质权担保的，质权合同无效。如果当事人以法律、法规限制流通的动产设定质权的，在实现质权时，人民法院应当按照有关法律、法规的规定对该财产进行处理。

3. 质押财产的交付

依照《物权法》第212条的规定，质权自出质人交付质押财产时设立。质权合同是要物合同即实践性合同。在出质人将质押财产移交于质权人占有前，质权合同不能发生效力。质押财产的占有转移，即出质人应将质押财产的占有移转给质权人，不局限于现实的移转占有，也包括简易交付或指示交付，但出质人不得以占有改定的方式继续占有标的物。这是因为动产质权以占有作为公示要件，如果出质人代质权人占有质押财产，则无法将该动产上所设立的质权加以公示；同时，由于出质人仍直接占有质押财产，因而质权人无法对质押财产加以留置，质权的留置效力无法实现。因此，出质人代质权人占有质押财产的，质权合同不生效。

如果债务人或者第三人未按质权合同约定的时间移交质押财产，因此给质权人造成损失的，出质人应当根据其过错承担赔偿责任。

（二）非基于法律行为而取得动产质权

1. 依继承取得质权

动产质权属于财产权，当质权人死亡时，其享有的主债权以及担保该债权的动产质权可由继承人因继承而取得，而无论继承人是否占有质押财产。

2. 依善意取得制度取得质权

质权的设定属于对物或者财产权利的处分行为，出质人对标的物应当具有处分权。当出质人以无权处分的财产设定质权时，按照动产的善意取得制度对债权人予以保护而使其善意取得动产质权。我国司法实践认为，出质人以其不具有所有权但合法占有的动产出质的，不知出质人无处分权的质权人行使质权后，因此

给动产所有人造成损失的，由出质人承担赔偿责任。①

动产质权的善意取得须具备以下要件。

（1）出质人对质押财产没有处分权。

构成质权的善意取得，须出质人对质押财产应当没有处分权。如果出质人对质押财产享有处分权，自然可以该财产设定质权，不存在善意取得的可能。

（2）质权人实际占有质押财产。

构成质权的善意取得，须质权人已经实际占有质押财产。如果质权人不占有质押财产，则显然不可能产生使交易中的对方当事人误信其具有处分权的事实，自然无法适用善意取得规则。

（3）质押财产应当是准许流通的物。

作为质押财产的动产不能是法律禁止流通的动产。对于法律限制流通的动产，只要出质人与质权人均属于国家法律允许持有此类物品的主体，就可以在他们之间设定动产质权时适用善意取得制度。

（4）质押财产已经交付。

出质人已将质押财产交付给质权人，质权人已经占有质押财产。同样，这种交付除现实交付之外，还包括简易交付与指示交付，但不包括占有改定。

（5）质权人占有质押财产时为善意。

所谓善意即质权人不知道或者不应当知道出质人对质押财产没有处分权。如果质权人明知出质人没有处分权，或者出于重大过失而没有了解到出质人无处分权的情况，则不构成善意。

善意取得的动产质权，与其他动产质权发生同样的效果。

三、动产质权的效力

（一）动产质权对所担保的债权的效力

依照《物权法》第173条的规定，质权担保的范围包括主债权及利息、违约

① 最高人民法院《关于适用〈中华人民共和国担保法〉若干问题的解释》第84条的规定。

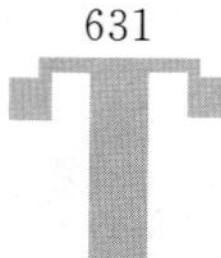

金、损害赔偿金、保管担保财产和实现担保物权的费用。质权合同另有约定的，按照约定。

动产质权担保的范围与抵押权担保的范围有一定区别，是因为质权不存在登记的问题。区别是：第一，质权担保的债权范围不能如同抵押权担保的债权范围那样因登记而公示。第二，因质押财产必须转移占有，故必定发生质权人对质押财产的保管费用问题，该保管费用须纳入担保范围。第三，因质押财产的隐蔽瑕疵而发生的损害赔偿，也属于动产质权所担保的债权范围。[①]

（二）动产质权对质权标的物的效力

作为质押财产的动产为质权的效力所及。此外，为了维护质押财产的经济效用与其交换价值，同时兼顾双方当事人的利益，对于质押财产以外的其他物或权利，在一定条件下也应纳入质权效力所及的标的物范围。这些物或权利包括以下几种。

1. 质押财产的从物

对于质押财产的从物是否被列入质押财产范围，有不同意见。有人认为，只有当从物与质押财产已经一并移交给质权人占有时，质权的效力才及于从物。[②]也有人认为，就主物为设定质权的约定的，其效力仍及于从物，故质权人可以据此请求出质人交付从物，使之也纳入质权标的物的范围。[③] 笔者认为，动产质权的效力及于质押财产的从物，但从物未随同质押财产移交质权人占有的，质权的效力不及于从物。

2. 孳息

《物权法》第 213 条规定，质权人有权收取质押财产的孳息，但合同另有约定的除外。孳息不仅包括天然孳息，还包括法定孳息。质权人收取的质押财产的孳息，应当首先充抵收取孳息的费用。这种规则能够真正剥夺出质人的占有，促使其尽早清偿债务，发挥质权的留置效力。[④]

---

① 史尚宽. 物权法论. 台北：荣泰印书馆，1979：355. 谢在全. 民法物权论：下册. 北京：中国政法大学出版社，1999：772-773.

② 史尚宽. 物权法论. 北京：中国政法大学出版社，2000：358.

③④ 谢在全. 民法物权论：下册. 修订 5 版. 北京：中国政法大学出版社，2011：982.

3. 添附物

因附合、混合或者加工使质押财产的所有权为第三人所有的，质权的效力及于质押财产的补偿金；质押财产所有人为附合物、混合物或者加工物的所有人的，质权的效力及于该附合物、混合物或者加工物；第三人与质押财产所有人为附合物、混合物或者加工物的共有人的，质权的效力及于质押财产所有人对共有物享有的份额。

4. 代位物

质权因质押财产灭失而消灭。但因质押财产灭失、毁损、征收所得的保险金、赔偿金、补偿金等，是质押财产的代位物，应当作为质押财产。

（三）动产质权对出质人的效力

1. 出质人的权利

（1）质押财产的收益权。

由于出质人须将质押财产的占有移转给质权人，因而原则上出质人对于质押财产没有使用、收益的权利。依照《物权法》第 213 条第 1 款的规定，质权人有权收取质押财产的孳息，但合同另有约定的除外。质权合同约定出质人可以收取质押财产的孳息的，当然没有问题。即使质权人收取质押财产的孳息，也是将其作为质押范围内的质押财产，并由其占有，并非取得质押财产的所有权，质押财产的所有权仍然属于出质人。只有在质权实现，并且作为债务清偿标的的时候，质押财产所有权才能够转移给质权人即债权人。

（2）质押财产的处分权。

出质人虽须将质押财产移交质权人占有，但出质人将质押财产移交质权人占有并不导致其丧失对质押财产的所有权。因此，在动产上设定质权后，出质人仍然有权处分该动产。不过此种处分仅指法律上的处分而非事实上的处分，因为出质人在丧失对质押财产的占有之后已经无法对质押财产进行事实上的处分，况且此种处分也会损害质权人的利益。

（3）物上保证人的代位权。

出质人是主债务人之外的第三人时，为物上保证人。物上保证人在代债务人

清偿债务之后，或因质权的实现而丧失质押财产的所有权时，享有代位权，可以向债务人进行追偿。

（4）保全质押财产的权利。

尽管出质人就其质押财产设置了质权，但这不会改变质押财产仍然属于出质人所有的事实。在质押财产为质权人占有的情况下，如果质权人对质押财产保管不当，有毁损、灭失的危险的，出质人享有保全质押财产的权利。《物权法》第215条第2款规定，质权人的行为可能使质押财产毁损、灭失的，出质人可以要求质权人将质押财产提存，或者要求提前清偿债务并返还质押财产。

2. 出质人的义务

（1）损害赔偿义务。

因质押财产存在隐蔽瑕疵而致质权人遭受损害时，应由出质人承担赔偿责任。

一般认为，如果质押财产的瑕疵并非隐蔽的，或者质权人在质押财产移交时明知质押财产有瑕疵而予以接受的，质权人因此所遭受的损害，都不属于质权担保的范围。司法实践采纳这种意见。对于质押财产的隐蔽瑕疵造成质权人其他财产损害的，司法解释认为出质人应当予以赔偿，但质押财产具有明显瑕疵，造成质权人财产损害的，司法解释认为不应予以赔偿。笔者认为，前者应当由出质人予以赔偿自无问题；但后者也是质押财产造成的损害，即使质权人明知质押财产有瑕疵并予以接受，也不能证明自己愿意遭受此损害的，出质人依然应当对损害予以赔偿。这是《侵权责任法》规定的物件损害责任的基本规则使然。

（2）偿还必要费用义务。

出质人对于质权人因保管质押财产所支出的费用，负有偿还义务。该费用属于质权担保范围，除非当事人有另外约定。

对于质权人就质押财产所支出的有益费用，出质人是否负偿还义务，见解不一，我国《物权法》没有规定。有的学者认为，出质人多为经济上的弱者，为免出质人于清偿债务后发生偿还有益费用的困难，自不宜鼓励质权人支出有益费用，对于非经出质人同意而支出的有益费用，出质人不负偿还义务。①

① 谢在全. 民法物权论：下册. 修订5版. 北京：中国政法大学出版社，2011：985.

（四）动产质权对质权人的效力

1. 质权人的权利

（1）留置质押财产的权利。

质权人在其债权获得全部清偿之前，有权留置质押财产。在质权人的债权获得满足前，无论是出质人还是质押财产的第三人请求其交付质押财产，质权人都可以拒绝，继续留置质押财产，并以质押财产的全部行使权利。

（2）优先受偿的权利。

当债务人不履行到期债务或者发生当事人约定的实现质权的情形时，质权人有权将作为质押财产的动产折价或者以拍卖、变卖该动产的价款优先受偿。质权人的优先受偿权体现在：首先，质权人较债务人的一般债权人优先受偿。其次，当出质人破产时，质权人有别除权，质押财产不能列入破产财产。最后，即使质押财产被查封或扣押，也不能影响质权人的优先受偿权。人民法院对质押财产采取查封、扣押措施的，质押财产被拍卖、变卖后所得价款，只有在质权人优先受偿后，其余额部分才可以用于清偿申请执行人的债权。

（3）收取孳息的权利。

按照《物权法》第 213 条的规定，质权人有权收取质押财产的孳息，但合同另有约定的除外。需要注意的是，质权人收取孳息的权利是基于当事人意思扩张担保物范围的结果，而不是用益权，原因在于质权是担保物权。①

（4）转质权。

转质，是指质权人为了担保自己的或者他人的债务，以质押财产向第三人再度设定新的质权。《物权法》第 217 条规定："质权人在质权存续期间，未经出质人同意转质，造成质押财产毁损、灭失的，应当向出质人承担赔偿责任。"尽管《物权法》没有明确规定转质，但是转质是该条文中的应有之意。

转质分为两类：一是责任转质，即质权人于质权存续期间，无须经过出质人的同意，而以自己的责任将质押财产为第三人设定质权。二是承诺转质，即质权人在获得出质人的同意后，为了担保自己或者他人的债务而以质

① 黄右昌. 民法诠解：物权编：下. 北京：商务印书馆，1947：51.

押财产向第三人设定质权，也即质权人在得到出质人的处分承诺后，为担保自己或他人的债务于其占有的质押财产上设定比自己享有的质权更为优先的一个新的质权。

传统民法认为，承诺转质与责任转质的差异有以下几点。

第一，承诺转质必须经过出质人的同意，而责任转质无须经过出质人的同意，质权人是以自己的责任设立转质的。

第二，在承诺转质中，由于转质权并非基于质权人的质权而设定的，因而转质权所担保的债权范围及债务清偿期不受原质权所担保的债权范围及债务清偿期的限制。但责任转质不允许如此。

第三，在承诺转质中，由于出质人承诺了质权人的转质，因而质权人的责任不因转质而加重。但是，责任转质中就质押财产因转质所遭受的不可抗力的损害，质权人必须承担责任。

第四，承诺转质是基于出质人的同意而产生的，而非基于原质权所设定的转质权，因此，即使原质权因主债权满足或者其他原因而消灭时，转质权也不受影响。但是，在责任转质中原质权消灭时，转质权也消灭。

第五，在承诺转质中，只要自己的债权已届清偿期，即便原质权尚未具备质权的实现条件，转质权人也可以直接行使转质权。但在责任转质中，必须原质权与转质权的实现条件同时具备，转质权人才能实现转质权。

对于上述两种转质类型，《物权法》第217条是承认的，规则是：在责任转质中，即未经出质人同意而转质，造成质押财产的毁损、灭失的，质权人应当承担民事责任。在承诺转质中，即出质人同意转质的，转质成立，应当按照约定处理。

转质的后果是：第一，转质权担保的债权范围，应当在原质权所担保的债权范围之内，超过的部分不具有优先受偿的效力。第二，转质权的效力优于原质权。

（5）质权受侵害时的请求权。

质权具有对世的效力。质权人占有质押财产，享有占有权。因此，对于质押

财产，无论是受到出质人还是第三人的侵害，质权人都享有三类请求权：一是物权请求权。质权人基于占有而行使占有人的停止侵害、排除妨害以及返还原物请求权。二是侵权损害赔偿请求权，由此获得的损害赔偿金应当作为质押财产的代位物，为质权的效力所及。三是不当得利返还请求权。质权人有权就加害人因侵害质押财产而获得的不当得利请求返还。

（6）质权保全权。

质权保全权也叫作质押财产变价权或者代充质物权①，质权人在质押财产有损坏或者价值减少的危险，足以危害自己的权利时，有权要求出质人提供相应的担保。出质人拒不提供担保的，质权人有权将质押财产变价，以保全其债权。《物权法》第216条规定："因不能归责于质权人的事由可能使质押财产毁损或者价值明显减少，足以危害质权人权利的，质权人有权要求出质人提供相应的担保；出质人不提供的，质权人可以拍卖、变卖质押财产，并与出质人通过协议将拍卖、变卖所得的价款提前清偿债务或者提存。"

质权保全权的行使规则是：第一，质权人不能直接将质押财产加以拍卖或变卖，而须先要求出质人提供相应的担保，出质人提供了担保的，质权人不得行使物上代位权。第二，在出质人拒不提供担保时，质权人才能行使物上代位权，拍卖、变卖质押财产。质权人可以自行拍卖、变卖质押财产，无须出质人同意。第三，质权人对于拍卖或变卖质押财产的价金，应当与出质人协商，作出选择：或者将价金用于提前清偿债权，或者将价金提存，在债务履行期届满之时再行使质权。

2. 质权人的义务

（1）质押财产的保管义务。

《物权法》第215条第1款规定："质权人负有妥善保管质押财产的义务；因保管不善致使质押财产毁损、灭失的，应当承担赔偿责任。"妥善保管义务，是指应以善良管理人的注意义务加以保管。之所以要求质权人承担最高的注意义务，是因为质权人占有质押财产并不是为了出质人的利益，而是为了确保清偿自

① 崔建远，等. 物权法. 北京：清华大学出版社，2008：380.

己债权即为了自己的利益。质权人违反保管质押财产的善良管理人的注意义务，造成质押财产损害的，应承担损害赔偿责任。对于质权人的过错，应当由出质人依客观标准证明，有过错则承担责任，无过错不承担责任。质押财产因不可抗力而遭受损害的，质权人无须承担责任。

(2) 不得擅自使用、处分质押财产的义务。

虽然质权人在质押期间有权占有质押财产，但出质人并未因设立动产质权而丧失对质押财产的所有权，质权人在没有经过出质人的同意时，不得擅自使用、处分质押财产，否则应当就由此给出质人造成的损害承担赔偿责任。《物权法》第 214 条规定，质权人在质权存续期间，未经出质人同意，擅自使用、处分质押财产，给出质人造成损害的，应当承担赔偿责任。例外的是，如果质权人出于履行妥善保管质押财产的义务而对该财产加以必要的使用的，则为法律所允许，出质人不得因此要求质权人承担赔偿责任。

(3) 返还质押财产的义务。

《物权法》第 219 条第 1 款规定，债务人履行债务或者出质人提前清偿所担保的债权的，质权人应当返还质押财产。债务人于债务履行期届满时履行了债务或者出质人提前清偿了所担保的债权的，质权当然消灭，质权人因此丧失了占有质押财产的根据，应即将质押财产返还。质押财产的返还以出质人为相对人。

(五) 动产质权对其他担保物权的效力

1. 动产质权对动产抵押权的效力

动产质权对动产抵押权的效力规则是：第一，在同一财产上，法定登记的抵押权与质权并存时，抵押权人优先于质权人受偿。第二，对于无须办理登记即可成立的抵押权，仍然必须按照权利设定的前后并考虑其他因素加以判定：一是当动产上先设定抵押权后设定质权时，如果抵押权已经登记的，抵押权人优先于质权人受偿；二是先成立的抵押权未经登记的，不能用以对抗善意第三人，除非证明质权人知道或者应当知道质押财产上已经先设定了抵押权，否则抵押权不能对抗质权；三是当动产上先设定质权后设定抵押权时，无论该抵押权是否办理登记，都不能对抗设定在先的质权。

2. 动产质权对留置权的效力

动产质权与留置权的冲突可以发生在以下两种情形当中。

(1) 质押财产被留置。

债权人取得动产质权后，将质押财产交予第三人保管。作为寄存人的债权人没有按照保管合同的约定支付保管费以及其他费用的，保管人对该质押财产享有留置权。于此情形，留置权具有优先于质权的效力①，留置权人优先于质权人受领债务清偿。

(2) 留置物被质押。

动产质权的质押财产可以采用指示交付，出质人在其已经成为留置权标的物的动产上依然可以设定质权。由于留置权产生在先，因而应当依照时间优先即效力优先的原则处理，留置权优先于质权。

3. 动产质权对动产质权的效力

动产质权可以采用指示交付的方法交付质押财产，因此就同一动产能够成立数个质权。对此，应当按照时间优先即效力优先的原则处理，先成立的质权优先于后成立的质权。

四、动产质权的实现和消灭

(一) 动产质权的实现

动产质权的实现，是指质权所担保的债权已届清偿期，债务人未履行债务，或者发生当事人约定的实现质权的情形，质权人与出质人协议以质押财产折价，或依法拍卖、变卖质押财产并就所得的价款优先受偿的行为。

依照《物权法》第219条第2款的规定，动产质权实现的条件有：(1) 动产质权有效存在；(2) 债务人不履行到期债务，或者发生当事人约定的实现质权的情形；(3) 作为质权人的主债权人未受清偿。

出质人请求质权人及时行使权利，而质权人怠于行使权利致使对质押财产

① 史尚宽. 物权法论. 台北：荣泰印书馆，1979：361.

造成损害的，依照《物权法》第 220 条第 2 款的规定，质权人就由此造成的损失应当承担赔偿责任。这种情形的损害，通常是质押财产的价格下跌。例如出质的质押财产汽车至履行期限届满时价格为 3 万元，出质人请求质权人及时行使质权，但质权人迟迟不予理睬，两年后质权人才主张实现质权，这时该车辆的价格仅剩 6 300 元，贬损 23 700 元。这就是出质人的质押财产的损失，质权人应当予以赔偿。

动产质权实现的方法有三种：折价、拍卖与变卖，其中拍卖是主要方法。质押财产拍卖、变卖的变价款，质权人有权优先受偿。质押财产折价或者拍卖、变卖后，其价款超过债权数额的部分归出质人所有，不足部分由债务人清偿。

（二）动产质权的消灭

除担保物权的共同消灭原因，如混同、抛弃、没收等会导致动产质权消灭之外，以下几项原因也会导致动产质权的消灭。

1. 质押财产返还

动产质权以质押财产的占有作为生效要件与存续要件，当质权人将质押财产返还给出质人时，因其已经丧失对质押财产的占有，无法通过占有向外界展示动产上存在的质权，为防止第三人蒙受不测的损害，质权归于消灭。

返还质押财产，是指质权人基于自己的意思而将质押财产在事实上的占有移转给出质人。至于移转占有的原因，在所不问。倘若质权人非基于自己的意思而丧失对质押财产的占有，如质押财产被偷盗、抢夺等，则质权不会因此消灭，质权人可以向非法占有人请求停止侵害、恢复原状、返还质押财产。

2. 质押财产灭失

质权因质押财产灭失而消灭。物权因标的物的灭失而归于消灭，动产质权作为一种担保物权，自然也因质押财产的灭失而消灭。

灭失应当仅指绝对灭失，不包括相对灭失。因质押财产灭失而获得的保险金、赔偿金、补偿金作为质押财产的代位物，仍为质权的效力所及。

3. 质权人丧失质押财产的占有且无法请求返还

当质权人非基于自己的意思而丧失质押财产的占有时，质权人可以行使基于占

有的物权请求权，请求返还质押财产，但占有质押财产之人无法返还质押财产时，例如质押财产为他人善意取得等，质权消灭。此时，质权人有权请求侵害人承担损害赔偿责任，由此获得的赔偿金成为质押财产的代位物，为质权的效力所及。

五、最高额质权

《物权法》第 222 条规定："出质人与质权人可以协议设立最高额质权。""最高额质权除适用本节有关规定外，参照本法第十六章第二节最高额抵押权的规定。"按照这一规定，关于最高额抵押权的法律规定可以适用于最高额质权。最高额质权，在质押财产的价值范围内，对一定时期发生的连续性交易关系进行担保。

关于最高额质权的具体的规则，应参照关于质权和最高额抵押权的规定确定。

第三节　权利质权

一、权利质权的概念、特征与性质

（一）权利质权的概念

权利质权是指以所有权以外的依法可转让的债权或者其他财产权利为标的物而设定的质权。

（二）权利质权的特征

1. 权利质权的属性是质权

权利质权的基本属性是质权。尽管有的学者对此有不同认识，如以商标权、专利权和著作权设立的质权只需办理登记，权利质权人与抵押权人一样只是取得了对标的物的法律上的控制力，因而更近似于抵押权，但更多的权利质权的设定需要移转权利凭证，例如票据、存单、仓单、提单，依此，权利质权人与动产质权人一样，也取得了对标的物的事实上的控制力，所以，权利质权与动产质权基本相同。况且我国法律历来将权利质权与动产质权共同规定在质权中，将权利质权的基本属性认定为质权符合现行立法本旨。

2. 权利质权是以所有权以外的财产权为标的物的质权

权利质权与动产质权最大的区别在于，前者以某种权利为标的物，而后者仅以动产为标的物。能够作为权利质权标的物的权利须符合以下几项条件。

（1）仅以财产权利为限。

设立权利质权的权利必须是财产权利，自然人、法人享有的人格权和身份权不得作为权利质权的标的。即使著名文体明星的姓名权、肖像权等具有较大的财产利益内容的权利，也不得用以设定质权，但就姓名权、肖像权的使用合同享有的债权设立质权，则不在此限。

（2）必须是依法可以转让的财产权利。

如果作为质押财产的财产权利不具有可转让性，则质权人的优先受偿权就无法实现。不可转让的财产权利主要包括两种：一是依其性质不可转让的财产权利。这类权利主要是指基于扶养关系、抚养关系、赡养关系、继承关系产生的给付请求权和对劳动报酬、退休金、养老金、抚恤金、安置费、人寿保险、人身伤害赔偿金的给付请求权等。二是法律明确禁止转让的财产权利，如依照《公司法》第141条的规定，发起人持有本公司的、自公司成立之日起一年内不得转让的股权，公司董事、监事、经理应当向公司申报所持有的本公司并在任职期间内不得转让的股权等。

（3）必须是不违背现行法的规定及权利质权性质的财产权利。

不能设质的财产权利包括：一是不动产上的物权，主要是建设用地使用权、土地承包经营权、宅基地使用权，以及特别法上的用益物权，如海域使用权、捕捞权、采矿权、取水权等。二是动产所有权。由于动产质权的实质是以动产所有权作为质权的标的物，因而动产所有权不能作为权利质权的客体。三是动产质权与动产抵押权。

应当注意的是，《物权法》第 180 条第 1 款规定抵押财产兜底性条文使用的是“法律、行政法规未禁止抵押的其他财产”，而第 223 条第 7 项规定可质押权利的兜底性条文使用的是“法律、行政法规规定可以出质的其他财产权利”。之所以有这种区别，是因为物权的客体原则上是物，分为动产和不动产，凡是法律未禁止的物，都可以设立抵押权，但权利作为物权客体是一种例外，必须在法律规定某一种权利可以作为某一种物权的客体时，才能以该权利为客体设置他物权。①

3. 权利质权的设定以登记或者权利凭证的交付作为生效要件

动产质权的设定以动产的交付作为生效要件，而权利质权的设定须依照标的物的不同性质确定其生效要件。对于已经证券化的财产权，如汇票、支票、本票、债券、存款单、仓单、提单，由于其已经具有与动产相类似的法律地位，因而可以以交付作为其生效要件。对于那些尚未证券化的财产权，如依法可以转让的商标专用权、专利权、著作权中的财产权，由于其不具有实体性的形式，因而无法交付，必须通过登记加以公示，以表明权利质权的产生与消灭。

（三）权利质权的性质

权利质权的性质为担保物权的一种，在我国并无异议，但在比较法上有不同的立法例。在德国法系民法中，由于物权的客体仅限于有体物，因而物权是对有体物的排他性支配权，对权利的支配权并不被认为是物权，而仅仅被认为是“准物权”。既然如此，权利质权，无论是其标的物、成立方法还是实行方法等，皆不同于一般的质权，具有特殊担保的性质。以债权、股权或者知识产权作为标的的权利质权，其担保作用更接近于抵押权，可以认为是介于抵押权与动产质权之间的一种权利。②

这种意见在我国现行物权法环境下不成立，原因在于，《物权法》第 2 条第 2 款后段明文规定：“法律规定权利作为物权客体的，依照其规定。”这就为以法律规定可以作为质权客体的权利设立质权确立了法律基础。具体分析，在票据、存

① 崔建远，等. 物权法. 北京：清华大学出版社，2008：387.

② 史尚宽. 物权法论. 北京：中国政法大学出版社，2000：388.

单、仓单、提单等权利上设立质权的，权利质权人与动产质权人一样，也是取得了对标的物的事实上的控制力，故这类权利质权与动产质权的性质基本相同。在商标专用权、专利权、著作权等权利上设置的质权，需要办理登记，权利质权人与抵押权人一样，只是取得了对标的物的法律上的控制力，故这种权利质权接近于抵押权。但不论何种类型，由于被《物权法》规定为权利质权，因而其性质就是质权。这是毫无疑问的。

二、权利质权的设定

由于权利质权准用动产质权的规定，因而其取得方式大体与动产质权的取得方式相同，即包括基于法律行为如质权合同或遗嘱而取得、基于法律行为以外的事实而取得如善意取得等。通过质权合同设定权利质权，是最常见、最重要的方式。

由于权利质权最大的特点在于其标的物的特殊性，因而下文依照《物权法》第223条以及相关条文的规定，分别说明各类权利质权的设定要件。

（一）有价证券质权

《物权法》第224条和第225条分别规定："以汇票、支票、本票、债券、存款单、仓单、提单出质的，当事人应当订立书面合同。质权自权利凭证交付质权人时设立；没有权利凭证的，质权自有关部门办理出质登记时设立。""汇票、支票、本票、债券、存款单、仓单、提单的兑现日期或者提货日期先于主债权到期的，质权人可以兑现或者提货，并与出质人协议将兑现的价款或者提取的货物提前清偿债务或者提存。"下述五类权利质权是以有价证券为标的的。

1. 票据质权

汇票、本票和支票都可以设立质权。但《票据法》规定了四类不得转让的票据：（1）出票人禁止转让的票据；（2）背书人禁止转让的票据；（3）记载了"委托收款"字样的票据；（4）被拒绝承兑、被拒绝付款或者超过付款提示期限的票据。这四类不得转让的票据不能设立质权，即使设定了质权也无效。

以汇票、本票、支票出质的，出质人和质权人应当以书面形式订立质权合同，出质人应当在合同约定的期限内将权利凭证交付质权人。采取要式方式设立票据质权，主要是为了防止当事人轻率设质，也便于防止纠纷和解决纠纷。

票据质权合同自权利凭证交付之日起生效。至于票据出质时是否应当背书记载“质押”字样，司法实践认为，质押背书仅为票据质权的对抗要件而非生效要件。① 对此，《物权法》第224条已经作出明确规定，票据权利质权以权利凭证交付质权人时发生效力，不是必须背书记载“质押”后方为生效。

2. 债券质权

债券是指由政府、金融机构或者企业为了筹措资金而依照法定程序向社会发行的，约定在一定期限内还本付息的有价证券，包括政府债券（国库券）、金融债券和企业债券。债券是债权凭证，具有可偿还性、收益性、可流通性、安全性等特点，可以设立质权。

以债券出质的，出质人和质权人应当以书面形式订立质权合同，出质人应当在合同约定的期限内将权利凭证交付质权人。按照《物权法》第224条的规定，债券质权合同自权利凭证交付之日起生效。同样，以债券设立质权，可以在质押的债券上背书“质押”字样，但质押背书并非生效要件，而是对抗第三人的要件。

设质的债券，如果兑现日先于主债务的清偿期限届至，债券债权人届期受偿的，会使设质债券消灭，债券质权因其标的物消失而难以存续。对此，为了保护质权人的利益，在债券债权人愿意放弃期限利益而提前向质权人为清偿时，应当允许；在债券债权人不愿意放弃期限利益时，其有义务将债券债务人的付款提存于第三人处，质权人有权请求债券债权人实施这种提存行为。②

3. 存款单质权

存款单也叫作存单，是由银行等储蓄机构开具的证明自身与存款人之间存在

① 最高人民法院民事审判第二庭. 经济审判指导与参考：第4卷. 北京：法律出版社，2001：85-86.

② 崔建远. 物权法. 北京：中国人民大学出版社，2009：593.

储蓄法律关系的凭证。可以设定质权的存款单主要是指各类定期存款单，因为活期存款可以随时存取，没有必要设定质权。

以存款单出质的，出质人和质权人应当以书面形式订立质权合同，出质人应当在合同约定的期限内将权利凭证交付质权人。质权合同自权利凭证交付之日起生效。

依照最高人民法院《关于审理存单纠纷案件的若干规定》第 8 条的规定，以下几类存单设定的质权无效。

(1) 存单持有人以伪造、变造的虚假存单质押的，质权合同无效。接受虚假存单质押的当事人如以该存单质押为由起诉金融机构，要求兑付存款并优先受偿的，人民法院应当判决驳回其诉讼请求，并告知其可另案起诉出质人。

(2) 存单持有人以金融机构开具的、没有实际存款或与实际存款不符的存单设立质权的，该质押关系无效。接受存单质押的人起诉的，该存单持有人与开具存单的金融机构为共同被告。利用存单骗取或占用他人财产的存单持有人对侵犯他人财产权承担赔偿责任，开具存单的金融机构因其过错致他人财产权受损，对造成的损失承担连带赔偿责任。接受存单质押的人在审查存单的真实性上有重大过失的，开具存单的金融机构仅对所造成的损失承担补充赔偿责任。如果是明知存单虚假而接受存单质押的，开具存单的金融机构不承担民事赔偿责任。但如果是以金融机构核押的存单出质的，即使存单系伪造、变造、虚开，质权合同均为有效，金融机构应当依法向质权人兑付存单所记载的款项。存单的核押，是指质权人将存单质押的情况告知金融机构，并就存单的真实性向金融机构咨询，金融机构对存单的真实性予以确认并在存单上或者以其他方式签章的行为。① 虽然以存单设定质权时无须经过核押，但是核押是防止金融诈骗与保障金融机构及质权人合法权益的重要方法，在实践中具有重要意义。

(3) 债务人以借用的存单进行质押的，除非质权人为善意，可依善意取得制度而获得质权，否则质权合同无效。

存款单质权关系的主债务人不履行到期债务，或者当事人约定的实现存款

---

① 最高人民法院经济审判庭. 经济审判指导与参考：第 2 卷. 北京：法律出版社，2000：141－142.

单质权的条件成就时，质权人可以行使质权，直接向存款单债务人，也就是出具存款单的储蓄金融机构，请求兑付，使其被担保的债权就存款单兑付的款项优先获得清偿。如果该储蓄金融机构拒绝兑付存款单，则质权人可以向法院起诉。

4. 仓单质权

仓单质权是指以仓单为标的物而设立的质权。

仓单是仓库营业人应寄托人的请求所填发的有价证券，是提取仓储物的凭证。存货人或者仓单持有人在仓单上背书并经保管人签字或者盖章的，可以转让提取仓储物的权利。因此，仓单可以用于设立质权。尽管仓单具有物权的属性，是物权性的有价证券，但是以仓单设质，仍然是权利质权。

依照《物权法》的规定，以仓单为标的物设定质权时，出质人与质权人应当订立书面质权合同，出质人应当在合同约定的期限内，将权利凭证交付质权人。质权合同自权利凭证交付之日起生效。

依照《合同法》第387条后段，存货人或者仓单持有人在仓单上背书并经保管人签字或者盖章的，可以转让提取仓储物的权利。仓单质押时是否也要将背书“质押”并交付作为质权合同的生效要件，存在争议。《物权法》第225条对此没有明文规定。由于仓单是记名证券，且质权人在实现仓单质权时必然要提取仓储物，将其变价并优先受偿，但单纯的交付仓单本身并不足以保证质权人实现仓单质权，因而仓单质权的设立于仓单交付时生效，但未经背书质押的，不能对抗善意第三人。

5. 提单质权

提单质权是指以提单为标的物而设立的质权。

提单是指用以证明海上货物运输合同和货物已经由承运人接收或者装船，以及承运人保证据以交付货物的单证。提单中载明的向记名人交付货物或者按照指示人的指示交付货物或者向提单持有人交付货物的条款，构成承运人据以交付货物的保证。以提单设立质权的，发生设立质权的后果。

以提单为标的物设定质权时，出质人与质权人应当订立书面质权合同，出质人应当在合同约定的期限内将权利凭证交付质权人，质权合同自权利凭证交付之日起生效。同时，依照《海商法》第79条的规定，记名提单不得转让；指示提单经过记名背书或者空白背书转让；不记名提单，无须背书即可转让。因此，能够作为权利质权标的物的提单只能是指示提单和不记名提单两种。提单质权均以交付为生效要件，但未记名提单未经质押背书的，不能对抗善意第三人。

（二）基金份额质权、股权质权

基金份额质权是指以基金份额为标的物而设立的质权。股权质权是指以股权为标的而设立的质权。

《物权法》第226条第1款规定："以基金份额、股权出质的，当事人应当订立书面合同。以基金份额、证券登记结算机构登记的股权出质的，质权自证券登记结算机构办理出质登记时设立；以其他股权出质的，质权自工商行政管理部门办理出质登记时设立。"股权是由股份、股票来表彰的，股权质权也就表现为以股份、股票质押。① 基金份额是指基金管理人向不特定的投资者发行的，表示持有人对基金享有资产所有权、收益分配权和其他相关权利，并承担相应义务的凭证。

基金份额、上市公司股票质权的设立，经登记结算机构登记后生效。证券登记结算机构是为证券交易提供集中的登记、托管与结算服务的机构，是不以营利为目的的法人。目前，我国的证券登记结算机构就是中国证券登记结算有限责任公司，下设深圳分公司和上海分公司。基金份额的登记结算适用《证券登记结算管理办法》的规定。

以非上市公司的股权出质的，或者以有限责任公司的股份出质的，按照《物权法》第226条的规定，质权自工商行政管理部门办理出质登记时设立。

（三）知识产权质权

知识产权质权是指以知识产权为标的物而设立的质权。《物权法》第227条规定："以注册商标专用权、专利权、著作权等知识产权中的财产权出质的，当事人应当订立书面合同。质权自有关主管部门办理出质登记时设立。""知识产权

① 王利明．中国民法典草案建议稿及说明．北京：中国法制出版社，2004：429.

中的财产权出质后，出质人不得转让或者许可他人使用，但经出质人与质权人协商同意的除外。出质人转让或者许可他人使用出质的知识产权中的财产权所得的价款，应当向质权人提前清偿债务或者提存。”

商标专用权质押登记机关是国家工商行政管理局，由它具体办理商标专用权质押登记。以依法可以转让的专利权与著作权中的财产权出质的，应当向各自的管理部门办理出质登记。国家知识产权局是专利权质权合同登记的管理部门；国家版权局是著作权质权合同登记的管理部门，国家版权局指定专门机构进行著作权质权合同登记。

（四）应收账款质权

应收账款质权也叫作不动产收益权质权，是指以应收账款请求权为标的物而设立的质权。

应收账款，按照2017年中国人民银行颁行的《应收账款质押登记办法》第2条的规定，是指权利人因提供一定的货物、服务或设施而获得的要求义务人付款的权利以及依法享有的其他付款请求权，包括现有的和未来的金钱债权，但不包括因票据或其他有价证券而产生的付款请求权，以及法律、行政法规禁止转让的付款请求权。具体的应收账款权利是：（1）销售、出租产生的债权，包括销售货物，供应水、电、暖，知识产权的许可使用，出租动产或不动产等；（2）提供医疗、教育、旅游等服务或劳务产生的债权；（3）能源、交通运输、水利、环境保护、市政工程等基础设施和公用事业项目收益权；（4）提供贷款或其他信用活动产生的债权；（5）其他以合同为基础的具有金钱给付内容的债权。

按照《物权法》第228条第1款的规定，以应收账款出质的，当事人应当订立书面合同，质权自信贷征信机构办理出质登记时设立。按照《应收账款质押登记办法》第4条的规定，信贷征信机构是指中国人民银行的征信中心，该中心具体办理应收账款质押登记。登记由质权人办理，质权人也可以委托他人办理。登记的内容包括质权人和出质人的基本信息、应收账款的描述、登记期限。质权人应将在办理质押登记前与出质人签订的协议作为登记附件提交给登记公示系统。质权人还可以与出质人约定将主债权金额等项目作为登记内容。

应收账款出质后，不得转让，但经出质人与质权人协商同意的除外。出质人转让应收账款所得的价款，应当向质权人提前清偿债务或者提存。

（五）依法可以质押的其他权利

《物权法》第223条第7项和《担保法》第75条第4项关于“法律、行政法规规定可以出质的其他财产权利”的规定，是对权利质权标的物范围的兜底性规定。其中最重要的就是一般债权可以作为质权的标的物，设立权利质权。

1. 以一般债权设立质权应当尊重当事人的意愿

一般债权就是指没有证券化的债权。这些债权并不像债券、票据那样以商业性权利凭证的形式加以展现，而主要是通过合同书形式出现。由于一般债权质权不具有表彰公示与公信力的权利证书，因而质权人对标的的控制力差，该类质权担保主债权的功能也非常薄弱。但如果当事人自愿以一般债权设定质权，则司法机关应尊重当事人的意愿。

2. 一般债权质权的设定要求

以一般债权设定质权，当事人应订立书面质权合同。此外，存在债权证书的，应当将债权证书交付质权人。债权证书是证明债权存在的书面凭证，主要是借据、欠条、公证书、合同书等。债权证书没有交付给质权人的，并不导致质权无效。

以一般债权设定质权也属于对债权的处分，在本质上与债权让与相同。我国《合同法》规定，债权让与时债权人应当通知债务人，否则对债务人不发生效力。同样，在以一般债权设定质权时，出质人应当将债权设质的情况告知债务人，否则质权将无效。这样才能维护债权质权的公示、公信力。

三、权利质权的效力

（一）权利质权对担保的债权和质押财产的效力

1. 权利质权对担保的债权的效力

权利质权对债权的担保范围，大体与动产质权的担保范围相似，有区别的部

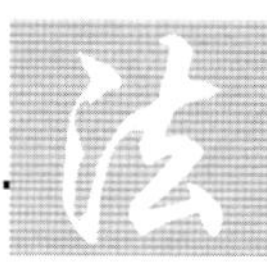

分在于：一是有些权利质权的设定并不需要移转占有，只需办理登记；二是即使有些权利质权需要移转权利凭证，也不存在支出标的物的保管费用。所以，权利质权担保的债权范围仅包括主债权、利息、违约金、损害赔偿金以及实现质权的费用。

2. 权利质权对质押标的物的效力

就权利质权效力所及的标的物范围而言，应当准用关于动产质权的有关法律规定。但是由于权利质权的标的物特殊，因而权利质权对质押标的物的效力与动产质权存在以下差别。

(1) 股权质权效力所及的标的物范围。

由于股权、股票会产生法定孳息，例如现金红利、股息、红股、转增股等，依照《物权法》第 213 条第 1 款的规定，权利质权人有权收取该权利所生的孳息，除非质权合同对此另有约定。因此，当质权人与出质人未对出质的股票、股权所生孳息作出约定时，质权人有权予以收取。

(2) 代位物。

因动产质权标的物灭失、毁损或者被征收而获得的保险金、赔偿金或者补偿金，为质押财产的代位物，为质权的效力所及。但权利质权的代位物问题较为复杂。

1) 权利质权的标的物属于无形财产，不存在毁损的可能。即使有些权利必须负载在票据之上，也并不因该票据的毁损而导致票据权利的消灭，权利人可以通过挂失止付、公示催告等特定方式而重新获得票据权利，此时重新获得的票据权利与先前的票据权利具有同一性，故非代位物。因此，不存在作为质权标的的权利代位物的问题，仍然是质权的标的。

2) 权利质权标的物灭失的情形多种多样，有时候因权利的灭失所获得的财产既非赔偿金也非保险金，而正是权利的内容之一。例如，公司股东将股权质押后不久，公司宣告破产，股东享有在公司破产后的剩余财产索取权，行使该权利获得的财产并不是股权的代位物，而是股权的内容之一，仍然是质权的标的。

3) 当被出质的股权由于公司的合并或者分立而被注销的，所配发的新股或

者现金，属于该股权的代位物，为权利质权的效力所及。

4）权利被征用的情形极少存在，在知识产权法领域存在著作权、专利权的强制使用与强制许可问题。因著作权、专利权的强制使用或者强制许可而获得的报酬、使用费，属于代位物，为权利质权的效力所及。

（二）权利质权对出质人的效力

1. 出质人的权利

质权人不能以善良管理人的注意保管质押的权利凭证而可能致其灭失或毁损的，出质人有权要求质权人将该权利凭证提存，也有权提前清偿债权而消灭权利质权，以取回设质的权利凭证。

权利质权设定后，不论质押物是否有灭失或毁损的危险，出质人均有权提前清偿所担保的债权以消灭权利质权。权利质权的出质人提前清偿致债权消灭的，有权取回质押的权利凭证或者注销权利质权的登记。

出质人非为债务人，而以自己的财产权利设质的，出质有权代债务人提前清偿债权以消灭权利质权，取回质押的权利凭证或注销质押登记。

2. 出质人的义务

（1）处分权受限制。

出质人在将其享有的权利出质之后，并未丧失对该权利的处分权，但该权利已经成为质权的标的物，如果仍然允许出质人随意加以处分，必然危害质权人对该标的物交换价值的支配权，权利质权所具有的担保功能将丧失殆尽。因此，法律上通常都要对出质人的处分权加以限制。因为权利质权的标的物是权利，出质人完全可以通过法律行为使该权利消灭，质权人对标的物的控制力比较弱，所以，在权利质权中对出质人处分权的限制应当加强。法律通常禁止出质人在未经质权人同意的情况下，通过法律行为将质权加以消灭。

我国《物权法》虽未作出此种规定，但是仍依照权利的不同而对出质人的处分权进行相应限制：第一，股权出质后，不得转让，但经出质人与质权人协商同意的，可以转让。出质人转让股票所得的价款应当向质权人提前清偿或者提存。第二，以依法可以转让的商标专用权或者专利权、著作权中的财产权出质的，

出质人不得转让或者许可他人使用，但经出质人与质权人协商同意，可以转让或者许可他人使用。出质人所得的转让费、许可费，应当向质权人提前清偿或者提存。如果出质人未经质权人同意而转让或者许可他人使用已出质权利的，应当认定为无效，因此给质权人或者第三人造成损失的，由出质人承担民事责任。

（2）以股票出质的股东的股东会出席权。

股东以股票设质的，由于以股权设立质权并不是转让股权，股东地位并没有转让，并不因为设立质权而丧失，故出质人依据股东名簿以及已设质的登记证明其身份，仍可以出席股东会并参与议决。但以无记名股票设质后，其股东没有证据证明自己的股东身份，因而不能参加股东会，也不能依股票行使权利。

（3）知识产权设质后的使用权。

著作权、专利权、商标权等知识产权设立质权后，权利并未转让，只是受到限制，除出质人与质权人约定由质权人行使外，出质人享有继续使用权[①]，盖因权利质权着眼于权利的交换价值，是担保物权，而非用益物权。

（4）知识产权质权。

知识产权设立质权后，尽管出质人仍然是权利人，但其权利的行使受到限制，按照《物权法》第227条第2款的规定，出质人不得转让或者许可他人使用出质的知识产权，经过出质人和质权人协商同意的，作例外处理，且出质人转让或者许可他人使用出质的知识产权中的财产权所得的价款，应当向质权人提前清偿债务或者提存。这是因为，在知识产权出质后，质权人尽管得到了质权，但实际上是无法控制出质人转让或者许可他人使用行为的发生。如果出质人仍然可以在未经质权人同意的情况下，将这些已经质押的权利再次转让或者许可他人使用，就会导致作为质权标的物的权利的交换价值减损。

（5）应收账款质权。

应收账款设立质权后，不得转让，但经出质人与质权人协商同意的除外。如果出质人将应收账款予以转让，则应当向质权人提前清偿或者提存。

---

① 谢在全．民法物权论：下册．修订5版．北京：中国政法大学出版社，2011：1037．

（三）权利质权对质权人的效力

《物权法》第229条规定，权利质权准用动产质权的有关规定，因此权利质权人的权利、义务基本上与动产质权人的相同。例如，质权人享有占有或者留置权利凭证的权利、收取质押财产孳息的权利、变价质押财产的权利、质权的物上请求权、损害赔偿请求权以及优先受偿的权利。权利质权设定后，质权人负有妥善保管质押的权利凭证和返还质押的权利凭证的义务。

权利质权对质权人的效力的特殊之处在于以下几点。

1. 股权质权人保全股票价值的权利

股票市场瞬息万变，当质权人接受股权质权时，面临的一个严峻问题就是：由于股票的价格经常变动，因而极有可能股票价格在质权存续期间急剧下跌，从而减损股权质权的担保功能。这时，质权人出于保全质押标的价值的考虑，会产生将股票变现的冲动。出质人考虑到股票在下跌后可能会大幅上扬，因此又会拒绝质权人的此种要求。依照《物权法》第226条第2款的规定，股权出质后，不得转让，但经出质人与质权人协商同意的除外。质权存续期间，出质人转让股权所得的价款，应当向质权人提前清偿债务或者提存。

2. 协议禁止质权人转让标的物

质权人就质押财产享有的仅为质权而非所有权，故质权人不得随意将作为质押财产的股票、票据、债券、存款单、仓单、提单进行转让，质权人再转让的，为无效。

3. 禁止质权人转质

在动产质权中，质权人享有转质权。但是，在权利质权中，由于票据、债券、存款单、仓单、提单等多属于记名证券，质权人无法进行承诺转质，因而司法实践中的做法是，以票据、债券、存款单、仓单、提单出质的，质权人再行质押的无效。只有以无记名证券质押的，质权人在征得出质人同意的情况下，可以将该证券再行设立质权，成立转质。[①]

① 最高人民法院《关于适用〈中华人民共和国担保法〉若干问题的解释》第101条的规定。

四、权利质权的实现

（一）权利质权的实现及一般方法

权利质权的实现，是指质权所担保的主债权已届清偿期而债务人不履行债务，或者发生当事人约定的实现质权的情形时，质权人依法以质押的权利变价，并就其价款优先受偿的行为。

质权实现的一般方法有三种，即协议以质押的权利折价、拍卖或变卖。

权利质权的标的物属权利而非动产，在不同的权利上设定的质权，其实现方法有所不同。此外，由于作为权利质权标的的债权存在清偿期限，同时权利质权担保的债权也存在清偿期限，二者常常会存在时间差，加之这两项债权的种类又不相同，因而权利质权的实现更为复杂。

（二）两种具体的权利质权的实现

1. 有价证券质权的实现

出质人以票据、债券、存款单、仓单、提单等有价证券设立质权时，如果这些有价证券可以随时兑现或者提货，抑或其兑现日期或提货日期与质权所担保的主债权的清偿日期相同，则质权的实现不存在问题。然而，实践中还会出现以下情形。

（1）被质押的有价证券上所载明的兑现日期或者提货日期早于质权所担保的主债权的清偿日期。此时，质权人可以在债务履行期届满前兑现或者提货，并与出质人协议将兑现的价款或者提取的货物提前清偿债务或者提存。

（2）被质押的有价证券上所载明的兑现日期或者提货日期晚于质权所担保的主债权的清偿日期。此时，质权人只能在兑现日期或者提货日期届满时兑现款项或者提取货物。

2. 一般债权质权的实现

（1）作为质押财产的债权的清偿日期先于质权所担保的主债权的清偿日期的，此时质权人所享有的主债权仅为期待权，债务人是否履行债务不得而知。质

权人既不能要求债务人提前履行其债务，又不得直接实现质权。然而，当作为质押财产的债权的履行期限届至时，如果出质人受领给付就必然使质押财产消灭，倘若不受领则又发生受领迟延。对此，质权人可以在债务履行期届满前，要求被质押的债权的债务人履行债务，对此，并与出质人协议将所获得的给付标的物用于提前清偿债务或者提存。

(2) 作为质押财产的债权的清偿日期晚于质权所担保的主债权的清偿日期的，主债权清偿期届至时，作为质押财产的债权的清偿期尚未届至。此时，质权人不享有直接收取权，作为质押财产的债权的债务人的期限利益仍然应当受权保护。因为质权人在接受出质人以此种债权质押时就已经知道了，作为质押财产的债权的清偿日期晚于主债权的清偿日期，所以质权人应当承受这一后果。

第十五章

留置权

第一节　留置权概述

一、留置权的概念和特征

（一）留置权的概念

留置权是指在债务人未按照约定的期限履行债务时，债权人有权依法留置其占有的属于债务人的动产，以该动产折价或者以拍卖、变卖的价款优先受偿的担保物权。《物权法》第230条规定："债务人不履行到期债务，债权人可以留置已经合法占有的债务人的动产，并有权就该动产优先受偿。"

在留置权法律关系中，留置债务人的动产的债权人叫作留置权人；被留置的财产叫作留置财产，也叫作留置物；被留置财产的债务人可以叫作被留置人或者就称为债务人。

关于留置权概念的界定，有广义和狭义两种不同的定义。狭义的留置权概念是指债权人按照合同的约定占有债务人的财产，并得在其债权未受清偿时将该项财产留置，于债务人不履行债务超过一定期限时得依法变卖财产，从价款中优先得到偿还的权利。[①] 前文所作的留置权定义为广义概念。《担保法》第 82 条，采用的是狭义概念。《物权法》第 230 条规定留置权，并未强调留置权仅适用于合同之债，而是一般地提到债权人和债务人，可见，其对留置权的界定采广义概念，留置权的适用范围应为一切债权，而非仅合同之债。

（二）留置权的法律特征

1. 留置权的性质为他物权

确认留置权的性质为物权抑或债权，是两种对立的立法例。我国采取与德国法、法国法不同的立场：自民国民法就承认留置权的物权性质，规定在民国民法第九章，作为担保物权。制定《民法通则》亦沿此制。2007 年制定《物权法》时，在第四编“担保物权”第十八章规定“留置权”，作为担保物权之一种。留置权的物权性，表现在它直接以物为标的物，具有物权排他性的特征。这种物权是他物权，是以他人之物而发生的物权，因而是限制性物权。

2. 留置权是法定担保物权

留置权是法定担保物权，从而区别于抵押权和质权，与优先权相同。抵押权与质权都是担保物权，但它们都是约定的权利，当事人双方须订立抵押合同或质押合同才能产生这两种担保物权。留置权则不同：首先，当事人自己不能约定留置权，当法律规定的条件具备时，留置权自己产生；其次，留置权的适用范围由法律规定。

3. 留置权是二次发生效力的物权

留置权与其他担保物权的另一不同之处，是其二次发生效力。留置权发生前后两次效力：第一次效力发生在留置权产生之时，债权人即留置权人于其债权未受清偿前可以留置债务人的财产，促使债务人履行义务，留置权人对留置财产享有继续占有的权利，并享有物上请求权，至债务人履行债务时，该效力终止。第二次效力是在第一次效力发生之后，留置权人于债务人超过规定的宽限期仍不履

---

① 佟柔. 中国法学大辞典·民法学卷. 北京：中国检察出版社，1995：431.

行其义务时，得依法将留置财产折价，或以拍卖、变卖的变价款优先受偿。留置权的二次效力特征，使其成为独特的他物权。

4. 留置权是不可分性物权

留置权的不可分性，是指留置权的效力就债权的全部及于留置财产的全部。它表现在：一是留置权所担保的是债权的全部，而不是可分割的债权的一部分；二是留置权人可以对留置财产的全部行使权利，而不是可分割的留置财产的一部分。所以，债权的分割及部分清偿、留置财产的分割等，均不影响留置权的效力。只要债权未受全部清偿，留置权人就可以对留置财产的全部行使权利。① 如果债权人占有的动产为可分物，为公平起见，债权人留置占有的留置财产的价值应当相当于债务的金额，而不是占有物的全部。

5. 留置权为从权利

留置权是所担保的债权的从权利，具有从属性的，依主权利的存在而存在，依主权利的消灭而消灭。同时，留置权在优先受偿上也具有从属性，只有在主债权的范围内才享有优先受偿权。如果留置财产的价值大于主债权的价值，则多余部分应返还债务人；如果留置财产的价值小于主债权的价值，则不足部分是平等债权。

二、留置权的作用和类型

（一）留置权的作用

留置权的作用就是担保债权。它的担保作用与其他担保物权的相比更具单纯性，因为抵押权与质权都是当事人主动设定的，除具有债权担保作用之外，还具有融通资金的作用；而留置权是被动发生的，仅具有债权担保这一项作用，不能起到融通资金的作用。

留置权的担保作用来自以下三个方面。

第一，留置权的担保作用首先源于对债务人所有的动产的留置并保持持续占

① 房绍坤. 论留置权. 法学评论，1992 (5).

有。留置权以债权人对债务人的与债权关联的动产的占有为前提。留置的意义就是继续占有该动产，并且对抗债务人对该物行使权利。这种权利就是物权，即在债务人的财产上设置的担保物权，只要债务人不履行债务，债权人就有权保持这种对抗状态。可见，留置权中的持续占有权是对抗债务人的权利，具有强制债务人履行债务以实现债权的作用。

第二，留置权的担保作用还源于其对债务人所有的留置财产的变价权。变价权是留置权的重要权利之一，变价包括以留置财产折价、变卖、拍卖，变价权就是按照变价的上述三种方式，将留置财产变成价款，或者直接以物折价。这种权利对抗的是债务人的所有权，使债务人不得对留置财产行使所有权，并且准许留置权人对留置财产进行处分，为实现债权做物资上的准备。

第三，留置权的担保作用还来源于留置权中的优先受偿权。按照法律规定，留置权人在留置期限届至时，得以留置财产的变价款优先受偿。这一权利对抗的是债务人的其他债权人的债权，使留置权人的债权优于债务人的其他债权人的债权，具有优先受偿的特权。只有在满足留置权人的债权要求之后有剩余部分，其他债权人才可以请求清偿。当留置权与抵押权或者质权发生冲突时，按照《物权法》第 239 条的规定，留置权人优先受偿。即使与其他担保物权相冲突，留置权也具有优先受偿性。

（二）留置权的类型

留置权一般分为民事留置权和商事留置权，这是根据适用的法律不同和领域不同进行的分类。民事留置权适用民法规定，发生在民事领域；商事留置权适用商法的规定，发生在商业领域。《海商法》第 25 条第 2 款规定的船舶留置权，以及《物权法》第 231 条规定的“企业之间留置的除外”，都是商事留置权。

民事留置权与商事留置权的区别主要有以下几点。

1. 主体不同

商事留置权适用于商人之间因双方在商事活动中产生的债权，主体为从事商事活动的债权人和债务人。民事留置权没有这样的要求，一般的民事主体对一般的民事主体，或者一般的民事主体对商事主体，都构成民事留置权的主体。例如

客人到店铺制作衣服，就是一般民事主体与商事主体之间的交易，发生的留置权是民事留置权。

2. 成立要件不同

民事留置权的构成要件要求很严格，只有债权人占有的债务人的动产具有牵连关系，才能够发生民事留置权。而商事留置权并没有这样的要求，因为商人之间因营业关系而占有的动产与其营业关系所发生的债权，无论实际上是否存在牵连关系，都被视为具有牵连关系，只要该动产是债权人因商事活动而占有的，就能够发生留置权。

3. 留置物的归属不同

在民事留置权中，除非存在适用善意取得的可能，否则被留置的动产必须是债务人的。而在商事留置权中债权人留置的动产可以不是债务人的，即使债权人明知该动产并非债务人的，商事留置权依然有效存在。

4. 效力不同

在国外，有的立法规定商事留置权的效力强于民事留置权的效力，我国对此没有规定。

三、留置权和其他权利的联系与区别

（一）留置权与同时履行抗辩权

留置权与同时履行抗辩权很相似，其区别有以下几点。

1. 性质不同

同时履行抗辩权的性质不是物权，而是债权的从权利。留置权不是债权性的权利，而是他物权，是担保物权。二者的权利性质完全不同。

2. 适用范围不同

同时履行抗辩权适用于双务合同，当事人双方基于交换关系相互负担给付义务，这种双方的义务不仅是基于同一法律关系而发生，而且互为对价，因而当一方不履行义务时，另一方得拒绝履行请求。留置权也适用于双务合同，但须基于

合同一方当事人占有他方的动产，因而在双务合同中，同时履行抗辩权的适用范围比留置权的适用范围更宽。但从理论上说，留置权不仅适用于双务合同，还适用于其他债权的场合，如不当得利之债的债权等。

3. 标的不同

同时履行抗辩权拒绝给付的标的物并不以物为限，也可以是行为。留置权可以留置的标的物仅以物为限，且须与债权相关联。

4. 目的不同

同时履行抗辩权的目的在于促使双方交换履行，它不因为对方当事人提供相当担保而消灭，因此，同时履行抗辩权不具有担保的目的。留置权的目的在于债权担保，留置权发生之后，如果债务人对债务履行另行提供相当担保，则留置权归于消灭。

5. 效力不同

同时履行抗辩权的效力仅及于双方当事人，不得对抗合同以外的第三人，只能就合同的对方当事人的债权请求权而行使。留置权的效力是物权效力，既可以对抗债务人，也可以对抗合同之外的其他任何第三人，包括任何第三人对留置物的物权请求权和债务人的其他债权人的债权请求权。

（二）留置权与抵销权

通说认为，留置权与抵销权均源于罗马法的恶意抗辩权，是法律基于公平观念所确认的民法制度。这两种制度所要避免的正是在当事人之间存在相互对立的债务时，如果仅其中一方履行而不顾他方是否履行的不公正现象。但是，留置权与抵销权是两种不同性质的权利，二者的区别有以下几点。

1. 性质不同

留置权的性质是法定担保物权，留置权在双方当事人履行债务前，仅有一时的留置其自己应交付的标的物的效力，即使有变价权，也只是可以将留置财产变卖并就其变价款优先受偿，而不能直接使相互间的债务终局地消灭。抵销权是债权性质，在双方当事人之间有对待债务且为相同种类时，可以相互抵销，从避免交换给付。抵销是清偿的特殊方法。

2. 效力不同

留置权有对标的物的支配权能，具有支配留置财产的效力。抵销权为形成权，因抵销权的行使，具有终局地使相互间的债权债务消灭的效力，当事人之间的对待债务于等额上消灭。

3. 依据的债权不同

留置权因当事人之间关于物的交付债务与基于该物所生的债务的对立而发生，对立的两个债务是一个债权债务关系，即双务合同，即使是两个债务，其债务的性质也不相同。抵销权所依据的债权是两个债权法律关系，因当事人之间有同种给付的债务的对待而发生，两种债务的性质必须相同。

4. 目的不同

留置权的目的在于确保债权的实现。抵销权的目的在于避免交换给付引起的劳务、费用的浪费。

第二节 留置权的成立要件

一、留置权的成立要件概述

留置权的成立，也就是留置权的发生、留置权的原始取得。留置权是法定担保物权，当具备一定条件时，即依照法律规定当然成立，发生留置权的效力，而不能依当事人的约定而产生。

按照《物权法》的规定，留置权的成立要件分为积极要件和消极要件。

二、留置权成立的积极要件

留置权成立的积极要件，是留置权成立所应具备的事实，包括以下三项。

（一）须债权人合法占有债务人的动产

债权人占有债务人的动产，是留置权成立的最基本的要件。占有的要件，必须为依其自己的意思对某物予以控制，包括占有心素和占有体素，不同于持有。债权人持有某物，不能成立留置权。例如，保姆对主人家的财产不是占有，而是持有；工人对工厂的劳动工具、产品亦为持有。如果主人对保姆、工厂对工人怠于履行给付报酬义务，保姆、工人不因其持有对方的财产而发生留置权。

占有，一般应为债权人占有，但不以自己直接占有为限，债权人以第三人为占有媒介时，就其占有物仍可成立留置权。例如债权人将其占有的债务人的财产交给第三人保管时，债权人虽未直接占有该财产，但仍具备留置权成立的占有条件。

债权人占有的物应为债务人之物。但依《物权法》第 230 条规定的“债务人的动产”这一概念，债务人对该动产究竟是所有、经营还是占有，并不明确。笔者认为，债务人的动产应当包括以下动产：（1）债务人所有的动产；（2）债务人合法占有的动产。

留置权的标的物无须具有可让与性。不具可让与性的动产亦可成为留置权的标的物。在实现留置权时，以该不可让与物折价清偿，即为实现了留置权。

（二）债权人占有的债务人的动产与债权属于同一法律关系

通说认为，债权人所占有的债务人的动产必须与其债权有牵连关系，才可成立留置权。对于何为有牵连关系，有两种主要的学说：一是债权与债权有关联说，认为只要留置权人对对方当事人的债权，与对方当事人对留置权人的债权，系基于同一法律关系，即双务合同的对待给付关系，即为有关联关系。二是债权与物有牵连说，认为债权人的债权与其占有的物之间有牵连时，才能成立留置权。通常认为，留置财产为债权发生的原因时，即认其有牵连性。

《物权法》第 231 条规定：“债权人留置的动产，应当与债权属于同一法律关系，但企业之间留置的除外。”当债权与债务都是因债权人取得占有而发生，即债权人的权利与债务人的请求交付标的物的权利是基于同一法律事实而发生时，认为债权的发生与动产有牵连关系。可见，判断债权与物之间的牵连关系，只有

债权人是依合同占有债务人之物者，为有直接原因，始成立留置权，否则没有留置权的发生。只有在企业之间行使留置权的，才可以采取间接原因说。

具体考察这一要件是否成立，应看依合同占有的物是否为债权发生的原因。是其原因的，无论是直接原因还是间接原因，均为有牵连关系。如果债权、债务与取得占有的合同没有因果关系，就不发生留置权。

（三）须债权已届清偿期且债务人未履行债务

债权已届清偿期，是留置权成立的积极要件，它要求留置权的成立必须是债权已届清偿期。如果虽债权人占有债务人的动产，但其债权未届清偿期，而其交付占有标的物的义务已到履行期，则不能成立留置权。只有在债权已届清偿期，债务人仍不履行义务时，债权人才可以留置债务人的动产。

在债务人无支付能力时，即使债务人的债务未到履行期，仍可成立紧急留置权。确立紧急留置权的原因在于：在债务人无支付能力时，如果因债权未到清偿期，而否认债权人已占有的债务人的财产可成立留置权，则有失公平，不足以保护债权人的利益。

在债务人以同时履行抗辩权对抗债权人时，不能成立留置权。理由是，如果合同约定双方应同时履行债务，债权人未履行其义务，债务人也不履行其义务时，不能认为债务的不履行超过了约定期限，当然不能成立留置权。在这种情况下，双方应当同时履行。如果债务人不履行给付加工费的义务，而债权人拒绝给付加工物并予以留置的，则债务人以同时履行抗辩权对抗，为无理由，留置权成立。

三、留置权成立的消极要件

留置权成立的消极要件是留置权成立的否定条件，即虽然具备留置权成立的上述积极要件，但消极要件的存在，使留置权仍不能成立。留置权成立的消极要件有多项，只要具备其中之一，即发生否定留置权成立的效果。《物权法》第232条规定：“法律规定或者当事人约定不得留置的财产，不得留置。”这里规定

的不得留置，就是规定了留置权成立的消极要件。

留置权成立的消极要件有以下五项。

（一）须当事人事先无不得留置的约定

当事人在合同中约定不得留置的物，对该物不再成立留置权，债权人不得就该物行使留置权。如果当事人事先有此约定，债权人仍留置不得留置的物，则构成债的不履行，债权人应负违约责任。

当事人关于不得留置的物的约定，应当以书面形式作出；虽无书面约定，但双方当事人均承认该口头约定的，亦可认其效力，发生不得留置该物的效果。这种约定应就物而作出，如果一个合同有数项标的物，当事人仅就其中一项或数项标的物为约定，则仅对该一项或数项标的物发生不得留置的效果。如果当事人笼统约定该合同的标的物不得留置，则发生全部标的物不得留置的效果。

（二）须留置债务人的财产不违反公共秩序或善良风俗

《物权法》第 232 条应被解释为违反公共秩序和善良风俗的留置不发生留置效力的法律根据，违反这一规定的，留置权不成立。例如，对于债务人生活上的必需品，债权人如留置会直接影响债务人的生活，有违善良风俗，故债权人不得留置。又如，定作人定作之物关乎国计民生，债权人因定作人未按约定交付加工费而留置，为违背公共秩序，故债权人也不得留置。

（三）须留置财产与债权人所承担的义务不相抵触

债权人所承担的义务，是指债权人依双方的约定或法律规定应承担的他种义务。例如承运人将货物运送到指定地点的义务，即为这类他种义务，在运送途中因债务人未交费用而将货物留置、不予托运，即为留置财产与债权人承担的义务相抵触，留置权不成立。

（四）须留置财产与对方交付财产前或交付财产时所为的指示不相抵触

债务人于交付财产于债权人之时或者之前，明确指示债权人于履行义务后将标的物交还给债务人的，债权人不得留置。这一消极要件与当事人事先不得留置的约定的消极要件相似，其区别是：本要件要求的是债务人的指示，债权人对此予以认可，且约定的内容是交付；而约定不得留置是双方合意，且不得留置标的物的内容

为明示。例如，甲托修理部修理电冰箱，明确表示，电冰箱修好后要试用一个月。因此，修理部修好后，应将电冰箱交付于甲，不得以甲未交付修理费而留置电冰箱。对此，修理部应采用其他担保形式担保，不得以留置该物而为担保。

（五）对动产的占有须非因侵权行为而取得

留置权的成立以对债务人的动产的占有为前提，但其占有必须是合法占有，且债权与占有的物有牵连。如果债权人是因侵权行为而占有他人的动产，则不发生留置权。

四、留置权的其他取得方式

（一）依让与而继受取得

留置权的继受取得，是通过留置权的让与而取得。

留置权可否继受取得，源于留置权有无让与性。通说认为留置权是一种财产权，其归属、行使均无专属性，所以具有让与性。少数学者主张留置权不能让与。

完全肯定留置权与其他财产权一样可以自由让与是不正确的，但是，完全否定留置权的让与性亦非正确。从理论上说，留置权为无专属性的财产权，当然可以移转，但是基于留置权产生的特殊性，也不能允其完全自由让与。留置权只能与主债权一同转移，即债权人将其对债务人享有的债权让与时，其享有的留置权应一同转移。如果债权人死亡或者消灭，其享有的债权由其继承人继承或者由承受其权利的法人承受，则留置权一并由后者继承或承受。如果债权人合并或分立，其主债权和留置权亦一并移转给新的法人所享有。

（二）善意取得

留置权是否可以依善意取得制度而取得，《物权法》没有明文规定。对此，我国《物权法》究竟是否承认留置权可因善意取得而取得，有截然不同的观点：一是认为留置权可以依善意取得而取得[①]；二是认为留置权不适用善意取得制

① 崔令之. 论留置权的善意取得. 河北法学，2006（12）.

度，不能因善意取得而取得[①]；三是认为将留置权不适用善意取得作为原则，而将适用善意取得作为例外。[②] 对此，笔者持肯定态度，赞同第一种意见，理由如下。

首先，关于留置权的善意取得，有的国家和地区的民法作了规定，有借鉴的价值。例如，《瑞士民法典》第895条第3款规定："债权人对其善意取得的不属于债务人所有的物有留置权。"《日本民法典》第295条规定："他人之物的占有人，有关于其物所生的债权时，在其债权受清偿以前，得留置其物，但其债权未届清偿期时，不在此限。"我国台湾地区"民法"在修订"物权编"时，将原规定留置权的第928条修订为两款："称留置权者，谓债权人占有他人之动产，而其债权之发生与该动产有牵连关系，于债权已届清偿期未受清偿时，得留置该动产之权。""债权人因侵权行为或其他不法之原因而占有动产者，不适用前项之规定。其占有之始明知或因重大过失而不知该动产非为债务人所有者，亦同。"这些规定，明确留置权可以因善意取得而取得。

其次，《物权法》在规定留置权的条文中，确实没有规定可依善意而取得留置权，但该法规定善意取得的第106条第3款明确规定："当事人善意取得其他物权的，参照前两款规定。"其他物权，并没有排除留置权，因而不能说《物权法》否定留置权的善意取得。

最后，最高人民法院《关于适用〈中华人民共和国担保法〉若干问题的解释》第108条作了规定："债权人合法占有债务人交付的动产时，不知债务人无处分该动产的权利，债权人可以按照担保法第八十二条的规定行使留置权。"这个解释并没有宣告废止，将该条规定与《物权法》第106条第3款规定结合起来，完全可以确定我国承认留置权善意取得制度。

对留置权的善意取得概念的界定，有人认为："留置权的善意取得是指债权人占有与其债权有牵连的动产非债务人所有或者债务人无权处分，而其占有的动产合法取自债务人且以债务人动产的善意为取得，其债权未受清偿前，得留置其

---

① 季伟明.《物权法》留置权善意取得之争辩. 兰州学刊，2012（7）.

② 刘佳. 论我国留置权善意取得问题. 东南大学学报（哲学社会科学版）. 2009（1）.

占有的以债务人动产取得的非债务人所有之动产。”① 这个定义显得比较烦琐，亦有不准确之处。笔者认为，以下界定更为准确：留置权的善意取得是指债权人合法占有债务人交付的动产，不知该动产为他人所有且债务人无权处分，并具备留置权的其他构成要件而取得留置权。

留置权的善意取得须具备以下要件。

1. 债权人合法占有债务人之外的他人的动产

与留置权发生的条件不同，构成留置权的善意取得的基本要件之一，是债权人合法占有债务人之外的他人的动产。按照《物权法》第 230 条的规定，构成留置权，须留置债务人的动产，而不是他人的动产。留置权的善意取得中债权人占有的动产，不是债务人的动产，而是债务人之外的他人的动产。只有具备这个要件，才发生留置权善意取得的问题。

2. 债务人对债权人占有的他人动产无权处分

对于债权人合法占有的属于债务人之外的他人的动产，债务人不享有处分权，即这动产既不属于债务人所有，又债务人无处分权。如果该动产仅仅不属于债务人所有，还不能构成留置权的善意取得，还需债务人对该动产不具有处分的权利。如果虽然动产不属于债务人，但债务人享有处分权，亦不具备构成留置权的善意取得的条件。

3. 债权人对于该动产为他人所有且债务人无处分权不知情

善意就是不知情。债权人对于自己合法占有他人的动产且债务人无处分权的事实须不知情，就构成善意，就具备构成留置权的善意取得的条件。知情者，不构成善意。

4. 债权人对于不知占有的动产为他人所有且债务人无权处分不具有过失

债权人仅对于占有的不动产为他人所有且债务人无权处分不知情，尚不构成留置权的善意取得，还需债权人对上述不知情无过失。如果不知情是应知而不知，即为有过失，不构成留置权的善意取得。按照我国台湾地区“民法”的规

① 崔令之. 论留置权的善意取得. 河北法学，2006 (12).

定，对于上述不知情为故意或者重大过失者，不构成善意取得。这意味着仅因过失而不知者，也构成留置权的善意取得。对此，笔者的意见是要稳妥，凡是有过失者，都不构成留置权的善意取得，以更好地保护动产所有人的权益。

5. 债务人不履行到期债务

债务人的债务已届履行期，但不履行债务，是构成留置权的一般要件，自须具备，不必多言。

善意取得的留置权，与其他留置权发生同样的效果。

第三节 留置权的效力

一、留置权的一般效力范围

留置权的一般效力范围，包括留置权所担保的债权的范围和留置权标的物的范围两个方面，是留置权对担保的债权及留置财产发生的效力。

（一）留置权所担保的债权范围

留置权所担保的债权范围，原则上应与《物权法》第173条规定的担保物权所担保的债权范围相同，是与留置财产有牵连的一切债权，包括原债权、债权的利息、迟延的利息、实现留置权的费用、留置财产保管费以及因留置财产瑕疵而产生的损害赔偿等。

1. 主债权

主债权即留置权据以发生的债权。留置权据以发生的合同多为双务合同，因而留置权所担保的主债权是负有交付留置财产义务的一方当事人所享有的债权。这一被担保的债权应是债权的全部，不能只是其中一部分。

2. 主债权的利息

主债权的利息作为被担保的范围，包括主债权在合同履行期以内的利息和履

行迟延的利息；约定在履行期内不承担利息义务的，则只包括迟延履行的利息。

3. 违约金

债务人不履行给付义务为违反合同行为，债务人应承担违约金责任，该违约金亦为担保范围。有约定违约金的，依约定计算；未约定违约金的，依法定违约金的计算方法计算。

4. 损害赔偿金

损害赔偿金，包括债务人不履行债务给债权人造成损失的赔偿金和留置财产隐有瑕疵所致损害的赔偿金，二者都在留置权担保范围之内。

5. 留置财产的保管费用

债权人留置债务人的财产，对留置财产进行保管，应收取合理的保管费用。该保管费用在担保的范围之内。

6. 实现留置权的费用

留置权人实现留置权须进行一系列的行为，需要支出费用，该费用应从留置财产的变价款中支出，故这项费用亦在担保范围之内。具体内容，包括变价申请费、评估费、拍卖或变卖费用以及一切必要的费用。

（二）留置权标的物的范围

留置权的标的物就是留置财产。关于留置权对留置财产的效力范围，法律无明文规定，在解释上认为包括主物、从物、孳息和代位物。

1. 留置财产的主物

留置财产的主物，是留置权的标的物，留置权对其发生效力。主物为单一的独立物的，留置权利效力及于物的全部，不可分割。主物为数个独立物的，留置权以所担保的债权范围为限，对其中一个或数个独立物发生效力，并不对全部的债的标的物发生效力，债权人只需留置与所欲担保的债权范围相适应的标的物，不必将全部标的物予以留置。《物权法》第233条规定：“留置财产为可分物的，留置财产的价值应当相当于债务的金额。”

2. 留置财产的从物

留置权的效力及于留置财产的从物，是一般的原则。但有以下不同情况：一

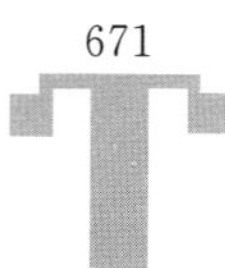

是，债权人只占有留置财产的主物而未依合同占有其从物时，不得对其从物予以占有后再予以留置，即留置权的效力不及于未经占有的留置财产的从物。二是，债权人依合同既占有留置财产的主物又占有其从物时，如果主物、从物不可分离，则留置权的效力及于留置财产的全部，包括主物和从物；如果主物和从物可以分离且不影响其价值的，则只可按被担保的债权的价值，留置其中的主物或从物，不可留置其全部。

3. 留置财产的孳息

留置财产在留置期间发生孳息的，留置权人可以收取留置财产的孳息，因而留置财产的孳息也在留置权效力所及的范围之内。留置权人收取的孳息首先应充抵收取孳息的费用，如有剩余，可以用于偿付留置财产保管费用、利息、违约金以至债权。如果留置财产的孳息已经能够满足债权人的全部债权要求，则留置权消灭，债权人应将留置财产返还债务人。不过，留置财产的孳息能够满足全部债权要求而消灭留置权的情况较为少见。

4. 留置财产的代位物

留置财产的代位物是否为留置权的效力所及，决定于留置权是否包括优先受偿权。例如日本民法仅承认留置权的留置性而不承认优先受偿性，因而留置权的效力不及于代位物。我国《物权法》第230条明文规定留置权包括优先受偿权，且将其规定为留置权的最基本权能，因而在我国留置权的效力及于留置财产的代位物。

二、留置权对留置权人的效力

留置权人是留置权的权利主体，留置权发生以后，首先对留置权人产生效力，使其享有留置权所包括的各项权能以及承担相应的义务。

（一）留置权人的权利

1. 留置财产占有权

留置权人对留置财产的占有权，是其对该物依合同产生的占有权的继续。这两种占有权先后相继，区别在于，前者产生的基础是留置权，后者产生的基础是

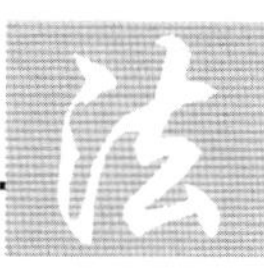

原合同。虽然占有持续不断，但占有权的动因因留置权的发生而于其发生之时产生了质的变化。

留置财产的占有权是持续的，它使留置权人得以保持对留置财产的持续占有，直至留置权消灭或留置权实现。在此期间内，留置权的占有权不得被剥夺。

留置财产占有权的内容包括两个方面：一方面对抗债务人即留置财产的所有人或原占有人，另一方面对抗该合同关系以外的第三人。留置财产占有权对抗债务人，是指在债权人的债权受清偿前，拒绝债务人的一切返还请求。这是占有权的相对效力。留置权人行使留置财产占有权这一权能，不构成返还义务的履行迟延。如果留置财产为可分物，留置权人拒不返还其价值超过债权额的部分财产的，则构成返还义务的迟延履行或不履行，不是行使留置权的正当行为，构成违约。留置财产占有权对抗该合同关系以外的第三人，是指任何第三人都不得侵占该留置财产，不得剥夺留置权人对留置财产的占有。这是留置财产占有权的对外效力、绝对效力。发生这种效力的依据是留置权的物权性质。留置权人作为他物权的权利主体，享有该占有的权利，其他任何第三人都负有不得侵害的义务。当留置财产受到侵害时，留置权人享有物上请求权，可以请求人民法院保护；当留置权被非法侵夺时，留置权人得请求返还原物，以回复占有。占有因此而回复者，留置权人的占有为未丧失，留置权再生。

2. 留置财产的孳息收取权

《物权法》第235条规定："留置权人有权收取留置财产的孳息。""前款规定的孳息应当先充抵收取孳息的费用。"留置权人在占有留置财产期间，对于留置财产的孳息有收取的权利。对于这种权利是基于留置财产占有权发生，还是基于留置权的效力而发生，有不同主张，通说采后一种主张，因而又将留置财产的孳息收取权称为留置财产孳息留置权，它只能以收取的孳息优先受清偿，而不能直接取得孳息的所有权。

留置财产的孳息的作用与留置权一样，为担保债权的实现。如果孳息为金钱，在充抵收取孳息的费用之后，可直接以其充抵债务。留置财产的孳息充抵债权的顺序为：先充抵收取孳息的费用，次及利息，然后是原债权。

对于留置财产的孳息充抵债权应于何时进行，有人认为应于留置权实现时进行，也有人认为应于孳息收取之时进行。笔者认为，该种孳息不属于留置财产原物，不必待留置权实现时一并进行，故采后一种主张。

留置权人就留置财产收取的孳息以充抵债权，实际上是为债务人的利益行使权利，对债务人有利，因而留置权人的这项权利实际上也是义务。为此，留置权人应以善良管理人的注意为之，对留置财产的孳息进行妥善管理，如未尽该种注意义务，怠于收取孳息，造成债务人损失的，应对债务人负损害赔偿责任。

3. 留置财产必要的使用权

留置权人对于留置财产，原则上只能占有、扣留，并无使用的权利。但在下述两种情况下，留置权人有对留置财产的使用权。

（1）为留置财产保管上所必要的使用。

如适当使用留置的车、船、机械，为防止锈蚀而进行适度运转，是适法行为。必要使用为事实问题，应依具体情况而定。在主观上应限于保存的目的，不得以积极取得物的收益为目的。当必要的使用产生收益时，留置权人应收取，按照留置财产孳息的处理方法处理。这种情况，既不构成不当得利，也不构成侵权行为。

（2）经债务人同意而为使用。

留置财产所有人作为债务人，为发挥留置财产的效能，使其产生收益而与留置权人协议，由留置权人对留置财产为使用的，留置权人可以对留置财产进行使用，享有合法的使用权。使用的范围包括为自己直接使用、出租和为自己设定担保。对此种使用产生的收益，按照处理留置财产孳息的办法处理。

上述第一种对留置财产的使用无须债务人同意，第二种使用则需债务人同意。

4. 必要费用偿还请求权

留置权人因保管留置财产所支出的必要费用，是为债务人的利益而支出的，因此，这种费用应由债务人承担，留置权人对此有返还请求权。必要费用包括在留置权的担保范围之内，可于清偿债权时一并清偿，或者在实现留置权时一并优

先受偿。

保管的必要费用，是为保存、管理所不可缺的费用，包括保管费、维修费、养护费、搬运费等。其标准应依支出时的客观标准而定，不能以留置权人的主观认识为标准。

5. 留置财产变价权

留置权人对留置财产享有变价权。该变价权并不产生于留置权产生之时，而是产生于留置权实行之时，即留置权的第二次效力发生之时。这一权利是必不可少的。如果留置权没有包括变价权在内，留置权的第二次效力就不能发生，优先受偿权就没有发生的基础，留置权的担保作用也就不能最终体现出来。

关于留置财产变价权的行使，《物权法》第236条规定："债务人逾期未履行的，留置权人可以与债务人协议以留置财产折价，也可以就拍卖、变卖留置财产所得的价款优先受偿。""留置财产折价或者变卖的，应当参照市场价格。"依此规定，我国的留置财产变价权的行使，采协商方式和依法自行行使方式，由当事人选择。如果采折价方式，则由留置权人与债务人协商，议定所折价值；如果采拍卖、变卖方式，则须依法进行，经过公告并经法定部门拍卖、变卖。当然，留置权人也可以向人民法院起诉，依法变价后优先受偿。

6. 优先受偿权

优先受偿权是担保物权共同的基本权利，是最终体现留置权担保作用的权利。我国法律承认留置权的优先受偿权，并且确认留置权较之于抵押权和质权的优先受偿效力。

优先受偿权是留置权第二次效力中的最后一项权利，是保障留置权人之债权的根本手段。如果仅以留置方法作为留置权的基本方法，虽然可以促使债务人履行债务，但如果债务人拒不清偿，留置权人虽可继续留置，但却得不到留置财产的所有权，也不能使留置权人增加财富、获得清偿，因而没有强制性的、有效的担保作用。在变价权的基础上，确认留置权人的优先受偿权，就可以保障留置权人债权的实现。

优先受偿权的核心是，赋予被担保债权以特殊的地位，使该债权优先于债务

人其他债权人的债权，就留置财产的变价优先受偿。其他债权则为平等债权，须在被担保的债权被满足以后，才能由留置财产的变价的剩余部分平均受偿。即使在留置财产上设有抵押权或者质权，留置权也具有优先受偿的效力，行使留置权之后，才可以行使抵押权或者质权。优先受偿的范围应以留置财产的变价为限，超过该变价部分的债权，无优先受偿权，仍为平等债权而平均受偿。

（二）留置权人的义务

1. 留置财产的保管义务

《物权法》第234条规定："留置权人负有妥善保管留置财产的义务；因保管不善致使留置财产毁损、灭失的，应当承担赔偿责任。"这一条文规定的就是留置权人于留置期间对留置财产负有保管义务和损害赔偿责任。

留置权人对留置财产的保管义务产生于留置权产生之时，但从严格的意义上说，这种保管义务是留置权产生之前，债权人对该物的保管义务的延续。因为债权人在依债权占有该物时就负有保管义务，当债权人行使留置权时，这种基于合同产生的保管义务就转化成基于担保物权而产生的保管义务；前者为债权义务，后者为物权义务。保管义务贯穿于留置期间的始终，直至留置权消灭。事实上，保管义务延续至留置财产交还之时，因为从留置权消灭到留置财产交还还有一定的时间间隔，在这个短暂的期间，留置权人仍负有对留置财产的保管义务。

留置权人对留置财产应负善良管理人的注意义务。也有人认为，除不可抗力的原因之外，留置权人均应对保管不善而造成的留置财产的损失负赔偿责任。[①] 这两种意见的区别是留置权人对于留置财产因意外所致损害是否承担责任，即留置权人对留置财产的损害是否负无过失责任。就一般保管而言，有偿保管的保管人应负善良管理人的注意义务，无偿保管的保管人应负与处理自己事务同一的注意义务，只有对于另加保价的保管、寄托、运送、邮寄等，义务人才承担意外所致损害的赔偿责任和不可抗力所致损害的赔偿责任。据此，笔者认为，留置权人保管留置财产实为有偿保管，但非保价保管，故留置权人应

① 王美娟，等. 留置权初探. 中国法学，1992 (1).

负善良管理人的注意义务，其不应对意外所致损害和不可抗力所致损害负责。留置权人在保管留置财产期间，如因怠于为必要的注意造成留置财产灭失、毁损的，应向债务人负赔偿责任。

留置权人对留置财产的保管是否有过失，应依客观标准判断。留置权人有无过错，由其自己举证证明。债务人提起的留置财产损害之诉实行过错推定，举证责任倒置。

债权人依合同占有标的物时为无偿行为，债权人因所保管标的物的瑕疵而受有损害，为索取赔偿金而留置保管物的，其注意义务仍应为善良管理人的注意义务。理由是，无论债权人在留置前占有合同标的物时负何种注意义务，只要其依留置权而留置该物，即负有物权上的保管义务，其注意义务即为善良管理人的注意义务，判断其有无过失应以此为标准。

留置权人保管留置财产，应自己为之。但保管留置财产需要债务人协助时，债务人应予以协助。如果债务人不应留置权人的请求予以协助，则对于因此而造成的留置财产的毁损、灭失，自不得请求留置权人予以赔偿。

2. 不得擅自使用、利用留置财产的义务

与留置权人的必要使用留置财产的权利相对应，留置权人负有不得擅自使用留置财产的义务。我国《物权法》对此未设明文，但在学理上和实务中借鉴国外立法应作此解释。

留置权人未经债务人同意而擅自使用、利用留置财产，构成对应负义务的违反。致生损害时，留置权人应负损害赔偿责任。此种责任亦为过失责任，如留置权人无过失，则不负赔偿责任。

3. 返还留置财产的义务

留置权消灭时，留置权人丧失对留置财产的占有权，应将留置财产返还于债务人。这种返还义务应是给付合同标的物的义务，因为留置权一经消灭，留置权人即为债务人，负有给付合同标的物的义务。违背这一义务，留置权人为非法占有，应负民事责任。

三、留置权对债务人的效力

（一）债务人

债务人是留置权的义务主体，是留置权所担保的债权关系的债务人，因其不履行给付义务，留置权人依法留置依该合同所占有的合同标的物。因而在留置权法律关系中，债务人就是被留置人。

债务人可以是留置财产的所有人，也可以是对留置财产享有合法占有权的人。留置权产生以后，除对留置权人发生法律效力以外，还对债务人发生法律效力。

（二）留置权对债务人的效力

1. 债务人仍享有留置财产的原有权利

留置财产被留置以后，债务人并不丧失对留置财产的原有权利：留置财产所有人仍对留置财产享有所有权，留置财产合法占有人仍对留置财产享有相应的权利。债务人依其权限范围可以处分留置财产，或出卖，或赠与，或作其他转让，但留置权并不因此而受影响，留置权仍对留置财产发生效力，债权人的留置权也不消灭，留置财产也不转移占有，只是留置权人与留置财产的受让人之间产生留置权法律关系，受让人成为新的债务人。

原债务人向受让人转让留置财产的权属后，受让人成为新的债务人，成为留置权关系的当事人。原债务人是否还为债务人，应依原债务人与新债务人之间的约定。如果双方约定转移债务，且留置权人同意的，则受让人成为新的债务人，应当承担对债权人的债务。如果作相反约定，不转移债务的，则受让人不成为债务人，原债务人仍为债务人。如果未作明确约定，则推定为不转移债务。在不转移债务的情况下，债权人与债务人之间仍为原债权债务关系，当债务人履行债务之后，债权人向受让人履行给付留置财产的义务；或者债权人向债务人给付留置财产之后，再由债务人交付受让人。如果债务人逾期不履行义务，则由留置权人实现留置权，优先受偿，剩余部分或者不足部分，或者由受让人承担，或者由债

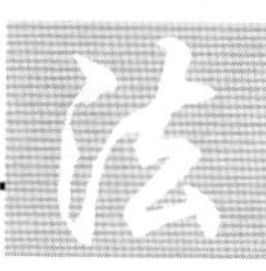

务人承担，由受让人和债务人进行结算。

2. 债务人行使留置财产的权利受到限制

留置权成立以后，债务人对留置财产的权利虽仍然存在，但受到限制。首先，占有、使用、收益权受到限制，债务人丧失对留置财产的占有，也就无法使用，这两项权能受到了完全限制。收益的权能则部分受限制，因为留置财产的孳息、经债务人承诺的使用而发生的收益，均由留置权人收取，但其权属仍归债务人。其次，出质权受限制。从理论上说，债务人如果是留置财产的所有权人，有权将留置财产出质而设定质权，但因质权以对质押财产的占有为要件，虽债务人可以将其对留置权人的返还请求权让与质权人，使其取得间接占有而使质权成立，但该项返还请求权因有留置权的存在而不完整，自不会有人愿意接受而成立质权，因而出质权受到限制。最后，债务人的租赁权受到限制。债务人可以把留置财产出租，与承租人签订租赁合同，但由于无法交付租赁物，因而不能使租赁合同生效。

3. 不得干扰、阻碍留置权人行使留置权

留置财产被留置以后，债务人有两种选择，或者及时清偿债务而要求返还留置财产，或者承认留置权人的留置，待其在留置财产变价后优先受偿。债务人无论作何种选择，都必须尊重留置权人行使留置权的事实，不得干扰、阻碍留置权人行使权利，必要时应予以协助。

债务人不履行这一义务，盗回、抢回或损坏留置财产的，构成侵害留置权的侵权行为，债务人应当承担侵权责任，赔偿留置权人的损失。债务人不履行必要的协助义务，造成留置财产损坏或留置权人损失的，也应当承担赔偿责任。盗抢留置财产而使留置权人丧失占有的，不为留置权人对留置财产占有的中断，债务人承担恢复留置财产占有的义务，应将留置财产返还留置权人，或者提供相应的担保。

4. 偿付因留置财产而支出的必要费用

留置财产被留置以后，由于其所有权等权属未变，因而留置权人保管、维护留置财产的一切费用均应由债务人承担。由此，留置权人与债务人之间产生新的债权债务关系，并且受到留置权的担保。同时，债务人对于留置财产的隐蔽瑕疵负有责任，如果因此而致留置权人以及他人损害，亦应承担赔偿责任。上述费用应以必要者为限，超出必要范围的额外支出，债务人不予负担。

四、留置权对其他担保物权的效力

《物权法》第 239 条规定："同一动产上已设立抵押权或者质权，该动产又被留置的，留置权人优先受偿。"这一规定确立了留置权的效力优先于其他担保物权的效力的规则。

（一）留置权与抵押权的冲突

动产既可以设置抵押，也可以被留置，因此会出现《物权法》第 239 条规定的留置权与抵押权冲突的问题。

留置权与抵押权的冲突可以在以下两种情形下发生：一是动产设置抵押权之后，又被其他债权人留置；二是动产先被债权人留置，之后又被抵押人对其他债权人设置抵押权。无论何种情形，都会发生在同一动产之上存在两个债权人享有的担保物权。在两个债权人同时行使担保物权时，究竟应当由哪个债权人优先受偿，就是留置权与抵押权冲突的后果。

《物权法》第 239 条规定的情形似乎是指第一种情况，但如果是后一种情况，按照"物权设置在先，效力优先"的原则，也应当是留置权优先，结果是一样的。因此，无论上述两种情况中的哪一种，都适用该条规定，留置权的效力优先于抵押权的效力，留置权人优先受偿。

留置权优先于抵押权的理由如下：一是抵押权人没有占有抵押物，而留置权人对标的物已经为占有；二是留置权是由于留置权人就标的物提供了材料或劳务而未得到适当补偿而发生的，是为了保证留置权人为标的物提供的材料或者劳务能使标的物的增值得到收回，留置权应优先于抵押权；三是法律和司法解释都有明确规定，如最高人民法院《关于适用〈中华人民共和国担保法〉若干问题的解释》第 79 条第 2 款规定，"同一财产抵押权与留置权并存时，留置权人优先于抵

押权人受偿”。

（二）留置权与质权的冲突

动产既可以被留置，也可以设置质权，因此，在同一动产上可能同时存在留置权和质权，形成留置权和质权的冲突。

留置权与质权的冲突也分为两种情况：一是质押物被留置。债权人取得动产质权之后，将质押物交给第三人保管，但由于作为寄存人的债权人没有按照保管合同的约定支付保管费以及其他费用，保管人对该质物享有留置权。二是留置物被质押。在动产质权的设定中，质物的交付可以采用指示交付，因此出质人在其已经成为留置权标的物的动产上依然可以设定质权。

上述两种情形下，按照《物权法》第239条的规定，都应当留置权优先于质权，留置权人优先受偿。

五、留置权的实现

（一）留置权实现的意义

留置权的实现，也叫留置权的实行，是指留置权的第二次效力的实现。

留置权具有前后两次相继发生的效力，虽然其都是担保债权的实现，但具体作用有所不同。留置权的第一次效力的作用在于促使债务人履行债务。留置权的第二次效力是，债务人于债权人留置标的物后一定期限内仍不履行其债务的，留置权人得以留置财产变价并优先受偿。留置权的这一效力是其根本的、最终的效力，其作用是使债权人的债权得到实现。

（二）留置权实现的程序和条件

留置权的实现必须经过一定的程序和具备一定的条件。《物权法》第236条规定：“留置权人与债务人应当约定留置财产后的债务履行期间；没有约定或者约定不明确的，留置权人应当给债务人两个月以上履行债务的期间，但鲜活易腐等不易保管的动产除外。债务人逾期未履行的，留置权人可以与债务人协议以留置财产折价，也可以就拍卖、变卖留置财产所得的价款优先受偿。”“留置财产折

价或者变卖的，应当参照市场价格。”《物权法》第 237 条还规定：“债务人可以请求留置权人在债务履行期届满后行使留置权；留置权人不行使的，债务人可以请求人民法院拍卖、变卖留置财产。”按照这些规定，实现留置权均须经过的必要程序和具备的相当条件是宽限期、通知义务和变价取偿。

1. 确定留置财产后的履行债务宽限期

债权人一经留置依债权占有的债务人的财产，应当立即确定宽限期。宽限期的确定有两种办法：一是由当事人双方事先在合同中约定，约定的期限不得少于两个月。二是如果当事人双方在合同中没有事先约定宽限期，那么债权人在留置财产后，应自行确定一个宽限期，但最短亦不得少于两个月。我国规定的宽限期较短：如果约定或自定的宽限期超过两个月的，依其约定或自定；如果约定或自定的宽限期不足两个月的，则约定或自定无效，应依法定的两个月期限执行。

2. 对债务人的通知义务

债权人留置合同标的物以后，应当立即通知债务人。通知的内容包括：一是告知已将合同标的物留置；二是告知债务人宽限期；三是催告债务人在宽限期内履行债务。债权人未经通知债务人上述内容，不得实现留置权。如果债权人无法通知债务人的，应由债权人证明，属实者，仍按法定的宽限期办理，宽限期届满，债权人可以实现留置权。如果双方当事人在合同中已经事先定有宽限期的，则债权人不承担通知义务，期满即可实现留置权。

宽限期应自债权人通知留置之日起计算。具体计算标准，分为发信主义和到达主义。笔者认为应当采取到达主义，只有债务人接此通知，才能在宽限期内清偿债务，起到催告清偿的作用。

3. 将留置财产变价后取偿

宽限期届满债务人仍不履行债务，也不另行提供担保的，即具备了留置权实现的条件，留置权人可以对留置财产变价并取偿。如果债务人在宽限期届满前履行了债务，或者另行提供了担保，则留置权消灭，留置权人不得再实行留置权。

（三）留置权实现的方式

依照我国《物权法》的规定，留置权的实现方式有两种，即折价、变价两

种。当事人协商一致折价的，可依约定办理；当事人约定折价不成，则须依变价方式。当事人约定变价的，也应准许。

拍卖、变卖留置财产，并无必要由法院审查留置权，由法院来执行。如果当事人对留置权的实行并无争议，法院没有必要过问。如果当事人就此提出异议并诉至法院，则法院应依法处理。

留置权人最终实现留置权，是以处分留置财产的变价款或留置财产的折价款，优先偿付自己的债权。按照《物权法》第238条的规定，留置财产折价或者拍卖、变卖后，其所得价款超过债权数额的部分归债务人所有，不足部分由债务人清偿。但剩余债权因已无担保，成为普通债权，并无优先受偿权。

第四节　留置权的消灭原因

一、留置权消灭原因概述

（一）留置权消灭原因的概念和类型

留置权的消灭是指留置权成立以后至留置权实现之前，留置权因一定原因的出现而不复存在。

留置权的消灭分两种：一是永久消灭，一经消灭，永不再产生；二是相对消灭，留置权消灭后还会依法再生。

（二）留置权消灭的原因

留置权的消灭与其他担保物权的消灭有所不同。如抵押权、质权经实现，可以消灭抵押权和质权。由于留置权的实现是留置权发生的第二次效力，因而留置权的实现作为留置权消灭的原因，与留置权消灭的一般原因不完全一样。

《物权法》在担保物权消灭中规定了担保物权消灭的一般原因，同时，还在第240条规定了留置权消灭的特别原因。因此，留置权的消灭原因包括物权消灭的共同原因、担保物权消灭的共同原因和留置权消灭的特别原因。

（三）留置权消灭的效力

留置权消灭的效力，是消灭留置权法律关系，留置权人和被留置人丧失这种法律身份，仍成为债权人和债务人。与其他担保物权不同的是，质权、抵押权消灭，主要的后果是返还担保财产，而留置权消灭不发生返还留置财产的后果，而是发生原债的给付标的物返还的后果。留置权消灭以后，还产生其他具体的法律后果。

二、留置权因物权消灭的共同原因而消灭

留置权是物权，当物权消灭的共同原因出现时，留置权因此而消灭。

（一）标的物灭失

标的物灭失是一切物权消灭的共同原因，所有的物权都会因标的物的灭失而消灭。留置财产灭失，留置权必然消灭。

留置财产灭失的结果由谁承担，应区分情况。因留置权人过失所致的，则留置权人应承担赔偿责任，赔偿额中应扣除债务额。因债务人的过失所致的，则债务人不得请求赔偿，并应当继续履行债务。因第三人过失所致的，则赔偿金应由债权人留置并优先受偿。因意外事件或者不可抗力所致的，则债务人不负赔偿责任，仍应履行债务。

（二）标的物被征用

物权标的物被征用，该物权消灭。留置权同样如此。不过，留置财产为动产，被征用的可能性很小。留置财产被征用以后国家给予的补偿金，应当优先偿付留置财产担保的债权，有剩余的，归还债务人；不足部分由债务人另行清偿。

（三）留置权与所有权混同

他物权与所有权混同，是他物权消灭的共同原因。留置权与所有权混同，也消灭留置权，因为债权人不能留置自己的财产以担保债权。例如，债务人将留置财产的所有权转让给留置权人，留置权即因混同而消灭。发生这种混同前，债权

人与债务人之间必对其债权债务关系作出约定，依其约定处理债权债务关系即可。

三、留置权因担保物权消灭的共同原因而消灭

担保物权消灭的共同原因，也是留置权消灭的原因。《物权法》第 177 条规定了三种担保物权消灭的共同原因，都适用于留置权的消灭。

（一）担保物权所担保的主债权消灭

担保物权是主债权的从权利，随主权利的消灭而消灭。留置权担保的债权消灭，如债权已经受清偿、债权已经抛弃等，则留置权随所担保的债权的消灭而消灭。

债权诉讼时效届满，留置权是否消灭？对此有两种对立的观点。肯定说主张，留置权的行使不妨碍债权消灭时效的进行，故债权因诉讼时效消灭时，留置权也随之消灭。日本法采此主张。否定说主张，以抵押权、质权或留置权担保的债权，虽经时效消灭，债权人仍得就其抵押财产、质押财产或留置财产取偿，即留置权并不因债权消灭时效的完成而消灭。我国台湾地区采此主张。笔者认为，依照《物权法》的基本原则，在司法上应采否定说的主张。理由是：第一，诉讼时效完成后，债权并不全部消灭。诉讼时效只消灭胜诉权，而不消灭起诉权，即债权人的权利并未全部消灭，而只是丧失了寻求法律保护并赋予其强制力的效力。就债权人而言，仍为权利人，只是其权利变为自然的权利。正因为如此，债权并没有完全消灭，其从权利即留置权以至其他担保物权当然也不会消灭。第二，债权诉讼时效的起算与留置权的实现之间有一个时间差，即宽限期。如果说留置权本身也受诉讼时效期间约束的话，它们不可能同时产生诉讼时效期间届满的后果。

（二）担保物权实现

担保物权实现，是担保物权消灭的共同原因。留置权实现以后，留置权也消灭。但是，留置权实现作为其消灭的原因，与留置权消灭的其他原因不同，因为

留置权消灭的原因，是指留置权发生至留置权实现之间使留置权不复存在的事实，其后果是留置权不能发生第二次效力。因而，在这里虽然也把留置权实现作为其消灭的原因之一，但却与留置权消灭的一般原因意义不同。

（三）留置权被放弃

权利主体可以放弃自己的权利，并发生消灭该权利的法律后果。留置权人抛弃留置权是单方法律行为，依留置权人一方的意思表示而成立。只要留置权人向债务人作出抛弃留置权的意思表示，留置权即消灭。至于合同标的物如何处置，须由双方协商；无约定的，仍依原债权债务关系处理。

四、留置权消灭的特别原因

留置权消灭的特别原因，是只能引起留置权消灭的特殊事实，既不可适用于其他担保物权，也不能适用于其他物权。

（一）债务人另行提供担保

留置权成立以后，留置财产被债权人占有，债务人无法对该物行使权利。留置财产无法被利用，显然不利于发挥物的效益。同时，就一般情况而言，留置财产的价值大于债务人债务的价值，从而对债务人更为不利。为平衡这种双方当事人之间的利益关系，保障债权人的债权实现，也保障债务人不遭受更大的损失，法律准许债务人另行提供债权担保，从而债权人返还留置财产给债务人，留置权消灭。这实际上是让债权人的债权由留置权担保改换为另一种形式的担保。债权人的债权由另一种担保形式得到切实的担保，债权人当然可以放弃留置权的担保。

债务人另行提供的担保在形式上包括物保和人保，其必要条件是被留置权人接受。留置权人不接受的，无论债务人提供何种担保，都不发生留置权消灭的后果；反之，如果留置权人认为对其债权担保有效而予以接受，则不论债务人提供何种担保，都发生留置权消灭的后果。

债务人另行提供担保能够为留置权人所接受的条件，是另行提供的担保与留

置权人的利益相当，其标准为与留置财产所担保的债权范围相当。这是因为，留置财产往往与债权价值不相等，以担保债权的范围作标准是最为准确的，且符合债权担保的目的。

债务人另行提供担保不必非以消灭留置权为目的才能消灭留置权，只要提供的担保足以充分保障留置权人的债权，就当然发生留置权消灭的后果。

债权人另行提供担保消灭留置权，其效力是终局的，不能仅为一时消灭。

（二）留置权人对留置财产丧失占有

《物权法》第240条规定，留置权人对留置财产占有的丧失为留置权消灭的原因。留置财产占有的丧失，是指留置权人不再继续占有留置财产，并非仅丧失其直接占有，而是其间接占有也不存在。如果留置权人先就留置权为自己占有，后改依占有媒介人为直接占有，自己为间接占有，则其占有仍在继续而不为丧失，留置权并不消灭。①

留置权人对留置财产占有的丧失，包括其占有被他人侵夺和留置权人自己放弃占有。

他人侵夺留置权人对留置财产的占有，从而消灭留置权，与质押财产占有丧失而消灭质权相同。但是，质押财产占有丧失而消灭质权与留置财产占有丧失而消灭留置权的不同之处是，质权有追及效力，质权人在其质押财产占有被侵夺时，有权请求返还质押财产，因此质权并不随质押财产占有的丧失而立即消灭，只有在质权人不能请求或者不请求返还质押财产时，质权才归于消灭。留置权无此追及效力，留置财产占有丧失，留置权就立即消灭；不能基于留置权而请求不法侵占者返还标的物，只能依保护占有的规定请求返还标的物。

留置权人放弃占有留置财产，如将留置财产交付债务人、转让他人等，均消灭留置权，其中，将留置财产转让他人如未经债务人同意，则为侵权行为。

留置财产占有丧失之后又恢复的，可以有条件地恢复留置权。在留置权因留置财产的占有被他人侵夺而消灭时，其效力是相对的。如果留置权人依保护占有的规定请求返还该物并恢复占有后，则于该物返还之时再生留置权。留置权人自

① 郭明瑞．担保法原理与实务．北京：中国方正出版社，1995：349.

已放弃留置财产的占有而消灭留置权的，当其再取得对该物的占有时，留置权是否再生依具体情形而定：如果留置权人知有留置权的存在而放弃其物的，为留置权的抛弃，从而留置权终局消灭；如果留置权人不知有留置权的存在而放弃占有物的，例如不知占有物与债权有关联关系或知之而不知法律上可成立留置权而放弃占有物的，则其明显无抛弃留置权的意思，故就占有物有留置权再生的可能。留置权的重新发生，须具备留置权成立的其他要件：(1) 留置财产所有人受占有物的返还前非为债务人（例如依善意取得的留置权），或债务人接受留置财产的返还后以之让与第三人的，则其后债权人虽再取得该物的占有，不得就该物再生留置权；(2) 商人间因营业关系而认有关联关系所发生的留置权，债权人再取得返还物的占有之际，须仍有商人的资格，而且其占有须因营业关系而取得。[①]

（三）债权清偿期的延缓

债权清偿期延缓以后，留置权消灭。对此，《物权法》未作明文规定，但理论和实践认为，债务人超过约定期限不履行债务，是留置权成立的要件，既然债权清偿期已经延缓，就不能视为债务人超过约定期限不履行债务，从而使留置权成立的条件欠缺，留置权当然消灭。

因债权清偿期延缓而消灭留置权的效力，是相对效力，这种已消灭的留置权可以再生。债权清偿期延缓以后，当延缓后的清偿期又届满时，具备留置权成立条件的，留置权再生。这种再生的留置权是一个新的留置权，其宽限期、实现等均应重新计算，与已消灭的那一个留置权无关。

---

① 史尚宽. 物权法论. 北京：中国政法大学出版社，2000：520.

第十六章

非典型担保物权

第一节　优先权

一、优先权概述

（一）优先权的概念

优先权也称先取特权，是指特定的债权人依据法律的规定而享有的就债务人的总财产或特定财产优先于其他债权人而受清偿的权利。[①]

在优先权中，就债务人不特定的总财产成立的优先权叫作一般优先权，就债务人特定动产或不动产成立的优先权叫作特别优先权。[②]

① 谢怀栻. 外国民商法精要. 北京：法律出版社，2002：158.

② 申卫星. 物权立法应设立优先权制度//王利明. 物权法专题研究：下册. 长春：吉林人民出版社，2001：414.

（二）优先权的沿革

优先权起源于罗马法中的优先索取权。创设这种权利的目的：一是维护社会正义，二是因应事实的需要。为此，罗马法设立了种类繁多的优先权，例如被监护人或被保佐人的损害赔偿优先权、国库对纳税人的税款给付的优先权、丧葬费用优先权和妻之嫁资返还优先权等。①

罗马法上的优先权制度被近世大陆法系国家的民事立法接受，形成了比较广泛的优先权制度，但后世对优先权的性质、种类和效力却有不同看法，由此形成了不同的立法例。法国民法在继受罗马法优先权的基础上，逐渐出现了把财产划归用于清偿某些债权的概念，从而使优先权从原来的债权人之间的分类变为物的担保制度②，优先权从此具有了担保物权的性质。日本民法继受了法国民法中的优先权制度，称之为先取特权。德国民法不规定优先权，它只是将优先作为特定债权所具有的一种特殊效力，即优先受偿效力，认为某些特种的债权被赋予优先效力的实质在于破除债权平等原则，赋予该等债权人以优先受偿效力，但该特种债权不过是推行社会政策和基于社会公益考量的结果，并不改变其债权性质，因此，优先受偿的权利只是特种债权的效力之一，并非一种独立的担保物权。

（三）优先权的性质

我国民法理论对优先权的性质认识不同，有特种债权说和担保物权说两种不同观点。

特种债权说认为，优先权并非一种独立的担保物权，它不过是立法政策对特种债权的特殊保护，而特种债权主要是指工资、生活费、司法费用、抚养费用等的支付关系，它们是基于公法关系、劳动法关系、婚姻家庭法关系产生的，并非民法上的债权关系。③

担保物权说则认为，优先权是独立的法定担保物权，它既不是优先受偿效力或特殊债权的清偿顺序，也与抵押权等担保物权具有明显的区别。④

---

① 陈本寒．担保物权法比较研究．武汉：武汉大学出版社，2004：341.

② 沈达明．法国・德国担保法．北京：中国法制出版社，2000：91.

③ 董开军．担保物权的基本分类及我国的立法选择．法律科学，1992（1）.

④ 王利明．物权法论．修订本．北京：中国政法大学出版社，2003：720.

笔者认为，优先权是独立的法定担保物权，理由是：第一，优先权基于社会生活实际需要而产生，其意义在于基于社会政策、公平观念等各种考虑，明确某些需要特殊保护的债权优先于其他债权而受清偿，从而对债权平等原则加以突破。第二，我国现行法中也已经将某些优先权规定为法定担保物权。如《海商法》第22条、第25条第1款中规定的船舶优先权，《民用航空法》第19条、第22条规定的民用航空器优先权，《税收征收管理法》第45条第1款规定的税收优先权，《合同法》第286条规定的建筑工程承包人的建设工程价款优先权。第三，优先权的性质、产生、内容以及消灭的原因等都决定了其为独立的法定担保物权，而非单纯的优先受偿效力或者债权清偿顺序。第四，我国法定担保物权只有留置权一种，体系不完整，增加优先权作为法定担保物权，可以完善法定担保物权体系。

（四）优先权的法律特征

1. 优先权是一种他物权

优先权具有优先受偿性、支配性、排他性以及追及性，这些性质说明它是一种物权而不是债权。它存在的基础在于债务人的总财产或者特定财产，它不是就自己的财产所设立的物权，因而它的性质是他物权。

2. 优先权是一种担保物权

用益物权和担保物权都是他物权，其最基本的区别在于，用益物权的基本属性在于对他人财产的用益性，而担保物权的基本属性在于对他人财产的代位性和保证性。优先权作为一种他物权，从属于其所担保的债权而存在，其目的就在于保证特定债权的实现。这种性质的他物权是担保物权，而不是用益物权。

3. 优先权是一种法定的担保物权

优先权与留置权一样都是一种法定的担保物权，但是优先权的法定性更为强烈：首先，优先权的产生要依据法律的明确规定。哪些债权的权利人能够享有优先权必须有法律的明确规定，当事人不得约定设立优先权。其次，优先权的效力要依据法律的明确规定，即优先权所担保的债权范围、优先权效力所及的标的物范围以及优先权之间、优先权与其他担保物权之间的顺位，都必须依据法律的明

确规定，当事人不能自由约定。

4. 优先权是无须公示而产生的担保物权

物权公示原则是物权法中的一项基本原则，但优先权例外，属于无须公示仅依法律规定就能够产生的担保物权，无须交付，也无须登记。因为优先权欠缺公示性，所以在很大程度上优先权会对其他权利人，尤其是那些有担保的债权人的利益造成损害，因此必须加以补救：(1) 应当对受偿顺序严格限制。一般优先权应先就债务人的动产受偿，有不足部分才能就债务人的不动产受偿；以债务人的不动产受偿时，应先就无担保的不动产受偿，有不足部分才能就有担保的不动产受偿。(2) 应当对担保范围予以限制。工资优先权、丧葬费用优先权、债务人生活费用优先权等是出于人道主义，为保护人的基本生存权而设，如果担保范围过大，就会严重损害其他债权人的利益，有滥施慈善之嫌，故应对其担保范围加以限制。(3) 对权利行使期限进行必要限制，否则会使权利长期处于不稳定的状态，影响优先权的积极作用。(4) 以善意取得制度限制动产优先权的追及效力，规定作为优先权标的物的动产被第三人善意取得时，优先权人对该动产没有追及权。(5) 用登记制度对就不动产行使的优先权加以限制，例如，一般就不动产行使优先权未进行登记的，不得对抗无特别担保的债权人。

二、优先权的类型

(一) 优先权的一般分类

1. 民法上的优先权与特别法上的优先权

根据规定优先权的法律的不同，可以把优先权分为民法上的优先权和特别法上的优先权。民法上的优先权，是指由民法加以规定的优先权，如《合同法》第286条规定的建设工程价款优先权。特别法上的优先权，是指由民法之外的单行法律所确立的优先权，主要包括海商法规定的船舶优先权、民用航空法规定的民用航空器优先权、税法规定的税收优先权等。

2. 一般优先权与特殊优先权

依据优先权的标的物的不同，可以把优先权分为一般优先权与特殊优先权。一般优先权是指就债务人的总财产优先受偿的优先权，如受雇人的工资债权就债务人的总资产优先受偿。特殊优先权包括三种：一是司法费用优先权；二是民事优先权，包括为债务人的利益而设立的优先权和为债权人的利益而设立的优先权；三是国库优先权，指为了维护国库收入而设立的优先权，如税收优先权。

3. 优先于所有债权的优先权和优先于普通债权的优先权

依据优先效力的不同，优先权可以分为优先于所有债权的优先权和优先于普通债权的优先权。前一种优先权的效力最为强大，其所担保的债权不仅优先于普通的债权受偿，而且优先于有担保物权的债权而受清偿。后一种优先权所担保的债权只能优先于没有担保的债权而受清偿，不能优先于有担保物权的债权而受清偿。

4. 动产优先权和不动产优先权

依据标的物的不同，特殊优先权可以分为动产优先权和不动产优先权。动产优先权，是就债务人的特定动产优先受偿的优先权，如旅店主人就旅客所欠食宿费可以从旅客的行李中优先受偿。不动产优先权，是就债务人的特定不动产优先受偿的优先权，如建设工程承包人的建设工程价款优先权。

（二）我国现行法中的优先权种类

目前，我国现行法中优先权主要有以下五种。

1. 职工工资债权和劳动保险费用优先权

依据我国《企业破产法》第113条的规定，破产财产在优先清偿破产费用和共益债务后，先支付职工工资和劳动保险费用以及所欠税款，再有剩余才用于清偿普通债权。

2. 建筑工程承包人的建设工程价款优先权

《合同法》第286条规定了建设工程价款优先权。在审理房地产纠纷案件和办理执行此类案件中，应当依此规定，认定建筑工程承包人的优先受偿权优于抵押权和其他债权。[①] 此种优先权属于民法上的优先权。

---

① 最高人民法院《关于建设工程价款优先受偿权问题的批复》第1条。

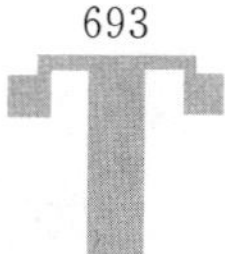

3. 船舶优先权

船舶优先权，是指海事请求人依照《海商法》的有关规定，向船舶所有人、光船承租人、船舶经营人提出海事请求，对产生该海事请求的船舶具有优先受偿的权利。我国《海商法》第 22 条、第 25 条第 1 款在船舶优先权中明确规定了船长、船员以及在船上工作的其他在编人员依据劳动法律、行政法规或者劳动合同所产生的工资、其他劳动报酬、船员遣返费用和社会保险费用等债权具有优先于船舶留置权受偿的效力。

4. 民用航空器优先权

民用航空器优先权，是指债权人依照《民用航空法》的有关规定，向民用航空器所有人、承租人提出赔偿请求，对产生该赔偿请求的民用航空器具有优先受偿的权利。我国《民用航空法》第 19 条、第 22 条在民用航空器优先权中明确规定了援救该民用航空器的报酬的债权以及保管、维护该民用航空器的必需费用的债权具有优先于民用航空器抵押权的效力。

5. 税收优先权

税收优先权，是指纳税人未缴纳的税收与其他未偿债务同时存在，且其剩余财产不足清偿全部债务时，税收可以排除其他债权而优先受清偿的权利。《税收征收管理法》第 45 条第 1 款对这种优先权作了规定。

在修订《继承法》过程中，也有学者考虑了对遗产设置优先权制度，目前提出的建议是遗产按下列顺序清偿：（1）合理的丧葬费用、遗产管理费用、遗嘱执行费用等继承费用；（2）被继承人生前欠缴的税款；（3）被继承人生前所负债务；（4）遗赠扶养协议与继承扶养协议中扶养人取得遗产的权利；（5）受遗赠人取得遗赠的权利。遗产不足以清偿全部遗产债务时，同一顺序的债权按比例受偿。[①] 按照这样的意见，丧葬费等费用有优先于债权的优先权，债权有优先于遗赠扶养协议、继承扶养协议和遗赠的优先权。

---

① 杨立新，杨震. 中华人民共和国继承法修正草案建议稿. 河南财经政法大学学报，2012 (5).

三、优先权的效力

（一）优先权担保的债权范围

优先权所担保的债权范围主要包括：主债权、利息、违约金、损害赔偿金以及优先权人因保全和实现优先权所支出的费用。对此，原则上应当适用《物权法》第173条关于担保物权所担保的债权的一般范围的规定。

应当强调的是，优先权是一种法定性非常强的担保物权，因此不同的优先权所担保的债权范围必须依据法律的明确规定。对于不同性质的优先权所担保的债权范围作不同的规定，是因为优先权是无须公示即可产生的物权，如果不对其担保的债权范围予以限制，将会对交易安全造成威胁；同时，优先权的立法目的就在于基于社会政策以及公平的考量而对某种利益予以优先保护，对利益保护的程度不同，决定了不同的优先权所担保的债权范围的不同。

（二）优先权的顺位

在同一动产或不动产上同时产生数个优先权时，则在数个优先权中存在顺位问题。优先权之间的顺位分为以下三种情形。

1. 一般优先权之间的顺位

对于一般优先权之间的顺位，通常要由法律作出明确规定。例如，破产费用应当从破产财产中优先拨付。破产财产优先拨付破产费用后，其他优先权行使的顺序是：(1) 破产人所欠职工的工资和医疗伤残补助、抚恤费用，所欠的应当划入职工个人账户的基本养老保险、基本医疗保险费用，以及法律、行政法规规定应当支付给职工的补偿金；(2) 破产人欠缴的除前项规定以外的社会保险费用和破产人所欠的税款；(3) 普通破产债权。破产财产不能满足同一顺序的清偿要求的，按照比例分配。

在一般优先权中，税收优先权是否优先于民法上的优先权？依据我国《税收征收管理法》第45条第1款的规定，只要纳税人欠缴的税款发生在其他担保物权产生之前，税收权就优先于抵押权等担保物权。这种规定是不正确的，违背了国家不与人民争利的原则，而且纳税人是否在抵押权等担保物权设定或产生之前欠缴税款无法为担保物权人所知悉，故这种规定对于交易安全极为不利。这种优先权应当改变。

2. 特殊优先权之间的顺位

特殊优先权之间的顺位包括以下两类情形。

(1) 性质相同的特殊优先权之间的顺位。

在性质相同的特殊优先权之间，受偿的顺位是：第一，基于设定质权的理由而创设的优先权，两种性质相同的优先权的顺位应当依照权利成立的先后顺序确定。第二，基于债务人财产增值的理由而创设的优先权，解决优先权顺位的方法是“时间优先，权利优先”。第三，基于保值（保存费用）的理由而创设的优先权，解决顺位的原则是“时间在后，权利优先”，即设立时间在后的优先权先于设立时间在前的优先权受偿。因为如果没有在后的保值行为，在先的保值行为所发生的债权是不可能就现存的财产行使优先权的。这一点最鲜明地体现在海难救助当中：如果不规定时间在后的海难救助费用优先权先于时间在先的海难救助费用优先权行使，那么人们就不会踊跃地对海难进行救助。

(2) 性质不同的特殊优先权之间的顺位。

在性质不同的特殊优先权之间发生冲突时，其受偿顺位可以按照以下顺序确定：一是最后保存费用优先权；二是基于设定质权的理由而创设的优先权，但限于善意债权人；三是保存费用优先权；四是基于债务人财产增值的理由而创设的优先权。

3. 一般优先权与特殊优先权之间的顺位

一般优先权应当优先于特殊优先权而受偿，是因为一般优先权所实现的价值大于特殊优先权所实现的价值。一般优先权通常维护的都是公共利益以及债权人的共同利益，或者是债权人的生存权，或者是保护劳动者的合法权益这一社会政策；而特殊优先权主要维护的是债权人或债务人的个人利益。从价值衡量的角度自然应当得出一般优先权优先于特殊优先权的结论。

（三）优先权与其他担保物权的冲突

1. 优先权与质权

一般优先权以债务人的动产、不动产以及其他财产的总和为其标的物，而动产优先权专以动产为标的物，因此在同一动产上将出现一般优先权或动产优先权与质权的冲突。

（1）一般优先权与质权的冲突。

一般优先权与质权冲突时，原则上质权应当优先于一般优先权，但是法律另有规定的除外。

（2）动产优先权与质权的冲突。

动产优先权中第一顺位的优先权如动产租赁优先权、旅店住宿优先权以及运送人优先权等与质权发生冲突时，二者处于同一顺位。理由在于，此等动产优先权之产生是基于对当事人默示以动产为担保的推测，与质权应当等量齐观，而不应有差别待遇。至于质权与上述第一顺位之外的动产优先权冲突时，原则上质权优先于动产优先权，但是以下两种情形例外：一是质权人在取得质权时已经知道存在动产优先权；二是动产优先权为质权人保存了质押财产。

2. 优先权与抵押权

一般优先权以债务人的动产、不动产以及其他财产的总和为其标的物，而不动产优先权专以不动产为标的物，因此在同一不动产上会如同动产上那样出现一般优先权或不动产优先权与抵押权的冲突。

（1）一般优先权与抵押权的冲突。

在一般优先权与抵押权冲突时何者优先？有以下几种观点：第一种观点认为，此时应当按照登记加以确定。如果两者都办理了登记，则登记顺序在先的权利优先于在后的权利。如果两者都未办理登记，则一般优先权优先于抵押权。如果抵押权办理了登记，而一般优先权没有登记，则抵押权优先于一般优先权，但是，公益费用优先权即使没有登记，也应优先于抵押权。如果一般优先权办理了登记，而抵押权没有办理登记，则一般优先权优先于抵押权。第二种观点认为，一般优先权无论是否登记，均应优先于抵押权，因为一般优先权的设立是为了维

护社会公共利益、债权人的共同利益或者推行一定的社会政策，况且一般优先权也难以进行登记，所以登记与否并不影响一般优先权优先于抵押权。笔者认为，尽管一般优先权的立法目的在于维护一种较私人利益更高层次的社会公共利益或者推行一定的社会政策，但是由于一般优先权无须公示即可产生，因而出于维护交易安全以及强化公示原则的要求，除非法律另有规定（如《海商法》第 25 条第 1 款、《民用航空法》第 22 条），当一般优先权与抵押权冲突时，应当按照登记与否确定顺位。因此笔者赞同上述第一种观点。

（2）不动产优先权与抵押权的冲突。

不动产优先权经过登记时，可以先于抵押权行使。

3. 优先权与留置权

动产优先权和一般优先权会与留置权发生冲突。在一般优先权与留置权冲突时，一般优先权应当优先于留置权。在动产优先权与留置权发生冲突时，除非法律另有规定，留置权优先于动产优先权实现。

第二节　所有权保留

一、所有权保留概述

（一）所有权保留的概念

所有权保留是指在转移财产所有权的商品交易中，根据法律规定或者当事人约定，财产所有权人转移财产占有于对方当事人，而保留其对该财产的所有权，待对方当事人交付价金或者完成特定条件时，才将所有权转移的担保物权。《合同法》第 134 条规定："当事人可以在买卖合同中约定买受人未履行支付价款或者其他义务的，标的物的所有权属于出卖人。"2012 年 5 月 10 日，最高人民法院颁布的《关于审理买卖合同纠纷案件适用法律问题的解释》专设第六节，用 4 个

条文规定了所有权保留的具体规则，使我国的所有权保留规则基本完善。

例如，在分期付款买卖机动车的交易中，就有所有权保留条款；合同成立后，买受人取得购买的机动车的占有，并且可以使用、收益，但所有权保留在出卖人手中。当买受人付清全部价款时，所有权转移给买受人。如果买受人不能付清价款，出卖人即可依据自己的所有权而追索买受人占有的机动车。

（二）所有权保留的特征

1. 所有权保留是以权利为担保内容的物权

在传统的债权担保中，基本的担保内容有二：一是人保，二是物保。所有权保留既不是人保，也不是物保，而是以担保物的权利为担保内容，在债权人所享有的权利上设定担保，从而突破了担保的传统方式，是新型的担保方式。

2. 所有权保留提供的担保方式具有消极性

在一般的债权担保方式上，都是债务人积极提供担保，而不是消极提供担保。在所有权保留中，债务人不必积极提供担保，只要消极地不取得交付的标的物的所有权，直接在标的物的所有权上设定担保，将该所有权保留在出让标的物的人手中，就完成了担保。因此，所有权保留的担保方式更为便捷和易行。

3. 所有权保留的担保效力更多体现在事后救济上

在传统的债权担保中，其担保都是建立在交易有效的基础，无效合同根本就不成立担保。在所有权保留中，其担保产生的条件不成就时，发生所有权不转移的效力，因此就直接导致作为担保存在基础的交易合同的成立的效力问题。因此，所有权保留所具有的担保效力更具有事后救济的性质。

（三）所有权保留的性质和意义

1. 所有权保留的性质

关于所有权保留究竟是何性质，有不同意见。第一种意见认为是特殊质押关系，出卖人保留所有权所取得的是特别质权。[①] 第二种意见认为是担保物权，出卖人手中保留的所有权成为其实现买价请求权的担保物权。[②] 第三种意见认为是

① 王泽鉴. 民法学说与判例研究：第1册. 北京：中国政法大学出版社，1998：159.

② 孙宪忠. 德国当代物权法. 北京：法律出版社，1997：345.

担保性财产托管，债权人只享有在一定条件下请求债务人返还出卖物的权利，而所有权的其他权能全部由债务人行使。[①] 第四种意见认为是担保权益，卖方保留标的物的所有权，就是在其出卖的货物上设定担保权益。[②]

笔者认为，所有权保留是一种非典型担保物权，其担保的内容虽然不是物而是权利，但是这种权利是所有权，其实质还是物的担保，是物的所有权的担保。它通过保留出卖的标的物的所有权，实现对标的物的价款的担保，因此，这种担保方式是一种特殊的担保物权。

2. 所有权保留的沿革和意义

所有权保留制度并非新的担保物权，其起源甚早。在罗马法上，就存在类似制度，《德国民法典》第 455 条确认了所有权保留制度："动产的出卖人在支付价金前保留所有权的，在发生疑问时，应认为，所有权的转让是以支付全部价金为其推迟生效条件，并在买受人对支付价金有迟延时，有权解除合同。"不过，在债法改革后，所有权保留规定在第 449 条："（1）动产出卖人将所有权保留到买卖价款支付时为止的，有疑义时，必须认为所有权系以支付全部买卖价款为停止条件而转让的（所有权保留）。（2）仅在出卖人已解除合同时，出卖人才能根据所有权保留而请求返还物。（3）所有权保留的协议使所有权的转移取决于买受人满足第三人的债权，特别是满足于出卖人相关联的企业的债权的，该协议无效。"

近代各国都确认所有权保留制度，特别是现代社会通行分期付款的买卖方式，所有权保留制度具有更为广泛的应用范围，得到了各国法律的普遍承认，成为全世界都认可的担保形式。例如，日本将所有权保留规定在《分期付款销售法》中，我国台湾地区将其规定在"动产担保交易法"中。英美法上类似于所有权保留的制度被称为附条件买卖，主要适用于分期付款的交易。

所有权保留的意义在于，通过所有权保留而确保出卖人可对买受人主张未偿价款的债权：第一，买受人不依约定支付价款时，出卖人可以解除合同，或者依其所保留的所有权取回标的物；第二，相对于买受人的其他债权人而言，保留所

---

① 尹田. 法国物权法. 北京：法律出版社，1998：455.

② 余能斌，等. 保留所有权买卖比较研究. 法学研究，2000（5）：78.

有权可以使出卖人基于所有权而获得优先权。①

二、所有权保留的成立和登记

（一）所有权保留的适用范围

所有权保留担保形式适用的范围，是转移财产所有权的场合，一般在买卖、互易等领域中适用，在分期付款和赊销中具有更为广泛的适用价值。最高人民法院《关于审理买卖合同纠纷案件适用法律问题的解释》第34条规定："买卖合同当事人主张合同法第一百三十四条关于标的物所有权保留的规定适用于不动产的，人民法院不予支持。"其含义是所有权保留只适用于动产买卖，不适用于不动产买卖。

分期付款买卖的广泛应用，为暂时不具备消费条件的消费者提供了提前消费的空间，但分期付款买卖形式具有极大的风险，将使出卖人的利益不能得到充分的保障。所有权保留的担保形式，可以使出卖人将出卖的标的物的所有权保留在自己手中，一旦发生价款难以追回的风险，出卖人就可以行使自己的所有权，取回标的物。

（二）所有权保留的成立

所有权保留的成立，是通过合同当事人在合同中约定所有权保留条款进行的。当事人可以在买卖合同中或者另行制定所有权保留合同，约定交付标的物而不交付标的物的所有权。

所有权保留条款是要式合同，应当对所有权保留予以明示。在特殊情况下，根据合同的内容和交易习惯能够确定所有权保留的，也可以确认这种担保形式。例如，在分期付款买卖合同中尽管没有约定所有权保留条款，但是根据交易方式和交易习惯，仍然可以认定为所有权保留。

（三）所有权保留的登记

所有权保留担保形式的最大缺陷在于缺乏公示性，因而第三人难以知悉标的

---

① 王泽鉴. 民法学说与判例研究：第1册. 北京：中国政法大学出版社，1998：127.

物的权属状态。当卖方或者买方违反合同义务而将标的物的所有权让与第三人，或者在标的物上为第三人设定担保时，需要采取办法平衡买方、卖方以及第三人之间的利益关系。各国对所有权保留的登记问题采取三种不同的立场：一是登记生效主义，二是生效对抗主义，三是不登记主义。

我国对所有权保留的登记问题没有作出规定，最高人民法院《关于审理买卖合同纠纷案件适用法律问题的解释》对此也没有规定。笔者认为，对于所有权保留应当区分情况分别对待：对于车辆、船舶、航空器等特殊动产的所有权保留，应当采取登记对抗主义，不登记所有权保留不发生对抗善意第三人的效力；至于其他动产交易的所有权保留，不必进行登记。最高人民法院《关于审理买卖合同纠纷案件适用法律问题的解释》第 36 条第 2 款规定："在本解释第三十五条第一款第（三）项情形下，第三人依据物权法第一百零六条的规定已经善意取得标的物所有权或者其他物权，出卖人主张取回标的物的，人民法院不予支持。"这是对所有权保留不登记的后果的规定，承认了第三人的善意取得，所有权保留对此没有对抗效力。

三、所有权保留的效力

（一）所有权保留的客体范围

所有权保留的客体范围究竟应当是哪些？一般国家的立法都认为适用于动产的买卖。至于买卖的动产范围，有的国家立法有限制，有的则没有限制。例如德国立法就认为，只要是买卖的标的物，都可以保留所有权；英美国家直接规定所有权保留买卖的标的物为"货物"。而有的国家和地区则对保留所有权买卖的标的物有所限制，例如《瑞士民法典》第 715 条规定牲畜的买卖不得保留所有权；我国台湾地区"动产担保交易法"第 4 条规定采用所有权保留担保买卖的动产范围为机器、设备、工具、原料、半成品、成品、车辆、农林牧渔产品、畜牧以及小船等。我国立法对此没有明确限制，依照最高人民法院的上述司法解释，应当认为，凡是动产买卖都可以采用所有权保留的方式进行担保。

至于不动产买卖是否适用所有权保留，多数人主张不予适用，但是也有少数人主张可以适用所有权保留予以担保。但就实际情况而言，不动产买卖有登记制度保障，并且可以适用抵押、定金、保证等形式予以担保，故采用所有权保留担保的可能性不大。因此，对于不动产买卖应当采用其他方法担保，而不采用所有权保留的方式进行担保。最高人民法院《关于审理买卖合同纠纷案件适用法律问题的解释》第36条第2款的规定体现了这个精神。

（二）所有权保留的取回权

所有权保留成立后的法律效力，表现在出卖人的取回权和买受人的期待权。

1. 取回权及其行使条件

出卖人的取回权，是指在所有权保留中，出卖人享有的在买受人有特定违约行为，损害出卖人的合法权益时，从买受人处取回标的物的权利。最高人民法院《关于审理买卖合同纠纷案件适用法律问题的解释》第35条第1款规定了取回权及取回权的情形："当事人约定所有权保留，在标的物所有权转移前，买受人有下列情形之一，对出卖人造成损害，出卖人主张取回标的物的，人民法院应予支持：（一）未按约定支付价款的；（二）未按约定完成特定条件的；（三）将标的物出卖、出质或者作出其他不当处分的。"

至于取回权的性质，有解除效力说、附法定期限解除合同说和就物求偿说三种，通说为解除效力说。

具有以下取回权行使条件之一的，可以行使取回权。

（1）未按约定支付价款的。

所有权保留的基本功能就在于担保买卖合同的买受人依约付款。买受人不按照约定支付价款的，符合取回权的行使条件，出卖人可以行使取回权。

（2）未按约定完成特定条件的。

买卖合同约定特定条件，买受人在约定的期限内没有按照约定完成特定条件的，也符合取回权的行使条件，出卖人可以行使取回权。

（3）将标的物出卖、出质或者作出其他不当处分的。

在所有权保留过程中，买受人将买卖标的物出卖、出质或者进行其他不当处分的，从根本上损害了出卖人的利益，因此构成取回权的行使条件，出卖人可以行使取回权。

2. 禁止取回的条件

最高人民法院《关于审理买卖合同纠纷案件适用法律问题的解释》第 36 条规定了两种禁止取回权行使的条件。

一是买受人已经支付标的物总价款的 75%以上。这时，买受人的主要义务已经履行，出卖人不得再行使取回权。剩余 25%的价金，可以通过诉讼等方式，请求买受人继续履行债务，所有权保留不再发生担保作用。

二是符合第三人善意取得的条件。在所有权保留期间，买受人将买卖标的物予以转让，而再买受人取得转让标的物符合善意取得构成要件的，第三人取得标的物所有权，原出卖人不得主张取回权。就其损失，应当向原买受人请求赔偿。

3. 取回权行使后买受人的回赎权

出卖人行使取回权之后，并未当然发生合同解除的法律后果，买受人可以在法律规定的回赎期内，履行价金支付义务，或者完成特定条件，或者停止对标的物的处分，从而重新占有标的物，回到双方当事人的交易上来。对此，出卖人应当返还取回的标的物，交易重新进行。对此，最高人民法院《关于审理买卖合同纠纷案件适用法律问题的解释》第 37 条第 1 款明确规定："出卖人取回标的物后，买受人在双方约定的或者出卖人指定的回赎期间内，消除出卖人取回标的物的事由，主张回赎标的物的，人民法院应予支持。"

4. 放弃回赎权的另行出卖

最高人民法院《关于审理买卖合同纠纷案件适用法律问题的解释》第 37 条第 2 款和第 3 款规定："买受人在回赎期间内没有回赎标的物的，出卖人可以另行出卖标的物。""出卖人另行出卖标的物的，出卖所得价款依次扣除取回和保管费用、再交易费用、利息、未清偿的价金后仍有剩余的，应返还原买受人；如有不足，出卖人要求原买受人清偿的，人民法院应予支持，但原买受人有证据证明出卖人另行出卖的价格明显低于市场价格的除外。"

买受人放弃回赎权，可以采用明示方式，也可以采取默示方式。买受人在回赎期间内没有回赎标的物的，就是以默示方式放弃回赎权。

买受人放弃回赎权的，出卖人可以在取回标的物后的一定期限内，将标的物另行出卖。另行出卖可以由出卖人主张，也可以由买受人主张，但另行出卖是出卖人的权利，须由出卖人进行。

另行出卖的变价款的处置方式是依次扣除：（1）取回和保管费用；（2）再交易费用；（3）利息；（4）未清偿的价金。扣除上述费用之后仍有剩余的，应返还原买受人。如果变价款不足以清偿上述费用，出卖人要求原买受人清偿的，原买受人应当清偿；出卖人起诉到法院的，人民法院应予支持。原买受人如果有确切的抗辩事由，例如有证据证明出卖人另行出卖的价格明显低于市场价格的，则其抗辩成立，出卖人对买受人请求继续清偿的，人民法院不予支持。

（三）买受人的期待权

买受人的期待权是指买受人在取得出卖标的物的所有权前，享有的期待实现买卖标的物所有权的权利。因此，期待权是在具备取得权利的要件时，受到法律保护的具有权利性质的一种法律地位。

关于买受人期待权的性质，学者意见不一。通说认为，买受人占有了买卖标的物，并且已经事实上对标的物行使占有、使用、收益的权利，只是没有完全完成买卖合同约定的义务，没有实际取得所有权，但又享有对所有权的期待，只要完成了约定的条件，就可以实现所有权，所以，它就是物权性质的期待权。

法律对买受人的期待权予以保护表现在三个方面：第一，买受人完成了约定的条件，就享有取得标的物所有权的权利，任何人不得剥夺这一权利；第二，在经过登记的所有权保留买卖中，买受人的期待权具有对抗第三人的效力，出卖人将标的物让与第三人的，并不妨碍买受人于条件完成时取得标的物所有权，造成损失的，出卖人承担赔偿责任；第三，当第三人非法侵夺买受人占有的标的物或者第三人致标的物毁损或者灭失时，买受人可以基于其从所有权保留买卖合同中取得的直接占有人的身份，请求侵权人承担侵权民事责任。

四、当事人破产

（一）出卖人破产

在所有权保留中，在买受人将价金全部清偿之前，出卖人破产的，不应将标的物作为出卖人的破产财产，破产管理人不得主张取回标的物，买受人一旦依约完成约定条件，即取得标的物的所有权。破产管理人只能将买受人没有清偿的价金作为破产债权，列入破产财产范围。

（二）买受人破产

在所有权保留中，在价金全部清偿之前买受人破产的，分为两种情形：第一，买受人决定继续履行合同，未到期的价款应当视为已经到期，买受人一经给付，即应扣除期限利益，买受人取得所有权。第二，买受人拒绝履行合同或者解除合同的，出卖人有权取回标的物，并就此所造成的损失请求买受人予以赔偿。该损害赔偿义务属于破产债务。无论出现何种情形，买受人破产，该买卖标的物都不得作为破产财产。

第三节　让与担保

一、让与担保概述

（一）让与担保的概念

让与担保是指债务人或者第三人为担保债权人的债权，将担保标的物的所有权等权利转移于债权人，于债务清偿后，担保标的物的物权应返还于债务人或者第三人，于债务不履行时，债权人得就该标的物的物权优先受偿的担保物权。

在让与担保中，提供担保权利的一方当事人为设定人，接受让与担保权利的

债权人为担保权人，设定让与担保的财产为担保物。

（二）让与担保的法律特征

1. 让与担保是转移担保标的物的权利的担保物权

设定让与担保，担保标的物的权利由设定人转移给担保权人，成立担保物权，担保权人对担保物享有所有权等权利。因而，让与担保与抵押权和质权不同，后两者的设定，都不转移担保物的所有权等权利。设定抵押权，抵押财产的权利证书转移给抵押权人占有，但担保物的所有权仍然为抵押人享有。设定质权，质押财产虽然转移给质权人占有，但是质押财产的所有权等权利仍然为出质人享有。

2. 让与担保是在债权人与债务人之间的债权债务关系基础上成立的担保物权

让与担保的目的在于担保债务的清偿；债务人将担保物的所有权等权利转移于债权人，由债权人取得担保物的所有权等权利，以担保债权的实现。因此，债权债务关系先于让与担保而存在，是让与担保成立的基础。在此基础上设定的让与担保，具有从属于债权的属性，而不是独立于债权而存在。

3. 让与担保是保障债权实现的担保物权

让与担保中的财产权转移，不是让权利终局地归属于担保权人，也不是为了担保权人的用益，而只是为了担保债权的实现。当债务不履行时，担保权人有权就该标的物的价值优先受偿。因此，在让与担保设定后，虽然担保权人享有了担保物的权利，但他并不能就担保物进行用益，而仅仅是为了担保债权而享有该权利。

4. 让与担保是在债务履行完毕之时须返还财产权利的担保物权

让与担保设定之后，债权人虽然取得了担保财产的所有权或者其他权利，但并不是为了取得所有权或其他权利，而是以这种让渡所有权或其他权利的形式担保债权的实现。因此，在债务人已经清偿了债务，债权得到实现时，担保权人应当将受让与的财产权利返还担保人，使担保人取得让与担保物的所有权等权利。

（三）让与担保制度的发展与确立

1. 让与担保制度的发展

让与担保制度的起源甚早，一般认为这一制度可以溯源于古罗马时期的信托

制度。该制度的发展肇始于转移担保物所有权的担保，经不断演变，形成了后世的转移担保物的占有但不转移所有权的质权担保，以及不转移担保物的占有而只转移权利证书的抵押制度，而转移担保物的所有权的让与担保逐渐弱化，几近消亡。因此，近代各国在制定民法典时，大多未规定让与担保制度。

但是在其后的社会经济发达时期，各国社会经济迅猛发展，对融资担保表现出了极大的需求，从而使让与担保重现民法社会，发挥了重大作用。当时，为了满足经济发展对不转移占有的担保的需要，当事人便通过所谓的“买卖”行为来实现担保的目的，即双方当事人缔结附买回权的买卖契约，并允许卖方利用租赁或者使用借贷的名义，以占有改定的方式继续占有使用担保物。这样，动产标的物并未转移占有，原所有权人不仅可以继续使用该标的物，而且以此为担保获得了相应的贷款，在贷款被按期归还时，买方将标的物的所有权返还给卖方。德国法院曾以规避法律关于禁止设立动产抵押的规定而认为这种行为无效，但在1880年的一个判决中，首次承认了这种买卖行为的有效性，只是担保关系无效。在1890年的判决中，德国法院认为依据占有改定的方式进行的交付，是上级地方法院所承认的动产转移的方式，为担保目的而将动产所有权让与，是为通说和帝国法院判例所承认的行为。德国法院终于通过判例承认了让与担保制度的合法存在。[①] 此后，各国采纳判例法等方法，重新建立了这一担保制度。在日本、德国及英美法国家，让与担保已经成为一种重要的担保手段。

2. 反对让与担保制度的主要观点

在现代，对于让与担保制度的重现，曾经有过激烈的争论，存在不同的主张，最后支持让与担保制度的主张取得胜利。

在反对让与担保制度的主张中，最主要的是以下三种学说。

(1) 虚伪表示说。这种主张认为，让与担保是当事人通谋的虚伪意思表示，应当无效。让与担保设定人将担保物的权利转移于担保权人，仅具有形式上的意义，实质上并没有转移担保物权利的意思，因此构成双方通谋而为的虚伪转移所有权的意思表示。因让与担保并不是真实的意思表示，立法和司法不应当认定这

① 陈本寒. 担保物权法比较研究. 武汉：武汉大学出版社，2003：361－362.

种物权担保形式。

（2）脱法行为说。这种主张认为：让与担保属于脱法行为，违反了法律的禁止性规定，应属无效。立法及判例应当严格禁止当事人订立流质契约，况且质权的设定必须转移质押财产的占有，当事人不得约定出质人代为占有质押财产。在让与担保设定时，标的物的所有权转移于担保权人，但设定人利用租赁契约等形式继续占有担保物。这显然是利用迂回手段规避法律，为脱法行为，自属无效。

（3）新型物权说。这种主张认为：让与担保是法律没有规定的新型物权。尽管它是一种新型物权，但是物权法定主义是物权法的基本要求，没有法律的规定，让与担保不能成为一种新的担保物权，因此应当无效。

3．让与担保制度的确立

随着社会经济的发展，肯定让与担保制度的主张越来越占上风。有学者主张，让与担保是当事人为了达到保障债务清偿的经济目的，依照让与担保合同将担保标的物的权利转移于债权人即担保权人的非典型担保。面对立法没有明文规定让与担保的现实，有学者解释道：第一，它并非创设法律没有规定的担保物权，不违反物权法定主义；第二，就担保物的权利转移而言，当事人为担保债务的清偿，确有转移标的物之权利的意思，不属于通谋的意思表示；第三，让与担保的设定，使担保权人取得标的物的受偿权，并不以担保权人取得担保物的占有为内容，况且在债务人不履行债务时，担保权人并非确定地取得担保物的所有权，而是以担保物的变价或者估价清偿债务，即须进行清算方可受偿，因此也不存在规避法律禁止流质契约的问题。正因为如此，没有理由反对让与担保制度在司法实务中的确立，让与担保就是以让与担保物所有权等权利的形式，担保债权的实现，并不违反法律规定和公序良俗，当事人可以自由约定。

二、让与担保的设定

（一）可以设定让与担保的标的物

既然让与担保是将担保物的权利转移给债权人以担保债权的清偿的担保物权

制度，那么，由它的性质所决定，让与担保的标的物只需具有可转让性，由此，让与担保的标的物的范围很广，包括一切可以依法转让的动产和不动产或权利。不具有可转让性的动产或不动产或权利不能作为让与担保的标的物。

下列财产或权利可以设定让与担保：(1) 设定人的动产、不动产；(2) 设定人的用益物权；(3) 设定人依法拥有的汇票、支票、本票、债券、存款单、仓单、提单，依法可以转让的股权、股票，依法可以转让的知识产权中的财产权利；(4) 计算机软件的财产权等。

集合动产也可以作为让与担保的担保物。集合动产是以内容不断增减变动的动产为集合物的客体，例如商店内的全部商品、制造厂库存的商品或生产原料等多数流动的动产。以此为客体成立的让与担保，就是集合物让与担保。[①]

(二) 让与担保的设定

1. 让与担保的设定方式

设定让与担保，应当采用法律行为的方式为之，即通过订立让与担保合同的方式，确定让与担保的法律关系。债权人依照法律行为取得让与担保权，就应当和让与担保标的物的权利人订立书面让与担保合同，确立债权人与设定人之间让与担保的权利和义务。

2. 让与担保合同的内容

让与担保合同应当具有以下内容：(1) 让与担保的当事人，包括让与担保设定人和取得让与担保的担保权人的姓名或者名称以及住所；(2) 被担保债权的种类、性质、数额；(3) 担保标的物的名称、种类、数量、状况和处所等；(4) 对担保标的物的评价；(5) 担保标的物的占有、管领、收益以及有关费用的负担；(6) 让与担保权的期限；(7) 让与担保权的消灭条件；(8) 当事人解决争议的方式；(9) 双方当事人约定的其他事项。

让与担保的设定人应当是债务人或者第三人。债务人或者第三人应当以其所有的动产、不动产或者财产权利为限，设定让与担保。对于不属于自己的财产或者财产权利，不能设定让与担保。

---

① 谢在全. 民法物权论：下册. 修订5版. 台北：新学林出版股份有限公司，2010：434.

3. 让与担保的生效条件

让与担保是以转移担保标的物的权利于债权人的方式实现对债权担保的职能的，因此，让与担保的设定人应当转移担保标的物的物权给债权人，否则不发生让与担保的效力。

让与担保以转移担保物的所有权等权利为担保手段，让与担保合同成立、生效后，应当将担保物的所有权或者其他权利的变动进行公示。按照《物权法》第6条的规定，设定让与担保的标的物是动产的，应当以交付为所有权转移的标志；设定让与担保的标的物为不动产的，应当以登记为物权变动的标志。具体要求如下。

（1）以动产为担保标的物设定让与担保的，应以占有改定的方式移转财产所有权。这样，在以动产作为让与担保标的物时，作为担保物的动产仍然由设定人占有，担保权人对标的物实行间接占有，所有权的转移方式是占有改定。但是，如果以船舶、民用航空器的所有权设定让与担保的，应当办理让与担保的标的物所有权的转移登记，未经登记的，不能对抗第三人。

（2）以不动产为担保标的物设定让与担保的，担保权人和设定人应就标的物所有权的转移进行登记，让与担保自担保物的所有权转移登记之时起发生效力。登记应当记载以下事项：一是设定人和担保权人的姓名（名称）和住所；二是担保物的性质、种类、状况、所有权的权属；三是所担保的债权额、利息率、受偿期限；四是所有权转移登记的申请日期和登记日期等。登记之后，担保物仍然由设定人占有，担保权人只享有权利，而不占有担保标的物。

（3）以权利设定让与担保的，应依照各种权利的转让方式完成权利的让与。如果有权利证书，则应当将权利证书交付担保权人占有。以票据设定让与担保的，应当通过背书转让的方式将票据交付于担保权人占有。以股票等证券设定让与担保的，应当将股票等证券交付担保权人占有。

三、让与担保的效力

（一）让与担保所担保的债权范围和效力范围

让与担保设定之后，不论担保物是否由设定人占有，其所有权等权利都移转

于担保权人，发生让与担保的效力。其基本效力，就是担保债务的清偿，保证债权实现。

1. 让与担保所担保的债权范围

让与担保的目的在于担保债权的实现，其具有以所有权等权利直接支配担保物的交换价值的效力。当债务人不履行债务时，担保权人可以直接行使担保物的所有权等权利，通过变价担保物而受偿。因此，让与担保所担保的债权范围，应当参照《物权法》第173条关于担保物权担保范围的一般规定确定：首先是原始债权及其利息；其次是与原始债权相关的内容。如果当事人没有明确约定，则让与担保对于原始债权行使不能所发生的损害赔偿请求权、担保权人行使担保物所有权等权利的费用都发生效力。

2. 让与担保的效力范围

让与担保的效力及于担保物、担保物的从物和孳息以及其他利益。

首先，让与担保的效力及于担保物本身。让与担保让渡的是担保物的所有权和其他财产权，对于担保物本身必然受其效力的支配，担保物的所有权或其他权利已经转移给担保权人，担保人不再享有担保物的所有权或者其他权利。

其次，让与担保的效力及于担保物的从物。依照从随主原则，从物和从权利随主物和主权利的变动而变动。担保物为主物并附有从物的时候，除非设定人和担保权人另有约定，否则从物的所有权或其他权力随主物的所有权或其他权利的转移而转移于担保权人，属于被担保债权受偿的标的物。但是，让与担保设定后，在设定人占有担保物期间，设定人又取得的具有担保物从物性质的物，不构成担保物的从物，其权利不能转移于担保权人，不属于让与担保的效力范围。

再次，让与担保的效力及于担保物所产生的孳息，包括天然孳息和法定孳息。这是因为，担保物的所有权已经归属于担保权人，担保物所产生的孳息当然属于担保权人，同属于担保标的物的范围。

最后，让与担保的效力及于担保物的代位物。在让与担保之中，担保物的所有权或其他权利已经转移给担保权人，担保物在担保期间所受到的损失，应当是担保权人的损失。在此期间，因担保物的灭失、毁损、被征收等所取得的保险

金、赔偿金或者补偿金，构成担保物的代位物，受到担保效力的支配。

（二）担保物的利用和保管

1. 担保物的利用

在让与担保期间，担保物的利用应当依照让与担保当事人的意思表示确定，有约定的依照约定办理；没有约定的，准许设定人利用，利用也不需要支付费用。这是因为，让与担保的目的在于以转移担保物的所有权等权利担保债权的受偿，并不在于担保物的利用，因而让与担保不是用益物权。且让与担保不以担保权人占有担保物为前提，原则上担保物由设定人占有、利用。因此，如果当事人对此没有明确约定的，应当确定设定人有权利用担保物。设定人利用担保物，不必向担保权人即担保物的所有权人负担费用。如果特别约定要付费用的，依照约定。

2. 担保物的保管

担保物的保管，由双方当事人约定。没有约定的，按照担保物由谁占有就由谁保管的原则来确定：由设定人占有的，设定人负有保管责任；由担保权人占有的，担保权人负有保管责任。

违反保管义务造成担保物损害的，应当向对方承担赔偿责任。设定人损害的，损害赔偿的范围以所担保的债权为限；担保权人损害的，赔偿范围以物的损失为准。

（三）设定人的返还请求权

让与担保的目的在于担保债权。当债务人的债务已届清偿期，债务人已经清偿债务时，让与担保的作用已经完成，没有继续存在的必要，担保权人应当将担保物的所有权或者其他权利返还设定人。为此，设定人可以请求返还担保物的所有权或者其他权利，恢复自己对担保物的支配。

（四）让与担保与第三人、与担保权人和设定人的债权人的关系

1. 让与担保与第三人的关系

在债权的清偿期届至前，让与担保的标的物被担保权人处分时，因担保权人在法律上系所有权人，所以无论标的物是动产还是不动产抑或权利，第三人是善

意或者恶意，第三人均取得所有权。担保权人就该标的物设定物权的，也适用同样的规则。

让与担保成立后，标的物所有权已转移于担保权人，设定人已无处分权，尤其当标的物是不动产时，因登记簿上的所有人是担保权人，所以事实上不可能发生由设定人处分而由第三人取得所有权或者他物权的情形。如果担保物是动产，假如设定人予以处分，第三人为善意取得的，则第三人即可取得担保物的所有权或者其他权利。

2. 让与担保与担保权人的债权人的关系

担保权人的债权人对标的物请求强制执行时，因该标的物在法律上系担保物，故设定人无法对第三人提出强制执行的异议之诉，即使提出其诉求也不会得到支持。即使担保物为动产且在设定人的占有中，担保权人的债权人对担保物请求强制执行的，设定人也无权阻止。

担保权人破产时，担保权人的财产成为破产财产，担保标的物在法律上属于担保权人所有，对此，设定人并无取回权可言。

3. 让与担保与设定人的债权人的关系

设定人的债权人对担保物请求强制执行的，如果是不动产，由于登记簿上的所有人为担保权人，因而设定人的债权人对该不动产不得申请强制执行。如果担保物是动产，且在设定人的占有中时，设定人的债权人可以申请强制执行。这时，担保权人为法律上的所有人，可以基于所有权而提出第三人异议之诉。

设定人破产，如果担保物在其占有中，担保权人可以行使取回权。

四、让与担保的实行和消灭

（一）让与担保的实行

在被担保的债务已届清偿期而债务人没有清偿债务时，担保权人可以实行让与担保权，以取得标的物的交换价值而实现其债权。具体的实行方式有以下两种。

1. 变价担保物取偿

变价担保物取偿是指担保权人将担保物出售取得担保物的价金，以其价金受偿债权。变价一般应当采用拍卖方式，也可以采用变卖的方式，但不得损害让与担保设定人和其他利害关系人的利益。这种方法也称为处分清算型方法。

2. 估价取得担保物

估价取得担保物是指担保权人将担保物以公平的方式进行估价，以其估价额替代变价担保物的金额受偿债权。以估价方式取得担保物的，应当清算担保物的价额和债权额，超过债权额的部分，应当返还让与担保设定人。以这种方式实行让与担保权的，除非双方当事人有明确约定，担保权人必须通知设定人，否则不发生担保权人确定地取得担保物所有权的效果。这种方法也称为归属清算型方法。

无论采用上述两种方法中的哪一种，担保权人在实行让与担保权时均负有清算义务。担保物变卖的价金超过担保债权数额的，担保权人应当将该超过部分的金额交还设定人。如果采用的是估价受偿方式，担保物估价所得的价额超过担保债权数额的，就该超过部分，担保权人负有交付设定人的义务。

（二）让与担保的消灭

让与担保因下列情形而消灭。

1. 让与担保因被担保的债权消灭而消灭

让与担保权是从权利，是从属于债权的担保物权。当被担保的债权因清偿、抵销等原因而消灭时，让与担保权即失去其存在的目的，让与担保当然消灭。这时，担保物仍由担保权人占有的，设定人有权请求返还担保物及其所有权。如果担保物是不动产，并且已经登记的，设定人有权请求担保权人进行所有权转移的登记，恢复自己的权利。

2. 让与担保因担保物所有权等权利消灭而消灭

在让与担保存续期间，如果担保物的所有权因担保物混同、灭失、被征收或权利人的处分行为而消灭，则让与担保权随之消灭。以其他财产权利设定让与担保的，财产权利消灭，让与担保亦消灭。

3. 让与担保因让与担保权的实行而消灭

担保权人实行让与担保权之后，让与担保的任务已经完成，让与担保当然消灭。

第四节　后让与担保

后让与担保是在我国正在形成的一种非典型担保物权。在理论上，笔者提出了这个新型担保物权的概念，并进行了比较详细的论证。在笔者全面提出了后让与担保的意见之后，最高人民法院出台了《关于审理民间借贷案件适用法律若干问题的规定》，其中第 24 条涉及这个问题。笔者在本节全面讨论后让与担保的问题。

一、典型案例的案情和争议焦点

提出后让与担保概念的缘由是：最近几年，笔者参与了对几件相同类型案件的讨论，都是开发商与他人进行融资，同时，以借用人和出借人的名义订立商品房买卖合同，约定届时不能清偿债务，即履行商品房买卖合同，交付房屋，抵偿借款。在未发生清偿不能的情形下，出借人主张履行商品房买卖合同，进而发生纠纷，诉至法院。这种纠纷争议的真实法律关系的性质究竟是什么，如何顺应发展，因势利导，概括出调整这种民事法律关系的基本规则，是特别值得探讨的。笔者认为，一种习惯法担保物权在我国民法领域初具雏形，笔者有责任将这种正在形成的习惯法担保物权予以阐释，对其调整规则提出完善的意见并对如何处理这类纠纷提出对策。

（一）典型案例的简要案情

2007 年 6 月，A 房地产公司以下简称 A 公司因为建设工程需要融资，与程某、吴某协商，确定程某和吴某向 A 公司提供高息借款 1 304 万元，借期 1 年，

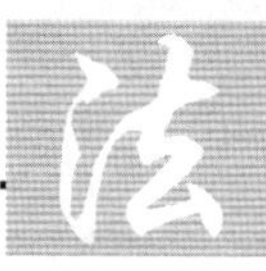

2008 年 6 月 30 日归还借款及利息。为了规避国家法律和金融政策的监管，双方商定不签订书面借款合同，而是订立口头合同。为了担保债务清偿，双方签订低价的“商品房预售合同”，均价为 850 元/平方米（当时当地同等房屋的单价为 1 500元/平方米），共 151 套房屋，购房款为 1 304 万元。双方口头承诺，如 A 公司按期归还本息，即解除商品房买卖合同；如不能按期归还本息，则买卖合同立即履行，A 公司向程某和吴某交付 151 套商品房。

合同签订之后，程某和吴某向 A 公司交付 1 304 万元，但没有出具借款收据，而是开具了购房款的收款收据（不是购房的正式发票），并到该市房管局违规办理了 151 套商品房买卖的备案手续。2008 年 7 月 1 日，A 公司向程某和吴某提出清偿债务本金和利息，但程某和吴某拒绝受领，并且主张 A 公司应尽快履行商品房买卖合同、交付 151 套商品房。A 公司以双方约定的是借款合同，签订商品房买卖合同是为了对债务履行进行担保为由予以拒绝。程某和吴某则以履行商品房买卖合同为由，向法院起诉，请求法院判令 A 公司履行交付 151 套商品房的合同义务。A 公司以签订商品房买卖合同是为借款合同担保为由抗辩，要求法院责令程某和吴某受领其返还的借款本金及利息。这时，当地的商品房均价经涨到 3 000 元/平方米。

（二）案件的争议焦点及意义

在这个案件中，原告主张商品房买卖合同真实有效，应当履行；被告主张借款合同是口头合同，双方签订商品房买卖合同是履行借贷债务的担保，并非真实意思表示，原告拒绝受领债务履行、主张履行商品房买卖合同，是因房价高涨而见利忘义，属于违约行为。

原告与被告对本案的主张截然相反，必然有一真一假。A 公司与程某和吴某两个自然人以低于商品房市场交易价的价格签订 151 套商品房的“商品房预售合同”，真实性十分可疑，加之当时国家政策不认可企业之间以及企业与自然人之间的民间借贷关系，故存在以口头形式订立民间借贷合同并为保证借贷债务的清偿以商品房买卖合同作为担保的可能性，因而 A 公司的主张具有相当的可信性，具有证据优势。本节将在借贷合同外以商品房买卖合同作为担保的事实基础之

上，来认识这个案件，并将焦点放在商品房买卖合同与民间借贷合同究竟是什么关系。

如果商品房买卖合同是履行借贷合同的担保，那么这是一种什么样的担保呢？究竟是债权担保，即以商品房买卖合同中的债权作为履行借贷合同的担保，还是以商品房买卖合同中的交易标的物即商品房这种不动产作为担保呢？如果将其认定为系以债权担保，将会出现一种新型的担保即债权担保，并独立于保证、定金以及担保物权之外，或者就是质权。如果认定为是以商品房买卖合同中的交易标的物即商品房的所有权作为担保，则应当是一种新型的担保物权。如果是新型的担保物权，那又是何种担保物权呢？这一系列问题，提出一个新的课题，那就是债的担保中出现的这种新型的担保的性质是什么调整规则是什么、是不是有普遍的价值。

研究这个问题的重要意义在于，如果能够确认这种形式是一种非典型的习惯法担保物权，那么法官按照这样的担保物权的法律规则处理纠纷，就不会支持商品房买卖合同的债权人因房价波动见利忘义而否认借款合同的存在并要求交付商品房的债务履行主张，就能够正确判断这类纠纷的法律关系性质，正确适用法律，妥善处理纠纷。

二、以商品房买卖合同设置的担保的性质

（一）以商品房买卖合同设置的担保是债权担保还是物的担保

用商品房买卖合同对借贷合同进行担保，确实能够起到担保作用，在商品房买卖合同约定的房价较低而房价持续上涨的时候，更能够督促借款人及时清偿债务，避免承担对自己不利的违约后果。认可订立商品房买卖合同对于债权的担保作用，是研究和讨论这个问题的基础。在此基础上，才能进行更为深入的讨论。

研究这个问题应当着重探讨的是，商品房买卖合同对于借贷合同的担保作用究竟是怎样发生的；并据此探究这种担保关系的基本性质，确定这种担保究竟是一种什么性质的担保。

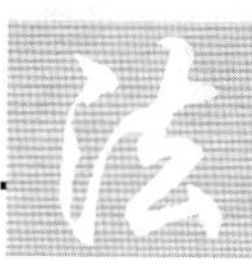

当事人订立的商品房买卖合同对借贷合同发生担保作用的，究竟是债权还是物权，特别值得研究，并且必须首先确定下来。从形式上看，对借贷合同发生担保作用的，确实是商品房买卖合同。商品房买卖合同的买受人（即借款合同的出借人）依据该合同享有债权。如果借贷合同的借款人（商品房买卖合同的出卖人）能够及时清偿债务，则出借人享有的商品房买卖合同的债权就消灭，商品房买卖合同不再履行。如果借贷合同的借款人不履行债务，出借人即可行使商品房买卖合同交付房屋的债权，并且用交付的房屋清偿债务，消灭债权。从实质上看，对借贷合同发生担保作用的是商品房买卖合同的标的物，而不是该合同的债权。其发生担保作用的链条是：行使买卖合同债权→交付买卖标的物即房屋→以房屋价值抵偿债务→消灭借贷债务。

因此，商品房买卖合同中发生担保作用的不是债权，而是合同的标的物，即房屋，也即是房屋的所有权转移对借贷合同中债权发生担保作用。从这个意义上观察，商品房买卖合同对借贷合同中债权的担保，并不是债权担保，而是不动产所有权的担保：不履行债务，即将约定的房屋的所有权转移，以清偿债务。因此可以确定，用商品房买卖合同设置的担保是物保，而不是人保，更不是债权的担保。用债权作为担保，通常是设立权利质权，是债务人将自己的或者他人的债权质押给债权人，用质押的债权担保债务的履行。用商品房买卖合同担保并不是以债权设立质权，因为并没有对双方的合同债权进行质押，并且这个债权是债权人享有的另一个债权，不存在用自己的债权进行质押的问题。因此，商品房买卖合同对借贷合同债权的担保，并不是债权担保。

（二）以商品房买卖合同作为担保是物的担保中的哪种担保

传统的担保形式是人保和物保。在物的担保中，法律规定的方式有抵押权、质权和留置权，《物权法》没有明确规定但其他法律或者实践中确认的非典型担保物权还有优先权、所有权保留和让与担保。[①] 商品房买卖合同对借贷合同债权的担保既然属于物的担保，那么属于其中的哪一种形式的担保呢？难道是一种新型的担保物权吗？

---

① 关于非典型担保标的物权//杨立新. 物权法. 北京：高等教育出版社，2007：317.

用商品房买卖合同对债权进行担保，肯定不属于法定担保物权中的任何一种。首先，用商品房买卖合同设置担保，并不存在将房屋抵押给债权人的行为，也没有在商品房上设立抵押权，故肯定不属于抵押权。其次，用商品房买卖合同设置的担保也不是质权，因为商品房买卖合同的债权由借贷合同的债权人享有，没有理由用自己的债权为自己的另一个债权进行担保。最后，用商品房买卖合同设置担保，并没有基于某种法律关系而实际占有商品房，不存在适用留置权的基础条件，故也不是留置权。

在非典型担保中，也不包括用商品房买卖合同担保借贷合同债权的担保形式。因为用商品房买卖合同进行担保，与优先权完全不搭界，不是优先权；也不存在所有权保留的情形，故不是所有权保留；当然也没有让与所有权，故不是让与担保。

不过，将用商品房买卖合同进行的担保与非典型担保物权进行比较，可以发现，这种担保和让与担保比较接近，类似于让与担保这种非典型担保物权。

（三）商品房买卖合同担保和让与担保的联系与区别

让与担保是指债务人或者第三人为担保债权人的债权，将担保标的物的所有权等权利转移于担保权人，从而使担保权人在不超过担保之目的范围内，于债务清偿后，将担保标的物返还于债务人或者第三人，或于债务不履行时，得就该标的物优先受偿的非典型担保物权。[①] 让与担保的法律特征包括：一是转移担保标的物的权利；二是在债权人与债务人之间的债权债务关系基础上成立；三是保障债权实现；四是在债务履行完毕之时须返还担保物。[②]

将用商品房买卖合同设置的担保和让与担保的概念做比较，可以看出这两种担保的区别仅仅在于：一个是将约定的担保物的所有权先让与债权人，于债务清偿时将担保物的所有权转移给债务人即担保人；另一个是约定担保标的物的所有权拟转让给债权人，在债务人不履行债务时，即转让所有权，清偿债务。换言之，让与担保是以先转让所有权为担保，用商品房买卖合同设置的担保是以后转

---

① 谢在全. 民法物权论：下册. 修订5版. 台北：新学林出版股份有限公司，2010：393.

② 杨立新. 物权法. 北京：高等教育出版社，2007：328.

让所有权为担保。

从基本的法律特征上观察，也能得出这一结论：第一，让与担保是转移担保标的物权利的担保物权，用商品房买卖合同设置的担保是约定不履行合同时转让标的物所有权的担保物权；第二，让与担保是在债权人与债务人之间的债权债务关系基础上成立的担保物权，用商品房买卖合同设置的担保也是在债权人与债务人之间的债权债务关系基础上成立的担保物权；第三，让与担保是保障债权实现的担保物权，用商品房买卖合同设置的担保也是通过商品房买卖合同保障债权实现的担保物权；第四，让与担保是在债务履行完毕之时须返还担保物的担保物权，而用商品房买卖合同设置的担保尽管先不转让担保标的物的所有权，如果债务人已经履行债务，就不必再转让标的物的所有权，但如果债务人不履行债务时，则债务人应当转移担保标的物的所有权，以清偿债务，实现债权。可见，让与担保与用商品房买卖合同设置的担保，都是担保物权，其区别仅在于一个先转移所有权，另一个后转移所有权，即仅仅是所有权转移有先后之分而已。

（四）以商品房买卖合同作为担保的性质是后让与担保

通过以上的比较研究可以发现，用商品房买卖合同设置的担保和让与担保最为近似，将其称为后让与担保，是恰当的。

之所以将这种用商品房买卖合同为债权设置的担保叫作后让与担保，原因就在于发生担保作用的不是商品房买卖合同的债权，而是商品房买卖合同的标的物即房屋及其所有权，其中也包括商品房的地基及其建设用地使用权。在签订商品房买卖合同作为担保的时候，担保标的物的所有权并没有转移，房屋也没有交付，仅仅是约定了交付担保标的物的债权。如果债务人不履行债务，债权人即可主张履行商品房买卖合同，交付担保标的物的所有权以清偿债务。这显然是以约定的商品房所有权的后让与作为担保。后让与担保既表明了其和让与担保之间的联系，也表明了与让与担保之间的区别，概括了这种担保物权的基本特征，是一个形象、具体、具有表现力的法律概念。我国应该确认这个概念，并且确认这种非典型担保物权。

（五）后让与担保产生的基础和让与担保产生的基础基本相同

目前我国存在的后让与担保，是通过签订商品房买卖合同而为融资设立的。

这种情形和让与担保产生时的社会基础基本相同。

第一，产生的经济背景相同。让与担保的产生，主要是为了保障融资安全，担保借贷的债权实现。德国能产生让与担保这种非典型担保物权，是因为企业对融资普遍渴求。而企业在向银行借贷时，银行不接受以订立买卖合同的方式建立担保关系。只有企业之间融资，才有以买卖合同对融资进行担保的可能性。同样，在中国，不仅企业特别是房地产开发商对融资的需求是现实的，而且企业之间以及企业对个人进行融资在相当长的时间里被认为是违法的。在“地下”进行的企业之间以及企业与个人之间的融资不能公开进行，当然更不能以法律规定的典型担保方式进行担保。对房地产开发商来说，用商品房预售合同对融资进行担保就成为可能，并被广泛利用起来。即使在目前已经准许进行民间融资的情况下，仍有借贷双方愿意以商品房买卖合同作为履行债务的担保，因而这种担保形式仍有其存在的价值和意义。可见，让与担保和后让与担保产生的经济背景是完全一样的，都是因企业对融资的需求而生的。

第二，产生的法律障碍相同。在德国，从 18 世纪到 19 世纪，动产担保被统一成占有质，动产抵押被视为侵害信用或交易的危险源而受到禁止。[①] 设置动产质，必须转移质物的权利，而不得采用占有改定方式。这有碍动产的利用，不适于企业的融资。[②] 在我国当前，同样存在这个问题，更为重要的是，国家政策长期禁止企业之间以及企业与个人之间进行借贷，致使企业尤其是房地产开发商融资困难。在这种情况下，开发商用自己的商品房这种不动产资源，为自己的债务设置既不转移占有又能够为融资提供担保的后让与担保形式，就是破解这种法律障碍的一个好方法。可见，后让与担保的产生和让与担保产生的法律背景基本相同。在相同的法律背景下产生基本相同的新型担保物权，是完全可能的。

第三，确定担保关系的合同方式相同。18 世纪和 19 世纪发生在德国的让与担保，是为了满足经济发展对不转移占有的动产担保的需要，当事人通过所谓的

---

① 田高宽贵．担保法体系的新发展．东京：劲草房，1996：33∥陈本寒．担保物权法比较研究．武汉：武汉大学出版社，2003：361.

② 谢在全．民法物权论：下册．修订 5 版．台北：新学林出版股份有限公司，2010：396.

"买卖"行为来实现担保的目的：双方当事人缔结附买回权的买卖契约，并允许卖方利用租赁或使用借贷的名义，以占有改定的方式继续占有使用该标的物。[①] 令人惊奇的是，我国出现的这种后让与担保关系，同样是以买卖合同的方式来实现担保的目的，所不同的只是该买卖合同先不履行，只是在债务人不履行债务时，才履行买卖合同转移买卖标的物的所有权或者其他物权以清偿债务。

第四，通过判例确认为非典型担保物权的方法相同。德国法院对让与担保的确认，几经周折。德国判例最初认为，这种形式只是出于债权担保的目的通过买卖的外观形式，达到规避普通法关于禁止设立动产抵押的规定而已，因而无效。1880 年 10 月 9 日德国法院的一起判决，首次承认了这种行为的有效性，但结论是承认买卖合同的有效性，而否定当事人之间担保关系的存在。过了 10 年，1890 年 6 月 2 日，德国法院又对类似案件作出判决，认为，以占有改定的方式进行的交付是上级地方法院所承认的动产占有转移的方式。为担保目的而将动产所有权让与，则为德国民法学界通说和帝国法院判例所承认的行为。至此，德国终于通过判例承认了让与担保制度的合法存在。在日本，同样，司法机关在开始时认为，让与担保的买卖部分属于虚伪行为，但作为实际效力部分的担保，部分有效。后来，随着信托行为理论的引进，日本判例认为，让与担保是信托行为的一种，属于有效的法律行为，是为担保当事人之间的债权债务关系而转移所有权，因此，在第三人的外部关系上，所有权转移给债权人；而在当事人之间的内部关系上，所有权并不发生转移，债务人依然拥有所有权。[②] 在我国，后让与担保在社会中现实地存在着，纠纷也在现实地发生着。它要求法学家以及法官能够发现它、确认它，让它从"地下"的潜伏状态转入"地上"，剥开其买卖合同的外观，还其担保物权的本来面目，让其能够公开地存在并发挥作用，而不是借口物权法定主义而将其扼杀在摇篮之中，断绝了企业融资的一种良好的担保方式。

综上，可以看到，我国长期对企业之间的借贷采取禁止政策，在通过正当融

① 近江幸治. 德国法中的权利转移型担保之研究. 早稻田法学杂志，1978（8）：119//陈本寒. 担保物权法比较研究. 武汉：武汉大学出版社，2003：361.

② 同①361－362.

资渠道无法得到借款时，房地产开发商为了得到融资，不得不向自然人或者企业借贷。由于这种融资属于非法借贷，且无法通过法定程序设立担保物权进行担保，因而通过商品房买卖合同的方式，对不正当的借贷关系进行担保，于是催生了后让与担保。时至今日，国家政策已经放开了民间融资渠道，后让与担保将会被大量应用。是否承认后让与担保，是考验中国民法学家和民事法官智慧的关键时机。

“担保性所有权让与提供的是一个秘密的质权，它在外部是难以被辨别的。”① 同样，后让与担保也是一个秘密的抵押权，它在外部也是难以被辨别的。只有剥开这个秘密的抵押权的面纱，还其本来面目，才能够识别其本质，对其正确适用法律。目前的问题是，对于后让与担保关系，尽管有的法院已经予以确认，但理论上并未确认这就是一种新型的非典型担保物权。既然企业之间以及企业与自然人之间的借贷关系已经得到法律的确认，那么因此而发生的通过商品房买卖合同关系确立的后让与担保物权，由于适合于我国市场经济发展的需要，因而也应当予以确认并且准许其适用。我国应当确认这个新型的非典型担保物权，将后让与担保从“地下”的潜伏状态转移到地上来，成为习惯法上的担保物权，并且对其进行法律规范，将其纳入担保物权体系，以充分发挥其作用。

三、后让与担保的概念和法律特征

研究后让与担保，必须首先确定后让与担保的概念和法律特征。

（一）后让与担保的概念界定

后让与担保是我国新发展起来的一种非典型担保物权，尚无人为其下一个定义。根据笔者的研究，借鉴让与担保的概念界定，可以认为，后让与担保是指债务人或者第三人为担保债权人的债权，与债权人签订不动产买卖合同，约定将不动产买卖合同的标的物作为担保标的物，但权利转让并不实际履行，于债务人不清偿债务时，将担保标的物的所有权转让给债权人，债权人据此享有的优先受偿

① 鲍尔，施蒂尔纳．德国物权法：下册．申卫星，王洪亮，译．北京：法律出版社，2006：603.

的非典型担保物权。

（二）后让与担保的法律特征

后让与担保和其他担保物权不同，具有自己独特的法律特征。

1. 后让与担保是通过不动产转让合同设立的担保物权

由于目前存在的后让与担保并无确定的法律地位，因而设定后让与担保的合同都不明确为设定后让与担保的物权合同，而是直接采用不动产转让合同形式。在法律确认后让与担保的非典型担保物权的合法地位后，就可以直接将为担保而订立的不动产转让合同认定为设立后让与担保的物权合同。事实上，目前为设立后让与担保而订立的不动产转让合同，实际上就是设立不动产后让与担保的合同，与抵押合同、质权合同、所有权保留合同以及让与担保合同是一样的。设定后让与担保的标的物就是约定转让物权的不动产标的物，通常是房屋所有权或者土地使用权。

2. 设定后让与担保的不动产转让合同是担保主合同的从合同

转让不动产权利的合同就是设立了后让与担保的从合同，从属于主合同。设立后让与担保的不动产转让合同的命运随着主合同的命运的变化而变化，主合同因清偿而消灭的，设定后让与担保的不动产转让合同即时消灭，不复存在；只有在主合同债务届时不履行时，才有履行后让与担保合同的必要。只要双方当事人设定的是后让与担保合同，设定后让与担保的不动产转让合同就永远是主合同的从合同，不会变为具有独立地位的主合同，更不得离开被担保的主合同而单独请求从合同的履行。

3. 后让与担保的当事人是主合同的债权人以及债务人或者第三人

在目前发生的后让与担保关系中，当事人基本上是主合同的当事人。接受后让与担保物权的债权人为担保权人，是主合同的债权人，同时也是从合同的债权人（即担保权人）。提供担保标的物的一方当事人为担保物权设定人，通常是主合同的债务人，而不是第三人。在目前发生争议的案件中，通常都是开发商出于融资目的与出借人签订后让与担保合同（即商品房买卖合同）。尚未见到第三人提供此类担保的案例。不过，从发展的角度观察，一定会有第三人提供后让与担保的情形，因而不能否定第三人作为后让与担保当事人的可能性。

4. 后让与担保的性质是新型的非典型担保物权

后让与担保是一种物的担保，而不是人的担保，也不是债权的担保，属于新型的非典型担保物权。这种担保物权不像让与担保那样，在设定担保时，债务人或第三人就将担保标的物的物权转移给债权人，债权人成为担保标的物的物权人。在后让与担保设定时，担保标的物的物权并没有转移，当事人双方仅仅约定在债务不履行时转让担保标的物的物权。因此，后让与担保的担保权人所享有的担保物权是一种期待的物权而不是现实的物权，表现在，用以设定后让与担保的不动产物权在主合同履行期间并不实际转移，只有在债务届时不能清偿时才转移，从而实现债权。后让与担保的担保效力，就发生在担保权人所享有的对担保物权的期待权上，只要约定的条件成就，期待权就转变为既得权，担保权人就可以向债务人或者第三人主张担保标的物的物权，以满足债权实现的要求。

（三）确认后让与担保的担保物权是否违反物权法定原则

我国《物权法》实行物权法定原则。《物权法》第5条规定："物权的种类和内容，由法律规定。"《物权法》没有明文规定物权法定缓和原则。[①] 2006年8月18日届全国人大常委会第五次审议的《物权法（草案）》曾经规定了物权法定缓和原则，即第3条："物权的种类和内容，由法律规定；法律未作规定的，符合物权特征的权利，视为物权。"笔者曾经撰文赞美这个条文[②]，但文章发表后，《物权法》在通过时已经删除了物权法定缓和部分的内容。此物权法定缓和反对最劲者当属梁慧星教授，他认为：《物权法（草案）》增加"法律未作规定的，符合物权性质的权利，视为物权"一句，导致物权法基本原则发生根本性改变，即由"物权法定原则"，变为"物权自由原则"。这一基本原则的改变，在理论上是错误的，在实践中是有害的。[③] 事实上，物权法定与物权自由之间并非截然对立，还存在一个中间地带，即物权法定缓和。没有物权法定缓和，物权法定原则

① 王利明. 物权法研究：上卷. 修订版. 北京：中国人民大学出版社，2007：166.

② 杨立新. 物权法定原则缓和与非法定物权. 政法论坛，2007（1）.

③ 杨立新PK梁慧星：物权法定？物权自由？物权法定的缓和?.［2012-06-07］新浪网，http：//blog. sina. com. cn/s/blog _ 4c74b289010008hy. html.

就是僵化的、死板的，无法适应社会生活的需要。有学者认为，为避免物权法定主义过于僵化，妨碍社会之发展，在法律尚未及时补充新物权秩序时，若习惯形成之新物权，明确合理，无违物权法定主义之旨趣，能以一定之公示方法予以公示者，法律应予承认，以促进社会之经济发展，并维护法秩序之安定。[①] 正是基于这样的理由，笔者对梁慧星教授的上述意见颇不以为然。

我国《物权法》确实没有规定物权法定缓和原则，这与梁慧星教授的意见有直接关系。不过，僵化的物权法定原则不符合社会实际生活的需要。谢在全教授认为：唯时变境迁，规范私人间财货秩序之物权法不能与社会需要脱节，更不能阻碍其进步，若民事实定法与社会实际生活已生不一致之现象，立法又未能适时补充时，民法设计即许习惯法填补，物权法定主义亦应无例外。准此以观，应认物权法定主义之意旨应仅在限制当事人创设物权，尚无禁止经由习惯法形成新物权之理。因此，物权法定主义之适用应不得过度僵化，以免成为社会进步之绊脚石。[②] 这种意见特别值得赞赏。

尽管《物权法》第5条没有明文规定物权法定缓和原则，但是，物权法定缓和是《物权法》必须承认的制度，否则，物权体系完全是封闭的，不能因应社会的变化，从而必然不能适应社会生活的发展需要，而逐渐脱离社会现实。[③] 对于社会生活中出现的新型担保物权，不能以僵化的观念，固守物权法定原则而予以拒绝和排斥。应当顺势而为，确认习惯中的后让与担保的担保物权效力。至于具体的方法，可以采取“习惯法形成之物权若类型固定，明确合理，无违物权法定主义存在之旨趣，且有公示之可能，社会上确有其实益及需要，而通过上述物权法定缓和之适用，又已逾解释之界限，将抵触物权之核心内容时，即有以习惯法之物权，加以承认之余地”[④]。通过习惯法确认后让与担保为非典型担保物权，不违反《物权法》第5条规定的物权法定原则。

---

① 郑冠宇. 民法物权. 台北：新学林出版股份有限公司，2010：25.

② 谢在全. 民法物权论：上册. 修订5版. 台北：新学林出版股份有限公司，2010：50-51.

③ 王利明. 物权法研究：上卷. 修订版. 北京：中国人民大学出版社，2007：165.

④ 同②52.

四、后让与担保的基本规则

后让与担保是正在形成中的非典型担保物权，目前在习惯法上已经有了一些规则，并不完善。采取订立不动产转让合同的形式成立后让与担保的，有些做法不符合担保物权的规则，存在的漏洞容易被当事人利用，从而引发纠纷，因此必须结合实践中的习惯规则，用《物权法》第十五章规定的担保物权的一般规定统一起来，确定完善的后让与担保规则，以保障这种新型的非典型担保物权的正常发展和适用，为融资提供保障，并发挥其应有的法律调整作用。

（一）后让与担保的设定

1. 可以设定后让与担保的标的物

目前在司法实践中出现的后让与担保，其担保标的物的范围没有让与担保的标的物的范围那么广泛。让与担保既有不动产让与担保，也有动产让与担保。[①]依此类推，不动产和动产的物权均可以设置后让与担保。

目前通行的都是以商品房所有权设置后让与担保。在商品房的地基上，实际上还有建设用地使用权，因此建设用地使用权也是后让与担保的标的物。是否可能出现以其他不动产权利，例如宅基地使用权、土地承包经营权、典权等，设立后让与担保的可能性，值得研究。依笔者所见，凡是不动产的物权都有可能设立后让与担保。

动产是否可能成为后让与担保的标的物，值得探讨。目前还没有出现以动产设定后让与担保的实例。但这不是由于动产用于不能设定后让与担保，而是由于后让与担保仍然处于“地下”的“潜伏”状态。如果习惯法或者实定法确认后让与担保的担保物权地位，那么，由后让与担保是在债务人不履行债务时将财产或者财产权利转移于债权人以担保债权实现的担保物权制度这一性质所决定，凡是具有可转让性的标的物，不论动产还是不动产，都可以成为后让与担保的标的物。因此，后让与担保的标的物应当是一切可以依法转让的财产和财产权利。不

① 谢在全. 民法物权论：下册. 修订5版. 台北：新学林出版股份有限公司，2010：411，433.

具有可转让性的财产或者财产权利不能作为后让与担保的标的物。

在动产让与担保中，由于先转移标的物的物权，而动产物权的转移以交付为法定公示方式，因而通常采用占有改定为之。[①] 在动产的后让与担保中，并非先转移担保标的物的物权，担保标的物仍然由担保人占有，只是在后让与担保实现时方转移物权，因此，动产作为后让与担保的标的物，不存在法律上的障碍。不过，由于后让与担保是不履行债务时方转移物权，因而风险较大，以动产设置后让与担保应当慎重。

2. 后让与担保的设定方法

目前在实践中设定后让与担保，基本上都是通过订立不动产转让合同设立的。这符合担保物权应当采用法律行为的方式设立的规则要求。不过，用订立不动产转让合同的方式设定后让与担保法律关系是不规范的。依照《物权法》第172条第1款的规定[②]，应当明确，设立后让与担保物权，应当依照设立担保物权的一般方法，即订立后让与担保合同，确定后让与担保法律关系。在目前，通过之后转让标的物物权的合同（即不动产转让合同）的方式为债权担保的，只要符合后让与担保的主要特征要求，即应当认定成立后让与担保。

后让与担保合同的成立后果是产生后让与担保物权。由于利益关系重大，后让与担保合同为要式合同，应当采取书面形式订立。如果后让与担保合同没有采取书面形式订立，不承认其效力。出现这种情形，对债权人不利，但债权人的身份是商人，即使是自然人，也应当对自己负责，对自己的利益应尽善良管理人的注意义务。如果没有采取书面形式订立后让与担保合同，则违反一般的交易常识，受到损失的是债权人自己，后果是使自己的债权失去担保。由于自己的过错而使自己承受后果，于社会利益并无大碍。

（二）后让与担保合同

1. 后让与担保合同的基本内容

在目前发生的后让与担保合同，均采取“商品房预售合同”的标准合同形

---

① 谢在全. 民法物权论：下册. 修订5版. 台北：新学林出版股份有限公司，2010：433.

② 《物权法》第172条第1款前段的内容是：“设立担保物权，应当依照本法和其他法律的规定订立担保合同。”

式，并非采取后让与担保合同的格式，而且由于后让与担保尚处于“地下”状态，因而还没有典型的后让与担保合同的格式要求。尽管可以根据发生后让与担保作用的商品房预售合同确认后让与担保合同的效力，但承认后让与担保为非典型担保物权，就要确定典型的后让与担保合同的基本内容，应当以后让与担保合同设立后让与担保物权。

后让与担保合同应当具有以下内容。

（1）后让与担保的当事人，包括后让与担保的设定人和取得后让与担保的担保权人的姓名或者名称以及住所。

（2）被担保债权的种类、性质以及担保的数额。

（3）担保标的物（或者权利）的名称、种类、数量、状况和处所等，特别应当注明担保标的物是不动产还是动产。后让与担保的设定人（即债务人或者第三人）应当以其享有的动产或者不动产以及其他财产权利为限，设定后让与担保。对于不属于自己的财产或者财产权利，不能设定后让与担保。

（4）对担保标的物（或者权利）的评价。

（5）担保标的物（或者权利）的占有、管领、收益以及有关费用的负担。

（6）后让与担保权的期限。

（7）被担保债权不能实现时，担保设定人应当将担保标的物的物权转移给担保权人。

（8）后让与担保物权的消灭条件。

（9）当事人解决争议的方式。

（10）双方当事人约定的其他事项。

在以上后让与担保合同的内容中，其主要条款是第（二）项和第（三）项，即“被担保债权的种类、性质以及担保的数额”和“担保标的物（或者权利）的名称、种类、数量、状况和处所等”。

在现实生活中出现的后让与担保合同（例如商品房预售合同）虽不完全具备上述基本内容，但符合后让与担保合同的实质条件要求即主要条款，故应当认可设立后让与担保。

2. 后让与担保的生效条件与实现条件

后让与担保合同成立，即发生设立后让与担保物权的效果，债权人取得担保物权。由于后让与担保是以主合同履行期届至债务人不履行债务时，转移担保标的物的权利于债权人的方式来实现对债权的担保职能的，因而后让与担保的设定人应当承诺以主合同债务履行期届至时债务人不履行债务为担保物权实现条件。不具备实现条件的，不能行使后让与担保物权。

一般认为，习惯法认定的新型物权，应当存在公示之可能。① 后让与担保物权发生之时，标的物的物权并没有转移，因此，对预定不履行债务时的物权转移无法进行物权变动的公示。但是，认可后让与担保为担保物权后，该担保物权应当能够进行公示。在法律尚未明确认可后让与担保的情况下，按照习惯法，如果有条件，以不动产确立后让与担保物权，应当将该担保物权在物权登记簿上进行他项权利的登记；至于动产的后让与担保，则不必进行登记的公示。商品房买卖合同进行预告登记的，应当视为公示。不过，即使目前出现的后让与担保没有进行公示，只要具备后让与担保的法律特征的，也应当认可后让与担保法律关系，保护双方当事人的合法权益。

即使将来法律对后让与担保予以认可，对于该项担保物权的登记，也应当采取登记对抗主义，而不是登记生效主义。

至于对转移担保标的物的物权进行登记，为实现后让与担保物权时的必办手续，不在此处讨论。

（三）后让与担保的效力

1. 对债权人的效力

后让与担保的设置目的在于担保债权的实现。债权人基于后让与担保合同设立担保物权，进而产生后让与担保请求权。该请求权的性质不是既得权，而是期待权，在后让与担保物权的实现条件成就时，变为既得权。依据该后让与担保请求权，担保权人可以向后让与担保的设定人行使该请求权，通过转移担保标的物的物权而实现自己的债权。

① 谢在全. 民法物权论：上册. 修订5版. 台北：新学林出版股份有限公司，2010：52.

后让与担保请求权由期待权变为既得权的必要条件，是实现担保物权的条件，即债务人的债务已届清偿期，债务人不能清偿债务。如果债务人已经清偿了债务，则后让与担保的担保作用已经完成，没有继续存在的必要，后让与担保的期待权失去存在的价值，因而消灭。

后让与担保请求权一旦从期待权变为既得权，担保权人即可行使该请求权，向后让与担保的设定人主张转让后让与担保标的物的物权，并取得该担保标的物的物权，以清偿债务。

担保权人基于对担保标的物的期待权，享有对担保标的物的保全请求权。如果担保设定人将担保标的物作不适当处置，担保权人有权行使保全请求权，恢复担保标的物的原状，以担保债权的实现。

2. 对担保人的效力

后让与担保的担保设定人即担保人，是承诺将自己享有物权的不动产或者动产的物权设定后让与担保的人。担保人既可以是主合同的债务人，也可以是主合同当事人以外的第三人。

后让与担保对担保人的效力，首先在于对担保标的物的权利设置负担，即设置了担保物权。尽管后让与担保在成立时并不转移担保标的物的占有和权利，但对担保标的物设置的担保物权，构成了对担保人行使物权的限制，对其所享有的所有权或者其他物权附设了权利行使的限制。对此，应当参照抵押权的规定，适当限制后让与担保的担保标的物的流转：如要流转，须经债权人同意，未经同意者不发生流转的效力。担保人应当保持对后让与担保的标的物的占有和权利，防止被他人侵占或者侵夺；同时，应当在担保期间保持担保标的物的完好状态，防止减损担保标的物的价值，损害债权人的权益。

后让与担保对担保人的效力，其次在于债务不履行时转移担保标的物的权利于担保权人，以清偿债务。后让与担保请求权经过行使而实现，则消灭担保人的担保义务。担保人对债务人产生清偿担保债务的请求权，对债务人有权请求履行后让与担保义务所发生的一切财产不利益的后果。

3. 对债务人的效力

债务人设定后让与担保，债务人就是担保人，对债务人发生与对担保人相同的效力。

如果是第三人设立后让与担保物权的，则债务人不是担保人，担保权人行使后让与担保请求权对债务人的效力是，债权人的债权实现，债务人的债务消灭，但产生债务人对担保人的清偿担保债务的义务，对于担保人因后让与担保物权的实现而遭受的一切财产的不利益，债务人均应当承担清偿义务。

4. 对第三人的效力

这里的第三人是指后让与担保法律关系当事人之外的第三人，即担保人和担保权人之外的第三人。在后让与担保法律关系存续期间，第三人负有不得侵害和妨碍担保权人享有的后让与担保物权的义务。这个义务来源于《民法通则》第 5 条的规定，即公民、法人的合法民事权益受法律保护，任何组织和个人不得侵犯。第三人明知担保人的担保标的物之上设置了后让与担保物权，仍然与担保人进行交易，取得担保标的物的权利的，应当承担不利于自己的后果。

如果第三人与担保人就担保标的物进行交易而不知情已设立担保物权的，则第三人为善意无过失，不发生交易无效的后果，第三人不承担担保物权不能实现的后果。该后果由担保人对担保权人负责，担保人对于担保权人由此遭受的一切损失均应当予以赔偿。如果担保标的物是不动产或者不动产权利，且后让与担保已经作了物权登记的，则该担保具有对抗效力，第三人不得以不知情为由，主张物权变动、取得担保标的物的权利。

5. 对担保权人的债权人的效力

在让与担保法律关系中，担保权人的债权人对担保标的物申请强制执行的，担保人无法提出异议之诉①，即使担保标的物为动产且在担保人的占有中，担保权人的债权人对担保标的物申请强制执行的，担保人对第三人的强制执行提出的异议之诉也不能获得支持。但在后让与担保法律关系中，因担保法律关系存续期

① 杨立新. 物权法. 北京：高等教育出版社，2007：333.

间担保标的物并没有转移物权，担保标的物仍然由担保人占有并享有物权，因此，担保权人的债权人无权就后让与担保标的物主张实现其债权。即使担保权人破产了，担保权人的财产成为破产财产，担保标的物也不属于担保权人所有，担保权人的债权人也不得就担保标的物主张权利。

担保权人的债权人对后让与担保标的物主张实现对担保权人的债权时，担保人可以依据自己享有的所有权或者其他物权进行抗辩，法院应当支持。

只有在后让与担保物权实现了，担保权人已经取得了担保标的物的物权时，担保权人的债权人才可以对该标的物主张实现债权。

6. 对担保人的债权人的效力

担保人的债权人在设定后让与担保后，有权对担保标的物主张债权，申请强制执行。无论后让与担保的担保标的物是不动产还是动产，由于该担保标的物仍在担保人的权利支配之下，只是设置了后让与担保的负担，在担保人的债权人对后让与担保标的物主张债权实现时，担保人不得以已经设置了后让与担保进行抗辩。对此后让与担保的担保权人可以主张自己的担保物权，并要求实现债权。担保人的债权人和担保权人均为债权人，但担保权人对担保标的物享有担保物权，因此担保权人享有优先受偿权。如果担保人的债权人对此也享有担保物权，则依据担保物权的设置先后，依照顺序受清偿。

如果担保人破产，担保权人对担保标的物不享有取回权，但享有优先受偿权。担保人的债权人亦享有担保物权的，应依照清偿顺序受清偿。

7. 担保的债权范围和标的物范围

在后让与担保设定之后，担保标的物仍然由担保人享有权利并依法占有。

(1) 后让与担保所担保的债权范围。

在后让与担保设定后，担保人对并没有转移担保标的物的权利，是以债务不履行时转移担保标的物的物权的方式担保债权实现的。后让与担保所担保的债权范围，应当依照《物权法》第 173 条关于担保物权担保范围的一般规定确定：A. 主债权及其利息；B. 与主债权相关的违约金、损害赔偿金、保管担保财产和实现担保物权的费用。C. 当事人另有约定的，除外。

（2）后让与担保的标的物范围。

后让与担保的效力及于担保标的物及担保标的物的从物和孳息以及其他利益，具体表现如下。

1）后让与担保的效力及于担保标的物本身。尽管后让与担保并没有让渡担保标的物的所有权或其他权利，但担保标的物本身必然受其效力的支配。担保人继续享有担保标的物的所有权或者其他权利，担保权人享有担保物权。

2）后让与担保的效力及于担保标的物的从物。依照从随主原则，从物和从权利随主物和主权利的变动而变动。担保标的物为主物并附有从物的，除非担保人和担保权人另有约定，否则，从物随主物一并成为担保标的物，担保权人对从物享有担保物权。但后让与担保设定后，担保人又取得的具有担保标的物从物性质的物，不构成担保标的物的从物，不能成为担保物权的标的物，不属于后让与担保的效力范围。

3）后让与担保的效力及于担保标的物所产生的孳息，包括天然孳息和法定孳息。

4）后让与担保的效力及于担保标的物的代位物。担保标的物在担保期间受到的损失，应当是担保人的损失。因担保标的物灭失、毁损、被征收等所取得的保险金、赔偿金或者补偿金，构成担保标的物的代位物，受到担保权人享有的担保物权的效力的支配。

8. 担保标的物的利用和保管

（1）担保标的物的利用。

在后让与担保期间，由于担保人仍然享有物权，因而可以依照自己的意思对担保标的物进行利用，并不必支付费用。如果后让与担保合同对担保标的物的利用有特别约定的，则依照约定进行利用。

（2）担保标的物的保管。

担保标的物由担保人继续保管。担保人违反保管义务造成担保标的物损害的，是担保人的损失，损害赔偿权利实现获得的赔偿金，仍在担保物权的效力范围内，继续为债权提供担保。

（四）后让与担保的实行和消灭

1. 后让与担保的实行

后让与担保所担保的债权已届清偿期，债权人没有受清偿的，债权人即担保权人可以实行后让与担保物权，实现其债权。后让与担保的实行方式包括以下几种。

（1）转让担保标的物的所有权或其他物权。

和让与担保不同，后让与担保的实现不仅仅是债权的实现，而且主要的是先转让担保标的物的所有权或者其他物权。这是因为后让与担保并非以转让担保标的物的权利来实现担保的效力，而是以不清偿债务时转让担保标的物的权利来实现担保物权。因此，后让与担保的实行和让与担保相反，是在债务不能清偿时，转让担保标的物的所有权或者其他物权。

担保权人主张实现后让与担保物权时，担保人应当将担保标的物的所有权或者其他物权转让给担保权人。房屋等不动产的转让，须经过登记程序，并且须交付标的物的占有。动产的转让应当进行交付，债权人受领交付，取得担保标的物的所有权或其他物权。

（2）变价担保标的物取偿或者估价取得担保标的物的物权。

由于在后让与担保权实现时担保标的物的权利已经转给担保权人，因而后让与担保的债务清偿和让与担保的债务清偿一样，有以下两种方式。

1）变价担保标的物取偿。

变价担保标的物取偿，是指担保权人将担保标的物出售，取得担保标的物的价金，以其价金清偿债权。后让与担保并非“作死”①，例如尽管前述案例中的借贷债务为1 304万元，151套商品房的约定价值也是1 304万元，即以151套房屋作价1 304万元来抵销债务，但由于市场价格的变动，也由于估价的不准确，实现债权一般应当采取变价形式。既可以采用拍卖方式，也可以采用变卖的方式，将担保标的物变价。如果变价款扣除债务清偿部分之外有剩余，则应当返还担保人；如果变价款不足以清偿债务，则担保人不再承担担保责任，债务人对不

---

① 作死是典权的概念，即权利完全归属于对方当事人。

足部分承担清偿责任。变价取偿方式不得损害后让与担保设定人和其他利害关系人的利益。

2）估价取得担保标的物。

估价取得担保标的物，是指担保权人将担保标的物以公平的方式进行估价，以其估价额清偿债务。以估价方式取得担保标的物的，应当清算担保标的物的价额和债权额，超过债权额的部分应当返还后让与担保设定人。估价取得担保标的物须双方当事人有明确约定，否则不发生债权人确定地取得担保标的物的物权的效果。

在让与担保中，存在担保过度的问题，即担保的价值超出被担保债权的金额是如此高，以致在担保人与债权人之间不存在平衡的、兼顾双方利益的关系。[①]后让与担保尽管是后转移物权，也会出现担保过度问题。后让与担保出现担保过度时，无论采用前述两种方法中的哪一种实现后让与担保权，担保权人均负有清算义务。不予以清算而直接取得担保标的物的权利的，不发生法律上的效力。

如果后让与担保合同约定流押，因不符合《物权法》关于担保物权的原则规定，流押条款无效。对此应当按照上述担保过度的规则处理。

2. 后让与担保的消灭

参照《物权法》第177条的规定，后让与担保因下列情形而消灭。

（1）被担保的主债权消灭。

后让与担保权是从权利，从属于被担保的主债权。当被担保的主债权因清偿、抵销等原因而消灭时，后让与担保即失去其存在的目的，后让与担保消灭。这时，在担保标的物上设定的负担消灭，担保权人的权利消灭，担保人不再受担保物权的限制。

（2）后让与担保物权的实行。

担保权人实行后让与担保物权之后，后让与担保的任务已经完成，后让与担保当然消灭，不复存在。

（3）担保标的物的所有权或其他物权消灭。

在后让与担保法律关系存续期间，如果担保标的物的所有权消灭，例如担保

---

① 鲍尔，施蒂尔纳. 德国物权法：下册. 申卫星，王洪亮，译. 北京：法律出版社，2006：615.

标的物混同、灭失、被征收或被权利人处分，后让与担保权随之消灭。以其他财产权利设定后让与担保的，财产权利消灭的，后让与担保权亦消灭。

五、对当事人争议的处理方法

在现实生活中，后让与担保并非法定的担保物权，只是交易中的习惯。即使承认后让与担保的法律地位，认可其为担保物权，也只是习惯法上的认可。由于后让与担保的非规范性，因而在实践中出现的纠纷较多，当事人争议较大。也由于缺少统一的规范，法官认识不同，裁判的结果也不同。因而亟须对后让与担保的纠纷解决予以规范化的指导。根据现实生活中纠纷争议的情况，笔者提出以下对不同类型纠纷的解决办法，以供参考。

（一）债权人主张不动产买卖合同为主合同请求履行的纠纷

在后让与担保纠纷中，最常见的是债权人否认担保合同的从合同性质，或者割裂两个合同之间的主从关系，主张作为后让与担保的不动产转让合同为主合同。例如本节引述的案例就是这种类型的后一种情况。这种纠纷形成的原因是：一方面，后让与担保缺少必要的法律规范，仅仅以不动产转让合同作为担保，产生债权人可以否认主合同无效或者不存在而主张从合同有效的法律漏洞；另一方面，由于我国房价急速上涨，商品房地基的建设用地使用权的价格也跟随上涨，债权人受重大经济利益的诱惑主张不动产转让合同有效并履行。在实务中，对于债权人的这两种主张，债务人一般都以不动产转让合同属于借贷合同的从合同为由予以抗辩。

对此，应当查清事实，凡是能够证明借贷合同存在，双方当事人在借贷合同之外还有一个不动产转让合同的，且没有其他合理解释，或者对借贷合同的存在双方有争议，而不动产转让合同的内容显系不合理、不公平的，都可以认定借贷合同与不动产转让合同之间的主从合同关系，确认不动产转让合同就是后让与担保合同。

（二）债权人主张主合同无效或者不存在的纠纷

与前一种纠纷相关联的纠纷是，债权人主张借贷的主合同无效或者借贷的主

合同不存在。这种纠纷也比较多见。这种情况是，债权人一方主张借贷合同无效，或者主张借贷合同不存在，从而主张应属于从合同的不动产转让合同独立存在，应当履行。

在很长一段时期里国家政策禁止民间借贷，因此，那时债权人经常主张主合同无效的理由是主合同属于民间借贷合同。目前，企业之间以及企业与自然人之间的民间融资已经获得国家政策的肯定，但这个政策并不溯及既往。当时主张民间借贷因违法而无效，是有道理的。不过，借贷合同无效，并不是债务人可以不清偿债务的理由，且为主合同提供担保的从合同不因主合同的无效而无效，债务人或者担保人仍应当承担担保责任。因此，即使债权人主张主合同无效并且得到支持的，从合同约定的担保责任仍然成立，作为后让与担保的不动产转让合同不会单独成为有效的主合同。

债权人主张借贷主合同不存在，通常是因为主合同没有采取要式方式，是以口头形式约定的。口头合同的缺陷就是一旦一方当事人否认，认定合同成立的困难就会很大。对此，应当查清事实，确认口头合同是否成立。例如前述案例中，尽管主合同是口头合同，但主合同中的借贷数额与从合同中的房价数额是一致的，且151套商品房的房价数额显系不合理、不公平，据此，可以认定债务人提出的后让与合同担保法律关系主张成立。因此，凡是能够认定口头形式的主合同成立，并且能够确定不动产转让合同与该口头合同之间的密切关系的，应当认定存在后让与担保法律关系；口头合同不能成立的，则应当考察不动产转让合同究竟是后让与担保合同还是单独的主合同，按照认定的事实确定结果。

（三）债务人主张后让与担保合同无效的纠纷

实践中，债务人在后让与担保法律关系中主张不动产转让合同无效的情形，也时有发生。此类情形中，有的债务人主张争议的不是一般的不动产转让合同问题，而是担保的问题，因而并不主张担保法律关系无效，只是主张不动产转让合同无效；有的债务人主张不动产转让合同无效，同时否认以不动产转让合同为主债务提供担保。前一种主张是有理由的，因为其要求确认双方当事人之间的真实法律关系，是去伪存真。这样的主张，应当得到支持。但后让与担保是一种新型

的非典型担保物权，与一般的担保物权不同，也和让与担保不同，有独立适用的可能。因此，不动产转让合同仍然应当被认定为主合同的后让与担保合同，债务人不履行债务时，仍然需要转移担保标的物的物权，按照后让与担保的实现方法进行处理。后一种主张实无理由，原因在于，债务人从根本上否认担保的事实，否认担保责任，这是不真实的，不应得到支持。应当以查清的事实为依据，确认后让与担保法律关系，要么债务人清偿债务，要么实现后让与担保权。

就债权人而言，对于债务人以上述主张届时不履行债务的，可以要求继续履行，也可以请求取得后让与担保的标的物的权利。

（四）债务人主张履行债务而债权人拒绝受领的纠纷

债务人主张履行主合同债务，或者已经向债权人履行主合同债务，但债权人拒绝受领的，说明债权人对主合同是否存在有不同的主张。对此，应当查清事实，确认当事人之间的主合同是否成立。借贷合同确实成立的，还应当区分债权人是在诉讼前拒绝受领还是在诉讼后拒绝受领。如果债权人在诉讼前拒绝受领，而在诉讼中查明主债权存在的事实的，则可直接判决债务人履行主合同债务；债务人已经将债务标的物提存的，则判决主合同已经履行完毕，主合同已经消灭。如果债权人在诉讼后拒绝受领的，则不影响判决的执行，债务人将其应当履行的债务提存即可。

（五）债务人主张担保过度请求返还剩余部分的纠纷

在后让与担保中，双方当事人对后让与担保的事实都不予否认，并且承认其效力，仅因债务人无力清偿，债权人主张转让担保标的物的权利予以清偿、不予找赎，而债务人主张担保过度、多退少补的，则应当按照让与担保的规则处理，即：除非有特别约定，否则无论是变价取偿还是估价取得担保物，都应当据实结算。不足主债务数额的，债务人应当继续清偿；超出主债务数额的，剩余部分应当退还给债务人。

第四编

准物权论

第十七章

特许物权

第一节　与特许物权有关的准物权

一、准物权是一个不确定的物权概念

笔者把本编的题目确定为“准物权”，其中设置特许物权和占有两章。这涉及特许物权与准物权的关系问题，也涉及占有是否为准物权的问题。因此，下面先阐释准物权的真实含义以及其与特许物权的关系。

准物权这一概念，很多民法学者都使用过，但含义不同。有的学者认为，准物权不是属性相同的单一权利的称谓，而是一组性质有别的权利的总称，按照通说，它由矿业权、水权、渔业权和狩猎权等组成。[①] 有的学者认为，权利抵押权

① 崔建远. 准物权研究. 北京：法律出版社，2003：20.

和权利质权为准物权。[①] 有的学者认为：准物权是指在物权法规定的物权种类之外，性质与要件相近于物权并准用物权法规定的物权。在由物权、债权、知识产权等私权类别构成的权利色谱中，处在各种典型权利类别夹缝中的混合性权利，其物权色彩偏重者，就可界定为准物权。准物权的判断标准不是唯一的，而是多元的；准物权的类型不限于准用益物权，还有准所有权、准担保物权和物权取得权。[②]

在上述列举的准物权概念的界定中，三个概念完全不同。崔建远教授界定的准物权，与特许物权基本上是相同的，是将经过政府行政特别许可的开发、利用资源的特许物权作为准物权。王泽鉴教授使用的准物权概念，是指在权利上设置的他物权。刘保玉教授使用的准物权概念，是指在物权法规定的物权种类之外，处在各种典型权利类别的夹缝中的物权，是一个多元的概念。因此，可以看出，准物权的概念尽管很多学者和很多有关物权法的著述都在使用，但并不是一个认识统一、界定同一个事物的概念。

在本书中，笔者并不想要给准物权作一个科学的界定，而仅仅是为了给物权法中不属于自物权，也不属于他物权的那些物权种类以及不属于物权的占有，找到一个可以作为其上属概念的范畴，因此，笔者在这个意义上使用准物权的概念时，与上述三种准物权的概念均不相同。

二、准物权的概念及特征

笔者对准物权的概念的界定是，准物权是指物权法中既不属于自物权也不属于他物权的那些类似物权的权利以及事实。

如此界定的准物权的特征有以下几点。

第一，准物权是物权领域的概念。准物权既不是债法上的权利，也不是民法总则中的问题，而是物权法领域中的权利或者事实。

第二，准物权既不属于自物权也不属于他物权。物权的基本类型分为自物权

---

① 王泽鉴. 民法物权：通则・所有权. 台北：三民书局，1992：6.

② 刘保玉. 准物权及其立法规制问题初探//王利明. 中国民法年刊（2004）. 北京：法律出版社，2006.

和他物权。首先，准物权不是自物权，即不是所有权本身，也不是所有权的内容，与所有权完全不同。其次，准物权也不是他物权。我国《物权法》规定的他物权包括用益物权和担保物权，准物权不属于用益物权，也不属于担保物权。尽管《物权法》将特许物权规定在用益物权的一般规定当中，但特许物权中的绝大多数权利都不属于用益物权。

第三，准物权的内容比较复杂。由于在物权法的领域中，凡是不属于严格意义上的自物权和他物权的具有权利属性的事物都放在准物权的概念之中，因而准物权的内容既包括类似于物权的权利，也包括在立法上不作为物权类型规定的某种事实状态。

第四，准物权准用物权法规则。虽然准物权不是严格意义的物权类型，但它属于物权法领域中的权利或者事实，仍然是物权法领域的问题，准用物权法的物权规则。

这样的准物权概念，显然与前述学者使用的准物权概念不同。

三、准物权的体系及与特许物权的关系

准物权的体系，只包括特许物权和占有。在物权法领域中，只有这两种权利和事实，是不包括在自物权和他物权的范围之内的。

在这样的准物权概念之下，特许物权是准物权的一个下属概念，是准物权的一个类型。

第二节 特许物权概述

一、特许物权的概念和特征

（一）特许物权的概念

特许物权，是指经过行政特别许可而开发、利用自然资源，获得收益的准物

权。由于它是基于开发、利用土地之外的自然资源而享有的权利，因而也称为自然资源使用权。

《民法通则》第 81 条第 1 款、第 2 款规定："国家所有的森林、山岭、草原、荒地、滩涂、水面等自然资源，可以依法由全民所有制单位使用，也可以依法确定由集体所有制单位使用，国家保护它的使用、收益的权利；使用单位有管理、保护、合理利用的义务。""国家所有的矿藏，可以依法由全民所有制单位和集体所有制单位开采，也可以依法由公民采挖。国家保护合法的采矿权。"《物权法》用益物权一章第 119 条专门对特许物权作出了规定："国家实行自然资源有偿使用制度，但法律另有规定的除外。"在其他特别法，如《矿产资源法》《渔业法》《森林法》《野生动物保护法》等法律中，也有关于特许物权的相关规定。

（二）特许物权的意义

特许物权制度是基于当代社会对土地和自然资源利用的多元化而出现，并且随着这种多元化的趋势不断发展而日益强大起来的。

在传统民法中，对土地的归属及利用关系的调整，是通过所有权和用益物权的理论和立法模式实现的。而自然资源附属于土地，依附于土地，因此而成为土地的附属物。对自然资源的开发、利用，以对土地的归属和利用关系的理论和立法模式作为基础，把对自然资源的利用和转让参照不动产的规则来处理，也是顺理成章的。因而，大陆法系的物权法并没有专门的特许物权概念，而是对自然资源的开发利用视为对土地的开发利用关系，用用益物权的规则处理。

但是，这种状况在当代遭到了挑战。诸如水资源、渔业、动物、林业等附属于土地的资源的利用和开发具备了独特的价值，并逐渐脱离了土地所有人的支配范围。因此，自然资源的使用和开发权不能再作为一般的不动产用益物权，而逐渐地形成了独具特色的权利体系，并且与传统不动产用益物权存在较大的差异。在世界各国已经将环境和资源作为人类最重要的宝贵财富予以保护的今天，对自然资源的使用和开发具有更为重要的意义。物权法对此必须予以高度的重视，通过特许物权制度的规范，使环境和自然资源得到有效的开发和保护。

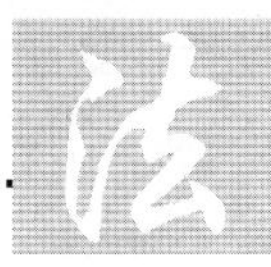

（三）特许物权的特征

1. 特许物权的标的物是自然资源而不是土地本身

不动产用益物权的客体是土地本身，因此，其标的物在法律上被视为不可消耗物，权利人是在保持标的物原来状态下进行使用，并不是为了在标的物上直接取得自然状态的初级产品。而特许物权的客体并不是土地本身，而是土地上附属的自然资源。因此，特许物权的标的物在法律上属于消耗物，在一般情况下，权利人不是对自然资源反复使用，而是在不改变自然资源物质属性的前提下，将自然资源直接作为初级产品而取得其所有权等权利。尽管自然资源附着于土地，其权属界定一般与土地的权属界定密切相关，但这既不会影响特许物权的存在，也不会影响其他不动产用益物权的行使。所以，特许物权的权利标的并非表现为不动产的形态、直接占有和控制不动产，而是表现为实施行政特别许可的某种行为。

2. 特许物权的权利行使方式是对自然资源的摄取和开发行为

不动产用益物权的行使方式表现为对土地或者建筑物等不动产长期的实际占有和利用并获得收益，并不是对不动产本身的摄取和开发。其行使的前提是对不动产实际地占有和控制，在此基础上进行排他性的占有和利用。而特许物权的行使方式是在特定的土地上进行有目的的、可间断的摄取、开发和检测行为，表现为对特殊资源的检测（如探矿权）、独立利用（如养殖权和捕捞权）和摄取（如取水权、采矿权）等，其行使的对象是具体的资源，如水资源和矿产资源。权利人对具体的自然资源并不享有物权意义上的控制权，因为对于权利人而言，谁享有自然资源的物权并不重要，重要的是谁开发和利用自然资源。当然也有个别情形不属于对自然资源的摄取和开发，例如海域使用权的大部分属于地上权性质的物权，与建设用地使用权属于同一类物权，但由于海域的特殊性，以及对海域的使用都是放在一起规定的，因而笔者把它们都放在特许物权当中进行研究和说明。

3. 特许物权一般不具有物权的排他性效力

一般的不动产物权具有排他性，法律赋予不动产物权人排斥他人干涉的权利。依据一物一权原则，在同一不动产上不允许相同类型的权利同时存在。但特许物权并不受这一规则的限制，可以同时有相同种类的特许物权存在于同一自然资源上，如对同一水资源同时赋予若干主体取水权，对同一森林同时赋予若干主体狩猎权等。

4. 特许物权的取得方式是行政许可

一般物权的取得基本上是依据法律行为，当事人通过合同方式取得用益物权。但特许物权是对自然资源的开发、利用权，这种权利的取得必须经过自然资源的行政主管部门的行政许可，因而特许物权一般依据特别法而设立，未经许可，权利人不能享有特许物权。可以比较的是，在建设用地使用权的设立上，国家不是以管理者的身份，而是以平等主体的身份与对方当事人订立合同。而国家对特许物权予以许可并不是出于自然资源所有者的身份，而是出于社会公共事务管理者的身份。

5. 特许物权的设立具有一定的公法意义

传统的不动产物权主要是确定不动产的归属和利用，其价值目标是对不动产本身的占有和利用作出法律调整，因而具有传统的私法意义。而特许物权的设立目的不在于对不动产本身的归属和利用进行界定，而是在不动产已存在合法物权人的情形下，从社会公共利益出发设定特许物权。既准许使用人开发自然资源，获得利益，又保证自然资源被合理和可持续地利用，因而特许物权的设立在一定程度上具有公法的意义。可见，特许物权在对标的物进行有效利用的价值取向方面，更强调在实现具体的自然资源使用权设立目的的前提下，对标的物进行有节制的利用，而不是像用益物权那样强调在不变更具体用益物权设立目的的前提下，对标的物进行充分利用。

二、特许物权的性质和地位

（一）特许物权的性质

特许物权是由国家直接赋予的物权，权利人行使特许物权的行为，在外观上

并不表现为对土地的简单占有、控制和利用，而是表现为对自然资源的带有创造性的开发行为。

正因为如此，关于特许物权是否为用益物权的一种类型，理论上存在不同认识。

1. 否定说

否定说认为：特许物权所指向的对象不是土地而是土地上的自然资源，故特许物权虽然与不动产物权密切相关，但与传统物权法上的物权有很大区别，不是以物的占有和归属，而是对某项自然资源进行某种形式的利用为其目的。故特许物权的权利样态复杂不一。同时，特许物权的存在并不影响原有土地及自然资源的归属和利用，对自然资源进行各种形式的利用与土地的物权界定并无必然联系。因此，特许物权与用益物权是两种性质不同的权利，相互之间不存在从属关系，各自有独立存在的必要。[①]

2. 肯定说

肯定说认为：自然资源使用权属于财产权利，是非债权性的财产权，具有物权性质。依物权法基本理论，这些权利不是所有权，也不是担保物权，更不是依占有而推定的权利，因此，唯将其归入用益物权才为妥当。[②]《物权法》将特许物权规定在第三编“用益物权”第十章“一般规定”中，显然认为特许物权属于用益物权。

3. 特许物权为具有某种用益物权性质的准物权

对此，笔者的看法是：第一，特许物权首先是一种民事权利，并且是一种物权，因为特许物权不可能是债权性质的权利或人身权性质的权利。因系对自然资源的利用，故特许物权必具有物权性质。第二，特许物权具有一定的用益物权性质。一方面，特许物权是一种绝对性的权利，其行使和实施不需要相对人的协助；另一方面，特许物权本身也是对土地上的自然资源的利用和开发，权利行使也直接涉及传统民法上的不动产。第三，特许物权的基本性质又不同于用益物

① 梁慧星．中国物权法研究：下．北京：法律出版社，1998：631－633．

② 屈茂辉．用益物权论．长沙：湖南人民出版社，1999：271．

权，而是一种准物权或者类物权。理由是，特许物权的目的不在于占有土地上的自然资源，而仅在于对其实施某种开发性的行为，因而物权法最基本的占有和归属规则在特许物权上无法得到实现。如果将特许物权的性质界定为一种用益物权，则其客体很难统一和确定。

正因为如此，特许物权在传统民法上缺乏体系上的定位。对于这种主体实施某种法律直接准许的行为的权利，仅仅将其界定在用益物权的范围之内，存在较多的问题，故应当将其界定为具有用益物权性质的准物权。

（二）特许物权在法律上的地位

关于特许物权在法律上究竟处于何种地位，各国规定各不相同。在大陆法系国家，特许性的权利因涉及政府许可等公法行为，一般由公法调整，采用单行法的形式进行规范。在英美法系国家，对于特许性的权利不存在单独立法的问题，并不区分其公法、私法的性质，而是和对其他权利一样，在判例法或成文法上作出调整。

在特许物权的性质已经明确了之后，其法律地位也就已经明确了。这就是，特许物权是民法上物权法的基本内容之一，是物权法中的一个新型的物权。理由如下。

首先，特许物权在性质上是民事权利，是民法的基本内容。特许物权虽然是经行政机关直接许可，经过行政审批而赋予权利人的权利，但这并不影响特许物权的私权利性质。这是因为，特许物权被赋予民事主体后，就成为民事主体所享有的一种关乎私人利益的私权利，并且可以与其他民事权利一样，在民事主体之间形成民事法律关系。尽管在特许物权的赋权方面，民法无法作更多的干预，但其权利的主体、内容和客体都是私的性质，是民法的调整范围，因而属于民法的重要内容之一。

其次，虽然特许物权与用益物权存有较大差别，但其仍属于物权范畴，是物权法的基本内容。不动产物权的存在，是政府赋予特许物权的前提。只有在物权法确定自然资源所有者的情况下，才能够确定开发自然资源的特许物权。国家授权他人从事某种对自然资源的开发利用行为，设立特许物权，就是物权法所调整的范围，是物权法的基本内容之一。

最后，特许物权属于非典型物权，可以归属于准物权的范畴。按照我国物权法的基本立场，占有不是一种物权，而是一种事实状态，但法律予以保护，因此也不妨称其为准物权。同样，特许物权也不是一种典型物权，放在用益物权体系中存在一定问题。因此，将特许物权与占有放在一起，作为物权法的准物权类型，有一定道理。

三、特许物权的取得与效力

（一）特许物权的取得

特许物权的取得分为原始取得和继受取得两种形式。

1. 特许物权的原始取得

特许物权产生于它的母权即所有权。由于特许物权的客体是国家的自然资源，这些自然资源都属于国家所有，因而特许物权都是以自然资源的国家所有权为其母体。特许物权的原始取得，就是以国家对自然资源的所有权为权利母体，经过国家特别许可，将特许物权首次赋予申请人。特许物权的原始取得，实际上是将物权法设计的登记为物权变动的生效要件模式，应用到特许物权的设立上，类似于母权和行政许可共同创设了准物权。[①]

特许物权的原始取得，需要经过以下程序：（1）申请。申请人需要向国家有关行政主管机关递交申请书，并附送相关的说明材料。（2）受理。行政主管机关对申请人的某种特许物权的许可申请进行形式审查后表示接受。（3）审查。行政主管机关受理申请后，根据法定条件和程序对申请材料进行实质性审查、核实，并且需要到当地实地进行核查，确定是否具备取得该种特许物权的条件。（4）听证。在有些情况下，行政主管机关在作出是否作出行政许可、授予特许物权之前，举行听证会，听取有关意见。（5）作出决定。对于符合条件的，行政主管机关作出对申请人颁发行政许可的决定；对于不符合条件的，作出不予许可的决定，并向申请人说明理由。

① 崔建远，等．物权法．北京：清华大学出版社，2008：263.

2. 特许物权的继受取得

特许物权的继受取得，是指基于特许物权转让合同，并且经过行政主管机关的批准而取得特许物权。特许物权予以转让的，转让的双方应当签署特许物权的转让合同，出让方将其享有的特许物权转让给对方，受让方取得该特许物权。在通常情况下，特许物权的转让应当经过行政主管机关的批准，经过批准，转让特许物权的合同才能够发生效力，特许物权才能够在出让方和受让方实现转让。经过转让，受让方取得的特许物权，不是首次取得，而是从特许物权的权利人手中取得，因此属于继受取得。

（二）特许物权的效力

特许物权具有以下效力。

1. 排他效力

在通常情况下，特许物权具有排他效力，也就是在同一个自然资源上，不能同时存在两个以上性质不相容或者异种的特许物权。矿业权、林权、海域使用权等特许物权，都不能在同一个自然资源上设立相冲突的权利。比较特殊的是，取水权不受排他效力的限制，在同一个水域上，可以准许不同的权利人享有取水权。这是由水资源的特点决定的。在渔业权中，有的渔业权具有排他效力，例如养殖权具有排他效力，而捕捞权就没有排他效力。

2. 优先效力

如果在同一个自然资源上设置了不同的没有排他效力的特许物权，则存在特许物权的优先效力问题。特许物权的优先效力，是指数个特许物权同时存在于同一标的物时，它们按照一定的标准排列位序，处于第一位序的特许物权在效力上优先于后位序的特许物权。例如，渔业权与取水权并存于同一水域时，渔业权优先受到保护，任何单位和个人，在鱼、虾、蟹、贝幼苗的重点产区直接引水、用水的，应当采取避开幼苗的密集期、密集区或者设置网栅等保护措施。

3. 物权请求权

特许物权作为物权法肯定的物权种类之一，适用物权法总则的规定，其中第三章“物权的保护”的规定，当然适用于特许物权。特许物权受到侵害或者妨

碍，可以适用物权法第三章的规定，通过物权请求权来予以保护。

（三）特许物权的消灭

特许物权的消灭，是指特许物权由于法律规定的原因而不复存在，已经消亡。

特许物权的消灭分为绝对消灭和相对消灭。绝对消灭是特许物权彻底消亡，不复存在。相对消灭主要是指特许物权被让与他人，原特许物权人的权利消灭。

特许物权的消灭原因基本上与物权消灭的原因相同，例如抛弃、存续期间届满、他人基于取得时效而取得特许物权、他人受让特许物权等，都是特许物权的消灭原因。不过，由于特许物权的特殊性，某些物权的消灭原因不导致特许物权的消灭。例如，同一物上的所有权和他物权归属于同一主体时，他物权原则上因混同而归于消灭，只有抵押权等少数权利除外。但取水权、矿业权、狩猎权、近海捕捞权、公海捕捞权、他国海域捕捞权等特许物权不会和所有权发生混同①，故不会出现特许物权因此而消灭的情形。

第三节 特许物权的种类及内容

一、海域使用权

（一）海域使用权的概念和特征

1. 海域使用权的概念

海域使用权是指依法经批准获得的持续使用特定海域3个月以上的排他性特许物权。《物权法》第122条规定：“依法取得的海域使用权受法律保护。”

2. 海域使用权的特征

（1）海域使用权的客体是海域。海域，包括我国的内水、领海的水面、水

---

① 崔建远，等. 物权法. 北京：清华大学出版社，2008：269－270.

体、海底和底土。海域使用权就是依法使用上述海域的特许物权。

（2）海域使用权是国家对海域的所有权派生的物权。海域属于国家所有，国务院代表国家行使海域所有权。海域使用权基于海域所有权而产生，是海域所有权派生的权利。

（3）海域使用权的内容具有广泛性。海域使用权中有的类似于陆地的土地用益物权，权利人可以利用特定海域从事经营活动，如建造钻井平台开采石油或者其他矿产品、建筑房屋、修建港口、修造船厂等；有的是典型的特许物权，例如捕捞权。因此，海域使用权是一项集合性的权利。

（二）海域使用权的性质

《物权法》将海域使用权规定在第122条，与第123条规定特许物权的条文先后相续。将海域使用权放在特许物权中，作为其中一个种类，是有一定的道理的，因为都是经过申请、批准程序确定的物权。但是，海域使用权与特许物权存在差别，并不是性质完全相同的物权。

海域使用权不具有单一性，而是一种集合性的物权，是一系列权利的总称。[①] 在这个权利中，包括养殖权、拆船用海权、旅游用海权、娱乐用海权、矿业权、公益事业用海权、港口和修造船厂建设工程用海权等。在这些权利类型中，有一部分仍然是特许物权，例如养殖权、矿业权等。但是另一部分，即拆船用海权、旅游用海权、港口和修造船厂建设工程用海权等，其性质并不是特许物权，而是地上权，与建设用地使用权的性质相同。因此，把海域使用权纯粹作为用益物权解释，是不正确的；把海域使用权当成纯粹的特许物权也是不正确的。应当看到海域使用权的集合权利的性质，不同的权利类型也有不同的性质。因此，本书仍然将其放在特许物权的内容中进行说明。

（三）海域使用权的取得和消灭

1. 海域使用权的取得

海域使用权的取得方式有三种：一是依法申请取得。依法申请取得是指单位或者个人可以向县级以上人民政府海洋行政主管部门申请使用海域，得到批准后，经

---

① 崔建远，等. 物权法. 北京：清华大学出版社，2008：241.

过登记，取得海域使用权。二是招标取得。依法享有海域使用权审批权限的行政主管机关发布招标公告，根据投标结果确定海域使用权人。三是拍卖。依法享有海域使用权审批权限的行政主管机关自己或者委托代理人组织符合条件的海域使用权申请人在指定的时间和地点，进行公开叫价竞投，由叫价最高者获得海域使用权。

取得海域使用权的条件是缴纳海域使用金，按照规定一次性缴纳或者按照年度缴纳。军事用海，公务船舶专用码头用海，非经营性的航道、锚地等交通基础设施用海，教学、科研、防灾减灾、海难搜救打捞等公益事业用海，不用缴纳使用金。公用设施用海、国家重大建设项目用海以及养殖用海，经过批准，可以减缴或者免缴使用金。

2. 海域使用权的消灭

海域使用权的消灭事由是：(1) 海域使用权期间届满，没有申请续期或者申请没有被批准；(2) 因公共利益或者国家安全的需要，原批准用海的人民政府依法收回海域使用权；(3) 海域使用权人抛弃权利；(4) 因人工填海或者自然原因导致海域变成陆地，海域使用权的标的物即原海域不复存在。

取得、变更、终止海域使用权，应当进行登记。

海域使用权消灭之后，海域使用权人应当拆除用海设施和构筑物。因公共利益需要或者国家安全需要，人民政府依法收回海域使用权的，对海域使用权人应当予以补偿。

（四）海域使用权的期限

海域使用权具有期限。按照规定：养殖用海为 15 年，拆船用海为 20 年，旅游、娱乐用海为 25 年，盐业、矿业用海为 30 年，公益事业用海为 40 年，港口、修造船厂等建设工程用海为 50 年。

海域使用权期限届满前两个月，需要继续使用海域的，可以向原批准用海的人民政府申请续期，除非有公共利益或者国家安全的需要，人民政府应当批准续期。海域使用权人应当按照规定缴纳海域使用金。

（五）海域使用权的效力

1. 海域使用权人的权利

(1) 占有海域的权利。海域使用权人取得海域使用权，就有权对特定海域进行排他性的占有，具有排他性效力。对于海域使用权人对特定海域的占有，任何其他人都不得干涉，法律另有规定的除外。

(2) 使用、收益的权利。不论是地上权性质的海域使用权，还是特许物权性质的海域使用权，权利人都有权依法使用海域，并且获得收益。对于海域使用权人使用海域获得的收益，任何单位和个人都不得非法侵犯。

(3) 处分海域使用权的权利。权利人享有对海域使用权的处分权，有权依法将自己享有的海域使用权进行转让和设定抵押，并且可以继承。

(4) 物权请求权。当海域使用权人享有权利的海域受到侵害或者妨碍时，权利人有权依据《物权法》第三章规定的物权保护方法，行使物权请求权，保护自己的权利。

2. 海域使用权人的义务

(1) 海域使用权人在使用海域期间，未经依法批准，不得从事海洋基础测绘。

(2) 海域使用权人发现所使用的海域的自然资源和自然条件发生重大变化时，应当及时报告海洋行政主管机关。

(3) 海域使用权人不得擅自改变批准的海域用途，确需改变的，应当在符合海洋功能区划的前提下，报原批准用海的人民政府批准。

(4) 海域使用权人负有依法保护和合理使用海域的义务。

(5) 海域使用权人对于不妨害其依法使用海域的非排他性用海活动不得阻挠。

(6) 海域使用权终止后，原海域使用权人应当拆除可能造成海洋环境污染或者影响其他用海项目的用海设施和构筑物。

二、采矿权和探矿权

(一) 矿业权概述

矿业权简称矿权，是指探采人依法在已经登记的特定矿区或者工作区内勘

查、开采一定数量的矿产资源，取得矿产品，并排除他人干涉的特许物权。[①]

矿业权是在矿产资源所有权之上建立的特许物权，是国家对其所有的矿产资源，通过行政许可，准许申请人在特定的区域探查、开采矿产资源和取得矿产品。因此，矿产资源所有权是矿业权的母权，加上行政许可，就构成了矿业权这种特许物权。

矿业权分为采矿权和探矿权。采矿权是开采一定的国有矿产资源，并取得矿产品的矿业权。探矿权是勘探一定的国有矿产资源，取得矿石标本、地质资料的矿业权。

（二）采矿权

1. 采矿权的概念

采矿权是指全民和集体所有制单位与自然人个人依照法定程序取得的在采矿许可证规定的范围内，开采矿产资源，获得所开采的矿产品的特许物权。

《民法通则》第 81 条第 2 款规定："国家所有的矿藏，可以依法由全民所有制单位和集体所有制单位开采，也可以依法由公民采挖。国家保护合法的采矿权。"《物权法》第 123 条规定："依法取得的探矿权、采矿权、取水权和使用水域、滩涂从事养殖、捕捞的权利受法律保护。"

2. 采矿权的基本规则

（1）采矿权的取得须经行政许可。

权利人取得采矿权，必须经过政府行政主管机关的行政许可。矿产资源为不可再生的资源，国家应当保障矿产资源的合理开发利用，统一规划、合理布局，以保护环境和生态平衡，实现可持续发展。因此，国家有必要对采矿权人的资质、开采顺序、开采方法和选矿工艺等条件进行审查，通过审批等行政程序授予申请人以采矿权。

（2）采矿权是有偿取得的私权利。

我国的矿产资源属于国家所有，由国务院行使国家对矿产资源的所有权。国家实行采矿权有偿取得制度，开采矿产资源必须按照国家有关规定缴纳资源税和

① 崔建远. 准物权研究. 北京：法律出版社，2003：179.

资源补偿费。权利人取得采矿权，与国家之间形成了一种合同关系。

（3）采矿权的权利人有权开采矿产品并获得所有权。

采矿权人的主要权利就是开采国有的矿产，对所采矿产享有使用、收益和处分权。采矿人对于其因采掘而获得的矿产品有权依照法律的规定出售，从而获得一定的经济利益或为自己使用。

（4）采矿权的行使须由国家行政主管机关进行监管。

采矿权虽为特许物权，但由于其事关社会公共利益、国家战略利益，故在取得、转让、行使等方面被强加一些公法义务，法律对采矿权设置了监督的规定。如采矿权人依法所承担的主要义务中，除按照国家规定缴纳有关税费外，还应当在规定的矿区范围内采矿，并按照国家的统一规划和布局，合理开采、综合利用，保护国有矿产不受损失和浪费。采矿权人在采矿活动中还必须遵守国家劳动安全规定，具备保障安全生产的必要条件。因开采活动给他人的生产、生活造成损失的，采矿权人应当负责赔偿，并采取必要的补救措施。采矿权人不履行其应负的义务，如擅自开采国家规定实行保护性开采的特定矿种、采用破坏性的开采方法开采矿产资源、没有在矿井保留必要的地下支撑造成土地表面塌陷等，依法应承担相应的民事责任、行政责任和刑事责任。

（三）探矿权

探矿权，是指全民和集体所有制单位与自然人依照法定程序取得的，在特定工作区域内勘查、勘探相应的国有矿产资源，取得矿石标本和地质资料等的特许物权。

探矿权的主体，是直接从事矿产资源勘查、勘探活动，依法取得探矿权的全民所有制矿山企业、集体所有制矿山企业和自然人个人，包括外商投资企业和非法人组织。

探矿权人的权利，主要是在划定的勘查作业区内进行规定的勘查作业，优先取得勘查作业区内矿山资源的采矿权。目的在于对特定区域内的矿产资源储量进行调查，获得矿产资源的资料，并对自己勘探得到的矿产资源优先开采。

探矿权人的义务，主要是在批准的期限内，在规定的矿区范围进行勘察并有

效保护、科学勘探，依法缴纳税款等。

三、取水权

（一）取水权的概念和特征

1. 取水权的概念

取水权是指权利人依法取得的从地表水或地上水引取定量的水的特许物权。《物权法》第123条规定："依法取得的探矿权、采矿权、取水权和使用水域、滩涂从事养殖、捕捞的权利受法律保护。"

水权包括水利水权、航运水权、排水权、竹木流放水权等。我国将取水权适当扩大，包括了水利水权、航运水权和排水权等，是广义的取水权。本节说明的取水权是狭义的取水权，不包括其他水权。

取水权与水合同债权不同。取水权是特许物权，而水合同债权是在供用水合同中，债权人享有的汲取一定数量的水以使用的请求权，不具有物权的性质。

2. 取水权的法律特征

（1）取水权派生于国家拥有的水资源所有权。

取水权是在国家拥有的水资源所有权的基础上产生的特许物权，水资源所有权是取水权的母权。国家通过行政许可，把自己享有的水资源所有权的部分权能转让给权利人享有。取水权的权利人享有这一权利，就有权利用国家拥有的水资源，取水和用水。

（2）取水权的客体是水资源。

取水权的客体是国家的水资源，而不是其他的水。装在特定容器中的水或者自来水中的水，都是经过加工的产品，并不是取水权的客体。只有水资源才是取水权的客体。

（3）取水权不具有占有权。

取水权对水资源的权利，是汲取定量的水以使用。取水权对水资源并没有占

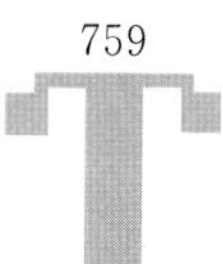

有的权利，无论是地表水还是地下水，都是如此。取水权因此而与渔业权、养殖权相区别。

(4) 取水权原则上无排他性。

所有权和用益物权都具有排他性，因而这些物权之间的效力冲突能够得到解决。取水权与此不同，不具有排他的效力，在特定区域的水资源上可以设置数个取水权，原因是取水权对水资源不具有占有权，而仅具有汲取的权利。

(二) 取水权的取得

在我国，水资源属于国家所有，国家对水资源依法实行取水许可和有偿使用制度。需要直接从江河、湖泊或者地下取用水资源的单位和个人，都必须按照法律规定，向水行政主管机关或者流域管理机构申请领取取水许可证，并缴纳水资源费，才能够取得取水权。

农村集体经济组织及其成员使用本集体经济组织的水塘、水库中的水除外，不需取得取水权即可使用，盖因水塘和水库的水资源属于集体经济组织所有。

(三) 取水权的内容

1. 取水权人的权利

在有关主管机关核定的取水量、确定的取水地点以及取水期限等范围内，取水权人有权直接从江河、湖泊或者地下取用水资源，并加以利用。

2. 取水权人的义务

取水权人应当按照有关规定及时缴纳水资源费，不得违反规定取水，装置量水设施并报送真实的取水数据，按照国家规定的退水水质退水。

四、渔业权

(一) 渔业权概述

1. 渔业权的概念

渔业权是指自然人、法人或其他组织依法取得的在一定水域从事养殖或捕捞水生动植物的特许物权。《物权法》第 123 条规定：“依法取得的探矿权、采矿

权、取水权和使用水域、滩涂从事养殖、捕捞的权利受法律保护。”

在大陆法系国家，广义的渔业权是由渔业法规定的规范渔业活动及其相关的水域使用权的权利，例如日本和韩国的渔业权，不仅包括养殖权和捕捞权，还包括特定渔业权、入渔权和娱乐渔业经营权等。我国《渔业法》规定的渔业权采取狭义的概念，仅承认养殖权和捕捞权。

2. 渔业权的法律特征

（1）渔业权的客体是特定水域中的水产生物资源。渔业权是在水面上养殖和捕捞的权利，因而特定水域的存在是渔业权存在的基础。渔业权的客体是特定水域中的水产生物资源。渔业权只能在特定的水域发生，当原有的水域不适合水生动植物生存时，渔业权就会发生变化。

（2）渔业权在权利构成上具有复合性。渔业权并不单纯地表现为对不动产或水面的直接支配，还包括相关附属的权利，甚至这些附属的权利与对水面的支配权具有同样重要的意义。如养殖权人不仅可以占有一定水域，还可以使用该水域养殖水生动植物，享有保持该水域水生动植物的生长状态的权利。

（3）渔业权的取得方式是特定行政主管机关的许可。无论是养殖权还是捕捞权，权利的取得均须经渔业主管机关或相关部门的许可。因此，渔业权是基于国家的行政行为而产生的，并非因当事人之间的法律行为而产生。

（4）渔业权的效力依据不同的权利内容而不同。不同种类的渔业权具有不同的法律效力，并且与传统物权效力有较大差别。

3. 不同种类的渔业权的区别和联系

养殖权与捕捞权存在较大差别，在理论上，对于两者应否归于渔业权的类型存在争议。例如日本等国家就将渔业权视为物权，准用土地的法律规则。这主要是基于养殖权的法律特征而作出的判断，但对捕捞权并非一定适用。

笔者认为，养殖权、捕捞权都是渔业权，理由是：第一，它们都是基于水域的水生物资源而发生的权利，并且与传统水权具有不同的功能和表现形式。第二，两种权利具有相同的特点，如两种权利都不具有严格的追及效力，都对水面没有物权性的占有权，所以不能基于这两种权利要求他人返还动植物所有权，只能依照对养殖的水生物资源和捕捞的水生物资源的所有权，要求对方返还养殖物和捕捞物。第三，这两种权利均须行政主管机关的特许，从而具有特许物权的根本特点。在此前提下，以"渔业权"这一范畴进行归类并无不妥。

（二）养殖权

1. 养殖权的概念

养殖权是指权利人经过批准，在国家或者集体所有的海面、河道、湖泊以及水库的水面从事养殖、经营，并排斥他人干涉的特许物权。

2. 养殖权物权化的意义

我国海域辽阔、海岸线绵长，内陆的江河、湖泊、水库星罗棋布，水资源非常丰富，这为水域养殖提供了天然的有利条件。当前，海水养殖和淡水养殖已经成为我国一项重要的产业。为了加强对渔业资源的保护和合理利用，保障渔业经营者在养殖、使用水域过程中的合法权益，将养殖权确定为物权具有重要的意义。养殖权物权化的意义在于：第一，有利于鼓励和促进养殖业的繁荣，促进社会的经济增长。快速发展我国的养殖业，对于调整、优化农村产业结构、振兴地方经济、改善渔民生产生活条件、维护农村稳定、确保渔业资源可持续利用、保障水产品有效供给等方面将起到重要作用。第二，有利于充分保护养殖经营者的合法权益。确认养殖权为物权，通过《物权法》保护养殖经营者的合法权益，将其利用国有或集体的水面从事养殖业作为一种长期稳定的权利加以保护，能够对抗不正当的干涉和侵害，包括对抗来自政府的干涉和侵害。第三，有利于鼓励自然人、法人对养殖业的投资，形成规模化的经营。确认养殖权为一种物权，使养殖权能够成为稳定的民事权利，就能够促使养殖业者对养殖业进行大胆投资和开发，推动养殖业的繁荣和发展。

3. 养殖权的具体规则

（1）养殖权须经行政许可，并且辅以物权登记手续依法取得。权利人取得养殖权首先要向行政主管机关提出申请，经核准以后，还应当在该机关办理登记手续，取得养殖使用证。该登记属于物权登记，其内容应当向社会公示，使第三人能够知悉，从而使权利人享有的养殖权受到物权法的保护。

（2）养殖权作为物权，受期限限制。养殖权是有期限的特许物权，在养殖权的确定期限内具有独立性，可以对抗第三人和相关行政机关。在国外，有关养殖权的期限都规定得较长，我国立法应当借鉴这些立法经验，对养殖权的期限作出规定，养殖权的期限一般应当在10年至20年，最短不应低于10年。

（3）养殖权须在特定的水域行使。权利人取得养殖使用证，并就其取得的水面进行登记公示以后，即具有对抗第三人的效力，权利人有权对所取得的水面依法自主地从事养殖经营活动，有权对养殖产品依法自由处分并获取收益。对于获得的收益，养殖权人享有所有权。任何国家机关、集体经济组织、自然人或法人不得非法干预养殖权人的经营自由，不得非法侵害养殖经营活动，不得非法侵害养殖权人对养殖产品的所有权。

（4）养殖权可以依法转让。养殖权是准物权，具有物权性质，因此，养殖权人可以将养殖权依法转让、出租、设定抵押，也可以由其继承人继承。在养殖权存续期限内，国家确因建设需要收回已经确认使用权的浅海、滩涂，应当通过正当程序进行，发生养殖权消灭的后果，但必须给予养殖权人以合理的补偿。政府因调整或者修改水产养殖布局规划，给养殖经营权人造成经济损失的，应当根据损失程度给予合理补偿。

（5）养殖权人在享有权利的同时，也应当承担相应义务。养殖经营者必须在核准登记的用途、范围、面积和期限内从事养殖经营活动。在从事养殖经营过程中，权利人应当注意保护环境、维护生态状况，不得向养殖水域投放剧毒化学药品，不得向养殖水域倾倒生产、生活垃圾，不得将废弃的养殖设施弃置于养殖水域，对于病、死鱼体和贝体应当及时处理；应当按照规划布局的要求进行养殖等。

（三）捕捞权

1. 捕捞权的概念

捕捞权是指自然人、法人或其他组织依法经批准获得的，在我国管辖的内水、滩涂、领海、专属经济区以及我国管辖的一切海域内从事捕捞水生动植物等活动的特许物权。

2. 捕捞权与养殖权的区别

捕捞权与养殖权相比较，在权利及行使规则上有如下区别：

（1）二者的权利客体不同。养殖权是针对特定的水域进行利用而享有的权利，因此，养殖权人对特定的水域具有相对的独占效力。而捕捞权只是在特定的水域从事捕捞行为的权利，并非直接针对特定水域这种物而享有的权利，也不是直接支配一定水域的权利，其所使用的水面也较难实现特定化。因此，在特定的水域一般只能设立一个养殖权，但是可以设立数个捕捞权。

（2）二者的立法价值取向不同。捕捞权的对象主要是天然水生动物和植物，捕捞者享有捕捞权，就享有在特定水域进行捕捞行为、获得捕捞品的所有权的权利。因此，基于保护自然资源和自然环境、实现可持续发展的需要，立法对捕捞尤其是在内水和近海的捕捞多作限制，主要体现为配额的限制，故捕捞权的义务性质更为强烈。而养殖权较少涉及自然资源的保护问题，其立法重在保护养殖者的利益，故来自公法的限制较少。

（3）二者的权利性质不同。相比较而言，养殖权更接近物权，类似于承包经营权，具有更多的用益物权属性，可以作为独立的用益物权加以规定。而捕捞权与物权的法律属性相距较远，为一种严格意义上的特许物权。

（4）二者的法律效力不同。养殖权具有物权意义上的排他性，在一个特定的水域上不允许两个以上内容相同的养殖权同时存在；而捕捞权没有严格的排他性，在一个特定的水域上可以同时存在多个捕捞权。养殖权具有物权的追及效力，当合法占有的水域受他人非法占有时，权利人可以行使追及权，而捕捞权并无此效力。

五、狩猎权

（一）狩猎权的概念和特征

狩猎权是指权利人依法在特定的狩猎场所内猎捕野生动物保护法保护的可猎捕野生动物，并取得其所有权的权利。①

① 崔建远. 自然资源物权法律制度研究. 北京：法律出版社，2012：355.

狩猎权的法律特征有以下几点：

1. 狩猎权的母权是野生动物资源所有权

狩猎权的权利母体是国家对国家所有的野生动物资源的所有权。国家作为野生动物所有权人，对自己享有的这个所有权作部分处分，特许申请人取得部分使用、收益的权利。申请人取得的这个权利，就是基于野生动物资源所有权而发生的狩猎权。

2. 狩猎权的行使范围是特定的狩猎场所

国家享有的野生动物资源所有权，是对全国范围内的所有的野生动物资源享有的所有权。国家准许具体的狩猎权申请人享有的狩猎权，不可能针对全部的野生动物资源，而仅仅是在某一个特定的地区、特定的范围内。这个特定的地区和范围，就是特定的狩猎场所。狩猎权只能在经过特许的这个特定的狩猎场所发生效力，其效力范围十分明确。

3. 狩猎权的客体是可猎捕的野生动物

狩猎权的客体并不是国家所有的土地或者水域即特定的狩猎场所，而是在这个特定狩猎场所中的野生动物。超出特定范围、超过经过批准的猎捕动物种类和数量进行猎捕，都是滥用权利的行为。例如，2006 年 8 月 13 日，中国秋季国际狩猎野生动物额度在成都拍卖，拍卖的就是盘羊、羚羊、白唇鹿、岩羊、矮岩羊、马鹿等 14 种共 289 只动物，特定区域是在四川、新疆、青海、甘肃、陕西、宁夏、内蒙古、河南八个省（自治区）的特定区域。①

4. 行使狩猎权的后果是取得猎捕的野生动物的所有权

权利人行使狩猎权的后果，是在特定场所实施猎捕行为，并且对捕猎行为的后果即捕获的猎物取得所有权。狩猎权在这一点上与采矿权是一样的，都是获得开采或者捕猎的部分国家资源的所有权。

（二）狩猎权的分类

1. 特许狩猎权和一般狩猎权②

以取得狩猎权的条件和程序等方面作为标准，狩猎权分为特许狩猎权和一般

① 刘毅．国家林业局称拍卖野生动物狩猎权有利于保护动物．人民日报，2006－08－11（5）．

② 崔建远．自然资源物权法律制度研究．北京：法律出版社，2012：376－390．

狩猎权。

（1）特许狩猎权。

特许狩猎权是指权利人出于科学研究、驯养繁殖等法律规定的特殊目的，经过行政主管机关特别许可而取得的，在特定的狩猎场所内捕捉、捕捞特定的受国家保护的野生动物的狩猎权。这种狩猎权的取得条件受到严格限制，取得的程序也受到严格限制。权利人包括个人，也包括单位；主要方式是捕捉或者捕捞；捕获的猎物应当经过主管机关的查验，并且处分猎获物的权限受到严格限制。

（2）一般狩猎权。

一般狩猎权是指狩猎权人经过县级以上行政主管机关的许可，获得在特定的狩猎场所内猎捕非国家重点保护的陆生野生动物并取得其所有权的权利。一般狩猎权的取得条件比较宽松，取得的程序也比较宽松；权利人主要是个人甚至包括外国人；猎捕的客体是特定的非国家重点保护的陆生野生动物，对捕获的野生动物的处分所受限制也比较少。

2. 狩猎权的其他分类

根据权利人取得及行使狩猎权的目的不同，可以将狩猎权分为以下五种。

（1）生存性狩猎权。

生存性狩猎权与具有狩猎传统文化的民族密不可分，是指权利人为获取一定的生活资料或者维护传统文化而取得和行使的狩猎权。例如鄂伦春族、鄂温克族，他们本来就是游猎民族，他们享有的狩猎权就是生存性狩猎权。

（2）娱乐性狩猎权。

娱乐性狩猎权是指权利人为进行娱乐或者获得猎获物的价值而取得及行使的狩猎权。娱乐狩猎也叫作运动狩猎、旅游狩猎、体育狩猎等，其目的不是获取猎物以出卖或者食用，而是追求个人体验，取得猎获物的价值。在严格限定的可猎捕野生动物的种类、数量以及狩猎时间、地点等范围内，通过定价销售、拍卖的方式设立这种狩猎权。

（3）商业性狩猎权。

商业性狩猎权是指权利人为了获取猎物的商业价值而取得及行使的狩猎权。商业性狩猎权的设立纯粹是为了追求商业利益，并非其他目的。其取得、行使和处分的方式与生存性狩猎权完全不同，但与娱乐性狩猎权大体相同。

（4）防护性狩猎权。

防护性狩猎权是指为了防止某些种类的野生动物泛滥成灾，保护人民的生产和生活，而取得及行使的狩猎权。例如在野猪泛滥成灾时，经过行政主管机关批准，对一定数量的野猪进行猎捕，就是这种防护性狩猎权。

（5）公益性狩猎权。

公益性狩猎权是指权利人为了实现科学研究等特定的公益目的而取得及行使的狩猎权。公益性狩猎权是出于公益性目的而设立的，对于权利人取得权利的资格、取得狩猎权的条件和程序等，都有严格限制，以保护其公益目的的实现。

（三）狩猎权的取得、转让和消灭

1. 狩猎权的取得

狩猎权的取得是指原始取得，即经过申请人的申请，通过国家行政许可，把国家的野生动物资源所有权的部分权能赋予申请人，即产生狩猎权。

狩猎权之所以必须通过行政许可才能够取得，就是因为野生动物资源的所有权属于国家。国家行政主管机关要通过行政许可，严格控制狩猎人的狩猎活动，实现野生动物资源的利用和保护的平衡。

狩猎权的取得，一般须经过个人申请、审查、批准的程序，方取得狩猎权。有的也可以通过拍卖程序，经过拍卖的交易行为而取得。

2. 狩猎权的转让

对于大多数狩猎权，例如公益性狩猎权、生存性狩猎权、防护性狩猎权，法律禁止转让。对于商业性狩猎权和娱乐性狩猎权，法律准许转让。狩猎权经过转让而取得，是狩猎权的继受取得。

3. 狩猎权的消灭

狩猎权的消灭是绝对消灭，是指狩猎权因一定的事实发生而在客观上不复存在。消灭的事由主要是：狩猎权人抛弃；狩猎权的存续期间届满；狩猎权的目的实现；狩猎权人被吊销狩猎证。

狩猎权消灭后，不再发生任何法律效力。

第十八章

占　有

第一节　占有概述

一、占有的概念和特征

（一）占有的概念

占有，是指人对于物具有事实上的管领力的一种状态。在占有中，对物为管领的人，是占有人，是占有法律关系的主体；被管领的物，为占有物，是占有法律关系的客体。《物权法》单设第五编，尽管只有 5 个条文，专门规定的占有规则不多①，但肯定了占有的概念和基本规则。《物权法》第 241 条规定：“基于合同关系等产生的占有，有关不动产或者动产的使用、收益、违约责任等，按照合同约定；合同没有约定或者约定不明确的，依照有关法律规定。”

① 对此，学者提出的批评意见是正确的。崔建远，等. 物权法. 北京：清华大学出版社，2008：83.

与占有相类似的概念是持有。持有，是指对于物的一种事实上的控制状态[①]，是在刑法上经常使用的概念，包括对物的实际占有、携有、藏有、保存或者以其他方式的拥有。[②] 家政工作者对于服务对象家庭的财产，就是民法上的持有，而不是占有。占有和持有尽管均对物具有事实上的管领力，但却是不同的概念。其主要区别在于：一是占有可以依抽象状态而成立间接占有，持有不具有这样的效力；二是占有人依占有而享有物上行使的权利，推定其适法有此权利，持有无此推定；三是占有可以转移、继承，持有不得转移、继承；四是禁止流通物不能成为占有的标的物，但是可以成为持有的标的物。有的学者认为在民法上不应使用持有的概念[③]，虽然有一定的道理，但并不尽然，应当区别占有和持有的不同含义，并非民法不能使用持有的概念。

（二）占有的法律特征

1. 占有是一种法律保护的事实状态

占有不是一种权利，而是一种事实状态。这种事实状态就是一种对物的实际控制。虽然法律没有将这种事实状态认定为权利，但却在《物权法》中予以规定，并对这种事实状态予以法律保护，使其具有准物权的性质。

2. 占有的对象仅限于物

占有的标的物仅限于物，因此，对于那些不因物的占有而成立的财产权只能成立“准占有”，而不是占有。“物”，包括动产与不动产。动产物权的公示方法是占有，而不动产物权的公示方法是登记。能否将占有的规则用于不动产，理论上有疑问。按照《物权法》第 241 条的规定，占有的对象既包括动产，也包括不动产。应当注意的是，作为占有标的物的物并非必须是独立的物，因此，一物一权原则在占有上并不适用。如对房屋的一面墙壁的占有或对一宗土地的某一部分的占有，均可成立。

---

① 王利明. 物权法研究. 北京：中国人民大学出版社，2002：639.

② 商铭暄. 新编中国刑法学. 北京：中国人民大学出版社，1998：915.

③ 同①641.

3. 占有是对物具有的事实上的管领力

只有一个人对物产生了事实上的管领力时，才能认为此人占有了该物。这里所称的管领力，是对物进行掌握、控制、使用、收益及处分等，简单地说，就是对物具有实际的控制力。判断事实上的管领力，应依据社会的一般观念。占有的本质在于对物的支配，须有可由外部认识的具体的支配关系的存在。是否有物的支配，不得依物理的见解决定，而应依其时代的社会观念客观决定。社会观念上认为其人的实力及于其物时，则其物属于其人的支配。① 判断某人是否对物产生了事实上的管领力的标准有三：一是占有人与物之间具有空间上的结合关系；二是占有人与物之间具有时间上的结合关系，即对物的事实上的支配并非一时一刻之举，而是较为稳定、确定，具有时间上的连续性；三是占有人与物之间具有某种法律关系上的结合，占有不以占有人对标的物加以直接的支配为必要，基于某种法律关系而以他人为媒介也可以构成支配，无非此种支配属于一种观念上的支配。

二、占有的性质

（一）对占有的不同认识

各国法律都严格区分所有与占有的概念。但在何为占有、占有具有何种性质的问题上，意见并不一致，争论的焦点在于，占有究竟为事实抑或为权利。② 从罗马法以来，各国立法例不尽相同。

在罗马法上，占有的含义是指“真正的掌握”，是一种对物的事实上的控制。在一种更准确的、更能反映其蕴意的意义上，占有的确可以说是所有权的外部形象，是所有权的事实状态。由于事实与权利相分离是非常容易和经常发生的，罗马法在占有的事实状态受到特定的和严重的侵扰、侵犯的情况下，对占有的事实予以充分的法律保护，但保护的不是权利而是事实。③

① 史尚宽．物权法论．台北：荣泰印书馆，1979：530.

② 王泽鉴．民法学说与判例研究：第3册．台北：三民书局，1981：223.

③ 彼德罗·彭梵得．罗马法教科书．北京：中国政法大学出版社，1992：270－271.

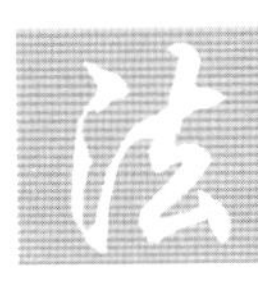

《法国民法典》、《德国民法典》和《瑞士民法典》对占有都有相应的规定，但都不认其为一种权利，而认其为一种事实状态。《德国民法典》以第 854 条至第 872 条共 19 个条文的篇幅，对占有作了详细的规定，但并不认其为权利，只认作事实。大陆法系的这种立法例，无疑受罗马法的影响。尽管它们不认占有为权利而为事实，但对占有的事实状态予以完备的保护，则为通例。在占有被侵夺，或者占有被妨害时，法律均赋予占有人恢复占有或除去妨害的请求权。[①]《意大利民法典》专设一章"占有"，规定占有是一种以行使所有权或其他物权的形式表现出的对物的权力[②]，被以暴力或者秘密的方式侵夺占有的人，可以自权利被侵夺之日起 1 年内，向侵夺者提出归还占有的请求。

日本将占有认作一种权利。《日本民法》设"占有权"专章，并分 4 节，用 26 个条文对占有权作了详尽规定。日本学者认为，"占有权是认占有的事实作为法律要件所发生的物权，其效力包括：一是推定占有人具有适法的实质权利；二是占有构成取得时效的条件，作为物权变动的表象；三是占有人具有占有诉权，可以排除外来的侵害；四是占有人对本权有果实取得权和费用偿还请求权。侵害占有权，占有人可依占有诉权请求排除妨害或返还占有物"[③]。这种意见，把占有权作为侵权行为客体的内容，说得很清楚。

英美法系认为占有权是构成财产权或财产所有权的一种权利，具有重大的法律意义。它可以产生所有权，例如由占有所取得的所有权；也可以是构成所有权的权利或要素之一；还可以导致一种权利推定，即对某项财产享有实际占有权的人，被推定为对该项财产拥有所有权，因而相应地被授予保护其对该项财产的占有的权利，除非有人能够证明他对该项财产享有更高的产权。正因为如此，侵害占有权构成侵权行为。[④]

（二）我国法律对占有性质的认定

将占有的性质认定为事实或者是权利，涉及法律对占有加以保护的根据。如

---

① 《德国民法典》第 861 条、第 862 条。

② 这是该法第 1140 条的内容。这里不用"权利"而用"权力"，显然不是将其作为权利看待。

③ 新版新法律学辞典. 北京：中国政法大学出版社，1991：592.

④ 牛津法律大词典. 北京：光明日报出版社，1988：703－704.

果认为占有是一种事实，法律将对一切占有加以保护，而不论占有人是否具有占有权，除非有人能够证明他享有比占有人更高的权利。如果认为占有是一种权利，按照权利的取得必须合法的原则，凡以非法手段或者途径取得的占有，当然不能受到法律的承认和保护。

《物权法》对占有的性质看起来好像没有作出明确规定，但是将占有放在单独一编作规定，并且只规定为“占有”，没有规定为“占有权”。这就已经明确地表明占有就是一种事实状态，而不是一种权利。

当然，法律所保护的占有并不是一种单纯的自然现象，而是一种利益，体现着占有人的利益。因此，法律保护占有，就是保护占有人的这种民事利益，只不过在法律上不认为它是一种权利而已。在多数情况下，法律出于特别的考虑，不把某种利益作为权利考虑，是由社会的情势决定的，但并不影响对这种利益的保护。相反，如果将其作为权利予以保护，可能对这种利益不利。

应当将占有与所有权的占有权能加以区别。占有权能是所有权的一个具体权能，表现了所有权的一部分权利内容。而占有是一种法律保护的事实，既不是一种权利，也不是一种权利的组成部分，而是法律所单独保护的具体利益。因此，占有具有比占有权能更为广泛的范围。在所有权法律关系中，占有是所有权的一项基本权能，是所有权人或他物权人根据其享有的所有权或他物权而对物进行一种合法支配的权利。但占有制度中的“占有”并不是构成所有权权能之一的占有权能，而是控制财产的一种事实。当事人占有某项财产可能具有法律根据，也可能并无法律根据，但为了保护财产关系的稳定，民法规定，占有这一事实本身就可以产生相应的法律效果。

笔者赞同占有的性质是事实。因占有本身的内容不多，且与准物权有相似之处，因此，本书将占有与准物权放在一起研究，共同构成第四编。

三、占有的功能

占有在法律上具有以下三个功能。

（一）保护功能

占有的保护功能，是指占有具有保护现实存在的状态不受第三人侵犯，从而维护法律秩序稳定的作用。占有是对物的一种事实上的控制状态，这种状态一旦存在，即应受到保护，不管这种状态是来源于合法的权利，还是由占有人通过非法手段而取得的。这种事实上的支配状态构成一种重要的法律地位。占有人对物的外在的——通过空间联系的——事实上支配的可能性，以及其所具有的占有意思，在法律上被看作真实权利状态的表达和象征。即使占有人是非法占有，但是除非权利人在其对物的占有被剥夺后立即采取自力救济措施，否则在经过一段时间后，由于非法占有人对物的支配关系具有一定程度上的稳定性，为了防止私人执法与暴力行为，法律不允许权利人以自力救济的方式去解除占有人对物的占有。这种解除必须通过司法程序由司法机关采取公共执法的方式进行。如果不是这样，社会将变得极不安宁、极不和平，人与人之间的关系可能陷入所谓的“丛林规则”[①]。

占有的保护功能体现在以下两个方面。

第一，禁止任何人以私人的力量对占有的现状加以改变，以防止私人执法和暴力行为，维持社会生活的和平、稳定。如果违反占有人的意思而侵夺或妨害其占有，且其侵夺或妨害非法律所允许，则应作为法律禁止的不法行为。如果某人非法占有他人的不动产，则除非该所有权人当即采取措施排除侵害、恢复占有，否则该所有权人只能通过法院实现其返还占有的请求权。

第二，通过侵权法以及不当得利法对占有予以保护。占有属于侵权责任法保护的客体，当占有受到侵权行为的侵害时，受到侵权责任法的保护。在符合给付型不当得利或侵害型不当得利的构成要件时，占有可以受到不当得利的法律规定的保护。

正因为如此，《物权法》第245条第1款规定：“占有的不动产或者动产被侵占的，占有人有权请求返还原物；对妨害占有的行为，占有人有权请求排除妨害

① 丛林规则的基本原理是“弱肉强食”，强者吃次强者，次强者吃弱者，弱者吃更弱者，是自然界亘古不变的规律。

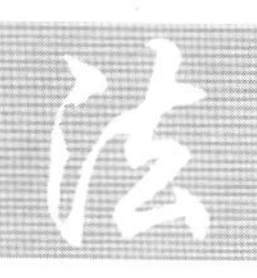

或者消除危险；因侵占或者妨害造成损害的，占有人有权请求损害赔偿。”这一规定包括了上述两个方面的保护功能。

（二）公示功能

占有的公示功能，是指占有具有的表彰本权的作用。占有是人类法律发达史上最为悠久的一种公示方法，占有人对某物的占有，就将他在该物上的权利向外界加以展示。这一方法所体现的就是占有制度的公示功能。应当区别的是，占有的公示功能主要是对于动产而言，而不动产物权是通过登记加以公示，对不动产占有不能起到公示的功能。占有的公示功能主要体现在以下四个方面。

1. 权利转移的效力

权利转移的效力，就是占有的交付向外界展示了动产物权的变动。依据《物权法》第23条的规定，动产物权的设立和转让，自交付时发生效力，但法律另有规定的除外。依据《合同法》第133条的规定，除非法律另有规定或者当事人另有约定，否则在买卖合同中交付即展示了动产所有权的移转；而在质权合同中，交付亦展示了动产上质权的设定。

2. 权利推定效力

依据占有，可以推定占有人对占有物享有权利，而占有人无须对其权利的存在加以证明。对于该推定，有异议的人通过反证才能够推翻。

3. 善意取得效力

占有，是善意取得的要件，只有占有某物才能够对占有的物发生善意取得的后果。如果没有占有，则无法成立善意取得。

4. 时效取得权利的效力

占有也是取得时效适用的要件，占有某物，符合取得时效的要求的，发生取得占有物的所有权的后果。没有占有，就没有取得时效的适用。

（三）持续功能

持续功能也称继续功能，是指占有人对占有物具有继续使用的权利。在某些情况下，为了保障占有人对其占有物继续使用的利益，占有制度产生了保护合法占有人不受所有权人的权利继受人的侵犯的功能。占有制度具有此项功能的原

因，在于维护经济秩序的客观、公正。

第二节 占有的成立和分类

一、占有的成立

（一）依客观说确定占有成立

占有的成立，应当具备事实上的管领力和占有的意思。这就是占有的基本要素，即体素和心素。

围绕占有的体素和心素的问题，出现了三种不同的学说：一是主观说。1803年德国民法学家萨维尼在《占有权》一书中指出，取得占有必须同时具备体素与心素两个方面的内容，体素就是对物的事实上的管领力，而心素是指行使所有权的意思。二是客观说。1889年，德国民法学家耶林在《占有意思论》一书中驳斥了萨维尼的观点，认为占有不以所有意思为必要，仅具持有该物的意思，并非所有的意思和支配的意思，也不是为自己的意思。对占有应当依客观的人与物的空间控制关系加以判断，但这种空间控制关系是占有人意思的反映，因此占有因符合占有人意思的空间支配关系而成立。三是纯客观说。德国民法学家贝克尔在其发表于《耶林法学年报》上的一篇论文《论占有权的变革》中提出这种观点。贝克尔认为，占有只是一种单纯的对物的事实上的支配，不以任何意思为要件，意思不过是决定是否有事实上的支配的条件而已。

我国民法的主流观点历来采用客观说，即占有人应当具备一种占有的意思。占有的意思是指占有人意识到自己正在占有某物，如果对自己占有某物毫无意识，或者意识到或应当意识到是在为他人占有某物，则不具有占有的意思。因此，无意识的占有、占有辅助人的占有都不构成占有。[①] 主观说的缺点是，占有意思不容易被外界认识，持有人对占有心素较难举证证明，因而对社会公众和持有人双方都是不利的。纯客观说的缺点是，任何占有的占有主体都须具备一定的

---

① 王利明．物权法论．修订本．北京：中国政法大学出版社，2003：796.

占有意图，无意识的占有在法律上是没有意义的，虽然在客观上可以认定，但占有是人的行为，法律确定占有必然要考虑人的主观意图，纯客观说显然没有注意这一点。[①] 此外，占有的意思并不意味着占有人应当具有为自己的利益而占有的意图，例如某人在拾得他人的遗失物后希望尽快返还原主，此时其并不具有为自己的利益而占有该物的意图，但是仍然构成占有。

（二）占有的构成

占有的构成，仍然必须具备体素和心素这两个要件，即主观要件和客观要件，只有这样，才能把占有与占有权能及其他他物权中的占有区别开来。

1. 占有的主体

在占有关系中，对物为事实上管领的人称为占有人。由于占有是一种事实行为而非法律行为，因而占有人的主体资格不受限制，任何民事主体都可以成为占有的主体，不限于完全民事行为能力人。自然人须有自然的意思能力即可，不必有行为能力，因占有的行为而取得占有。对占有的继承，不以继承人具有自然的意思能力为必要，婴儿甚至胎儿均可因继承而取得占有。[②] 法人由其机关对占有物实施管领时，法人为占有人。

2. 占有的客体

占有的客体为物，且以有体物为限。按照我国《物权法》的规定，占有的对象包括动产和不动产。这种物，无论是公物还是私物，无论是否可以为本权的客体，无论是物的整体还是部分，也无论是否为有主物、是否为遗失物或者违法所得之物，均可成为占有的客体。法律禁止私人持有的物，例如枪支弹药等，不得为占有的客体。至于法律禁止流通或者限制流通的物，可以成为占有的客体。物的各个构成部分，无论是其重要部分还是非重要部分，凡可以事实上单独加以控制的，均可作为占有的客体。非以对物的占有为要件的占有，为准占有。

3. 占有的客观方面

占有的客观方面即占有的体素，即对物具有事实上的管领力。占有为社会事

---

① 崔建远，等. 物权法. 北京：清华大学出版社，2008：85.

② 梁慧星. 中国物权法研究：下. 北京：法律出版社，1998：1098.

实，应当依照社会观念斟酌外部可以认识的空间关系、时间关系和法律关系加以认定。空间关系是指占有人对物的支配必须是现实的，人与物之间在空间上存在结合关系，并足以使他人认识到该物与该人的这种结合关系。在一般情况下，空间关系表现为占有人对物的直接控制，然而某物虽然并不为某人所直接控制，但并没有脱离其支配力的，也认为具有事实上的结合关系。时间关系是指人与物的关系在时间上须有相当的持续性，足以使他人认为该物为该人在事实上所管领。仅有短暂的控制不构成占有。同时，占有也必须是现实的。如果过去对物支配过或将来可能支配某物，均不构成现实的占有关系。

4. 占有的主观方面

占有的主观方面，就是占有的心素。按照客观说，占有的心素是指占有人对占有物具有占有的意思，这种占有的意思既不是对占有物的所有意思，也不是单纯的不以任何意思为要件，只是单纯的事实上的支配。因此，主观说和纯客观说均不可采。要构成占有，除了要求占有人对物为事实上的管领之外，还要求占有人对物应当具有管领的意思。这种管领的意思应当是确定的、自觉的、有意识的，至于是为自己的利益还是为他人的利益而加以管领，则不问。

二、占有的分类

（一）有权占有与无权占有

依据占有人是否基于本权而对物进行占有，可以将占有分为有权占有和无权占有。

本权是指基于法律上的原因而享有的包含占有物在内的权利。如所有权、租赁权、质权、留置权等权利都是本权。占有人基于本权而对物进行的占有，为有权占有；占有人无本权而对物进行的占有，为无权占有。不动产或者动产的占有，除有相反证据证明外，推定为有权占有。

区分有权占有与无权占有的意义在于：第一，无权占有人在权利人请求返还占有物时，负有返还的义务；而有权占有人可以拒绝他人包括所有权人在内的返

还请求权。第二，作为留置权成立要件的占有必须是有权占有，如果是无权占有，则占有人不因此而享有留置权。

对无权占有还可以作更详细的分类，主要的分类为以下几种。

1. 善意占有与恶意占有

善意占有是指占有人不知道也不可能知道自己的占有为不法，误以为自己的占有是合法占有。如果占有他人财产的人明知或应当知道其占有无法律根据，则为恶意占有。《物权法》第242条规定，占有分为善意占有和恶意占有。

区分善意占有与恶意占有的意义在于：第一，能否适用动产善意取得制度，只有善意占有人才能依据动产善意取得制度而取得动产所有权或者他物权。第二，在其他的法律效果，如占有人的责任、占有人的收益取得权、占有人的费用偿还请求权等方面，也有不同。

2. 暴力占有与和平占有

依据占有手段的不同，可以将无权占有分为暴力占有与和平占有。暴力占有是指通过暴力手段而取得对某物的占有，例如通过抢劫或抢夺而取得对他人手机的占有；和平占有并非通过暴力手段取得对某物的占有，例如学生购买窃者出售的盗赃自行车。

3. 公然占有与隐秘占有

公然占有是指以公开的方式而进行的无权占有；隐秘占有是指以秘密方式避免他人发现而为的无权占有。

区分和平占有与暴力占有、公然占有与隐秘占有的意义在于，两者在能否适用取得时效上有所不同。和平的、公然的占有可以适用取得时效，但暴力的、隐秘的占有则不适用。

（二）自主占有与他主占有

依照占有人是否具有所有的意思而为占有的标准，占有可以分为自主占有和他主占有。

自主占有是指占有人以所有的意思（即以所有人的名义）对物进行占有。如所有人对所有物的占有。非所有人以所有人的名义占有他人财产，也构成自主占有，如小偷占有赃物并宣称其为所有人，某人误将他人的财产认为是自己的财产而加以占有。

他主占有是指占有人以非所有的意思（即非以所有人的名义）对物进行占有，如保管人以保管人名义占有为他人保管的物品，承租人以承租人的名义占有租赁物等。

自主占有与他主占有的区别仅仅在于占有人是否具有所有的意思。占有人的占有意思存在于占有人的主观方面，且占有人的意思可能会发生变化，故须以占有人表现于外部的意思为判定标准。由于自主占有是依时效取得动产所有权的主要条件，因而对占有人是否具有所有的意思的认定是十分重要的。其证明责任在于主张者，主张成立取得时效取得的，应当负担自主占有的证明责任。

区别自主占有与他主占有的意义在于：第一，在基于时效而取得动产所有权或基于先占而取得所有权的情形下，均以自主占有为成立要件。第二，占有人的赔偿责任，因系自主占有或他主占有而有所不同。第三，对占有人的保护，不因占有人为自主占有或他主占有而有所不同，法律对占有保护的规定，对两者均适用。第四，自主占有具有权利推定的效力，他主占有没有这种效力。①

（三）直接占有与间接占有

依据占有人与占有是否具有直接的关系，可将占有分为直接占有与间接占有。

直接占有是指直接对物具有事实上的管领力的占有，即占有人与物之间具有直接的关系。间接占有是指占有人并不直接管领物，而是依据一定的法律关系而享有对物的间接的支配关系。一定的法律关系也叫作占有媒介关系，是指能够在一定的时间内就他人之物进行事实上的管领的某种法律关系。

原初意义上的占有仅指直接占有，间接占有是德国民法占有概念扩张的产物。通过此种扩张，民法上关于所有的规定原则上也能适用于间接占有，而且动产的交付可以采取占有改定的方式，从而便捷了交易。

间接占有必须符合以下条件方能成立。

---

① 崔建远，等. 物权法. 北京：清华大学出版社，2008：90.

1. 必须存在一定的法律关系

一定的法律关系就是德国法中的占有媒介关系，包括租赁合同关系、保管合同关系、仓储合同关系等。因一定的法律关系的存在，就同一物而发生了双重占有：一是直接占有，即直接对物进行事实上的管领的占有，该占有人称为直接占有人或占有媒介人；二是间接占有，即与物发生间接关系的占有，该占有人属于间接占有人。如在保管合同中，保管人为直接占有人，寄存人为间接占有人。

2. 存在一定法律关系为暂时性存在

构成间接占有的一定的法律关系必须是暂时性的，而不是永久的，不能永久存在。至于时限是否事先确定，在所不问。

3. 直接占有人主观上具有为他人占有的意思

直接占有人占有占有物，并不是为自己所有的意思，而是为间接占有人而占有，承认间接占有人作为上位占有人具有更强的法律地位。如果直接占有人改变为他人占有的意思，而是为自己而占有即自主占有，间接占有就归于消灭。

4. 间接占有人对直接占有人即占有媒介人享有返还请求权

如果一定的法律关系有效存在，则此项请求权来源于该关系；如果一定法律关系无效，则间接占有人享有不当得利返还请求权，或者基于所有权的返还请求权。

（四）自己占有与占有辅助

自己占有是指占有人自己对物进行事实上的管领；占有辅助是指基于特定的从属关系，受他人的指示而对物进行事实上的管领。

占有辅助关系的成立以受他人指示而对物加以控制为要件，即占有人与占有辅助人之间存在命令与服从的从属关系。这种从属关系基于公法或者私法、合同约定或者法律规定而成立。成立的时间长短、外部可否识别，皆可不问。在占有辅助关系中，指示人为直接占有人，而对物进行事实上管领的人为占有辅助人。

占有辅助与间接占有的区别在于：占有辅助人服从他人的指示，而间接占有人无须听从他人的指示，因此占有辅助人本身不是占有人，但间接占有人是占有人。

应当注意的是，占有辅助与代理是有区别的。依据《民法通则》的规定，代理只能适用于法律行为，对事实行为不能代理，因此不存在占有代理的情形。但是，占有辅助能够发挥代理的功能。

（五）单独占有与共同占有

单独占有是指一个人对物而为占有。在单独占有中，部分占有也属于单独占有。部分占有人可以将其占有的部分转移于他人，部分占有人之间的占有彼此独立，他们之间可以相互主张占有的保护。

共同占有是指数人对一个物所进行的占有。共同占有可以分为：分别的共同占有和共有的共同占有。

1. 分别的共同占有

分别的共同占有也叫作单纯共同占有或通常共同占有，是指各个共同占有人在不妨害其他共同占有人的情况下，可以单独地管领其物。如多人合租一套公寓，各人均可占有公用的厅堂或走廊。

2. 共有的共同占有

共有的共同占有也称为公同共同占有，是指多个占有人只能就占有物保有一项单独的管领力。如甲乙二人共同将某物锁在某个保险柜中，每人一把钥匙，只有两把钥匙一起使用才能打开该保险柜。共有的共同占有无须占有人之间存在共有关系，只要求事实上的相互指示和行使占有时的相应行为。

无论是分别的共同占有还是共有的共同占有，各共同占有人均可单独对第三人或其他共同占有人请求占有的保护，但如果各个共同占有人之间就其占有物使用的范围已经作出约定，则不能相互请求占有的保护。

（六）继续占有与非继续占有

继续占有是指对占有物为不间断的占有。非继续占有是指占有曾经中断，即占有人的占有曾因某种原因而丧失，其后又恢复对于同一物的占有。

区别继续占有和非继续占有的意义在于，因时效取得物的所有权以占有持续一定期间为其要件。

第三节　占有的取得、变更和消灭

一、占有的取得

占有作为一种事实，可因法律行为、事实行为以及某种自然事件而发生。法律行为诸如物权的转移与设定、买卖、租赁、借贷等；事实行为诸如建造房屋、狩取猎物、无主物的先占等；自然事件诸如果实落入邻人院内等。

对于占有人直接取得的占有而言，可以把占有分为原始取得和继受取得。

（一）占有的原始取得

占有的原始取得是指不基于他人转移占有而直接取得对某物的占有，即占有人基于事实上的管领力而原始取得占有。原始取得的行为主要是事实行为而非法律行为。凡是得以直接而现实地自由支配其物者，即属于对物有事实上的管领力。① 占有的原始取得应当具备两个条件：一是该占有必须是外界可识别的；二是由于占有需要具有占有的意思，因而无民事行为能力人不能原始取得占有，只能继受取得占有。

1. 先占

先占是指依自己的单方事实行为，先于他人取得对无主物的占有。先占是取得所有权的基本前提。先占的构成要件是：（1）先占的客体为无主物，即先占人在开始占有时，该物不属于任何人；（2）先占人须有占有该物的意思，如果占有人是基于所有的意思而占有，则为取得所有权；（3）先占人须事实上取得对该物的实际控制。

2. 侵占

侵占是指不经原占有人许可而占有他人的占有物。侵占的方式可以是强力取

① 梅仲协．民法要义．北京：中国政法大学出版社，1998：623.

得，也可以是秘密窃取，都不具有原所有人转移占有的意思，因而属于占有的原始取得。侵占属于无权占有中的瑕疵占有。

3. 遗失物拾得

遗失物拾得是指原占有人因疏忽而使其占有物脱离了自己的占有，后为他人发现并拾得而取得占有。拾得为事实行为，由发现和拾得两个行为结合而成。即使是无民事行为能力人也可以成为拾得人。

4. 其他的占有原始取得

其他的占有原始取得，诸如生产产品、修造房屋、收取天然物的孳息等。

（二）占有的继受取得

占有的继受取得是指当事人基于他人既存的占有转移而取得的占有。其主要是通过法律行为或者继承而取得占有。占有的继受取得分为占有让与和占有概括承受两种形式。

1. 占有让与

占有让与是指依据原占有人让与占有的意思，而使受让人取得占有。构成占有让与，除了须当事人之间达成占有转移的合意之外，还须有占有物的交付。

占有让与多基于一定的基础法律行为而发生，诸如，转移财产所有权的合同关系，转移财产使用权的合同关系，转移财产占有权的合同关系，质权的设定，以及其他物权如建设用地使用权、地役权的转移等。占有让与，通常准用财产所有权让与的规则。

2. 占有概括承受

占有概括承受是指依据某种法定事实而取得占有。其中，以因继承而取得占有为最主要的形式，另外法人解散或者合并也会发生法人财产占有的概括承受。占有的继承，以继承开始时被继承人占有该物为要件，至于继承人是否已经占有该物，在所不问。被继承人对占有物的占有状态直接转移于继承人，即原占有是何性质，因继承而取得的仍然是何性质。

二、占有的变更

占有的变更，是指在不丧失占有的前提下，占有从一种类型转化为另一种类型。占有的变更也叫作占有状态的改变或者占有名义的改变。

比较重要的占有变更有以下几种。

（一）有权占有变为无权占有

有权占有与无权占有的区别在于占有有无本权。当占有人丧失其本权后仍为占有的，则有权占有变为无权占有。例如，租赁期限届满承租人仍拒不向出租人返还租赁物时，其有权占有变为无权占有。

当占有人的有权占有变更为无权占有时，物的所有权人有权行使返还请求权，要求无权占有人返还原物。

（二）善意占有变为恶意占有

善意占有与恶意占有的区别在于占有人是否知道其占有为无权占有。当无权占有人知道或者应当知道其占有是没有合法根据时，善意占有变为恶意占有。例如，占有人于取得占有后被告知其占有物系盗赃物，则占有人的占有变为恶意占有。又如，善意占有人在本权诉讼败诉时，自判决或仲裁裁决生效之日起，其占有变更为恶意占有。至于恶意占有是否可以变更为善意占有，虽然在理论上不无可能，但在实践中较为少见。

（三）无瑕疵占有变为瑕疵占有

瑕疵占有和无瑕疵占有的区别在于取得或者维持占有的手段不同。以和平的手段取得占有后，占有物所有权人向占有人主张物的返还请求权时，占有人明知自己为无权占有，但仍以强力手段拒绝返还时，其占有即变更为瑕疵占有。

（四）他主占有变为自主占有

自主占有与他主占有的区别在于占有人是否具有为自己所有的意思。当他主占有人向使自己成为占有人的人表示了所有的意思时，他主占有成为自主占有。例如，承租人向出租人表示自己是租赁物的所有权人时，承租人所进行的他主占

有变为自主占有。这种他主占有人所作出的表示为单方法律行为，一经作出即生效力。

三、占有的消灭

占有的消灭是指占有人丧失对占有物的事实上的管领力。能够引起占有消灭的原因有：占有物灭失、占有物被没收、占有物被征收等。

（一）直接占有的消灭

当占有人丧失了对某物的事实上的管领力时，就消灭了直接占有。这种占有消灭，一是基于占有人的意思，可因交付行为或者单方行为而发生。例如将占有物交付于买受人、将某物赠与他人、抛弃占有物等，都是基于占有人的意思而消灭。二是非基于占有人的意思。例如占有物被窃、遗失等；占有物被他人侵夺，占有人未能恢复其占有的，也消灭占有。

应当注意的是，占有物虽然一时性地脱离占有人的实际控制，但依社会的一般观念，尚不构成占有丧失的，占有不消灭。例如，因交通违章而车辆被扣，占有人虽然丧失了占有，但是数日内能够领回，因此不为占有消灭。

（二）间接占有的消灭

1. 直接占有人丧失占有

当直接占有人丧失占有时，无论丧失的原因是什么，因间接占有已经无所依附，所以间接占有归于消灭。

2. 直接占有人不承认间接占有

间接占有的确立在于直接占有人的承认。如果直接占有人已经不承认间接占有，则间接占有消灭。

3. 丧失返还请求权

间接占有人基于一定的法律关系对事实上占有其物的人享有返还请求权。如果此项请求权因期间经过或者解除条件成就而消灭，则间接占有也归于消灭。

第四节　占有的效力和保护

一、占有的效力

占有的效力是指占有发生之后，在占有人与财产所有人以及其他任何人之间依据法律所产生的权利和义务。因此，占有的效力就是占有的内容，包括占有权人对占有的财产所享有的权利，以及其他人对该项占有负有的不得侵害的义务。此外，占有还发生占有的特别效力。

（一）占有的权利

占有的权利反映的是占有人与非占有人之间的关系。占有作为对物的实际控制，并非只为维持占有的事实状态，而是为了实现一定的财产利益。善意、有偿地占有某物的占有人的目的是取得该物的所有权，当然包括占有、使用、收益、处分的全部权能。无权占有人以自己所有的意思，善意、公开、不间断地占有他人的财产，依照取得时效的规定，经过一定的期间就可以取得该项财产的所有权。

占有的主要权利有以下几项。

1. 使用该物的权利

财产占有人对其占有的财产，依法可以使用，可以根据占有物的性能，按照该项财产的用途进行合理使用，以发挥该占有物的使用价值。

2. 就该物取得收益的权利

财产占有人使用占有物的目的，在于发挥该占有物的效益，创造新的价值，增加自己的财富，所以，收益权是占有人的一项重要权利。

善意占有人由于误信自己对占有物享有使用、收益权而对其进行使用、收益的，如果其应当返还占有物，则在返还占有物的同时，有权不返还已经取得的收益，有权对已经进行的使用不予补偿。

依据占有形态的不同，有的占有不包括上述使用权和收益权，例如保管人依保管合同合法占有被保管的财产，负有妥善保管的义务，但不得对该项财产使用、收益，因为保管合同只转移占有权，而不转移使用、收益权。①

（二）占有的义务

占有的权利虽然与所有权有所区别，但这种权利相对于真正的财产所有权以外的任何人，仍然具有绝对性的效力。因此，占有的义务分为相对义务和绝对义务。

1. 占有的相对义务

占有的相对义务是财产所有权人与占有人之间的义务，财产所有权人将财产交占有人占有的，如果没有法律的特别规定，在占有期内，占有权高于所有权。② 财产所有权人在占有期内负有维持这种占有状态的义务，财产所有权人不能任意改变财产占有人占有该财产的状态。由于财产所有权人是财产的真正主人，所以财产所有权人有权追回其所有的财产，而改变占有人占有该项财产的状态。这种不得侵害合法占有权的义务是相对的；违反约定而改变占有关系者应当承担相应的民事责任。

2. 占有的绝对义务

占有的绝对义务是指财产所有权人以外的其他任何人，都对占有人占有的财产负有不得侵犯的义务，都必须维护这种占有的状态。这种义务是不作为的义务，只要不采取积极行为改变财产占有权人的占有状态，就履行了义务。这种义务的主体，为财产所有权人以外的其他任何第三人。在善意取得的情况下，善意占有人因即时取得财产所有权，故原财产所有权人不得追夺该项财产，也不能责令善意取得人赔偿其损失。

（三）占有的特别效力

依照法律规定，占有除了产生占有的权利和占有的义务之外，还产生一些特

---

① 佟柔．中国民法．北京：法律出版社，1990：426.

② 孟勤国．论占有、占有权能和占有权．法学研究，1985（2）.

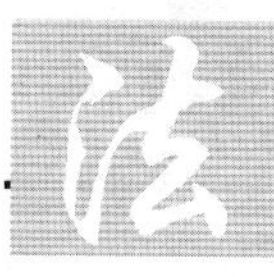

别的效力，主要表现在下述方面。

1. 权利推定

在没有相反证据时，法律推定动产的占有人对占有物所行使的权利，就是该占有人依法享有的权利。如在无相反证据时，甲占有一电视机，法律就推定甲是该电视机的所有权人。法律这样规定是为了保护占有的事实状态，稳定现实的占有关系。

由于不动产物权是根据不动产的登记而确定的，因而不能推定占有不动产的人就是权利人，只能认定不动产的登记人享有登记所确定的权利。

2. 善意取得

无权处分他人财产的财产占有人，在不法将其占有的财产转让给第三人以后，如果受让人在取得该财产时系出于善意，即依法取得该财产的所有权，原财产所有权人不得要求受让人返还财产，只能请求转让人赔偿损失。占有构成善意取得的，发生所有权转移的效力。

3. 占有人对返还原物请求权人的权利与义务

占有人在向占有物所有权人返还原物时，根据其为善意或恶意，具有不同的权利和义务。

（1）善意占有人的权利、义务。

当占有物因善意占有人的原因而毁损、灭失时，善意占有人仅以其所获得的利益为限承担赔偿责任。占有物因不可抗力毁损、灭失时，善意占有人不负赔偿责任。占有物遗失或被盗窃后，善意占有人也不负赔偿责任。上述内容只适用于善意占有人为自主占有的情形。《物权法》第 242 条规定：“占有人因使用占有的不动产或者动产，致使该不动产或者动产受到损害的，恶意占有人应当承担赔偿责任。”《物权法》第 244 条规定：“占有的不动产或者动产毁损、灭失，该不动产或者动产的权利人请求赔偿的，占有人应当将因毁损、灭失取得的保险金、赔偿金或者补偿金等返还给权利人；权利人的损害未得到足够弥补的，恶意占有人还应当赔偿损失。”善意占有人不承担不足部分的损害赔偿责任。

此外，善意占有人在返还占有物时，有权请求所有权人补偿因保存占有物而支出的必要费用和改良占有物所支出的费用。《物权法》第 243 条规定：“不动产

或者动产被占有人占有的，权利人可以请求返还原物及其孳息，但应当支付善意占有人因维护该不动产或者动产支出的必要费用。”

（2）恶意占有人的权利、义务。

当占有物因恶意占有人的原因而毁损、灭失时，恶意占有人应承担全部赔偿责任。但占有物因不可抗力而毁损、灭失的，恶意占有人不承担赔偿责任。

恶意占有人在返还占有物时，应返还其获得的全部收益和使用费，亦不得扣除因维护占有物而支出的必要费用。

占有物毁损、灭失获得保险金、赔偿金或者补偿金的，返还给所有权人也未能使其得到足够弥补的，恶意占有人还应当赔偿损失。仅仅在其对损害的发生没有过错的情况下，恶意占有人不承担损害赔偿责任。

二、占有的保护

（一）占有保护的概念和种类

占有保护，是指在他人以法律所禁止的私力侵害占有时，占有人所能寻求的法律救济。①

《物权法》第245条规定：“占有的不动产或者动产被侵占的，占有人有权请求返还原物；对妨害占有的行为，占有人有权请求排除妨害或者消除危险；因侵占或者妨害造成损害的，占有人有权请求损害赔偿。”“占有人返还原物的请求权，自侵占发生之日起一年内未行使的，该请求权消灭。”这里规定的就是占有保护的基本规则。按照这一规定，民法对占有的保护可分为物权法上的保护与债权法上的保护。物权法上的保护包括占有人的自力救济、占有保护请求权，债权法上的保护包括返还不当得利请求权与侵权损害赔偿请求权。

（二）占有保护的原因

1. 占有保护的原因行为

对占有的保护，无论是物权法上的保护还是债法上的保护，其原因都是以占

---

① 梁慧星．中国物权法研究：下．北京：法律出版社，1998：1132．

有受到侵夺或者妨害为必要。

（1）侵夺。

对占有的侵夺，是指占有人对占有物的事实上的管领力因被侵害而被持续地剥夺，侵夺人违反了占有人的意思而强行将占有物的全部或者一部分纳入自己的管领或者控制范围，如将他人的房屋霸占归为己用，或者抢走他人的物品自己使用。此外，占有辅助人未经占有人的同意而擅自将自己管领的物予以抛弃，也构成对占有的侵夺。侵夺人对占有的侵夺可以是为了自己取得占有，也可以是为了第三人取得占有。

（2）妨害。

对占有的妨害，是指虽未剥夺占有人对占有物的全部或一部的管领力，但是妨害了占有人对占有物的管领，以致占有人的利益遭受损害，如将污水排入占有人占有的土地或者房屋当中，造成权利行使的障碍。

2. 占有保护的原因构成

侵夺占有或者妨害占有须具备以下构成要件。

（1）存在侵夺占有或者妨害占有的行为。

侵夺和妨害占有都是作为的行为方式，都必须具备外界可以察知的积极行为。如果他人实施的只是消极的行为，则不构成侵夺占有或者妨害占有的行为。

（2）非基于占有人的意思。

侵夺占有和妨害占有必须非基于占有人的意思而为。如果虽然存在对占有物的“侵夺”或者“妨害”的行为，但占有人表示了同意，则不构成对占有的侵夺或者妨害。但是，如果占有人的这种同意是在侵夺或者妨害之前作出的，则占有人可以随时撤回。撤回同意之后，侵夺和妨害行为仍然是非基于占有人的意思而为。

（3）行为具有违法性。

侵夺占有和妨害占有必须具有违法性。如果侵夺占有或者妨害占有具有阻却违法事由，则不具有违法性。正当防卫、自助行为、基于相邻关系而产生的容忍义务，或者法院依法强制执行等，都不构成侵夺和妨害。

（三）占有保护的物权救济方法

1. 自力救济

针对妨害占有或者侵夺占有的行为，法律赋予占有人自力救济的权利（也称

自助)，即占有人有权依靠私人的力量排除侵夺或者妨害。

占有保护的自力救济包括占有防卫权和取回权。

(1) 占有防卫权。

占有防卫权是指占有人享有的对于侵夺或者妨害其占有的行为可以自力加以防御的权利。它是正当防卫权在占有保护上的特殊表现。法律之所以承认占有人针对侵夺或者妨害其占有的行为享有占有防卫权，是由于占有现状急需保持，难以从容请求公力救济。[①] 因此，只有直接占有人才享有占有防卫权，间接占有人不享有该权利。就恶意占有或者其他有瑕疵占有的占有人而言，虽然也有占有防卫权，但是针对原占有人及其辅助人行使的占有防卫权或取回权不得行使占有防卫权。应当注意的是，占有人的占有防卫权不同于刑法中的正当防卫。前者是占有人针对侵害自身财产利益的行为而进行的，后者则是针对侵害自身或者他人的人身、财产利益的行为而进行的。

(2) 取回权。

占有物取回权是指占有人对于已经完成的对占有物的侵夺，可以即时以自力取回占有物而回复占有的权利。占有人的取回权因占有物是动产还是不动产而存在差异。如果占有物是动产，则当其因法律禁止的不法行为而被侵夺时，占有人可以向加害人当场或追踪以强力即时取回。当场，是指依据社会一般的观念，排除对占有物的侵夺而立即取回占有物所需要的最短的时间。而追踪，是指加害人虽然已经离开占有人事实上的管领能力所及的地方，但是仍然处于占有人尾随追赶的过程中。如果占有物是不动产，则法律禁止的不法行为侵夺其占有时，占有人可以在受侵夺后立即排除行为人的侵害，回复占有。因为不动产的占有被侵夺时，不存在侵夺人携带占有物逃走的情形，所以要求占有人立即实施取回权。

2. 占有保护请求权

占有保护请求权，是指占有人对占有的公力救济，即请求国家有权机关通过运用国家强制力来保护其占有。

---

① 姚瑞光. 民法物权论. 增订版. 台北：作者自版，1988：420.

（1）占有物返还请求权。

当占有人的占有被侵夺时，占有人有权请求返还占有物。《物权法》第245条第1款规定："占有的不动产或者动产被侵占的，占有人有权请求返还原物"。有权行使占有物返还请求权的人，不仅包括直接占有人，还包括间接占有人；不仅包括有权占有人，还包括无权占有人，但占有辅助人不能享有此项权利。占有物返还请求权所指向的对象是侵夺占有物的人及其继承人。但是善意的特定继承人符合善意取得的规定的，其占有受到法律保护，该请求权不得针对他。此外，即使侵夺人对占有物享有实体的权利，如所有权人或出租人，占有人亦得针对其行使返还请求权。

（2）排除妨害请求权。

当占有人的占有被妨害时，占有人有权行使排除妨害请求权。《物权法》第245条第1款规定："对妨害占有的行为，占有人有权请求排除妨害或者消除危险"。享有排除妨害请求权的人是占有人，而相对人为妨害其占有的人。

（3）消除危险请求权。

当占有人的占有虽未被现实地妨害，但是存在妨害的危险时，占有人有权请求消除危险。

上述各项请求权均有一定的期间限制，如果超过一定的期限不行使，则权利归于消灭。《物权法》第245条第2款规定返还原物请求权的时限为一年，该期限为除斥期间。

（四）占有保护的债权保护方法

1. 损害赔偿请求权保护方法

占有受到侵夺或者妨害，如果已经造成了占有人财产利益损失的，则成立侵权行为，占有人享有损害赔偿请求权。这种损害赔偿请求权就是对占有的债权保护方法。《物权法》第245条第1款规定："因侵占或者妨害造成损害的，占有人有权请求损害赔偿。"

关于占有是否可以成为侵权行为的客体，学说上有两种不同的观点。否定说以占有是一种事实状态而不是权利作为立论根据，认为侵权行为的客体只能是合法的权利，占有既然是一种事实状态，就不能成为侵权行为的客体。肯定说则肯定占有可以成为侵权行为客体，认为占有之侵害亦成立侵权行为，盖因民法上之占有并非权利，但亦为法律所保护之事实状态也。笔者认为，《侵权责任法》第2条第2款规定侵权责任法保护的客体是民事权益，其中就包括占有的利益，可直接依此确定对占有的损害构成侵权。

承认占有构成侵权行为的客体，侵害占有构成侵权行为，则侵害人应当承担侵权责任。至于所采取的立场，则是事实状态保护说。

可以采用侵权损害赔偿请求权保护占有的，只能是有权占有人和善意的无权占有人，恶意占有人不享有这项权利。

侵权损害赔偿请求权所保护的占有利益损害包括：（1）占有物本身的损害。占有物被第三人侵夺而毁损、灭失的，第三人对占有人应负损害赔偿责任。（2）使用、收益的损害。（3）支出费用的损害。（3）责任损害，即占有物被第三人侵夺而致毁损、灭失，第三人对回复请求权人应负损害赔偿责任。对于取得时效损害，即因占有物被侵夺，致时效中断而不能取得所有权而造成的损失，占有人不得请求损害赔偿。

2. 不当得利请求权的保护方法

占有是一种利益，可以成为不当得利的客体。因侵夺占有而取得利益的，侵夺人构成不当得利，应当承担返还不当利益于占有人的义务。如擅自利用他人的外墙壁悬挂广告牌而获利者，在回复占有人的占有之外，应当将获得的不当利益返还给墙壁的所有人。

第五节　准占有

一、准占有的概念

准占有是指对物之外的其他财产权利在事实上实施占有，法律予以与占有同

等保护的特殊占有。

占有的对象仅限于物，因此，当某人对某种财产权利具有事实上的管领力时，不属于占有的范围。但是，由于这种对财产权利的事实上的管领力与对物的事实上的管领力没有本质区别，因而法律也相应地给予与占有同等的保护。在学理与立法上，就将此种对财产权利的占有称为准占有。准占有中的“准”字，通常是指准用，即准用关于占有的规定，也可以理解为类似于占有的特殊占有。

对于准占有，《物权法》没有作明文规定，在实践中应当承认准占有制度。

二、准占有的构成要件

构成准占有的要件如下。

（一）标的物为法律所允许的财产权利

构成准占有必须是实际占有了财产权。关于准占有的标的物究竟是哪些权利，各国的规定存在差异，有的仅限于地役权与限制的人役权，有的限于财产权。笔者认为，我国的准占有应当适当放宽，所有的财产权都可以成为准占有的标的物。

（二）准占有的标的物须是不以物的占有为成立要件的财产权

这些权利如抵押权、地役权、债权、著作权等。如果行使财产权必须占有其标的物，则可以直接适用关于占有的规定。只有当行使财产权无须占有标的物时，才可能就该项权利本身形成准占有。

（三）必须事实上对该项财产权具有管领力

构成准占有，必须是准占有人事实上在行使该项财产权利。如何判断“事实上”？应当就财产权的种类、性质及外观等加以判断。通常来说，只要依据社会的一般观念，在外观上有使人误信其为真正的财产权利人的情形即可。例如，持有不记名存单或不记名支票的人，就是这些证券债权的准占有人。

三、准占有的效力及消灭

（一）准占有的效力

准占有准用关于占有的各项规定。因此，法律关于占有效力的规定，只要性质上与准占有不相抵触，皆适用于准占有，例如关于占有的事实推定效力、权利推定效力等。

（二）准占有的消灭

准占有因权利行使的事实消灭而消灭。其事实的消灭，可以基于准占有人的意思，例如拾得他人存折的人将存折返还给存款人；也可以基于其他事实，如抵押权被涂销登记。

参考书目

一、期刊论文

张定夫. 时效制度中的取得时效问题. 政法研究，1956（2）.

林永汀. 论地下室车库、车位的所有权与使用权. 军法专刊，1982（5）.

梁慧星. 民法时效研究. 法学研究，1984（4）.

李景禧. 我国民法需要建立消灭时效制度. 中国法学，1985（2）.

孟勤国. 论占有、占有权能和占有权. 法学研究，1985（2）.

龙斯荣. 我国民法需要规定取得时效制度. 中国法学，1985（2）.

祁秀山. 试论建立适合我国情况的取得时效制度. 法学研究，1985（1）.

袁建国. 合伙财产的法律性质种类. 法学研究，1985（5）.

戴淳隆. 论合伙. 法学研究，1986（5）.

孙宪忠. 论我国的土地使用权. 中国社会科学院研究生院学报，1987（8）.

陈俊樵. 论区分所有建筑物之管理组织. 中兴法学，1987（24）.

郭耀宇. 试论建立具有中国特色的取得时效制度. 广东法学，1990（2）.

温丰文. 区分所有权与所有权建筑物之专有部分. 法令月刊，1991（7）.

房绍坤. 房屋典权略论. 山东法学，1992（2）.

房绍坤. 论留置权. 法学评论，1992（5）.

房绍坤，吕忠民. 典权基本问题研究. 法学研究，1993（5）.

王美娟. 留置权初探. 中国法学, 1992 (1).

董开军. 担保物权的基本分类及我国的立法选择. 法律科学, 1992 (1).

周春梅. 取得时效的立法思考. 贵州大学学报, 1992 (2).

温丰文. 区分所有建筑物法律关系之构造. 法令月刊, 1992 (9).

王铿. 论合伙财产与合伙债务. 上海法学研究, 1994 (2).

崔建远. 四荒拍卖与土地使用权制度——简论我国农用权的目标模式. 法学研究, 1995 (6).

中国社会科学院法学研究所物权法研究课题组. 制定中国物权法的基本思路. 法学研究, 1995 (3).

房绍坤, 丁海湖, 张洪伟. 用益物权三论. 中国法学, 1996 (2).

戴银萍. 美国的不动产概念及其物质组成. 中国土地科学, 1998 (4).

彭诚信. 现代意义相邻权的理解. 法制与社会发展, 1999 (1).

余能斌. 保留所有权买卖比较研究. 法学研究, 2000 (5).

赵晓力. 通过合同的治理——80 年代以来中国基层法院对农村承包合同的处理. 中国社会科学, 2000 (2).

谢在全. 共同抵押权之研究——民法物权篇修正草案评释. 法令月刊, 2000 (10).

刘生国. 预告登记制度及其在我国的创设. 华中师范大学学报 (人文社科版), 2001.

叶建丰. 在我国重建永佃权的构想. 河北法学, 2001 (3)

钱明星. 关于在我国物权法中设置居住权的几个问题. 中国法学, 2001 (5).

梁上上. 物权法定主义：在自由与强制之间. 法学研究, 2003 (3).

房绍坤, 吕杰. 创设预告登记制度的几个问题. 法学家, 2003 (4).

王卫国, 王坤. 让与担保在我国物权法中的地位. 现代法学, 2004 (5).

郭明瑞. 我国未来民法典中应当设立优先权制度. 中国法学, 2004 (4).

张待水. 农民宅基地使用权流转法律制度探析. 江西社会科学, 2004 (3).

申卫星. 视野拓展与功能转换：我国设立居住权必要性的多重视角. 中国法学, 2005 (5).

张新宝. 典权废除论. 法学杂志, 2005 (5).

孟勤国. 物权法开禁农村宅基地交易之辩. 法学评论, 2005 (4).

各地人民群众对物权法草案的意见. 中国人大, 2005 (15).

各地人民群众对物权法草案的意见 (续). 中国人大, 2005 (16).

刘正峰. 论无名物权的物权法保护——从对物权法定原则的检讨展开. 法商研究, 2006

(2).

张鹏. 物权法定原则的肯定与否定——评《物权法（草案）》对物权法定原则的新近修改. 法学，2006 (12).

崔令之. 论留置权的善意取得. 河北法学，2006 (12).

王竹. 论《民法通则》与《物权法（草案）》的合宪性——以“实质意义上的物权法”为核心. 判解研究，2006 年第 3 辑.

王竹，潘佳奇. 试论建筑物用益权. 天府新论，2006 (4).

朱岩. “宅基地使用权”评释——评物权法草案第十三章. 中外法学，2006 (1).

王崇敏. 我国不动产登记机关赔偿责任问题探讨. 河南省政法管理干部学院学报，2007 (5).

柴振国. 论不动产登记机关错误登记的赔偿责任. 安徽大学法律评论，2007 (1).

林永康. 不动产登记错误的损害赔偿责任探讨. 福建法学，2007 (4).

郑君芳. 论“法律未作规定的，符合物权法性质的权利，视为物权”条款之合理性. 广东工业大学学报（社会科学版），2007 (4).

梁蕾. 不动产登记中的损害赔偿责任研究. 行政法学研究，2008 (3).

关涛. 作为动产担保方式之一的让与担保. 法学论丛，2008 (2).

温丰文. 论区分所有建筑物之管理. 法学丛刊，2008 (147).

吴茂树. 经济分析视角下的物权法定缓和——基于让与担保缺失的制度反思. 法制与社会，2009 (6 下).

原永红. 论不动产登记机构错误登记责任. 山东社会科学，2009 (7).

刘佳. 论我国留置权善意取得问题. 东南大学学报（哲学社会科学版），2009 (1).

王新江. 建设用地使用权应当有偿续期. 中国财政，2009 (12)

国颂. 浅析我国国有土地使用年限届满后的处理. 企业导报，2009 (4).

方晓宇. 英美法上逆占有制度与大陆法上时效制度之比较. 法制与社会，2010 (30).

张栩. 浅议如何完善我国《物权法》中的物权法定原则. 西安石油大学学报（社会科学版），2010 (3).

李先波，罗小红. 论物权法定原则之缓和. 湖南师范大学社会科学学报，2011 (3).

高胜平，杨旋. 建设用地使用权期限届满后的法律后果. 法学，2011 (10).

季伟明.《物权法》留置权善意取得之争辩. 兰州学刊，2012 (7).

申卫星. 物权法定与意思自治——解读我国《物权法》的两把钥匙. 法制与社会发展，

2013 (5).

向逢春. 如果让与担保在我国实施的社会基础——以市场经济活动中进口押汇和融资融券关系为范例. 政治与法律，2013 (3).

陈亮，徐正. 论物权法定原则缓和的正当性. 经济研究导刊，2015 (9).

李永军. 民法总则民事权利章评述. 法学家，2016 (5).

권재문, “전세권의법적성질--구한국기민사판결나타난전세관습을중심으로”, 법사학연구, 第 49 号.

이호행, “전세권의 본질과 전세권저당권의 실행”, 민사법학, 第 71 号.

도현구, “주택정책과 임대주택의 전.월세 보장의 법적 연구”, 유럽헌법연구, 第 9 号.

平松弘光. 日本地下深层空间利用的法律问题. 陆庆胜，译. 政治与法律，2003 (2).

二、中外著作

柯凌汉. 中华物权法论纲. 上海：商务印书馆，1934.

刘志杨. 民法物权. 上海：大东书局，1936.

陈朝璧. 罗马法. 上海：商务印书馆，1936.

曹杰. 中国民法物权论. 长沙：商务印书馆，1937.

刘鸿渐. 中华民国物权法论. 北京：朝阳学院，1937.

张启泰. 中国民法物权论. 上海：大东书局，1946.

姚梅镇. 民法物权总论. 北京：商务印书馆，1947.

黄右昌. 民法诠解：物权编：下册. 北京：商务印书馆，1947.

李宜琛. 民法总则. 台北：正中书局，1952.

中央政法干校民法教研室. 中华人民共和国民法基本问题. 北京：法律出版社，1958.

王文. 中国典权制度之研究. 台北：嘉新文化基金会，1974.

刁荣华. 法律之演进与适用. 上海：汉林出版社，1977.

范文澜. 中国通史. 北京：人民出版社，1978.

睡虎地秦墓竹简整理小组. 睡虎地秦墓竹简. 北京：文物出版社，1978.

郑玉波. 民法物权. 台北：作者自版，1979.

史尚宽. 物权法论. 台北：荣泰印书馆，1979.

王伯琦. 民法总论. 台北：台湾编译馆，1979.

刘得宽. 民法诸问题与新展望. 台北：三民书局，1979.

刘清波. 民法概论. 台北：开明书店，1979.

辞海编辑委员会. 辞海. 上海：上海辞书出版社，1980.

郑玉波. 民法债编各论：下册. 台北：三民书局，1981.

史尚宽. 债法各论. 台北：荣泰印书馆，1981.

王泽鉴. 民法学说与判例研究：第 3 册. 台北：三民书局，1981.

王作堂. 民法教程. 北京：北京大学出版社，1983.

佟柔. 民法原理. 北京：法律出版社，1983.

郑玉波. 民商法问题研究（二）. 台北：作者自版，1984.

郑玉波. 民商法问题研究（四）. 台北：作者自版，1984.

中国大百科全书·法学. 北京：中国大百科全书出版社，1984.

郑玉波. 民法物权论文选辑：下册. 台北：五南图书出版公司，1985.

王家福. 合同法. 北京：中国社会科学出版社，1986.

王家福. 民法基本知识. 北京：人民日报出版社，1987.

李志敏. 中国古代民法. 北京：法律出版社，1988.

王利明. 民法新论. 北京：中国政法大学出版社，1988.

姚瑞光. 民法物权论. 台北：作者自版，1988.

马原. 中国民法教程. 北京：人民法院出版社，1989.

佟柔. 民法总则. 北京：中国人民公安大学出版社，1990.

佟柔. 中国民法. 北京：法律出版社，1990.

谢邦宇. 罗马法. 北京：北京大学出版社，1990.

郑玉波. 民法物权. 台北：三民书局，1990.

中国高级法官培训中心. 首届学术讨论会论文选. 北京：人民法院出版社，1990.

张俊浩. 民法学原理. 北京：中国政法大学出版社，1991.

江平. 罗马法基础. 北京：中国政法大学出版社，1991.

纪敏. 中国房地产政策法规与实践. 北京：学苑出版社，1991.

郑玉波. 民商法问题研究（一）. 台北：作者自版，1991.

王泽鉴. 民法物权：通则·所有权. 台北：三民书局，1992.

佟柔. 中国民法. 北京：法律出版社，1992.

王利明. 改革开放中的民法疑难问题. 长春：吉林人民出版社，1992.

郑玉波. 民法物权. 台北：三民书局，1992.

王家福. 中国民法学·债权. 北京：中国政法大学出版社，1993.

王云霞. 东方法概述. 北京：法律出版社，1993.

王果纯，屈茂辉. 现代物权法. 湖南师范大学出版社，1993.

唐德华，王永成. 中华人民共和国法律规范性解释集成1991—1992. 长春：吉林人民出版社，1993.

周枏. 罗马法原论. 北京：商务印书馆，1994.

钱明星. 物权法原理. 北京：北京大学出版社，1994.

中国高级法官培训中心，中国人民大学法学院. 中国审判案例要览（1993年综合本）. 北京：中国人民公安大学出版社，1994.

梁慧星. 民法解释学. 北京：中国政法大学出版社，1995.

余能斌，马俊驹. 现代民法学. 武汉：武汉大学出版社，1995.

邓曾甲. 日本民法概论. 北京：法律出版社，1995.

佟柔. 中国法学大辞典·民法学卷. 北京：中国检察出版社，1995.

郭明瑞. 担保法原理与实务. 北京：中国方正出版社，1995.

陈华彬. 现代建筑物区分所有权制度研究. 北京：法律出版社，1995.

吕来明. 走向市场的土地：地产法新论. 贵阳：贵州人民出版社，1995.

梁慧星. 民法总论. 北京：法律出版社，1996.

梁慧星. 民商法论丛. 北京：法律出版社，1996.

梁慧星，陈华彬. 物权法. 北京：法律出版社，1997.

孙宪忠. 德国当代物权法. 北京：法律出版社，1997.

李开国. 民法基本问题研究. 北京：法律出版社，1997.

王卫国. 中国土地权利研究. 北京：中国政法大学出版社，1997.

王泽鉴. 民法学说与判例研究（1）. 北京：中国政法大学出版社，1998.

梁慧星. 中国物权法研究. 北京：法律出版社，1998.

陈华彬. 物权法原理. 北京：国家行政学院出版社，1998.

王利明. 物权法论. 北京：中国政法大学出版社，1998.

张晋藩. 清代民法综论. 北京：中国政法大学出版社，1998.

梅仲协. 民法要义. 北京：中国政法大学出版社，1998.

许明月. 抵押权制度研究. 北京：法律出版社，1998.

尹田. 法国物权法. 北京：法律出版社，1998.

商铭暄. 新编中国刑法学. 北京：中国人民大学出版社，1998.

梁治平. 法律解释问题. 北京：法律出版社，1998.

谢在全. 民法物权论. 北京：中国政法大学出版社，1999.

申卫星，傅穹，李建华. 物权法. 长春：吉林大学出版社，1999.

郑玉波. 民法物权. 台北：三民书局，1999.

苏志超. 比较土地政策. 台北：五南图书出版公司，1999.

王利明. 物权法论. 北京：中国政法大学出版社，1999.

屈茂辉. 用益物权论. 长沙：湖南人民出版社，1999.

郭明瑞. 民商法原理·物权法·知识产权法. 北京：中国人民大学出版社，1999.

王利明. 民法. 北京：中国人民大学出版社，2000.

史尚宽. 物权法论. 北京：中国政法大学出版社，2000.

沈达明. 法国·德国担保法. 北京：中国法制出版社，2000.

梁慧星. 中国物权法草案建议稿：条文、说明、理由与参考立法例. 北京：社会科学文献出版社，2000.

李国光. 最高人民法院《关于适用〈中华人民共和国担保法〉若干问题的解释》理解与适用. 长春：吉林人民出版社，2000.

最高人民法院经济审判庭. 经济审判指导与参考：第2卷. 北京：法律出版社，2000.

王利明. 物权法专题研究. 长春：吉林人民出版社，2001.

王轶. 物权变动论. 北京：中国人民大学出版社，2001.

陈华彬. 物权法研究. 香港：金桥文化出版（香港）有限公司，2001.

王泽鉴. 民法物权：通则·所有权. 北京：中国政法大学出版社，2001.

王泽鉴. 法律思维与民法实例. 北京：中国政法大学出版社，2001.

孙宪忠. 论物权法. 北京：法律出版社，2001.

最高人民法院民事审判第二庭. 经济审判指导与参考：第4卷. 北京：法律出版社，2001.

王利明. 物权法研究. 北京：中国人民大学出版社，2002.

王利明. 中国物权法草案建议稿及说明. 北京：中国法制出版社，2002.

王利明. 物权法专题研究. 长春：吉林人民出版社，2002.

刘得宽. 民法诸问题与新展望. 北京：中国政法大学出版社，2002.

谢怀栻. 外国民商法精要. 北京：法律出版社，2002.

易继明. 私法：第1辑第2卷. 北京：北京大学出版社，2002.

梁慧星. 中国物权法研究：下. 北京：法律出版社，2002.

许明月. 财产权登记法律制度研究. 北京：中国社会科学出版社，2002.

国家法官学院，中国人民大学法学院. 中国审判案例要览（2000年民事卷）. 北京：中国人民大学出版社，2002.

梁慧星. 中国民法典草案建议稿. 北京：法律出版社，2003.

崔建远. 准物权研究. 北京：法律出版社，2003.

王利明. 物权法论. 北京：中国政法大学出版社，2003.

王利明. 中国民法案例与学理研究：债权篇. 北京：法律出版社，2003.

刘保玉. 物权法. 上海：上海人民出版社，2003.

陈本寒. 担保物权法比较研究. 武汉：武汉大学出版社，2003.

杨一介. 中国农地权基本问题. 北京：中国海关出版社，2003.

杜润生. 中国农村制度变迁. 成都：四川人民出版社，2003.

谢在全. 民法物权论：下册. 修订3版. 台北：三民书局，2004.

祝铭山. 相邻关系纠纷. 北京：中国法制出版社，2004.

尹田. 物权法理论评析与思考. 北京：中国人民大学出版社，2004.

尹田. 中国海域物权制度研究. 北京：中国法制出版社，2004.

王利明. 物权法论. 北京：中国政法大学出版社，2004.

王利明. 侵权行为法研究：上卷. 北京：中国人民大学出版社，2004.

王利明. 中国民法典草案建议稿及说明. 北京：中国法制出版社，2004.

崔建远. 土地上的权利群研究. 北京：法律出版社，2004.

崔建远. 物权：生长与成型. 北京：中国人民大学出版社，2004.

陈本寒. 担保物权法比较研究. 武汉：武汉大学出版社，2004.

谢在全. 民法物权论：中册. 修订3版. 台北：三民书局，2004.

何志. 物权法判解研究与适用. 北京：人民法院出版社，2004.

陈小君. 农村法律土地制度研究——田野调查解读. 北京：中国政法大学出版社，2004.

孔祥俊. 法律解释方法与判解研究. 北京：人民法院出版社，2004.

梁慧星. 中国民法典草案建议稿附理由：物权编. 北京：法律出版社，2004.

刘保玉. 物权体系论. 北京：人民法院出版社，2004.

王泽鉴. 民法学说与判例研究：第2册. 北京：中国政法大学出版社，2005.

孙宪忠. 物权法. 北京：社会科学文献出版社，2005.

温铁军. 三农问题与世纪反思. 北京：三联书店，2005.

梁慧星，陈华彬. 物权法. 北京：法律出版社，2005.

易继明. 私法：第5辑第1卷. 北京：北京大学出版社，2005.

黄松有. 农村土地承包法律、司法解释导读与判例. 北京：人民法院出版社，2005.

王利明. 中国民法典学者建议稿及立法理由：物权编. 北京：法律出版社，2005.

房绍坤. 用益物权基本问题研究. 北京：北京大学出版社，2006.

刘保玉. 担保立法疑难问题研究与立法完善. 北京：法律出版社，2006.

肖海军. 物业管理与业主权利. 北京：中国民主法制出版社，2006.

王利明. 中国民法年刊：2004年卷. 北京：法律出版社，2006.

胡康生. 中华人民共和国物权法释义. 北京：法律出版社，2007.

王利明. 中国物权法教程. 北京：人民法院出版社，2007.

江平. 中国物权法释解与应用. 北京：人民法院出版社，2007.

史浩明，张鹏. 地役权. 北京：中国法制出版社，2007.

谢哲胜. 民法物权. 台北：三民书局，2007.

最高人民法院物权法研究小组.《中华人民共和国物权法》条文理解与适用. 北京：人民法院出版社，2007.

全国人大常委会法工委民法室.《中华人民共和国物权法》条文说明、立法理由及相关规定. 北京：北京大学出版社，2007.

崔建远. 物权法. 北京：清华大学出版社，2008.

孙宪忠. 论物权法. 北京：法律出版社，2008.

汤建国，高其才. 习惯在民事审判中的运用. 北京：人民法院出版社，2008.

孙宪忠. 中国物权法总论. 北京：法律出版社，2009.

吴向红. 典之风俗与典之法律. 北京：法律出版社，2009.

崔建远. 物权法. 北京：中国人民大学出版社，2009.

谢在全. 民法物权论. 修订5版. 台北：新学林出版股份有限责任公司，2010.

陈华彬. 民法物权论. 北京：中国法制出版社，2010.

谢在全. 民法物权论. 修订5版. 北京：中国政法大学出版社，2011.

郑冠宇. 民法物权. 台北：新学林出版股份有限责任公司，2011.

崔建远. 自然资源物权法律制度研究. 北京：法律出版社，2012.

艾伦·沃森. 民法法系的演变及形成. 李静冰，等译. 北京：中国政法大学出版社，1992.

贝哈安特. 不动产法. 北京：中国人民大学出版社，2002.

约瑟夫·威廉·辛格. 财产法概论. 北京：中信出版社，2003.

约瑟夫·威廉·辛格. 财产法：规则·政策·实务. 北京：中信出版社，2003.

K. 茨威格特，H. 克茨. 比较法总论. 贵阳：贵州人民出版社，1992.

鲍尔·施蒂尔纳. 德国物权法：上册. 张双根，译. 北京：法律出版社，2004.

鲍尔·斯蒂尔纳. 德国物权法：下册. 申卫星，王洪亮，译. 北京：法律出版社，2006.

卡尔·拉伦茨. 法学方法论. 陈爱娥，译. 北京：商务印书馆，2005.

美浓部达吉. 公法与私法. 黄冯明，译. 长沙：商务印书馆，1937.

新版新法律学辞典. 北京：中国政法大学出版社，1991.

我妻荣. 债权在近代法中的优越地位. 王书江，张雷，译. 谢怀栻，校. 北京：中国大百科全书出版社，1999.

马克思. 剩余价值学说史：第 3 册. 北京：三联书店，1949.

斯大林文选. 北京：人民出版社，1962.

马克思恩格斯选集. 北京：人民出版社，1972.

马克思恩格斯全集. 北京：人民出版社，1974.

查士丁尼. 法学总论. 张企泰，译. 北京：商务印书馆，1989.

民法大全·学说汇纂：第 7 卷. 米健，译. 北京：法律出版社，1999.

彼得罗·彭梵得. 罗马法教科书. 黄风，译. 北京：中国政法大学出版社，1992.

牛津法律大词典. 中文版. 北京：光明日报出版社，1988.

元照英美法词典. 北京：法律出版社，2003.

我妻荣. 债法各论：中卷·2. 东京：岩波书店，1973.

田高宽贵. 担保法体系的新发展. 东京：劲草房，1996.

George J. Siedel III，Robert J. Aalberts，Janis K. Cheezem. Real Estate Law. 5th ed.，2003.

图书在版编目（CIP）数据

中国物权法研究／杨立新著．—北京：中国人民大学出版社，2018.11
（中国当代法学家文库）
ISBN 978-7-300-26326-7

Ⅰ.①中… Ⅱ.①杨… Ⅲ.①物权法-研究-中国 Ⅳ.①D923.24

中国版本图书馆 CIP 数据核字（2018）第 232284 号

“十三五”国家重点出版物出版规划项目
中国当代法学家文库·杨立新法学研究系列
中国物权法研究
杨立新 著
Zhongguo Wuquanfa Yanjiu

出版发行 中国人民大学出版社
社　　址 北京中关村大街 31 号　　**邮政编码** 100080
电　　话 010－62511242（总编室）　　010－62511770（质管部）
010－82501766（邮购部）　　010－62514148（门市部）
010－62515195（发行公司）　　010－62515275（盗版举报）
网　　址 http://www.crup.com.cn
http://www.ttrnet.com(人大教研网)
经　　销 新华书店
印　　刷 涿州市星河印刷有限公司
规　　格 170 mm×228 mm 16 开本　　**版　　次** 2018 年 11 月第 1 版
印　　张 51.25 插页 2　　**印　　次** 2018 年 11 月第 1 次印刷
字　　数 762 000　　**定　　价** 168.00 元